KB071474

사회과학 연구를 위한

# 통계학 **2**판

| 권대훈 저 |

**학지사**

## 머리말

『사회과학 연구를 위한 통계학』 초판이 출간된 지 6년이 지났다. 이번 개정에서는 사회과학 분야를 탐구하는 데 필요한 기초통계의 기본 개념을 포괄적으로 소개하려는 초판의 원칙을 충실하게 견지함과 동시에 초판의 오류를 수정하고, 일부 내용을 재조정하는 데 주안을 두었다.

사회과학 분야에서는 SPSS, SAS, MINITAB과 같은 통계프로그램이 보편적으로 활용되고 있고, 더불어 고급통계방법의 활용도도 증가하고 있다. 통계프로그램을 활용하면 통계분석이 편리하고 정확하다는 장점이 있다. 그러나 통계프로그램이 만능은 아니다. 통계프로그램의 편리성에 중독되면 모든 통계분석을 통계프로그램에 의존한 나머지 통계의 기본 개념 및 원리에 대한 이해를 등한시할 소지가 있다.

통계의 기본 개념과 원리를 제대로 이해하지 않으면 통계프로그램을 활용하더라도 연구문제에 적합한 방법으로 자료를 분석할 수도 없고, 분석결과를 정확하게 해석할 수도 없다. 그러므로 통계분석에서 통계프로그램을 제대로 활용하려면 통계의 기본 개념과 원리를 반드시 숙지해야 한다. 통계의 기본 개념과 원리는 고급통계방법의 토대가 된다는 점에서도 중요한 의미를 갖는다.

통계의 기본 개념과 원리를 숙지하는 것이 중요하다는 인식에 근거한 이 책의 주안점은 다음과 같다. 첫째, 사회과학을 전공하는 학부 및 석사 수준의 학생들이 반드시 이해해야 할 기술통계방법과 추리통계방법을 포괄적으로 소개하였다. 특히 사회과학 분야에서 활용도가 높은 분산분석을 중점적으로 다루었다. 둘째, 통계방법에 내재된 기본 개념과 원리를 가급적 충실하게 다루되, 통계방법을 적재적소에 활용할 수 있도록 통계방법을 적용할 수 있는 상황에 주안을 두고 서술하였다. 아울러 원리와 개념을 언어적으로 서술하는 데 치중하고 기호와 수식을 최소화하려고 노력했다(그래도 독자는 기호나 수식이 너무 많다고 생각할 것이다). 셋째, 기본 개념과 원리에 대한 이해를 돕기 위한 방편으로 직접 통계분석을 하는 과정을 단계별로 서술하였다. 통계분석을 손으로 직접 해 보는 것은 통계의 기본 개념과 원리를 정확하게 이해할 수 있는 가장 효과적인 전략이다. 넷째, 기본 개념 및 원리를 이해하는 것이 통계프로그램을 활용하는 것보다 더 중요하다고 보고 통계프로그램은 거의 다루지 않았다. 단, 이 책에 예시된 내용을 SPSS로 분석하기 위한 절차와 분석결과는 간략하게 소개하였다. SPSS로 자료를 분석하는 구체적인 요령을 다룬 책은 많이 출간되어 있으니 참고하기 바란다.

사회과학을 공부하는 대부분의 사람에게 통계학은 상당히 버거운 존재다. 통계학은 귀찮고 어려운 존재로 여겨지기도 하고, 심지어 은산철벽(銀山鐵壁)으로 인식되기도 한다. 대학에 입학하면서 수학에서 해방되었다고 안도하던 사회과학도들은 통계학에서 수학과의 지독했던 악연을 연상하며 좌절한다. 그래서 통계학을 전공하는 것도 아닌데 왜 통계학을 공부하느냐고 불만을 토로하기도 한다.

그러나 사회과학에서 통계는 핵심적인 연구방법의 위상을 차지하고 있으므로 통계에 대한 기초 지식과 소양이 없으면 전공영역을 제대로 탐구할 수 없다. 그래서 싫든 좋든 간에 사회과학을 하는 사람들은 통계학을 결코 회피할 수 없다. 통계학을 회피할 수 없다면 정면으로 돌파하는 것 이외의 특별한 방도가 없다.

통계학을 정면으로 돌파하는 가장 좋은 방법은 앞에서 언급했듯이 통계분석을 손으로 직접 해 보는 것이다. 더불어 SPSS와 같은 통계프로그램으로 직접 분석한 결과의 정확성을 검증해 보면 통계를 이해하는 데 큰 도움이 된다.

통계학은 단기간에 쉽게 통달할 수 있는 속성과목이 아니다. 과문(寡聞)인지 몰라도 통계학을 쉽게 통달했다는 이야기는 들은 바 없다. 사회과학도가 볼 때 통계학은 고난도의 학문이다. 통계학에는 흥미와 집중력을 저하시킬 소지가 있는 요인이 도처에 잠복해 있고, 군데군데 험로(險路)가 있다. 그러므로 고난도의 통계를 정복하려면 인내하고 집중해야 한다. 부디 포기하지 말고 통계학이라는 산을 정복하기 바란다.

이 책을 개정하는 과정에서는 많은 분의 도움을 받았다. 우선 초판으로 공부하면서 미미한 점을 지적해 준 학생들에게 감사를 드린다. 그리고 교정작업에 큰 도움을 준 박사과정 권순형 선생과 석사과정 권택환 선생에게 고마운 마음을 표한다. 끝으로 이 책을 출판해 주신 학지사의 김진환 사장님과 편집부에 깊은 감사를 드린다.

2018년 2월
저자 권대훈

차례

## 부 록 _ 555

## 제1장

# 통계의 기초개념

학 / 습 / 목 / 표

- 통계의 개념을 정의한다.
- 기술통계와 추리통계를 비교한다.
- 모집단, 표본, 모수, 모수치, 통계량, 통계치를 각각 정의한다.
- 표집방법을 열거 · 설명한다.
- 변수의 종류를 열거한다.
- 측정수준을 비교한다.
- 측정수준과 통계방법의 관계를 설명한다.

프랑스 철학자 Poincaire는 "건물이 벽돌로 이루어져 있는 것처럼 과학은 사실의 집합으로 이루어져 있다."라고 설파한 바 있다. 그렇지만 벽돌더미가 건물이 아닌 것처럼 사실을 단순히 모아 놓았다고 해서 그것이 곧 과학은 아니다. 통계에도 이 말을 그대로 적용할 수 있다. 연구과정에서 수많은 자료를 수집해 놓았다고 하더라도 자료 자체가 통계는 아니다. 자료는 말이 없으므로 자료 자체는 아무런 정보를 제공하지 못한다. 자료가 적절한 정보를 제공하자면 통계라는 절차를 통해 목적에 맞도록 적절하게 가공(분석)해야 한다.

통계는 현대인들의 삶과 긴밀하게 관련되어 있으므로 통계학자의 전유물은 아니다. 현대인들은 통계의 홍수 속에서 살고 있다고 해도 과언이 아니다. TV나 신문에는 수많은 통계자료가 끊임없이 쏟아지고 있어, 현대인들은 대통령에 대한 지지도, 물가상승률, 주가지수, 시청률, 평균기온 등 열거하기조차 힘들 정도로 수많은 통계를 접하면서 살아가고 있다. 일상생활에서 통계적 사고가 반영되어 있는 사례를 들어 보자.

- 한국 여성의 평균수명은 83세다(평균).
- 한국의 대학생은 하루에 2시간 정도 공부한다(평균).
- 음식점에서는 가장 많은 손님이 좋아하는 음식을 준비한다(최빈치).
- 축구경기장의 관중은 나이 차이가 크다(변산도).
- 3월에는 일교차가 커서 외출을 할 때 적당한 옷을 선택하기가 어렵다(변산도).
- 우리 학교에는 나보다 공부를 잘하는 학생이 10%쯤 된다(백분위).
- 나이가 어릴수록 청바지를 즐겨 입는다(상관).
- 나이가 많을수록 잔소리가 많다(상관).
- 로또 복권은 당첨확률이 낮기 때문에 구입하지 않는다(확률).
- 교수가 수업시간에 출석을 잘 부르지 않기 때문에 결석한다(확률).
- 처음 본 사람과 몇 마디 말을 나눈 후 좋은 사람이라고 생각한다(표본, 일반화).
- 요리할 때 음식의 간을 보고 싱거우면 소금을 더 넣는다(표본, 일반화, 추론).
- 녹차를 많이 마실수록 젊어진다(일반화, 추론).

이 장에서는 먼저 통계의 의미와 종류를 살펴본 다음, 표본을 추출하기 위한 방법에 대해 기술한다. 그리고 변수의 종류와 측정수준에 대해 소개한다. 마지막으로 컴퓨터와 통계의 관계를 다루고 통계의 활용과 오용에 대해 논의한다.

# 1 통계의 의미와 용도

일반적으로 **통계**(統計, statistics)는 의사결정을 하기 위해 자료를 수집·조직·요약·분석·해석하는 방법 혹은 체계적으로 자료를 수집하고 그 자료에 근거하여 결정을 내리기 위한 방법을 의미한다. 통계를 의미하는 영어단어 statistics는 state(국가)를 의미하는 라틴어 status에서 유래한다고 한다. 이것은 통계가 오래전부터 조세를 부과하고 징병을 위한 국가의 통치수단으로 널리 활용되었음을 뜻한다.

통계는 불확실한 상황에서 합리적인 의사결정을 내리는 데 도움을 준다. 통계의 용도를 야구를 예로 들어 설명해 보자. 타율에 대한 통계자료가 전혀 없으면 야구 감독이 타순을 제대로 정할 수 없을 것이다. 이에 반해 타율에 대한 통계자료를 갖고 있으면 합리적으로 타순을 정할 수 있다. 야구에서 통계는 타자와 투수를 기용하고, 연봉을 결정하며, 선수를 스카우트하기 위한 중요 정보로 활용된다. 야구를 기록경기라고 하는 이유가 여기에 있다.

통계에 대한 학생들의 반응은 상당히 부정적이다. 많은 학생들은 통계라는 말만 들어도 머리에 쥐가 난다고 한다. 일반인도 통계라고 하면 심한 거부반응을 보인다. 그렇지만 통계는 현대인의 삶과 불가분의 관련을 맺고 있어 통계의 존재를 아예 무시할 수도 없고, 통계라는 장애물을 회피할 수도 없다.

골치 아픈 통계를 필수적으로 공부해야 하는 이유는 통계지식이 수리적인 정보를 이해하는 데 도움을 주기 때문이다. 오늘날 거의 모든 학문분야의 문헌, 논문, 연구보고서에는 통계 개념 및 논리·방법·분석결과 등이 다수 포함되어 있어 통계에 대한 소양이 없으면 제대로 이해하기 어렵다. 따라서 전공분야의 문헌, 논문, 연구보고서를 읽고 이해하려면 반드시 통계에 대한 기초 지식과 소양을 갖추어야 한다.

나아가 통계학은 거의 모든 학문에서 '과학적'인 연구를 수행하는 데 필요한 토대를 제공한다. 여기서 '과학적(scientific)'이란 말은 '통계적'이란 말과 거의 같은 뜻을 갖고 있다. 통계지식은 전문분야에서 연구문제를 제기하고, 문제를 해결하기 위한 연구를 설계하고, 자료를 수집 · 요약 · 조직 · 분석하며, 미래를 합리적으로 예측하는 데 도움을 준다. 구체적으로 통계지식은 다음과 같은 의사결정을 조력한다.

① 어떤 자료를 수집할 것인지를 결정한다.
② 어떤 절차와 방법으로 자료를 수집할 것인지를 결정한다.
③ 자료를 체계적으로 요약 · 정리한다.
④ 자료를 적절한 방식으로 분석한다.
⑤ 분석결과에 근거하여 결론을 도출하고, 합리적인 의사결정을 내린다.

요컨대, 통계지식은 전공분야에서 학습을 하는 데 도움을 줄 뿐만 아니라 체계적인 연구를 수행하는 데 필요한 도구 역할을 한다.


## 2 기술통계와 추리통계

일반적으로 통계는 기술통계와 추리통계로 구분된다. 기술통계와 추리통계를 다룬 다음, 양자의 관계를 살펴본다.

### 1) 기술통계

**기술통계**(記述統計, descriptive statistics)는 자료의 특징을 쉽게 파악할 수 있도록 자료를 조직 · 요약 · 정리하는 통계를 말한다. 기술통계의 가장 중요한 목적은 모집단 혹은 표본의 자료를 쉽게 이해할 수 있도록 자료를 조직 · 요약 · 정리하는 데 있다. 학생의 성적평균, 타자의 타율, 자동차 연비 등이 기술통계에 해당된다.

자료가 방대할수록 자료를 체계적으로 요약 · 정리하는 기술통계의 진가가 유감없이 드러난다. 예를 들어, 고등학생 2,000명의 중간고사 성적을 그대로 나열해 놓으면 성적의 특징을 제대로 파악하기가 어렵다. 중간고사 성적의 특징을 쉽게 이해하자면 체계적으로 정리하고 요약해야 한다. 기술통계가 이러한 기능을 한다.

기술통계는 자료를 하나의 수치, 그래프, 도표 등으로 요약 · 정리한다. 변수가 하나일 때 적용되는 기술통계로는 집중경향(평균, 중앙치, 최빈치), 변산도(표준편차, 범위), 빈도분포, 백분위, 그래프, 도표 등이 있다. 그래프는 자료를 시각적으로 요약하고(제2장 참조), 집중경향이나 변산도는 자료를 하나의 수치로 요약한다(제3장 참조). 변수가 2개일 때 적용되는 기술통계로는 산포도와 상관계수가 있다(제7장 참조).

## 2) 추리통계

**추리통계**(推理統計, inferential statistics) 혹은 추론통계는 표본의 특성에 근거하여 모집단의 특성을 추론하거나 모집단에 대한 결론을 도출하는 기능을 하는 통계를 말한다. 대부분의 경우 모집단 전체를 조사하는 것은 불가능하기에 추리통계는 각종 조사와 연구에서 매우 폭넓게 활용되고 있다.

추리통계가 활용되는 구체적인 예를 들어 보자. 북한에 대한 국민의 태도를 조사한다고 할 때 전체 국민을 모두 조사하려면 시간과 비용이 엄청나게 많이 소요된다. 이러한 상황에서는 전체 국민에서 1,000명을 무작위로 선정하여 북한에 대한 태도를 조사한 다음, 그 조사결과에 근거하여 전체 국민의 태도를 추론하는 것이 합리적이다. 일상생활에서도 추리통계의 논리가 적용되는 상황은 적지 않다. 요리를 하면서 간을 맞추기 위해 맛을 보는 행동, 처음 만난 사람과 몇 마디 말을 나누어 보고 그 사람이 어떤 사람이라고 생각하는 것, 바닷물을 한 모금 마셔 보고 바닷물이 짜다고 생각하는 것 등에도 추리통계의 논리가 반영되어 있다.

추리통계는 사회과학, 자연과학, 공학, 농학 등 거의 모든 학문분야에서 기본적인 가설검증방법으로 활용되고 있다. 예를 들어, 추리통계는 실험연구에서 실험집단과 통제집단의 차이가 우연적인 요인에서 기인하는지 아니면 체계적인 실험처치(즉, 독립변수)의 효과에서 기인하는지를 판단하기 위한 용도로 활용되고, 상관연구에서 두 변수 간의 상관이 우연적인 오차에서 기인하는지 아니면 체계적인 관계에서 기인하는지 판단하는 용도로 활용된다.

## 3) 기술통계와 추리통계의 관계

기술통계와 추리통계는 목적이 다르지만 긴밀하게 관련된다. 우선 기술통계는 추리통계의 토대를 제공한다. 이것은 모집단의 특성을 추론하자면 먼저 표본의 특성을 정확하게 요약하고 기술해야 함을 의미한다. 모집단을 완전하게 기술할 수 있다면 구태여 표본에서 구한 기술통계에 근거하여 모집단의 특성을 추론할 필요가 없다. 그렇지만 일반적으로 모집단은 매우 방대하기 때문에 완전히 조사하거나 기술할 수 없다. 이러한 상황에서는 표본에서 구한 기술통계를 이용하여 모집단의 특성을 추론해야 한다. 그러므로 표본에 대한 기술통계가 없으면 모집단의 특성을 추론하기가 어렵다. 이러한 점에서 추리통계의 기초가 되는 기술통계는 흔히 빙산의 일각에 비유되기도 한다.

또 표본의 특성을 기술하는 자료의 성질에 따라 추리통계의 방법이 달라진다는 점에 유의해야 한다. 표본에서 구한 자료의 측정수준이 동간척도이거나 비율척도이면 모수통계(parametric statistics)로 분석할 수 있지만, 자료가 서열척도나 명명척도이면 비모수통계(non-parametric statistics)로 분석해야 한다(자료의 측정수준은 제6절 참조).

# 3 모집단과 표본

## 1) 모집단

**모집단**(母集團, population) 혹은 **전집**(全集)은 탐구하고자 하는 요소(점수, 사람, 동물, 대상, 사건 등)들의 전체 집합을 말한다. 이때 모집단에 포함되어 있는 특정 사람, 대상, 동물, 사상(事象), 점수를 원소(element)라고 한다. 모집단은 연구자가 관심을 갖고 있는 집단이고, 연구결과를 일반화하려고 하는 집단이다. 모집단의 사례를 들면 다음과 같다.

- 전국의 고등학교 학생
- 서울지역에 소재한 학교에 근무 중인 교사
- 모 고등학교 3학년 학생
- 전국의 모든 초등학교

사회과학에서 모집단은 주로 학생, 교사, 학부모와 같이 일정 특성을 갖고 있는 사람의 집합을 의미하지만, 학급이나 학교와 같은 조직의 집합(예: 전국의 고등학교 3학년 학급이나 서울의 모든 초등학교)을 의미할 수도 있다. 또 탐구분야에 따라 모집단은 소나무와 같은 식물이나 돼지와 같은 동물로 구성될 수 있으며, 은하계에 존재하는 별과 같은 대상으로 구성될 수도 있으며, 축구경기와 같은 사건으로 구성될 수도 있다.

모집단은 유한모집단(finite population)과 무한모집단(infinite population)으로 구분할 수 있다. 유한모집단은 전화번호부에 등재된 사람의 집합과 같이 유한수의 원소로 구성되고, 무한모집단은 무한수의 원소로 이루어진다. 또 모집단은 구체적 모집단(concrete population)과 추상적 모집단(abstract population)으로 구분되기도 한다. 구체적인 모집단은 모집단의 특성이 구체적으로 정의된 모집단을 말한다. 전화번호부에 등재된 사람은 구체적 모집단이다. 이에 반해 추상적 모집단은 실제 존재하지 않고 관념적으로 존재하는 모집단이다. 동전을 던졌을 때 관찰할 수 있는 앞면과 뒷면의 집합은 모든 결과를 관찰할 수 없으므로 추상적 모집단이다.

한편, 표적모집단(target population)은 연구결과를 일반화하려고 하는 모집단을, 가용모집단(accessible population)은 표본에서 관찰한 결과를 실제 일반화할 수 있는 집단(즉, 표본을 추출한 모집단)을 말한다. 예컨대, 교수방법이 초등학교 2학년생의 학업성적에 미치는 효과를 밝히기 위해 A 초등학교 2학년에서 100명의 표본을 추출하여 연구를 했다고 할 경우 표적모집단은 전국의 모든 2학년생이고, 가용모집단은 A 초등학교 2학년 학생이다. 그런데 표적모집단은 실제 연구나 조사에서 가용성이 거의 없다.

## 2) 표본

표본(標本, sample)은 모집단의 부분집합이다. 이상적인 측면에서는 모집단을 모두 조사해야 하지만 대부분의 경우 모집단은 규모가 방대하고 공간적으로 넓은 지역에 분포되어 있어 모집단을 모두 조사하려면 막대한 시간과 비용이 소요된다. 그래서 대부분의 연구는 모집단이 아니라 표본을 대상으로 하여 수행된다.[1] 표본

---

1) 극히 예외적으로 모집단 전체를 대상으로 전수조사(全數調査)를 할 수도 있다. 총인구조사(census)가 대표적인 전수조사에 해당된다.

을 대상으로 연구하는 이유는 다음과 같다.

① 모집단 전체를 연구하려면 시간 및 비용이 많이 소요된다.
② 모집단의 모든 구성원들을 확인하기가 어렵다(혹은 불가능하다).

　일반적으로 연구나 조사에서는 [그림 1-1]과 같이 ① 모집단에서 표본을 추출하고 ② 표본을 관찰한 다음 ③ 표본에 대한 관찰결과에 근거하여 모집단에 대해 일반화하는 과정을 거치게 된다.

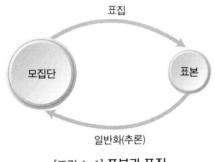

[그림 1-1] 표본과 표집

　표본은 표집과 완전히 다른 개념이므로 혼동하지 말아야 한다. 표본은 모집단의 부분집합이지만, **표집**(標集, sampling) 혹은 **표본추출**(標本抽出)은 모집단에서 표본을 추출하는 행위를 의미한다.
　표본을 대상으로 하여 연구하는 근본 목적은 표본에서 관찰한 결과를 모집단으로 일반화하기 위함이다. **일반화**(一般化, generalization)란 표본에 대한 관찰결과에 근거하여 모집단의 특성을 추론하는 과정을 말한다. 일반화의 정확성은 표본의 대표성(代表性, representativeness: 표본이 모집단의 특성을 골고루 반영하는 정도)에 따라 좌우된다. 표본은 대표성이 높을수록 **표집오차**(標集誤差, sampling error: 표본의 특성과 모집단 특성 간의 차이)를 범할 확률이 낮으므로 표본에서 관찰한 결과에 근거한 일반화의 정확성이 높아진다. 모집단의 특성을 골고루 반영하는 표본을 대표표본(representative sample)이라고 한다. 반대로 편향표본(biased sample: 모집단의 특성을 제대로 반영하지 못하는 표본)에 근거하여 모집단의 특성을 추론할 때는 오류를 범할 확률이 높다. 다음 일화는 편향표본에 근거한 추론이 오류를 범한다는 사실을 잘 나타내고 있다. 그러므로 표집을 할 때는 대표성이 높은 표본을 추출하기 위해 노력해야 한다.

유명 여론조사기관인 갤럽(Gallup)은 1948년 미국 대통령 선거에서 민주당 후보 Truman이 공화당 후보 Dewey에게 패배할 것이라고 예측했다. 그러나 예측과 달리 Truman 후보가 당선되었다. 당선자 예측에 실패한 것은 표본의 대표성이 낮았기 때문이다. 이 선거를 계기로 갤럽은 조사기법을 발전시켜 그 후 실시된 선거에서 당선자를 정확하게 예측했다고 한다. 이 사례는 표본의 대표성이 매우 중요하다는 것을 시사한다.

## 3) 모수와 통계량

**모수**(母數, parameter)는 모집단의 특성을, **통계량**(統計量, statistic)은 표본의 특성을 뜻한다. 모수와 통계량은 표기방식이 다르므로 유의해야 한다. 모수는 그리스 문자로 표기하고, 통계량은 로마자로 표기한다. 모수와 통계량을 표기하는 기호를 몇 가지 소개하면 〈표 1-1〉과 같다.

〈표 1-1〉 모수와 통계량의 기호

|  | 모수 | 통계량 |
|---|---|---|
| 평균 | $\mu$(mu) | $\overline{X}$ |
| 표준편차 | $\sigma$(sigma) | s |
| 상관계수 | $\rho$(rho) | r |

통계량은 기술적인 용도로 활용될 수도 있고, 추리의 용도로 활용될 수도 있다. 통계량이 기술적인 용도로 사용되는 경우를 예로 들면 집단의 평균을 구하는 것이다. 추리통계에서는 통계량(예: 표본평균)을 이용하여 모수(예: 모집단 평균)를 추정한다.

한편, 모수의 구체적인 값을 **모수치**라고 하고, 통계량의 구체적인 값을 **통계치**라고 한다. 그러므로 통계량과 통계치는 다르다. 통계량은 표본의 특성을, 통계치는 특정 표본에서 구한 통계량의 구체적인 값을 가리킨다. 예컨대, 대학생 집단에서 100명을 추출하여 구한 평균신장이 175cm라고 할 때 평균은 통계량이고 175는 통계치다. 일반적으로 표집오차로 인해 통계치와 모수치는 일치하지 않는데, 통계치와 모수치의 차이를 **표집오차**(sampling error)라고 한다. 일반적으로 표본의 크기가 클수록 표집오차가 줄어들기 때문에 통계치는 모수치에 접근한다.

표본의 통계량이 모집단의 모수를 추정하기 위해 사용될 경우 **추정량**(estimator)이라고 한다. 표본 평균은 모집단 평균을 추정하기 위해 사용되므로 추정량의 일종이다. 모수를 추정하려고 할 경우 통계량은 편향되지 않아야 한다. 모수를 추정할 때 편향되지 않은 통계량을 **불편통계량**(不偏統計量, unbiased statistic)이라고 한다. 불편통계량은 모수를 정확하게 추정한다. 즉, 불편통계량(혹은 불편추정량)의 기댓값은 추정하고자 하는 모수와 같다. 통계량의 기댓값은 모집단에서 동일한 크기의 표본을 무수히 표집하여 구한 통계치들을 평균한 값과 같다. 반면, 편향된 통계량은 모수를 과대추정하거나 과소추정한다.

# 4 표집방법

표본을 추출하는 목적은 표본에 대한 관찰결과에 근거하여 모집단의 특성을 추론하는 데 있으므로 표본은 모집단의 핵심 특징을 대표할 수 있어야 한다. 표본이 모집단을 대표하지 않으면 표본에 대한 관찰결과에 근거하여 모집단의 특성에 대해 일반화할 때 오류를 범하게 된다. 연구에서 흔히 사용되고 있는 표집방법인 (1) 무작위표집, (2) 유층표집, (3) 군집표집, (4) 체계적 표집, (5) 할당표집, (6) 편의표집, (7) 판단표집을 간략하게 소개한다.

## 1) 무작위표집

**무작위표집**(無作爲標集, random sampling)은 ① 모집단에 포함된 모든 원소의 추출확률이 동일하고, ② 특정 원소의 표집이 다른 원소의 표집확률에 영향을 미치지 않으며, ③ 크기 $n$의 표본을 추출한다고 할 때 추출 가능한 모든 표본들의 추출확률이 같도록 표집하는 방식이다. 이 세 가지 요건들을 모두 충족시키는 표본을 무작위표본(random sample)이라고 한다. 무선표집(無選標集)이라고 부르기도 하는 무작위표집을 하면 표본이 모집단을 대표할 확률이 높아진다.

무작위표집을 하려면 모집단의 각 원소에 순서대로 번호를 매긴 다음, 난수표(亂數表, random number table) 혹은 컴퓨터를 이용하여 표집하면 된다. 가령 모 대학교 학생에서 100명을 무작위로 표집하자면 학생들에게 일련번호를 매긴 다음 난수표나 컴퓨터를 이용하여 표집하면 된다.

## 2) 유층표집(층화표집)

**유층표집**(類層標集, stratified sampling) 혹은 **층화표집**은 모집단을 여러 하위모집단(유층, strata)으로 구분한 다음, 각 하위모집단에서 일정 수의 사례를 무작위로 표집하는 방법이다. 하위모집단을 규정하는 특징은 성별, 연령, 정치선호도 등이 될 수 있다. 유층표집을 하면 모집단을 구성하는 원소를 골고루 표집할 확률이 높다.

## 3) 군집표집

**군집표집**(群集標集, cluster sampling) 혹은 **집락표집**(集落標集)은 모집단에서 일정 수의 군집(소집단)을 추출한 다음, 표집된 군집에 포함된 모든 구성원들을 표본으로 선정하는 방법이다. 군집표집에서는 자연적으로 존재하는 하위집단이 표집단위가 된다. 대학생을 대상으로 한 연구에서 몇 개 대학을 선정하고 그 대학에서 몇 개 학과를 선정한 다음, 선정된 학과의 학생 모두를 연구대상으로 했다면 군집표집을 한 것이다. 군집표집은 경제적 요인이나 혹은 현실적인 조건에 제약이 있을 경우, 예컨대 모집단의 구성원이 광범한 지역에 분포되어 있을 경우 적절하다.

## 4) 체계적 표집

**체계적 표집**(體系的 標集, systematic sampling) 혹은 **계통표집**(系統標集)은 모집단의 구성원들에게 순서대로 일련번호를 매긴 다음, 일정 간격에 따라 $k$번째 구성원을 추출하는 방법이다. 2,000명의 학생 중에서 50명을 표집할 때 2,000÷50=40이 므로 40번째 학생을 차례로 표집하는 방식이 체계적 표집이다. 체계적 표집은 일단 무작위로 선택한 구성원에서 시작한다. 위의 예시에서 처음에는 40명의 학생 중에서 무작위로 한 명을 표집해야 한다. 무작위로 12번 학생이 선정되었다면 다음에는 52번 학생, 그다음에는 92번 학생 등의 순서로 50명을 표집하면 된다.

## 5) 할당표집

할당표집(割當標集, quota sampling)은 미리 정해 놓은 기준에 따라 모집단을 몇 개 집단으로 나눈 다음, 집단별로 필요한 수만큼 사례를 표집하는 방법이다. 예를 들어, 전체 집단이 남학생 40%와 여학생 60%로 구성되어 있을 때 남학생 집단에서 40%를 추출하고, 여학생 집단에서 60%를 추출하는 방법이다.

## 6) 편의표집

편의표집(便宜標集, convenience sampling)은 쉽게 구할 수 있는 구성원들을 표집하는 방법이다. 설문조사를 할 때 도서관에서 공부를 하고 있는 학생이나 일찍 등교한 학생을 표집하면 편의표집을 한 셈이다. 편의표집을 하면 편향표본(biased sample)이 될 개연성이 높다.

## 7) 판단표집

판단표집(判斷標集, judgmental sampling)은 모집단의 특성을 적절하게 반영한다고 생각하거나 조사문제를 잘 알고 있다고 판단되는 구성원을 표본으로 선정하는 방법으로, 질적 연구에서 많이 사용되는 표집방법이다. 예를 들어, 인터넷 활용도를 조사하기 위해 인터넷 사용 경험이 있다고 판단되는 사람만 표집하는 방법이 판단표집이다.

## 5 변수(변인)

변수(變數, variable) 혹은 **변인**(變因)은 사람, 사물, 조직에 따라 달라지는 특성을 말한다. 변수는 사람이나 사물에 따라 상이한 값이나 조건을 취할 수 있다는 의미에서 변화된다. 성적이나 지능지수는 사람에 따라 다른 값을 갖기 때문에 변수에 해당된다. 성별도 변수다. 왜냐하면 성별은 남자와 여자가 각기 다른 값을 취할 수 있기 때문이다(예: 남자는 1, 여자는 2). 마찬가지로 머리카락 색상은 변수다. 머리카락 색상은 상이한 값(검은색, 갈색, 황색 등)을 취할 수 있다. 변수에 대비되는 개념은 상수(constant)라고 한다. 상수는 사람이나 사물에 따라 변화되지 않고 일정한 값을 갖는 특성이다.

통계방법은 변수의 종류에 따라 달라지므로 변수의 성질을 정확하게 이해해야 한다. 변수의 종류는 인과관계를 기준으로 분류하기도 하고, 수리적 성질을 기준으로 분류하기도 한다.

### 1) 인과관계에 따른 변수의 종류

#### (1) 독립변수

**독립변수**(獨立變數, independent variable)는 종속변수에 영향을 미치는 변수를 말한다. 일반적으로 독립변수는 연구자가 의도적으로 조작한 변수를 가리킨다. 연구자가 조작한 독립변수를 **실험처치**(實驗處置, experimental treatment)라고 한다. 그러나 넓은 의미에서 독립변수는 성별이나 사회계층과 같이 임의로 조작할 수 없는 변수를 포함하는 의미로 사용된다. 독립변수의 차이는 **수준**(水準, level)이라 한다.

#### (2) 종속변수

**종속변수**(從屬變數, dependent variable)는 독립변수의 영향을 받는 의존변수를 의미한다. 종속변수라고 하는 것은 독립변수에 의존하기 때문이다.

#### (3) 조절변수

**조절변수**(調節變數, moderator variable) 혹은 중재변수는 독립변수와 종속변수의 관계에 영향을 주는 제2의 독립변수를 말한다. 독립변수 $X$가 종속변수 $Y$에 미치는 영향이 변수 $Z$에 따라 달라진다면 $Z$가 조절변수다. 수업방법이 학업성적에 미치는 영향이 지능에 따라 달라진다고 하면 지능이 조절변수가 된다. 조절변수는 독립변수와 종속변수를 포함하고 있는 연구에서만 존재한다.

### (4) 외재변수

**외재변수**(外在變數, extraneous variable)는 종속변수에 영향을 미치는 '통제되지 않은 변수'를 말한다. 외재변수는 가외변수, 잡음변수, 혼동변수 등 다양한 명칭으로 불리고 있다. 수업방법이 학업성적에 미치는 영향을 밝히기 위한 연구에서 실험 전 실험집단과 통제집단이 학습동기에서 차이가 있었다면 학습동기가 외재변수가 된다. 외재변수가 작용하면 독립변수가 종속변수에 영향을 주었는지를 명백하게 밝히기가 어려우므로 외재변수가 작용하지 않도록 통제해야 한다.

## 2) 수리적 성질에 따른 변수의 종류

### (1) 양적 변수

**양적 변수**(量的 變數, quantitative variable)는 수치로 나타낼 수 있는 변수를 말한다. 그러므로 양적 변수의 값은 특성의 정도 혹은 수준을 나타낸다. 양적 변수를 예시하면 다음과 같다.

시험점수   지능지수   체중   나이   결석 횟수   직업만족도   공부시간

**연속변수**(連續變數, continuous variable)는 인접한 두 수 중간에 무한한 개수의 값 (어떤 값)이라도 가질 수 있는 변수를 말한다. 그러므로 연속변수는 이론적으로 소수점 이하의 어떤 값이라도 취할 수 있다. 몸무게, 기온, 오징어 길이, 자동차의 주행속도 등은 이론적으로 최솟값과 최댓값 사이에 어떤 값이라도 가질 수 있다. 몸무게는 70kg과 71kg 사이에 무수한 수의 값을 취할 수 있으므로 연속변수다. 연속변수의 정확한 값(exact or actual value)은 결코 측정할 수 없으므로 측정값(reported value)은 정확한 값과 일치하지 않는다. 그래서 측정값은 정확한 값의 근사치로 간주된다. 체중 70kg은 69.5kg과 70.5kg 사이에 존재하는 수많은 값의 근사치다. 단,

변수가 이론적으로는 연속적이라고 하더라도 측정된 변수는 모두 비연속적이라는 사실에 유의해야 한다. 예를 들어, 체중을 소수 둘째 자리까지 측정하면 비연속적이다. 그럼에도 체중을 연속변수로 취급하는 것은 변수의 이론적인 성질을 감안하기 때문이다.

**이산변수**(離散變數, discrete variable) 혹은 비연속변수는 인접한 두 수 사이에 의미 있는 중간 값을 가질 수 없는 변수 혹은 최댓값과 최솟값 사이에 유한한 개수의 수만 가질 수 있는 변수를 말한다. 이산변수는 이론적으로 소수점 이하의 값을 취할 수 없다. 가족의 수, IQ, 시험점수, 연습 횟수, 처벌 횟수 등은 이산변수에 해당된다. 가족의 수는 특정 값만 취할 수 있고 소수점 이하의 값을 가질 수 없다. 지능은 이론적으로는 연속적으로 분포한다고 가정하고 있지만 IQ는 정수로 보고되고 있으므로 이산변수에 해당된다.

이산변수와 연속변수를 간단히 구별하는 요령은 인접한 두 수 사이에 의미 있는 중간 값을 취할 수 있는가를 보면 된다. 연속변수는 중간 값을 취할 수 있지만, 이산변수는 중간 값을 취할 수 없다.

## (2) 질적 변수

**질적 변수**(質的 變數, qualitative variable)는 어떤 속성을 기준으로 대상들을 상호배타적이고 망라적인(mutually exclusive and exhaustive) 범주로 구분하는 범주변수 (categorical variable)를 말한다. 상호배타성이란 2개의 사상(事象)이 동시에 출현할 수 없는 특성을 의미한다. 그러므로 상호배타적인 범주에서는 특정 원소가 여러 범주에 동시에 속할 수 없다. 남자는 남자인 동시에 여자에 속할 수 없으므로 남자와 여자는 상호배타적인 범주가 된다. 망라성은 변수의 범주들이 발생 가능한 모든 범주들을 포괄한다는 것을 뜻한다. 망라성을 갖춘 변수의 경우 특정 원소는 반드시 어느 한 범주에 속할 수 있어야 한다. 사람은 남자와 여자 중 반드시 어느 하나에 속하므로 성별은 망라성의 요건을 충족하고 있다. 질적 변수의 사례를 들면 다음과 같다.

① 성별: 남자, 여자
② 혈액형: A형, B형, AB형, O형
③ 인종: 백인종, 황인종, 흑인종

④ 사회계층: 상, 중, 하

⑤ 학력: 초등학교 졸업, 중학교 졸업, 고등학교 졸업, 대학교 졸업

질적 변수는 대상을 양(amount)이 아니라 종류(kind)에 따라 구분한다. 그러므로 질적 변수는 범주를 언어적으로 기술하고 범주의 질적 차이에 대한 정보를 제공할 수 있으나, 양적 정보는 제공하지 못한다. 질적 변수는 서열(등위)에 대한 정보를 포함하는가에 따라 서열 질적 변수와 비서열 질적 변수로 구분된다.

**서열 질적 변수**(序列 質的 變數, ordered qualitative variable)는 범주 간의 서열이나 등위에 대한 정보를 포함하고 있는 변수(예: 학점 A, B, C, D, F)를, **비서열 질적 변수** (非序列 質的 變數, unordered qualitative variable)는 범주 간의 서열이나 등위에 대한 정보를 포함하고 있지 않은 변수(예: 성별, 인종)를 말한다.

## 6 측정수준(척도)

통계분석을 하자면 먼저 변수를 측정해야 한다. 측정된 수치(number)는 사물을 ① 분류 혹은 명명하고, ② 순위(크기)를 나타내며, ③ 양(量)을 나타내는 등 다양한 기능을 한다. 측정된 수치는 변수의 측정수준(척도)에 따라 다른 정보를 갖고 있다. 예를 들어, A의 번호가 70번이고, B의 석차가 70등이며, C의 수학성적이 70점이고, D의 체중이 70kg이라고 하자. 얼핏 보기에 이들 수치가 모두 같은 정보를 갖고 있다고 생각하기 쉽지만, 사실 이들은 속성이 다르기 때문에 상이한 정보를 갖고 있다. 행동과학에서는 이를 **측정수준** 혹은 **척도**(scale)라고 부른다. 측정수준은 변수의 수리적 성질을 의미한다.

측정과정을 통해 얻은 변수의 값, 즉 점수는 측정수준에 따라 상이한 정보를 갖고 있는데, 어떤 수리적인 정보를 포함하고 있는가에 따라 명명척도, 서열척도, 동간척도, 비율척도로 구분된다(Stevens, 1946). 통계분석은 자료의 측정수준에 따라 달라지기 때문에 측정수준을 정확하게 이해하는 것은 매우 중요하다.

## 1) 명명척도(범주형 자료)

**명명척도**(命名尺度, nominal scale) 혹은 명목척도는 대상을 상호배타적이고 망라적인 등가범주(mutually exclusive and exhaustive equivalence class)로 분류하는 척도를 말한다. 등가범주(等價範疇)란 같은 범주에 속하는 대상들은 모두 질적으로 같은 것으로 간주하고, 다른 범주에 속하는 대상들은 모두 질적으로 다른 것으로 간주하는 범주를 의미한다. 성별, 출신지역, 전화번호, 학번, 등번호, 혈액형 등이 명명척도에 해당된다.

명명척도의 값은 단순히 대상이 속하는 범주 혹은 유목을 '명명하는' 기능만 갖고 있다. 남자를 1, 여자를 2로 표시할 때 이 수치는 단순히 남자와 여자라는 범주를 명명하기 위한 방식에 불과하며, 양(量)의 차이를 나타내지 않는다. 그래서 명명척도의 범주는 논리적인 순서가 없고 임의적인 성질을 갖는다. 가령 성별을 구분할 때 남자에 3을 부여하고 여자에 4를 부여하더라도 그 의미는 전혀 바뀌지 않는다. 일반적으로 **측정**(測定, measurement)이란 대상의 속성에 수치를 부여하는 과정이고 부여된 수치는 양적인 속성의 크기를 나타낸다는 점에서 볼 때 엄밀한 의미에서 명명척도는 측정으로 간주되지 않는다.

명명척도의 자료는 단순히 분류와 명명의 기능만 갖고 있으므로 가감승제를 할수 없다. 명명척도의 자료에서 수리적인 조작은 각 유목에 포함되는 사례수를 헤아리고, 다른 범주의 빈도와 비교하는 것에 한정된다.

## 2) 서열척도

**서열척도**(序列尺度, ordinal scale)는 순위 혹은 상대적 중요성(크기)에 대한 정보를 갖고 있는 척도를 말한다. 시험성적 기준으로 학생을 1등, 2등, 3등…으로 순서를 매길 경우 이 수치가 서열척도다. 석차, 백분위(percentile rank: PR), SES(socio-economic status, 사회경제적 지위), Likert 척도의 문항에 대한 반응(1=매우 반대한다, 2=반대한다, 3=모르겠다, 4=찬성한다, 5=매우 찬성한다), 상관계수 등이 서열척도에 해당된다.

서열척도는 순위에 대한 정보를 포함하고 있으므로 명명척도보다 더 높은 측정수준이지만, 수리적인 조작은 여전히 제한된다. 왜냐하면 서열척도는 순위는 정할 수 있으나, 측정치 간에 동간성(혹은 등간성)이 없기 때문이다. 그래서 서열척도에서는 1등과 2등의 간격이 3등과 4등의 간격과 같다고 할 수 없다. 서열척도에서는 가감승제를 할 수 없고, 원칙적으로 평균을 구할 수 없다(이 원칙은 잘 지켜지지 않고 있다). 그러므로 대학에서 학점을 평균하여 평점평균(Grade Point Average: GPA)을 구하는 것은 원칙적으로 잘못된 것이다.

## 3) 동간척도

**동간척도**(同間尺度, interval scale) 혹은 등간척도(구간척도)는 측정치 사이의 크기나 간격이 같은 척도를 가리킨다. 동간척도는 크기와 동간성에 대한 정보를 모두 갖고 있다. 온도(10℃, 20℃)는 동간척도에 해당된다. 논란이 있기는 하지만 시험점수(50점, 60점)와 심리검사의 점수도 동간척도로 간주된다.

동간척도의 전형적인 특징은 동간성이 있다는 것이다. **동간성**(equal intervals)이란 측정치 사이의 간격이 동일한 성질을 의미한다. 시험점수의 경우 30점과 50점의 차이는 70점과 90점의 차이와 같다고 할 수 있으므로 동간성을 갖고 있다. 마찬가지로 온도의 경우 10℃와 20℃의 차이는 30℃와 40℃의 차이와 같다고 할 수 있으므로 동간성을 갖는다.

그러나 동간척도는 절대영점(絶對零點, absolute zero-point: 측정하고자 하는 대상이 전혀 존재하지 않는 상태)이 아니라 임의영점(arbitrary zero-point)을 갖고 있다는 제한점이 있다. 가령 온도 0℃는 온도가 존재하지 않는 상태가 아니라, 1기압에서 물이 어는 온도를 가리키므로 절대영점이 없다. 성적이나 지능지수도 절대영점이 없다.

절대영점이 없으면 비(比)를 구할 수 없다. 그러므로 30℃는 10℃보다 3배 더 뜨겁다고 할 수 없다. 또 수학시험점수가 80점인 학생이 40점인 학생보다 수학실력이 2배 더 높다고 할 수 없다. 그렇지만 수학시험에서 80점을 받은 학생은 60점을 받은 학생보다 잘한 정도(20)는 60점을 받은 학생이 40점을 받은 학생보다 잘한 정도(20)와 같다고 할 수 있다.

## 4) 비율척도

**비율척도**(比率尺度, ratio scale)는 분류, 순위, 동간성은 물론 절대영점을 가진 척도를 가리킨다. **절대영점**(absolute zero-point or inherent zero)이란 해당 특성이 물리적으로 전혀 존재하지 않는 상태를 의미한다. 무게가 '0'이라는 것은 물리적으로 무게가 전혀 없음을 의미하므로 절대영점이다. 무게, 길이, 가격, 경과시간, 소득, TV 시청률, 시험에서 정답을 한 문항수, 친구수, 칭찬 횟수 등이 비율척도에 해당된다. 절대영점이 없으면 비(ratio)를 구할 수 없지만, 비율척도는 절대영점이 있으므로 비를 구할 수 있다. 그래서 이 척도를 비율척도라고 한다.

비율척도에 해당되는 자료는 자유롭게 가감승제를 할 수 있다. 그래서 체중이 60kg인 사람은 체중이 30kg인 사람보다 체중이 2배 더 무겁다고 할 수 있다. 단, 자연과학 분야에서는 비율척도가 흔하지만, 사회과학에서는 비율척도에 해당되는 변수들이 거의 없다는 사실을 유념해야 한다.

## 5) 측정수준의 관계

앞에서 다룬 네 가지 측정수준 가운데 명명척도가 가장 낮은 수준이고, 비율척도가 가장 높은 수준이다. 그러므로 명명척도가 가장 적은 정보를, 비율척도가 가장 많은 정보를 갖고 있다. 이 네 가지 척도는 위계를 이루고 있으므로 상위수준의 척도는 하위수준의 척도가 가진 모든 정보를 포함한다. 측정수준의 관계는 〈표 1-2〉와 같다.

〈표 1-2〉 측정수준의 관계

| | 명명척도 | 서열척도 | 동간척도 | 비율척도 |
|---|---|---|---|---|
| 분류 | ○ | ○ | ○ | ○ |
| 순위(크기) | × | ○ | ○ | ○ |
| 동간성 | × | × | ○ | ○ |
| 절대영점 | × | × | × | ○ |

논리적으로 측정수준이 높은 척도는 수준이 낮은 척도로 변환해도 무방하다. 그

러므로 동간척도나 비율척도는 서열척도나 명명척도로 변환해도 된다. 단, 측정수준이 높은 척도를 수준이 낮은 척도로 바꾸면 정보가 일부 상실된다는 사실에 유의해야 한다. 그렇지만 측정수준이 낮은 척도를 수준이 높은 척도로 변환하는 것은 불가능하다. 즉, 서열척도나 명명척도는 동간척도나 비율척도로 변환할 수 없다.

## 6) 측정수준과 통계방법

통계학에서 측정수준을 중시하는 것은 자료의 측정수준에 따라 적합한 통계방법이 다르기 때문이다. 통계방법은 자료의 측정수준에 따라 ① 명명척도에 적합한 통계방법, ② 서열척도에 적합한 통계방법, ③ 동간척도 및 비율척도에 적합한 통계방법으로 구분된다(통계방법은 동간척도와 비율척도를 구분하지 않는다.). 자료의 측정수준을 기준으로 할 때 **모수통계**(母數統計, parametric statistics)는 동간척도나 비율척도의 자료에 적용되고, **비모수통계**(非母數統計, non-parametric statistics)는 서열척도나 명명척도의 자료에 적용된다(제16장 참조). 그러므로 통계방법을 선택할 때는 자료의 측정수준을 우선적으로 고려해야 한다.

### 유사동간척도

동간척도 및 비율척도에 적용되는 모수통계방법은 명명척도나 서열척도 수준에 적용되는 비모수통계방법보다 통계적 검증력이 더 높기에 엄밀한 의미에서는 서열척도에 해당되는 자료인데도 그것을 동간척도로 간주하여 통계분석을 하는 경우가 있다. 단, 다음 두 조건이 충족되면 서열척도를 유사동간척도(interval-like ordinal scales)로 간주하여 동간척도에 적용할 수 있는 모수통계방법을 사용해도 무방하다.

① 서열척도가 적어도 7개의 범주 혹은 점수로 구성되어야 한다. 범주나 점수의 수는 많을수록 바람직하다.
② 자료가 편포 혹은 쌍봉분포를 이루지 말아야 한다. 즉, 점수분포가 정규분포를 이루거나 사각분포(rectangular distribution: 점수범위에 걸쳐 균등하게 분포되어 각 점수에 대응되는 빈도가 대략 같은 분포)를 이루어야 동간척도로 간주할 수 있다.

교육이나 심리연구에서는 변수의 측정수준이 분명하지 않아 통계분석에서 문제가 되는 경우가 있다. 예를 들어, 지능지수, 시험점수, 성격검사점수, 태도척도점수는 일반적으로 동간척도로 간주되고 있지만, 엄밀한 의미에서 이들은 동간성이 없으므로 동간척도가 아니다. 예컨대, 시험점수 80점과 시험점수 60점의 차이는 시험점수 60점과 40점의 차이와 같다고 할 수 없으므로 시험점수는 동간척도가 아니다. 엄밀한 의미에서 볼 때 시험점수나 지능지수는 서열척도와 동간척도의 중간에 해당되는 성질, 즉 서열(크기)에 대한 정보 이외에 '동간성에 가까운 정보'를 갖고 있다. 그래서 시험점수 80점과 60점의 차이는 80점과 40점의 차이보다 더 작다고 할 수 있다. 자료가 서열에 대한 정보와 정도 혹은 크기에 대한 정보를 포함할 경우 그것을 유사동간척도로 간주하여 모수통계방법을 적용해도 무방하다(임인재, 1976, p. 25). 측정수준을 고려할 때 적절한 통계방법을 선택하기 위한 원칙은 다음과 같이 요약할 수 있다.

① 통계방법은 측정수준(척도)에 적합해야 한다. 그러므로 동간척도나 비율척도의 자료는 모수통계방법으로 분석하고, 서열척도나 명명척도의 자료는 비모수통계방법으로 분석해야 한다.

② 엄밀한 의미에서는 동간척도가 아니라도 서열에 대한 정보와 정도 혹은 크기에 대한 정보를 모두 갖고 있는 자료는 모수통계방법으로 분석해도 무방하다.

③ 특정 측정수준(척도)의 자료에 적합한 통계방법을 더 낮은 측정수준의 자료에 적용하지 말아야 한다. 그러므로 동간척도나 비율척도의 자료에 적합한 모수통계방법(예: $t$ 검증, 분산분석)을 서열척도나 명명척도의 자료에 적용하지 말아야 한다.

④ 특정 측정수준(척도)의 자료에 적합한 통계방법을 더 높은 측정수준의 자료에 적용하는 것은 무방하다. 예컨대, 자료의 측정수준이 동간척도나 비율척도일 경우 서열척도에 적용될 수 있는 비모수통계방법을 적용해도 된다. 단, 이 경우 통계적 검증력(영가설이 거짓일 때 영가설을 기각할 수 있는 확률, 제5장 참조)이 낮아지는 것을 감수해야 한다.

# 7 컴퓨터와 통계

컴퓨터는 현대의 시대정신이다. 컴퓨터가 없는 생활은 상상도 할 수 없을 정도로 컴퓨터는 현대인의 삶에 깊이 침투해 있다. 통계분석을 할 때도 컴퓨터를 활용하면 시간과 노력을 절약할 수 있고 통계분석의 오류를 줄일 수 있다.

오늘날 통계분석에서는 SPSS, SAS, MINITAB, R과 같은 통계프로그램을 광범하게 활용하고 있다. 통계프로그램을 이용하면 방대한 분량의 자료를 신속하고 정확하게 분석할 수 있다는 장점이 있다.

그러나 통계프로그램을 활용하더라도 연구의 목적이나 상황에 적합한 통계방법을 선택하고 분석결과를 해석하는 것은 어디까지나 사람의 몫이다. 그러므로 통계프로그램을 적재적소에 활용하자면 반드시 통계의 기본 개념을 이해해야 한다. 통계프로그램을 활용하면 과거에는 상상조차 할 수 없었던 복잡한 통계분석을 할 수 있지만, 통계프로그램을 제대로 활용하려면 과거보다 더 많은 통계학적 지식과 소양을 갖추어야 한다.

통계프로그램은 기껏해야 명령에 따라 자료를 분석하는 도구에 불과하다. 통계프로그램은 엉터리 명령도 충실하게 수행하는 맹목의 기계(mindless machine)에 지나지 않는다. 지금까지 개발된 통계프로그램 중에서 스스로 자료를 분석하고, 알아서 결과를 해석하는 프로그램은 없다. 통계분석에서 유념해야 할 사항은 '통계프로그램을 결코 맹신하지 말라'는 것이다. 컴퓨터 용어 GIGO(garbage in, garbage out: '쓰레기를 넣으면 쓰레기가 나온다'는 뜻)라는 말은 통계프로그램을 활용할 수 있는 역량을 갖추는 것이 중요하다는 것을 시사한다. 컴퓨터는 황금을 넣으면 황금을 만들어 낸다(gold in, gold out). 그러므로 컴퓨터를 이용해서 '쓰레기'가 아닌 '황금'을 얻으려면 통계프로그램을 적재적소에 활용할 수 있는 역량을 갖추어야 한다.

통계방법은 갈수록 복잡하고 다양화되고 있으므로 통계프로그램을 제대로 활용하려면 과거보다 훨씬 더 많은 통계학적 지식을 구비하고 충분한 경험을 쌓아야 한다. 통계프로그램을 이용하더라도 통계지식이 부족하면 실제 통계분석상황에서 시행착오를 거듭하거나 오류를 범할 소지가 높다.

통계분석에서 컴퓨터를 적절하게 활용하자면 적어도 세 가지 역량을 갖추어야 한다. 첫째, 자료를 정확하게 컴퓨터에 입력할 수 있어야 한다. 자료입력이 부정확하면 분석결과는 당연히 엉터리가 된다. 둘째, 연구목적과 자료의 성격에 적합한 통계방법을 선택할 수 있어야 한다. 셋째, 분석결과를 정확하게 해석하고 효과적으로 전달할 수 있어야 한다.

이 책의 핵심목표는 연구목적과 자료의 성격에 적합한 통계방법을 선정하고, 분석결과를 정확하게 해석하고 전달할 수 있는 역량을 기르는 데 있으므로, 통계프로그램은 거의 다루지 않는다. 통계프로그램으로 통계분석을 하는 것은 통계의 기본개념을 숙지한 후의 일이다. 최근 통계프로그램이 남용되는 사례가 있는데, 통계의 기본 개념을 제대로 이해하지 못한 상태에서 컴퓨터를 이용해 자료를 분석하는 것은 어린아이가 자동차를 운전하는 것과 다르지 않다.

## 8 통계의 남용과 오용

현대생활에서 통계는 거의 모든 분야에서 유용하게 활용되고 있지만, 통계가 남용되거나 심지어 오용되는 경우도 없지 않다. 100여 년 전 유명 정치가인 Benjamin Disraeli는 "이 세상에는 세 가지 종류의 거짓말이 있다. 그것은 거짓말, 새빨간 거짓말, 통계다."라고 하여 통계가 오용될 수 있음을 경고한 바 있다.

통계학자에 대한 이미지도 부정적인 경우가 많다. 역사학자 Andew Lang은 통계학을 활용하는 것은 "취객이 사물을 비추기 위한 것이 아니라 몸을 기대기 위해 가로등을 이용하는 격(as a drunken man uses lampposts-for support rather than illumination)"이라고 말하며 통계학을 조롱했다. 통계학자는 "객관성과 합리성이라는 탈을 쓰고 통계를 빙자하여 거짓말을 하는 사람" "평균 수심 70㎝의 강에서 익사한 사람" 혹은 "머리는 냉장고에, 발은 뜨거운 솥에 두고 '평균적으로' 쾌적하다고 외치는 사람" 등으로 폄하되기도 한다.

실제 통계가 악용되거나 오용되는 사례는 어렵지 않게 목도할 수 있다. "우리 회사에서 최근 10년 동안 생산한 자동차의 90%는 아직도 주행하고 있습니다."라는 광고는 그 회사에서 제작한 자동차가 내구성이 높다는 인상을 준다. 그런데 그 회사에서 판매한 자동차의 90%가 최근 3년 이내에 생산되었다는 사실을 광고에서 언급하지 않았다면, 그 광고는 기술적인 측면에서는 오류가 없지만 소비자를 우롱

한 것이다. 통계절차를 통해 가공한 자료는 매우 정확하다는 인상을 준다. 평균연봉이 43,235,923원이라고 하면 매우 정확하다는 인상을 주지만, 4,300여만 원이라고 하면 다소 부정확하다는 인상을 준다. 그렇지만 한 자릿수까지 표시된 수치라고 해서 반드시 정확한 것은 아니다. 이와 같이 부정확한 정보를 통계로 포장하여 사실을 왜곡하는 경우는 어렵지 않게 찾을 수 있다.

의도와 관계없이 통계가 부정적인 영향을 미치는 경우도 있다. 한때 우리나라의 이혼율이 50%나 된다고 하여 사회적으로 큰 파장이 인 적이 있다. 특정 연도에 이혼한 부부의 쌍을 그해 결혼한 신혼부부의 쌍으로 나누어서 이와 같은 엉터리 결과가 나타난 것으로 보인다(이혼율을 구하자면 특정 연도에 이혼한 부부의 쌍을 전체 부부의 쌍으로 나누어야 한다.).

통계자료 자체가 허위나 왜곡의 개연성을 포함하는 경우도 있다. 가령 정치집회에 참여한 군중 수, 서울에 살고 있는 쥐의 수, 지하자금 규모와 같이 정확한 수치를 알기 어려운 경우가 통계적 사기의 온상이 될 소지가 높다. 집회에 참가한 사람 수를 두고 주최측은 30만 명이 참가했다고 발표하고, 경찰은 10만 명이 참가했다고 발표하는 등 입장에 따라 수치 차이가 큰 경우를 본 적이 있을 것이다. 또 막대그림 혹은 파이 도표는 작성방식에 따라 완전히 다른 의미를 전달할 수 있다(제2장 참조).

통계의 본질적인 목적은 정확한 정보를 전달함으로써 현상을 정확하게 이해하는 데 있다. 그러므로 자료를 분석하고 해석할 때는 통계가 자료의 의미를 왜곡 내지 과장하지 않도록 각별히 유의해야 한다.

**1** 다음 상황이 기술통계에 해당되는지 아니면 추리통계에 해당되는지 판별하시오.

1) 통계학 교수는 통계학 과목 수강생들의 30%가 A 학점을 받았다고 공지했다.

2) 정부에서는 복지정책에 대한 여론을 파악하기 위해 1,000명을 무작위로 표집하여 의견을 조사했다.

3) 고등학생 집단에서 동기와 성적이 어떤 관계가 있는지를 밝히기 위해 고등학생 100명을 대상으로 동기와 성적 간의 상관계수를 구했다.

4) KBS는 직원 평균연봉을 발표했다.

**2** 모 대학교에서 시험부정행위에 대한 학생들의 태도를 다음 방법으로 조사했다고 할 때 사용한 표집방법을 적으시오.

1) 무작위로 두 학과를 선정한 후 그 학과의 모든 학생들을 조사했다.

2) 단과대학별로 나눈 후 각 대학에서 무작위로 학생들을 선정하여 조사했다.

3) 학생들에게 일련번호를 부여한 다음 난수표를 이용하여 100명의 학생들을 선정했다.

4) 휴게실에서 쉬고 있는 100명의 학생들을 조사했다.

5) 학생들에게 일련번호를 부여한 다음 100번째 학생마다 조사했다.

**3** 교육부에서는 대학생 학부모의 평균소득을 추정하기 위해 A 대학교 학부모 집단에서 200명을 무작위표집하여 조사했다고 한다. 이 조사의 문제점을 기술하시오.

**4** 다음 변수를 연속변수와 이산변수로 분류하시오.

1) 각 학과에 소속된 여학생수          2) 사과의 무게

3) 달리기 속도                       4) 단어수

**5** 다음에 기술된 연구에서 독립변수, 종속변수, 모집단, 표본, 통계량을 지적하시오.

세 가지 수업방법(강의, 토론, 질의)이 학업성적에 미치는 영향을 밝히기 위해 A 대학교 학생집단에서 무작위로 표집한 60명의 학생들을 세 가지 수업조건에 각각 20명씩 무작위로 배치한 다음, 집단별로 4주 동안 수업을 실시하였다. 수업이 끝난 후 성취도검사의 평균을 구한 다음 세 집단의 평균이 차이가 있는지를 비교했다.

**6** 다음 변수를 명명척도, 서열척도, 동간척도, 비율척도로 분류하시오.

1) 시험 횟수
2) 대학의 전공
3) 학점(A, B, C, D)
4) 종교
5) 체중
6) 지능지수
7) 자극에 반응한 시간

**7** 심리학자가 공격성을 동간척도로 측정했다고 한다. 이때 60점을 받은 사람의 공격성이 30점을 받은 사람의 공격성보다 2배 더 높다고 할 수 있는가? 그 이유는 무엇인지 기술하시오.

**8** 다음 진술문이 참이면 T, 거짓이면 F를 기입하시오.

1) 수박의 무게는 연속변수다.
2) 가장 높은 측정수준은 동간척도다.
3) 수업시간에 결석한 학생수는 비율척도다.
4) 통계량은 모집단의 특성을 기술한다.
5) 추리통계는 표본에 대한 결론을 내리기 위해 모집단을 조사한다.
6) 유층표집을 하려면 모집단의 구성원들에게 번호를 매긴 다음 일정한 간격에 따라 구성원을 표집하면 된다.

### 정답

1 1) 기술통계  2) 추리통계  3) 추리통계  4) 기술통계
2 1) 군집표집  2) 유층표집  3) 무작위표집  4) 편의표집  5) 체계적 표집
3 A 대학교 학부모 집단은 전체 대학생들의 학부모 집단을 대표하지 못하므로 조사결과를 전체 학부모 집단으로 일반화하기 어렵다.
4 1) 이산변수  2) 연속변수  3) 연속변수  4) 이산변수
5 1) 독립변수: 수업방법  2) 종속변수: 학업성적  3) 모집단: A 대학교 학생집단
　 4) 표본: 60명의 대학생  5) 통계량: 성취도검사 평균
6 1) 비율척도  2) 명명척도  3) 서열척도  4) 명명척도  5) 비율척도  6) 동간척도  7) 비율척도
7 없다. 공격성은 동간척도로 절대영점이 없으므로 비율을 구할 수 없다.
8 1) T  2) F  3) T  4) F  5) F  6) F

제**2**장

# 빈도분포와 그래프

**1.** 빈도분포(도수분포)

**2.** 그래프

학 / 습 / 목 / 표

- 범주형 빈도분포를 작성한다.
- 단순빈도분포를 작성한다.
- 묶음빈도분포를 작성한다.
- 막대그림, 파레토 도표, 파이 도표를 그린다.
- 히스토그램, 꺾은선 그래프, 오지브, 점도표를 그린다.
- 줄기-잎 그림을 그린다.
- 상자도표를 그린다.
- 시계열 그래프를 그린다.

이 세상에 똑같은 사람들은 없다. 사람은 외모가 다르고, 사고방식이 다르며, 취향도 제각각이고, 같은 자극에 대한 반응도 천차만별이다. 같은 사람이라도 생각과 느낌은 시시각각 바뀐다. 인간행동의 이러한 변동성(變動性, variability)과 다양성에 대처하기 위해 연구에서는 흔히 많은 사람들을 관찰하거나 같은 사람을 여러 차례 관찰하는데 그렇게 하면 오차가 상쇄된다고 가정한다.

연구나 조사에서 많은 사람들을 관찰하거나 같은 사람을 여러 차례 관찰하면 자료의 분량이 많아지므로 자료의 성질을 쉽게 파악하기가 어렵다. 방대한 자료를 쉽게 이해하자면 체계적으로 요약해야 한다.

자료를 요약하는 것이 중요하다는 것은 다음 예시에서 자명해진다. 〈표 2-1〉은 50명의 학생들에게 실시한 오지선다형 시험의 원점수(raw score: 통계적으로 처리되지 않은 점수)를 나열한 것이다.

〈표 2-1〉 오지선다형 시험의 점수(N=50)

| | | | | |
|---|---|---|---|---|
| 75 | 89 | 57 | 88 | 61 |
| 90 | 79 | 91 | 69 | 99 |
| 83 | 85 | 82 | 79 | 72 |
| 78 | 73 | 86 | 86 | 86 |
| 80 | 87 | 72 | 92 | 81 |
| 98 | 77 | 68 | 82 | 78 |
| 82 | 84 | 52 | 77 | 90 |
| 70 | 70 | 88 | 68 | 81 |
| 78 | 86 | 62 | 70 | 76 |
| 89 | 67 | 87 | 85 | 80 |

이 자료에 포함된 점수는 50개에 불과한데도 자료의 의미를 파악하기가 쉽지 않다. 자료의 분량이 방대할수록 자료 자체에서 의미 있는 정보를 얻기가 더 어렵다. 자료에서 유의미한 정보를 얻으려면 자료를 체계적으로 요약·조직해야 한다.

자료는 목적이나 성질에 따라 도표나 그래프로 요약할 수도 있고, 하나의 수치로 요약할 수도 있다. 이 장에서는 자료를 체계적인 형태로 조직하기 위한 통계방법으로 사용되고 있는 빈도분포(도수분포)를 다룬 다음, 자료를 시각적으로 나타내는 그래프에 대해 설명한다.

# 1   빈도분포(도수분포)

**빈도분포**(頻度分布, frequency distribution) 혹은 **도수분포**(度數分布)는 점수 혹은 점수의 범주를 크기 순서대로 나열한 다음, 점수 혹은 점수의 범주에 대응되는 **빈도** (frequency; $f$: 점수의 개수, 도수라고 부르기도 함)를 나타낸 표를 말한다.

빈도분포는 전반적인 점수분포를 쉽게 파악할 수 있도록 함은 물론 특정 점수의 상대적 위치를 나타내 준다. 그러므로 빈도분포는 자료를 요약하고 조직하는 가장 기본적인 방법이다. 빈도분포를 작성하는 목적은 다음과 같다.

① 자료를 이해하기 쉽도록 유의미하게 조직한다.
② 분포의 형태(정규분포 혹은 편포)를 확인한다.
③ 집중경향이나 변산도와 같은 통계량 계산을 용이하도록 한다.
④ 히스토그램과 같은 그래프를 작성하는 토대를 제공한다.
⑤ 상이한 자료와 쉽게 비교할 수 있도록 한다.

빈도분포의 형태는 크게 범주형 빈도분포, 단순빈도분포, 묶음빈도분포로 구분된다. 범주형 빈도분포는 질적 변수의 자료를 빈도분포로 나타내고, 단순빈도분포와 묶음빈도분포는 양적 변수의 자료를 빈도분포로 나타낸다.

## 1) 범주형 빈도분포

**범주형 빈도분포**(範疇型 頻度分布, categorical frequency distribution)는 혈액형, 종교, 전공분야와 같은 범주형 자료(서열척도 혹은 명명척도의 자료)를 빈도분포로 나타낸 것이다. 범주형 빈도분포를 작성하는 요령은 다음과 같다(표 2-2 참조).

① 변수의 범주들을 열거한다.
② 각 범주의 빈도를 기입한다.
③ (필요할 경우) 각 범주의 백분율(%)과 상대빈도를 기입한다(백분율은 빈도를 전체 사례수로 나눈 다음 100을 곱한 값이고, 상대빈도는 빈도를 전체 사례수로 나눈

값이다.).

④ 빈도와 백분율의 합계를 기입한다.

〈표 2-2〉 혈액형에 대한 범주형 빈도분포(N=200)

| 혈액형 | 빈도 | 백분율 | 상대빈도 |
|---|---|---|---|
| A | 40 | 20 | .20 |
| B | 56 | 28 | .28 |
| O | 72 | 36 | .36 |
| AB | 32 | 16 | .16 |
| 전체 | 200 | 100 | 1.00 |

질적 변수에서는 누적빈도와 누적백분율이 의미가 없으므로 범주형 빈도분포에서는 누적빈도와 누적백분율은 구할 필요가 없다. 누적빈도는 자료의 연속성을 가정하고 있으므로 누적빈도나 누적백분율을 표시하자면 자료가 최소한 서열척도 이상이어야 한다.

빈도분포는 표본크기의 영향을 받기 때문에 표본크기가 다르면 2개의 빈도분포를 쉽게 비교하기 어렵다는 문제점이 있다. 이 경우 빈도를 **상대빈도**(relative frequency: 특정 범주의 빈도를 전체 사례수로 나눈 값)로 표시하면 두 빈도분포를 쉽게 비교할 수 있다. 상대빈도는 비율 혹은 백분율로 표시할 수 있는데, 상대빈도를 나타낸 빈도분포를 **상대빈도분포**(relative frequency distribution)라고 한다.

## 2) 단순빈도분포

**단순빈도분포**(單純頻度分布, simple frequency distribution)는 원점수들을 크기 순서대로 나열한 다음, 원점수 각각에 대응되는 빈도를 나타낸 표를 말한다. 단순빈도분포는 연속변수의 자료를 빈도분포로 나타낸 것이다. 〈표 2-1〉의 자료를 이용하여 〈표 2-3〉에 제시된 단순빈도분포를 작성하는 절차를 기술하면 다음과 같다.

① 자료에서 점수의 범위(최고점수-최하점수)를 구한 다음, 점수들을 내림차순(높은 점수를 위에 배열하고, 낮은 점수를 밑에 배열하는 방식)으로 배열한다.

② 각 점수의 빈도를 기입한다.

③ (필요할 경우) 백분율, 누적빈도 등을 기입한다.

④ 〈표 2-3〉은 〈표 2-1〉의 자료를 이용하여 작성한 것이다.

〈표 2-3〉 단순빈도분포(N=50)

| 점수 | 빈도 | 점수 | 빈도 | 점수 | 빈도 |
|---|---|---|---|---|---|
| 99 | 1 | 83 | 1 | 67 | 1 |
| 98 | 1 | 82 | 3 | 66 | 0 |
| 97 | 0 | 81 | 2 | 65 | 0 |
| 96 | 0 | 80 | 2 | 64 | 0 |
| 95 | 0 | 79 | 2 | 63 | 0 |
| 94 | 0 | 78 | 3 | 62 | 1 |
| 93 | 0 | 77 | 2 | 61 | 1 |
| 92 | 1 | 76 | 1 | 60 | 0 |
| 91 | 1 | 75 | 1 | 59 | 0 |
| 90 | 2 | 74 | 0 | 58 | 0 |
| 89 | 2 | 73 | 1 | 57 | 1 |
| 88 | 2 | 72 | 2 | 56 | 0 |
| 87 | 2 | 71 | 0 | 55 | 0 |
| 86 | 4 | 70 | 3 | 54 | 0 |
| 85 | 2 | 69 | 1 | 53 | 0 |
| 84 | 1 | 68 | 2 | 52 | 1 |

## 3) 묶음빈도분포

**묶음빈도분포**(grouped frequency distribution)는 연속변수 자료를 **급간**(級間, interval, 계급)으로 묶은 다음 빈도분포로 나타낸 것이다. 묶음빈도분포는 단순빈도분포보다 자료를 더 간결하게 나타내므로 자료의 범위가 클 경우 단순빈도분포보다 더 적합하다. 묶음빈도분포는 원래 자료의 특성을 유지하면서도 자료를 단순화시킬 수 있도록 작성해야 한다. 〈표 2-3〉의 단순빈도분포를 이용하여 묶음빈도분포 작성요령을 기술하면 다음과 같다.

① 최고점수와 최하점수를 찾는다. 〈표 2-3〉의 자료에서 최고점수는 99, 최하
  점수는 52다.

② 범위(최고점수-최하점수)를 구한다. 〈표 2-3〉에서 범위는 47(99-52=47)
  이다.

③ 범위를 10과 20으로 각각 나눈 다음, 적당한 급간크기를 결정한다. 이 예시에
  서 47을 10으로 나누면 4.7(반올림하면 5), 47을 20으로 나누면 2.35(올림하면
  3)다. 급간크기는 5가 적당하다.

④ 가장 낮은 급간을 결정한다. 〈표 2-3〉에서 최하점수는 52, 급간크기는 5이
  므로 5의 배수 50을 최하점으로 하여 50-54를 가장 낮은 급간으로 정하는 것
  이 합리적이다.

⑤ 최고점수를 포함한 급간이 분포의 상단에 오도록 급간들을 순서대로 배열한다.

⑥ 각 급간에 해당하는 빈도를 기입한다.

⑦ (필요할 경우) 누적빈도, 상대빈도, 누적백분율을 기입한다.


묶음빈도분포에서 급간을 만드는 요령은 다음과 같다.


① 급간크기는 자료를 효과적으로 요약할 수 있을 정도로 적당해야 한다.

② 모든 급간들의 크기가 같아야 한다. 급간크기가 같아야 자료의 전체 양상을
  쉽게 파악할 수 있다. 또 극히 낮은 점수 혹은 높은 점수가 여러 급간에 흩어
  져 있을 때는 개방형 급간(예: 50 이하 혹은 98 이상)을 만드는 것이 좋다.

③ 급간크기는 홀수(3, 5, 7 등)로 해야 한다. 그래야 급간의 중간점(midpoint)을
  쉽게 구할 수 있다.

④ 최고점수를 포함하는 급간을 표의 상단에 배치해야 한다.

⑤ 급간의 수는 10~20개가 적당하다. 급간의 수가 너무 적으면 급간크기가 커
  지므로 많은 정보가 상실되고, 반대로 급간의 수가 너무 많으면 급간크기가
  작아지고 복잡해진다.

⑥ 특정 급간에 해당하는 사례가 없더라도 그 급간을 포함시켜야 한다. 즉, 〈표
  2-4〉와 같이 급간 93-95에 대응되는 사례가 없어도 급간을 포함해야 한다.

⑦ 가장 낮은 급간의 하한계는 급간크기의 배수가 되도록 해야 해석 및 작성이
  쉽다. 예를 들어, 급간크기가 5일 때 가장 낮은 급간의 하한계는 50이 적합하다.

⑧ 모든 급간들은 상호배타적이어야 한다. 상호배타적인 급간이란 서로 중첩되지 않은 급간으로 특정 자료가 하나의 급간에만 속하는 급간을 말한다.

〈표 2-4〉 묶음빈도분포(N=50)

| 원점수(급간=3) | 빈도 |
|---|---|
| 97~99 | 2 |
| 94~96 | 0 |
| 91~93 | 2 |
| 88~90 | 6 |
| 85~87 | 8 |
| 82~84 | 5 |
| 79~81 | 6 |
| 76~78 | 6 |
| 73~75 | 2 |
| 70~72 | 5 |
| 67~69 | 4 |
| 64~66 | 0 |
| 61~63 | 2 |
| 58~60 | 0 |
| 55~57 | 1 |
| 52~54 | 1 |
| 전체 | 50 |

〈표 2-5〉 묶음빈도분포(N=50)

| 원점수(급간=5) | 빈도 |
|---|---|
| 95~99 | 2 |
| 90~94 | 4 |
| 85~89 | 12 |
| 80~84 | 9 |
| 75~79 | 9 |
| 70~74 | 6 |
| 65~69 | 4 |
| 60~64 | 2 |
| 55~59 | 1 |
| 50~54 | 1 |
| 전체 | 50 |

묶음빈도분포는 자료를 단순화시킬 수 있다는 장점이 있다. 특히 자료의 범위가 클 경우 묶음빈도분포를 작성하면 자료의 의미를 쉽게 파악할 수 있다. 반면, 묶음빈도분포는 원자료를 급간으로 묶을 때 정보의 일부가 불가피하게 상실되고, 급간 크기에 따라 분포형태가 달라진다는 문제점이 있다.

### 개방형 분포

개방형 분포(開放型 分布, open-ended distribution)는 급간의 최저점수 또는 최고점수가 명시되지 않은 분포를 말한다. 개방형 분포는 최저점수 혹은 최고점수를 명시하기 어려운 경우에 적합하다. 예컨대, 연령분포에서 70세 이상을 하나의 급간으로 취급할 경우 개방형 분포가 된다.

## 4) 상대빈도분포

**상대빈도분포**(相對頻度分布, relative frequency distribution)는 점수(혹은 급간)별 상대빈도(비율 혹은 백분율)를 나타낸 표를 말한다. **상대빈도**(relative frequency; $rf$)는 절대빈도($f$)를 전체 사례수로 나눈 비율(proportion)을 가리킨다. 백분율(percentage; %)은 상대빈도에 100을 곱한 값이다.

$$상대빈도 = \frac{특정\ 범주의\ 빈도}{전체\ 빈도} = \frac{f}{N} \qquad 백분율 = 상대빈도 \times 100$$

상대빈도분포는 사례수가 다른 빈도분포를 쉽게 비교할 수 있도록 해 준다. 〈표 2-6〉은 〈표 2-5〉의 묶음빈도분포를 상대빈도분포로 작성한 것이다.

〈표 2-6〉 상대빈도분포(N=50)

| 점수 | 빈도 | 상대빈도 | 백분율(%) | 누적빈도 | 상대누적빈도 |
|---|---|---|---|---|---|
| 95~99 | 2 | .04 | 4 | 50 | 1.00 |
| 90~94 | 4 | .08 | 8 | 48 | .96 |
| 85~89 | 12 | .24 | 24 | 44 | .88 |
| 80~84 | 9 | .18 | 18 | 32 | .64 |
| 75~79 | 9 | .18 | 18 | 23 | .46 |
| 70~74 | 6 | .12 | 12 | 14 | .28 |
| 65~69 | 4 | .08 | 8 | 8 | .16 |
| 60~64 | 2 | .04 | 4 | 4 | .08 |
| 55~59 | 1 | .02 | 2 | 2 | .04 |
| 50~54 | 1 | .02 | 2 | 1 | .02 |

빈도분포에는 빈도와 상대빈도 이외에 누적빈도와 상대누적빈도를 표시할 수도 있다. **누적빈도**(cumulative frequency; $cf$)는 절대빈도를 가장 낮은 급간부터 누적해서 더하면 된다. 예를 들어, 급간 65~69의 누적빈도는 그 급간 아래에 해당되는 누적빈도(4)에 그 급간의 빈도(4)를 더하면 된다(8). **상대누적빈도**(relative cumulative frequency; $rcf$)는 누적빈도를 전체 사례수로 나눈 값을 말한다.

## 5) 누적백분율 빈도분포

**누적백분율 빈도분포**(累積百分率 頻度分布, cumulative percentage frequency distribution)는 각 급간의 실제상한계 아래에 전체 사례수의 몇 %가 있는지를 나타낸 표를 말한다. 묶음빈도분포를 이용하여 누적백분율 빈도분포를 작성하는 요령을 설명하면 다음과 같다.

① 묶음빈도분포를 작성한다.
② 누적빈도를 구한다. 특정 급간의 누적빈도(cumulative frequency)는 그 급간의 실제상한계 아래에 있는 모든 사례수를 말한다.
③ 누적빈도를 전체 사례수로 나눈 다음 100을 곱하여 누적백분율을 구한다

$$(누적백분율 = \frac{누적빈도}{전체\ 사례수} \times 100).$$

〈표 2-7〉 **누적백분율 빈도분포**(N=50)

| 점 수 | 빈도 | 누적빈도 | 누적백분율 |
|---|---|---|---|
| 95~99 | 2 | 50 | 100 |
| 90~94 | 4 | 48 | 96 |
| 85~89 | 12 | 44 | 88 |
| 80~84 | 9 | 32 | 64 |
| 75~79 | 9 | 23 | 46 |
| 70~74 | 6 | 14 | 28 |
| 65~69 | 4 | 8 | 16 |
| 60~64 | 2 | 4 | 8 |
| 55~59 | 1 | 2 | 4 |
| 50~54 | 1 | 1 | 2 |

### 실제한계(정확한계)

연속변수는 인접한 두 수 사이에 무한한 개수의 값을 취할 수 있으므로 연속변수의 정확한 값은 결코 명시할 수 없다. 예를 들어, 아무리 정확한 체중계를 사용하더라도 체중의 정확한 값

은 결코 잴 수 없다. 그러므로 연속변수를 측정한 값은 항상 근삿값(근사치)이라고 할 수 있다. 단, 연속변수의 정확한 값은 명시할 수 없지만 그 값이 취할 수 있는 범위는 정할 수 있다.

　실제한계(實際限界, real limit/exact or true limit) 혹은 정확한계는 연속변수가 개념적으로 취할 수 있는 값의 이론적 범위를 뜻하는데, '점수±.5(측정단위)'와 같다. 이때 '점수−.5(측정단위)'를 실제하한계(real lower limit), '점수+.5(측정단위)'를 실제상한계(real upper limit)라고 한다. 그러므로 87점의 실제한계는 86.5(실제하한계)에서 87.5(실제상한계)다. 87점은 86.5점과 87.5점 사이에 존재하는 수많은 점수들을 대표하는 값이다. 실제한계를 그림으로 나타내면 다음과 같다.

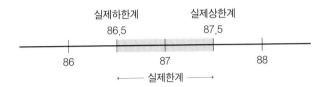

또 체중 60kg은 59.5kg과 60.5kg 사이에 존재하는 무수한 체중을 대표하는 값이므로 60kg의 실제한계는 59.5~60.5kg이다. 마찬가지로 점수 86.5점의 실제한계는 86.45~86.55다. 단, 특정 값만 취하는 비연속변수의 경우에는 점수(혹은 급간)와 실제한계가 일치한다.

## 2　그래프

　빈도분포는 자료를 간결하게 요약하지만, 여전히 자료를 수리적으로 나타내기 때문에 자료의 특징을 파악하기가 쉽지 않다. 자료를 더 의미 있게 제시하려면 그래프로 나타내면 된다.

　그래프는 분포를 시각적으로 직접 나타내는 방식이다. 때로는 그림이 천 마디의 말이나 수치보다 더 분명한 의미를 전달한다(A picture says a thousand words.). 그래프는 빈도분포보다 더 쉽게 이해할 수 있으므로 통계지식이 없는 일반인들에게 자료를 제시하는 방법으로 유용하다. 그래프를 그릴 때 고려해야 할 일반지침은 다음과 같다.

　① 그래프의 형태는 자료의 측정수준, 연구의 목적, 그래프를 보는 사람의 수준

을 고려하여 선택해야 한다.

② 그래프는 간단명료하고 쉽게 이해할 수 있도록 작성해야 한다.

③ 그래프는 본문을 읽거나 설명을 듣지 않아도 이해할 수 있도록 충분한 정보를 담고 있어야 한다. 그래프의 제목, 표시, 캡션 등에 유의해야 한다.

④ 그래프에서 독립변수는 $X$축에, 종속변수는 $Y$축에 나타내야 한다. 그리고 그래프를 정확하게 해석할 수 있도록 $X$축과 $Y$축에 적당한 명칭을 부여해야 한다.

⑤ 그래프를 그릴 때는 포괄성과 망라성의 원칙을 지켜야 한다. 예외가 있으면 각주에 명기해야 한다.

⑥ 자료를 인용할 경우 출처를 그래프 하단에 명기해야 한다.

그래프의 구체적인 형태는 변수의 종류, 연구의 목적, 대상의 수준에 따라 달라진다. 그래프의 형태를 질적 변수에 적용되는 그래프와 양적 변수에 적용되는 그래프로 나누어 소개한다.

## 1) 질적 변수의 그래프

질적 변수를 그래프로 나타내는 방법은 (1) 막대그림, (2) 선 그래프, (3) 파레토 도표, (4) 파이도표 등이 있다.

### (1) 막대그림

**막대그림**(bar chart)은 질적 변수의 각 범주에 대응되는 빈도(혹은 백분율)를 나타낸 그래프를 말한다. 막대그림은 뒤에 소개할 히스토그램과 흡사한 모양을 갖고 있다. 그렇지만 질적 변수에 적용되는 막대그림에서는 인접한 막대가 떨어져 있지만, 양적 변수에 적용되는 히스토그램에서는 인접한 막대들이 붙어 있다는 점이 다르다. 막대그림을 그리는 절차는 다음과 같다.

① $X$축에 변수의 범주들을 같은 간격으로 열거한다.

② $Y$축에 각 범주의 절대빈도($f$) 혹은 상대빈도($rf$)를 표시한다.

③ $X$축과 $Y$축은 쉽게 이해할 수 있도록 적당한 명칭을 부여한다.

④ 각 범주별로 빈도 혹은 상대빈도를 고려하여 막대를 그린다.

막대그림에서 막대의 높이는 각 범주의 빈도 혹은 상대빈도를 나타낸다. 막대그림에서 막대 사이가 떨어져 있는 것은 변수가 범주변수라는 것을 나타낸다. 막대그림을 그릴 때 막대의 너비는 임의로 할 수 있지만, 모든 막대들의 너비가 같아야 한다. 한편, **선 그래프**(line graph)는 범주별 빈도를 선으로 표시한 그래프로, 막대그림과 거의 유사한 방법으로 그릴 수 있다.

### (2) 파레토 도표

**파레토 도표**(pareto chart)는 질적 변수의 빈도분포를 막대모양으로 나타낸 그래프를 말한다. 파레토 도표의 $X$축은 변수의 범주를, $Y$축은 각 범주의 빈도 혹은 상대빈도를 나타낸다. 파레토 도표가 막대그림과 다른 점은 빈도가 가장 많은 막대를 왼쪽에, 빈도가 가장 적은 막대를 오른쪽 끝에 배치한다는 점이다. 파레토 도표를 그리는 절차는 다음과 같다.

① 범주들을 빈도순으로 배열한다. 이때 빈도가 가장 많은 범주를 가장 왼쪽에 배열해야 한다.
② 각 범주의 빈도에 해당되는 막대를 그린다.

### (3) 파이 도표

신문이나 잡지에서 많이 사용되고 있는 **파이 도표**(pie chart)는 질적 변수의 각 범주에 해당되는 상대빈도(즉, 비율)를 원의 면적비율로 나누어 나타낸 그래프를 말한다. 원은 360°이므로 범주별로 빈도에 해당되는 면적을 구분하여 표시하면 된다. 파이 도표를 그리는 절차는 다음과 같다.

① 각 범주의 빈도를 구한다.
② 각 범주의 빈도를 전체 사례수로 나눈 다음 360을 곱한다.
③ 분도기를 이용하여 2단계에서 계산한 면적을 표시한다.

다음에 제시된 막대그림, 파레토 도표, 파이 도표는 〈표 2-2〉에 제시된 자료를 이용하여 그린 것이다.

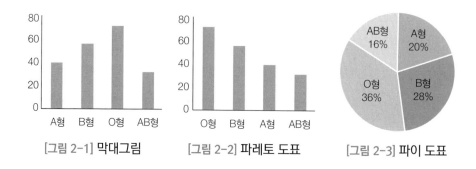

[그림 2-1] 막대그림    [그림 2-2] 파레토 도표    [그림 2-3] 파이 도표

## 2) 양적 변수의 그래프

양적 변수를 그래프로 나타내는 방법으로는 (1) 히스토그램, (2) 꺾은선 그래프, (3) 오지브, (4) 점도표, (5) 줄기-잎 그림, (6) 상자도표, (7) 시계열 그래프 등이 있다.

### (1) 히스토그램

**히스토그램**(histogram)은 $X$축에 점수 혹은 급간을, $Y$축에 빈도(절대빈도 혹은 상대빈도) 혹은 백분율을 표시한 그래프를 말한다. 히스토그램은 막대그림을 양적 변수에 적용한 것이므로 형태와 그리는 절차는 막대그림과 사실상 같다.

① $X$축에 변수의 점수 혹은 급간들을 크기 순서대로 표시한다.
② $Y$축에 점수 혹은 급간의 절대빈도($f$) 혹은 상대빈도($rf$)를 막대로 표시한다.

히스토그램에서 막대의 높이는 각 점수 혹은 범주의 빈도를 나타낸다. 단, 막대그림과 달리 히스토그램은 양적 변수에 적용되므로 인접한 막대들이 서로 붙어 있다.

히스토그램의 급간을 명명하는 방법은 ① 정확한계로 표시하는 방법, ② 급간의 중간점을 표시하는 방법, ③ 점수한계(최저점수-최고점수)를 표시하는 방법이 있다. 급간을 정확한계로 표시하면 정확하나 번거롭고, 중간점을 표시하면 간단하지만 급간을 쉽게 알 수 없다는 단점이 있다. 그러므로 급간을 점수한계로 표시하는 것이 가장 무난하다.

히스토그램에서 $X$축과 $Y$축의 상대적 길이는 자료의 시각적인 의미에 큰 영향을 미치므로 히스토그램을 그릴 때 유의해야 한다. 히스토그램에서 $X$축과 $Y$축의 상대적 길이를 바꾸면 히스토그램의 의미가 크게 달라진다. 히스토그램을 그릴 때는 $Y$축을 $X$축의 2/3 정도로 하는 것이 원칙이다.

한편, **상대빈도 히스토그램**(relative frequency histogram)은 $Y$축을 상대빈도로 표시한 그래프를 말한다. 그러므로 상대빈도 히스토그램의 $X$축과 그래프 형태는 히스토그램과 같다.

### (2) 꺾은선 그래프(빈도분포 다각형)

빈도분포 다각형 혹은 절선도표(折線圖表)라고 부르는 **꺾은선 그래프**(frequency polygon)는 히스토그램에서 막대들의 중간점들을 직선으로 연결한 그래프를 말한다. 단, 그래프의 양극단에서는 막대의 중간점에서 그래프가 $X$축에 닿도록 해야 한다. 꺾은선 그래프를 그리는 절차는 다음과 같다.

① 히스토그램에서 각 급간(막대)별로 상단에 중간점을 표시한다.
② 인접한 점들을 직선으로 연결한다.
③ 그래프의 양극단이 $X$축에 닿도록 연결한다.

꺾은선 그래프는 히스토그램과 사실상 같은 정보를 제공하기 때문에 취향에 따라 좋아하는 그래프를 선택하면 된다. 단, 2개 자료를 하나의 그래프에서 동시에 나타낼 경우에는 꺾은선 그래프가 히스토그램보다 훨씬 더 유용하다. 왜냐하면 2개 자료를 히스토그램으로 나타내면 겹쳐진 부분의 해석이 불가능하기 때문이다. [그림 2-4]의 히스토그램과 [그림 2-5]의 꺾은선 그래프는 〈표 2-5〉에 제시된 묶음빈도분포의 자료를 이용하여 그린 것이다.

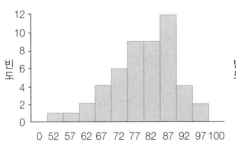

[그림 2-4] 히스토그램

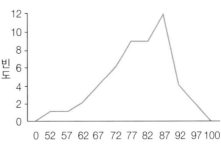

[그림 2-5] 꺾은선 그래프

### (3) 오지브

**오지브**(ogive)는 누적빈도 그래프(cumulative frequency graph)를 말한다. 그러므로 오지브의 $X$축은 각 점수(급간)를 나타내고, $Y$축은 누적빈도를 나타낸다. 오지브는 특정 값보다 높은 사례 혹은 낮은 사례의 빈도를 알고자 할 때 유용하다. 오지브를 그리는 절차는 다음과 같다.

① 빈도분포에서 누적빈도를 구한다.
② $X$축에 변수의 점수 혹은 급간의 상한계를 표시한다.
③ $Y$축에 각 점수 혹은 급간에 대응되는 누적빈도를 표시한다.
④ 3단계에서 표시한 각 점들을 연결한다.
⑤ 곡선은 첫 번째 급간의 하한계(누적빈도 0)에서 시작하여 마지막 급간의 상한계(누적빈도는 표본크기와 같음)에서 끝나도록 해야 한다. [그림 2-6]은 〈표 2-5〉에 제시된 자료를 이용하여 SPSS로 그린 것이다.

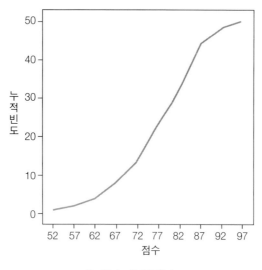

[그림 2-6] 오지브

### (4) 점도표

**점도표**(dot-plots)는 점수 혹은 급간의 빈도를 점의 수로 나타낸 그래프를 말한다. 점도표를 그리는 절차는 다음과 같다.

① X 축의 적당한 위치에 점수 혹은 급간들을 표시한다.
② 각 점수 혹은 급간의 빈도를 해당 위치에 점으로 나타낸다. 같은 점수가 여러 개 있을 경우에는 점을 수직으로 쌓으면 된다.

점도표는 빈도를 점의 수로 나타낸다는 점이 다르지만 히스토그램과 사실상 같다. 점도표는 사례수가 적을 경우(25개 이하) 히스토그램보다 더 효과적이다. 일반적으로 히스토그램에서 범주의 수는 최소 5개 이상이 되어야 하며, 범주의 수는 전체 사례수의 제곱근으로 결정한다. 그러므로 범주의 수가 적을 경우에는 히스토그램보다 점도표로 나타내는 것이 좋다. 예컨대, 전체 사례수가 25일 때 범주의 수는 5개에 불과하므로 이 경우에는 점도표가 히스토그램보다 훨씬 효과적이다.

## (5) 줄기-잎 그림

**줄기-잎 그림**(stem-leaf diagram)은 자료를 줄기 부분과 잎 부분으로 나누어 나타내는 방법이다. 일반적으로 줄기-잎 그림에서 줄기는 왼쪽의 큰 자리 숫자로, 잎은 마지막 자리 숫자로 나타낸다. 예를 들어, 자료 10을 줄기-잎 그림으로 나타낼 때는 십의 자릿수 1을 줄기로 하여 왼쪽에 표시하고, 일의 자릿수 0은 잎으로 하여 오른쪽에 표시하면 된다. 마찬가지 방식으로 23과 41은 다음과 같이 나타낼 수 있다.

| 줄기 | 잎 | 줄기 | 잎 | 줄기 | 잎 |
|------|-----|------|-----|------|-----|
| 1 | 0 | 2 | 3 | 4 | 1 |

줄기-잎 그림을 그릴 때는 Y축에 줄기를 크기 순서대로 배열한 다음, 줄기마다 잎을 크기 순서대로 나타내면 된다. 다음 자료를 줄기-잎 그림으로 나타내 보자.

10 11 15 23 27 28 38 38 39 39 40 41 44 45 46 46 52 57 58 65

① 십의 자릿수(1, 2, 3, 4, 5, 6)를 '줄기'로 하여 수직선을 긋는다.
② 줄기 옆에 일의 자릿수인 '잎'을 나열한다.

| 줄기 | 잎 | 사례수 |
|------|--------|--------|
| 1 | 015 | 3 |
| 2 | 378 | 3 |
| 3 | 8899 | 4 |
| 4 | 014566 | 6 |
| 5 | 278 | 3 |
| 6 | 5 | 1 |

[그림 2-7] 줄기-잎 그림(N=20)

앞서 다룬 히스토그램, 꺾은선 그래프, 오지브는 자료의 성질을 왜곡한다는 문제점이 있다. 예를 들어, 원자료를 히스토그램으로 변환하면 정보의 일부가 상실되므로 히스토그램에서는 원래 자료를 복원할 수 없다. 반면, 줄기-잎 그림은 모든 자료를 줄기와 잎으로 나타내기 때문에 정보를 잃지 않고서도 자료를 시각적으로 나타낸다는 장점이 있다. 또 줄기-잎 그림은 2개 자료가 있을 경우 하나는 왼쪽에 제시하고 다른 하나는 오른쪽에 제시하면 되므로 매우 편리하다. 다음에 제시된 것은 〈표 2-1〉의 자료를 이용하여 SPSS로 그린 줄기-잎 그림이다.

```
시험점수 Stem-and-Leaf Plot

 Frequency    Stem &  Leaf

      1.00      5 .  2
      1.00      5 .  7
      2.00      6 .  12
      4.00      6 .  7889
      6.00      7 .  000223
      9.00      7 .  567788899
      9.00      8 .  001122234
     12.00      8 .  556666778899
      4.00      9 .  0012
      2.00      9 .  89

 Stem width:      10
 Each leaf:     1 case(s)
```

## (6) 상자도표

**상자도표**(box-plot or box-and-whisker diagram)는 양적 자료를 편리하게 그래프

로 나타내는 방법이다. 상자(box)는 자료의 중간 50%에 해당하는 사례를 포함한다. 상자도표는 수리적 자료의 ① 평균과 같은 대푯값, ② 표준편차와 같은 변산도, ③ 분포의 성질(대칭성, 범위 등)을 밝혀 준다. 상자도표를 그리는 절차는 다음과 같다.

① 제1사분위수(하위 25%와 상위 75%를 구분하는 점수, 즉 백분위 25에 대응되는 점수)와 제3사분위수(하위 75%와 상위 25%를 구분하는 점수, 즉 백분위 75에 대응되는 점수)를 구한 다음, 제1사분위수와 제3사분위수를 연결하여 상자를 만든다.
② 최하점수와 최고점수를 구한 다음, 상자를 최하점수 및 최고점수와 직선으로 연결한다.
③ 평균을 점으로, 중앙치를 진한 선으로 표시한다.

상자도표에서 상자의 상단은 제3사분위수(하위 75%와 상위 25%를 구분하는 점수, 즉 백분위 75에 대응되는 점수), 하단은 제1사분위수(하위 25%와 상위 75%를 구분하는 점수, 즉 백분위 25에 대응되는 점수)를 나타낸다(제1사분위수는 lower hinge, 제3사분위수는 upper hinge라고 한다). 그러므로 상자는 사분범위를 나타낸다. 상자크기는 자료의 변산을 나타내므로 변산이 클수록 상자가 커진다. 즉, 제3사분위수와 제1사분위수의 차이가 클수록 상자가 커진다. 상자에서 뻗어 나온 두 직선은 위스커(whisker, 수염)라고 한다. 자료의 최하점수와 최고점수를 연결하는 위스커는 자료의 범위를 나타낸다. 구체적으로 하단의 위스커는 제1사분위수를 최하점수와 연결한 것이고, 상단의 위스커는 제3사분위수를 최고점수와 연결한 것이다. [그림 2-8]은 가상의 4개 자료에 대한 상자도표를 나타내고 있다.

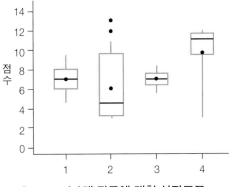

[그림 2-8] 4개 자료에 대한 상자도표

[그림 2-8]에서 상자 중간의 점은 평균이고, 진한 선은 자료를 상위 50%와 하위 50%로 분할하는 중앙치다. 상자 상하의 수직선은 범위를 나타낸다. 자료 2의 그래프에서 위스커 바깥의 '•'은 극단치(이상치)를 나타낸다. 상자도표에서 평균과 중앙치를 보면 자료의 편포도(비대칭성의 정도)를 알 수 있다(편포도는 제3장 참조). 중앙치는 극단치의 영향을 받지 않지만, 평균은 극단치의 영향을 받는다. 그러므로 평균이 중앙치보다 크면 자료가 정적으로 편포되어 있다고 할 수 있다(자료 2). 반대로 평균이 중앙치보다 작으면 부적으로 편포되어 있다고 할 수 있다(자료 4). 상자도표는 상자를 수평으로 그릴 수도 있다. [그림 2-9]의 상자도표는 〈표 2-1〉에 제시되어 있는 자료를 이용하여 SPSS로 그린 것이다(중앙치=80.5, 제1사분위수=72, 제3사분위수=86, 최솟값=52, 최댓값=99).

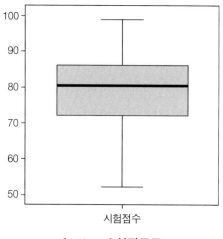

[그림 2-9] 상자도표

## (7) 시계열 그래프

**시계열 그래프**(time-series graph)는 시간경과에 따라 변수가 어떻게 변화되는지를 나타낸 그래프를 말한다. 시계열 그래프에서 $X$축은 시간, $Y$축은 변수의 값을 나타낸다. $X$축의 시간단위는 분, 시간, 일, 주, 년 등으로 할 수 있다. $Y$축은 변수에 따라 다양한 방식으로 나타낼 수 있다.

시계열 그래프는 여러 시점에서 수집된 자료를 나타내는 방법으로 유용하기 때문에 널리 사용되고 있다. 물가지수, 주가지수, 지능, 체중 등이 시간경과에 따라 변화되는 양상은 시계열 그래프로 나타내면 매우 효과적이다. 시계열 그래프를 그리는 요령은 다음과 같다.

① $X$축과 $Y$축을 그린 다음 명명한다.

② 각 시점에 대응되는 자료를 좌표에 표시한다.

③ 그래프의 각 점을 직선으로 연결한다.

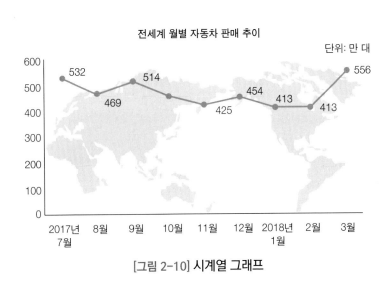

[그림 2-10] 시계열 그래프

## 3) 그래프의 왜곡

그래프에서 가장 중요한 원칙은 자료의 본질적인 특징을 정확하고 간결하게 전달하도록 그려야 한다는 것이다. 그래프를 그릴 때는 자료가 같다고 하더라도 그래프를 어떻게 그리는가에 따라 완전히 다른 인상과 의미를 줄 수 있다는 사실에 유의해야 한다. 이러한 점을 악용하여 그래프를 그릴 때 자료의 의미를 의도적으로 왜곡하는 경우도 없지 않다. 그래프의 형태에 따라 자료의 의미가 왜곡되는 경우를 살펴보자.

**절단된 그래프**(truncated graphs)는 왜곡된 의미를 전달할 개연성이 매우 높다. [그림 2-11]은 절단되지 않은 그래프(b)와 절단된 그래프(a)를 각각 나타낸 것이다.

[그림 2-11]의 (a)는 지역에 따라 범죄 건수 차이가 매우 크다는 인상을 주지만, 실제 지역에 따른 범죄 건수 차이는 그다지 크지 않다. [그림 2-11]의 (a)에서 범죄 건수 차이가 과장된 것은 $Y$축을 0에서 시작해야 한다는 원칙을 무시했기 때문

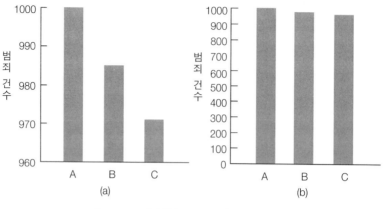

[그림 2-11] **지역(A, B, C)별 범죄 건수**

이다. 즉, 지역에 따라 범죄 건수 차이가 크다는 왜곡된 인상을 주고 있는 것은
$Y$축이 960에서 시작하고 있어 0에서 960 사이의 그래프가 절단되었기 때문이다.
그러므로 가급적 절단된 그래프를 사용하지 말아야 한다.

TV나 신문과 같은 대중매체에서 흔히 사용되는 **그림 그래프**(picto-gram: 대상의
양을 그림으로 나타낸 그래프)도 정보를 오도(誤導)할 소지가 크다. [그림 2-12]는
2017년도에 비해 2018년도의 야구공 판매량이 2배 증가했다는 사실을 그림 그래
프로 나타낸 것이다. 2018년도 그림은 야구공의 반지름을 2017년도 그림의 2배로
나타냈기 때문에 판매량이 4배 증가했다는 그릇된 정보를 제공하고 있다(구의 반지
름이 $r$일 때 면적은 $\pi r^2$이므로 반지름이 2배 증가하면 면적은 4배 증가한다.).

2017년                 2018년

[그림 2-12] **야구공 판매량**

그래프를 그리는 목적은 자료를 정확하게 시각적으로 제시하는 데 있다. 그러므
로 그래프를 그릴 때는 자료를 왜곡하지 않고 정확한 정보를 주도록 해야 한다. 또
그래프에서는 형태만 보지 말고 그래프에 포함된 수리적인 정보를 정확하게 파악
할 수 있어야 한다.

**연습문제**

**1** 다음 자료는 80명의 학생들을 대상으로 자기개념을 측정한 것이다. 이 자료를 이용하여 급간크기 5의 묶음빈도분포를 작성하시오.

| 10 | 13 | 22 | 26 | 16 | 23 | 35 | 53 | 17 | 32 |
|----|----|----|----|----|----|----|----|----|----|
| 41 | 35 | 24 | 23 | 27 | 16 | 20 | 60 | 48 | 43 |
| 52 | 31 | 17 | 20 | 33 | 18 | 23 | 8 | 14 | 15 |
| 26 | 46 | 30 | 19 | 22 | 13 | 22 | 14 | 21 | 39 |
| 28 | 43 | 37 | 15 | 20 | 11 | 25 | 9 | 15 | 21 |
| 21 | 25 | 34 | 10 | 23 | 29 | 28 | 18 | 17 | 24 |
| 16 | 26 | 7 | 12 | 28 | 20 | 36 | 16 | 14 | 30 |
| 18 | 16 | 57 | 31 | 34 | 28 | 42 | 19 | 26 | 25 |

**2** (1번 문제에서 작성한 묶음빈도분포를 이용하여) (1) 히스토그램, (2) 꺾은선 그래프, (3) 오지브, (4) 상자도표를 그리시오.

**3** 다음 자료는 40명의 학생들에게 실시한 통계학 시험점수다. 이 자료를 이용하여 줄기-잎 그림을 그리시오.

| 63 | 88 | 79 | 92 | 86 | 87 | 83 | 78 | 40 | 67 |
|----|----|----|----|----|----|----|----|----|----|
| 68 | 76 | 46 | 81 | 92 | 77 | 84 | 76 | 70 | 66 |
| 77 | 75 | 98 | 81 | 82 | 81 | 87 | 78 | 70 | 60 |
| 94 | 79 | 52 | 82 | 77 | 81 | 77 | 70 | 74 | 61 |

**정답**

**1**

묶음빈도분포(N=80)

| 급간 | 빈도 | 누적빈도 |
|------|------|----------|
| 60-64 | 1 | 80 |
| 55-59 | 1 | 79 |
| 50-54 | 2 | 78 |
| 45-49 | 2 | 76 |
| 40-44 | 4 | 74 |
| 35-39 | 5 | 70 |
| 30-34 | 8 | 65 |
| 25-29 | 13 | 57 |
| 20-24 | 17 | 44 |
| 15-19 | 16 | 27 |
| 10-14 | 8 | 11 |
| 5-9 | 3 | 3 |

**2**

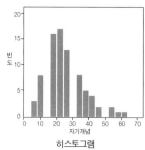

히스토그램

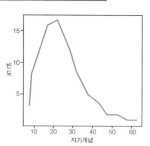

꺾은선 그래프

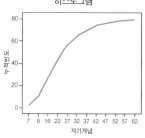

오지브

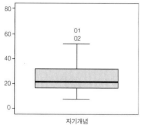

상자도표

**3**

줄기-잎 그림(N=40)

| 줄기 | 잎 | 사례수 |
|------|------|--------|
| 4 | 06 | 2 |
| 5 | 2 | 1 |
| 6 | 013678 | 6 |
| 7 | 000456677778899 | 15 |
| 8 | 111122346778 | 12 |
| 9 | 2248 | 4 |

## 제3장

# 집중경향과 변산도

1. 집중경향(대푯값)
2. 변산도
3. 편포도와 첨도
4. SPSS를 활용한 기술통계 분석

학 / 습 / 목 / 표

- 자료에서 평균, 중앙치, 최빈치를 구한다.
- 평균, 중앙치, 최빈치의 성질을 비교한다.
- 자료에서 범위, 표준편차, 분산, 사분범위를 구한다.
- 정적 편포와 부적 편포를 비교한다.
- 첨도의 개념을 정의한다.

자료의 중요한 특성으로는 ① 자료를 하나의 수치로 요약하는 집중경향(대푯값), ② 점수들이 서로 다른 정도를 하나의 수치로 나타내는 변산도, ③ 분포가 치우친 정도를 나타내는 편포도, ④ 분포의 형태가 뾰족한 정도를 나타내는 첨도를 들 수 있다. 이 장에서는 자료의 특징을 요약하는 기능을 하는 집중경향, 변산도, 편포도, 첨도에 대해 설명한다.

## 1 집중경향(대푯값)

집중경향(集中傾向, central tendency) 혹은 중심경향은 자료를 대표하는 점수를 말한다. 그래서 이를 **대푯값**이라고 한다.

집중경향은 수많은 점수들을 하나의 수치로 요약한다. 방대한 자료는 하나의 수치로 요약하면 여러모로 편리하다. 예컨대, 10,000개의 점수들을 일일이 나열하는 것보다 평균이 80이라고 하는 것이 훨씬 더 유용한 정보를 제공한다. 대표적인 집중경향으로는 평균, 중앙치, 최빈치를 들 수 있다.

### 1) 평균

**평균**(平均, mean; $M$)은 모든 점수들을 합한 다음 사례수로 나눈 값이다(평균에는 산술평균, 기하평균, 조화평균 등이 있으나 여기에서는 산술평균을 의미하는 용어로 사용한다.). 통계학에서는 모집단 평균을 그리스 문자 $\mu$(mu)로, 표본평균을 $\overline{X}$ 혹은 $M$으로 표기한다.

평균을 구하려면 점수들을 모두 합한 다음 사례수로 나누면 된다. 모집단과 표본의 평균을 구하는 공식은 각각 다음과 같다($N$: 모집단의 사례수, $n$: 표본의 사례수).

$$\text{모집단의 평균: } \mu = \frac{\sum X}{N}$$

$$\text{표본의 평균: } \overline{X} = \frac{\sum X}{n}$$

---

**평균의 계산(예시): 자료 [1 2 3 4 5]**

1. 점수를 모두 합한다: $1 + 2 + 3 + 4 + 5 = 15$
2. 위에서 구한 합을 사례수로 나눈다: $\dfrac{15}{5} = 3$

---

묶음빈도분포에서 평균을 구하는 절차는 약간 복잡하지만, 논리는 같다. 그러므로 묶음빈도분포의 평균은 다음과 같다.

$$\overline{X} = \frac{\sum fX}{N}$$

여기서 $f$는 급간의 빈도, $X$는 급간의 중간값, $N$은 사례수다. 이 공식을 이용하여 묶음빈도분포에서 평균을 구하면 〈표 3-1〉과 같다.

〈표 3-1〉 묶음빈도분포(N=200)의 평균 계산

| 급간 | 중간점($X$) | 빈도($f$) | $fX$ | 평균 |
|---|---|---|---|---|
| 74~78 | 76 | 10 | 760 | $\overline{X} = \dfrac{\sum fX}{N}$ |
| 69~73 | 71 | 18 | 1,278 | |
| 64~68 | 66 | 16 | 1,056 | $= \dfrac{10,040}{200} = 50.2$ |
| 59~63 | 61 | 16 | 976 | |
| 54~58 | 56 | 11 | 616 | |
| 49~53 | 51 | 27 | 1,377 | |
| 44~48 | 46 | 17 | 782 | |
| 39~43 | 41 | 49 | 2,009 | |
| 34~38 | 36 | 22 | 792 | |
| 29~33 | 31 | 6 | 186 | |
| 24~28 | 26 | 8 | 208 | |
| 합계 | | 200 | 10,040 | |

단순빈도분포에서는 원점수를 이용해서 평균을 구하지만, 묶음빈도분포에서는 급간의 중간값을 이용해서 평균을 구하기 때문에 묶음빈도분포의 평균과 단순빈

도분포의 평균은 일치하지 않는다. 묶음빈도분포의 평균은 급간크기가 클수록 단순빈도분포의 평균과 차이가 있다. 평균의 중요한 성질은 다음과 같다.

① 평균은 자료에 포함된 모든 점수들의 영향을 받는다.
② 평균은 분포의 균형을 유지하는 점수다. 그러므로 평균을 중심으로 한 편차의 합은 항상 0이다($\sum(X-\overline{X})=0$).[1]
③ 평균을 기준으로 해서 구한 편차제곱의 합은 평균 이외의 다른 어떤 점수를 기준으로 해서 구한 편차제곱의 합보다 작다. 이를 **최소자승법의 원리**(最小自乘法 原理, principle of least squares)라고 한다.[2]

평균의 장점은 다음과 같다.

① 평균은 중앙치나 최빈치보다 안정성이 더 높다. 이것은 같은 검사를 같은 집단에 여러 차례 실시하여 구한 평균 간의 차이는 같은 방법으로 구한 중앙치 간의 차이 혹은 최빈치 간의 차이보다 더 작다는 것을 의미한다.
② 모집단에 대해 추론을 하려고 할 때 평균은 중앙치보다 더 적합하다.
③ 평균은 중앙치나 최빈치에 비해 **표집오차**(標集誤差, sampling error: 통계치와 모수치의 차이, 즉 표본 평균 $\overline{X}$와 모집단 평균 $\mu$의 차이)가 더 작다. 평균은 이러한 장점이 있어 추리통계에서 널리 사용된다.
④ 평균은 중앙치나 최빈치보다 수리적인 조작이 용이하므로 고급통계에서 널리 사용된다.
⑤ 평균은 대칭분포 혹은 양적 변수에서 적합한 집중경향이다.

한편, 평균의 단점은 다음과 같다.

① 실제 자료에서 존재하지 않는 점수가 평균이 될 수도 있다. 예를 들어, 자료

---

1) 이를 증명하면 다음과 같다.

$$\sum(X-\overline{X})=\sum X-\sum \overline{X}=\sum X-N\overline{X}=\sum X-N\cdot\frac{\sum X}{N}=0$$

2) 최소자승법을 수식으로 나타내면 다음과 같다.

$$\sum(X-\overline{X})^2 < \sum[(X-\overline{X})\pm C]^2 \text{ (C: 상수)}$$

[2 2 5]에서는 실제 존재하지 않는 3이 평균이다.

② 평균을 구하려면 자료가 동간척도 이상이어야 하므로 질적 자료에서는 평균을 구할 수 없고, 또 아무 의미가 없다. 그러므로 한국의 평균직업은 아무 의미가 없다.

③ 평균은 극단치의 영향을 받기 때문에 분포에 극단적으로 높은 점수 혹은 낮은 점수가 있을 때 집중경향으로 적절하지 않다. 그러므로 편포에서는 평균이 집중경향으로 부적절하다. 즉, 평균은 시험이 너무 쉬워 높은 점수를 받은 학생들이 많거나 반대로 시험이 너무 어려워 낮은 점수를 받은 학생들이 많을 때는 집중경향으로 적절하지 않다. 편포에서는 중앙치나 최빈치가 적절하다.

④ 평균은 개방분포(open-ended distribution)에서 집중경향으로 부적합하다.

### 극단치(이상치)

극단치(極端値, outlier) 혹은 이상치는 정확도에 의문을 제기할 수 있을 정도로 대부분의 자료와 현저하게 다른 점수를 말한다. 지능지수 180이나 키 2m와 같이 극단치가 분명한 경우도 있으나, 대부분의 경우 극단치는 분명하지 않다. 극단치를 판별하는 일반적인 기준은 다음과 같다. 각 기준에서 구간을 벗어나는 점수는 극단치로 간주된다.

① 기준 1: $Mdn \pm 2(Q_3 - Q_1)$ ($Q_3$: 제3사분위수, $Q_1$: 제1사분위수, 제2절 참조)
② 기준 2: $\overline{X} \pm 3s$ ($s$: 표준편차)

극단치는 자료에 문제가 있다는 것을 시사하므로 자료를 분석하기 전에 극단치가 존재하는지를 면밀하게 검토해야 한다. 문제가 있는 극단치는 수정하거나 폐기해야 한다.

### Lake Wöbegon 효과

Lake Wöbegon은 모든 학생들의 성적이 평균보다 높은 기이한(?) 도시를 말한다. 모든 학생들의 성적이 평균보다 높은 기현상은 평균을 잘못 해석한 데서 기인한다. 이 지역의 학생들을 서로 비교하면 반드시 평균보다 성적이 높은 학생도 있고 평균보다 낮은 학생도 있으므로 모든 학생들의 성적이 평균보다 높은 현상은 절대로 발생할 수 없다.

예컨대, 표준화학력검사를 실시하여 전국평균과 지역평균을 구했다고 하자. 이 경우 평균이 전국평균보다 높은 지역도 있고, 반대로 평균이 전국평균보다 낮은 지역도 있을 것이다. Lake Wöbegon 효과는 특정 지역평균이 전국평균보다 높을 때 그 지역 모든 학생들의 성적이 전국

평균보다 더 높다고 '잘못' 해석한 데서 기인한다.

　Lake Wöbegon 효과는 평균을 잘못 해석한 사례로 정확한 해석은 다음과 같다. 특정 지역의 성적평균이 전국의 성적평균보다 높은 것은 평균이 더 높다는 것이지, 그 지역에 있는 모든 학생들의 성적이 전국평균보다 높다는 것은 아니다. 그러므로 '특정 지역 모든 학생들의 성적이 평균보다 더 높다'고 결론을 내리는 것은 잘못된 것이다.

## 2) 중앙치(중위수)

　**중앙치**(中央値, median; $Mdn$) 혹은 **중위수**(中位數)는 자료를 상위 50%와 하위 50%로 구분하는 점수(즉, 백분위 50에 대응되는 점수)를 말한다. 중앙치를 구하는 구체적인 방법은 사례수 $N$이 홀수일 경우와 짝수일 경우 다르다.

　사례수 $N$이 홀수일 경우 중앙치는 $(N+1)/2$번째 점수다. 자료 [5 4 3 2 1]에서 중앙치는 3이다. 사례수가 홀수일 때 중앙치를 구하는 절차는 다음과 같다.

---
**중앙치 계산(예시): 자료 [7 3 7 6 9 10 8 9 1이(홀수 자료)**

1. 점수를 크기 순서대로 정렬한다.
　 3　6　7　7　8　9　9　10　10
　　　　　　　↑
2. 9개 점수 중에서 8이 중간이다. 그러므로 중앙치는 8이다.

---

　사례수 $N$이 짝수일 경우 중앙치는 중간에 해당하는 두 점수($N/2$번째 점수와 $N/2+1$번째 점수)의 중간 값이다. 따라서 자료 [6 5 4 3 2 1]에서 중앙치는 3.5가 된다. 따라서 사례수가 짝수이면 실제 존재하지 않는 점수가 중앙치가 될 수도 있다. 사례수가 짝수일 때 중앙치를 구하는 절차는 다음과 같다.

---
**중앙치 계산(예시): 자료 [7 3 7 6 9 10 8 9] (짝수 자료)**

1. 점수들을 크기 순서대로 정렬한다.
　　3　6　7　7　8　9　10
2. 8개 점수 중에서 7과 8이 중간을 공유하고 있다. 중앙치는 두 점수의 평균이므로 7.5가 된다.

---

묶음빈도분포에서도 중앙치는 전체 사례수를 정확하게 상하 50%로 구분하는 점수이므로 중앙치를 구하자면 누적빈도분포를 작성해야 한다. 묶음빈도분포에서 중앙치를 구하는 절차를 살펴보면 다음과 같다.

〈표 3-2〉 묶음빈도분포($N=200$)의 중앙치 계산

| 급간 | 빈도 | 누적빈도 | 중앙치 계산 |
|---|---|---|---|
| 74~78 | 10 | 200 | $Mdn = 43.5 + 5\left(\dfrac{200/2 - 85}{17}\right)$ |
| 69~73 | 18 | 190 | $\quad = 47.9$ |
| 64~68 | 16 | 172 | |
| 59~63 | 16 | 156 | |
| 54~58 | 11 | 140 | |
| 49~53 | 27 | 129 | |
| 44~48 | 17 | 102 | |
| 39~43 | 49 | 85 | |
| 34~38 | 22 | 36 | |
| 29~33 | 6 | 14 | |
| 24~28 | 8 | 8 | |

위 묶음빈도분포에서 전체 사례는 200이므로 중앙치는 100번째 점수가 된다. 그러므로 〈표 3-2〉에서 중앙치는 급간 44-48에 존재한다. 하한계를 고려할 때 이 분포에서 43.5 이하의 사례는 85명이므로 43.5보다 15번째 큰 점수가 중앙치다. 구체적으로 급간 44~48에 17명의 사례들이 균등하게 분포되어 있다고 가정할 때 그 급간에서 15/17번째 점수가 중앙치가 된다. 그 급간에서 15/17번째에 해당하는 점수를 구하자면 급간크기를 고려해야 한다. 급간크기는 5이므로 그 급간에서 15/17번째 점수는 4.4[(15/17)×5=4.4]다. 따라서 중앙치는 그 급간의 하한계 43.5에 4.4를 더한 47.9다. 지금까지 설명한 중앙치 계산방식을 공식으로 나타내면 다음과 같다.

$$Mdn = L_{Mdn} + w\left(\frac{N/2 - cf}{f_{Mdn}}\right)$$

이 공식에서 $L_{Mdn}$은 중앙치를 포함하는 급간의 하한계, $w$는 급간크기, $f_{Mdn}$는

중앙치를 포함하는 급간의 사례수, *cf*는 중앙치를 포함하는 급간 아래에 해당하는 급간들의 누적 사례수, *N*은 전체 사례수를 의미한다.

중앙치의 장점은 다음과 같다.

① 중앙치는 쉽게 계산할 수 있다.
② 중앙치는 점수의 크기가 아니라 사례수의 영향을 받기 때문에 편포된 자료에서 집중경향으로 적합하다.
③ 중앙치는 극단치의 영향을 받지 않으므로 극단치가 있을 경우 평균보다 더 적합하다. 분포 [4 8 9 14 16]과 분포 [1 2 9 100 999]에서 평균은 큰 차이가 있지만, 중앙치는 모두 9가 되므로 극단치의 영향을 받지 않는다는 것을 알 수 있다.
④ 중앙치는 자료의 동간성을 가정할 필요가 없다. 자료 [6 9 12]에서 중앙치는 9인데, 이 경우 6과 9의 간격이 9와 12의 간격과 동일하다는 가정을 하지 않아도 무방하다. 이 자료에서 평균을 구하자면 6과 9의 간격은 9와 12의 간격과 동일하다는 묵시적인 가정을 해야 한다.
⑤ 중앙치는 표본에서 모집단을 추정하고자 할 때 평균보다는 유용하지 않지만, 최빈치보다는 더 유용하다.
⑥ 중앙치는 개방분포에서 집중경향으로 적합하다.

한편, 중앙치의 단점은 다음과 같다.

① 중앙치는 평균보다 수리적인 조작이 제한된다.
② 중앙치는 평균에 비해 표본에 따른 변동성이 크다(즉, 모집단에서 표본을 반복 추출하여 구한 중앙치 차이는 평균 차이보다 더 크다).

## 3) 최빈치

**최빈치**(最頻値, mode; *Mo*)는 자료에서 사례가 가장 많은 점수, 즉 빈도가 가장 많은 전형적인 점수를 가리킨다. 자료 [2 6 6 8 9 9 9 10]에서 최빈치는 9다. 한국에서 최빈 성(姓)은 김씨 혹은 이씨이고, 미국에서 최빈 이름은 Smith라고 한다.

최빈치는 빈도가 가장 높은 점수이지, 그 점수의 빈도가 아니라는 점에 유의해야 한다. 최빈치는 자료에서 실제로 나타난다(평균과 중앙치의 경우 자료에서 실제로 관찰되지 않는 점수가 될 수도 있다). 최빈치는 가장 많은 사람들에게 해당되는 점수이므로 사업을 하려는 사람은 반드시 최빈치를 고려해야 한다. 사업을 할 때 고객의 평균이나 중앙치에 맞추는 것은 사업을 망치는 지름길이다.

묶음빈도분포에서 최빈치는 빈도가 가장 많은 급간의 중간값이다. 인접한 두 점수의 빈도가 가장 많고 빈도가 같을 경우 최빈치는 두 점수를 평균한 값이다. 반면, 인접하지 않은 두 점수의 빈도가 가장 많은 경우 최빈치는 2개가 된다.

정규분포에는 최빈치가 1개뿐이지만, 분포에 따라 최빈치가 여러 개 있을 수도 있다. 최빈치가 1개인 분포를 **단봉분포**(uni-modal distribution), 최빈치가 2개인 분포를 **양봉분포**(bi-modal distribution) 혹은 쌍봉분포라고 한다. 양봉분포에서는 두 최빈치의 빈도가 일치할 수도 있고, 일치하지 않을 수도 있다. 두 최빈치의 빈도가 다를 때 빈도가 많은 최빈치를 주최빈치(major mode), 빈도가 적은 최빈치를 부최빈치(minor mode)라고 한다. 또 분포에 따라 최빈치가 존재하지 않을 수도 있다. 모든 점수들의 빈도가 같을 때는 최빈치가 존재하지 않는다.

최빈치의 장점은 다음과 같다.

① 최빈치는 피부색이나 혈액형과 같이 명명척도 수준의 질적 자료에서 적합하다. 명명척도 자료에서는 평균이나 중앙치를 구할 수 없다.
② 최빈치는 계산이 쉽기 때문에 집중경향을 쉽게 구해야 할 경우 적합하다.
③ 최빈치는 극단치의 영향을 받지 않는다. 그러므로 100명 중 남자가 1명이고 여자가 99명이라면 최빈 성(性)은 여자다.
④ 자료가 편포를 이룰 경우 최빈치는 평균보다 더 적합하다.
⑤ 최빈치는 개방분포에서 집중경향으로 적절하다.

한편, 최빈치의 단점은 다음과 같다.

① 분포에 최빈치가 여러 개 존재할 수 있다. 사회과학에서 다루는 대부분의 변수가 정규분포에 근접한다는 사실을 감안할 때 최빈치가 2개 있다는 것은 2개의 분포가 존재한다는 것을 시사한다. 가령 남성성 척도(masculinity scale:

남성다운 특성을 재는 척도)를 크기가 같은 남자집단과 여자집단에 실시할 경우 최빈치가 2개 존재할 수 있다. 이 경우 최빈치가 2개 있다는 것을 보고하지 않고 평균이나 중앙치를 보고하는 것은 잘못이다.

② 묶음빈도분포에서 최빈치는 급간의 크기나 수에 영향을 받는다. 그 결과 최빈치는 단순빈도분포와 묶음빈도분포에서 달라질 수 있다.

③ 최빈치가 자료를 대표하지 못할 수도 있다. 특히 최빈치가 0이 되는 경우 분포를 대표하지 못한다. 예컨대, 흡연량을 조사한다고 할 때 비흡연자가 많을 경우 최빈치는 0이다. 이 경우 최빈치는 흡연에 대한 정보를 제공하지 못하므로 평균이나 중앙치가 더 적절한 집중경향이다.

④ 최빈치는 평균이나 중앙치에 비해 표집의 안정성이 더 낮다. 특히 최빈치는 사례수가 적을수록 안정성이 낮아진다.

최빈치는 수리적 조작이 용이하지 않기 때문에 고급통계에서는 거의 사용되지 않는다. 그러므로 최빈치는 자료가 명명척도인 경우나 집중경향을 쉽게 계산하고자 할 경우에만 사용하는 것이 바람직하다.

## 4) 집중경향의 비교

평균, 중앙치, 최빈치는 서로 다른 정보를 제공한다. 평균은 분포의 균형을 유지하고($\sum (X-\overline{X})=0$), 중앙치는 자료를 균등하게 양분하며, 최빈치는 자료에서 가장 전형적인 점수를 나타낸다. 이 중에서 어느 하나를 선택할 때는 ① 분포형태, ② 용도, ③ 변수의 성질, ④ 수리적 특성 및 장점을 감안해야 한다.

세 가지 집중경향은 각기 특성과 용도가 다르기 때문에 어느 것이 가장 적합한가라는 질문은 우문(愚問)에 지나지 않는다. 그러므로 집중경향 중 어느 것이 가장 적합한가라는 질문에 대한 정답은 존재하지 않는다. 평균, 중앙치, 최빈치를 비교하면 다음과 같다.

① 표집오차: 표집오차는 평균이 가장 작고, 그다음은 중앙치, 최빈치 순이다.
② 수리적 조작: 평균은 수리적인 조작이 용이하므로 가장 널리 활용된다.
③ 개방분포: 개방분포(최하점수 혹은 최고점수를 알 수 없는 분포)에서는 평균을 계

산할 수 없으므로 중앙치나 최빈치가 적절하다.

④ 극단치: 극단치가 존재할 경우 평균보다 중앙치나 최빈치가 집중경향으로 더
적절하다.

⑤ 측정수준: 평균은 자료가 동간척도 혹은 비율척도일 경우 적합하다. 명명척도
자료에서는 최빈치가 적합하다.

⑥ 계산용이성: 최빈치가 계산이 가장 쉽다. 반면, 평균은 계산이 가장 어렵다.

⑦ 분포형태: 대칭분포에서는 평균, 중앙치, 최빈치가 일치하지만, 편포에서는
평균이 분포의 꼬리 방향에 위치한다(제3절 편포도 참조). 그러므로 정적 편포
에서는 평균이 중앙치나 최빈치보다 크고, 반대로 부적 편포에서는 평균이
중앙치나 최빈치보다 작다. 편포를 이룰 때 중앙치는 평균과 최빈치 사이에
위치하며, 일반적으로 최빈치보다 평균에 근접한다. 최빈치가 하나이고 어느
정도 비대칭분포일 때 최빈치와 중앙치의 차이는 중앙치와 평균 차이의 대략
3배 정도가 된다(Glass & Hopkins, 1980, p. 41).

〈표 3-3〉 집중경향의 비교

| 집중경향 | 정의 | 존재 여부 | 모든 점수 고려 여부 | 극단치 영향 |
|---|---|---|---|---|
| 평균 | 모든 점수들을 합한 값을 사례수로 나눈 점수 | 항상 존재함 | 예 | 예 |
| 중앙치 | 전체 사례들을 균등하게 양분하는 점수 | 항상 존재함 | 아니요 | 아니요 |
| 최빈치 | 분포에서 빈도가 가장 많은 점수 | 없을 수도 있고, 하나 이상 있을 수도 있음 | 아니요 | 아니요 |

**적절한 집중경향의 선택(예시)**

1. 학생 A가 네 차례 수학시험에서 받은 점수가 각각 88, 75, 95, 100이라고 할 때 가장 적절한
집중경향은?

[해답] 평균이 가장 적절하다. 왜냐하면 평균은 모든 점수들을 고려하여 전반적인 성취수준
을 제대로 요약하기 때문이다.

2. 보스턴 마라톤에서는 남자가 6,562명 완주했고, 여자는 1,561명 완주했다. 이 자료에서 가장 적절한 집중경향은?

[해답] 최빈치가 가장 적절하다. 이 자료에서는 최빈치(남자)는 구할 수 있으나, 평균이나 중앙치는 구할 수 없다.


# 2 변산도

자료를 하나의 수치로 요약하는 집중경향만으로는 자료의 특징을 완전히 파악할 수 없다. 왜냐하면 두 자료가 평균이나 중앙치와 같더라도, 다른 측면에서는 얼마든지 차이가 있을 수 있기 때문이다. 예를 들어 보자.

자료 A: 19  20  25  32  39　　　자료 B: 2  3  25  30  75

자료 A와 자료 B는 평균이 27이고 중앙치가 25이므로 집중경향이 같지만, 자료 A는 점수가 평균을 중심으로 모여 있고, 자료 B는 점수차이가 크다. 그러므로 자료의 특성을 정확하게 파악하려면 집중경향은 물론 변산도를 고려해야 한다. 변산도를 제시하지 않고 집중경향에 대한 정보만 제시하면 자료의 의미를 왜곡할 소지가 있다. 메이저리그 스타선수의 연봉과 무명선수의 연봉은 천양지차이므로 야구선수 평균연봉이 얼마라는 것은 별 의미가 없다.

**변산도**(變散度, variability or spread or dispersion) 혹은 **분산도**는 점수들이 집중경향을 중심으로 흩어져 있는 정도, 즉 점수들이 서로 다른 정도를 나타낸다. 그러므로 변산도가 클수록 점수들이 흩어져 있고 이질적이다.

변산도는 실제로 존재하는 자료의 특성을 반영한다. 누군가 말한 것처럼 "집중경향은 추상이지만 변산은 현실이다". 이 말은 집중경향(평균이나 중앙치)은 자료에서 실제로 존재하지 않는 값이 될 수도 있지만, 변산은 항상 존재한다는 것을 의미한다. 변산도를 나타내는 지수로는 범위, 사분범위, 준사분범위, 표준편차, 분산 등이 있다.

## 1) 범위

범위(範圍, range; $R$)는 자료에서 최고점수($X_{max}$)와 최하점수($X_{min}$)의 차이($R = X_{max} - X_{min}$)를 가리킨다. 그러므로 최고점수가 80이고 최하점수가 10이면 범위가 70이다.

범위는 쉽게 계산할 수 있다는 장점이 있다. 흔히 평균이 중요하다는 생각에 사로잡혀 범위의 중요성을 간과하기 쉽지만, 범위는 매우 중요한 용도로 활용된다. 다음과 같은 상황을 상정해 보자.

- 평균교통량을 고려하여 한강의 다리를 건설했다.
- 평균강우량을 고려하여 댐을 건설했다.
- 평균접속건수를 고려하여 컴퓨터 서브를 설계했다.
- 평균체격을 고려하여 비행기 좌석을 결정했다.

이러한 상황에서는 모든 것이 엉망이 될 것이다. 러시아워에 한강다리는 무너지고, 장마철에 댐은 붕괴될 것이다. 접속이 폭주할 때 컴퓨터 서브는 다운되고, 뚱뚱한 사람은 비행기에 탑승하지 못할 것이다. 이것은 평균이 경우에 따라 자료의 특성을 왜곡할 수도 있음을 의미한다.

그러나 범위는 양극단에 존재하는 두 점수만 고려할 뿐 전체 점수들을 고려하지는 못하므로 변산도를 제대로 나타내지 못한다. 또 범위는 극단치의 영향을 받기 때문에 안정성이 낮다. 범위는 집단크기에 비례하기 때문에 집단크기가 다를 경우 범위를 의미 있게 비교하기가 어렵다는 단점도 있다. 예를 들어, 모집단에서 50개 점수들을 무작위로 표집해서 구한 범위는 5개 점수들을 무작위로 표집하여 구한 범위보다 대략 2배 정도 크다(Hopkins, Stanley, & Hopkins, 1990). 또 범위는 최고점수와 최하점수 사이에 점수들이 어떻게 분포되어 있는지에 대한 정보를 전혀 제공하지 못할 뿐만 아니라 수리적 조작이 제한된다.

## 2) 사분범위와 준사분범위

사분범위(四分範圍, interquartile range; $Q$)는 백분위 75에 대응되는 점수에서 백분위 25에 대응되는 점수를 뺀 값, 즉 제3사분위수에서 제1사분위수를 뺀 값이다(백분위는 제4장 참조). **사분위수**(quartiles)는 자료를 4등분하는 점수를 말한다. 구체적으로 **제1사분위수**(the first quartile; $Q_1$)는 자료를 하위 25%와 상위 75%로 구분하는 점수, 즉 백분위 25($PR_{25}$)에 대응되는 점수, **제2사분위수**(the second quartile; $Q_2$)는 자료를 하위 50%와 상위 50%로 구분하는 점수, 즉 백분위 50($PR_{50}$)에 대응되는 점수를 말한다. **제3사분위수**(the third quartile; $Q_3$)는 자료를 하위 75%와 상위 25%로 구분하는 점수, 즉 백분위 75($PR_{75}$)에 대응되는 점수를 가리킨다. 그러므로 사분범위는 자료에서 상위 25%에 속하는 사례들과 하위 25%에 속하는 사례들을 제외한 나머지 50%의 자료에서 구한 범위를 의미한다.

사분범위가 같으면 범위가 같을 때보다 분포형태가 더 비슷하기 때문에 사분범위는 범위보다 자료의 특징을 더 정확하게 나타낸다. 중앙치를 중심으로 대칭을 이루는 자료에서는 사분범위를 이용하여 50%의 사례들을 포함하는 점수한계를 구할 수 있다. 예를 들어, 대부분의 지능검사에서 중앙치는 100이고 사분범위는 대략 20이므로, 지능지수의 약 50%는 90(100−10=90)에서 110(100+10=110) 사이에 존재한다. 사분범위는 상자도표(box plot)를 그릴 때도 유용하다(제2장 참조).

사분범위는 백분위 75보다 큰 점수와 백분위 25보다 작은 점수의 영향을 받지 않으므로 범위보다 안정성이 더 높다. 또한 특정 점수를 알 수 없는 개방분포(open-ended distribution)에서는 사분범위가 변산도를 가장 잘 나타낸다(개방분포에서는 표준편차를 구할 수 없다.).

한편, **준사분범위**(semi-interquartile range)는 사분범위를 2로 나눈 값이고 [($Q_3 - Q_1$)/2], **중간 사분위**(mid-quartile)는 제3사분위수와 제1사분위수를 더한 후 2로 나눈 값[($Q_3 + Q_1$)/2]이다. 또 10−90 백분위수 범위(percentile range)는 백분위 90에 대응되는 점수에서 백분위 10에 대응되는 점수를 뺀 값을 가리킨다.

## 3) 표준편차

**표준편차**(標準偏差, standard deviation)는 각 점수가 평균과 다른 정도를 평균한 값이다. 즉, 표준편차는 '점수들이 평균을 기준으로 평균적으로 다른 정도'를 나타낸다. 그러므로 표준편차가 클수록 자료가 이질적이고, 표준편차가 작을수록 자료가 동질적이다. 통계학에서는 표본의 표준편차를 s, 모집단의 표준편차를 $\sigma$(sigma)로 표기한다. 모집단의 표준편차는 다음 공식으로 계산한다.

$$\sigma = \sqrt{\frac{\sum(X-\mu)^2}{N}}$$

공식에서 알 수 있는 것처럼 표준편차는 평균을 기준으로 하여 구한 편차점수의 평균이다. 표준편차를 구할 때 평균을 기준으로 하는 것은 평균을 기준으로 할 때 편차제곱의 합이 최소가 되기 때문이다. 이를 **최소자승법 원리**(最小自乘法 原理, principle of least square)라고 한다. 표준편차를 구할 때 각 점수와 평균의 편차 $(X-\mu)$를 제곱하는 이유는 편차의 합이 항상 0이 되기 때문이다. 예를 들어, 자료 [1 2 3]에서 평균은 2이므로 편차는 [-1 0 +1]이고 편차를 합하면 0이 된다. 또 편차는 각 점수가 평균과 다른 정도를 제대로 나타내지 못한다. 〈표 3-4〉에서 3이 평균(2)과 다른 정도(+1)와 1이 평균과 다른 정도(-1)는 실제 같지만, 부호가 반대로 되어 있어 점수가 평균과 다른 정도를 왜곡하고 있다. 편차를 제곱하면 이러한 문제가 해결된다. 단, 편차를 제곱하면 단위가 달라지기 때문에 달라진 단위를 원래 단위로 환원하기 위해 제곱근을 구한다.

표준편차의 대표적인 수리적 성질은 다음과 같다.

① 원점수에 상수(C)를 더하거나 빼도 표준편차는 변하지 않는다.
② 원점수에 상수(C)를 곱하거나 나누면 표준편차는 그만큼 변화된다.

〈표 3-4〉 표준편차와 분산의 계산: 자료 [1 2 3]

| $X$ | $X-\mu$ | $(X-\mu)^2$ | 표준편차와 분산 |
|:---:|:---:|:---:|:---:|
| 1 | -1 | 1 | |
| 2 | 0 | 0 | $\sigma = \sqrt{\dfrac{2}{3}}$ |
| 3 | +1 | 1 | $\sigma^2 = \dfrac{2}{3}$ |
| $\sum$ | 0 | 2 | |

한편, 표본에서 표준편차를 구할 때는 모집단 평균을 모르기 때문에 표본 평균을 이용해서 자승합(편차제곱의 합)을 구해야 한다. 그런데 표집오차로 인해 표본 평균은 모집단 평균과 차이가 있기 때문에(예: IQ 평균이 100인 모집단에서 무작위로 100명을 표집하여 IQ 평균을 구하면 99가 될 수 있고, 101도 될 수 있다) 모집단 평균을

기준으로 하여 구한 자승합(편차를 제곱하여 합한 값)과 표본 평균을 기준으로 하여 구한 자승합은 다르다. 최소자승법 원리에 따르면 평균을 기준으로 하여 구한 편차제곱의 합은 평균 이외의 다른 어떤 점수를 기준으로 하여 구한 편차제곱의 합보다 항상 더 작다. 그 결과 표본 평균을 기준으로 해서 구한 자승합 $\sum(X-\overline{X})^2$은 항상 모집단 평균을 기준으로 해서 구한 자승합 $\sum(X-\mu)^2$보다 작기 때문에 표본의 표준편차는 모집단의 표준편차보다 더 작다.

이상적인 측면에서 표본의 표준편차 및 분산은 공식 $\sum(X-\mu)^2$으로 구해야 한다. 그러나 표본만 있을 경우 모집단 평균 $\mu$를 알 수 없으므로 $\mu$ 대신에 $\overline{X}$를 사용해야 하는데, $\sum(X-\overline{X})^2$가 $\sum(X-\mu)^2$보다 작다는 문제점이 있다. 이로 인해서 표본 평균을 이용해서 구한 표준편차 및 분산은 모집단의 표준편차 및 분산에 대한 편파추정량(biased estimate)이 된다. 특히 모집단이 크고 표본크기가 30 이하일 경우 표본 평균을 이용하여 구한 표준편차는 모집단 표준편차보다 작아진다. 이러한 편향성을 교정하기 위해 표본 평균을 이용하여 표준편차를 구할 때는 자승합을 사례수 $n$이 아니라 다음 공식과 같이 $n-1$로 나눈다.

$$s = \sqrt{\frac{\sum(X-\overline{X})^2}{n-1}}$$

한편, 자료가 많을 때 표준편차를 구하려면 매우 복잡하다. 이 경우 자료에서 표준편차를 쉽게 추정하려면 범위를 이용하면 된다. 정규분포에서는 평균을 중심으로 $\pm 3$표준편차 내에 대부분의 사례들이 포함된다(제4장 참조). 이것은 정규분포에서는 범위(최고점수와 최하점수의 차이)가 표준편차의 약 6배에 달한다는 것을 의미한다. 바꾸어 말하면 표준편차는 보통 범위의 1/5에서 1/6의 값을 취한다. 원칙적으로 범위를 이용하여 추정한 표준편차와 실제 표준편차가 비슷해야 한다. 그렇지 않으면 자료가 편포를 이루고 있거나 극단치가 존재할 수 있으므로 히스토그램을 작성해서 자료의 타당성을 검토해 보아야 한다.

표준편차는 정규분포를 이루는 연속변수에서 변산도를 적절하게 나타낸다. 표준편차는 모든 점수들을 고려하고, 표집의 안정성이 높으며, 수리적 조작이 쉽다는 장점이 있어 변산도 지수 중에서 가장 널리 사용되고 있다. 그러나 표준편차는 극단치에 민감하므로 편포가 심한 경우 적합하지 않고, 질적 변수의 자료에서는 변산도를 나타내는 지수로 부적합하다.

평균과 함께 표준편차는 다양한 장면에서 매우 중요한 용도로 활용된다. 예를 들어, 표준편차는 제품의 품질을 판단하기 위한 중요 지표로 활용된다. 좋은 제품은 평균도 높아야 하지만 일관성이 높아야 한다. 일관성이 높다는 것은 변동성이 낮다는 것, 즉 표준편차가 작다는 것을 의미한다. 만약 컴퓨터 수명의 표준편차가 크면 컴퓨터에 따라 수명이 들쭉날쭉할 것이므로 소비자는 그 컴퓨터를 구입하지 않을 것이다.

## 4) 분산(변량)

분산(分散, variance) 혹은 **변량**(變量)은 표준편차를 제곱한 값이다. 모집단의 분산은 $\sigma^2$, 표본의 분산은 $s^2$으로 표기한다. 표준편차는 변산도를 원점수와 동일한 측정단위로 나타내지만, 분산은 변산도를 원점수 측정단위의 제곱으로 나타낸다. 분산의 또 다른 명칭은 **평균자승**(mean square)이다. 이것은 모집단 분산이 모집단 평균을 기준으로 해서 구한 자승합(편차제곱합)을 전체 사례수로 나눈 값이라는 것을 의미한다.

분산은 각 점수와 평균의 차이(즉, 편차)를 제곱한 값을 평균한 것이므로, 분산이 클수록 점수들이 평균과 다르고, 분산이 작을수록 점수들이 평균과 비슷하다. 표준편차와 마찬가지로 분산은 점수들의 이질성을 나타내는 지표가 된다.

[그림 3-1]은 평균과 분산에 따른 분포형태를 제시하고 있다. (a)는 평균은 같지만 분산이 다른 두 분포를 나타내고 있다. 가운데 있는 분포가 더 동질적이다. (b)는 분산은 같지만 평균이 다른 두 분포를 나타내고 있다. 왼쪽 분포보다 오른쪽 분포의 평균이 더 크다. (c)는 평균 및 분산이 같지만 형태가 다른 두 분포를 나타낸다.

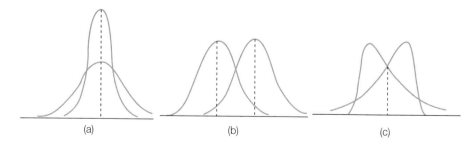

[그림 3-1] 평균, 분산, 분포형태의 관계

표본의 분산 $s^2$는 바람직한 통계적 특성을 갖고 있다. 모집단에서 무작위로 표집한 표본에서 구한 분산은 모집단 분산 $\sigma^2$에 대한 불편추정량(unbiased estimate)이다. 불편추정량은 모수보다 평균적으로 크지도 않고 작지도 않은 추정량을 말한다. 통계적으로 볼 때 통계량의 기댓값이 모수와 같으면 불편추정량으로 간주된다. 통계량의 기댓값은 모집단에서 추출 가능한 모든 표본에서 구한 통계치의 평균이다 [$E(s^2) = \sigma^2$]. 따라서 모집단에서 크기 $n$의 표본을 반복적으로 표집하여 구한 분산의 평균은 모집단 분산과 같다. 단, 표본의 분산을 구할 때 분모를 $n-1$이 아니라 $n$으로 하면 모집단 분산과 달라진다. 그러므로 표본의 분산을 모집단의 분산 추정량으로 사용하려고 할 경우 분모를 $n-1$로 해야 한다.

### 표준편차 혹은 분산의 계산공식

계산기나 컴퓨터프로그램을 이용해서 구한 표준편차나 분산은 교재에 제시된 값과 차이가 있을 수 있다. 그 이유는 표준편차나 분산을 계산할 때 분모가 다르기 때문이다. 표준편차 혹은 분산을 계산하는 공식에서 분모는 목적에 따라 다르다.

① 모집단의 표준편차나 분산을 추정할 경우에는 분모를 $n-1$로 해야 한다.

② 모집단의 표준편차나 분산을 추정하는 데 관심이 없고 표본의 표준편차나 분산에만 관심이 있을 경우 분모를 $n$으로 하여 구해도 된다.

한편, 표본의 분산은 모집단 분산의 불편추정량이지만, 표본의 표준편차 $s$는 모집단 표준편차 $\sigma$의 불편추정량이 아니다. 다행히 s를 $\sigma$의 추정량으로 사용할 경우의 편향성은 사례수 $n$이 매우 적지 않으면 무시해도 좋다. 표본의 표준편차 $s$가 모집단의 표준편차 $\sigma$를 과소 추정하는 편향성은 $n=6$일 때 약 5%(즉, $E(s) = .95\sigma$, $E$: 기댓값), $n=20$일 때는 약 1%(즉, $E(s) = .99\sigma$)다. 그렇지만 대부분의 경우 $n$이 20보다 크므로 편향성은 무시해도 좋다.

## 5) 변산도 계수(변이계수)

표준편차는 분포에 포함되어 있는 점수들이 서로 다른 정도를 나타내지만, 표준편차만으로 변산도를 파악하는 데는 한계가 있다. 예를 들어, 자료 A는 평균이 9, 표준편차가 3, 자료 B는 평균이 300, 표준편차가 3이라고 하자. 이 경우 자료 A의 점수 간에는 상당히 큰 차이가 있고, 자료 B의 점수 간에는 거의 차이가 없다는 사실을 알 수 있다. 이것은 표준편차를 의미 있게 해석하려면 평균을 고려해야 함을 시사한다.

변산도를 더 정확하게 파악하자면 평균에 비해 표준편차가 어느 정도 되는가를 검토해 보아야 한다. 특히 두 자료의 평균이 현저하게 다르면 표준편차를 그대로 비교하지 말고 상대적인 변산도로 변환하여 비교하는 것이 합리적이다. 자료의 상대적인 변산도를 나타내는 **변산도 계수**(變散度 係數, coefficient of variation; $v$) 혹은 변이계수는 다음과 같이 정의된다.

$$v = \frac{s}{X} \times 100$$

그러므로 변산도 계수가 클수록 점수들이 이질적이고, 변산도 계수가 작을수록 점수들이 동질적이다. 변산도 계수를 이용하면 측정단위가 다른 여러 변수들의 변산을 의미 있게 비교할 수 있다. 예컨대, 변산도 계수를 이용하면 대학 졸업 5년 후의 소득 변산과 지능지수 변산 중에서 어느 변산이 더 큰가를 쉽게 비교할 수 있다. 소득과 지능지수는 측정단위가 다르기 때문에 소득의 표준편차와 지능지수의 표준편차를 직접 비교하는 것은 아무런 의미가 없다.

변산도 계수는 대칭분포를 이루는 양적 변수에 적합하고, 평균이나 측정단위가 서로 다른 두 자료의 상대적인 변산을 비교할 때 유용하다. 반면, 변산도 계수는 극단치에 민감하므로 편포가 심할 경우 부적합하고, 질적 변수에 적합하지 않으며, 고급통계에서 사용되지 않는다는 단점이 있다.

## 3    편포도와 첨도

분포형태를 나타내는 가장 대표적인 기술통계치는 편포도와 첨도다.

## 1) 편포도(왜도)

좌우대칭을 이루는 정규분포와 달리, **편포도**(偏布度, skewness)는 분포가 오른쪽이나 왼쪽으로 치우쳐 있는 비대칭(asymmetry)의 정도를 의미한다. 편포도를 **왜도**(歪度)라고 부르기도 한다.

편포도는 평균, 중앙치, 최빈치의 차이가 커질수록 증가한다. Pearson에 따르면 모집단에서 편포도는 평균과 최빈치 차이를 표준편차로 나눈 값이다.

$$sk = \frac{\mu - Mo}{\sigma}$$

표본에서는 중앙치가 최빈치보다 표집오차가 더 작고, 단봉분포에서는 평균과 최빈치 차이는 평균과 중앙치 차이의 약 3배에 달하므로 표본에서 평균과 중앙치를 이용해서 편포도를 구할 경우 다음 공식을 이용하면 된다(Glass & Hopkins, 1984).

$$sk = \frac{3(\overline{X} - Mdn)}{s}$$

또 Pearson은 $Z$ 점수로 편포도 $\gamma_1$(gamma)를 구하는 공식을 제안했다($Z$ 점수는 제4장 참조).

$$\gamma_1 = \frac{\sum Z^3}{N}$$

그러므로 정규분포의 $\gamma_1$은 0이고, 정적 편포에서는 $\gamma_1$이 양수(+)이며, 부적 편포에서는 $\gamma_1$이 음수(−)의 값을 취한다. 단, 실제 자료에서 편포도 지수가 ±.50 범위 내에 있으면 대칭분포를 이룬다고 간주해도 무방하다(Runyon, Coleman, & Pittenger, 2000, p. 107).

편포는 치우친 방향에 따라 **정적 편포**(正的 遍布, positive skewness)와 **부적 편포**(負的 遍布, negative skewness)로 구분된다. 편포의 형태는 $(\overline{X} - Mdn)$의 부호가

+이면 정적 편포, $(\overline{X} - Mdn)$의 부호가 −이면 부적 편포가 된다. 편포의 형태는 분포의 긴 꼬리가 향하는 방향의 부호와 일치한다는 것을 기억하면 혼동을 일으키지 않는다. 즉, 정적 편포는 분포의 긴 꼬리가 +방향에 있고, 부적 편포는 분포의 긴 꼬리가 −방향에 있다. 정적 편포는 낮은 점수들이 많고 높은 점수들이 적은 분포인데, 극히 어려운 시험에서 정적 편포가 나타난다. 반대로 부적 편포는 낮은 점수들이 적고 높은 점수들이 많은 분포를 말한다. 매우 쉬운 시험에서는 부적 편포가 나타난다. 분포형태와 집중경향의 관계는 다음과 같다.

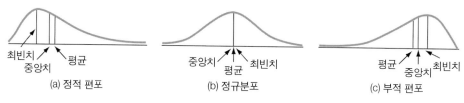

**[그림 3-2] 집중경향과 분포형태의 관계**

대칭분포(정규분포)에서는 평균, 중앙치, 최빈치가 일치한다. 편포에서 평균은 긴 꼬리 방향에 위치하고, 중앙치는 평균과 최빈치 사이에 위치한다. 그러므로 세 가지 집중경향의 관계는 정적 편포에서는 최빈치<중앙치<평균이고, 부적 편포에서는 평균<중앙치<최빈치다. 분포형태가 정적 편포나 부적 편포를 이룰 경우 왜 그러한 분포가 나타났는지를 면밀하게 검토해야 한다.

## 2) 첨도(용도)

**첨도**(尖度, kurtosis) 혹은 **용도**(聳度)는 분포의 모양이 뾰족한 정도를 뜻한다. 그러므로 첨도는 점수가 좁은 범위에 몰려 있거나 넓은 범위에 걸쳐 퍼져 있는 정도를 나타낸다. 첨도를 기준으로 할 때 분포는 고첨도(leptokurtic distribution: 'lepto'는 'slender or narrow'를 의미함, 그림 a), 중첨도(mesokurtic distribution: 'meso'는 'intermediate'를 의미함, 그림 b), 저첨도(platykurtic distribution: 'platy'는 'flat or broad'를 의미함, 그림 c)로 구분된다.

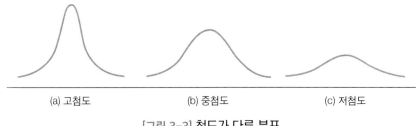

[그림 3-3] 첨도가 다른 분포

첨도를 구하는 공식은 다음과 같다(Glass & Hopkins, 1984).

$$\gamma_2 = \frac{\sum Z^4}{N} - 3$$

따라서 정규분포에서는 $\gamma_2$가 0이고, 저첨도에서는 $\gamma_2$가 음수(−)이며, 고첨도에서는 $\gamma_2$가 양수(+)의 값을 취한다.

# 4 SPSS를 활용한 기술통계 분석

SPSS를 활용한 기술통계 분석의 절차는 다음과 같다.

① 자료를 입력한 다음 **분석(A)–기술통계량(E)–빈도분석(F)**을 선택한 후 기술통계를 구하려고 하는 변수를 입력한다.
② 빈도분석 대화상자에서 **통계량(S)**을 클릭한다.
③ 통계량 대화상자에서 구하려고 하는 중심경향(평균, 중앙치, 최빈치), 산포도(표준편차, 분산 등), 분포(첨도, 왜도)를 선택하고 **계속**을 눌러 빈도분석 대화상자로 돌아간 다음 **확인**을 클릭한다.
④ 〈표 2-1〉의 자료에 대해 SPSS로 기술통계를 분석한 결과는 다음과 같다.

통계량

시험점수

| N | 유효 | 50 |
|---|---|---|
|  | 결측 | 0 |
| 평균 |  | 79.30 |
| 중위수 |  | 80.50 |
| 최빈값 |  | 86 |
| 표준편차 |  | 9.972 |
| 분산 |  | 99.439 |
| 왜도 |  | -.558 |
| 왜도의 표준오차 |  | .337 |
| 첨도 |  | .289 |
| 첨도의 표준오차 |  | .662 |
| 범위 |  | 47 |
| 최소값 |  | 52 |
| 최대값 |  | 99 |

1 허풍당 총재는 "우리는 3년 안에 모든 노동자들이 평균보다 높은 연봉을 받을 수 있도록 하겠습니다."라고 말했다. 이 말에 대해 논평하시오.

2 다음 자료에서 평균, 중앙치, 최빈치를 구하시오.

1) 자료 A: 10  8  6  0  8  3  2  5  8  0
2) 자료 B: 1  3  3  5  5  5  7  7  9
3) 자료 C: 119  5  4  4  4  3  1  0

3 김 교수는 학생들의 시험점수를 40점 만점으로 채점한 후 평균, 중앙치, 최빈치를 구했다. 일주일 후 김 교수는 학생들의 시험점수를 100점 만점으로 환산한 자료에서 평균, 중앙치, 최빈치를 구했다. 처음 구한 집중경향과 두 번째 구한 집중경향 간에 어떤 차이가 있는지 설명하시오.

4 다음 분포에서 평균, 중앙치, 최빈치의 상대적 위치를 순서대로 열거하시오.

1) 대도시의 가구당 소득                    2) 매우 쉬운 시험의 점수
3) 25세 남자집단의 키

5 25개의 점수로 이루어진 분포의 평균은 23, 중앙치는 28, 최빈치는 31이라고 한다. 그런데 자료를 검토한 결과 43점으로 채점해야 할 점수를 착오로 34점으로 채점했다고 한다. 다음에 답하시오.

1) 수정된 평균은 얼마인가?
2) 채점오류를 바로잡으면 중앙치와 최빈치가 달라지는가?

6 표준편차를 구할 때 평균을 이용하는 이유를 기술하시오.

7 표준편차를 구할 때 각 점수가 평균에서 떨어진 거리를 제곱하는 이유를 기술하시오.

8 범위보다 표준편차가 변산도 지수로 더 양호한 이유를 서술하시오.

9 김 교사는 실수로 기말고사를 친 모든 학생들의 점수를 10점씩 높게 채점했다고 한다. 이 실수가 평균과 표준편차에 어떤 영향을 미칠 것인지 설명하시오.

**10** 다음 상황에서 가장 적절한 집중경향은?

1) 연봉                          2) 수학시험성적

3) 도시의 주택가격            4) 구두 치수

**11** 표준편차가 0인 분포는 어떤 특징을 갖고 있는지 기술하시오.

**12** 집중경향 중에서 편포도의 영향을 가장 많이 받는 것은 무엇인지 들고, 그 이유를 적으시오.

**13** 변산도가 유용하게 사용될 수 있는 상황을 두 가지 열거하시오.

**14** 모든 학생들의 중간고사 점수를 각각 10점씩 올려 준다고 할 때 다음 통계량이 어떻게 변화되는지 설명하시오.

1) 범위                          2) 중앙치

3) 평균                          4) 최빈치

5) 표준편차                     6) 분산

**15** 김 교사는 40명의 학생들에게 중간고사를 실시한 다음 평균, 중앙치, 표준편차, 범위를 계산했다. 그런데 최저점수(20점)를 30점으로 잘못 입력했다는 사실을 뒤늦게 발견했다. 이 오류를 바로잡은 자료에서 구한 평균, 중앙치, 표준편차, 범위는 처음 구한 값과 어떤 차이가 있는지 설명하시오.

**16** 다음 변수에서 기대되는 분포형태를 지적하시오.

1) 대한민국 가구의 평균소득

2) 18세에서 30세 사이의 남자 키

3) 18세에서 30세 사이의 여자 키

4) 18세에서 30세 사이의 남자 및 여자 키

5) 시험이 매우 쉬울 때 시험점수

**17** 다음과 같은 집중경향을 갖고 있는 분포의 형태는?

1) 평균=52, 중앙치=55, 최빈치=60      2) 평균=60, 중앙치=60, 최빈치=60

3) 평균=50, 중앙치=50, 최빈치=40, 60   4) 평균=28, 중앙치=26, 최빈치=20

1 모든 노동자들의 연봉이 평균보다 높은 경우는 있을 수 없다. 그러므로 이 말은 허풍이거나, 평균의 개념을 몰라서 하는 하는 말이다.

2 1) 평균＝5, 중앙치＝5.5, 최빈치＝8
2) 평균＝5, 중앙치＝5, 최빈치＝5
3) 평균＝17.5, 중앙치＝4, 최빈치＝4

3 시험점수에 상수 60을 더한 후 집중경향을 구했으므로 두 번째 구한 평균, 중앙치, 최빈치는 모두 원래의 평균, 중앙치, 최빈치에 60을 더한 값과 같다.

4 1) 대도시의 가구당 소득: 최빈치＜중앙치＜평균
2) 매우 쉬운 시험의 점수: 평균＜중앙치＜최빈치
3) 25세 남자 집단의 키: 평균＝중앙치＝최빈치

5 1) 원래 자료에서 점수의 합은 평균과 사례수를 곱한 값이므로 575다[$n(\overline{X}) = 25(23) = 575$]. 수정된 자료의 합은 575에서 9(43−34＝9)를 더한 값이므로 584다. 평균은 584를 25로 나누면 된다. 따라서 평균은 23.36다.
2) 달라지지 않는다(단, 최빈치는 달라질 수 있으나 확률이 극히 낮다).

6 평균을 기준으로 구한 자승합이 최소가 되기 때문이다(최소자승법의 원리).

7 편차의 합이 항상 0이 되기 때문이다(즉, $\sum(X - \overline{X}) = 0$).

8 표준편차가 범위보다 극단치(이상치)의 영향을 적게 받는다.

9 평균은 10점 증가한다. 표준편차는 바뀌지 않는다.

10 1) 연봉: 중앙치(극단치의 영향을 받지 않는다)
2) 수학시험성적: 평균(성적은 일반적으로 정규분포를 이룬다)
3) 도시의 주택가격: 중앙치(극단치의 영향을 통제한다)
4) 구두의 치수: 최빈치(가장 많은 사람에게 해당된다)

11 모든 점수가 같다.

12 평균이 편포도의 영향을 가장 많이 받는다. 편포도가 클수록 평균은 편포의 꼬리 방향으로 접근한다.

13 1) 개인의 점수를 평균과 비교하는 상황: 개인의 점수를 평균과 비교하면 점수가 평균과 어느 정도 차이가 있는지 알 수 있다.
2) 측정의 정확성을 판단해야 할 상황: 같은 대상을 여러 차례 측정할 때 측정치의 변산도는 작을수록 바람직하다.

14 평균, 중앙치, 최빈치는 각각 10점 높아진다. 그러나 범위, 표준편차, 분산은 바뀌지 않는다.

15 평균은 최저점수가 낮아졌으므로 처음보다 줄어든다. 중앙치는 바뀌지 않는다. 표준편차와 범위는 최저점수가 낮아졌으므로 처음보다 커진다.

16 1) 정적 편포 2) 정규분포 3) 정규분포 4) 양봉분포 5) 부적 편포

17 1) 부적 편포 2) 정규분포 3) 양봉분포 4) 정적 편포

학 / 습 / 목 / 표

- 정규분포의 성질을 기술한다.
- 자료의 정규성을 판단하는 방법을 기술한다.
- 표준정규분포의 성질을 기술한다.
- 원점수를 $Z$ 점수와 $T$ 점수로 변환한다.
- $Z$ 점수와 $T$ 점수를 원점수로 변환한다.
- 표준점수를 이용해서 확률(면적)을 구한다.
- 백분위를 구하고 해석한다.

# 1 정규분포

정규분포(正規分布, normal distribution) 혹은 **정상분포**(正常分布)는 연속적이고 좌우대칭인 종모양(bell-shaped)의 가설적이고 이론적인 분포를 말한다. 정규분포는 가우스 곡선(Gaussian curve) 혹은 정규확률곡선(normal probability curve)이라고 부르기도 한다. 단, 종모양의 모든 분포가 정규분포는 아니다. 종모양의 분포가 정규분포가 되려면 일정 요건을 갖추어야 한다.

분포는 다양한 형태를 취할 수 있는데, 분포 중에서 정규분포는 이론적인 측면은 물론 실제적인 측면에서 가장 중요한 확률분포다. 왜냐하면 무수한 자연현상 및 사회현상은 정규분포 혹은 정규분포에 근접하는 확률분포를 이루기 때문이다. 키, 몸무게, 지능지수, 시험점수와 같은 연속적인 무작위변수는 모두 정규분포를 이루는 것으로 알려져 있다. 그래서 정규분포는 사회과학에서 수많은 개념들을 설명하는 토대로 활용되고 있다.

대부분의 통계방법은 자료가 정규분포를 이룬다고 가정하고 있으므로 정규분포를 정확하게 이해하는 것은 매우 중요하다. 이 절에서는 정규분포의 성질을 살펴본 다음 표준정규분포에 대해 소개한다.

## 1) 정규분포의 특징

정규분포는 실제로 존재하지 않는 이론적인 분포이므로, 경험적인 자료는 정규분포의 요건을 완벽하게 충족시킬 수 없다. 그러나 경험적인 분포가 정규분포에 접근할 경우 '정규적으로 분포되었다' 혹은 '정규분포를 이룬다'고 해도 무방하다. 이론적인 정규분포는 [그림 4-1]과 같이 나타낼 수 있으며 특징은 다음과 같다.

① 정규분포는 평균을 중심으로 완벽한 좌우대칭을 이룬다. 따라서 정규분포 왼쪽의 면적과 오른쪽의 면적은 각각 .50(50%)이다.
② 정규분포는 연속적이다. 따라서 정규분포에서는 $X$의 모든 값에 대응되는 $Y$ 값이 존재한다. 정규분포에서 $X$축은 점수를, $Y$축은 빈도를 나타낸다.
③ 정규분포는 최빈치가 하나인 종(鐘)모양의 단봉분포(uni-modal distribution)

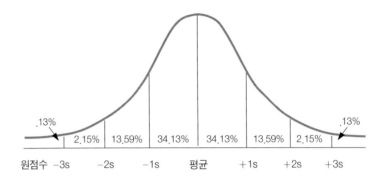

[그림 4-1] 정규분포($s$: 표준편차)

다. 그러므로 정규분포에서는 평균, 중앙치, 최빈치가 일치한다.

④ 정규분포의 전체 면적(확률)은 1.0이다(백분율로는 100%). 정규분포에서는 평균에 근접할수록 많은 사례들이 밀집해 있어 빈도(즉, 정규분포곡선의 높이)가 많고, 중간에서 벗어날수록 사례들이 감소한다. 그래서 정규분포에서 평균과 +1s 사이의 면적은 34.13%이지만, +1s와 +2s 사이의 면적은 13.59%, +2s와 +3s 사이의 면적은 2.15%에 불과하다. 정규분포의 면적비율은 확률 혹은 사례들의 비율과 같은데, 그 비율은 평균과 표준편차에 따라 결정된다. 정규분포에서는 평균을 중심으로 ±1s의 범위에 전체 면적의 약 68%, ±2s의 범위에 약 95%, ±3s의 범위에 약 99.7%가 분포한다. 이를 확률로 나타내면 다음과 같다.

- 원점수가 평균을 기준으로 ±1 표준편차 이내에 존재할 확률: .6826
- 원점수가 평균을 기준으로 ±2 표준편차 이내에 존재할 확률: .9544
- 원점수가 평균을 기준으로 ±3 표준편차 이내에 존재할 확률: .9974

### 정상이란 무엇인가?

사람들은 자신의 혈압이나 체중이 정상범위에 있는지 큰 관심을 갖고 있다. 일반적으로 정상범위는 정규분포를 이용해서 결정한다. 혈압이나 체중과 같은 변수는 정규분포를 이루므로 평균과 표준편차를 구할 수 있다. 정규분포를 이룰 경우 평균과 표준편차를 이용하면 정상범위를 구할 수 있다. 예를 들어, 건강한 사람을 대상으로 혈압을 측정했을 때 95%에 해당하는 사람들의 혈압은 평균을 중심으로 ±2 표준편차 내에 존재한다. 그래서 혈압이 그 범위에 포함되면 정상으로, 그 범위를 벗어나면 비정상이라고 진단한다.

⑤ 정규분포의 꼬리는 결코 $X$축에 닿지 않는다. 수학적으로는 이러한 성질을 '곡선이 $X$축에 점근적으로(asymptotically) 접근한다'고 하거나 '$X$축은 곡선의 점근선(漸近線, asymptote)이다'라고 한다.

⑥ 정규분포의 형태는 평균과 표준편차에 따라 결정된다. 반지름이 다른 원(circle)들이 수없이 존재하는 것처럼, 평균과 표준편차에 따라 수많은 정규분포들이 존재한다. 정규분포에서 평균은 분포의 중심을 결정하고, 표준편차는 분포가 어느 정도 퍼져 있는지를 나타낸다. [그림 4-2]는 평균과 표준편차에 따른 정규분포를 나타낸다.

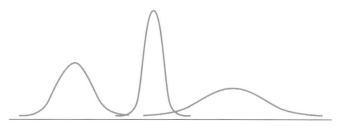

[그림 4-2] 평균과 표준편차에 따른 정규분포의 형태

[그림 4-2]에 제시된 것처럼 평균이 달라지면 정규분포곡선은 오른쪽 혹은 왼쪽으로 이행한다. 또 표준편차가 달라지면 정규분포곡선의 형태가 바뀌는데, 표준편차가 커지면 모양이 뚱뚱해지고 표준편차가 작으면 모양이 홀쭉해진다.

### 자료가 정규분포에 근접하는지를 검토하는 방법

① 히스토그램 혹은 줄기-잎 그림의 모양이 정규분포와 비슷한지 검토한다.

② $\overline{X} \pm 1s$, $\overline{X} \pm 2s$, $\overline{X} \pm 3s$의 범위에 포함된 사례들이 차지하는 백분율이 각각 68%, 95%, 99.7%에 근접하면 정규분포를 이룬다.

③ 사분범위를 표준편차로 나눈 값이 1.3에 근접하면 정규분포에 접근한다. 정규분포에서 제1사분위수와 제3사분위수에 대응되는 $Z$점수는 각각 −.67과 .67이다. 표준정규분포에서 표준편차는 1이므로 사분범위[.67−(−.67)]를 표준편차(1)로 나눈 값은 1.34가 된다.

④ 정규확률도표(normal probability plot)가 직선에 가까우면 정규분포에 접근한다. 정규확률도표는 점수를 $X$축에, 점수에 대응되는 $Z$점수를 $Y$축에 표시한 산포도를 말한다. 정규확률도표를 그리려면 자료를 가장 작은 점수에서 가장 큰 점수의 순서로 배열한 다음, 각 점수에 대응되는 $Z$점수를 그래프로 나타내면 된다.

⑤ 자료가 정규분포를 이루는지를 통계적으로 검증하려면 Kolmogorov–Smirnov 검증 혹은
Shapiro–Wilk 검증을 하면 된다(제9장 일원분산분석 참조).

## 2) 표준정규분포

**표준정규분포**(標準正規分布, standard normal distribution)는 무수한 정규분포들을
표준화시킨 분포, 즉 평균이 0, 분산(표준편차)이 1인 정규확률분포를 말한다. 표준
정규분포는 단위정규분포(unit normal distribution), 표준정규곡선(standard normal
curve) 혹은 $Z$ 곡선이라고 부르기도 한다.

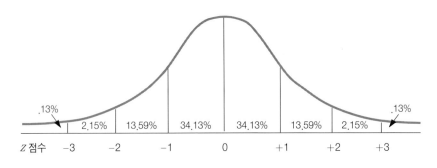

[그림 4-3] 표준정규분포

표준정규분포에서 횡축($X$)의 단위는 $Z$라고 하며, 따라서 $Z$ 점수라고 한다.
$Z$ 점수는 점수와 평균 사이의 거리(차이)를 표준편차 단위로 표시한 것이다. 따라서
$Z$ 점수가 0이면 원점수가 평균과 같고, $Z$ 점수가 +이면 원점수가 평균보다 크며,
$Z$ 점수가 −이면 원점수가 평균보다 작다는 것을 뜻한다.

표준정규분포의 형태는 원점수의 분포형태와 동일하다. 왜냐하면 $Z$ 점수는 원
점수에서 평균을 뺀 값을 표준편차로 나누었기 때문이다. 분포형태는 원점수에 상
수를 더하거나 빼도 바뀌지 않고, 상수를 곱하거나 나누어도 바뀌지 않는다. 표준
정규분포의 성질은 다음과 같다.

① 전체 면적은 1.00이다.
② 평균은 0, 표준편차는 1이다.

③ 곡선은 양방향으로 끝없이 접근하지만 결코 0이 되지는 않는다.

④ 평균 0을 중심으로 완벽한 좌우대칭을 이룬다.

⑤ 대부분의 면적은 −3에서 +3의 범위 이내에 존재한다.


　〈부록 표 1〉에는 $Z$ 점수와 평균 사이의 면적(확률)과 $Z$ 점수에 대응되는 종축치(표준정규분포곡선의 높이)가 제시되어 있다. [그림 4-4]와 〈표 4-1〉은 〈부록 표 1〉의 일부를 제시한 것이다.

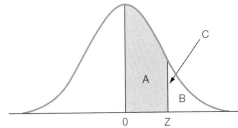

A: 평균과 $Z$ 사이의 면적
B: $Z$보다 큰 부분의 면적(B= .50−A)
C: 종축치($Z$에 대응되는 $Y$축의 높이)

[그림 4-4] 표준정규분포의 면적과 종축치

〈표 4-1〉 표준정규분포(부분 제시)

| Z | A | B | C | Z | A | B | C |
|---|---|---|---|---|---|---|---|
| .90 | .3159 | .1841 | .2661 | 1.30 | .4032 | .0968 | .1714 |
| .91 | .3186 | .1814 | .2637 | 1.31 | .4049 | .0951 | .1691 |
| .92 | .3212 | .1788 | .2613 | 1.32 | .4066 | .0934 | .1669 |
| .93 | .3238 | .1762 | .2589 | 1.33 | .4082 | .0918 | .1647 |
| .94 | .3264 | .1736 | .2565 | 1.34 | .4099 | .0901 | .1626 |
| .95 | .3289 | .1711 | .2541 | 1.35 | .4115 | .0885 | .1604 |
| .96 | .3315 | .1685 | .2516 | 1.36 | .4131 | .0869 | .1582 |
| .97 | .3340 | .1660 | .2492 | 1.37 | .4147 | .0853 | .1561 |
| .98 | .3365 | .1635 | .2468 | 1.38 | .4162 | .0838 | .1539 |
| .99 | .3389 | .1611 | .2444 | 1.39 | .4177 | .0823 | .1518 |
| 1.00 | .3413 | .1587 | .2420 | 1.40 | .4192 | .0808 | .1497 |
| 1.01 | .3438 | .1562 | .2396 | 1.41 | .4207 | .0793 | .1476 |
| 1.02 | .3461 | .1539 | .2371 | 1.42 | .4222 | .0778 | .1456 |
| 1.03 | .3485 | .1515 | .2347 | 1.43 | .4236 | .0764 | .1435 |
| 1.04 | .3508 | .1492 | .2323 | 1.44 | .4251 | .0749 | .1415 |

표준정규분포에는 $Z$ 점수와 평균 사이의 면적과 $Z$ 점수에 대응되는 종축치가 제시되어 있다. 〈표 4-1〉에서 보면 $Z=1.0$일 경우 $Z$ 점수와 평균 사이의 면적은 .3413이고, 그에 대응되는 종축치는 .2420이다. [그림 4-4]와 〈표 4-1〉을 살펴보면 $Z$ 값이 클수록 평균과 $Z$ 점수 사이의 면적(확률)은 커지고, 종축치는 줄어든다는 사실을 알 수 있다.

그러므로 표준정규분포를 이용하면 특정 $Z$ 값보다 크거나 작은 값을 얻을 확률을 쉽게 구할 수 있다. 표준정규분포에서 $Z=+1.0$보다 큰 값을 얻을 확률을 구해 보자. 먼저 $Z=1.0$일 경우 $Z$ 점수와 평균 사이의 면적을 〈표 4-1〉에서 찾으면 .3413이다. 이것은 표준정규분포에서 $Z=+1.0$보다 더 큰 값을 얻을 확률이 .1587이라는 것을 의미한다. $Z$ 값이 음수(−)일 경우 정규분포의 좌우대칭 성질을 이용하면 그보다 높거나 낮은 값을 얻을 확률을 구할 수 있다. 가령 $Z=-1.0$일 경우 평균과 $Z=-1.0$ 사이의 면적(확률)이 .3413이므로 그보다 더 큰 값을 얻을 확률은 .8413이고(.3413+.5000=.8413), 그보다 더 낮은 값을 얻을 확률은 .1587이다(.5000−.3413=.1587). 표준정규분포를 활용하는 구체적인 방법은 제3절을 참조하기 바란다.

## 2 표준점수

사회과학에서 다루는 대부분의 점수는 그 자체만으로 의미 있게 해석할 수 없다. 예를 들어, 어떤 사람의 키가 160cm라고 하자. 이 사실만으로는 이 사람의 키가 큰지 아니면 작은지 판단하기가 어렵다. 또 시험불안검사의 점수가 30점이라는 것은 시험불안이 높은지 아니면 낮은지에 대해 아무런 정보를 제공하지 않는다. 점수를 의미 있게 해석하려면 점수를 해석하는 기준 혹은 참조점이 있어야 한다. 기온이 36도라는 뉴스를 듣고 날씨가 더울 것이라고 예상하는 것은 기온이 높은지 아니면 낮은지를 판단할 수 있는 기준이 있기 때문이다(우리는 0도(빙점)와 100도(비등점)를 기준으로 기온을 해석한다).

**표준점수**(標準點數, standard score) 혹은 **변환점수**(derived score)는 점수가 평균으로부터 떨어진 정도(거리)를 표준편차 단위로 표시한 점수로, 점수의 상대적 위치를 판단할 수 있는 기준을 제공한다. 대표적인 표준점수는 $Z$ 점수와 $T$ 점수다.

## 1) $Z$ 점수

**$Z$ 점수**($Z$ score)는 점수와 평균의 차이를 표준편차 단위로 나타낸 것이다.[1] 원점수를 $Z$ 점수로 변환하는 공식은 다음과 같다.

$$Z = \frac{X - \overline{X}}{s}$$

$Z$ 점수는 점수가 평균보다 크거나 작은 정도를 표준편차 단위로 나타낸다. 정규분포와 $Z$ 분포의 관계를 그림으로 나타내면 다음과 같다.

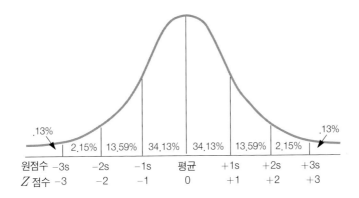

[그림 4-5] 정규분포와 $Z$ 점수의 관계

$Z$ 점수는 점수의 상대적 위치에 대한 정보를 제공한다. 즉, $Z$ 점수가 양수(+)이면 점수가 평균보다 높고, 음수(-)이면 점수가 평균보다 낮으며, $Z$ 점수가 0이면 점수가 평균과 같다는 것을 의미한다. $Z$ 점수의 범위는 이론적으로는 $-\infty$에서 $+\infty$이지만, 대부분 $-3$에서 $+3$ 사이에 분포한다. 그러므로 $Z$ 점수가 $+3.0$에 접근할수록 상대적 위치가 높고, 반대로 $Z$ 점수가 $-3.0$에 접근할수록 상대적 위치가 낮다.

$Z$ 점수의 용도를 구체적으로 살펴보자. 학생 A의 영어시험점수가 70점이고, 수

---

1) 원점수를 $Z$ 점수로 변환하는 과정을 표준화(standardizing)라고 한다. 반대로 $Z$ 점수를 이용해서 원점수를 구하는 절차를 탈표준화(destandardizing)라고 한다.

학시험점수가 60점이라고 하자. 그런데 이 사실만으로는 A의 영어시험점수가 상대적으로 더 높은지 아니면 수학시험점수가 상대적으로 더 높은지 알 수 없다. 영어시험점수와 수학시험점수의 상대적인 위치를 판단하자면 영어시험점수와 수학시험점수의 평균과 표준편차에 대한 정보가 필요하다. 영어시험점수는 평균이 60, 표준편차가 10이고 수학시험점수는 평균이 50, 표준편차가 5라고 하자. 이 경우에도 영어시험점수와 수학시험점수의 평균과 표준편차가 다르기 때문에 두 시험점수의 상대적 위치를 판단하기가 어렵다. 이러한 문제를 해결하자면 영어시험점수와 수학시험점수를 $Z$ 점수로 변환하면 된다. 영어시험점수와 수학시험점수의 $Z$ 점수는 각각 다음과 같다.

$$Z_{영어} = \frac{70-60}{10} = +1.0 \qquad Z_{수학} = \frac{60-50}{5} = +2.0$$

영어시험점수의 $Z$ 점수는 +1.0인데, 이것은 영어시험점수가 평균보다 1표준편차 더 높다는 것을 나타낸다. 그런데 수학시험점수의 $Z$ 점수는 +2.0으로 평균보다 2표준편차 더 높다. 결국 A의 영어시험점수보다 수학시험점수가 상대적으로 더 높다고 할 수 있다.

## 2) $T$ 점수

$Z$ 점수는 매우 유용하지만 ① 음수(−)의 값을 가질 수 있고, ② 소수점 이하의 값을 가질 수 있으며, ③ 일반인들에게 친숙하지 않다는 단점이 있다. $Z$ 점수의 이러한 문제점을 보완하기 위해 고안된 **$T$ 점수**($T$ score)는 다음 공식과 같이 $Z$ 점수를 평균 50, 표준편차 10이 되도록 선형이동시킨 것이다.

$$T = 10Z + 50$$

$Z$ 점수와 $T$ 점수의 관계를 나타내면 [그림 4-6]과 같다.

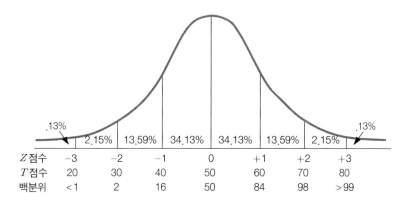

[그림 4-6] 정규분포에서 $T$ 점수와 $Z$ 점수 및 백분위의 관계

따라서 $T$ 점수가 50이면 평균과 같고, $T$ 점수가 80에 가까울수록 상대적 위치가 높으며, $T$ 점수가 20에 가까울수록 상대적 위치가 낮다. 위의 예시에서 영어시험점수는 평균이 60, 표준편차가 10이고 수학시험점수는 평균이 50, 표준편차가 5로 영어시험점수의 $Z$=+1.0이고, 수학시험점수의 $Z$=+2.0이었다. 이때 영어시험점수와 수학시험점수를 T 점수로 바꾸면 다음과 같다.

$$T_{영어} = 10 \times 1.0 + 50 = 60$$
$$T_{수학} = 10 \times 2.0 + 50 = 70$$

그러므로 영어시험점수에 비해 수학시험점수가 상대적으로 더 높다고 할 수 있다.

## 3) SPSS로 표준점수($Z$ 점수)를 구하는 방법

① 자료를 입력한 후 **분석(A)–기술통계량(E)–기술통계(D)**를 선택한다.
② 기술통계 대화상자에서 $Z$ 점수를 구하려고 하는 **변수(V)**를 선택한 다음, **표준화 값을 변수로 저장($Z$)**을 선택하고 **확인**을 클릭하면 자료화면에 $Z$ 점수가 산출된다.

## 3 정규분포 및 표준정규분포의 활용

정규분포 혹은 표준정규분포는 다양한 용도로 활용될 수 있다. 구체적으로 원점수를 이용해서 면적(확률)을 구할 수 있고, 역으로 면적(확률)을 알고 있을 때 원점수를 구할 수 있으며, 두 분포에서 원점수의 상대적 위치를 비교할 수도 있다.

### 1) 원점수를 알 때 확률(백분율)을 구하는 방법

정규분포에서 특정 원점수에 대응되는 확률(면적 혹은 백분율)을 구하는 절차는 다음과 같다.

① 원점수를 $Z$ 점수로 바꾼다.
② 표준정규분포에서 $Z$ 점수에 해당하는 확률을 구한다.

> **문제 1** 평균이 100, 표준편차가 20인 정규분포에서 80점 이하의 점수를 받은 학생들은 전체의 몇 %인가?
>
> **풀이 1** 80점을 $Z$ 점수로 바꾸면 $-1.0$이다($Z = \frac{80-100}{20} = -1.00$). 표준정규분포에서 $Z = -1.0$ 이하의 면적은 .1587이므로 80점 이하의 점수를 받은 학생들은 약 16%다.

> **문제 2** 평균이 100, 표준편차가 20인 정규분포에서 120점 이상의 점수를 받은 학생들은 전체의 몇 %인가?
>
> **풀이 2** 120점을 $Z$ 점수로 바꾸면 $+1.0$이다($Z = \frac{120-100}{20} = +1.00$). 표준정규분포에서 $Z = +1.0$ 이상의 면적은 .1587이다. 따라서 120점 이상의 점수를 받은 학생들은 약 16%다.

> **문제 3** 평균이 100, 표준편차가 20인 분포에서 90점보다 높고 120점보

다 낮은 점수를 받은 학생들은 전체의 몇 %인가?

풀이 3 | 90점과 120점에 해당하는 $Z$ 점수를 구하면 각각 $-.50$과 $+1.0$
이다($Z = \frac{90-100}{20} = -.50$   $Z = \frac{120-100}{20} = +1.0$). 표준정규분포에
서 평균과 $-.50$ 사이의 면적은 .1915, 평균과 $+1.0$ 사이의 면
적은 .3413이다. 두 면적을 합하면 .5328이므로 90점보다 높고
120점보다 낮은 점수를 받은 학생들은 약 53%다.

## 2) 면적(백분율)을 알 때 원점수를 구하는 방법

정규분포의 특정 면적(백분율)에 대응되는 원점수를 구하는 절차는 다음과 같다.

① 특정 면적(백분율)에 대응되는 $Z$ 점수를 구한다.
② $Z$ 점수를 이용하여 원점수를 구한다($X = \overline{X} + Z \cdot s$)

문제 4 | 평균이 100, 표준편차가 20인 정규분포에서 전체 사례를 상위
20%와 하위 80%로 구분하는 점수는?

풀이 4 | 표준정규분포곡선에서 오른쪽 끝 부분의 면적 .20에 대응되는
$Z$ 점수는 대략 .84다. 이를 원점수로 환산하면 116.8이다.
$X = (.84 \times 20) + 100 = 116.8$

문제 5 | 평균이 100, 표준편차가 20인 분포에서 전체 사례를 상위 80%
와 하위 20%로 구분하는 점수는?

풀이 5 | 표준정규분포곡선에서 왼쪽 끝 부분의 면적 .20에 대응되는 $Z$ 점
수는 대략 $-.84$다. 이를 원점수로 환산하면 83.2다.
$X = (-.84 \times 20) + 100 = 83.2$

문제 6 | 평균이 100, 표준편차가 20인 분포에서 중앙에 95%의 사례들
을 포함하는 점수범위는?

풀이 6 | 중앙에 95%의 사례들이 포함되려면 왼쪽 끝부분에 2.5%, 오른
쪽 끝부분에 각각 2.5%의 사례들이 존재해야 한다. 이에 대응되
는 $Z$ 점수는 각각 $-1.96$과 $+1.96$이다. 이 $Z$ 점수를 원점수로
환산하면 다음과 같다.

$$X_{Z=-.196} = 100 - 1.96 \times 20 = 60.8$$
$$X_{Z=+1.96} = 100 + 1.96 \times 20 = 139.2$$

그러므로 중앙에 95%의 사례들을 포함하는 점수범위는 60.8~
139.2이다.

## 3) 두 분포에서 점수의 상대적 위치 비교

평균과 표준편차가 각각 다른 두 분포에서 점수의 상대적 위치를 서로 비교하려
면 점수를 $Z$ 점수로 바꾸어 비교하면 된다. 앞에서 설명한 바와 같이 $Z$ 점수는 평
균과 표준편차의 영향을 제거하기 위하여 원래 변수의 척도를 표준화시킨 것이다.
따라서 $Z$ 점수로 바꾸면 원래의 평균과 표준편차에 관계없이 평균이 0, 표준편차
가 1이 된다. 그래서 $Z$ 점수의 분포를 표준정규분포라고 한다.

$Z$ 점수를 알면 평균과 표준편차가 각기 다른 분포에서 얻은 점수의 상대적 위치
를 쉽게 비교할 수 있다. 예컨대, 수학시험점수가 60(평균은 40, 표준편차는 10)이고,
영어시험점수가 70(평균은 60, 표준편차는 20)이라고 하자. 수학시험점수와 영어시험
점수를 $Z$ 점수로 바꾸면 다음과 같다.

$$Z_{수학} = \frac{60-40}{10} = +2.0 \qquad Z_{영어} = \frac{70-60}{20} = +.50$$

영어시험점수보다 수학시험점수가 상대적으로 더 높다는 것을 쉽게 알 수 있다.
단, $Z$ 점수를 이용하여 상대적 위치를 비교하자면 같은 집단에서 $Z$ 점수를 계산해
야 한다. 위의 예시에서 수학시험점수와 영어시험점수의 $Z$ 점수는 같은 집단에서
계산했으므로 상대적 위치를 비교해도 아무 문제가 없다. 그렇지만 비교집단이 다
르면 $Z$ 점수만으로 상대적 위치를 판단할 수 없다. 예를 들어, 지능지수가 115($Z=$

+1.0)이고, GRE는 550($Z$=+.50)이라고 하더라도 지능지수가 GRE보다 상대적으로 더 높다고 할 수 없다. 왜냐하면 지능지수는 전체 집단을 대표하는 표본에서 구한 것이지만, GRE는 대학원에 진학하고자 하는 집단에서 구한 것이기 때문이다.

## 4) 특정 백분위에 대응되는 원점수를 구하는 방법

특정 백분위에 해당하는 원점수를 구하자면 먼저 표준정규분포에서 백분위에 해당하는 $Z$ 점수를 구한 다음, $Z$ 점수를 원점수로 변환하면 된다.

문제 7 │ 지능지수는 평균 100, 표준편차 15인 정규분포를 따른다. 백분위 90에 대응되는 지능지수를 구하라.

풀이 7 │ 백분위 90은 정규분포곡선을 하위 90%(.90)와 상위 10%(.10)로 구분하므로 백분위 90에 대응되는 지능지수를 구하자면 표준정규분포에서 면적=.90에 해당하는 $Z$ 점수를 먼저 구해야 한다. 면적=.90에 해당하는 $Z$ 점수는 +1.28이다. $Z$=+1.28에 해당하는 IQ는 119.20이다($IQ = \mu + Z \ \sigma = 100 + 1.28 \times 15 = 119.2$).

문제 8 │ 지능지수는 평균 100, 표준편차 15인 정규분포를 따른다. 지능지수의 사분위수를 구하라.

풀이 8 │ 사분위수(quartile)는 분포를 25%씩 4등분하는 점수다. 제1사분위수($Q_1$)는 분포를 하위 25%와 상위 75%로 구분하고, 제2사분위수($Q_2$)는 분포를 하위 50%와 상위 50%로 구분하며, 제3사분위수($Q_3$)는 분포를 하위 75%와 상위 25%로 구분한다. 따라서 $Q_1$을 구하자면 면적=.25에 대응되는 $Z$ 점수를 구한 다음, $Z$ 점수를 원점수로 바꾸면 된다. 면적=.25에 해당하는 $Z$ 점수는 대략 $Z$=−.67이다. 따라서 $Q_1$에 대응되는 지능지수는 다음과 같다.

$$IQ_{Q_1} = \mu + Z\sigma = 100 + (-.67) \cdot 15 = 89.95$$

$Q_2$는 면적=.50 대응되는 $Z$ 점수를 구한 다음, $Z$ 점수를 원점수로 바꾸면 된다. 면적=.50에 대응되는 점수는 중앙치와 같으므로 그에 해당하는 $Z$ 점수는 0이다. 따라서 $Q_2$에 대응되는 지능지수는 다음과 같다.

$$IQ_{Q_2} = \mu + Z \cdot \sigma = 100 + (0) \cdot 15 = 100$$

$Q_3$는 면적=.75에 대응되는 $Z$ 점수를 원점수로 바꾸면 된다. $P$=.75에 해당하는 $Z$ 점수는 +.67이므로 $Q_3$에 대응되는 지능지수는 다음과 같다.

$$IQ_{Q_3} = \mu + Z \cdot \sigma = 100 + (.67) \cdot 15 = 110.05$$

## 4  백분위

### 1) 백분위의 개념과 계산절차

**백분위**(百分位, percentile rank; *PR*)는 분포를 100등분 했을 때 어느 위치에 해당되는가를 나타낸다. 확률분포에서 특정 점수의 백분위는 그 점수에 대응되는 누적확률에 100을 곱한 것이다. 그러므로 백분위는 특정 점수 이하의 점수를 받은 사례들이 전체의 몇 %인가를 나타낸다. 예컨대, 전체 사례들의 80%가 65점 이하의 점수를 받았다면 65점의 백분위는 80이다. 이것은 전체의 80%가 65점보다 점수가 낮다는 것을 의미한다. 분포에서 중앙치 이하에 전체 사례들의 50%가 존재하고 있고, 중앙치의 누적확률은 50이므로 중앙치의 백분위는 50이다.

한편, 더 엄밀한 관점에서 백분위는 특정 점수가 포함된 급간의 중간점 이하에 해당하는 사례들의 백분율로 정의된다(이 정의는 가장 널리 수용되고 있다.). 이 정의에 따라 점수 $X$에 대응되는 백분위를 구할 때는 $X$에 해당하는 사례들의 절반은 $X$보다 작고 사례들의 절반은 $X$보다 크다고 간주한다. 특정 점수에 해당하는 백분위를 구할 때 그 점수에 해당하는 사례들을 반으로 나누는 이유는 원점수는 비연속적이지만, 그 점수에 기저하고 있는 능력은 연속적이라고 가정하기 때문이다. 이론적으로 특정 점수를 받은 사례 중에서 절반은 중간점보다 낮은 점수를 받고, 나머지 절반은 중간점보다 높은 점수를 받을 것이라고 기대된다. 따라서 백분위를 구할 때는 급간의 중간점보다 낮은 점수를 받은 사례(즉, 그 원점수를 받은 사례의 절반)만 고려한다. 이 정의에 근거하여 구한 백분위는 누적백분율(cumulative percentage: $X$보다 낮은 점수의 백분율에 $X$의 백분율을 더한 값)과 다르다. 이 정의에 따라 백분위를 구하는 절차는 다음과 같다.

① 빈도분포에서 누적빈도를 구한다.
② 백분위를 구하고자 하는 점수에 대응되는 빈도($f$)를 반으로 나눈다.
③ 반으로 나눈 값을 점수의 아래에 있는 누적빈도($cf_{below}$)와 더한다.
④ 3단계에서 구한 값을 전체 사례수로 나눈 다음 100을 곱한다. 그러므로 백분위를 구하기 위한 공식은 다음과 같다.

$$PR = (\frac{f/2 + cf_{below}}{N}) \times 100 \, (N: \text{전체 사례수})$$

〈표 4-2〉 백분위의 계산

| 점수 | 빈도 | 누적빈도 | 백분위 |
|---|---|---|---|
| 24 | 1 | 30 | 98 |
| 23 | 2 | 29 | 93 |
| 22 | 2 | 27 | 87 |
| 21 | 5 | 25 | 75 |
| 20 | 5 | 20 | 58 |
| 19 | 4 | 15 | 43 |
| 18 | 3 | 11 | 32 |
| 17 | 3 | 8 | 22 |
| 16 | 2 | 5 | 13 |
| 15 | 2 | 3 | 7 |
| 14 | 1 | 1 | 2 |

위의 표에서 19점에 대응되는 백분위를 구해 보자.

① 19점 미만의 점수를 받은 학생수를 구하면 11명이다.

② 19점에 해당하는 빈도 4를 반으로 나누면 2가 된다.

③ 1단계와 2단계에서 구한 값을 더한다(11+2=13).

④ 13을 전체 사례 30으로 나눈 다음 100을 곱하면 43.3이므로 반올림한다. 따라서 백분위는 43이다.

## 2) 백분위 해석 시 유의사항

백분위를 해석할 때는 다음 사항에 유의해야 한다.

① 백분위와 백분위수는 다르다. **백분위수**(percentile score)는 특정 백분위에 대응되는 원점수를 말한다. 예컨대, 65점의 백분위가 80이라고 할 때 백분위 80에 대응되는 백분위수는 65점이다. 백분위의 범위는 항상 0<백분위<100이지만, 백분위수의 범위는 원점수의 범위와 같다. 따라서 30문항으로 된 시험의 경우 백분위수의 범위는 0≤백분위수≤30이다.

② 백분위는 정답률(percentage correct)과 다르다. 정답률(백분율)은 절대적인 성취수준을 나타낸다. 어려운 시험에서는 정답률이 낮아도 다른 학생들보다 정답률이 높으면 백분위가 높아진다. 반대로 백분위가 낮다고 해서 반드시 정답률이 낮은 것은 아니다. 전체 학생 중에서 95%에 해당하는 학생들의 정답률이 90%를 넘을 경우 백분위가 5에 불과하더라도 정답률은 매우 높을 수 있다.

③ 백분위는 집단의 영향을 받으므로 집단 특성을 고려해서 해석해야 한다. 구체적으로 원점수가 같아도 우수집단에서는 백분위가 낮아지고, 열등집단에서는 백분위가 높아진다.

④ 백분위는 서열척도로 동간성이 없다. 그 결과 백분위 차이는 실제 점수 차이와 일치하지 않는다. 이를 구체적으로 살펴보자. 정규분포곡선에서 평균($Z=0$)의 백분위는 50이고 $Z=+1.0$의 백분위는 84이므로 평균과 $Z=+1.0$ 사이의 백분위 변동폭은 무려 34가 된다. 그렇지만 $Z=+1.0$의 백분위는 84이고 $Z=+2.0$ 백분위는 98이므로 백분위 변동폭은 14로 감소한다. $Z=+2.0$에서 $Z=+3.0$이 되면 백분위는 98에서 99.9로 겨우 1.9 증가한다. 달리 보면 백분위 50과 백분위 60의 $Z$ 점수 차이는 .25에 불과하나(각각 $Z=0.0$과 $Z=+.25$),

백분위 89와 백분위 99의 $Z$ 점수 차이는 1.10에 달한다(각각 $Z=+1.23$과 $Z=2.33$). 이를 평균이 100이고 표준편차가 15인 지능지수에 비추어 설명하면 백분위 50과 백분위 60의 지능지수 차이는 3.75(.25×15=3.75)에 불과하지만, 백분위 89와 백분위 99의 지능지수 차이는 무려 16.5(1.10×15=16.5)에 달한다. 이것은 백분위의 의미가 정규분포의 위치에 따라 달라진다는 것을 의미한다. 백분위는 이러한 성질이 있어 분포의 중간에 가까운 점수 차이를 과장하고, 양극단에 가까운 점수 차이를 과소평가한다는 문제점이 있다. 다시 말하면 백분위는 분포의 중간에 가까운 점수는 실제 차이가 적은데도 큰 차이가 있는 것처럼 과장하고, 양극단에 가까운 점수는 실제 차이가 큰데도 차이가 적은 것처럼 표시한다. 백분위는 원점수를 비선형적으로 변환한 것이다. 이것은 원점수가 1점씩 달라진다고 할 때 원점수의 위치에 따라 백분위 증감이 달라진다는 것을 의미한다. 정규분포에서 표준편차와 백분위의 관계는 다음과 같다.

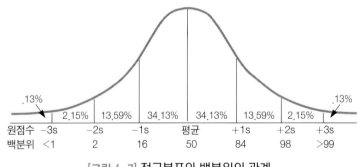

[그림 4-7] 정규분포와 백분위의 관계

## 3) SPSS로 백분위수를 구하는 방법

① 자료를 입력한 후 **분석(A)–기술통계량(E)–빈도분석(F)**을 선택한다.
② **통계량(S)**을 클릭하고 대화상자에서 **백분위수(P)**를 선택한 다음, 구하려고 하는 백분위수를 입력한다. 구하려고 하는 백분위수 입력이 끝나면 **계속**을 클릭하여 **빈도분석(F)** 대화상자로 돌아가서 **확인**을 클릭한다.
③ 〈표 2-1〉의 자료에서 SPSS로 백분위수를 구한 결과는 다음과 같다.

**통계량**

시험점수

| N | 유효 | | 50 |
|---|---|---|---|
| | 결측 | | 0 |
| 백분위수 | 10 | | 67.10 |
| | 20 | | 70.00 |
| | 25 | | 72.00 |
| | 30 | | 75.30 |
| | 40 | | 78.00 |
| | 50 | | 80.50 |
| | 60 | | 82.60 |
| | 70 | | 86.00 |
| | 75 | | 86.25 |
| | 80 | | 87.80 |
| | 90 | | 90.00 |

**1** 정규분포에서 다음에 해당하는 $Z$ 점수를 구하시오.

1) 평균

2) 평균보다 1 표준편차 큰 점수

3) 평균보다 2 표준편차 작은 점수

4) 평균보다 .5 표준편차 큰 점수

**2** 휴대폰 배터리 사용시간 평균이 100시간, 표준편차가 10시간이라고 할 때 다음과 같은 사용시간을 갖고 있는 배터리의 $Z$ 점수를 구하시오.

1) 120시간

2) 100시간

3) 90시간

**3** (2번 문제에서) 다음 $Z$ 점수에 해당되는 휴대폰 배터리의 사용시간을 구하시오.

1) $Z=+.50$

2) $Z=-.20$

3) $Z=-1.0$

**4** (2번 문제의 정보를 이용하여) 다음 물음에 답하시오.

1) 배터리 수명이 70시간보다 낮은 휴대폰은 1,000개의 휴대폰 중 몇 개인가?

2) 배터리 수명이 90시간보다 길고 110시간보다 짧은 휴대폰은 1,000개 중 몇 개인가?

3) 배터리 수명이 120시간보다 긴 휴대폰은 1,000개 중 몇 개인가?

**5** 수학시험성적이 정규분포를 이루고 평균이 70, 표준편차가 10이라고 할 때 다음 점수에 해당되는 $Z$ 점수와 $T$ 점수를 구하시오.

1) 60점

2) 75점

3) 80점

**6** 수학시험성적의 평균은 70, 표준편차는 10이고, 영어시험성적의 평균은 60, 표준편차는 5라고 한다. A의 수학시험성적은 80이고 영어시험성적은 70이라고 할 때 상대적으로 잘한 과목은?

**7** 정규분포에서 다음 $Z$ 점수에 해당하는 백분위(PR)를 구하시오.

1) $Z=+1.0$

2) $Z=0$

3) $Z=-1.0$

4) $Z=-2.0$

8   특정 자료(평균=35, 표준편차=5)에서 구한 ① 백분위 84 ② 원점수 23 ③ 편차점수 0
    ④ $T=25$ ⑤ $Z=+1.50$를 상대적 순위가 가장 낮은 것에서 높은 것의 순서로 배열하
    시오.

## 정답

1   1) $Z=0$   2) $Z=+1.0$   3) $Z=-2.0$   4) $Z=+.50$

2   1) $Z=+2.0$   2) $Z=0$   3) $Z=-1.0$

3   1) 105시간   2) 98시간   3) 90시간

4   1) 1개(0.13%)   2) 약 683개(68.26%)   3) 23개(2.28%)

5   1) $Z=-1.0$, $T=40$   2) $Z=+.50$, $T=55$   3) $Z=+1.0$, $T=60$

6   영어

7   1) 84   2) 50   3) 16   4) 2

8   ④②③①⑤

제**5**장

# 가설검증

**1.** 표집분포
**2.** 가설검증

학 / 습 / 목 / 표

- 평균의 표집분포의 특징을 기술한다.
- 표준편차와 표준오차의 공통점과 차이점을 지적한다.
- 중심극한정리의 의미를 설명한다.
- 가설검증의 의미를 설명한다.
- 연구가설과 통계적 가설의 관계를 설명한다.
- 가설검증의 절차를 서술한다.
- 가설검증의 주요 개념(유의수준, 임계치, 유의확률 등)을 설명한다.
- 전통적인 가설검증방법과 $p$값을 이용한 가설검증방법을 비교한다.
- 제1종 오류와 제2종 오류를 비교한다.
- 통계적 유의성과 실제적 유의성을 비교한다.

# 1 표집분포

## 1) 표집분포의 개념

　**표집분포**(標集分布, sampling distribution)는 모집단에서 사례수 $n$의 표본을 무작위로 반복 표집하여 구한 통계치들로 이루어진 이론적인 확률분포를 가리킨다. 평균, 표준편차, 비율, 상관계수 등 모든 표본통계량에는 표집분포가 존재한다. 그러므로 평균의 표집분포는 모집단에서 사례수 $n$의 표본을 무한히 반복 표집하여 구한 평균들의 상대빈도분포를, 표준편차의 표집분포는 모집단에서 크기 $n$의 표본을 무한히 반복 표집하여 구한 표준편차들의 상대빈도분포를 뜻한다. 또 상관계수의 표집분포는 모집단에서 크기 $n$의 표본을 무한히 반복 표집하여 구한 상관계수들의 상대빈도분포를 의미한다.

　표집분포는 표본의 원점수들로 이루어진 **표본분포**(標本分布, sample distribution)와 다르다는 사실에 유의해야 한다. 첫째, 표본분포는 실제 관찰된 자료에 근거하여 작성된 경험적 분포이지만, 표집분포는 이론적으로 도출된 분포다. 둘째, 표본분포는 원점수로 구성되지만, 표집분포는 표본통계치로 구성된다. 표집분포는 모집단에서 무작위로 추출한 표본에서 구한 통계치들이 다른 정도를 나타내고 있으므로 추리통계에서 매우 중요하다.

　그런데 모집단에서 크기 $n$의 표본을 무한히 반복 표집하는 것은 불가능하기 때문에 실제 표집분포를 구할 수 없지만, 이론적으로 표본을 무한히 반복 표집할 때 평균, 표준편차, 분포형태와 같은 특징을 도출할 수 있다. 이 절에서는 평균의 표집분포(이하 표집분포라고 한다)에 대해 소개한다.

　평균의 표집분포는 예컨대, 모집단에서 사례수 $n$의 표본을 무작위로 추출하여 평균을 구하는 절차를 1,000회 반복하여 구한 1,000개의 평균으로 이루어진 분포를 말한다. [그림 5-1]은 평균의 표집분포를 나타내고 있다. 표집분포의 특징은 다음과 같다.

　첫째, 표집분포의 평균은 모집단의 평균과 같다($\mu_{\bar{X}} = \mu$). 특정 표본의 평균 $\bar{X}$는 우연적인 요인, 즉 표집오차(sampling error)로 인해 모집단 평균 $\mu$와 다를 수 있다. 그렇지만 표본의 수를 무한히 늘리면 모집단 평균보다 큰 표본 평균이 모집단 평균보다 작은 표본 평균과 상쇄되므로 표집분포의 평균은 결국 모집단 평균에 접근한다.

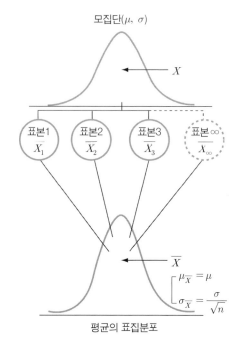

[그림 5-1] 표본 평균의 표집분포

둘째, **표준오차**(標準誤差, standard error: 표집분포의 표준편차, 즉 표본 평균들의 표준 편차)는 모집단 표준편차를 사례수의 제곱근으로 나눈 값과 같다($\sigma_{\bar{x}} = \sigma / \sqrt{n}$). 표준오차는 표준편차의 일종으로, 표본 평균들이 서로 다른 정도를 나타낸다. 단, 표준오차는 표집분포의 표준편차이지만, 표준편차는 원점수 분포의 변산을 나타낸다는 점이 다르다.[1] 표준오차는 모집단의 표준편차에 비례한다. 또 표준오차는 표본의 사례수 $n$이 증가함에 따라 감소하므로 표본크기가 클수록 표본 평균은 모집단 평균에 근접한다. 이를 대수의 법칙이라고 한다. **대수의 법칙**(大數法則, law of large numbers)이란 표본이 클수록 표본에서 수집한 정보의 정확도가 높아져 통계량이 모수에 접근한다는 법칙이다. 이러한 사실은 상식에 부합된다. 극단적으로 표본크기가 모집단과 같으면 표본 평균은 모집단 평균과 같다. 표준오차는 표본크기의 영향을 받기 때문에 표집분포는 하나가 존재하는 것이 아니라 표본크기에 따라 여러 개 존재한다.

---

1) 표준오차의 종류는 표본 통계량의 종류만큼 다양하다. 표준오차에서 표본 통계량은 아래 첨자로 표기한다. 그러므로 평균의 표준오차는 $\sigma_{\bar{x}}$, 표준편차의 표준오차는 $\sigma_s$, 상관계수의 표준오차는 $\sigma_r$로 표기한다.

셋째, 모집단의 분포형태에 관계없이 표집분포의 형태는 표본크기가 증가함에 따라 정규분포에 접근한다. 즉, 모집단이 정규분포를 이루건 편포를 이루건 아니면 U형이나 L형으로 분포되었건 간에 표본크기가 '충분히 크면' 표집분포의 형태는 정규분포에 접근한다. 일반적으로 표본크기가 30 이상이면 표집분포의 형태는 정규분포를 이룬다.

## 2) 중심극한정리

**중심극한정리**(中心極限定理: central limit theorem)에 따르면 평균이 $\mu$, 표준편차가 $\sigma$인 모집단에서 무작위로 표본을 반복 추출하면 표본크기 $n$이 증가함에 따라 표본 평균 $\overline{X}$들의 표집분포는 평균이 $\mu$, 표준오차가 $\sigma/\sqrt{n}$인 정규분포에 접근한다. 중심극한정리는 표집분포의 특징을 간결하게 요약한다.

### 중심극한정리

**조건**
① 변수 $X$는 평균이 $\mu$, 표준편차가 $\sigma$인 분포를 이룬다.
② 변수 $X$의 모집단에서 크기 $n$의 표본들을 무작위로 표집한다.

**결론**
① 표본 평균 $\overline{X}$들의 표집분포는 정규분포에 접근한다.
② 표집분포의 평균은 $\mu$, 표준오차는 $\sigma/\sqrt{n}$이다.

모집단이 정규분포를 이루면 표집분포는 표본크기에 관계없이 정규분포를 이룬다. 모집단의 분포가 정규분포에서 벗어난 경우에도 표본크기 $n$이 충분히 크면 평균의 표집분포는 정규분포에 접근하는 것으로 가정된다. 단, 모집단이 정규분포에서 벗어날수록 표본크기 $n$이 커야 한다. 일반적으로 표본크기가 25에서 30이면 충분히 크다고 간주된다.

중심극한정리에 따르면 표준오차 $\sigma_{\overline{X}} = \sigma/\sqrt{n}$는 표본크기 $n$에 반비례하므로 표본이 클수록 표본 평균들의 변동폭이 감소한다. 예를 들어, 모집단에서 지능지수(IQ)의 평균은 100, 표준편차는 15다. 이때 모집단에서 36명을 무작위로 표집하면 표준오차가 $\sigma_{\overline{X}} = 15/\sqrt{36} = 2.5$이므로, 표본 평균들의 99%는 93.5와 106.5 사이에 분포한다. 그러나 모집단에서 100명을 표집하면 표준오차는 $1.5(15/\sqrt{100} = 1.5)$로 감소하고, 그 결과 표본 평균들의 대략 99%는 96.1에서 103.9 사이에 분포하므로 표본 평균의 변동폭이 상당한 정도로 줄어든다.

## 3) 표집분포의 활용

중심극한정리에 따르면 표본크기가 25에서 30 이상이면 표집분포가 정규분포를 따르므로 표집분포에서도 정규분포 원리(표준편차, $Z$ 점수, 백분위, 면적비율)를 그대로 적용할 수 있다. 그러므로 표집분포를 활용하면 표본 평균을 얻을 수 있는 확률이나 표본 평균이 취할 수 있는 값의 범위를 추정할 수 있다.

모집단에서 사례수 $n$의 표본을 무한히 반복 표집하여 평균을 구한다고 할 때 표집분포에서 표본 평균들이 취할 수 있는 값의 범위 혹은 확률은 다음과 같다.

① 표본 평균들의 68.26%는 모집단 평균을 중심으로 ±1 표준오차 내에 존재한다. 이를 달리 표현하면 사례수 $n$의 표본을 추출하여 구한 표본 평균이 모집단 평균을 중심으로 ±1 표준오차 이내에 존재할 확률은 .6826이다.

② 표본 평균들의 95.44%는 모집단 평균을 중심으로 ±2 표준오차 내에 존재한다. 바꾸어 말하면 사례수 $n$의 표본을 추출하여 구한 표본 평균이 모집단 평균을 중심으로 2 표준오차 이내에 존재할 확률은 .9544다.

③ 표본 평균들의 99.74%는 모집단 평균을 중심으로 ±3 표준오차 내에 존재한다. 환언하면 사례수 $n$의 표본을 추출하여 구한 표본 평균이 모집단 평균을 중심으로 3 표준오차 이내에 존재할 확률은 .9974다.

〈표 5-1〉 **표집분포의 활용**(예시)

A 고등학교 학생들의 동기검사 점수의 평균은 50, 표준편차는 6이라고 한다. A 고등학교에서 36명을 무작위로 표집한 표본의 평균이 49보다 크고 51보다 작을 확률을 구하라.

① 표본크기가 36명으로 30보다 크기 때문에 중심극한정리에 따르면 표본평균은 정규분포를 이루고, 평균과 표준오차는 다음과 같다.

$$\mu_{\overline{X}} = \mu = 50 \qquad \sigma_{\overline{X}} = \frac{\sigma}{\sqrt{n}} = \frac{6}{\sqrt{36}} = 1.0$$

② 표본평균 49와 51에 해당하는 $Z$ 점수는 각각 다음과 같다.

$$Z_{49} = \frac{\overline{X} - \mu}{\sigma_{\overline{X}}} = \frac{\overline{X} - \mu}{\sigma/\sqrt{n}} = \frac{49 - 50}{1} = -1.0 \qquad Z_{51} = \frac{\overline{X} - \mu}{\sigma_{\overline{X}}} = \frac{\overline{X} - \mu}{\sigma/\sqrt{n}} = \frac{51 - 50}{1} = +1.0$$

③ 표준정규분포에서 $Z = -1.0$에서 $Z = +1.0$에 해당하는 확률은 약 68%다.

## 2 가설검증

> 가설검증이란 가설을 증명하려는 과정이 아니라 반증(反證)하려는 과정이다. 이때 반증하려고 하는 가설은 효과 혹은 차이가 없다는 가설(즉, 영가설)이다.

대부분의 연구장면에서는 모집단을 모두 관찰할 수 없으므로 표본에서 관찰한 불완전한 정보를 토대로 모집단에 관해 합리적인 결정(추론)을 내려야 한다. **통계적 추론**(statistical inference)이란 불완전한 정보에 근거해서 모집단에 관해 합리적인 결정을 내리는 과정이다. 통계학은 불확실한 상황에서 합리적인 결정을 내리기 위한 용도로 활용된다.

직접 관찰할 수 있는 구체적인 현상은 진위(眞僞)를 직접 판명할 수 있으므로 통계적 추론의 대상이 되지 않는다. 예컨대, '이봉주가 달리고 있다.'는 주장은 진위를 직접 확인할 수 있으므로 통계적 추론의 대상이 아니다. 그렇지만 과학에서 다루는 대부분의 가설은 모집단을 대상으로 하고 있으므로 모집단의 모든 원소들을 관찰한 결과를 토대로 가설을 직접 검증하기 어렵다. 가령 특정 교수법으로 수업을 받은 모든 학생들을 관찰할 수도 없고, 모든 흡연자들을 관찰할 수도 없다. 부득이 과학에서는 표본에 대한 관찰결과를 토대로 통계적 추론을 통해 가설의 진위를 간접적으로 판단하는 과정을 거치게 된다.

통계적 추론의 형태는 모수추정과 가설검증으로 구분된다. 모수추정(parameter estimation)은 점추정과 구간추정으로 나뉜다. 점추정(point estimation)은 표본통계량을 이용하여 대응되는 모수를 추정하는 과정이다. 예컨대, 표본 평균 $\overline{X}$를 이용하여 모집단 평균 $\mu$를 추정하는 것이 점추정이다. 구간추정(interval estimation)은 표본 통계량의 표집분포를 이용하여 모수를 포함할 구간을 확률적으로 추정하는 과정이다. 이 장에서는 가설검증을 중점적으로 다룬다.

**가설검증**(假說 檢證: hypothesis testing) 혹은 **유의성 검증**(有意性 檢證: significance testing)이란 표본의 관찰결과를 이용하여 영가설(차이가 없거나 효과가 없다고 진술한 가설)의 기각여부를 결정하는 과정이다.[2] 가설검증의 논리는 다음과 같다.

> 가설검증은 영가설(귀무가설; 효과, 관계 혹은 차이가 없다고 진술한 가설)과 그에 상반되는 대립가설(효과, 관계 혹은 차이가 있다고 진술한 가설)을 설정한 다음, 표본의 관찰결과를 표집분포와 비교하여 영가설 기각여부를 결정하는 과정이다. 영가설이 기각되었다는 것은 대립가설이 지지된다는 것을 의미한다.

가설검증에서는 영가설이 참인 조건(즉, 이론적인 확률분포)에서 표본의 관찰결과가 나타날 확률이 낮으면 영가설을 부정(기각)하고 대립가설을 채택한다. 반대로 영가설이 참인 조건에서 표본의 관찰결과가 나타날 확률이 높으면 영가설을 기각하지 않는다.

가설검증에서는 표본의 관찰결과가 표집분포(영가설이 참인 조건에서 같은 연구를 수없이 반복할 때 얻을 수 있는 검정통계량의 값으로 이루어진 이론적인 확률분포)에서나타날 확률을 구한 다음, 영가설 기각여부를 확률적으로 결정한다. 통상적으로 표집분포에서 표본의 관찰결과가 나타날 확률이 일정 수준(5% 혹은 1%)보다 낮으면 영가설을 기각한다.

구체적인 가설검증방법은 자료의 측정수준, 집단의 수, 독립변수의 수, 종속변수의 수 등에 따라 달라진다. 이 절에서는 가설검증에 관한 기본적인 사항을 소개한다.

## 1) 가설의 의미와 유형

추리통계에서 **가설**(假說, hypothesis)은 한 모집단에 관한 진술 혹은 여러 모집단의 관계에 대한 진술을 뜻한다.[3] 그러므로 가설검증이란 표본에서 관찰된 자료를

---

2) 모집단 전체를 연구할 때는 가설검증을 할 필요가 없다. 예를 들어, 모 대학교에서 남학생 집단과 여학생 집단의 평균성적을 비교할 때는 가설검증을 할 필요가 없다. 왜냐하면 이 경우 남학생 집단과 여학생 집단의 성적 차이는 실제 존재하는 차이이기 때문이다.

이용하여 가설의 진위를 평가하기 위한 절차를 말한다. 추리통계에서 가설은 연구가설과 통계적 가설로 구분된다.

### (1) 연구가설(과학적 가설)

**연구가설**(研究假說, research hypothesis) 혹은 **과학적 가설**(scientific hypothesis)은 연구에서 기대하는 결과를 일반적으로 진술한 가설을 말한다. 연구가설을 예시하면 다음과 같다.

- 토론식 수업은 학업성적을 향상시킬 것이다.
- 부모의 양육태도는 자녀의 성취동기에 영향을 줄 것이다.
- 흡연은 혈압상승의 원인으로 작용할 것이다.

연구가설은 자연현상이나 사회현상에 대한 잠정적인 진술이므로 상당히 일반적인 용어로 진술된다. 그런데 대부분의 연구가설은 직접 관찰할 수 없는 현상을 다루고 있으므로 모집단의 모든 구성원들에 대한 관찰을 통해 진위를 직접 검증할 수 없다. 부득이 연구가설은 통계적 추론과정을 통해 간접적으로 진위를 검증해야 하는데, 연구가설을 간접적으로 검증하기 위해 통계적 가설을 진술한다.

### (2) 통계적 가설: 영가설과 대립가설

**통계적 가설**(統計的 假說, statistical hypothesis)은 연구가설을 간접적으로 증명하기 위해 연구가설을 수학적으로 진술한 가설이다. 통계적 가설은 일반적으로 $H$로 표기하며, 영가설과 대립가설로 구분된다.

#### ① 영가설(귀무가설)

**영가설**(零假說, null hypothesis: 'null'은 '차이가 없다'는 의미를 갖고 있다.) 혹은 **귀무**

---

3) 가설은 표본에 대해 진술할 수도 있다. 표본에 대한 가설은 쉽게 검증할 수 있다. 예컨대, 표본 평균이 5라는 가설은 표본에서 평균을 구하면 쉽게 진위를 검증할 수 있다. 반면, 모집단에 대한 가설은 쉽게 진위를 판단할 수 없다. 모집단 평균이 5라는 가설의 진위를 판단하자면 모집단 구성원들을 모두 관찰해야 한다(이것은 불가능하다). 추리통계는 표본의 자료를 이용하여 모집단에 대한 가설의 진위를 검증하는 방법이다.

가설(歸無假說)은 효과, 관계 혹은 차이가 없다고 진술한 가설, 즉 효과, 관계 혹은 차이가 우연적인 요인에 기인한다고 진술한 가설이다. 영가설은 $H_0$로 표기한다 ($H_o$는 'H sub-zero' 혹은 'H naught'라고 읽는다). 영가설은 대립가설에 상반되는 가설로, 가설검증에서 실제 검증되는 가설이다. 영가설은 일반적으로 효과, 관계 혹은 차이가 없다고 진술되므로, 영가설은 가설검증에서 기각하려고 의도하는 가설이다. 그러므로 가설검증이란 영가설을 기각한다는 결론 혹은 영가설을 기각하지 못한다는 결론을 도출하기 위한 과정이다.

### ② 대립가설(대안가설)

대립가설(對立假說: alternative hypothesis)은 효과, 관계 혹은 차이가 있다고 진술한 가설로, $H_1$(혹은 $H_A$)로 표기한다($H_1$는 'H sub-1'라고 읽는다). 즉, 대립가설은 효과, 관계 혹은 차이가 독립변수(실험처치)에서 기인한다고 진술한 가설이다. 대립가설은 영가설과 상반된 가설로 영가설이 거짓일 때 참이 되는 가설이다. 연구가설은 일반적으로 효과, 관계 혹은 차이가 있다고 진술되므로 대립가설은 가설검증을 통해 지지받기를 기대하는 가설이다. 대립가설의 진술형태는 방향가설과 비방향가설로 나뉜다.

① **방향가설**(directional or one-tailed hypothesis)은 효과, 관계 혹은 차이의 방향(크다/작다, 높다/낮다)을 명시한 대립가설이다. $H_1 : \mu > 100$은 모집단 평균이 100보다 크다고 명시하고 있고, $H_1 : \mu < 100$은 모집단 평균이 100보다 작다고 명시하고 있으므로 방향가설이다. 방향가설은 일방검증(좌측검증 혹은 우측검증)으로 검증한다.

② **비방향가설**(nondirectional or two-tailed hypothesis)은 효과, 관계 혹은 차이의 방향을 명시하지 않고, 차이의 유무만 진술한 대립가설이다. 예를 들어, $H_1 : \mu \neq 100$은 모집단 평균이 100이 아니라고 진술하고 있을 뿐, 모집단 평균이 100보다 큰지 아니면 작은지 명시하고 있지 않으므로 비방향가설이다. 비방향가설은 양방검증으로 검증한다.

### ③ 영가설과 대립가설의 관계

영가설과 대립가설은 '상호배타적인 관계'에 있으므로 어느 하나가 참이면 다른 하나는 반드시 참이 아니다. 영가설과 대립가설을 구분하는 요령은 다음과 같다.

① 영가설(귀무가설)은 ≤, =, ≥와 같은 등호를 포함한다.

② 대립가설은 >, ≠, <와 같은 등호를 포함하지 않는다.

〈표 5-2〉 영가설과 대립가설(예시)

| 영가설 | 대립가설 |
|---|---|
| $H_o : \mu = 100$ (모집단의 평균은 100이다.) | $H_1 : \mu \neq 100$ (모집단 평균은 100이 아니다.) |
| $H_o : \mu_1 = \mu_2$ (모집단 1과 모집단 2의 평균은 차이가 없다). | $H_1 : \mu_1 \neq \mu_2$ (모집단 1과 모집단 2의 평균은 차이가 있다). |

앞에서 언급한 것처럼 가설검증은 대립가설과 그에 상반되는 영가설을 설정해 놓고 영가설을 기각함으로써 대립가설을 간접적으로 지지하려는 과정이다. 형사재판도 같은 논리를 적용한다. 형사재판에서는 무죄추정의 원칙에 의거하여 피고가 무죄라는 주장(영가설에 해당된다.)을 설정해 놓고 그 주장을 기각함으로써 유죄를 입증하려고 한다. 대립가설을 직접 검증하지 않고 상반되는 영가설을 기각함으로써 대립가설을 지지하려고 하는 가설검증절차는 번거롭다. 가설검증에서 대립가설이 아니라 영가설을 검증하는 이유는 다음과 같다.

첫째, 어떤 주장이 참인가는 결코 증명할 수 없지만, 그 주장이 거짓인가는 쉽게 증명할 수 있기 때문이다. 가령 '모든 쥐가 희다.'라는 주장은 100만 마리의 쥐들을 관찰하더라도 결코 증명할 수 없다. 왜냐하면 100만 마리가 모두 희더라도 다른 색의 쥐가 존재할 확률이 여전히 존재하기 때문이다. 반면에, 흰쥐가 아닌 쥐를 한 마리만 관찰하더라도 그 주장이 거짓이라는 것은 쉽게 증명할 수 있다.

둘째, 영가설은 적절한 표집분포를 이용하여 직접 검증할 수 있지만, 대립가설은 직접 검증할 수 없기 때문이다. 예를 들어, $H_o : \mu = 100$이라는 영가설은 평균이 100인 표집분포를 이용하면 표본 평균을 얻을 확률을 구할 수 있으므로 직접 검증할 수 있다. 그러나 $H_1 : \mu \neq 100$이라는 대립가설은 적절한 표집분포가 어느 것인지 알 수 없으므로 표본 평균을 얻을 수 있는 확률을 알 수 없고, 그 결과 진위를 직접 검증할 수 없다.

셋째, 영가설 기각이 대립가설을 확고하게 지지하는 증거가 되기 때문이다. 표본의 관찰결과는 대립가설을 지지하는 일부 증거에 불과하다. 다시 말하면 표본의 결과가 대립가설을 지지한다는 것은 특정 표본에서 관찰한 하나의 증거에 불과하다. 그렇지만 영가설이 기각되었다는 것은 대립가설을 지지하는 더 강력한 증거가 된다.

이러한 의미에서 가설은 결코 증명할 수 없고, 거짓이라는 사실만 반증(反證, falsification: 어떤 사실이나 주장이 허위임을 그 반대의 근거를 들어 증명하는 것)할 수 있을 뿐이다. '모든 쥐가 희다.'는 가설이 틀렸다는 것을 반증하는 데는 한 마리의 쥐가 희지 않다는 사실만으로도 충분하지만, 그 가설을 증명하려면 100만 마리의 쥐들을 관찰하더라도 충분하지 않다. 가설검증이란 근본적으로 주장을 논박 혹은 기각하는 과정이므로 영가설이 필요하며, 영가설은 이러한 목적에 가장 적절하게 부합된다.

가설검증의 이러한 논리는 대수학의 귀류법(歸謬法)과 비슷하다. 귀류법은 어떤 문제에 대해 가능한 해답들을 열거한 다음, 하나를 제외한 나머지 해답들이 모두 그르다는 것을 간접적으로 증명하는 방법이다. 귀류법에서는 모든 가능한 해답들을 열거한 후 하나를 제외한 모든 해답들이 거짓임을 밝힐 수 있어야 한다. 단, 귀류법에서는 특정 해답이 확정된 사실과 논리적으로 모순되면 기각하지만, 가설검증에서는 표본의 관찰결과가 영가설이 참인 조건에서 나타날 확률이 낮으면 영가설을 기각한다는 차이가 있다. 이러한 점에서 가설검증은 논란의 여지가 있는 방법이다. 왜냐하면 가설검증에서는 영가설이 완전히 틀렸기 때문에 기각하는 것이 아니라, 영가설이 참이 될 확률이 낮기 때문에 기각하는 것이기 때문이다.

④ 연구가설과 통계적 가설의 관계

가설검증의 목적은 영가설 기각여부를 결정하는 과정을 통해서 궁극적으로 연구가설의 적절성을 평가하는 데 있다. 연구가설을 평가하는 과정은 다음과 같이 연역과정과 귀납과정을 모두 포함한다.

① 연구가설 진술: 연역과정을 통해 연구가설을 도출한다.
② 통계적 가설 진술: 영가설과 대립가설을 진술한다.
③ 가설검증방법 결정: 가설을 검증하기 위한 통계방법을 결정한다.

④ 자료수집: 모집단에서 표본을 추출하여 자료를 수집한다.

⑤ 유의수준 결정: 영가설을 기각하기 위한 유의수준을 설정한다.

⑥ 영가설 기각여부 결정: 영가설이 참일 확률이 유의수준보다 낮으면 영가설을 기각하고, 유의수준보다 높으면 영가설을 기각하지 않는다.

⑦ 결론도출: 가설검증결과에 근거하여 연구가설의 진위를 귀납적으로 추론한다.

통계적 가설을 검증하고 연구가설에 대한 최종적인 결정을 하는 과정에는 논리가 매우 중요하다. 논리적인 오류가 있다는 것은 통계적 가설이 연구가설과 관련이 없거나, 가설검증의 결과에 근거한 연구가설에 대한 추론이 그릇되었거나, 아니면 두 가지 모두 그릇되었다는 것을 시사한다.

## 2) 가설검증의 기초개념

가설검증에는 복잡한 개념이 상당수 포함되어 있으므로 정확하게 숙지해야 한다. 가설검증의 기초개념을 간략하게 소개한다.

### (1) 표집분포

**표집분포**(標集分布, sampling distribution)는 가설검증에서 영가설 기각여부를 결정하기 위해 사용하는 이론적인 확률분포를 말한다. 이 책에서 다루는 대표적인 표집분포로는 $Z$ 분포, $t$ 분포, $F$ 분포, $\chi^2$ 분포가 있다. 가설검증에서는 영가설이 참이라고 가정한 표집분포에서 표본의 관찰결과를 얻을 확률이 유의수준보다 낮으면 영가설을 기각한다.

### (2) 검증통계량

**검증통계량**(檢證統計量, test statistic)은 가설검증에서 영가설 기각여부를 결정하기 위한 통계량($Z$, $t$, $\chi^2$, $F$ 등)을 말한다. 검증통계량은 추리통계방법($Z$ 검증, $t$ 검증, 분산분석, $\chi^2$ 검증 등)을 이용해서 구하는데, 검증통계량의 값을 구하는 방법은 추리통계의 핵심이다. 검증통계량의 값은 표본의 평균, 표준편차 등을 이용하여 구하며, 이론적인 확률분포를 따른다. 검증통계량의 값을 구하면 검증통계량의 표집분포를 이용하여 영가설 기각여부를 결정할 수 있다.

## (3) 기각역

**기각역**(棄却域, rejection region or critical region)은 영가설을 기각할 수 있는 표집분포의 영역을 가리킨다. 기각역은 유의수준($\alpha$) 혹은 임계치에 따라 결정된다. 가설검증에서는 표본에서 구한 검증통계량의 값이 표집분포의 기각역에 해당되면 영가설을 기각한다. 가설검증의 형태와 기각역의 관계는 [그림 5-3]에 제시되어 있다.

## (4) 비기각역

**비기각역**(非棄却域, non-rejection region)은 영가설을 기각할 수 없는 표집분포의 영역을 말하며, 수용역 혹은 채택역이라고도 한다. 표본에서 구한 검증통계량의 값이 표집분포의 비기각역에 해당되면 영가설을 기각할 수 없다. 기각역과 비기각역을 형사재판의 판결에 비유하면 다음과 같다.

| 유죄라고 판단할 증거가 충분하지 않다. 따라서 영가설을 기각할 수 없다. | 유죄라고 판단할 증거가 충분하다. 따라서 영가설을 기각한다. |
|---|---|
| ← 비기각역 → | ← 기각역 → |

## (5) 임계치

**임계치**(臨界値, critical values)는 표집분포에서 기각역과 비기각역을 구분하는 검증통계량의 값을 뜻하며, 기각값이라고 하기도 한다. 임계치는 ① 검증형태, ② 표집분포의 종류($Z$ 분포, $t$ 분포, $F$ 분포, $\chi^2$ 분포 등), ③ 유의수준($\alpha$), ④ 자유도에 따라 결정된다. 임계치를 고려하여 영가설 기각여부를 결정하는 방법은 검증형태에 따라 다르다(임계치를 구하는 방법은 제6장을 참고하기 바람).

## (6) 유의수준

**유의수준**(有意水準, level of significance, $\alpha$)은 영가설이 참일 때 영가설을 기각할 확률, 즉 제1종 오류를 범할 확률로 흔히 $\alpha$라고 한다. 즉, 유의수준은 실제 차이 혹은 효과가 없는데도 차이 혹은 효과가 있다는 그릇된 결론을 내릴 확률이다. 제1종 오류는 바람직하지 않지만, 표집오차로 인해 결코 회피할 수 없다. 유의수준은 차이 혹은 효과가 우연적인 요인에 의해 나타났는지 아니면 체계적이고 실제적인 요인에 의해 나타났는지를 판단하는 기준이 된다. 가설검증에서는 영가설 기각여부를 유의수준을 기준으로 결정한다. 구체적으로 ① 표본에서 구한 검증통계량 값이 임계치보다 크거나, ② 검증통계량 값의 유의확률($p$)이 유의수준과 같거나 그보다 낮으면($p \leq \alpha$) 영가설을 기각한다. 유의수준은 통상적으로 .05 혹은 .01로 설정된다. 이는 통계적인 판단이 절대적인 기준이 아니라 확률적인 기준에 따라 이루어진다는 것을 의미한다. 가령 실험집단과 통제집단의 성적이 $\alpha = .05$ 수준에서 통계적으로 유의한 차이가 있다는 것은 모집단에서 실험집단과 통제집단의 성적이 다르지 않을 확률(즉, 영가설이 참일 확률)이 5% 이하라는 것을 뜻한다. 유의수준은 원칙적으로 연구를 하기 전에 설정해야 한다. 또 유의수준을 설정할 때는 제1종 오류의 심각성을 고려해야 하는데, 제1종 오류의 결과가 심각할수록 유의수준을 낮게 설정해야 한다. 유의수준은 확신수준(level of confidence)과 상반되므로 유의수준이 낮을수록 확신수준이 높아진다.

(7) $p$(유의확률)

$p$는 표집분포에서 표본에서 구한 검증통계량의 값과 같거나 더 극단적인 값을 얻을 확률(Kirk, 1990, p. 348)을 말하여, **유의확률** 혹은 **관찰된 유의성**이라고 한다. 예를 들어, $Z$ 검증에서 검증통계량의 값 $Z = +2.0$의 유의확률은 $p = .0228$인데, 이는 표준정규분포에서 $Z = +2.0$과 같거나 더 극단적인 $Z$ 값을 얻을 확률이 .0228이라는 것을 뜻한다. 통상적으로 가설검증에서는 $p$가 유의수준보다 낮거나 같으면 영가설을 기각하고, 반대로 $p$가 유의수준보다 높으면 영가설을 기각하지 않는다.

유의확률의 구체적인 의미는 가설검증의 형태에 따라 다른데, 가설검증의 형태에 따른 $p$의 의미는 [그림 5-2]와 같다(가설검증의 형태에 관한 구체적인 내용은 뒤에 소개되어 있다.).

① 양방검증: $p$는 표본에서 구한 것보다 절댓값이 같거나 더 큰 검증통계량의 값을 표집분포에서 얻을 확률이다.
② 좌측검증: $p$는 표본에서 구한 것과 같거나 더 작은 검증통계량의 값을 관찰할 확률이다.

③ 우측검증: $p$는 표본에서 구한 것과 같거나 더 큰 검증통계량의 값을 표집분포
에서 관찰할 확률이다.

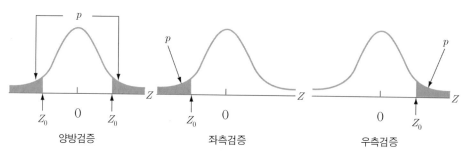

양방검증          좌측검증          우측검증

[그림 5-2] 가설검증의 형태와 $p$의 관계($Z_0$: 검증통계량의 값)

$p$는 낮을수록 영가설을 강력하게 부정하는 증거로 간주된다. 왜냐하면 $p$가 낮
을수록 표집분포에서 검증통계량의 값보다 같거나 더 극단적인 값을 얻을 확률이
낮기 때문이다. 반대로 $p$가 크면(특히 유의수준 $\alpha$보다 크면) 영가설을 부정하는 증
거로는 적절하지 않다. 일반적으로 $p$는 다음과 같이 해석된다.

〈표 5-3〉 p(유의확률)에 대한 해석

| $p$ | 해석 |
| --- | --- |
| $p < .01$ | 통계적으로 매우 유의하다.<br>영가설을 부정하는 강력한 증거로 간주된다. |
| $.01 < p < .05$ | 통계적으로 유의하다.<br>영가설을 부정하는 적절한 증거로 간주된다. |
| $p > .05$ | 통계적으로 유의하지 않다.<br>영가설을 기각할 수 있는 증거로 불충분하다. |

$p$를 이용해서 가설검증을 할 경우 $p$가 $\alpha$와 같거나 작으면 영가설을 기각하고,
$p$가 $\alpha$보다 크면 영가설을 기각하지 않으면 된다. 예컨대, $Z$ 검증에서 $Z = +2.0$의
$p = .0228$이면 $\alpha = .05$보다 낮으므로 영가설을 기각하면 된다.

가설검증결과를 $p$로 보고할 때는 ① 검증통계량의 종류, ② 자유도, ③ 검증통계
량의 값, ④ $p$ 순으로 보고하는 것이 원칙이다. 예를 들어, $Z$ 검증의 경우 $p$를 보고

하는 방식은 다음과 같다.

$$Z = +2.0, \ p = .0228$$

$p$는 표에서 별도로 제시하거나 각주에 제시해야 한다. 그런데 연구자에 따라 유의수준이나 임계치를 명시하지 않고 단순히 $p$만 보고하고 결론을 유보하는 경우도 없지 않다. 유의수준을 미리 결정한 다음 그것을 기준으로 영가설 기각여부를 결정하는 전통적인 가설검증방법은 연구자가 임의로 유의수준을 설정할 수 없고, 연구결과가 영가설을 어느 정도 부정하는지에 대한 정보를 제공할 수 없다. $p$는 전통적인 가설검증방법의 이러한 문제점을 해결할 수 있다.

SPSS와 같은 통계프로그램은 $p$를 자동으로 출력해 준다. 단, 통계프로그램의 분석결과에 제시되어 있는 $p$는 양방검증에 해당하는 확률이므로 일방검증에서는 $p$를 반으로 나누어야 한다.

$p$는 검증통계량의 값이 통계적으로 유의한 최저 수준, 즉 영가설을 기각할 수 있는 수준에 대한 정보를 제공하므로 $p$가 어떤 값이라도 영가설을 기각할 수 있다. 예를 들어, 검증통계량 값의 $p = .03$이면 $\alpha = .03$ 수준에서 영가설을 기각할 수 있고, $p = .30$이면 $\alpha = .30$ 수준에서 영가설을 기각할 수 있다. 물론 통상적으로 유의수준은 $\alpha = .05$ 이하로 설정되기 때문에 영가설을 기각하려면 $p$가 .05 이하가 되어야 한다.

### $p$를 이용한 가설검증 예시

검증통계량 값의 $p = .023$이라고 할 때 $\alpha = .05$와 $\alpha = .01$에서 영가설 기각여부에 대한 결정이 어떻게 달라지는지를 판단하라.

① $\alpha = .05$: $p$가 유의수준보다 낮으므로 영가설을 기각한다.
② $\alpha = .01$: $p$가 유의수준보다 크므로 영가설을 기각할 수 없다.

가설검증에서 $p$는 매우 널리 사용되고 있으나 그 의미가 잘못 해석되고 있는 경우가 많다. $p$에 대한 몇 가지 오해를 살펴보면 다음과 같다.

① $p$를 표본의 결과가 우연적인 요인에 의해 기인하는 확률로 해석하는 오류. 두 집단의 성적차이가 유의할 확률이 $p = .05$라고 할 때 성적차이가 우연적인 요인에 의해 기인할 확률이 5%라고 해석하는 것은 잘못이다. 왜냐하면 영가설은 모든 차이가 우연적 요인에 의해 기인한다고 진술한 가설이기 때문이다. $p$는 영가설이 참일 때 표집분포에서 검증통계량의 값과 같거나 더 큰 값이 나타날 확률만 의미한다. 모집단의 모수는 절대로 알 수 없기 때문에 표본의 결과가 우연에서 기인하는 확률은 예언할 수 없다.

② $p$를 연구가설의 정확도를 나타내는 확률로 해석하는 오류. 두 집단의 성적차이가 유의할 확률이 $p = .05$라고 할 때 연구가설이 정확할 확률이 95%라고 해석하는 것은 잘못이다. $p$는 영가설을 기각할 만한 증거가 충분한 정도만 나타낸다. 그러므로 $p$는 영가설을 기각하는 결정에만 도움을 줄 뿐 연구가설의 타당성에 대한 정보는 제공하지 않는다. 연구가설의 타당성을 결정하는 것은 통계의 범위를 넘어선다. 가령, 두 집단의 유의한 성적차이는 연구가설에 제시되지 않은 원인에서 기인할 수 있다. 반대로 영가설을 기각하지 못했다고 하더라도 연구가설이 옳을 수도 있다. 이 경우 제2종 오류를 범했거나 측정오차가 작용했거나 사례수가 적었을 수도 있다.

③ $p$를 반복연구에서 같은 결과를 얻을 수 있는 확률로 간주하는 오류. 두 집단의 평균차이의 유의확률이 $p = .05$라고 할 때 100회의 반복연구에서 95회는 같은 결과를 얻을 것이라고 해석하는 것은 잘못이다. 영가설을 정확하게 기각할 확률은 $p$와 전혀 관계가 없다. 특정 연구에서 평균차이가 유의하더라도 반복연구에서 평균차이가 바뀔 여지는 매우 많다. 유의확률은 영가설의 기각여부를 결정하는 데 사용될 수 있을 뿐, 같은 연구를 반복할 때 얻을 수 있는 결과에 대한 정보를 제공하지 않는다.

④ $p$를 실제적 유의성 혹은 이론적 중요성과 혼동하는 오류. $p$는 통계적 유의성을 판단하기 위한 정보는 제공하지만, 실제적 및 이론적 중요성과 전혀 관련이 없다. 실제적 유의성은 독립변수가 종속변수에 영향을 미친 정도를 말한다. 그러므로 $p$가 낮을수록 통계적으로 유의하지만, $p$가 낮더라도 실제적 혹은 이론적으로는 아무 의미가 없을 수도 있다. 즉, $p$가 낮다고 해서 독립변수가 종속변수에 큰 영향을 미친다는 것을 의미하지는 않는다. 요컨대, 반대로 $p$가 높더라도 실제적 혹은 이론적으로 중요한 의미를 가질 수도 있다. $p$는 독립

변수가 종속변수에 어느 정도 영향을 미치는가를 나타내지 않는다. 독립변수가 종속변수에 미치는 영향은 효과크기로 표시된다(제6장 참조).

## 3) 가설검증의 형태

가설검증의 형태는 대립가설의 진술방식에 따라 다른데, 대립가설이 비방향가설이면 양방검증을 해야 하고, 대립가설이 방향가설이면 일방검증을 해야 한다. 대립가설의 부호에 따라 검증형태가 달라진다는 사실을 기억하면 편리하다.

〈표 5-4〉 대립가설의 부호와 가설검증의 형태

| 가설검증형태 | 대립가설의 부호 | 기각역의 위치 |
|---|---|---|
| 양방검증 | ≠ | 양쪽 |
| 좌측검증 | < | 왼쪽 |
| 우측검증 | > | 오른쪽 |

양방검증과 일방검증(좌측검증 및 우측검증)에서 기각역과 비기각역을 나타내면 다음 [그림 5-3]과 같다.

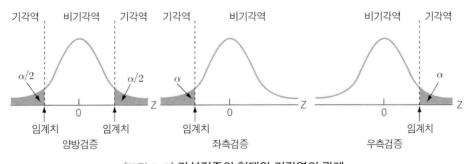

[그림 5-3] 가설검증의 형태와 기각역의 관계

### (1) 양방검증

기각역이 표집분포의 양쪽 끝에 모두 존재하는 검증형태를 말한다. 대립가설의 부호가 ≠이면 양방검증을 해야 한다. **양방검증**(兩方檢證, two-tailed test, 양측검증)에서는 표집분포의 양쪽에 존재하는 기각역의 면적이 각각 $\alpha/2$와 같다. 그러므로

$\alpha$ = .05일 때 기각역 면적은 분포의 왼쪽 끝 .025와 오른쪽 끝 .025다. 양방검증에서 임계치는 표집분포 양 끝 부분의 면적 $\alpha/2$에 대응되는 표집분포의 값이다. 예를 들어, $\alpha$ = .05, 양방검증에서 $Z$ 검증의 임계치는 표집분포의 왼쪽 끝 부분의 면적 .025에 대응되는 $Z$ 점수($Z$=−1.96)와 오른쪽 끝 부분의 면적 .025에 대응되는 $Z$ 점수($Z$=+1.96)다. 양방검증에서는 검증통계량의 절댓값이 임계치와 같거나 크면 영가설을 기각한다.

## (2) 일방검증

기각역이 표집분포의 한쪽 끝에만 존재하는 검증형태를 말한다. **일방검증**(一方檢證, one-tailed test, 단측검증)은 우측검증과 좌측검증으로 나뉜다. **좌측검증**(左側檢證, left-tailed test)은 기각역이 분포의 왼쪽 끝에만 존재하는 검증형태를 말한다. 대립가설의 부호가 <이면 좌측검증이다. $\alpha$ = .05, 좌측검증에서 $Z$ 검증의 임계치는 표준정규분포의 면적을 .05와 .95로 구분하는 $Z$ 점수이므로 $Z$=−1.645다. 좌측검증에서는 검증통계량의 값이 임계치와 같거나 작으면 영가설을 기각한다. **우측검증**(右側檢證, right-tailed test)에서는 기각역이 분포의 오른쪽 끝에만 존재하므로 분포의 오른쪽 끝 부분의 면적이 $\alpha$와 같다. 대립가설의 부호가 >이면 우측검증이다. 우측검증의 임계치는 표집분포를 $1 - \alpha$와 $\alpha$로 구분하는 값이다. 예를 들어, $\alpha$ = .05, 우측검증에서 $Z$ 검증의 임계치는 표준정규분포의 면적을 .95와 .05로 구분하는 $Z$ 점수이므로 $Z$= +1.645다. 우측검증에서는 검증통계량의 값이 임계치와 같거나 크면 영가설을 기각한다.

## 4) 가설검증의 절차

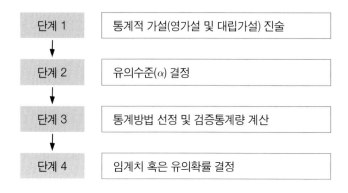

| 단계 5 | 영가설 기각여부 결정 |
| 단계 6 | 결론도출 |

[그림 5-4] 가설검증의 절차

## (1) 1단계 통계적 가설(영가설 및 대립가설) 진술

영가설은 효과 혹은 차이가 우연적 요인이나 표집오차에서 기인한다는 가설이다. 반대로 대립가설은 효과 혹은 차이가 독립변수(실험처치)에서 기인한다는 가설이다.

## (2) 2단계 유의수준 결정

일반적으로 유의수준은 $\alpha = .05$ 혹은 $\alpha = .01$ 수준으로 설정되는데, 예비연구에서는 $\alpha = .10$ 수준으로 설정하기도 한다. 유의수준은 제1종 오류의 결과가 심각할수록 낮은 수준에서 설정해야 한다.

## (3) 3단계 통계방법 선정 및 검증통계량 계산

적절한 통계방법($Z$ 검증, $t$ 검증, 분산분석 등)으로 표본에서 수집한 자료에서 검증통계량의 값을 계산한다.

## (4) 4단계 임계치 혹은 유의확률 결정

영가설 기각여부를 결정하기 위한 임계치 혹은 유의확률을 구한다.

## (5) 5단계 영가설 기각여부 결정

영가설 기각여부를 결정하는 방법은 ① 검증통계량의 값을 임계치와 비교하여 결정하는 방법과, ② 검증통계량 값의 유의확률을 유의수준과 비교하여 결정하는 방법이 있다. 어느 방법으로 영가설 기각여부를 결정하든 간에 결론은 같다.

① 임계치와 비교하는 방법: 검증통계량의 값을 임계치와 비교하여 영가설 기각여부를 결정하는 전통적인 방법이다. 단, 영가설 기각여부를 결정하는 구체

적인 방법은 검증형태에 따라 다르다. 양방검증에서는 검증통계량의 절댓값이 임계치와 같거나 그보다 크면 영가설을 기각하고, 임계치보다 작으면 영가설을 기각하지 않는다. 우측검증에서는 검증통계량의 값이 임계치와 같거나 그보다 크면 영가설을 기각하고, 임계치보다 작으면 영가설을 기각하지 않는다. 좌측검증에서는 검증통계량의 값이 임계치와 같거나 그보다 작으면 영가설을 기각하고, 임계치보다 크면 영가설을 기각하지 않는다.

② $p$를 이용한 방법: 검증통계량 값의 유의확률($p$)이 유의수준($\alpha$)과 같거나 그보다 낮으면($p \leq \alpha$) 영가설을 기각하고, 유의수준보다 높으면($p > \alpha$) 영가설을 기각하지 않는다.

### (6) 6단계 결론도출

영가설 기각여부에 대한 결정에 근거하여 결론을 도출한다. 가설검증에서는 영가설이 참일 확률이 낮으면 영가설을 기각하고, 반대로 영가설이 참일 확률이 높으면 영가설을 기각하지 않는다. 영가설이 기각되면 체계적인 차이 혹은 효과가 있다고 결론을 내린다. 반면, 영가설이 기각되지 않았을 경우 차이 혹은 효과가 우연적인 요인에 기인한다고 결론을 내린다. 그러므로 가설검증의 결론은 영가설을 기각하거나 영가설을 기각하지 못하는 것 중 하나가 된다.

#### ① 영가설 기각

일반적으로 영가설 기각은 대립가설을 지지하는 증거로 간주된다. 즉, 영가설 기각은 효과, 관계 혹은 차이가 유의하다는 것을 의미한다. 단, 영가설 기각이 연구가설을 지지하는 증거는 될 수 있지만, 연구가설을 증명하지는 않는다는 점에 유의해야 한다. 왜냐하면 영가설을 기각했더라도 효과, 관계 혹은 차이가 가설에 진술된 이유가 아니라 다른 이유에서 기인했을 개연성, 즉 표본의 대표성이 낮거나 연구자가 잘못된 결정을 내렸을 개연성이 있기 때문이다.

#### ② 영가설 기각실패

영가설 기각실패는 대립가설을 지지하는 증거가 부족하다는 것을 의미한다. 즉, 영가설이 기각되지 않았다는 것은 효과, 관계 혹은 차이가 표집오차에서 기인한다는 것을 의미한다. 영가설을 기각하지 못했다는 것은 표본의 증거가 영가설을 기각할 만큼 충분하지 않음을 의미한다는 사실을 명심해야 한다. 이것은 판사가 피고에게 유죄를 선고할 만한 충분한 증거가 없기 때문에 무죄를 선고하는 것과 같다. 그렇다고 해서 영가설 기각실패가 영가설이 참이라는 것을 의미하는 것은 아니다. 왜냐하면 영가설을 기각하지 못했을 경우 (1) 영가설이 참이라서 기각하지 못한 경우와 (2) 영가설이 거짓이어서 기각해야 하지만 표본이나 연구방법이 영가설이 거짓이라는 사실을 탐지하지 못한 경우가 있을 수 있기 때문이다. 특히 표본크기가 너무 작거나 측정오차가 클 경우 연구방법의 민감도가 낮아진다. 표본크기가 충분히 크고 측정도구가 정확하다고 하더라도 표본의 대표성이 낮을 개연성도 있다.

영가설 기각실패가 자칫 잘못하면 영가설을 증명했다는 것을 함축할 개연성도 있다. 그런데 '기각하지 못했다.'는 것은 정확하게 말하면 '증거가 충분하지 않기 때문에 판단을 유보한다.'는 의미를 갖고 있다. 즉, 영가설 기각실패는 영가설이 참이라는 것을 의미하는 것이 아니라 영가설을 기각할 수 있는 증거가 부족하다는 것을 의미한다. 그러므로 영가설을 기각하지 못했을 경우 영가설을 기각하지 못했다고 결론을 내리거나 영가설과 과학적 가설에 대한 판단을 유보하는 두 가지 결정 중 어느 하나를 선택해야 한다.

## 5) 가설검증의 오류

가설검증에서는 다음과 같이 네 가지 결정을 할 수 있다.

|  | 영가설 $H_0$의 실제 상태 | |
|---|---|---|
| 결정 | $H_0$가 참인 경우 | $H_0$가 거짓인 경우 |
| $H_0$ 기각 | 제1종 오류<br>$\alpha$ | 정확한 결정<br>$1-\beta=$ 검증력 |
| $H_0$ 기각실패 | 정확한 결정<br>$1-\alpha$ | 제2종 오류<br>$\beta$ |

[그림 5-5] 가설검증의 결정유형

네 가지 결정 중에서 ① 영가설이 거짓일 때 영가설을 기각하는 결정과, ② 영가설이 참일 때 영가설을 수용하는 결정은 올바른 결정이다. 반면, ③ 영가설이 거짓일 때 영가설을 기각하지 않는 결정(제2종 오류, type II error)과, ④ 영가설이 참일 때 영가설을 기각하는 결정(제1종 오류, type I error)은 그릇된 결정이다.

**제1종 오류**, 즉 실제 영가설이 참인데도 기각하는 확률은 유의수준이라고 하며 $\alpha$로 표시한다. 피고가 무죄인데도 유죄를 선고하는 판사나 환자가 암에 걸리지 않았는데도 암에 걸렸다고 진단하는 의사는 제1종 오류를 범하고 있다고 할 수 있다.

반면, **제2종 오류**는 실제 영가설이 거짓인데도 기각하지 않는 확률로, $\beta$로 표기한다. 피고가 유죄인데도 무죄를 선고하는 판사나 실제로는 암에 걸렸는데도 암에 걸리지 않았다고 진단하는 의사는 제2종 오류를 범하고 있다.

제1종 오류를 범하지 않으려면 제2종 오류를 범할 확률을 높이면 된다. 표본크기가 일정하다고 할 때 제1종 오류를 범할 확률($\alpha$)이 낮을수록 제2종 오류를 범할 확률($\beta$)은 커진다. 그러므로 가설검증에서는 두 유형의 오류를 범할 때의 위험성을 염두에 두고 두 유형의 오류를 범할 확률이 균형을 유지하도록 해야 한다.

가설검증에서 영가설을 기각하는 결정과 영가설을 기각하지 않는 결정 중에서 어떤 결정을 내리더라도 그 결정이 100% 옳다고 확신할 수 없다. 왜냐하면 그 결정은 표본의 불완전한 자료에 근거한 것이므로 어떤 결정을 내리더라도 오류를 범할 소지를 완전히 배제할 수 없기 때문이다.

제1종 오류와 제2종 오류를 범할 확률은 모두 낮은 것이 이상적이다. 이 경우 영가설이 참이거나 혹은 대립가설이 참인가에 관계없이 부정확한 결정을 내릴 확률이 낮아진다.

## 6) 통계적 검증력

**통계적 검증력**(統計的 檢證力, statistical power)은 영가설이 거짓일 때 기각할 수 있는 확률, 즉 제2종 오류를 범하지 않을 확률(통계적 검증력 = $1-\beta$)을 말한다. 통계적 검증력은 현미경의 정밀도에 비유할 수 있다. 사물을 정확하게 인식하는 현미경이 정밀도가 높은 것처럼, 영가설이 거짓일 때 그것을 정확하게 탐지할 수 있는 통계방법이 검증력이 높다.

통계적 검증력의 범위는 0에서 1이므로 1에 가까울수록 검증력이 높다. 영가설을 잘못 기각하는 확률(즉, 유의수준)은 0에 가까울수록 바람직하고, 통계적 검증력은 높을수록 바람직하다. 통계적 검증력에 영향을 미치는 요인들은 다음과 같다.

① 표본크기: 표본이 클수록 표준오차가 줄어들고, 그 결과 검증통계량의 값이 커지므로 검증력이 높아진다. 극단적으로 표본크기가 모집단과 같을 경우 검증력이 극대화된다.
② 유의수준: 통계적 검증력은 유의수준 α에 비례한다. 따라서 유의수준이 높을수록 통계적 검증력이 높고, 유의수준이 낮을수록 통계적 검증력이 낮다. 그 이유는 α가 낮아질수록 제2종 오류를 범할 확률 β가 증가하기 때문이다. 그러므로 α를 매우 낮은 수준에서 설정하면 영가설을 기각할 수 있는 확률이 낮아지지만, 제2종 오류 β를 범할 확률은 반대로 높아진다. α가 낮아지면 β가 커지고 그로 인해 통계적 검증력 1 − β는 낮아진다.
③ 표준편차: 표준편차가 클수록 표준오차가 커지고, 그 결과 검증통계량의 값이 작아지므로 검증력이 낮아진다.
④ 평균차이: 집단 간 평균차이가 클수록 검증통계량의 값이 커지므로 검증력이 높아진다.
⑤ 검증형태: 일방검증이 양방검증보다 검증력이 더 높다. 그 이유는 일방검증과 양방검증이 영가설을 기각할 수 있는 기각역이 다르기 때문이다.

## 7) 통계적 유의성과 실제적 유의성

가설검증의 결과는 표본크기의 영향을 받기 때문에 다른 조건들이 같으면 표본이 클수록 통계적으로 유의한 결과를 얻을 확률이 높다(즉, 영가설을 기각할 확률이 높다). 예컨대, 22명의 표본에서 계산한 상관계수 r=.42는 α=.05 수준에서 통계적으로 유의하지 않지만, 1,000명의 표본에서 계산한 상관계수 r=.08은 실제로 상관이 거의 없는데도 α=.01 수준에서 통계적으로 유의하다. 실험연구에서도 실험집단과 통제집단의 평균차이가 거의 없더라도 표본이 매우 크면 평균차이가 통계적으로 유의하다는 결과를 얻을 수 있다(즉, 영가설을 기각할 수 있다).

이것은 통계적 유의성이 실제적 유의성과 다르다는 것을 의미한다. **통계적 유의성**(統計的 有意性, statistical significance)은 특정 유의수준에서 영가설이 기각되었음을 뜻한다. 즉, 통계적 유의성은 차이 혹은 효과가 우연에 의해 나타났을 확률이 유의수준보다 낮다는 것(즉, 독립변수에 의해 차이 혹은 효과가 나타났다는 것)을 의미한다. 그러므로 $\alpha = .05$에서 영가설이 기각되었을 때 $\alpha = .05$ 수준에서 '통계적으로 유의하다'고 하고, $p < .05$라고 표시한다. 여기서 $p < .05$는 표본에서 구한 검증통계량의 값과 같거나 그보다 큰 값을 표집분포에서 얻을 확률이 5% 미만이라는 것을 뜻한다. 반대로 통계적으로 유의하지 않다는 것은 차이 혹은 효과가 우연적인 요인에 기인한다는 것을 뜻한다. 특정 유의수준에서 영가설이 기각되지 않았을 때는 '통계적으로 유의하지 않다'고 하고, $p > .05$ 혹은 ns(non-significant)라고 표기한다.

반면, **실제적 유의성**(實際的 有意性, practical significance)은 연구결과의 실제적 중요성과 유용성을 말한다. 즉, 실제적 유의성은 독립변수가 종속변수에 영향을 미친 정도를 말한다. 따라서 독립변수가 종속변수에 큰 영향을 미칠수록 실제적 유의성이 높다고 할 수 있다.

실제적 유의성은 통계적 유의성과 구분된다. 따라서 연구결과가 통계적으로 유의한 경우에도 실제적인 측면에서 아무 의미가 없을 수도 있고, 반대로 통계적으로는 유의하지 않은데도 실제적인 측면에서는 매우 중요할 수도 있다. 따라서 연구결과를 해석할 때는 통계적인 유의성은 물론 실제적 유의성에도 관심을 가져야 한다.

## 8) 가설검증의 방법

가설을 설정하고 자료를 수집한 다음에는 적절한 통계방법(가설검증방법)으로 분석해야 한다. 연구상황에서는 많은 시간과 노력을 들여 자료를 수집해 놓고도 어떤 통계방법을 적용할지 모르거나 부적절한 통계방법으로 분석하여 엉뚱한 결론을 도출하는 경우가 적지 않다. 자료를 적절하게 분석하자면 통계방법을 정확하게 이해해야 한다. 통계방법은 기준에 따라 다양하게 분류되는데, 일반적으로 통계방법을 분류하는 기준은 다음과 같다.

① 연구문제: 통계방법은 연구문제의 성질에 따라 종속관계 분석방법과 상호관계 분석방법으로 구분된다. 종속관계 분석방법은 독립변수가 종속변수에 미치는 영향을 분석하려는 방법으로, $t$ 검증이나 분산분석이 대표적인 방법이다. 상호관계 분석기법은 변수를 독립변수와 종속변수로 구분하지 않고 변수 간의 상호관련성을 파악하려는 방법으로, 상관분석이 대표적인 방법이다.

② 설계형태: 통계방법은 설계형태가 집단간 설계인가 아니면 집단내 설계인가에 따라 달라진다. 즉, 집단 간의 관계가 독립적인가 아니면 의존관계에 있는지에 따라 적용되는 통계방법은 다르다. 집단 간의 관계가 독립적이면 독립표본 $t$ 검증이나 독립표본 분산분석을 하면 된다. 반면 집단 간의 관계가 의존적이면 종속표본 $t$ 검증이나 반복측정 분산분석을 해야 한다.

③ 측정수준: 통계방법은 종속변수의 측정수준(명명척도, 서열척도, 동간척도 및 비율척도)에 따라 달라진다. 종속변수가 동간척도 이상이고 모집단이 정규분포를 이루면 모수통계(parametric statistics)를 적용해야 한다. 반면 종속변수가 서열척도 혹은 명명척도이거나 정규분포를 이루지 않는 동간척도일 경우에는 비모수통계(non-parametric statistics)를 적용해야 한다.

④ 집단의 수: 통계방법은 비교하고자 하는 집단의 수에 따라 달라진다.

⑤ 분포형태: 종속변수가 정규분포를 이루는가 아니면 정규분포를 이루지 않는가에 따라 통계방법이 달라진다.

⑥ 변수의 수: 변수의 수를 기준으로 할 때 통계방법은 단변인분석(univariate analysis)과 다변인분석(multivariate analysis)으로 구분될 수 있다.

**1** TV 프로그램이 청소년들의 공격성을 증가시킨다고 기대하고 연구를 한다고 할 때 대립가설과 영가설을 각각 진술하시오.

**2** 다음 연구 상황에 적절한 영가설과 대립가설을 각각 진술하시오.

　1) 오른손잡이와 왼손잡이의 공간능력이 차이가 있는지 검증한다.
　2) 3교대 근무자가 2교대 근무자보다 생산성이 높은지 검증한다.
　3) 조깅을 하는 집단이 조깅을 하지 않은 집단보다 혈압이 낮은지 검증한다.

**3** 2번 문제에 제시된 연구상황에 적절한 가설검증의 형태를 지적하시오.

**4** $\alpha = .05$ 수준에서 다음 대립가설에 해당하는 $Z$검증의 임계치를 구하시오.

　1) $\mu \neq 100$ 　　　　　　2) $\mu < 100$ 　　　　　　3) $\mu > 100$

**5** $\alpha = .01$ 수준에서 다음 대립가설에 해당하는 $Z$검증의 임계치를 구하시오.

　1) $\mu_1 \neq \mu_2$ 　　　　　2) $\mu_1 < \mu_2$ 　　　　　3) $\mu_1 > \mu_2$

**6** 어느 논문에서 '실험집단과 통제집단이 차이가 없다는 사실을 증명했다.'는 결론을 내렸다고 한다. 가설검증의 논리에 비추어 이 결론을 비판하시오.

**7** 다음 상황에 대해 영가설 및 대립가설을 진술하고, 적절한 검증형태(양방검증, 우측검증, 좌측검증)를 드시오.

　1) 자동차회사에서는 새로 출시된 자동차의 연비가 1리터당 20km라고 발표했다. 그런데 연비가 20km에 미치지 못한다고 생각한 소비자단체에서는 자신의 주장이 타당하다는 것을 입증하기 위해 30대의 신차를 무작위표집하여 연비를 측정한 다음 가설검증을 하려고 한다.
　2) 2017년 한국대학생들의 월평균용돈은 20만 원이라고 한다. 2018년도 대학생들의 평균용돈이 20만 원보다 더 많은지 검증하려고 한다.

**8** 가설검증에서 유의수준을 $\alpha = 0$으로 설정했다고 하자. 다음에 답하시오.

　　1) 제1종 오류, 즉 영가설이 참일 때 기각하는 오류를 범할 확률은?

　　2) 제2종 오류, 즉, 영가설이 거짓일 때 기각하지 않는 오류를 범할 확률은?

**9** 영가설이 거짓이라고 할 때 유의수준을 $\alpha = .01$에서 $\alpha = .05$로 높였다고 한다. 이때 통계적 검증력은 어떻게 변화될지 답하시오.

## 정답

**1** 1) 대립가설: TV 프로그램은 청소년들의 공격성을 증가시킨다. 혹은 TV 프로그램을 시청한 청소년들은 TV 프로그램을 시청하지 않은 청소년들보다 공격성이 더 높다.

　　2) 영가설: TV 프로그램은 청소년들의 공격성을 증가시키지 않는다. 혹은 TV 프로그램을 시청한 청소년들과 TV 프로그램을 시청하지 않은 청소년들의 공격성은 차이가 없다.

**2** 1) 영가설: 오른손잡이와 왼손잡이의 공간능력은 차이가 없다.

　　　대립가설: 오른손잡이와 왼손잡이의 공간능력은 차이가 있다.

　　2) 영가설: 3교대 근무자와 2교대 근무자의 생산성은 차이가 없다.

　　　대립가설: 3교대 근무자가 2교대 근무자보다 생산성이 더 높다.

　　3) 영가설: 조깅을 하는 집단과 조깅을 하지 않은 집단의 혈압은 차이가 없다.

　　　대립가설: 조깅을 하는 집단이 조깅을 하지 않은 집단보다 혈압이 더 낮다.

**3** 1) 양방검증　　2) 우측검증　　3) 좌측검증

**4** 1) $Z = \pm 1.96$　　2) $Z = -1.645$　　3) $Z = +1.645$

**5** 1) $Z = \pm 2.58$　　2) $Z = -2.33$　　3) $Z = +2.33$

**6** 표본의 결과에 근거하여 실험집단과 통제집단이 차이가 없다는 영가설을 결코 증명할 수 없다. 추론할 수 있는 것은 차이가 없다는 영가설을 기각할 증거가 충분하지 않다는 것뿐이다.

**7** 1) 영가설: $\mu = 20$　　대립가설: $\mu < 20$　　검증형태: 좌측검증

　　2) 영가설: $\mu = 20$　　대립가설: $\mu > 20$　　검증형태: 우측검증

**8** 1) 0　　2) 1

**9** 높아진다.

## 제6장

# 평균차이 검증: $Z$ 검증과 $t$ 검증

**1.** 단일표본을 이용한 평균차이 검증: 단일표본 $Z$ 검증과 단일표본 $t$ 검증

**2.** 두 독립표본을 이용한 평균차이 검증: 독립표본 $Z$ 검증과 독립표본 $t$ 검증

**3.** 두 종속표본을 이용한 평균차이 검증: 종속표본 $t$ 검증

학 / 습 / 목 / 표

• 단일표본 $Z$ 검증과 단일표본 $t$ 검증의 용도를 설명한다.

• $t$ 분포의 특징을 기술한다.

• 독립표본 $Z$ 검증과 독립표본 $t$ 검증의 용도를 설명한다.

• $Z$ 검증과 $t$ 검증의 차이점을 지적한다.

• 종속표본 $t$ 검증의 용도를 설명한다.

• 자료를 $Z$ 검증 혹은 $t$ 검증으로 분석하고 결과를 해석한다.

• $t$ 검증 후 효과크기를 구하고, 그것을 해석한다.

평균차이를 검증하기 위한 모수통계방법은 크게 ① 표본 평균과 특정 모집단 평균의 차이를 검증하는 방법, ② 두 모집단의 평균차이를 검증하는 방법, ③ 여러 모집단의 평균차이를 검증하는 방법으로 나뉜다. 이 중에서 여러 모집단의 평균차이는 분산분석(ANOVA)으로 검증한다(제9장 참조). 표본 평균과 특정 모집단 평균의 차이를 검증하거나 두 모집단 간의 평균차이를 검증할 때는 $Z$ 검증과 $t$ 검증이 사용된다. 평균차이를 검증하는 구체적인 방법은 [그림 6-1]에 제시되어 있는 것처럼 ① 표본의 수, ② 모집단 분산을 알고 있는지의 여부, ③ 표본의 독립성 여부에 따라 달라진다. 평균차이를 검증하는 방법을 단일표본을 이용한 평균차이 검증과 두 표본을 이용한 평균차이 검증으로 나누어 살펴본다.

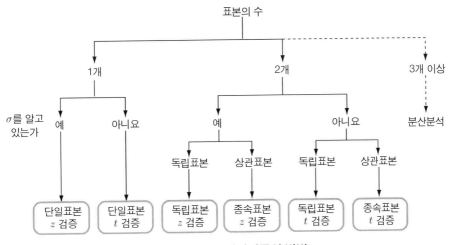

[그림 6-1] 평균차이검증의 방법

## 1 단일표본을 이용한 평균차이 검증: 단일표본 $Z$ 검증과 단일표본 $t$ 검증

**단일표본 검증**(one sample test)은 단일표본의 평균을 이용하여 모집단 평균 $\mu$에 관한 가설을 검증하는 방법이다.[1] 즉, 단일표본 검증은 표본 평균이 특정 모집단의 평균과 차이가 있는지를 검증하는 방법으로, $Z$ 검증과 $t$ 검증이 대표적인 방법

---

1) 단일표본을 이용하여 평균이 아닌 모수(예: 분산, 비율, 상관계수 등)에 대한 가설을 검증하기도 하지만, 이 장에서는 모집단 평균에 관한 가설을 검증하는 방법만 다룬다.

이다. $Z$ 검증($Z$ test or $Z$ critical ratio test)은 $Z$ 분포(표준정규분포)를 이용하는 검증이고, $t$ 검증은 $t$ 분포를 이용하는 검증방법이다.

## 1) 단일표본 $Z$ 검증

**단일표본 $Z$ 검증**(one sample $Z$ test)은 표준정규분포($Z$ 분포)를 이용하여 표본 평균 $\overline{X}$ 가 특정 모집단의 평균 $\mu_o$ 와 차이가 있는지를 검증하는 방법이다. 즉, 이 검증은 평균 $\overline{X}$ 의 표본이 평균이 $\mu_o$ 인 모집단에서 추출되었는지를 검증하는 방법이다. 그러므로 단일표본 $Z$ 검증의 결과가 통계적으로 유의하면 표본이 대표하는 모집단은 평균이 $\mu_o$ 인 모집단과 차이가 있다고 할 수 있다.

단일표본 $Z$ 검증을 적용할 수 있는 경우를 예시하면 다음과 같다.

- 대학생 15명을 무작위로 추출하여 조사한 평균공부시간(7시간)이 전체 대학생 집단의 평균공부시간(5시간)과 차이가 있는지 검증한다.
- 한국 대학생들의 하루 평균 인터넷 사용시간은 5시간이라고 한다. 어떤 대학의 김 교수가 10명의 대학생들을 무작위로 추출하여 하루 인터넷 사용시간을 조사한 결과 평균 6시간이었다. 이때 이 학생들의 인터넷 사용시간이 전체 대학생들의 인터넷 사용시간과 통계적으로 차이가 있는지 검증한다.

### (1) 단일표본 $Z$ 검증의 요건 및 가정

단일표본 $Z$ 검증을 적용하자면 종속변수가 동간척도 이상이고 모집단 분산 $\sigma^2$ 를 알고 있어야 한다(모집단 분산을 모르면 단일표본 $t$ 검증을 해야 한다.). 단일표본 $Z$ 검증은 ① 표본을 모집단에서 무작위로 표집했고, ② 모집단이 정규분포를 이룬다고 가정한다.

### (2) 단일표본 $Z$ 검증의 통계적 가설

특정 모집단의 평균을 $\mu_o$ 라고 할 때 단일표본 $Z$ 검증의 영가설은 다음과 같다.

$$H_o : \mu = \mu_0 \text{(표본이 대표하는 모집단의 평균은 } \mu_o \text{와 같다.)}$$

그러므로 단일표본 $Z$ 검증의 대립가설은 다음 중 하나가 된다.

① $H_1 : \mu \neq \mu_o$ (표본이 대표하는 모집단의 평균은 $\mu_o$와 다르다.)(양방검증).
② $H_1 : \mu > \mu_o$ (표본이 대표하는 모집단의 평균은 $\mu_o$보다 크다.)(우측검증).
③ $H_1 : \mu < \mu_o$ (표본이 대표하는 모집단의 평균은 $\mu_o$보다 작다.)(좌측검증).

### (3) 단일표본 $Z$ 검증의 검증통계량

단일표본 $Z$ 검증의 검증통계량은 다음과 같다.

$$Z = \frac{\overline{X} - \mu_0}{\sigma_{\overline{X}}} = \frac{\overline{X} - \mu_0}{\sigma / \sqrt{n}}$$

$\overline{X} - \mu_0$는 표본 평균과 특정 모집단 평균의 차이를, 표준오차 $\sigma_{\overline{X}}$는 우연적 요인에 의해 기대되는 표본 평균과 특정 모집단 평균의 차이를 의미한다. 그러므로 검증통계량 $Z$는 표본 평균과 특정 모집단 평균의 차이를 우연적 요인에 의해 기대되는 평균차이로 나눈 값이다.

$Z$값을 알면 표준정규분포에서 표본 평균이 특정 모집단 평균과 차이가 있을 확률을 구할 수 있다. $Z$값은 0에 가까울수록 표본 평균이 특정 모집단 평균과 차이가 없을 확률이 높고, $Z$의 절댓값이 클수록 표본 평균이 특정 모집단 평균과 차이가 있을 확률이 높다. 따라서 $Z$의 절댓값이 클수록 영가설을 기각할 수 있는 확률이 높아진다.

### (4) 단일표본 $Z$ 검증의 임계치

단일표본 $Z$ 검증의 임계치는 유의수준 $\alpha$와 검증형태를 고려해서 〈부록 표 1〉에 제시된 표준정규분포에서 찾으면 된다. 표준정규분포를 이용하는 $Z$ 검증에서 임계치를 구하는 절차는 다음과 같다.

① 유의수준 $\alpha$를 결정한다.
② 검증형태(양방검증, 좌측검증, 우측검증)를 고려해서 임계치를 구한다.

- 양방검증의 임계치: 표준정규분포에서 왼쪽 면적 $\alpha/2$에 대응되는 $Z$점수 와 오른쪽의 면적 $\alpha/2$에 대응되는 $Z$점수
- 좌측검증의 임계치: 표준정규분포에서 왼쪽 끝 부분의 면적 $\alpha$에 대응되는 $Z$점수
- 우측검증의 임계치: 표준정규분포에서 오른쪽 끝 부분의 면적 $\alpha$에 대응되는 $Z$점수

예시 1 $\mid$ $\alpha = .05$에서 단일표본 $Z$검증의 임계치를 구하는 방법

① 양방검증: 기각역이 양쪽에 위치하므로 임계치는 표준정규분포의 양 끝 부분의 면적 .025에 대응되는 $Z$점수다. 그러므로 임계치는 표준정규분포의 왼쪽 면적 .025에 대응되는 $Z = -1.96$과 오른쪽 면적 .025에 대응되는 $Z = +1.96$ 이다(그림 6-2의 a 참조).

② 좌측검증: 기각역이 왼쪽에 위치하므로 표준정규분포에서 왼쪽 끝 부분의 면적 .05에 대응되는 $Z = -1.645$이 임계치다(그림 6-2의 b 참조).

③ 우측검증: 기각역이 오른쪽에 위치하므로 표준정규분포에서 오른쪽 끝 부분의 면적 .05에 대응되는 $Z = +1.645$이 임계치다(그림 6-2의 c 참조).

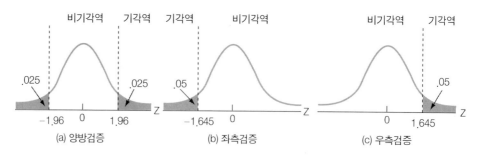

[그림 6-2] 검증형태에 따른 임계치와 기각역

예시 2 $\mid$ $\alpha = .01$에서 단일표본 $Z$검증의 임계치를 구하는 방법

① 양방검증: 기각역이 양쪽에 위치하므로 임계치는 표준정규분포의 양 끝 부분의 면적 .005에 대응되는 $Z$점수다. 즉, 임계치는 표준정규분포에서 왼쪽 면적 .005에 대응되는 $Z = -2.58$과 오른쪽 면적 .005에 대응되는 $Z = +2.58$이다.

② 좌측검증: 기각역이 왼쪽에 위치하므로 임계치는 표준정규분포에서 왼쪽 끝

부분의 면적 .01에 대응되는 $Z=-2.33$이다.

③ 우측검증: 기각역이 오른쪽에 위치하므로 임계치는 표준정규분포에서 오른쪽 면적 .01에 대응되는 $Z=+2.33$이다.

## (5) 영가설 기각여부 결정

단일표본 $Z$ 검증에서 영가설 기각여부를 결정하는 방법은 다음과 같다.

① 양방검증: 검증통계량 $Z$의 절댓값이 임계치와 같거나 그보다 크면 영가설을 기각한다.

② 좌측검증: 검증통계량 $Z$가 임계치와 같거나 그보다 작으면 영가설을 기각한다.

③ 우측검증: 검증통계량 $Z$가 임계치와 같거나 그보다 크면 영가설을 기각한다.

## (6) 결론도출

영가설 기각여부와 검증형태를 고려하여 적절한 결론을 내린다. 양방검증의 경우 영가설이 기각되면 표본평균이 특정 모집단의 평균과 차이가 있다는 결론을 내린다. 우측검증의 경우 영가설이 기각되면 표본평균이 모집단 평균보다 더 크다는 결론을 내리면 된다. 좌측검증에서는 반대로 결론을 내린다.

〈표 6-1〉 단일표본 $Z$검증(예시)

| 학습부진아 40명의 지능지수 평균($\overline{X}=93$)이 전체 아동의 지능지수($\mu_0=100$, $\sigma=15$)와 차이가 있는지를 $\alpha=.05$ 수준에서 검증하라(양방검증). | |
|---|---|
| 1. 통계적 가설 진술 | $H_o : \mu=100$(학습부진아의 지능지수 평균은 100이다.) <br> $H_1 : \mu \neq 100$(학습부진아의 지능지수 평균은 100이 아니다.) |
| 2. 검증통계량 계산 | $Z=\dfrac{\overline{X}-\mu_0}{\sigma_{\overline{X}}}=\dfrac{\overline{X}-\mu_0}{\sigma/\sqrt{n}}=\dfrac{93-100}{15/\sqrt{40}}=-2.95$ |
| 3. 임계치 결정 | $\alpha=.05$, 양방검증에서 $Z$ 검증의 임계치는 $Z=\pm1.96$이다. |
| 4. 영가설 기각여부 결정 | 검증통계량의 값 $Z=-2.95$는 절댓값이 임계치보다 크므로 영가설을 기각한다. |
| 5. 결론도출 | 학습부진아 집단의 지능지수 평균은 전체아동 집단의 지능지수 평균과 유의한 차이가 있다. |

## 2) 단일표본 $t$ 검증

**단일표본 $t$ 검증**(one-sample $t$ test)은 모집단의 표준편차($\sigma$)를 모를 때 $t$ 분포를 이용하여 표본 평균($\overline{X}$)이 특정 모집단 평균($\mu_o$)과 차이가 있는지를 검증하는 방법이다. 그러므로 단일표본 $t$ 검증의 적용 상황은 단일표본 $Z$ 검증의 적용 상황과 같다. 모집단의 표준편차를 알고 있으면 단일표본 $Z$ 검증으로 표본 평균과 모집단 평균의 차이를 검증하면 되지만, 대부분의 경우 모집단 표준편차를 알 수 없으므로 단일표본 $t$ 검증이 단일표본 $Z$ 검증보다 활용도가 더 높다.

단일표본 $t$ 검증은 ① 표본을 모집단에서 무작위로 표집했고, ② 모집단이 정규 분포를 이룬다고 가정한다. 먼저 $t$ 분포에 대해 살펴본다.

### $Z$ 검증과 $t$ 검증의 선택

$t$ 검증은 ① 모집단이 정규분포를 이루거나 정규분포에 근접하고, ② 모집단 표준편차 $\sigma$를 모르며, ③ $n<30$일 때 평균차이를 검증하는 방법이다. 앞에서 살펴본 것처럼 $Z$ 검증은 모집단 표준편차를 알 때 평균차이를 검증하는 방법이다. 그러나 대부분의 경우 모집단 표준편차를 알 수 없으므로 $Z$ 검증을 적용할 수 없다. $Z$ 검증과 $t$ 검증 중에서 검증방법을 선택하는 절차는 다음과 같다.

① $\sigma$를 알 경우에는 $Z$ 검증을 한다.
② $\sigma$를 모를 경우에는 $t$ 검증을 한다. 이 경우 $\sigma$ 대신에 s를 사용한다.
③ $\sigma$를 모를 경우에도 표본크기($n$)가 30보다 크면 $Z$ 검증을 할 수 있다. 이때 $\sigma$ 대신 s를 사용한다.

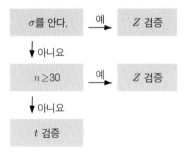

## (1) $t$ 분포의 성질

$t$는 표본 평균 $\overline{X}$ 와 특정 모집단 평균 $\mu_o$의 차이를 표준오차 $s_{\overline{X}}$ 로 나눈 값이다.

$$t = \frac{\overline{X} - \mu_0}{s / \sqrt{n}}$$

$t$의 공식은 모집단 표준편차 $\sigma$를 모르기 때문에 표본 표준편차 $s$를 사용한다는 점이 다르지만, $Z$의 공식과 비슷하다. 그런데 $t$를 알더라도 표본 평균이 특정 모집단 평균과 차이가 있는지 알 수 없다. $t$를 구한 후 표본 평균과 특정 모집단 평균의 차이가 있을 확률을 결정하려면 $t$의 표집분포를 활용해야 한다.

$t$의 표집분포를 만드는 과정을 간단히 살펴보자. 평균이 $\mu_o$이고 정규분포를 이루는 모집단에서 100명을 추출하여 $t$ 값을 구하는 과정을 3,000회 반복하면 3,000개의 $t$ 값을 얻을 수 있다. 이때 3,000개의 $t$ 값으로 이루어진 분포가 바로 $t$의 표집분포다.

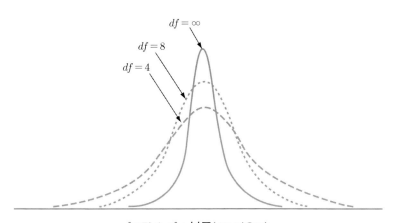

[그림 6-3] $t$ 분포($df$ : 자유도)

$t$ 분포의 형태는 표준정규분포와 비슷하다. 그러므로 $t$ 분포와 표준정규분포는 ① 표집분포이고, ② 평균을 중심으로 좌우대칭이며, ③ 평균이 0이고, ④ 평균, 중앙치, 최빈치가 일치하며 ⑤ 곡선이 점근선을 이룬다는 공통점이 있다. $t$ 분포가 표준정규분포와 다른 특징은 다음과 같다.

① $t$ 분포는 표준편차가 1보다 크기 때문에 정규분포에 비해 분포의 양극단은 더 불룩하고 중간은 더 평평하다. 그 결과 $t$ 검증에서는 영가설을 기각하기 위한 임계치가 $Z$ 검증보다 더 크다.

② $t$ 분포는 자유도에 따라 결정되므로 자유도에 따라 여러 분포가 존재한다.

③ 표본크기(혹은 자유도)가 증가함에 따라 $t$ 분포는 정규분포에 접근한다. 표본 크기가 30보다 크면 $t$ 분포와 $Z$ 분포의 차이는 매우 작지만, 표본크기가 작을수록 $t$ 분포와 $Z$ 분포는 차이가 커진다.

표준정규분포와 마찬가지로 $t$ 분포를 이용하면 영가설이 참인 조건에서 표본평균이 특정 모집단의 평균과 같거나 그보다 클 확률, 즉 $t$ 분포에서 표본에서 구한 $t$ 값을 얻을 확률을 구할 수 있다. 그러므로 $t$ 분포에서 표본에서 구한 $t$ 값을 얻을 확률이 유의수준($\alpha$)보다 낮으면 영가설을 기각하면 된다.

### (2) 자유도

$t$ 분포는 자유도에 의해 결정된다. **자유도**(自由度, degree of freedom; $df$)는 모수를 추정할 때 독립적인 정보를 제공할 수 있는 점수의 수(즉, 통계량을 계산할 때 자유롭게 임의의 값을 가질 수 있는 점수의 수 혹은 어떤 제약요건에서 자유롭게 값을 취할 수 있는 점수의 수)를 말한다. 자유도는 상당히 어려운 개념이다. 자유도의 개념을 비유적으로 설명해 보자. 11명의 선수로 구성된 축구팀에서 선수의 포지션을 정할 때 첫 번째 선수에게는 11개 포지션 중에서 자유롭게 어느 포지션이나 부여할 수 있다. 두 번째 선수에게는 10개 포지션 중에서 자유롭게 포지션을 부여할 수 있다. 이러한 방식으로 10명의 포지션을 정하면 열한 번째 선수에게는 반드시 마지막 남은 포지션을 주어야 한다. 그러므로 11명의 선수들에게 포지션을 부여하는 상황에서 자유도는 10이다. 즉, 10명의 선수에게는 자유롭게 포지션을 줄 수 있으나, 마지막 선수의 경우 선택의 여지가 전혀 없다.

또 다른 예를 들어 보자. 3개 점수 $a$ $b$ $c$에서 평균을 구할 때 3개 점수는 임의의 값을 가질 수 있으므로 자유도가 3이다. 그러나 평균이 정해져 있을 경우 2개 점수는 임의의 값을 가질 수 있으나 세 번째 점수는 자동적으로 결정된다. 예컨대, 평균이 3일 경우 $a=2$, $b=5$이면 $c=2$가 되어야 하므로 자유도는 2가 된다. 고로 $n$개 점수와 평균을 알고 있을 때 $n-1$개 점수는 독립적인 정보를 제공할 수 있으므로 자유도가 $n-1$이다. $n$개 점수에서 분산을 구할 때 자유도는 $n-1$이다. 왜냐하면 분산은 평균을 이용해서 구해야 하므로 $n-1$개 점수만 임의의 값을 가질 수 있기 때문이다. $t$ 검증의 자유도는 검증형태에 따라 차이가 있다.

① 단일표본 $t$ 검증: 집단의 사례수를 $n$이라고 할 때 평균을 이용해서 표준오차를 구해야 하므로 자유도는 $n-1$이다.

② 독립표본 $t$ 검증: 두 집단의 사례수가 각각 $n_1$과 $n_2$일 때 각 집단의 자유도는 $n_1-1$과 $n_2-1$이므로 자유도는 $df=(n_1-1)+(n_2-1)=n_1+n_2-2$다. 왜냐하면 각 집단의 평균을 이용해서 표준오차를 구해야 하기 때문이다.

③ 종속표본 $t$ 검증: 자유도는 $n-1(n: 짝의 수)$이다. 이 자유도는 독립표본 $t$ 검증 자유도의 절반에 불과한데, 그 이유는 종속표본에서는 집단 1의 점수와 집단 2의 점수가 관련되어 있어 독립적인 정보를 제공하지 못하기 때문이다.

## (3) 단일표본 $t$ 검증의 요건 및 가정

단일표본 $t$ 검증을 적용하자면 종속변수가 동간척도 이상이고 모집단 분산 $\sigma^2$를 몰라야 한다. 단일표본 $t$ 검증은 ① 표본을 모집단에서 무작위로 표집했고, ② 모집단이 정규분포를 이룬다고 가정한다.

## (4) 단일표본 $t$ 검증의 통계적 가설

특정 모집단의 평균을 $\mu_o$라고 할 때 단일표본 $t$ 검증의 영가설은 다음과 같다.

$$H_o : \mu = \mu_0 (표본이 대표하는 모집단 평균은 \mu_o와 같다.)$$

그러므로 단일표본 $t$ 검증의 대립가설은 다음 중 하나가 된다.

① $H_1 : \mu \neq \mu_o$(표본이 대표하는 모집단의 평균은 $\mu_o$와 다르다.)(양방검증)

② $H_1 : \mu > \mu_o$(표본이 대표하는 모집단의 평균은 $\mu_o$보다 크다.)(우측검증)

③ $H_1 : \mu < \mu_o$(표본이 대표하는 모집단의 평균은 $\mu_o$보다 작다.)(좌측검증)

## (5) 단일표본 $t$ 검증의 검증통계량

단일표본 $t$ 검증의 검증통계량은 다음과 같다.

$$t = \frac{\overline{X} - \mu_0}{s_{\overline{X}}} = \frac{\overline{X} - \mu_0}{s/\sqrt{n}}$$

$t$의 공식은 $\sigma$를 $s$로 대치했다는 점을 제외하면 $Z$의 공식과 같다. $t$ 검증에서는 표본 표준편차 $s$를 이용해서 모집단 표준편차 $\sigma$를 추정해야 한다. $\sigma$를 $s$로 대치하면 검증통계량이 $Z$ 분포를 따르지 않고 $t$ 분포를 따른다.

검증통계량 $t$는 표본 평균과 특정 모집단 평균의 차이를 표준오차(즉, 우연적 요인에 의해 기대되는 표본 평균과 특정 모집단 평균의 차이)로 나눈 값이다. 그러므로 $t$값을 알면 $t$ 분포에서 표본 평균이 특정 모집단의 평균과 다를 확률을 구할 수 있다.

$t$ 값은 0에 가까울수록 표본 평균이 특정 모집단의 평균과 차이가 없다는 것을, 절댓값이 클수록 표본 평균이 특정 모집단의 평균과 차이가 있을 확률이 높다는 것을 의미한다. 따라서 양방검증에서는 $t$의 절댓값이 클수록 영가설을 기각할 수 있는 확률이 높다. 우측검증의 경우 $t$ 값이 클수록 영가설을 기각할 확률이 높고, 반대로 좌측검증에서는 $t$ 값이 음수($-$)로 클수록 영가설을 기각할 확률이 높다.

## (6) 단일표본 $t$ 검증의 임계치

단일표본 $t$ 검증의 임계치는 ① 자유도($n-1$), ② 유의수준($\alpha$), ③ 검증형태(일방검증 대 양방검증)의 영향을 받는다. 우선 $t$ 분포는 자유도에 따라 결정되므로 자유도가 다르면 임계치가 달라진다. 그러므로 $t$ 검증에서 임계치를 구할 때는 반드시 자유도를 고려해야 한다. 또 임계치는 $\alpha$가 낮을수록 크고, 일방검증보다 양방검증에서 임계치의 절댓값이 더 크다. 자유도와 유의수준에 따른 $t$ 검증의 임계치는 〈부록 표 2〉에 제시되어 있다. 검증형태에 따른 $t$ 검증의 임계치는 다음과 같다.

① 양방검증: 임계치는 $t$ 분포의 양쪽 끝에 위치하는 기각역 면적 $\pm\alpha/2$에 대응되는 $t$ 값이다. 예컨대, $\alpha = .05$, $df = 13$, 양방검증에서 $t$ 검증의 임계치는 $t = \pm 2.16$이다.

② 좌측검증: 임계치는 $t$ 분포의 왼쪽 끝에 위치하는 기각역 면적 $\alpha$에 대응되는

$t$ 값이다. 가령 $\alpha = .05$, $df = 13$, 좌측검증에서 $t$ 검증의 임계치는 $t = -1.77$이다.

③ 우측검증: 임계치는 $t$ 분포의 오른쪽 끝에 위치하는 기각역 면적 $\alpha$에 대응되는 $t$ 값이다. 가령 $\alpha = .05$, $df = 13$, 우측검증에서 $t$ 검증의 임계치는 $t = 1.77$이다.

## (7) 영가설 기각여부 결정

단일표본 $t$ 검증에서 영가설 기각여부를 결정하는 방법은 다음과 같다.

① 양방검증: $t$의 절댓값이 임계치와 같거나 더 크면 영가설을 기각한다.
② 좌측검증: $t$ 값이 임계치와 같거나 그보다 작으면 영가설을 기각한다.
③ 우측검증: $t$ 값이 임계치와 같거나 그보다 크면 영가설을 기각한다.

## (8) 결론도출

영가설 기각여부와 검증형태를 고려하여 적절한 결론을 내린다. 양방검증의 경우 영가설이 기각되면 표본 평균이 특정 모집단의 평균과 차이가 있다는 결론을 내린다. 우측검증의 경우 영가설이 기각되면 표본 평균이 모집단 평균보다 더 크다는 결론을 내리면 된다. 좌측검증에서는 반대로 결론을 내린다.

〈표 6-2〉 단일표본 $t$ 검증(예시)

| A 대학교에 따르면 2016학년도 대학생의 월평균 용돈은 20만 원이라고 한다. 이 학교에서 2018학년도에 15명의 학생들을 무작위로 표집하여 조사한 월평균 용돈이 23만 원, 표준편차가 3만 원이라고 한다. 2018학년도 대학생의 용돈이 2016학년도에 비해 증가했는지를 5% 수준에서 검증하라. | |
|---|---|
| 1. 통계적 가설 진술 | $H_o : \mu = 20$(용돈액수가 증가하지 않았다.)<br>$H_1 : \mu > 20$(용돈액수가 증가했다.) |
| 2. 검증통계량 계산 | $t = \dfrac{\overline{X} - \mu_o}{s/\sqrt{n}} = \dfrac{23 - 20}{3/\sqrt{15}} = 3.87$ |
| 3. 임계치 결정 | $\alpha = .05$, $df = 14$, 우측검증에서 $t$ 검증의 임계치는 $t = 1.761$이다. |
| 4. 영가설 기각여부 결정 | 검증통계량의 값 $t = 3.87$은 임계치보다 크므로 영가설을 기각한다. |
| 5. 결론도출 | 2018학년도 학생의 용돈액수는 2016학년도 학생의 용돈액수에 비해 증가했다. |

(9) SPSS를 활용한 단일표본 $t$ 검증

① **분석(A)-평균비교(M)**에서 **일표본 T 검증(S)**을 선택한다.

② **검정변수(T)**를 선택한 다음 **검정값(V)**을 지정한다.

## 2  두 독립표본을 이용한 평균차이 검증: 독립표본 $Z$ 검증과 독립표본 $t$ 검증

두 독립표본의 평균차이 검증은 두 독립표본의 평균차이를 이용하여 두 모집단의 평균차이를 검증하는 방법이다. **독립표본**(獨立標本, independent samples)은 특정 표본이 다른 표본에 전혀 영향을 미치지 않는 표본을 말한다. 그러므로 독립표본에서는 특정 집단의 점수가 다른 집단의 점수와 상관이 없다. 두 모집단에서 각각 무작위로 표본을 선정했거나 피험자를 두 실험조건에 무작위로 배치했으면 두 표본은 독립적이다. 두 독립표본을 이용하여 평균차이를 검증하는 방법은 독립표본 $Z$ 검증과 독립표본 $t$ 검증으로 나뉜다.

### 1) 독립표본 $Z$ 검증

**독립표본 $Z$ 검증**(independent samples $Z$ test)은 두 모집단의 표준편차 $\sigma_1$과 $\sigma_2$를 알고 있거나 두 표본의 크기가 각각 30보다 클 때 표준정규분포와 두 독립표본의 평균차이를 이용하여 두 모집단의 평균차이를 검증하는 방법이다. 즉, 이 검증은 두 모집단의 평균차이가 없다는 영가설 기각여부를 결정하기 위한 통계방법이다.

#### (1) 독립표본 $Z$ 검증의 요건

① 독립변수는 범주변수로 2개의 수준(집단)으로 구분되어야 한다.

② 특정 피험자는 단 하나의 집단(즉, 수준)에만 속해야 한다.

③ 종속변수는 동간척도 혹은 비율척도라야 한다. 단, 모집단의 분산을 알고 있어야 한다.

## (2) 독립표본 $Z$ 검증의 통계적 가설

독립표본 $Z$ 검증의 영가설은 다음과 같다.

$$H_o : \mu_1 = \mu_2 (\text{두 모집단의 평균은 같다.})$$

그러므로 독립표본 $Z$ 검증의 대립가설은 다음 중 하나가 된다.

① $H_1 : \mu_1 \neq \mu_2$ (두 모집단의 평균은 다르다.)(양방검증)
② $H_1 : \mu_1 > \mu_2$ (모집단 1의 평균은 모집단 2의 평균보다 크다.)(우측검증)
③ $H_1 : \mu_1 < \mu_2$ (모집단 1의 평균은 모집단 2의 평균보다 낮다.)(좌측검증)

## (3) 독립표본 $Z$ 검증의 검증통계량

독립표본 $Z$ 검증의 검증통계량은 다음과 같다.

$$Z = \frac{\overline{X_1} - \overline{X_2}}{\sigma_{\overline{X_1} - \overline{X_2}}} = \frac{\overline{X_1} - \overline{X_2}}{\sqrt{\dfrac{\sigma_1^2}{n_1} + \dfrac{\sigma_2^2}{n_2}}}$$

검증통계량 $Z$는 두 집단의 평균차이를 표준오차(즉, 우연적 요인에 의해 기대되는 두 집단의 평균차이)로 나눈 값이다($\sigma_1^2$과 $\sigma_2^2$은 각각 모집단 1과 모집단 2의 분산이고, $n_1$과 $n_2$는 각각 두 집단의 사례수). 공식에서 알 수 있듯이 표준오차는 각 모집단의 분산에 비례하고, 사례수에 반비례한다. 그러므로 검증통계량 $Z$는 두 표본의 평균차이에 비례하고, 표준오차에 반비례한다.

검증통계량 $Z$ 값을 알면 $Z$ 분포에서 두 모집단의 평균이 차이가 있을 확률(즉, 영가설이 참인 표본정규분포에서 검증통계량 $Z$ 값을 얻을 확률)을 구할 수 있다. 검증통계량 $Z$ 값은 0에 가까울수록 두 모집단의 평균차이가 없을 확률이 높고, $Z$의 절댓값이 클수록 두 모집단의 평균차이가 있을 확률이 높다. 따라서 $Z$의 절댓값이 클수록 영가설을 기각할 확률은 높아진다.

### (4) 임계치 및 영가설 기각여부 결정

독립표본 $Z$ 검증에서 임계치를 구하고 영가설 기각여부를 결정하는 과정은 단일표본 $Z$ 검증과 같다. 그러므로 영가설 기각여부를 결정하는 구체적인 방법은 검증형태에 따라 다르다.

양방검증에서는 검증통계량 $Z$의 절댓값이 임계치보다 크거나 임계치와 같으면 영가설을 기각하면 된다. 우측검증에서는 검증통계량 $Z$ 값이 임계치보다 크거나 임계치와 같으면 영가설을 기각하면 되고, 좌측검증에서는 검증통계량 $Z$ 값이 임계치보다 작거나 그와 같으면 영가설을 기각하면 된다. 영가설 기각여부는 유의확률을 기준으로 하여 결정해도 된다.

### (5) 결론도출

영가설 기각여부와 검증형태를 고려하여 적절한 결론을 내린다. 양방검증의 경우 영가설이 기각되면 두 모집단의 평균이 차이가 있다는 결론을 내린다. 우측검증의 경우 영가설이 기각되면 모집단 1의 평균이 모집단 2의 평균보다 더 크다는 결론을 내리고, 좌측검증에서 영가설이 기각되면 반대로 결론을 내린다.

〈표 6-3〉 독립표본 $Z$ 검증(예시)

| | |
|---|---|
| 기업체 A와 기업체 B에서 각각 30명의 직원들을 무작위로 표집하여 월급을 조사한 결과 기업체 A의 평균은 330만 원이고, 기업체 B의 평균은 350만 원이라고 한다. 단, 기업체 A와 B의 전체 직원들의 월급 표준편차는 각각 20만 원과 25만 원이라고 한다. 기업체 A와 기업체 B의 평균월급이 차이가 있는지를 $\alpha = .05$ 수준에서 검증하라. | |
| 1. 통계적 가설 진술 | $H_o : \mu_1 = \mu_2$(두 기업체의 평균월급은 같다.)<br>$H_1 : \mu_1 \neq \mu_2$(두 기업체의 평균월급은 다르다.) |
| 2. 검증통계량 계산 | $Z = \dfrac{\overline{X_1} - \overline{X_2}}{\sqrt{\dfrac{\sigma_1^2}{n_1} + \dfrac{\sigma_2^2}{n_2}}} = \dfrac{330 - 350}{\sqrt{\dfrac{20^2}{30} + \dfrac{25^2}{30}}} = -3.42$ |
| 3. 임계치 결정 | $\alpha = .05$, 양방검증에서 $Z$ 검증의 임계치를 표준정규분포에서 찾으면 $Z = \pm 1.96$이다. |
| 4. 영가설 기각여부 결정 | 검증통계량의 값 $Z = -3.42$는 임계치보다 작으므로 영가설을 기각한다. |
| 5. 결론도출 | 두 기업체의 평균월급은 $\alpha = .05$ 수준에서 통계적으로 차이가 있다. |

## 2) 독립표본 $t$ 검증

**독립표본 $t$ 검증**(independent samples t-test)은 모집단의 분산을 모를 때 $t$ 분포와 두 독립표본의 평균차이를 이용하여 두 모집단의 평균차이를 검증하는 방법이다. 즉, 이 검증은 두 모집단의 평균차이가 없다는 영가설 기각여부를 결정하기 위한 통계방법이다. 독립표본 $t$ 검증은 앞에서 설명한 독립표본 $Z$ 검증보다 활용도가 훨씬 높다. 왜냐하면 실제 상황에서는 대부분 모집단 분산을 알 수 없기 때문이다.

### (1) 독립표본 $t$ 검증의 요건
① 독립변수는 범주변수로 2개의 수준(집단)으로 구분되어야 한다.
② 특정 피험자는 단 하나의 집단(즉, 수준)에만 속해야 한다.
③ 종속변수는 동간척도 혹은 비율척도라야 한다. 단, 모집단의 분산을 모른다.

### (2) 독립표본 $t$ 검증의 통계적 가설
독립표본 $t$ 검증의 영가설은 다음과 같다.

$$H_o : \mu_1 = \mu_2 \text{(모집단 1의 평균과 모집단 2의 평균은 같다)}$$

그러므로 독립표본 $t$ 검증의 대립가설은 다음 중 한 가지 형태로 진술된다.

① $H_1 : \mu_1 \neq \mu_2$(모집단 1의 평균과 모집단 2의 평균은 다르다.)(양방검증)
② $H_1 : \mu_1 > \mu_2$(모집단 1의 평균은 모집단 2의 평균보다 크다.)(우측검증)
③ $H_1 : \mu_1 < \mu_2$(모집단 1의 평균은 모집단 2의 평균보다 작다.)(좌측검증)

### (3) 독립표본 $t$ 검증의 가정
독립표본 $t$ 검증을 하자면 ① 독립성, ② 정규성, ③ 등분산성 가정이 충족되어야 한다. 이러한 가정이 충족되지 않으면 Mann-Whitney $U$ 검증이나 Wilcoxon 순위합 검증(Wilcoxon rank-sum test)을 하면 된다(제16장 비모수검증 참조).

① **독립성**(獨立性, independence): 독립성 가정은 두 부분으로 나뉜다. 첫째 부분

은 특정 집단의 점수가 다른 집단의 점수와 관련되지 않아야 한다는 집단의 독립성에 대한 가정이다. 두 번째 부분은 특정 집단에서 어떤 피험자에 가하는 처치가 다른 피험자에게 가하는 처치에 영향을 미치지 않아야 한다는 처치의 독립성에 대한 가정이다.

② 정규성(正規性, normality): 모집단이 $\mu$를 중심으로 정규분포를 이루어야 한다는 가정이다. 이 가정을 달리 표현하면 각 모집단에서 표집오차가 정규분포를 이루어야 한다는 것이다. 모집단이 정규분포에 근접할수록 $t$ 검증의 정확도가 높아진다.

③ 등분산성(等分散性, homosdascity): 두 집단의 분산이 같아야 한다. 이 가정은 정규분포를 이루어야 한다는 가정보다 더 중요하다. 두 집단의 크기가 같으면 분산이 다르더라도 $t$ 검증의 결과에 큰 영향을 주지 않으므로 등분산성 가정의 충족 여부를 검증하지 않아도 된다(Glass & Hopkins, 1984). 또 사례수가 많은 집단이 사례수가 적은 집단보다 분산이 크면(즉, $n_1/n_2 > 1$이고, $s_1^2/s_2^2 > 1$이면) 분산의 차이가 $t$ 검증결과에 부정적인 영향을 주지 않는다. 이 경우에는 실제 제1종 오류를 범할 확률이 $\alpha$보다 낮아진다. 반대로 사례수가 적은 집단이 사례수가 많은 집단보다 분산이 크면(즉, $n_1/n_2 < 1$이고, $s_1^2/s_2^2 > 1$이면) 제1종 오류를 범할 확률이 $\alpha$보다 더 높아진다. 따라서 집단의 크기가 다르고 분산도 상당히 다르면 검증결과에 심각한 영향을 줄 수 있다. 집단의 크기와 분산이 다를 때 자유도를 교정하는 방안도 있다.[2] 등분산성 검증은 $F$ 검증 혹은 Levene 검증을 하면 된다($F$ 검증과 Levene 검증은 제9장 참조).

## (4) 독립표본 $t$ 검증의 검증통계량

두 집단의 표본크기가 같을 경우 독립표본 $t$ 검증의 검증통계량 $t$는 다음과 같다.

$$t = \frac{\overline{X_1} - \overline{X_2}}{s_{\overline{X_1} - \overline{X_2}}} = \frac{\overline{X_1} - \overline{X_2}}{\sqrt{\dfrac{s_1^2}{n_1} + \dfrac{s_2^2}{n_2}}}$$

---

2) 이 경우 $t$를 구할 때 두 집단의 표준오차를 이용하는데, 자유도는 다음과 같이 교정할 수 있다(Hays, 1988). 교정한 자유도가 정수가 아니면 반올림하면 된다.

$$df = \frac{(s_{\overline{X_1}}^2 + s_{\overline{X_2}}^2)^2}{(s_{\overline{X_1}}^2)^2/(n_1 + 1) + (s_{\overline{X_2}}^2)^2/(n_2 + 1)} - 2$$

단, 두 집단의 표본크기가 다른 경우 독립표본 $t$ 검증의 검증통계량은 다음과 같다.

$$t = \frac{\overline{X_1} - \overline{X_2}}{s_{\overline{X_1} - \overline{X_2}}} = \frac{\overline{X_1} - \overline{X_2}}{\sqrt{\dfrac{(n_1-1)s_1^2 + (n_2-1)s_2^2}{n_1 + n_2 - 2}\left(\dfrac{1}{n_1} + \dfrac{1}{n_2}\right)}} = \frac{\overline{X_1} - \overline{X_2}}{\sqrt{s_p^2\left(\dfrac{1}{n_1} + \dfrac{1}{n_2}\right)}}$$

위의 공식에서 $n_1$과 $n_2$는 각각 두 집단의 사례수, $s_1^2$과 $s_2^2$은 각각 두 집단의 분산이다. 통합분산 $s_p^2$(pooled sample variance)는 두 집단 분산의 가중평균이다. 두 집단의 사례수가 같을 경우 $s_p^2$은 두 집단의 분산 $s_1^2$과 $s_2^2$을 단순히 평균한 값이다.

그러므로 독립표본 $t$ 검증의 검증통계량 $t$는 두 집단의 평균차이를 표준오차(우연적 요인에 의해 기대되는 두 집단의 평균차이)로 나눈 값이다(검증통계량 $t$를 구하는 공식은 표준오차만 다를 뿐 독립표본 $Z$ 검증의 공식과 같다.). 표준오차는 두 모집단에서 각각 표본을 무작위로 추출하여 평균 $\overline{X_1}$과 $\overline{X_2}$를 구한 다음, 평균차이 $\overline{X_1} - \overline{X_2}$를 계산하는 과정을 반복할 때 평균차이로 이루어진 분포의 표준편차를 의미한다. 그러므로 표준오차는 무작위오차에서 기인하는 평균차이의 정도를 나타낸다. 표준오차는 모집단에서 표본을 추출할 때 작용하는 무작위오차를 반영하므로 **오차항**(error term)이라고 한다. 표준오차는 집단의 분산에 비례하고, 사례수에 반비례한다.

독립표본 $t$ 검증을 할 때 검증통계량 $t$ 값을 알면 $t$ 분포에서 두 모집단의 평균이 차이가 있을 확률(즉, 검증통계량 $t$ 값을 얻을 확률)을 구할 수 있다. 즉, 평균차이가 작을수록 $t$ 값이 0에 근접할 것이라고 기대되고, 평균차이가 클수록 $t$ 값이 클 것이라고 기대된다. 그러므로 $t$ 값이 0에 가까울수록 평균차이가 없을 확률이 높고, $t$의 절댓값이 클수록 평균차이가 있을 확률이 높다. 따라서 $t$의 절댓값이 클수록 영가설을 기각할 수 있는 확률이 높아진다(양방검증이 경우). $t$ 값에 영향을 주는 요인들은 다음과 같다.

① 평균차이: 두 집단의 평균차이($\overline{X_1} - \overline{X_2}$)가 클수록 $t$ 값이 커진다.

② 분산: 두 집단의 분산($s_1^2$, $s_2^2$)이 작을수록 표준오차도 줄어들기 때문에 $t$ 값이 커진다.

③ 사례수: 두 집단의 사례수($n_1$, $n_2$)가 많을수록 $t$ 값이 커진다.

### (5) 영가설 기각여부 결정

　독립표본 $t$ 검증의 임계치는 ① 유의수준 $\alpha$, ② 자유도 $df = n_1 + n_2 - 2$, ③ 검증형태(양방검증, 일방검증)를 고려해서 〈부록 표 2〉의 $t$ 분포에서 구해야 한다. 임계치를 구하고 영가설 기각여부를 결정하는 방법은 자유도만 다를 뿐 단일표본 $t$ 검증과 같다. 그러므로 양방검증에서는 검증통계량 $t$의 절댓값이 임계치보다 크거나 그와 같으면 영가설을 기각하면 된다. 우측검증에서는 검증통계량 $t$ 값이 임계치와 같거나 그보다 크면 영가설을 기각하고, 좌측검증에서는 검증통계량 $t$ 값이 임계치와 같거나 그보다 작으면 영가설을 기각하면 된다.

### (6) 결론도출

　영가설 기각여부와 검증형태를 고려하여 적절한 결론을 내린다. 양방검증의 경우 영가설이 기각되면 두 집단의 평균이 차이가 있다는 결론을 내린다. 우측검증의 경우 영가설이 기각되면 모집단 1의 평균이 모집단 2의 평균보다 더 크다는 결론을 내리고, 좌측검증에서 영가설이 기각되면 반대로 결론을 내린다.

〈표 6-4〉 독립표본 $t$ 검증(양방검증)(예시 1)

| 토론식 수업집단과 강의식 수업집단의 동기검사의 평균과 표준편차가 다음과 같을 때 두 집단의 평균이 차이가 있는지를 $\alpha = .05$ 수준에서 검증하라. | | |
|---|---|---|
| 토론식 | 강의식 | 가설검증절차 |
| 17 | 10 | 1. 통계적 가설 진술 |
| 18 | 13 | 　$H_o : \mu_1 = \mu_2$(두 집단의 평균은 같다) |
| 20 | 15 | 　$H_1 : \mu_1 \neq \mu_2$(두 집단의 평균은 다르다) |
| 15 | 12 | 2. 검증통계량 계산 |
| 19 | 14 | 　① $\overline{X_i} - \overline{X_2} = 16.90 - 12.80 = 4.10$ |
| 13 | 10 | 　② $s_{\overline{X_1} - \overline{X_2}} = \sqrt{\dfrac{2.025^2}{10} + \dfrac{1.932^2}{10}} = .885$ |
| 17 | 16 | 　③ $t = \dfrac{16.90 - 12.80}{.885} = +4.63$ |
| 16 | 12 | 3. 임계치 결정: $\alpha = .05$, $df = 10 + 10 - 2 = 18$에서 $t$ 분포의 |
| 18 | 13 | 　임계치는 $t = \pm 2.101$이다. |
| 16 | 13 | 4. 영가설 기각여부 결정: 검증통계량의 값 $t = +4.63$은 임계 |
| $\overline{X_1} = 16.90$ | $\overline{X_2} = 12.80$ | 　치보다 크므로 영가설을 기각한다. |
| $s_1 = 2.025$ | $s_2 = 1.932$ | 5. 결론도출: 토론식 수업집단과 강의식 수업집단의 동기는 통계적으로 유의한 차이가 있다. |

2. 두 독립표본을 이용한 평균차이 검증: 독립표본 $Z$ 검증과 독립표본 $t$ 검증

〈표 6-5〉 독립표본 $t$ 검증(좌측검증)(예시 2)

| | 하위집단 | 상위집단 |
|---|---|---|
| 사례수 | 15 | 10 |
| 평 균 | 66 | 77 |
| 표준편차 | 9 | 11 |

상위집단과 하위집단의 학습동기가 다음과 같을 때 하위집단의 학습동기가 상위집단보다 유의하게 낮은지를 5% 수준에서 검증하라.

| | |
|---|---|
| 1. 통계적 가설 진술 | $H_o : \mu_1 = \mu_2$(두 집단의 학습동기는 차이가 없다) <br> $H_1 : \mu_1 < \mu_2$(하위집단의 학습동기는 상위집단보다 낮다) |
| 2. 검증통계량 계산 | 1) $s_p^2 = \dfrac{(15-1)9^2 + (10-1)11^2}{15+10-2} = 96.65$ <br><br> 2) $s_{\overline{X_1}-\overline{X_2}} = \sqrt{96.65(\dfrac{1}{15}+\dfrac{1}{10})} = 4.014$ <br><br> 3) $t = \dfrac{66-77}{4.014} = -2.74$ |
| 3. 임계치 결정 | $\alpha = .05$, $df = 15+10-2 = 23$, 좌측검증에서 $t$ 분포의 임계치는 $t = -1.714$이다. |
| 4. 영가설 기각여부 결정 | 검증통계량의 값 $t = -2.741$은 임계치보다 작으므로 영가설을 기각한다. |
| 5. 결론도출 | 하위집단의 학습동기가 상위집단의 학습동기보다 통계적으로 유의하게 낮다. |

### (7) SPSS를 활용한 독립표본 $t$ 검증

① 분석(A)-평균비교(M)에서 독립표본 T 검증(T)을 선택한다.

② 검정변수(T)에 종속변수를, 집단변수(G)에 독립변수를 입력한다. 집단정의(D)에서 비교하려고 하는 두 집단을 정의한다.

③ 위에 제시된 독립표본 $t$ 검증(양방검증) 예시자료를 SPSS로 분석한 결과는 다음과 같다.

독립표본 검정

| | | Levene의 등분산 검정 | | 평균의 동일성에 대한 t-검정 | | | | | | |
|---|---|---|---|---|---|---|---|---|---|---|
| | | F | 유의확률 | t | 자유도 | 유의확률 (양쪽) | 평균차 | 차이의 표준오차 | 차이의 95% 신뢰구간 하한 | 상한 |
| 동기점수 | 등분산이 가정됨 | .022 | .885 | 4.632 | 18 | .000 | 4.10000 | .88506 | 2.24056 | 5.95944 |
| | 등분산이 가정되지 않음 | | | 4.632 | 17.961 | .000 | 4.10000 | .88506 | 2.24026 | 5.95974 |

(8) 효과크기

$t$ 검증은 두 집단의 평균이 통계적으로 차이가 있는지에 대한 정보만 제공할 뿐, 독립변수가 종속변수에 어느 정도 영향을 미치는지에 대한 정보는 제공하지 못한다. 그 이유는 $t$가 독립변수와 표본크기의 영향을 모두 받기 때문이다. $t$는 표본크기에 비례하므로 표본이 크면 평균차이가 작더라도 값이 커지는데, 그로 인해 실제로는 평균차이가 없는데도 통계적으로 평균차이가 있다는 결과를 얻을 수 있다. 다시 말하면 독립변수가 종속변수에 거의 영향을 미치지 않더라도 표본을 크게하면 $t$ 값이 커지기 때문에 독립변수가 종속변수에 영향을 미친다는 결과를 얻을수 있다. 이것은 $t$ 값만으로는 독립변수가 종속변수에 어느 정도 영향을 미치는지 파악할 수 없다는 것을 의미한다. 독립변수가 종속변수에 어느 정도 영향을 미치는지를 파악하려면 효과크기를 계산해야 한다.

**효과크기**(effect size)는 연구결과의 크기(magnitude), 즉 연구하고자 하는 현상(상관 혹은 평균차이 등)이 모집단에서 존재하는 정도(혹은 영가설이 거짓인 정도)를 나타내는 추정량을 말한다. 그러므로 효과크기는 연구결과의 중요성과 유의미성을 나타내는 지표가 된다.

효과크기는 통계적 유의성과 다르다는 점에 유의해야 한다. 그러므로 통계적으로 유의하더라도 효과크기가 작을 수 있다. 반대로 통계적으로 유의하지 않더라도 효과크기가 클 수 있다. 다시 말하면 통계적으로 유의하지 않더라도 실제적으로는 중요한 경우도 있을 수 있다. 이론적인 연구에서는 통계적 유의성만 충족시키면 되지만 응용연구에서는 통계적 유의성보다는 실제적 유의성, 즉 효과크기가 더 중요한 판단기준이 된다. 효과크기를 구하는 방법을 소개한다.

① $d$

독립표본 $t$ 검증에서 효과크기를 나타내는 방법으로 흔히 사용되고 있는 $d$는 두 집단의 평균차이를 통합표준편차로 나눈 값이다(Cohen, 1988).

$$d = \frac{\overline{X_1 - X_2}}{s_p}$$

$d$는 $Z$ 점수와 같은 방식으로 해석하면 된다. 그러므로 $d$가 클수록 평균차이가

크다는 것을 의미한다. Cohen에 따르면 $d$는 ① .2 이하이면 작고 ② .5이면 중간 정도이며 ③ .80 이상이면 크다. $d$가 클수록 연구에서 효과를 찾아내기가 쉽다(따라서 사례수가 적어도 된다). $d$를 알면 여러 $t$ 검증의 결과를 서로 비교할 수 있다.

위의 제시된 독립표본 $t$ 검증 예시 1과 예시 2에 해당하는 $d$를 구하면 각각 다음과 같다.

$$d_{예시1} = \frac{16.90 - 12.80}{1.979} = +2.07 \qquad d_{예시2} = \frac{66 - 77}{9.83} = -1.12$$

$d_{예시1}$ 은 집단 1의 평균이 집단 2의 평균보다 +2.07 표준편차 더 크다는 것을 의미한다. 이것은 모집단이 정규분포를 이룰 경우 집단 2에서 백분위 98에 해당하는 피험자가 집단 1에서는 백분위 50에 해당된다는 것을 시사한다. $d_{예시2}$ 는 집단 1의 평균이 집단 2의 평균보다 −1.12 표준편차 더 낮다는 것을 의미한다. 결국, 예시 1이 예시 2보다 평균차이가 더 크다고 할 수 있다. 예시 1($t = 4.63$)과 예시 2($t = 4.01$)의 $t$ 값은 별 차이가 없는데도 효과크기 차이가 큰 것은 자유도(사례수) 차이에서 기인한다.

### ② $\omega^2$

$\omega^2$(omega 제곱)은 독립변수가 종속변수의 변산을 설명하는 정도를 나타내는데, 다음 공식으로 구하면 된다.

$$\omega^2 = \frac{t^2 - 1}{t^2 + n_1 + n_2 - 1}$$

$\omega^2$은 0에서 1 사이의 값을 취하는데, 1에 근접할수록 독립변수가 종속변수에 큰 영향을 미친다는 것을 의미하고, 0에 가까울수록 독립변수가 종속변수에 영향을 미치지 못한다는 것을 나타낸다. 그러므로 $\omega^2$이 클수록 실제적인 중요성이 높다는 것을 의미한다. Cohen(1988)에 따르면 $\omega^2$는 ① .0099~.0588이면 작고, ② .0588~.1379이면 중간 정도이며, ③ .1379보다 높으면 크다.

위의 제시된 독립표본 $t$ 검증 예시 1과 예시 2에 해당하는 $\omega^2$을 구하면 각각 다음과 같다.

$$\omega^2_{\text{예시 1}} = \frac{4.63^2 - 1}{4.63^2 + 10 + 10 - 1} = .505 \qquad \omega^2_{\text{예시 2}} = \frac{(-2.74)^2 - 1}{(-2.74)^2 + 15 + 10 - 1} = .21$$

이 결과는 예시 1과 예시 2에서 독립변수가 종속변수의 변산을 각각 50.5%와 21% 설명한다는 것을 의미한다. 앞서 소개한 $d$와 마찬가지로 $\omega^2$를 기준으로 해도 예시 2보다 독립변수가 종속변수에 더 큰 영향을 미친다는 것을 알 수 있다.

### (9) 독립표본 $t$ 검증의 결과제시방법

토론식 수업집단과 강의식 수업집단의 동기점수가 차이가 있는지를 확인하기 위해 교수방법을 독립변수로 하고 동기를 종속변수로 하여 $\alpha = .05$ 수준에서 독립표본 $t$–검증을 실시한 결과는 〈표 6–6〉과 같다.

〈표 6–6〉 교수방법을 독립변수로 하고 동기를 종속변수로 한 $t$ 검증 결과

| 집단 | 사례수 | 평균 | 표준편차 | 자유도 | $t$ |
|------|--------|------|----------|--------|-----|
| 토론 | 10 | 16.90 | 2.025 | 18 | 4.63* |
| 강의 | 10 | 12.80 | 1.932 | | |

* $p < .05$

〈표 6–6〉에 제시된 바와 같이 토론식 수업집단과 강의식 수업집단의 동기점수는 통계적으로 유의한 차이가 있었다($t$=4.63, $p<.05$).

## 3 두 종속표본을 이용한 평균차이 검증: 종속표본 $t$ 검증

**종속표본 $t$ 검증**(dependent samples $t$ test)은 $t$ 분포와 두 종속표본의 평균차이를 이용하여 두 모집단의 평균차이를 검증하는 방법으로, 대응표본 $t$ 검증 혹은 상관

표본 $t$ 검증이라고 부르기도 한다.[3] 종속표본은 상관이 있는 표본으로 짝지은 표본 (paired or matched samples) 혹은 상관표본(correlated samples)이라고 한다. 독립표본과 종속표본을 예시하면 다음과 같다.

- 독립표본: 통계학과 학생 20명의 지능지수와 행정학과 학생 20명의 지능지수, 남학생 30명의 학습동기와 여학생 30명의 학습동기
- 종속표본: 20명의 대학생을 대상으로 측정한 음주 전의 혈압과 음주 후의 혈압, 실험집단 학생들의 사전검사 점수와 사후검사 점수

**종속표본설계**는 일반적으로 반복측정설계와 짝진 집단 설계로 나뉜다. **반복측정설계**(repeated measures design)는 같은 피험자를 2회 측정하는 설계를 말한다. 예컨대, 20명의 학생에게 ① 사전검사를 실시하고, ② 실험처치를 한 후, ③ 사후검사를 실시하는 설계가 반복측정설계에 해당된다. 같은 피험자에게 2개 실험조건을 모두 부과하는 경우도 반복측정설계가 된다.

반복측정설계에서는 사전검사의 점수와 사후검사 간에 상관이 있다(즉, 사전검사 점수가 높은 학생은 사후검사 점수가 높고, 사전검사 점수가 낮은 학생은 사후검사 점수가 낮다.). **짝진 집단설계**(matched group design)는 두 집단의 피험자는 다르지만 실험 전에 종속변수에 관련된 개인차 특성을 기준으로 피험자를 짝지은 설계를 말한다. 예를 들어, 교수방법이 학업성적에 미치는 영향을 검증하기 위한 연구에서 40명의 학생을 지능지수가 비슷한 2명씩 짝지은 다음, 실험집단과 통제집단으로 각각 1명씩 배치한 경우가 짝진 집단설계에 해당된다. 짝진 집단설계에서도 두 집단의 점수는 상관이 있다.

---

3) 모집단의 분산과 상관계수를 알면 종속표본 $Z$ 검증으로 두 모집단의 평균차이를 검증할 수 있다. 종속표본 $Z$ 검증의 통계적 가설과 임계치는 독립표본 $Z$ 검증과 같으며, 검증통계량은 다음과 같다.

$$Z = \frac{\overline{X_1} - \overline{X_2}}{\sqrt{\dfrac{\sigma_1^2}{n_1} + \dfrac{\sigma_2^2}{n_2} - 2\rho_{12}\dfrac{\sigma_1^2}{n_1}\dfrac{\sigma_2^2}{n_2}}} \quad (\rho_{12} = \text{모집단에서의 상관계수})$$

종속표본 $Z$ 검증의 표준오차는 두 집단의 상관을 고려하기 때문에 독립표본 $Z$ 검증의 표준오차보다 작다. 그 결과 종속표본 $Z$ 검증은 독립표본 $Z$ 검증보다 통계적 검증력(영가설을 기각할 수 있는 확률)이 더 높다. 그러나 대부분 모집단의 분산($\sigma_1^2$, $\sigma_2^2$)과 상관계수($\rho_{12}$)을 알 수 없으므로 종속표본 $Z$ 검증은 거의 사용되지 않는다.

종속표본은 상관이 있으므로 종속표본 $t$ 검증으로 평균차이를 검증해야 한다. 종속표본 $t$ 검증을 적용할 수 있는 경우는 다음과 같다.

① 사전-사후검사 설계와 같이 동일 연구대상을 2회 측정할 경우
② 종속변수와 상관이 있는 변수를 기준으로 실험집단과 통제집단의 피험자를 짝짓는 설계
③ 일란성 쌍생아를 표집한 다음 실험집단과 통제집단에 한 명씩 무작위로 배치하는 경우
④ 상호선택에 의해 짝지어진 피험자 쌍(예컨대, 부부)을 표집하는 경우

**집단 짝짓기는 피하는 것이 좋다(Kirk, 1990).**

집단 짝짓기(group matching)는 특정 외재변수의 평균과 분산이 거의 같도록 집단을 구성하는 방법이다. 예컨대, 고등학교 성적, 사회경제적 지위 등이 비슷하도록 두 집단을 구성하는 방법이 집단 짝짓기다. 집단 짝짓기는 독립변수를 조작할 수 없는 사후연구에서 외재변수를 기준으로 집단을 동등화하기 위해 흔히 사용되고 있다.

그런데 집단 짝짓기는 심각한 문제를 갖고 있다. 집단 짝짓기를 하면 표본 간에 상관이 있어 종속표본이 되지만, 개별 짝짓기를 하지 않았기 때문에 종속표본 $t$ 검증을 적용할 수 없고 독립표본 $t$ 검증으로 자료를 분석해야 한다. 그런데 이 방안도 ① 집단 짝짓기를 하면 무작위표집에 비해 집단평균의 분산이 축소되고 ② 종속표본인데도 독립표본 $t$ 검증을 하면 표준오차가 과대추정된다는 문제점이 있다. 그러므로 집단 짝짓기를 한 경우 독립표본 $t$ 검증은 집단 짝짓기를 하지 않았을 때보다 검증력이 낮아진다. 결론적으로 무작위표집, 무작위배치, 외재변수 통제 등이 가능하지 않으면 집단 짝짓기를 하지 않는 것이 좋다.

(1) 종속표본 $t$ 검증의 요건
① 독립변수는 범주변수로 2개의 수준(집단)으로 구분되어야 한다.
② 피험자를 두 조건에서 모두 측정해야 한다(혹은 짝진 표본을 사용해야 한다).
③ 종속변수는 동간척도 혹은 비율척도라야 한다.

## (2) 종속표본 $t$ 검증의 통계적 가설

종속표본 $t$ 검증의 영가설은 다음과 같다.

$$H_o : \mu_1 = \mu_2 \text{(모집단 1의 평균과 모집단의 2의 평균은 같다)}$$

그러므로 종속표본 $t$ 검증의 대립가설은 다음 중 한 가지 형태로 진술된다.

① $H_1 : \mu_1 \neq \mu_2$ (모집단 1의 평균과 모집단 2의 평균은 다르다)(양방검증)

② $H_1 : \mu_1 > \mu_2$ (모집단 1의 평균은 모집단 2의 평균보다 크다)(우측검증)

③ $H_1 : \mu_1 < \mu_2$ (모집단 1의 평균은 모집단 2의 평균보다 작다)(좌측검증)

## (3) 종속표본 $t$ 검증의 가정

종속표본 $t$ 검증은 처치의 독립성과 정규분포를 가정한다. 종속표본 $t$ 검증의 가정이 충족되지 않으면 비모수검증의 하나인 Wilcoxon 부호순위검증을 하면 된다(제16장 비모수검증 참조).

## (4) 종속표본 $t$ 검증의 검증통계량

종속표본 $t$ 검증의 검증통계량은 다음과 같다.

$$t = \frac{\overline{D}}{s_{\overline{D}}} = \frac{\overline{D}}{S_D / \sqrt{n}}$$

($\overline{D}$: 차이점수의 평균, $S_{\overline{D}}$: 차이점수의 표준오차, $S_D$: 차이점수의 표준편차)

한편, 상관계수를 알 경우 종속표본 $t$ 검증의 검증통계량은 다음과 같다.

$$t = \frac{\overline{X_1} - \overline{X_2}}{s_{\overline{X_1} - \overline{X_2}}} = \frac{\overline{X_1} - \overline{X_2}}{\sqrt{\dfrac{s_1^2 + s_2^2 - 2r_{12}s_1s_2}{n}}} \quad (r_{12}\text{: 상관계수, } n\text{: 사례수})$$

종속표본 $t$ 검증의 검증통계량 $t$는 두 집단의 평균차이를 표준오차(우연적 요인에 의해 기대되는 평균차이)로 나눈 값이다. 그러므로 두 집단의 평균차이가 작을수록 $t$ 값이 0에 근접할 것이라고 기대되고, 평균차이가 클수록 $t$ 값이 클 것이라고 기대된다. 검증통계량을 구할 때 종속표본 $t$ 검증과 독립표본 $t$ 검증은 분자가 같지만 분모(표준오차)가 다르다. 공식에서 알 수 있는 것처럼 종속표본 $t$ 검증의 표준오차는 두 집단 간의 상관계수를 고려하므로 독립표본 $t$ 검증의 표준오차보다 작아진다. 표준오차가 작을수록 $t$ 값이 커지므로 종속표본 $t$ 검증은 독립표본 $t$ 검증보다 통계적 검증력이 더 높다. 특히 상관계수가 클수록 표준오차가 작아지기 때문에 $t$ 값이 더 커지고, 그 결과 통계적 검증력이 더 높아진다. 그런데 종속표본 $t$ 검증에서는 표준오차가 감소하는 대신 자유도가 줄어든다. 그러므로 상관계수가 작을 때 자유도가 줄어들면 $t$ 검증의 임계치가 커지므로 영가설을 기각하려면 $t$ 값이 더 커야 한다.

검증통계량 $t$ 값을 알면 $t$ 분포에서 두 모집단의 평균이 차이가 있을 확률(즉, 검증통계량 $t$ 값을 얻을 확률)을 구할 수 있다. $t$ 값은 0에 가까울수록 평균차이가 없을 확률이 높고, $t$의 절댓값이 클수록 평균차이가 있을 확률이 높다. 따라서 $t$ 값이 클수록 영가설을 기각할 수 있는 확률이 높아진다.

### (5) 종속표본 $t$ 검증의 임계치 및 영가설 기각여부 결정

종속표본 $t$ 검증의 임계치는 ① 유의수준 $\alpha$, ② 자유도 $n-1$, ③ 검증형태(양방검증, 일방검증)를 고려해서 구해야 하므로 임계치를 구하는 과정은 자유도만 다를 뿐 단일표본 $t$ 검증과 같다. 종속표본 $t$ 검증의 자유도는 $n-1$($n$: 짝의 수)이다. 이 자유도는 독립표본 $t$ 검증 자유도의 절반에 불과한데, 그 이유는 종속표본의 경우 두 집단의 점수가 관련되어 있어 독립적인 정보를 제공하지 못하기 때문이다.

영가설 기각여부를 결정하는 방법은 단일표본 $t$ 검증과 같다. 그러므로 양방검증에서는 검증통계량 $t$의 절댓값이 임계치보다 같거나 크면 영가설을 기각하면 된다. 우측검증의 경우 $t$ 값이 임계치와 같거나 그보다 크면 영가설을 기각하고, 좌측검증에서는 $t$ 값이 임계치와 같거나 그보다 작으면 영가설을 기각하면 된다.

### (6) 결론도출

영가설 기각여부와 검증형태를 고려하여 적절한 결론을 내린다. 양방검증의 경우 영가설이 기각되면 두 집단의 평균이 차이가 있다는 결론을 내린다. 우측검증의 경우 영가설이 기각되면 모집단 1의 평균이 모집단 2의 평균보다 더 크다는 결론을 내리고, 좌측검증에서 영가설이 기각되면 반대로 결론을 내린다.

〈표 6-7〉 종속표본 $t$ 검증(예시)

뇌손상아 10명에게 실시한 언어성 지능검사와 동작성 지능검사의 점수가 다음과 같을 때 언어지능검사와 동작지능검사의 점수가 차이가 있는지를 $\alpha = .01$ 수준에서 검증하라(단, 언어지능검사와 동작지능검사의 상관은 $r = .64$).

| 아동 | 언어 지능 | 동작 지능 |
|---|---|---|
| 1 | 80 | 70 |
| 2 | 100 | 80 |
| 3 | 110 | 90 |
| 4 | 120 | 90 |
| 5 | 70 | 70 |
| 6 | 100 | 110 |
| 7 | 110 | 80 |
| 8 | 120 | 120 |
| 9 | 110 | 80 |
| 10 | 90 | 70 |
| 평균 | 101.0 | 86.0 |
| 표준편차 | 16.6 | 17.1 |

1. 통계적 가설 진술

$H_o : \mu_1 = \mu_2$

$H_1 : \mu_1 \neq \mu_2$

2. 검증통계량 계산[4]

① $s_{\overline{X_1} - \overline{X_2}} = \sqrt{\dfrac{16.6^2}{10} + \dfrac{17.1^2}{10} - \dfrac{2(.64)(16.6)(17.1)}{10}} = 4.53$

② $t = \dfrac{101.0 - 86.0}{4.53} = 3.31$

3. 임계치 결정: $\alpha = .01$, $df = 10 - 1 = 9$, 양방검증에서 $t$ 분포의 임계치는 $t = \pm 3.25$다.

4. 영가설 기각여부 결정: 검증통계량의 값 $t = 3.31$은 $\alpha = .01$에서 임계치 3.25보다 크기 때문에 영가설을 기각한다.

5. 결론도출: 뇌손상아집단의 언어성 검사점수와 동작성 검사점수는 통계적으로 유의한 차이가 있다.

### (7) SPSS를 활용한 종속표본 $t$ 검증

① **분석(A)–평균비교(M)**에서 **대응표본 T 검증(P)**을 선택한다.

② **대응변수(V)**를 지정한다.

③ 종속표본 $t$ 검증을 자료입력방식은 독립표본 $t$ 검증의 자료입력방식과 다르다는 점에 유의해야 한다.

④ 위의 종속표본 $t$ 검증 예시자료를 SPSS로 분석한 결과는 다음과 같다.

---

4) 이 자료에서 차이점수를 이용하여 검증통계량 $t$를 구하면 $\overline{D} = 15$, $S_D = 14.34$, $S_{\overline{D}} = 4.53$이므로 $t = \dfrac{\overline{D}}{S_{\overline{D}}} = \dfrac{15}{4.53} = 3.31$이다. 두 방식으로 구한 검증통계량 $t$ 값이 같다는 것을 알 수 있다.

대응표본 검정

| | | 대응차 | | | | | | | 유의확률 (양쪽) |
|---|---|---|---|---|---|---|---|---|---|
| | | | | | 차이의 95% 신뢰구간 | | | | |
| | | 평균 | 표준편차 | 평균의 표준오차 | 하한 | 상한 | t | 자유도 | |
| 대응 1 | 언어지능 – 동작지능 | 15.00000 | 14.33721 | 4.53382 | 4.74378 | 25.25622 | 3.308 | 9 | .009 |

### (8) 종속표본 $t$ 검증의 효과크기

종속표본 $t$ 검증에서 효과크기 $\omega^2$은 다음과 같다.

$$\omega^2 = \frac{t^2 - 1}{t^2 + 2n - 1}$$

위에 예시된 종속표본 $t$ 검증에서 효과크기를 구하면 다음과 같다.

$$\omega^2 = \frac{t^2 - 1}{t^2 + 2n - 1} = \frac{3.31^2 - 1}{3.31^2 + 2 \times 10 - 1} = .33$$

이것은 독립변수가 종속변수를 약 33% 설명한다는 것을 나타낸다.

### (9) 종속표본 $t$ 검증의 결과제시방법

뇌손상아의 언어성 지능검사 점수와 비언어성 지능검사 점수의 차이가 있는지를 확인하기 위해 종속표본 $t$ 검증을 실시한 결과는 〈표 6-8〉에 제시되어 있다.

〈표 6-8〉 검사유형을 독립변수로, 점수를 종속변수로 한 $t$ 검증 결과

| 검사유형 | 사례수 | 평균 | 표준편차 | 자유도 | $t$ |
|---|---|---|---|---|---|
| 언어성 검사 | 10 | 101.0 | 16.6 | 9 | 3.31* |
| 동작성 검사 | 10 | 86.0 | 17.1 | | |

* $p < .01$

종속표본 $t$ 검증결과 언어성 지능검사의 점수와 동작성 검사의 점수는 통계적으로 유의한 차이가 있었다($t = 3.31$, $p < .01$).

**1** 2014학년도 모 고등학교 학생들의 자기개념검사 평균은 35, 표준편차는 7이라고 한다. 이 학교에서 2018년 10월 40명의 학생을 무작위표집하여 자기개념검사를 실시한 결과 평균이 38이었다. 2018년도 학생의 자기개념검사의 점수가 2014학년도보다 증가했는 지를 $\alpha = .01$ 수준에서 검증한다고 할 때 다음 물음에 답하시오.

1) 적절한 검증방법은?

2) 이 검증의 영가설 및 대립가설은?

3) 임계치는?

4) 검증통계량의 값은?

5) 영가설을 기각할 수 있는가?

6) 이 검증의 결론은?

**2** 일반 국민의 주당 TV 시청시간 평균은 29시간, 표준편차가 2시간이라고 한다. 대학생 30명을 표집하여 조사한 결과 평균 TV 시청시간은 27시간이었다. 대학생이 일반국민보다 TV를 덜 시청한다는 주장을 $\alpha = .01$ 수준에서 검증한다고 할 때 다음 물음에 답하시오.

1) 적절한 검증방법은?

2) 이 검증의 통계적 가설은?

3) 임계치는?

4) 검증통계량의 값은?

5) 영가설을 기각할 수 있는가?

6) 이 검증의 결론은?

**3** 최근 조사에 따르면 남자 대학생의 평균체중은 64kg이다(단, 표준편차는 알 수 없다고 한다). 모 대학교에서 8명의 남자 대학생을 무작위로 표집하여 체중을 측정한 결과 평균이 64.25, 표준편차가 2.55였다. 이 학생들의 체중이 전체 남자 대학생의 체중과 차이가 있는지를 $\alpha = .01$ 에서 검증한다고 할 때 다음 물음에 답하시오.

1) 적절한 검증방법은?

2) 이 검증의 영가설 및 대립가설은?

3) 임계치는?

4) 검증통계량의 값은?

5) 영가설을 기각할 수 있는가?

6) 이 검증의 결론은?

**4** 선행조직자(advance organizer)가 학업성적에 미치는 효과를 검증하기 위한 연구에서 선행조직자를 준 실험집단과 선행조직자를 주지 않은 통제집단의 성적 평균과 분산이 다음과 같다고 한다. 실험집단과 통제집단의 성적차이를 검증한다고 할 때 다음 물음에 답하시오.

| | 실험집단 | 통제집단 |
|---|---|---|
| 사례수 | 25 | 25 |
| 평균 | 8 | 6 |
| 분산 | 6 | 5 |

1) 적절한 검증방법은?

2) 이 검증의 영가설은?

3) 검증통계량 $t$ 값은?

4) 이 검증의 자유도는?

5) $\alpha = .05$에서 임계치는?

6) 영가설을 기각할 수 있는가?

7) 이 검증의 결론은?

**5** 수면부족이 즉시적 기억(immediate memory: 자료를 본 직후 기억하는 능력)에 영향을 미치는지를 확인하기 위한 연구에서 12명의 대학생들을 정상수면 조건과 수면박탈 조건에 각각 6명씩 무작위로 배치한 다음, 정상수면 조건에서는 7시간 동안 잠을 자도록 하고 수면박탈 조건에서는 24시간 동안 잠을 자지 못하도록 했다. 실험 후 즉시적 기억을 측정한 결과가 다음과 같다고 할 때 수면부족이 즉시적 기억에 영향을 주었는지를 $\alpha = .01$ 수준에서 검증한다고 할 때 다음 물음에 답하라.

| 정상수면 조건 | 수면박탈 조건 |
|---|---|
| 68 | 70 |
| 73 | 62 |
| 72 | 68 |
| 65 | 63 |
| 70 | 69 |
| 73 | 60 |

1) 적절한 검증방법은?

2) 검증통계량의 값은?

3) 이 검증의 자유도는?

4) 이 검증의 임계치는?

5) 영가설을 기각할 수 있는가?

6) 이 검증의 결론은?

6 한국전력(주)에서 에너지 절약 캠페인의 효과를 검증하기 위해 12가구를 무작위로 표집
한 다음, 캠페인을 실시하기 직전 1개월 동안의 전력소비량과 캠페인을 실시한 직후
1개월 동안의 전력소비량을 측정한 결과가 다음과 같다고 한다. 에너지 절약 캠페인이
전기소비량에 영향을 미쳤는지를 $\alpha = .05$ 수준에서 검증한다고 할 때 다음 물음에 답
하시오.

| 가구 | 캠페인 전 전력소비량 | 캠페인 후 전력소비량 |
|---|---|---|
| 1 | 55 | 48 |
| 2 | 43 | 38 |
| 3 | 51 | 53 |
| 4 | 62 | 58 |
| 5 | 35 | 36 |
| 6 | 48 | 42 |
| 7 | 58 | 55 |
| 8 | 45 | 40 |
| 9 | 48 | 49 |
| 10 | 54 | 50 |
| 11 | 56 | 58 |
| 12 | 32 | 25 |

1) 적절한 검증방법은?
2) 검증통계량의 값은?
3) 이 검증의 자유도는?
4) 이 검증의 임계치는?
5) 영가설을 기각할 수 있는가?
6) 이 검증의 결론은?

**정답**

**1** 1) 단일표본 $Z$검증

2) $H_o : \mu = 35$(자기개념검사 점수가 증가하지 않았다)

$H_1 : \mu > 35$(자기개념검사 점수가 증가했다)

3) 표준정규분포에서 $\alpha = .01$, 우측검증에 해당하는 임계치는 $Z = 2.33$이다.

4) $Z = \dfrac{\overline{X} - \mu}{\sigma / \sqrt{n}} = \dfrac{38 - 35}{7 / \sqrt{40}} = 2.71$

5) 기각할 수 있다.

6) 2018년도 학생들의 자기개념점수는 2014년도 학생들의 자아개념점수에 비해 유의하게 증가했다.

**2** 1) 단일표본 $Z$검증

2) $H_o : \mu \geq 29$    $H_1 : \mu < 29$

3) $\alpha = .01$, 좌측검증에서 임계치는 $Z = -2.33$이다.

4) $Z = \dfrac{\overline{X} - \mu}{\sigma / \sqrt{n}} = \dfrac{27 - 29}{2 / \sqrt{30}} = -5.48$

5) 검증통계량의 값은 $Z = -5.48$로 기각역에 해당되므로 영가설을 기각한다.

6) 대학생이 일반 국민보다 TV를 덜 시청한다고 주장을 지지하는 증거가 충분하다.

**3** 1) 단일표본 $t$ 검증

2) $H_o : \mu = 64$    $H_1 : \mu \neq 64$

3) $t$ 분포에서 $\alpha = .01$, $df = 7$, 양측검증에 해당하는 임계치는 $t = \pm 3.499$다.

4) $t = \dfrac{\overline{X} - \mu}{s / \sqrt{n}} = \dfrac{64.25 - 64}{2.55 / \sqrt{8}} = 0.28$

5) 영가설을 기각할 수 없다.

6) 이 학생들의 체중은 전체 남자 대학생의 체중과 차이가 없다.

**4** 1) 독립표본 $t$ 검증

2) 실험집단과 통제집단의 성적평균은 차이가 없다.

3) $t = 3.174$    4) 48    5) $t = \pm 2.021$

6) 영가설을 기각할 수 있다.

7) 실험집단과 통제집단의 성적평균은 차이가 있다.

**5** 1) 독립표본 $t$ 검증    2) $t = 2.25$    3) 10    4) $t = \pm 3.169$

5) 기각할 수 없다    6) 수면박탈은 즉시적 기억에 영향을 주지 않는다.

**6** 1) 종속표본 $t$ 검증    2) $t = 2.91$    3) 11    4) $t = \pm 2.201$

5) 기각할 수 있다.

6) 에너지 절약 캠페인은 에너지 절약에 유의한 영향을 주었다.

학 / 습 / 목 / 표

- 공분산을 정의하고, 공분산과 상관의 관계를 설명한다.
- 자료에서 공분산을 계산한다.
- 자료에서 적률상관계수를 계산한다.
- 적률상관계수의 성질을 기술한다.
- 상관계수 해석 시 유의사항을 기술한다.
- 상관계수에 영향을 주는 요인을 열거한다.
- 특수상관계수의 적용 상황을 기술한다.

앞에서 빈도분포, 집중경향, 변산도와 같이 하나의 변수에 대한 자료를 기술·요약하는 통계방법을 다루었다. 빈도분포, 집중경향, 변산도 등은 유용한 정보를 제공하고 다른 통계방법의 토대가 되지만, 현실 상황은 여러 변수들이 복잡하게 얽혀 있어 그것만으로 충분한 경우는 그렇게 많지 않다. 연구장면에서도 단일 변수를 다루는 경우보다 다음과 같이 두 변수의 관계를 검토해야 할 경우가 더 많다.

- 지능이 높을수록 학업성적이 높아지는가?
- 물가가 오르면 소비가 감소하는가?
- 운동시간과 체중은 어떤 관계가 있는가?
- 연봉이 높을수록 직무만족도가 높아지는가?

단변인통계는 변수 간의 관계에 대한 정보를 제공하지 않는다. 그러므로 지능이나 성적의 빈도분포나 집중경향을 아무리 철저히 분석하더라도 지능과 성적이 어떤 관계가 있는지를 결코 규명할 수 없다. 위에서 예시한 문제를 해결하려면 두 변수의 관계를 동시에 분석하는 통계방법을 적용해야 한다. 이 장에서 다루는 상관(correlation)은 지능과 성적의 관계 혹은 연봉과 직무만족도의 관계와 같이 두 변수의 관계를 기술하는 통계방법이다.

과학의 기본목적은 변수 간의 관계를 규명하는 데 있으므로 상관은 과학의 기본목적에 부합되는 통계방법이다. 상관은 변수 간의 인과관계를 규명하기가 어렵거나 불가능한 상황에서 널리 활용되고 있다. 인과관계를 분석하자면 외재변수를 통제하고 독립변수를 조작해야 하는데, 이는 현실적인 측면에서 어려움이 많다. 이러한 상황에서 상관은 변수 간의 인과관계를 규명하는 데 필요한 기초정보를 제공한다. 이 장에서는 먼저 상관의 의미를 설명한 다음, 상관계수의 종류를 살펴본다.

# 1 상관의 의미

**상관**(相關, correlation)은 두 변수들이 서로 관련된 정도를 뜻한다. 더 정확하게 말하면 상관은 변수 $X$가 변화함에 따라 변수 $Y$가 변화하는 정도를 말한다. 그러 므로 두 변수 간에 상관이 있다는 것은 한 변수의 값이 변화함에 따라 다른 변수의 값이 체계적으로 변화하는 경향이 있음을 의미한다. 상관의 개념을 정확하게 이해 하자면 산포도와 공분산의 개념을 이해해야 한다.

## 1) 산포도

**산포도**(散布圖, scatter-plot, scatter diagram or scatter-gram) 혹은 **산점도**(散点圖)는 두 변수의 관계를 이차원에서 나타낸 그래프를 말한다. 산포도에서 횡축은 변수 $X$, 종축은 변수 $Y$를 각각 나타낸다. 그러므로 산포도의 점 하나하나는 $X$와 $Y$의 값 에 따라 결정된다. [그림 7-1]은 여러 형태의 산포도를 나타내고 있다.

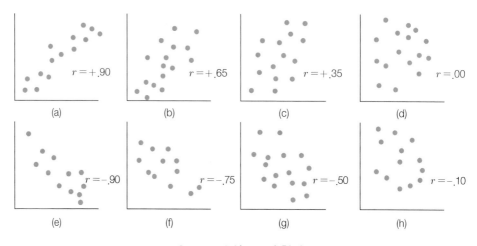

[그림 7-1] 산포도의 형태

산포도를 작성하는 목적은 두 변수의 관계를 시각적으로 파악하기 위한 것이다. 산포도는 다음과 같은 기능을 한다.

첫째, 산포도는 상관의 방향에 대한 정보를 제공한다. [그림 7-1]의 산포도 (a)~ (c)는 두 변수가 비례관계에 있음을 나타낸다. 한 변수의 값이 증가할 때 다른 변수 의 값도 증가하는 관계는 **정적 상관**(positive correlation) 혹은 양(陽)의 상관이라고 한다. 반면, 산포도 (e)~(h)는 두 변수가 반비례관계에 있음을 나타낸다. 한 변수 의 값이 증가할 때 다른 변수의 값이 감소하는 관계는 **부적 상관**(negative correlation)

혹은 음(陰)의 상관이라고 부른다.

둘째, 산포도는 상관의 정도에 대한 정보를 제공한다. 산포도의 형태가 직선이면 상관이 가장 높고, 직선에 근접할수록 상관이 높다. 반면, 산포도의 형태가 원에 근접할수록 상관이 낮다. 산포도 (a)와 (e)는 직선적인 경향이 높으므로 상관이 매우 높다. 이에 반해 산포도 (d)와 (h)는 형태가 원에 근접하고 있으므로 상관이 매우 낮다.

그러나 산포도는 상관에 대해 '어느 정도의 정보'를 제공하지만, 산포도만으로는 상관을 정확하게 파악할 수 없다. 집중경향이나 변산도가 분포를 하나의 수치로 요약하는 것처럼, 상관의 정도와 방향도 하나의 수치로 요약하는 것이 훨씬 편리하다. 상관계수는 상관의 정도와 방향을 하나의 수치로 요약한다. 먼저 상관계수 개념의 핵심을 이루는 공분산에 대해 살펴본다.

## 2) 공분산(공변량)

**공분산**(共分散, covariance: $Cov$)은 두 변수가 분산을 공유하는 정도를 나타낸다. 상관계수를 이해하기 위한 핵심은 공분산이다. 공분산은 두 변수의 교적합(交積合, sum of cross-products: 두 변수의 편차점수를 서로 곱한 후 합한 값) $\sum(X-\overline{X})(Y-\overline{Y})$ 을 사례수 $n$으로 나눈 값이다.

$$Cov = \frac{\sum(X-\overline{X})(Y-\overline{Y})}{n}$$

상관이 변수 $X$가 변화됨에 따라 변수 $Y$가 변화되는 정도를 나타낸다는 점에 유의하기 바란다. 특정 사례에서 $X$의 값이 변화됨에 따라 $Y$의 값이 변화되는 정도는 두 변수의 편차점수 교적 $(X-\overline{X})(Y-\overline{Y})$으로 나타낼 수 있다. 그러므로 교적합 $\sum(X-\overline{X})(Y-\overline{Y})$은 모든 사례에서 $X$의 값이 변화됨에 따라 $Y$의 값이 변화되는 정도의 합을 의미한다.

공분산을 구할 때 교적합을 사례수 $n$으로 나누는 것은 교적합이 사례수에 비례하기 때문에 사례수의 영향을 제거함으로써 '평균적으로 두 변수가 함께 변화하는 정도'를 구하기 위함이다. 결국 공분산은 '$X$의 값이 변화됨에 따라 $Y$의 값이 변화

되는 정도의 평균'을 의미한다. 공분산을 구하는 절차는 다음과 같다.

① $X$와 $Y$의 점수를 각각 편차점수 $X-\overline{X}$ 와 $Y-\overline{Y}$ 로 변환한다.

② 교적 $(X-\overline{X})(Y-\overline{Y})$ 을 구한다.

③ 교적합 $\sum(X-\overline{X})(Y-\overline{Y})$ 을 구한다.

④ 교적합을 사례수 $n$으로 나눈다.

〈표 7-1〉 공분산의 계산(예시): 완전 정적 상관

| 개인 | $X$ | $Y$ | $X-\overline{X}$ | $Y-\overline{Y}$ | $(X-\overline{X})(Y-\overline{Y})$ |
|---|---|---|---|---|---|
| 1 | 9 | 13 | +4 | +4 | +16 |
| 2 | 7 | 11 | +2 | +2 | +4 |
| 3 | 5 | 9 | 0 | 0 | 0 |
| 4 | 3 | 7 | −2 | −2 | +4 |
| 5 | 1 | 5 | −4 | −4 | +16 |

$\overline{X}=5$ $\quad\overline{Y}=9$ $\qquad\sum(X-\overline{X})(Y-\overline{Y})=+40$

$$Cov=\sum(X-\overline{X})(Y-\overline{Y})/n=+40/5=+8$$

〈표 7-2〉 공분산의 계산(예시): 정적 상관

| 개인 | $X$ | $Y$ | $X-\overline{X}$ | $Y-\overline{Y}$ | $(X-\overline{X})(Y-\overline{Y})$ |
|---|---|---|---|---|---|
| 1 | 1 | 4 | −2 | −2 | +4 |
| 2 | 2 | 5 | −1 | −1 | +1 |
| 3 | 3 | 6 | 0 | 0 | 0 |
| 4 | 4 | 7 | +1 | +1 | +1 |
| 5 | 5 | 8 | +2 | +2 | +4 |

$\overline{X}=3$ $\quad\overline{Y}=6$ $\qquad\sum(X-\overline{X})(Y-\overline{Y})=+10$

$$Cov=\sum(X-\overline{X})(Y-\overline{Y})/n=+10/5=+2$$

〈표 7-3〉 공분산의 계산(예시): 부적 상관

| 개인 | $X$ | $Y$ | $X-\overline{X}$ | $Y-\overline{Y}$ | $(X-\overline{X})(Y-\overline{Y})$ |
|---|---|---|---|---|---|
| 1 | 1 | 8 | $-2$ | $+2$ | $-4$ |
| 2 | 2 | 7 | $-1$ | $+1$ | $-1$ |
| 3 | 3 | 6 | $0$ | $0$ | $0$ |
| 4 | 4 | 5 | $+1$ | $-1$ | $-1$ |
| 5 | 5 | 4 | $+2$ | $-2$ | $-4$ |

$$\overline{X}=3 \qquad \overline{Y}=6 \qquad\qquad \sum(X-\overline{X})(Y-\overline{Y})=-10$$

$$Cov=\sum(X-\overline{X})(Y-\overline{Y})/n=-10/5=-2$$

〈표 7-4〉 공분산의 계산(예시): 완전 부적 상관

| 개인 | $X$ | $Y$ | $X-\overline{X}$ | $Y-\overline{Y}$ | $(X-\overline{X})(Y-\overline{Y})$ |
|---|---|---|---|---|---|
| 1 | 9 | 5 | $+4$ | $-4$ | $-16$ |
| 2 | 7 | 7 | $+2$ | $-2$ | $-4$ |
| 3 | 5 | 9 | $0$ | $0$ | $0$ |
| 4 | 3 | 11 | $-2$ | $+2$ | $-4$ |
| 5 | 1 | 13 | $-4$ | $+4$ | $-16$ |

$$\overline{X}=5 \qquad \overline{Y}=9 \qquad\qquad \sum(X-\overline{X})(Y-\overline{Y})=-40$$

$$Cov=\sum(X-\overline{X})(Y-\overline{Y})/n=-40/5=-8$$

〈표 7-5〉 공분산의 계산(예시): 영상관

| 개인 | $X$ | $Y$ | $X-\overline{X}$ | $Y-\overline{Y}$ | $(X-\overline{X})(Y-\overline{Y})$ |
|---|---|---|---|---|---|
| 1 | 9 | 5 | $+4$ | $-4$ | $-16$ |
| 2 | 9 | 13 | $+4$ | $+4$ | $+16$ |
| 3 | 5 | 9 | $0$ | $0$ | $0$ |
| 4 | 1 | 5 | $-4$ | $-4$ | $+16$ |
| 5 | 1 | 13 | $-4$ | $+4$ | $-16$ |

$$\overline{X}=5 \qquad \overline{Y}=9 \qquad\qquad \sum(X-\overline{X})(Y-\overline{Y})=0$$

$$공분산=\sum(X-\overline{X})(Y-\overline{Y})/n=0/5=0$$

　공분산은 상관의 방향과 크기를 결정한다. 공분산은 두 변수가 완전히 선형관계를 이루면 최대가 되고, 전혀 관계가 없으면 0이 된다. 이를 [그림 7-2]에 제시된 산포도의 사분면으로 살펴보자.

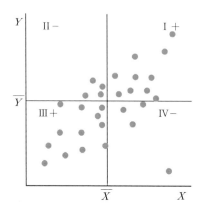

[그림 7-2] 산포도의 사분면

　[그림 7-2]는 $\overline{X}$에서 그은 수직선과 $\overline{Y}$에서 그은 수평선을 기준으로 산포도를 사분면으로 구분한 것이다. 그림에 나타나 있는 것처럼 $\overline{X}$를 기준으로 그은 직선 오른쪽 편차 $X-\overline{X}$는 양수(+)의 값을, 왼쪽 편차 $X-\overline{X}$는 음수(−)의 값을 취한다. 또 $\overline{Y}$를 기준으로 그은 직선 위의 편차 $Y-\overline{Y}$는 양수(+)의 값을, 아래쪽의 편차 $Y-\overline{Y}$는 음수(−)의 값을 취한다. $(X-\overline{X})$와 $(Y-\overline{Y})$의 부호가 같으면 $X$와 $Y$의 교적(cross-product)이 양수가 되고, $(X-\overline{X})$와 $(Y-\overline{Y})$의 부호가 다르면 교적이 음수가 된다. 그러므로 사분면 Ⅰ과 Ⅲ에 속하는 점수들의 교적은 모두 +, 사분면 Ⅱ와 Ⅳ에 속하는 점수들의 교적은 모두 −가 된다.

　상관계수의 방향(즉, 부호)은 교적합 $\sum(X-\overline{X})(Y-\overline{Y})$의 부호에 따라 결정된다. 교적들이 Ⅰ과 Ⅲ 사분면에 집중되어 있으면 + 교적들이 Ⅱ와 Ⅳ 사분면에 있는 − 교적들보다 많으므로 공분산이 양수(+)가 되고, 결과적으로 정적 상관이 된다. 반대로 교적들이 사분면 Ⅱ와 Ⅳ에 집중되어 있으면 − 교적들이 + 교적보다 더 많으므로 공분산이 음수(−)가 되고, 결과적으로 부적 상관이 된다. 결국 공분산의 부호가 상관의 방향을 결정한다. [그림 7-1]의 경우 분포 (a)~(c)에서는 대부분의 교적들이 +이므로 정적 상관을 나타내고 있다. 반면, 분포 (e)~(g)에서는 대부분의 교적들이 −이므로 부적 상관을 나타낸다.

또 공분산의 크기는 상관의 정도에 영향을 준다. 구체적으로 공분산의 절댓값이 클수록 상관계수가 높아진다. 공분산의 크기는 +부호의 교적과 −부호의 교적 중 어느 부호의 교적들이 많은가에 따라 결정된다. 공분산의 절댓값은 교적들이 사분면 I과 III에 집중될수록(혹은 II와 IV에 집중될수록) 커진다.

그러나 공분산의 크기는 변수를 측정하는 척도에 따라 좌우되기 때문에 상관의 정도를 나타내는 지표로 부적합하다. 예를 들어, 〈표 7-6〉에 제시되어 있는 것처럼 〈표 7-1〉의 자료에서 변수 $Y$의 값을 2배 증가시키면 공분산도 2배 증가한다. 왜냐하면 변수 $Y$를 2배 증가시키면 $Y$의 편차점수도 2배 증가하고 그 결과 교적의 합과 공분산도 2배 증가하기 때문이다. 그렇지만 공분산이 2배로 증가하더라도 상관의 크기는 바뀌지 않는다.

〈표 7-6〉 $Y$를 2배 증가시켰을 때 공분산 변화

| 개인 | $X$ | $Y \times 2$ | $X - \overline{X}$ | $Y - \overline{Y}$ | $(X - \overline{X})(Y - \overline{Y})$ |
|---|---|---|---|---|---|
| 1 | 9 | 26 | +4 | +8 | +32 |
| 2 | 7 | 22 | +2 | +4 | +8 |
| 3 | 5 | 18 | 0 | 0 | 0 |
| 4 | 3 | 14 | −2 | −4 | +8 |
| 5 | 1 | 10 | −4 | −8 | +32 |

$$\overline{X} = 5 \qquad \overline{Y} = 18 \qquad\qquad \sum (X - \overline{X})(Y - \overline{Y}) = +80$$

$$Cov = \sum (X - \overline{X})(Y - \overline{Y})/n = +80/5 = +16$$

공분산은 이와 같이 변수를 측정하는 척도의 영향을 받는다는 제한점이 있기 때문에 공분산의 크기만 보고 상관의 정도를 정확하게 알 수 없다. 가령 cm 단위로 측정한 키와 몸무게 간의 공분산은 mm 단위로 측정한 키와 몸무게 간의 공분산에 비해 작다(그러나 키를 어떤 단위로 측정하건 몸무게와 상관은 같다.). Karl Pearson은 공분산을 두 변수의 표준편차로 나누면 공분산에서 측정척도의 효과를 제거할 수 있다는 사실을 증명했다. 그것이 바로 적률상관계수다.

## 2 적률상관계수

Pearson의 **적률상관계수**(積率相關係數, product-moment[1] correlation coefficient)
는 상관의 이론정립에 크게 기여한 Karl Pearson(1857~1936)의 이름을 따서 명명
한 것이다. 상관계수의 종류는 두 변수의 성질에 따라 매우 다양하지만(제3절 참
조), 상관계수라고 하면 적률상관계수를 가리킬 정도로 적률상관계수는 대표적인
상관계수다. 적률상관계수를 구하려면 두 변수가 모두 동간척도나 비율척도로 선
형관계를 이루어야 한다. 이 절에서는 적률상관계수에 대해 비교적 자세하게 소개
한다.

### 1) 적률상관계수의 개념

적률상관계수는 $X$와 $Y$의 공분산을 두 변수의 표준편차로 나눈 값으로 정의된다.

$$r = \frac{\sum (X - \overline{X})(Y - \overline{Y})/n}{s_X s_Y} = \frac{Cov}{s_X s_Y}$$

공분산을 $X$의 표준편차와 $Y$의 표준편차로 나누는 것은 두 변수의 측정단위가
공분산에 미치는 영향을 제거하기 위한 것이다(측정단위에 따라 표준편차가 달라진다
는 사실을 잘 알고 있을 것이다.). 이러한 수리적 조작을 하면 공분산에서 측정단위의
영향이 제거된다. 그 결과 몸무게와 키 사이의 상관계수는 몸무게와 키를 측정하
는 단위에 관계없이 같아진다. 예를 들어, 키를 cm단위로 재든 아니면 mm단위로
재든 간에 키와 몸무게의 상관은 같아진다. 상관계수의 이러한 특성을 척도무관특

---

1) moment는 일상적인 의미로 매우 짧은 순간을 뜻한다. 물리학에서는 moment를 역률(力
率: 무게중심에서 떨어진 거리)이라고 한다. 심리측정에서 moment는 평균을 기준으로 한
편차 $X - \overline{X}$를 의미한다. 이 편차를 제1모멘트라고 한다. 따라서 $x = X - \overline{X}$와 $y = Y - \overline{Y}$는
각각 모멘트이고, $xy$는 모멘트의 곱(적)이다. 표준점수는 분포의 제1모멘트다. 모멘트의
곱은 두 분포의 표준점수를 서로 곱한 것이다. 상관계수 $r$은 두 분포의 제1모멘트의 곱
을 평균한 것이므로 product-moment correlation(더 정확하게 말하면 average-product-
of-first moments correlation)이다. 이를 단순하게 $r$로 표시한다.

성(scale-free trait)이라고 한다.

한편, 상관계수는 다음과 같이 $X$의 표준점수와 $Y$의 표준점수를 각각 곱하여 합한 값을 사례수로 나눈 값으로 정의할 수도 있다.

$$r = \frac{\sum(X-\overline{X})(Y-\overline{Y})/n}{s_X s_Y} = \sum(\frac{X-\overline{X}}{s_X})(\frac{Y-\overline{Y}}{s_Y})/n = \frac{\sum Z_X Z_Y}{n}$$

이것은 상관계수 $r$이 두 변수의 상대적 위치가 일치하는 정도를 나타낸다는 것을 의미한다($Z$ 점수가 상대적 위치를 나타낸다는 점을 상기하기 바란다.). 그러므로 $r=$ $+1.0$이면 두 변수의 $Z$ 점수가 완전히 일치한다(즉, 상대적 위치가 완전히 일치한다.).

〈표 7-7〉 학습동기($X$)와 학업성적($Y$) 간의 적률상관계수

| 학생 | $X$ | $Y$ | $X-\overline{X}$ | $Y-\overline{Y}$ | $(X-\overline{X})(Y-\overline{Y})$ | $Z_X$ | $Z_Y$ | $Z_X \times Z$ |
|---|---|---|---|---|---|---|---|---|
| 1 | 5 | 60 | $-2$ | $-15$ | 30 | $-.86$ | $-.98$ | .84 |
| 2 | 10 | 95 | 3 | 20 | 60 | 1.29 | 1.30 | 1.68 |
| 3 | 3 | 70 | $-4$ | $-5$ | 20 | $-1.72$ | $-.33$ | .57 |
| 4 | 9 | 80 | 2 | 5 | 10 | .86 | .33 | .28 |
| 5 | 8 | 95 | 1 | 20 | 20 | .43 | 1.30 | .56 |
| 6 | 10 | 85 | 3 | 10 | 30 | 1.29 | .65 | .84 |
| 7 | 4 | 50 | $-3$ | $-25$ | 75 | $-1.29$ | $-1.63$ | 2.10 |
| 8 | 6 | 65 | $-1$ | $-10$ | 10 | $-.43$ | $-.65$ | .28 |
| 9 | 7 | 60 | 0 | $-15$ | 0 | .00 | $-.98$ | .00 |
| 10 | 8 | 90 | 1 | 15 | 15 | .43 | .98 | .42 |
| 합계 | 70 | 750 | 0 | 0 | 270 | 0 | 0 | 7.57 |
| 평균 | 7 | 75 | | | | | | |
| 표준편차 | 2.32 | 15.33 | | | | | | |

$$r = \frac{\sum(X-\overline{X})(Y-\overline{Y})/n}{s_X s_Y} = \frac{270/10}{2.32 \times 15.33} = .759 \qquad r = \frac{\sum Z_X Z_Y}{n} = \frac{7.57}{10} = .757$$

* 이 자료에서 표준편차를 구할 때 분모를 $(n-1)$로 하면 표준편차가 달라진다($s_X=2.45$, $s_Y=$ 16.16). 그러나 상관계수는 $r=.758$로 거의 차이가 없다. SPSS에서는 분모를 $(n-1)$로 해서 표준편차와 상관계수를 구한다(p. 201 참조).

반대로 $r=-1.0$이면 두 변수에 해당하는 $Z$ 점수의 절댓값이 같지만 부호가 다르다. 당연히 상관계수가 0에 가까울수록 두 변수의 상대적 위치는 일치하지 않는다.

이제 자료에서 상관계수를 구해 보자. 〈표 7-7〉에 제시되어 있는 자료는 10명의 학생들을 대상으로 조사한 학습동기($X$)와 학업성적($Y$)을 나타낸 것이다(상관계수를 구하려면 피험자마다 두 변수에 대한 자료를 수집해야 한다.). 〈표 7-7〉에 제시된 자료에서 구한 적률상관계수는 $r=.759$인데, 이것은 학습동기가 높을수록 학업성적이 높다는 것을 뜻한다. 또 두 변수의 $Z$ 점수를 이용해서 상관계수를 구해도 같은 결과를 얻을 수 있다(두 가지 방식으로 구한 상관계수의 사소한 차이는 반올림 과정에서 비롯된 것이다. 실제로 상관계수는 소수 셋째자리에서 차이가 있는데, 이 차이는 미미하기 때문에 무시해도 좋다.).

## 2) 적률상관계수의 성질

**상관계수**(相關係數, correlation coefficient)는 두 변수 간에 존재하는 선형관계의 정도와 방향을 요약한다. 상관계수의 성질은 다음과 같다.

① 상관계수의 범위는 $-1.0$에서 $+1.0$이다. 상관계수의 크기 혹은 정도는 부호가 아니라, 절댓값으로 결정된다. 따라서 $r=-.90$이 $r=+.80$보다 상관이 더 크다.

② 각 변수에 상수(C)를 더하거나 빼거나 곱하거나 나누어도 상관계수의 크기는 일정하다. 이것은 상관계수가 점수의 실제 크기를 반영하는 것이 아니라 변화량을 반영하기 때문이다. 상관계수의 이러한 특성을 위치무관특성(location-free trait)이라고 한다.

③ $X$나 $Y$가 상수이면 상관계수를 구할 수 없다. 이것은 $X$나 $Y$가 상수일 경우 상관의 정도는 아무런 의미가 없음을 의미한다.

④ 상관의 방향은 정적 상관과 부적 상관으로 구분된다. 상관계수의 부호는 상관의 방향을 나타낸다(상관의 방향과 정도를 혼동하지 말아야 한다). **정적 상관**(正的 相關, positive correlation)은 두 변수가 비례관계, 즉 변수 $X$의 값이 증가함에 따라 변수 $Y$의 값도 증가하는 관계에 있음을 의미하며 양(陽)의 상관이라 한다. 정적 상관이 있을 경우 변수 $X$에서 평균보다 높으면 변수 $Y$에서도 평

균보다 높고, 변수 $X$에서 평균보다 낮으면 변수 $Y$에서도 평균보다 낮은 경향
이 있다는 것을 뜻한다. 지능지수가 높을수록 성적도 높은 경향이 있기 때문에
지능지수와 성적은 정적 상관이 있다. **부적 상관**(負的 相關, negative correlation)은
두 변수가 역비례, 즉 변수 $X$의 값이 증가함에 따라 변수 $Y$의 값은 감소하는
관계에 있음을 의미하며 음(陰)의 상관이라고 한다. 부적 상관이 있을 경우
변수 $X$에서 평균보다 높으면 변수 $Y$에서는 평균보다 낮고, 반대로 변수 $X$에
서 평균보다 낮으면 변수 $Y$에서는 평균보다 높은 경향이 있음을 뜻한다. 결
석 횟수가 증가할수록 학업성적이 낮은 경향이 있기 때문에 결석 횟수와 성적
은 부적 상관이 있다.

상관의 방향과 속담

| 정적 상관 | • The early bird catches the worm(기상시간과 성공)<br>• A stitch in time saves nine.(꾸물거림과 비용)<br>• There's no fool like an old fool.(어리석음과 나이) |
|---|---|

| 부적 상관 | • Faint heart never won fair maiden.(소심증과 연애성공도)<br>• An apple a day keeps the doctor away.(사과소비와 질병)<br>• You can't teach an old dog new tricks.(나이와 학습능력) |
|---|---|

⑤ 상관은 두 변수의 점수 자체의 크기가 아니라 공분산을 반영한다. 그러므로
　공분산이 클수록 상관계수도 커진다.

⑥ 상관계수는 변수 $X$가 변수 $Y$를 어느 정도 예측할 수 있는가를 나타낸다. 따
　라서 상관계수의 절댓값이 클수록 변수 $X$가 변수 $Y$를 더 정확하게 예측한
　다. [그림 7-1]에서 알 수 있는 것처럼 상관이 높을수록 $X$에서 $Y$를 더 정확
　하게 예측할 수 있다.

⑦ 상관계수는 두 변수 간에 존재하는 선형관계의 정도를 나타낸다. 그러므로
　상관계수가 클수록 두 변수 간에 선형관계가 높다.

⑧ 변수 $X$가 변수 $Y$의 변산을 설명하는 정도는 **결정계수**(決定係數, coefficient of
　determination), 즉 상관계수 $r$을 제곱한 값으로 나타낼 수 있다. 예를 들어,
　$r = +.70$일 때 $r^2 = .49$이므로 변수 $X$가 변수 $Y$의 변산을 49% 설명한다. 이
　때 $1 - r^2$은 다른 변수와 관련되는데, 이를 **비결정계수**(非決定係數, coefficient of
　non-determination)라고 한다. 이 관계를 그림으로 나타내면 [그림 7-3]과 같다.

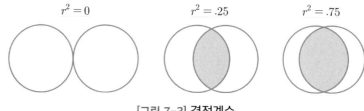

$$r^2 = 0 \qquad r^2 = .25 \qquad r^2 = .75$$

[그림 7-3] 결정계수

결정계수는 상관계수를 해석할 때 매우 중요한 의미를 갖는다. 결정계수는 두 변수가 공유하는 공통 변산의 비를 나타낸다. 다시 말하면 결정계수는 변수 $X$의 변산과 변수 $Y$의 변산이 관련된 정도를 나타낸다. [그림 7-3]과 같이 두 변수의 변산을 각각 원으로 표시할 때 중첩된 부분이 공통 변산이다. $r^2 = 0$이면 두 원 사이에 중첩된 부분이 없으므로 $X$의 변산과 $Y$의 변산은 전혀 관계가 없다. $r = .50$이면 $r^2 = .25$이므로 두 변수의 변산이 25% 중첩된다. 이것은 두 변수의 변산이 25% 관련되어 있음을 나타낸다. $r = +1.0$이면 $r^2 = 1.0$이므로 두 변수의 변산이 완전히 중첩된다.

## 3) 상관계수 해석의 오류

상관계수는 널리 사용되고 있지만, 그 의미가 잘못 해석되고 있는 경우가 적지 않다. 상관계수를 해석할 때는 몇 가지 사항에 유의해야 한다.

① 상관계수를 두 변수가 관련된 백분율(혹은 비율)로 해석하는 오류: 상관계수는 두 변수가 관련된 정도를 $-1.0$에서 $+1.0$의 척도에서 나타낸 것이지, 두 변수가 관련된 백분율을 의미하지 않는다. 그러므로 $r = .50$이라는 것은 두 변수가 50% 관련되어 있거나 50% 합치된다는 것을 의미하지는 않는다.

② 상관계수를 동간척도로 해석하는 오류: 상관계수는 서열척도이므로 동간성이 없다. 그러므로 $r = .80$이 $r = .40$보다 상관이 2배 높다고 해석하거나, $r = .10$에서 $r = .20$으로 증가하는 것은 $r = .70$에서 $r = .80$으로 증가하는 것과 같다고 해석하는 것은 잘못이다.

③ 상관계수의 크기를 임의적인 언어로 기술하는 오류: 상관계수를 '매우 높다'($r \geq .90$), '높다'($r = .70 \sim .89$), '중간 정도 상관이 있다'($r = .30 \sim .69$), '낮다'

($r < .30$)로 기술하는 경우가 흔히 있다. 그런데 상관의 정도를 이러한 기준에 따라 획일적으로 해석하는 것은 문제가 있다. 예를 들어, 검사-재검사 신뢰도 계수는 같은 검사를 같은 집단에 두 번 실시하여 얻은 점수 사이의 상관계수로 표시된다. 재검사 신뢰도 계수가 .80이면 상당히 낮은 수준이다. 그럼에도 위의 기준에 따르면 신뢰도가 매우 높다고 해석된다. 한편, 공인타당도 계수(검사점수와 외적 준거 간의 상관계수)가 .60이면 중간 정도인 것처럼 해석되지만, 실제로는 매우 높은 수준이다.

④ 상관을 인과관계로 해석하는 오류: 상관계수는 인과관계를 나타내지 않는다.

## 4) 상관과 인과관계

상관계수는 인과관계에 대한 정보를 전혀 제공하지 않으므로 상관을 인과관계로 해석하지 말아야 한다. 사회과학의 관심사가 되는 변수 간의 관계는 매우 복잡하므로 인과관계가 분명하지 않은 경우가 많다.

변수 $X$와 변수 $Y$가 높은 상관이 있을 경우 인과관계의 방향에 대한 개연성은 세 가지가 있다. 즉, ① $X$가 $Y$의 원인으로 작용했을 수도 있고, ② $Y$가 $X$의 원인으로 작용했을 수도 있으며, ③ 제3의 변수 $Z$[2]가 작용했을 개연성도 있다. 따라서 두 변수 간에 상관이 있다고 해서 그것을 인과관계를 나타내는 것으로 해석하지 말아야 한다. 제3의 변수로 인해서 상관이 나타나는 몇 가지의 예를 들어 보자.

12세기 초반 북유럽의 도시들을 조사한 결과에 따르면 황새수($X$)와 신생아수($Y$) 간에는 정적 상관이 있었다고 한다. 이 결과를 '황새가 아기를 물고 온다.'는 인과관계로 해석하면 매우 흥미롭다(서양에서는 황새가 아기를 물고 온다고 하고, 우리는 다리 밑에서 주워 왔다고 말한다). 실상은 황새가 굴뚝에 둥지를 트는 경향이 있기 때문에 황새수와 신생아수 간에 정적 상관이 나타난 것이다. 황새가 둥지를 틀 수 있는 굴뚝이 많다는 것은 사람이 살고 있는 집이 많다는 것, 즉 인구가 많음을 뜻한다. 인구가 많을수록 신생아도 많이 태어난다. 결국 도시의 인구가 많을수록 신생아도 많이 태어나고 굴뚝도 많아지기 때문에 황새수가 많을수록 신생아수가 증가하는 현상이 관찰된 것이다.

---

2) 두 변수의 관계에 영향을 미치지만 연구에 포함되지 않은 변수를 잠복변수(lurking variable)라고 한다.

상관을 인과관계로 잘못 해석하는 또 다른 예를 들어 보자. 물을 담은 주전자를 난로 위에 두고 가열하면 시간($X$)이 흐를수록 수온($Y$)이 상승하므로 시간과 수온은 비례한다. 즉, 주전자를 난로 위에 둔 시간이 경과함에 따라 수온이 높아지므로 시간과 수온 간에는 정적 상관이 있다. 그런데 시간과 수온의 관계는 인과관계로 잘못 해석될 소지가 다분히 존재한다. 이를 인과관계로 보면 완전히 엉뚱한 해석이 된다. 시간을 수온상승의 원인이라고 보면 시간이 경과했기 때문에 수온이 높아졌다는 의미가 된다. 반대로 수온을 시간경과의 원인이라고 보면 수온이 높아졌기 때문에 시간이 흘러갔다고 해석된다. 모두 엉터리 해석이다. 실제 시간이 온도를 상승시킨 것도 아니고, 수온이 시간을 흐르게 한 것도 아니다. 시간과 수온 간에 정적 상관이 있는 것은 제3의 변수 열($Z$)이 개입되었기 때문이다. 열을 가하지 않았다면 시간이 아무리 흘러도 수온은 절대로 높아지지 않는다. 아이스크림 판매량과 해수욕장의 익사자수 간에도 정적 상관이 있지만, 아이스크림 판매량이 익사의 원인은 아니다(이 경우에는 기온이라는 제3의 변수가 작용하고 있다.).

정적 상관이 인과관계를 나타내지 않는 것처럼 영상관($r=0$)이 인과관계가 없다는 증거를 제공하지 않는다는 점에도 유의해야 한다. 대학생을 대상으로 조사해 보면 공부시간($X$)과 시험성적($Y$) 간에는 상관이 없는데, 이 결과가 공부시간이 시험성적에 영향을 미치지 않는다는 것을 의미하는 것은 아니다. 그럼에도 이러한 결과가 나타난 것은 능력이란 제3의 변수가 작용하고 있기 때문이다. 즉, 우수한 학생은 공부를 열심히 하지 않아도 평균 수준의 성적을 얻을 수 있지만, 능력이 다소 낮은 학생은 열심히 공부해야 가까스로 평균 수준의 성적을 얻을 수 있기 때문이다. 그러므로 학생들의 능력수준을 통제하면 공부시간과 시험성적 간에는 높은 정적 상관이 있다.

또 부적 상관이 정적 인과관계가 존재할 개연성을 배제하는 것은 아니다. 예를 들어, 1,000명의 고등학생을 대상으로 피아노 연주기능과 농구기능 간의 상관을 구했다고 하자. 피아노를 잘 연주하는 학생은 농구를 할 시간이 거의 없을 것이므로 양자 간에는 부적 상관이 있을 것이다. 그런데 피아노 연주와 농구에는 공히 협응기능이 필수적이므로 상관연구에서는 부적 상관이 있었다고 하더라도 실험연구를 하면 피아노 연주기능이 농구기능에 영향을 미칠 확률이 높다.

그러므로 상관계수만 보고 인과관계를 추론하지 말아야 한다. 또 상관이 없거나 부적 상관이 있다고 하여 인과관계가 존재하지 않는다고 단정하지 말아야 한다.

상관이 있다는 것은 변수 $X$를 모를 때보다 알고 있을 때 변수 $Y$를 더 잘 예측할 수 있다는 것을 나타낼 뿐, 인과관계에 대한 정보는 전혀 제공하지 않는다.

### 교회의 수와 술집의 수는 비례한다(?)

대학원생 2명이 전국 100대 도시를 조사한 결과 교회의 수($X$)와 술집의 수($Y$) 간에 높은 정적 상관($r = .95$)이 있다는 사실을 발견했다. 이 조사결과에 대한 두 사람의 해석은 다음과 같다.

- 대학원생 A(독실한 기독교 신자): 술집이 많을수록 죄를 짓는 사람이 많기 때문에 그들을 구원하기 위해 교회의 수가 많아졌다.
- 대학원생 B(무신론자): 교회가 사람으로 하여금 술 마시게 하였도다.

두 사람의 해석은 모두 잘못된 것이다. 이 결과를 정확하게 해석하면 다음과 같다.

- 정확한 해석: 제3의 변수 인구($Z$)가 작용하고 있다. 인구가 많은 도시는 교회도 많고, 술집도 많다. 물론 자동차와 거지도 많다.

## 5) 적률상관계수의 가정

Pearson의 적률상관계수를 구하려면 등분산성, 선형성, 정규분포에 대한 가정이 충족되어야 한다. 이를 간단히 설명하면 다음과 같다.

### (1) 등분산성

**등분산성**(等分散性, homoscedasticity)은 회귀선(두 변수의 관계를 나타내는 직선, 제8장 참조)을 기준으로 한 변수 $Y$의 분산이 변수 $X$의 모든 수준에서 같아야 한다는 가정이다. [그림 7-4]의 (a)에서는 변수 $X$의 모든 수준에서 변수 $Y$의 분산이 일정하므로 등분산성 가정이 충족되고 있다. 반면, (b)에서는 변수 $X$가 증가함에 따라 변수 $Y$의 분산도 증가하고 있으므로 등분산성 가정이 충족되지 않고 있다.

변수 $X$의 값이 증가함에 따라 변수 $Y$의 분산이 증가하는 현상은 성장연구(growth study)에서 흔히 나타난다. 예컨대, 연령증가에 따라 키의 분산이 커진다. 이러한 상황에서는 상관계수가 두 변수의 관계를 제대로 나타내지 못한다. 분산이 다른 상황에서 적용할 수 있는 상관계수는 아직까지 없는 것으로 알려져 있다.

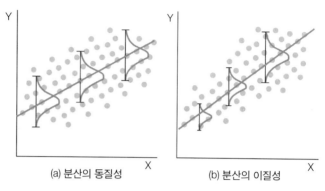

(a) 분산의 동질성　　(b) 분산의 이질성

[그림 7-4] 분산의 동질성과 이질성

## (2) 선형성

상관계수를 구하려면 두 변수가 선형관계(linear relationship, 직선관계)를 이루어야 한다. 상관계수는 두 변수 사이에 존재하는 선형관계의 정도와 방향을 나타내므로 선형관계가 높을수록 상관이 높다. 반대로 두 변수의 관계가 선형관계에서 벗어날수록 상관계수는 변수 사이의 관계를 과소추정한다.[3]

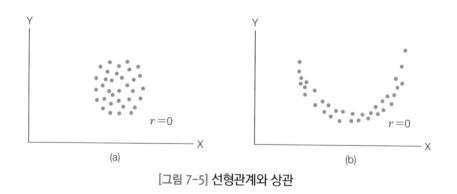

(a)　　(b)

[그림 7-5] 선형관계와 상관

[그림 7-5]의 (a)와 (b)에서 적률상관계수를 구하면 모두 0이다. 그런데 (a)에서는 두 변수가 실제 상관이 없지만, (b)에서는 두 변수가 곡선적인 관계가 있다. 그럼

---

3) 자료의 성질 혹은 자료수집방법으로 인해 상관계수가 인위적으로 높아지거나 반대로 낮을 수도 있는데, 이를 **허위상관**(spurious correlation)이라고 한다. 허위상관을 유발하는 원인으로는 곡선관계, 범위축소, 극단치, 집단통합 등을 들 수 있다.

에도 (b)에서 구한 상관계수는 0으로 전혀 관계가 없는 것으로 나타난다. 그러므로 선형관계가 없다고 해서 관계가 없다고 해석해서는 안 된다. 상관계수가 낮다는 것은 관계가 없다는 것이 아니라 선형관계가 낮다는 것을 의미한다. 이는 상관계수를 구하기 전에 산포도를 검토해야 함을 시사한다.

### (3) 정규분포

상관계수를 구하려면 두 변수가 정규분포를 이루어야 한다. 또 변수 $X$의 특정 값에 대응하는 변수 $Y$의 점수는 정규분포를 이루어야 하고, 변수 $Y$의 특정 값에 대응하는 변수 $X$의 점수는 정규분포를 이루어야 한다.

## 6) 상관계수에 영향을 미치는 요인

Pearson의 적률상관계수는 (1) 극단치, (2) 범위축소, (3) 집단의 결합, (4) 정규성과 이분산성 등과 같은 요인들의 영향을 받는다.

### (1) 극단치(이상치)

앞에서 설명한 것처럼 상관계수는 두 변수의 표준점수($Z$ 점수)를 서로 곱하여 합한 값의 평균이므로 **극단치**(outliers: 이상치, 자료에 포함된 다른 점수와 현저하게 다른 점수)는 상관계수에 큰 영향을 준다.

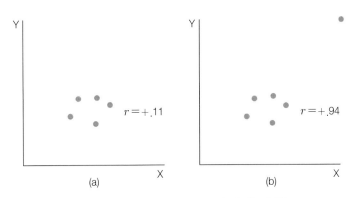

[그림 7-6] 극단치가 상관계수에 미치는 영향

[그림 7-6]의 (a)에서는 상관이 거의 없으나, (b)에서는 극단치로 인해 높은 상

관을 보이고 있다. 극단치가 상관계수에 미치는 영향은 극단치가 산포도의 어느 위치에 있는지에 따라 달라진다. 극단치를 표준점수($Z$ 점수)로 변환했을 때 변수 $X$의 표준점수와 변수 $Y$의 표준점수가 모두 양수(+)로 값이 크면 상관계수가 커진다. 극단치를 제외했을 때 상관계수가 낮아지는 경우도 있다. 극단치를 표준점수로 바꾸었을 때 $X$의 표준점수가 음수(−)로 값이 작고 $Y$의 표준점수가 양수로 값이 크면 상관계수가 낮아진다.

## (2) 집단통합

집단통합은 상관에 영향을 미친다. 예컨대, 하류층과 중류층을 통합한 집단에서 구한 성적과 시험불안 간의 상관계수는 하류층 혹은 중류층에서 별도로 계산한 성적과 시험불안 간의 상관계수보다 더 높다. 이것은 중류층과 하류층에서 성적과 시험불안의 평균이 매우 다르기 때문이다(중류층집단은 하류층집단에 비해 성적과 시험불안이 높다). 이로 인해 집단을 통합하여 상관을 계산하면 상관계수가 터무니없이 높아진다. [그림 7-7]은 평균이 다르고 변수 $X$와 변수 $Y$의 관계가 다른 두 집단을 통합했을 때 상관계수가 어떻게 달라지는지를 나타내고 있다(Shavelson, 1988, p. 162).

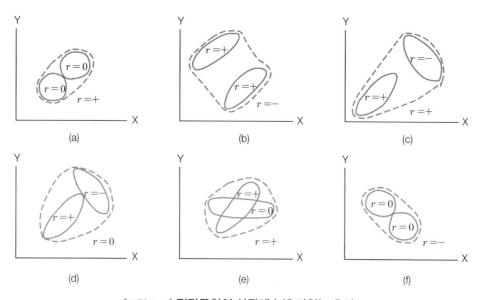

[그림 7-7] 집단통합이 상관계수에 미치는 효과

　요컨대, 하위집단에 따라 변수 $X$와 변수 $Y$의 평균 혹은 표준편차가 다르면 상
관계수가 달라진다. 양극단에 위치한 하위집단을 포함할 경우에도 상관계수가 과
대추정된다. 예를 들어, 우울증과 단기기억의 상관을 구할 때 우울증검사와 단기
기억검사를 실시한 다음, 우울증검사에서 상위 25%에 속하는 피험자와 하위 25%
에 속하는 피험자만 선정하여 상관을 구하면 전체 집단보다 상관계수가 크게 높아
진다.

### (3) 범위축소

　**범위축소**(restriction of range)는 분포에서 특정 값보다 높은 사례 혹은 특정 값보
다 낮은 사례가 제외된 것을 말한다. 기름과 불의 관계와 같이 범위와 상관은 비례
하므로 범위가 클수록 상관계수가 커지고, 반대로 범위가 축소될수록 상관계수가
작아진다. [그림 7-8]의 (a)에서는 상관이 높지만, (c)에서는 상관이 거의 없는데,
이것은 범위가 축소되었기 때문이다.

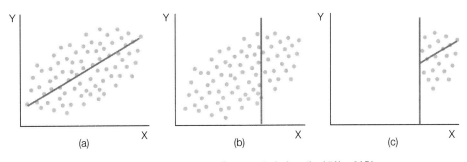

[그림 7-8] 변수 $X$의 범위축소가 상관계수에 미치는 영향

범위에 따라 상관계수가 달라지는 사례를 예시하면 다음과 같다.

- 사회경제적 지위(SES)가 동질적인 학교에서 구한 사회경제적 지위와 성적 간의
  상관은 이질적인 학교에서 구한 사회경제적 지위와 성적 간의 상관보다 낮다.
- 초등학생 집단에서 구한 지능지수와 성적의 상관은 대학생 집단에서 구한 지
  능지수와 성적의 상관보다 높다.
- 영재아 집단에서 구한 지능지수와 성적의 상관은 전체 아동집단에서 구한 지
  능지수와 성적의 상관보다 낮다.

- 시험점수와 직무성적의 상관은 전체 응시자 집단이 최종 합격자 집단보다 높다.

변산도 축소의 교정 상관계수는 분산에 비례하므로 분산이 클수록 상관계수도 커진다. 위의 예시에서 사회경제적 지위와 성적 간의 상관이 이질적인 집단보다 동질적인 집단에서 더 낮은 이유는 분산이 축소되었기 때문이다. 분산이 축소되었을 경우 원래 분산을 알면 상관계수를 교정할 수 있다.

범위가 축소된 집단의 상관 $r_1$, 범위가 축소된 집단의 표준편차 $s_1$, 범위가 축소되지 않은 집단의 표준편차 $s$를 알 경우 범위가 축소되지 않은 집단의 상관 $r$은 다음 공식으로 추정할 수 있다.

$$r^2 = \frac{r_1^2(s/s_1)^2}{1 + r_1^2(s/s_1)^2 - r_1^2}$$

예를 들어, 대학입학시험에서 수능점수 300점 미만의 지원자는 불합격하고, 300점 이상의 지원자만 합격했다고 하자. 합격자 집단에서 수능점수와 학업성적 간의 상관이 .50, 합격자 집단의 표준편차가 50, 전체 집단의 표준편차가 100이라고 할 때 전체 집단에서 상관계수는 다음과 같다.

$$r^2 = \frac{(.5)^2(100/50)^2}{1 + (.5)^2(100/50)^2 - (.5)^2} = \frac{1.00}{1.75} = .5714$$

$$r = \sqrt{.5714} = .7559$$

### (4) 정규성과 이분산성

$X$와 $Y$가 현저한 편포를 이루면 정규분포를 이룰 경우에 비해 상관계수가 낮아진다. 편포를 이루면 이분산성(heteroscedasticity)이 나타난다.

## 7) 상관계수에 대한 가설검증

Pearson 적률상관계수에 대한 가설검증은 다음과 같이 4개 검증으로 구분할 수 있다.[4]

① 모집단 상관계수가 0이라는 것을 명시한 가설($H_o : \rho = 0$)에 대한 검증
② 모집단 상관계수가 0이 아닌 특정 값을 가진다는 가설에 대한 검증
③ 독립적인 상관계수 차이검증
④ 종속적인 상관계수 차이검증

검증 1과 검증 4는 $t$ 검증을 적용하고, 검증 2와 검증 3은 $Z$ 검증을 적용한다. 여기서는 네 가지 검증 중 모집단 상관계수가 0이라는 영가설을 검증하는 방법을 소개한다. 나머지 검증방식은 다른 통계문헌을 참고하기 바란다.

모집단 상관계수가 0이라는 영가설($H_o : \rho = 0$)에 대한 검증은 특정 표본에서 구한 상관계수를 이용하여 모집단의 상관계수가 통계적으로 유의한지를 검증하는 방법이다. 즉, 이 검증은 모집단에서 두 변수 간에 실제 상관이 있는지 아니면 실제 상관이 없지만 우연적인 요인에 의해 상관이 있는지를 검증하는 방법이다.

표본 상관계수는 두 변수 간에 실제로 존재하는 체계적인 관계의 영향을 받을 수도 있고, 실제로 관계가 없지만 우연적인 요인의 영향을 받을 수도 있다. 그러므로 이 검증의 영가설은 모집단에서 두 변수 간에 상관이 없다는 것이다. 영가설이 기각되었다는 것은 모집단에서 두 변수 간에 유의한 상관이 존재한다는 것을 의미한다. 반면, 영가설이 기각되지 않는다는 것은 상관계수가 우연적인 요인에 의해 결정되었음을 의미한다. 이 검증을 적용할 수 있는 경우를 예시하면 다음과 같다.

• 대학생 집단에서 동기와 성적 간의 상관계수는 통계적으로 유의한가?
• 고등학생 집단에서 지능과 성적 간의 상관계수는 통계적으로 유의한가?

모집단 상관계수가 0이라는 영가설을 검증하기 위한 검증통계량은 다음과 같다.

---

[4] 3절에서 다룬 특수상관계수에 대한 유의성 검증방법은 Glass와 Hopkins(1984, pp. 331–318)를 참조하기 바란다.

$$t = \frac{r - \mu_r}{S_r} = \frac{r - 0}{S_r} = \frac{r}{\sqrt{\dfrac{1 - r^2}{n - 2}}} \quad (r: \text{표본의 상관계수}, \; n: \text{사례수})$$

검증통계량 $t$의 자유도는 $n-2$다. 이 자유도가 단일표본 $t$ 검증의 자유도 $n-1$과 다른 것은 개인마다 2개 점수가 있기 때문이다. 위의 공식을 이용하면 $t$에서 $r$을 구할 수 있다.

$$r = \frac{t}{\sqrt{t^2 + n - 2}}$$

임계치를 구하고 영가설 기각여부를 결정하는 과정은 $t$ 검증과 같다. 이 검증의 결론은 다음과 같다.

① 검증통계량이 양수(+)로 영가설을 기각했을 경우: 통계적으로 유의한 정적 상관이 있다.
② 검증통계량이 음수(−)로 영가설을 기각했을 경우: 통계적으로 유의한 부적 상관이 있다.
③ 영가설을 기각하지 못했을 경우: 통계적으로 유의한 상관이 없다.

〈표 7-8〉 모집단 상관계수가 0이라는 영가설($H_o : \rho = 0$)에 대한 검증(예시)

| 〈표 7-7〉의 자료에서 학습동기와 학업성적 간의 상관계수는 $r = .759$였다. 이 상관계수가 통계적으로 유의한가를 $\alpha = .05$수준에서 검증하라. | |
|---|---|
| 1. 통계적 가설 진술 | $H_o : \rho = 0$(학습동기와 학업성적 간에는 상관이 없다.)<br>$H_1 : \rho \neq 0$(학습동기와 학업성적 간에는 상관이 있다.) |
| 2. 검증통계량 계산 | $t = \dfrac{r}{\sqrt{\dfrac{1-r^2}{n-2}}} = \dfrac{.759}{\sqrt{\dfrac{1-.759^2}{10-2}}} = 3.297$ |
| 3. 임계치 결정 | $\alpha = .05$, $df = 2$, 양방검증에서 $t$ 분포의 임계치는 $t = \pm 2.306$이다. |
| 4. 영가설 기각여부 결정 | 검증통계량의 값 $t = 23.297$은 임계치보다 크므로 영가설을 기각한다. |
| 5. 결론도출 | 학습동기와 학업성적 간에 정적 상관이 있다. |

적률상관계수 $r$에 대한 가설을 검증하는 두 번째 방법은 $r$의 절댓값이 〈부록 표 3〉에 제시되어 있는 적률상관계수의 임계치보다 크면 영가설을 기각하는 방법이다. 예를 들어, 〈부록 표 3〉을 보면 $n=10$, $\alpha=.05$, 양방검증에서 적률상관계수의 임계치는 $r=.6319$다. 그러므로 $n=10$인 표본에서 구한 상관계수의 절댓값이 임계치보다 크면 통계적으로 유의한 상관이 있다고 결론을 내리면 된다.

적률상관계수 $r$에 대한 가설을 검증하는 세 번째 방법은 통계분석 프로그램의 출력물에 제시된 $r$의 유의확률($p$)을 유의수준(통상적으로 .05)과 비교하는 방법이다. $r$의 유의확률이 유의수준보다 작으면 통계적으로 유의한 상관이 있다고 해석하면 된다. 통계분석 프로그램에서는 $r$의 유의확률을 자동적으로 산출해 주기 때문에 세 번째 방식이 가장 일반적으로 사용되고 있는 적률상관계수 $r$에 대한 가설검증방식이다. SPSS를 이용하여 분석한 결과 학습동기와 학업성적 간의 상관계수는 $r=.758$이었고 유의확률($p$)이 .011로 $\alpha=.05$보다 낮았다. 따라서 학습동기와 학업성적 간에 상관계수가 0이라는 영가설을 기각하고 두 변수 간에 통계적으로 유의한 정적 상관이 있다고 결론을 내리면 된다.

## 8) SPSS를 활용한 적률상관계수 계산

① 분석(A) → 상관분석(C)에서 이변량상관계수(B)를 선택한다.
② 이변량상관계수(B)에서 상관을 구하고자 하는 변수를 선택한다.
③ 옵션(O)에서는 평균 및 표준편차, 공분산 등을 선택할 수 있다.
④ 확인을 클릭하면 Pearson의 적률상관계수와 유의확률이 산출된다.
⑤ 〈표 7-7〉의 자료에 대해 SPSS로 적률상관계수를 산출한 결과는 다음과 같다.

| | | 학습동기 | 학업성적 |
|---|---|---|---|
| 학습동기 | Pearson 상관계수 | 1 | .758* |
| | 유의확률 (양쪽) | | .011 |
| | N | 10 | 10 |
| 학업성적 | Pearson 상관계수 | .758* | 1 |
| | 유의확률 (양쪽) | .011 | |
| | N | 10 | 10 |

*. 상관계수는 0.05 수준(양쪽)에서 유의합니다.

## 9) 상관계수의 표시방법

상관계수의 표시방법을 예시해 보자. 학습동기, 학업성적, 자기개념 간의 Pearson 의 적률상관계수를 구했을 때 그것을 표시하는 방법은 〈표 7-9〉와 같다.

〈표 7-9〉 학습동기, 학업성적, 자기개념 간의 상호상관

|  | 평균 | 표준편차 | 1 | 2 |
|---|---|---|---|---|
| 1. 학습동기 | 7 | 2.32 |  |  |
| 2. 학업성적 | 75 | 15.33 | .759* |  |
| 3. 자기개념 | 60 | 10.21 | .578* | .107 |

\* $p < .05$

〈표 7-9〉에 제시된 것처럼 학습동기와 학업성적 간의 적률상관계수는 $r = .759$, 학습동기와 자기개념 간의 적률상관계수는 $r = .578$로 각각 $\alpha = .05$ 수준에서 통계적으로 유의했다. 그러나 학업성적과 자기개념 간의 적률상관계수는 $r = .107$로 통계적으로 유의하지 않았다.

## 3 특수상관계수

앞에서 Pearson의 적률상관계수를 살펴보았다. 그런데 상관계수를 구하는 구체적인 방식은 변수의 측정수준에 따라서 달라진다. 두 변수 간의 상관계수를 구하는 방식은 [그림 7-9]에 제시된 것처럼 두 변수의 측정수준에 따라 달라진다(통계분석에서는 동간척도와 비율척도를 같이 취급한다.). 이 절에서는 특수상관계수를 소개한다.

|  |  | $X$ 변수 |  |  |
|---|---|---|---|---|
|  |  | 명명척도 | 서열척도 | 동간·비율척도 |
| $Y$ 변수 | 명명척도 | 사분상관계수($r_t$) / $\Phi$ 계수 / Cramer의 상관계수($V_C$) | 등위이분 상관계수($r_{rb}$) | 양분상관계수($r_b$) / 양류상관계수($r_{pb}$) |
|  | 서열척도 |  | Spearman의 등위상관계수($r_s$) / Kendall의 tau 계수($\tau$) / Kendall의 일치도계수 |  |
|  | 동간·비율척도 |  |  | Pearson의 적률상관계수 ($r_{xy}$) |

[그림 7-9] 상관계수의 종류(두 변수 간의 상관)

① Pearson의 적률상관계수($r_{xy}$)는 두 변수가 모두 연속변수이고 정규분포를 이루며 선형관계를 이룰 때 적용된다. 그러므로 수학시험성적과 영어시험성적 간의 상관계수는 적률상관계수로 구해야 한다.

② Spearman의 등위상관계수($r_s$)는 두 변수가 모두 서열척도일 때 적용되는 상관계수다. 그러므로 수학시험성적 순위와 영어시험성적 순위 간의 상관계수는 등위상관계수로 구하면 된다.

③ Kendall의 tau 계수($\tau$)는 두 명의 평정자가 $n$명의 대상에 부여한 순위가 일치하는 정도를 나타내고, 일치도 계수($W$)는 $m$명($m > 2$)의 평정자가 $n$명의 대상에 부여한 순위가 일치하는 정도를 나타낸다.

④ 양분상관계수(biserial correlation coefficient; $r_b$)는 두 변수가 모두 원래 동간척도나 비율척도이지만 하나가 두 범주로 나누어져 있을 때 적용된다. 그러므로 고등학교 졸업성적과 대학입학고사 합격-불합격 간의 상관계수를 구하려고 할 때는 양분상관계수가 적합하다.

⑤ 양류상관계수(point biserial correlation coefficient; $r_{pb}$)는 원래 명명척도인 이분변수와 동간척도 혹은 비율척도인 변수 간의 상관이다. 그러므로 성별(남, 여)

과 학업성적 간의 상관계수는 양류상관계수로 구할 수 있다.

⑥ 사분상관계수(tetrachoric correlation coefficient; $r_t$)는 두 변수가 모두 동간척도
나 비율척도이지만 두 범주로 양분하여 구한 상관이다. 그러므로 지능지수를
기준으로 상위집단과 하위집단으로 구분하고 성적을 상위집단과 하위집단으
로 구분했을 때 지능지수와 성적 간의 상관은 사분상관계수로 계산된다.

⑦ $\phi$계수(phi coefficient)는 두 변수가 모두 명명척도일 때 적용되는 상관이다.
그러므로 성별(남–여)과 어떤 문항에 대한 반응(정답–오답) 간의 상관은 파이
계수로 표시된다.

⑧ Cramer의 상관계수(Cramer's measure of association; $V_C$)는 두 변수가 모두 여러
범주로 구분될 때 적용되는 상관이다. 그러므로 학력(국졸, 중졸, 고졸, 대졸)과 사
회계층(상, 중, 하) 간의 상관은 Cramer의 상관계수로 구하면 된다(제15장 참조).

⑨ 등위이분상관계수(rank–biserial correlation, $r_{rb}$)는 서열변수와 이분변수 간의
상관이다. 예를 들어, 성적 석차와 성별 간의 상관은 등위이분상관계수로 구
하면 된다.

## 1) Spearman의 등위상관계수

**Spearman의 등위상관계수**(等位相關係數, rank correlation coefficient; $r_s$)는 두 변수
가 모두 서열척도(등위)일 경우 적용되는 상관계수다. 두 변수에서의 등위차이를
$D$, 사례수를 $n$이라고 할 때 등위상관계수는 다음과 같다.

$$r_s = 1 - \frac{6\sum D^2}{n(n^2-1)}$$

등위가 같을 때는 등위평균을 부여하면 된다. 예컨대, 세 사람의 등위가 같을 경
우 (1+2+3)/3=2를 부여하면 된다.

〈표 7-10〉 등위상관계수 계산(예시)

| 학생 | 국어성적 등위 | 영어성적 등위 | $D$ | $D^2$ |
|:---:|:---:|:---:|:---:|:---:|
| 1 | 6 | 8 | −2 | 4 |
| 2 | 3 | 2 | 1 | 1 |
| 3 | 4 | 5 | −1 | 1 |
| 4 | 12 | 11 | 1 | 1 |
| 5 | 10 | 9 | 1 | 1 |
| 6 | 1 | 1 | 0 | 0 |
| 7 | 5 | 4 | 1 | 1 |
| 8 | 7 | 7 | 0 | 0 |
| 9 | 14 | 14 | 0 | 0 |
| 10 | 2 | 3 | −1 | 1 |
| 11 | 8 | 10 | −2 | 4 |
| 12 | 11 | 12 | −1 | 1 |
| 13 | 9 | 6 | 3 | 9 |
| 14 | 13 | 13 | 0 | 0 |

$$\sum 24$$

$$r_s = 1 - \frac{6\sum D^2}{n(n^2-1)} = 1 - \frac{6(24)}{14(14^2-1)} = .95$$

## 2) Kendall의 tau 계수

Kendall의 tau($\tau$) **계수**는 두 사람이 $n$명에게 부여한 순위가 일치하는 정도를 나타낸다. 가령 2명의 심사위원이 10명의 학생들이 만든 작품에 대해 각각 순위를 매겼을 때 두 사람이 매긴 순위 간의 상관은 tau 계수로 표시된다. 두 사람이 매긴 순위가 완전히 일치하면 tau 계수는 완전상관을 나타낸다. tau 계수는 불일치순위가 전혀 없을 때 1.0으로 최대가 되고, 순위가 완전히 불일치할 경우 0이 된다.

Spearman의 등위상관계수와 tau 계수 중에서 어느 하나를 선택하자면 자료의 성질을 감안해야 한다. Spearman의 등위상관계수는 한 변수 혹은 두 변수를 동간척도에서 서열척도(순위)로 변환했을 때 적합하다. tau 계수는 앞에서 언급한 것처럼 2명의 채점자가 동일대상에 순위를 부여했을 때 적합하다.

$\tau$의 범위는 등위상관계수($r_s$)와 같이 −1.0에서 +1.0이지만, 상관을 구하는 방

식은 다르다. 등위상관계수는 순위 자체를 점수로 간주해서 구한다. 반면, tau 계수는 일치한 짝(concordant pairs; $C$)의 비율과 불일치하는 짝(disconcordant pairs: $D$)의 비율 차이를 이용해서 구한다. tau 계수를 구하려면 일치(concordant)와 불일치(disconcordant)의 개념을 이해해야 한다.

자료가 서열척도(즉, 순위)이고 $n$개의 짝 $(X_1, Y_1)$, $(X_2, Y_2)$, $\cdots$, $(X_n, Y_n)$으로 구성되어 있다고 하자. 여기서 일치하는 짝(concordant pair)이란 (1, 2)와 (3, 5)와 같이 특정 변수의 두 값($Y$변수의 2와 5)이 다른 변수($X$변수의 1과 3)의 두 값보다 항상 큰 짝을 의미한다. 반면, 불일치하는 짝(disconcordant pair)은 (1, 2)와 (4, 3)와 같이 특정 변수의 두 값이 다른 변수의 대응되는 두 값보다 하나는 크고 하나는 작은 짝을 의미한다.

순위를 매긴 대상의 수를 $n$, 일치하는 짝의 수를 $C$, 불일치하는 짝의 수를 $D$라고 할 때 tau 계수는 $C$와 $D$의 차이($C-D$)를 전체 짝의 수 $n(n-1)/2$로 나눈 값이다.

$$\tau = \frac{(C-D)}{\frac{1}{2}n(n-1)} = \frac{2(C-D)}{n(n-1)} \quad \text{혹은} \quad \tau = 1 - \frac{4 \times D}{n(n-1)}$$

동점이 없을 때 $C+D$는 항상 $n(n-1)/2$와 같으므로 tau 계수는 쉽게 계산할 수 있다. tau 계수에 대한 해석은 등위상관계수에 대한 해석과 같다. 두 변수가 완전 정적 상관이어서 변수 $X$가 증가할 때 변수 $Y$도 항상 증가하면 모든 짝은 일치하며 따라서 tau 계수는 +1.0이다. 두 변수가 완전 부적 상관이어서 변수 $X$가 증가할 때 변수 $Y$가 항상 감소하면 모든 짝은 불일치하므로 tau 계수는 −1.0이다.

〈표 7-11〉은 두 심사위원(A, B)이 10명의 지원자들을 심사한 순위($X$, $Y$)를 나타낸 것이다. 이를 이용하여 tau 계수를 계산하는 절차를 설명하면 다음과 같다.

① 일치하는 짝의 수(concordant pairs; $C$) 계산: 일치하는 짝의 수 $C$는 변수 $Y$ 순위 각각에서 그보다 높은 순위의 수를 계산하면 된다. 위의 자료에서 변수 $Y$ 순위 1에서 그보다 더 높은 순위는 2 3 4 7 5 6 9 8 10으로 $C$는 9다. $Y$ 순위 4에서 보면 그보다 큰 순위는 7 5 6 9 8 10이므로 $C$는 6이다. 이와 같은 방식으로 $Y$ 순위 각각에 해당되는 일치순위를 표의 칼럼 $C$에 기입한다.

〈표 7-11〉 tau 계수 계산(예시)

| 지원자 | $X$ | $Y$ | C(일치순위) | D(불일치순위) |
|---|---|---|---|---|
| $a$ | 1 | 1 | 9 | 0 |
| $b$ | 2 | 2 | 8 | 0 |
| $c$ | 3 | 3 | 7 | 0 |
| $d$ | 4 | 4 | 6 | 0 |
| $e$ | 5 | 7 | 3 | 2 |
| $f$ | 6 | 5 | 4 | 0 |
| $g$ | 7 | 6 | 3 | 0 |
| $h$ | 8 | 9 | 1 | 1 |
| $i$ | 9 | 8 | 1 | 0 |
| $j$ | 10 | 10 | | |
| 합계 | | | 42 | 3 |

$$\tau = \frac{2(42-3)}{10(10-1)} = .867 \text{ 혹은 } \tau = 1 - \frac{2(3)}{(10)(10-1)/2} = .867$$

② 불일치하는 짝의 수(disconcordant; $D$) 계산: 불일치하는 짝의 수 $D$는 $Y$ 순위 각각에서 그보다 낮은 순위의 수를 구하면 된다. $Y$ 순위 1에서 보면 그보다 낮은 순위는 없으므로 $D$는 0이다. $Y$ 순위 7의 경우 그보다 낮은 순위는 5와 6이므로 $D$는 2다. 또 $Y$ 순위 9에서 그보다 낮은 순위는 8이므로 $D$는 1이다. 그 외의 경우는 모두 $D$가 0이다.

③ 동점순위는 $C$나 $D$에 포함하지 않고 제외한다.

④ tau 계수를 계산한다.

## 3) Kendall의 일치도 계수

**Kendall의 일치도 계수**(一致度係數, coefficient of concordance; $W$)는 $m(m>2)$명의 평정자들이 $n$명에게 각각 부여한 순위가 일치하는 정도를 나타낸다(Kendall의 tau 계수는 평정자가 2명일 때 사용된다.). 예를 들어, 미스코리아 선발대회에서 5명의 심사위원들이 16명의 후보자들을 심사하여 순위를 매겼을 때 심사위원들이 부여한 순위가 일치하는 정도를 알려면 Kendall의 일치도 계수를 구하면 된다.

Kendall의 일치도 계수의 논리는 다음과 같다. $m$명의 평정자들이 부여한 순위가 일치할수록 평정대상별로 부여된 순위합 $R$은 차이가 크므로 순위합의 분산이 최대가 되고, 반대로 평정자들이 부여한 순위가 불일치할수록 평정대상별 순위합 $R$이 비슷하므로 순위합의 분산이 작을 것이다. 예를 들어, 5명의 평정자들이 10명에게 부여한 순위가 완전히 일치한다면 가장 높은 순위를 받은 피평정자의 순위합은 5(1, 1, 1, 1, 1)가 되고, 가장 낮은 순위를 받은 피평정자가 받은 순위합은 50(10, 10, 10, 10, 10)이 된다. 따라서 순위가 완전히 일치할 경우 피평정자별 순위합 $R$은 평정자의 수가 $m$이고 피평정자의 수가 $n$명일 때 $m$, $2m$, $3m$, $\cdots$, $nm$이 될 것이다. 반대로 평정자들이 부여한 순위가 뒤섞여 있으면 피평정자들이 받은 순위합은 비슷할 것이다.

일치도 계수 $W$는 피평정자들이 받은 순위합 분산에 따라 결정되므로 다음과 같다.

$$W = \frac{순위합의\ 분산}{순위합의\ 최대가능분산}$$

일치도 계수 $W$는 다음 공식으로 구하면 된다.

$$W = \frac{S}{\frac{1}{12}m^2(n^2-n)} \quad 혹은 \quad W = \frac{12\sum T^2}{n^2 m(m^2-1)} - \frac{3(m+1)}{m-1}$$

이 공식에서 $S = \sum(R-\overline{R})^2$, $m$은 평정자의 수, $n$은 평정대상의 수, $\sum T^2$은 순위제곱의 합이다.

$W$의 범위는 $0 \leq W \leq 1$이므로 음수의 값을 취할 수 없다. $W$가 1이면 평정순위가 완전히 일치한다는 것을, W가 0이면 평정순위가 관련이 없다는 것을 나타낸다.

그런데 평정자들이 부여한 순위가 완전히 불일치할 경우 일치도 계수는 어떻게 될까? 결론적으로 평정자가 2명이면 평정순위가 완전히 상반되는 경우가 있지만, 평정자가 3명 이상이면 평정순위가 완전하게 불일치하는 경우는 없다. 가령 평정자 1과 평정자 2의 평정순위가 완전하게 불일치한다고 하자. 이 경우 평정자 3의 평정순위가 평정자 1 및 평정자 2의 평정순위와 동시에 완전하게 불일치하지는 않는다. 3명의 심사위원들이 미술경시대회에 출품한 7명의 작품을 평정한 순위자료를 이용하여 Kendall의 일치도를 구하는 절차를 소개하면 〈표 7-12〉과 같다.

〈표 7-12〉 Kendall의 일치도 계수 계산(예시)

| 응시자 | 심사위원 1 | 심사위원 2 | 심사위원 3 | 순위합 $R$ |
|---|---|---|---|---|
| 1 | 1 | 2 | 2 | 5 |
| 2 | 2 | 1 | 3 | 6 |
| 3 | 3 | 3 | 1 | 7 |
| 4 | 4 | 4 | 5 | 13 |
| 5 | 6 | 6 | 7 | 19 |
| 6 | 7 | 7 | 6 | 20 |
| 7 | 5 | 5 | 4 | 14 |

① $\overline{R} = \dfrac{5+6+7+13+19+20+14}{7} = 12$

② $S = \sum (R - \overline{R})^2 = (5-12)^2 + (6-12)^2 + \cdots + (14-12)^2 = 228$

③ $W = \dfrac{S}{\dfrac{1}{12}m^2(n^2-n)} = \dfrac{228}{\dfrac{1}{12} \times 3^2(7^2-7)} = \dfrac{228}{252} = .905$

## 4) 파이계수($\phi$ 계수)

**파이계수**(phi coefficient; $\phi$)는 두 변수가 모두 이분변수일 때 적용되는 상관이다. 파이계수를 구하려면 두 변수를 각각 두 범주로 분류해야 한다. 두 변수의 범주에 '0'과 '1'을 부여하는 방식은 임의적이므로 어떻게 부여하더라도 파이계수의 절댓값은 같다. 파이계수는 다음 공식으로 구할 수 있다.

$$\Phi = \frac{bc - ad}{\sqrt{(a+c)(b+d)(a+b)(c+d)}}$$

파이계수가 양수(+)이면 변수 $X$에서 '1'에 해당하는 사례가 변수 $Y$에서도 '1'에 해당하는 경향이 높다는 것을 의미한다.

100명을 대상으로 성별과 흡연여부 간의 관계를 조사한 다음 자료에서 상관을 구하면 $\Phi = .302$인데, 이것은 남자가 여자에 비해 흡연하는 경향이 약간 높다는 것

을 의미한다.

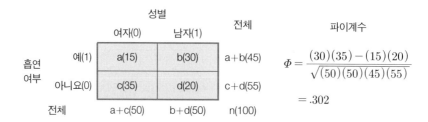

## 5) 양류상관계수

**양류상관계수**(兩類相關係數, point-biserial coefficient; $r_{pb}$)는 성별과 같은 이분변수 $X$와 연속변수 $Y$ 간의 상관을 말한다. 'biserial'은 변수 $X$가 두 유형의 점수, 즉 '0'과 '1'로 나뉜다는 것을 뜻한다. 양류상관계수를 구하는 공식은 다음과 같다.

$$r_{pb} = \frac{\overline{Y_2} - \overline{Y_1}}{s_Y} \cdot \sqrt{\frac{n_1 n_2}{N(N-1)}}$$

여기서 $\overline{Y_1}$은 $X$에서 0점을 받은 사람의 $Y$ 평균, $\overline{Y_2}$는 $X$에서 1점을 받은 사람의 $Y$ 평균, $s_Y$는 $Y$의 표준편차, $n_1$은 $X$에서 0을 받은 사람의 수, $n_2$는 $X$에서 1을 받은 사람의 수, $N$은 $n_1 + n_2$을 의미한다.

### 성별($X$)과 성적($Y$) 간의 양류상관계수 계산(예시)

① 남자집단: $n_1 = 17$, $\overline{Y_1} = 65$

② 여자집단: $n_2 = 10$, $\overline{Y_2} = 70$

③ $s_Y = 4$,  $N = 17 + 10 = 27$

$$r_{pb} = \frac{\overline{Y_2} - \overline{Y_1}}{s_Y} \cdot \sqrt{\frac{n_1 n_2}{N(N-1)}}$$
$$= \frac{70 - 65}{4} \cdot \sqrt{\frac{(17)(10)}{27(27-1)}} = .615$$

## 6) 양분상관계수

**양분상관계수**(兩分相關係數, biserial correlation; $r_b$)는 정규분포를 이루는 변수를 인위적으로 양분한 변수 $X$와 연속변수 $Y$ 간의 상관이다. 양류상관계수에서는 $X$가 원래 이분변수(예: 성별)이지만, 양분상관계수에서는 정규분포를 이루는 $X$를 인위적으로 양분했다는 점이 다르다. 그러므로 양분상관계수는, 예컨대 인지속도를 측정하는 문항의 점수$(1, 0)$와 성적 간의 상관을 구하고자 할 때 적용된다(인지속도는 정규분포를 이룬다고 가정할 수 있다.). 양분상관계수는 다음 공식으로 계산된다.

$$r_{bis} = \frac{\overline{Y_1} - \overline{Y_0}}{s_Y} \cdot \sqrt{\frac{n_1 n_2}{u N^2}}$$

여기서 $u$는 $p$에서의 표준정규분포곡선의 종축치(ordinate, $Y$축의 높이)다($p$는 집단 1의 사례수가 전체에서 차지하는 비, 즉 $p = n_1/N$이다. 그 외의 기호는 양류상관계수를 구하는 공식과 같다.).

### 문항점수($X$)와 지능지수($Y$) 간의 양분상관계수 계산(예시)

① 오답: $n_1 = 12$, $\overline{Y_1} = 105$

② 정답: $n_2 = 28$, $\overline{Y_2} = 113$

③ $s_Y = 16.0$, $N = 12 + 28 = 40$

④ $u \fallingdotseq .3485$(실제 $p = 12/40 = .30$에 대응되는 표준정규분포곡선의 높이이지만, 〈부록 표 1〉에서 근사값 .30I5에 대응되는 높이를 구했음)

$$r_b = \frac{\overline{Y_2} - \overline{Y_1}}{s_Y} \cdot \sqrt{\frac{n_1 n_2}{u N^2}}$$
$$= \frac{113 - 105}{16.0} \cdot \sqrt{\frac{(12)(28)}{.3485(40)^2}} = .388$$

## 7) 사분상관계수

**사분상관계수**(四分相關係數, tetrachoric coefficient)는 정규분포를 이루는 변수 $X$와 변수 $Y$를 모두 인위적으로 양분한 후 구한 상관으로, 다음 공식으로 구한다.

$$r_{tet} = \frac{bc - ad}{u_x u_y N^2}$$

여기서 $u_x$와 $u_y$는 각각 $p_x$와 $p_y$($p_x$와 $p_y$는 $X$와 $Y$에 각각 '1'이라고 반응한 비율)에 해당되는 표준정규분포의 종축치(정규분포곡선에서 $Y$축의 높이)다.

문항 $X$와 문항 $Y$에 대한 반응이 다음과 같을 때 문항 $X$와 $Y$ 간의 사분상관계수는 .899다.

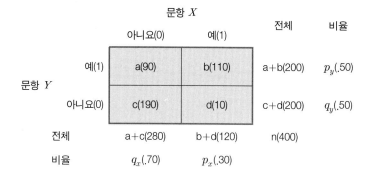

$$r_{tet} = \frac{bc - ad}{u_x u_y N^2} = \frac{(110)(190) - (90)(10)}{(.3485)(.3989)(400)^2} = .899$$

## 8) 등위이분상관계수

서열변수($X$)와 이분변수($Y$) 간의 **등위이분상관계수**(等位二分相關係數, rank-biserial correlation; $r_{rb}$)는 다음과 같이 구할 수 있다.

$$r_{rb} = \frac{2}{N}(\overline{Y_1} - \overline{Y_0})$$

여기서 $\overline{Y_1}$은 $X$에서 1에 해당하는 점수의 평균등위, $\overline{Y_0}$은 $X$에서 0에 해당하는 점수의 평균등위다.

〈표 7-13〉 문항점수($X$)와 성적등위($Y$) 간의 등위이분상관계수 계산(예시)

| 성적등위($Y$) | | |
|---|---|---|
| 문항점수($X=1$) | 문항점수($X=0$) | $r_{rb} = \dfrac{2}{N}(\overline{Y_1} - \overline{Y_0})$ |
| 10 | 8 | $\qquad = \dfrac{2}{10}(7.0 - 4.5) = .50$ |
| 9 | 6 | |
| 7 | 5 | |
| 2 | 4 | |
| | 3 | |
| | 1 | |
| 등위합 28 | 등위합 27 | |
| 평균등위 7.0 | 평균등위 4.5 | |

## 9) 곡선상관

행동과학에서 다루는 대부분의 변수에는 직선관계가 있으므로 이 분야에서 보고된 상관계수의 90% 이상은 Pearson의 적률상관계수라고 한다. 적률상관계수는 선형관계의 정도를 나타내므로 적률상관계수는 두 변수가 곡선관계가 있을 때 상관관계를 정확하게 나타내지 못한다. 예컨대, 각성수준($X$)과 성취수준($Y$)의 관계는 각성수준이 중간일 때 성취수준이 가장 높고, 각성수준이 너무 낮거나 반대로 각성수준이 너무 높으면 성취수준이 낮아지는 곡선적인 관계(∩형 관계)를 보인다. 이러한 상황에서 Pearson의 적률상관계수를 계산하면 상관계수가 실제보다 낮아지므로 상관관계를 과소추정한다. 그러므로 이러한 상황에서는 **곡선상관계수**(曲線相關係數, curvilinear correlation coefficient)를 구해야 한다.

곡선상관을 구하려면 먼저 두 변수 간의 관계를 나타내는 산포도를 검토해 보아야 한다. 산포도가 선형관계를 이루면 적률상관계수를 구하면 된다. 만약 산포도가 곡선관계를 이루면 곡선상관계수를 구해야 한다.

곡선상관계수를 구하는 가장 간단한 방법은 변수 $X$를 '$X$의 정도'(낮은 수준에서 높은 수준)에서 '$X$의 극단성'($X$의 평균에서 떨어진 절대거리, 즉 편차의 절댓값)으로 다시 정의한 다음, 상관을 구하는 것이다. 곡선상관과 적률상관의 차이를 구체적으로 살펴보자.

〈표 7-14〉에 제시된 것처럼 각성수준과 성취수준 간의 적률상관계수는 $r=+.13$으로 상관이 거의 없다. 그런데 각성수준과 성취수준은 곡선관계가 있으므로 적률상관계수는 양자 간의 상관을 제대로 나타내지 못한다.

〈표 7-14〉 각성수준과 성취수준 간의 적률상관계수

| 피험자 | 각성수준($X$) | 성취수준($Y$) | $Z_X$ | $Z_Y$ | $Z_X Z_Y$ |
|---|---|---|---|---|---|
| 1 | 4 | 1 | $-1.24$ | $-1.58$ | $+1.96$ |
| 2 | 5 | 6 | $-1.04$ | $0.00$ | $0.00$ |
| 3 | 8 | 9 | $-0.41$ | $+0.95$ | $-0.39$ |
| 4 | 11 | 10 | $+0.21$ | $+1.27$ | $+0.27$ |
| 5 | 15 | 7 | $+1.04$ | $+0.32$ | $+0.33$ |
| 6 | 17 | 3 | $+1.45$ | $-0.95$ | $-1.33$ |
| $\sum$ | 60 | 36 | 0.00 | 0.00 | $+0.79$ |
| $n$ | 6 | 6 | | | |
| 평균 | 10 | 6 | | | |
| 표준편차 | 4.83 | 3.16 | | | |

$$r = \frac{\sum Z_X Z_Y}{n} = \frac{+0.79}{6} = +.13$$

〈표 7-15〉는 〈표 7-14〉의 각성수준을 편차의 절댓값으로 대치한 것이다. 그러므로 각성수준 $X$의 극단성과 성취수준 간에 정적 상관이 있다는 것은 절대적인 각성수준이 높을수록 성취수준이 높다는 것을 의미한다. 반면에, $X$의 극단성과 성취수준 간에 부적 상관이 있다는 것은 절대적인 각성수준이 높을수록 성취수준이 낮다는 것을 의미한다.

각성수준을 새로 정의하여 구한 각성수준과 성취수준 간의 곡선상관계수는 〈표 7-15〉에 제시되어 있는 것처럼 $r=-.89$였다. 이것은 절대적인 각성수준이 높을수록 성취수준이 낮다는 것을 의미한다.

〈표 7-15〉 각성수준과 성취수준 간의 곡선상관계수

| 피험자 | 각성의 극단성($\lvert X - \overline{X} \rvert$) | 성취수준($Y$) | $Z_X$ | $Z_Y$ | $Z_X Z_Y$ |
|---|---|---|---|---|---|
| 1 | 6 | 1 | $+0.78$ | $-1.58$ | $-1.23$ |
| 2 | 5 | 6 | $+0.31$ | $0.00$ | $0.00$ |
| 3 | 2 | 9 | $-1.09$ | $+0.95$ | $-1.04$ |
| 4 | 1 | 10 | $-1.56$ | $+1.27$ | $-1.98$ |
| 5 | 5 | 7 | $+0.31$ | $+0.32$ | $+0.10$ |
| 6 | 7 | 3 | $+1.25$ | $-0.95$ | $-1.19$ |
| $\sum$ | 26 | 36 | $0.00$ | $0.00$ | $-5.34$ |
| $n$ | 6 | 6 | | | |
| 평 균 | 4.33 | 6 | $r = \dfrac{\sum Z_X Z_Y}{n} = \dfrac{-5.34}{6} = -.89$ | | |
| 표준편차 | 2.13 | 3.16 | | | |

연습문제

**1** 다음 상관계수 중 상관의 정도가 가장 큰 것은?

① $-.80$                           ② $.60$

③ $2.1$                             ④ $-3.4$

**2** 다음에서 기대되는 상관(정적 상관, 부적 상관, 영상관)을 판별하시오.

① 키, 체중                         ② 연령, 달리기 속도

③ 기온, 물소비량                    ④ 신발크기, 도덕성

⑤ 자동차의 주행거리, 자동차 제작년도   ⑥ 성적, 결석횟수

⑦ 정치에 대한 관심, 스포츠에 대한 관심

**3** $X$와 $Y$의 상관은 $r = .70$이고, $X$와 $Z$의 상관은 $r = -.80$이라고 한다. 이때 $Y$와 $Z$ 중 $X$와 상관이 더 높은 변수는 어느 것인가?

**4** $X$와 $Y$의 상관이 $r = .60$이라고 한다. $X$를 $T$점수로 바꾼 다음 $Y$와 상관을 구하면?

**5** 수학성적 $X$의 표준편차는 15, 국어성적 $Y$의 표준편차는 3이라고 한다. 이때 $X$와 $Y$의 공분산의 최댓값을 구하시오(힌트: 상관계수는 $+1.0$이 최댓값이고, 상관계수는 공분산을 두 변수의 표준편차로 나눈 값이다).

**6** $r = .70$, $s_X = 6$, $s_Y = 4$라고 할 때 공분산을 구하시오.

**7** $s_X = 6$, $s_Y = 4$, 공분산$=-21$이라고 할 때 상관계수를 구하시오.

**8** $s_X = 6$, $s_Y = 4$이라고 할 때 공분산의 이론적인 최댓값을 구하시오.

**9** 100명의 아동들을 대상으로 3세 때 키를 재고 10세 때 다시 키를 쟀다고 한다. 다음 물음에 답하시오.

1) 3세 때 잰 키와 10세 때 잰 키를 각각 $T$점수로 표시하여 구한 공분산은 80이라고 한다. 3세 때 잰 키와 10세 때 잰 키 간의 상관계수는?

2) 3세 때의 키와 10세 때의 키를 각각 $Z$점수로 표시하여 구한 공분산은?

3) 3세 때 잰 키는 cm로 표시하고, 10세 때 잰 키는 m로 표시하여 구한 상관계수는?

4) 3세 때는 맨발로 키를 재고 10세 때는 신발을 신은 상태로 키를 쟀다고 할 때 상관계수는 달라지는가?

5) 두 번 모두 맨발로 키를 잰 경우와 두 번 모두 신발을 신은 상태로 키를 잰 경우 중 상관계수가 더 큰 경우는?

**10** 지능지수($X$)와 수리력검사 정답문항수($Y$) 간의 상관이 $r = .60$이라고 할 때 다음 조건에서 상관계수가 어떤 영향을 받을 것인지 지적하시오.

1) 지능지수와 오답문항수 간의 상관계수

2) 지능지수를 10으로 나눈 값과 정답문항수 간의 상관계수

3) 정답문항수에 10을 더했을 때 지능지수와 정답문항수 간의 상관계수

4) $X$에 각각 10을 더하고 $Y$에서 각각 10을 뺄 때 상관계수

5) $X$를 $Z$점수로 바꾸어 구한 상관계수

6) 지능지수가 110 이상인 사람을 대상으로 구한 지능지수와 정답문항수 간의 상관계수

**11** 대학생 10명에게 실시한 수리력 검사의 점수와 수학성적이 다음과 같을 때 상관계수와 결정계수를 구하시오.

|  | 1 | 2 | 3 | 4 | 5 | 6 | 7 | 8 | 9 | 10 |
|---|---|---|---|---|---|---|---|---|---|---|
| 수리력검사 | 90 | 85 | 80 | 75 | 70 | 70 | 70 | 60 | 60 | 50 |
| 수학성적 | 84 | 92 | 81 | 78 | 64 | 73 | 75 | 66 | 53 | 52 |

**12** 세 대학에서 지능과 학점 간의 상관계수를 구하기 위해 지능지수를 측정한 결과가 다음과 같다고 할 때 다음 물음에 답하시오.

| 지능지수 | A 대학교 | B 대학교 | C 대학교 |
|---|---|---|---|
| 평균 | 105 | 110 | 120 |
| 표준편차 | 10 | 12 | 8 |

1) 지능과 학점 간의 상관계수가 가장 높을 것으로 예상되는 대학교는?

2) 지능과 학점 간의 상관계수가 가장 낮을 것으로 예상되는 대학교는?

**13** 어떤 연구에 따르면 지능과 창의력 간의 상관계수는 $r = .15$라고 한다. 그런데 그 연구에서 지능의 표준편차는 5라고 한다. 지능지수의 표준편차가 더 큰 집단에서 지능과 창의력 간의 상관계수를 구하면 상관계수가 어떻게 바뀔지 설명하시오.

**14** 한 사회학자는 학력(學歷)이 범죄행위의 원인이 된다고 확신하고 재학기간($X$)과 범죄건수($Y$) 간의 상관계수를 구한 결과 $r = -.40$이었다. 결과에 근거하여 이 사회학자는 모든 국민이 최소 12년 동안 학교에 다니도록 해야 한다고 주장했다. 그의 조사결과에 따르면 12년간 학교에 다닌 사람의 범죄건수는 .60건이었다. 이 학자의 결론이 타당하다고 할 수 있는지 설명하시오.

**15** 62명의 학생들을 무작위로 표집하여 외향성과 모험심 간의 적률상관계수를 구한 결과 $r = .16$이었다고 한다. 모집단에서 외향성과 모험심 간의 상관계수가 통계적으로 유의한지를 $\alpha = .05$ 수준에서 검증한다고 할 때 다음 물음에 답하시오.

1) 통계적 가설은?
2) 검증통계량의 값은?
3) 이 검증의 자유도는?
4) 이 검증의 임계치는?
5) 영가설의 기각여부는?
6) 이 검증의 결론은?

## 정답

**1** ①

**2** 1) 정적 상관   2) 정적 상관   3) 정적 상관   4) 영상관   5) 부적 상관   6) 부적 상관   7) 영상관

**3** $Z$

**4** $r = .60$

**5** 45

**6** 공분산 $= r(s_X)(s_Y) = .70(6)(4) = 16.8$

**7** $r = \dfrac{\text{공분산}}{s_X \times s_Y} = \dfrac{-21}{6 \times 4} = -.875$

**8** 상관계수가 1.0일 때 공분산은 최대가 된다. 그러므로 공분산 $= r(s_X)(s_Y) = 1.0(6)(4) = 24$

**9** 1) $r = 80/(10)(10) = .80$   2) .80   3) $r = .80$   4) 달라지지 않는다.   5) 두 번 모두 맨발로 키를 쟀을 때 상관계수가 약간 높다. 왜냐하면 신발을 신은 상태에서는 신발 높이의 차이가 측정오차를 유발하기 때문이다.

**10** 1) $r = -.60$   2) $r = .60$   3) $r = .60$   4) $r = .60$   5) $r = .60$   6) 상관이 낮아진다.

**11** 1) 상관계수 $r = .916$     2) 결정계수 $r^2 = .839$

**12** 1) B 대학교(표준편차가 가장 크다)   2) C 대학교(표준편차가 가장 작다)

**13** 상관계수가 더 커진다.

**14** 타당하지 않다. 왜냐하면 재학기간 이외의 요인이 범죄행위 유발원인으로 작용했을 수 있기 때문이다. 가령 재학기간이 긴 학생은 그렇지 않은 학생에 비해 좋은 가정환경에서 성장했을 수 있다. 이 경우 범죄행위를 유발한 원인은 재학기간이 아니라 가정환경이다.

**15** 1) $H_o : \rho = 0$   $H_1 : \rho \neq 0$          2) $t = 1.26$

3) 60          4) $t = \pm 2.0$

5) 없다.

6) 모험심과 외향성 간에 통계적으로 유의한 상관이 없다.

## 제8장

# 회귀분석

1. 단순회귀분석
2. 중다회귀분석

학 / 습 / 목 / 표

- 회귀분석의 개념과 용도를 기술한다.
- 자료에서 회귀식과 표준화 회귀식을 구한다.
- 회귀계수와 표준화 회귀계수를 비교한다.
- 결정계수의 개념을 설명한다.
- 추정의 표준오차의 의미와 용도를 설명한다.
- 상관계수와 회귀의 관계를 설명한다.
- 자료에서 중다회귀식과 표준화 중다회귀식을 구한다.
- 자료에서 중다상관, 편상관, 부분상관을 구한다.

보험회사는 나이에 대한 정보를 이용하여 사망률을 예측하고, 대학은 수능성적을 근거로 재학 중 성적을 예측하며, 기업체는 입사시험성적을 근거로 직무성과를 예측한다. 이와 같이 특정 변수에 대한 정보를 이용하여 다른 변수를 추정하는 과정을 예언(prediction)이라고 한다. 통계의 주요 목적은 특정 변수에 대한 정보를 이용하여 다른 변수를 정확하게 예측하는 데 있다. 통계를 활용하면 예언의 정확성을 극대화할 수 있다.

예언의 정확성은 상관에 비례한다. 상관에서 다룬 것처럼 두 변수가 정적 상관이 있을 경우 한 변수($X$)의 점수가 높으면 다른 변수($Y$)의 점수도 높은 경향이 있고, 한 변수의 점수가 낮으면 다른 변수의 점수도 낮은 경향이 있다. 그러므로 두 변수 간의 상관이 높으면 한 변수에 근거하여 다른 변수를 상당히 정확하게 예언할 수 있다.

그러나 상관의 크기가 예언의 정확성을 나타내는 지표이기는 하나, 두 변수 간의 상관계수를 알더라도 $X$의 특정 점수에 대응하는 $Y$의 점수를 직접 예언할 수 없다. 상관에 대한 정보를 이용하여 한 변수에서 다른 변수를 예언하려면 회귀분석을 해야 한다.

**회귀분석**(回歸分析, regression analysis)은 독립변수에 대한 정보에 근거하여 종속변수를 예언하는 통계방법이다. 회귀분석에서는 예언변수(predictor variable)를 독립변수라고 하고, 예언하려고 하는 준거변수(criterion variable)를 종속변수라고 한다. 일반적으로 회귀분석에서는 독립변수를 $X$로 표기하고 종속변수를 $Y$로 표기하며, 산포도에서는 독립변수를 횡축에 표시하고, 종속변수를 종축에 표시한다.

회귀분석은 하나의 독립변수로 하나의 종속변수를 예언하는 단순회귀분석(simple regression analysis)과 2개 이상의 독립변수로 하나의 종속변수를 예언하는 중다회귀분석(multiple regression analysis)으로 구분할 수 있다. 단순회귀분석과 중다회귀분석은 독립변수의 수가 다르지만 종속변수가 모두 한 개라는 사실에 유의하기 바란다. 또 회귀분석은 변수 간의 관계가 직선관계를 이루는 선형회귀(linear regression)와 변수 간의 관계가 직선이 아닌 비선형회귀(nonlinear regression)로 구분할 수 있다. 이 장에서는 회귀분석을 단순회귀분석과 중다회귀분석으로 나누어 소개한다.

# 1 단순회귀분석

**단순회귀분석**(單純回歸分析, simple regression analysis)은 두 변수 간의 선형관계(즉, 상관)를 이용하여 한 변수($X$)에서 다른 변수($Y$)의 값을 예언하려는 통계방법이다. 단순회귀분석을 적용할 수 있는 장면을 예시하면 다음과 같다.

- 학습동기로부터 학업성적을 예언한다.
- 소득이 증가하면 지출이 어느 정도 증가하는지 예언한다.
- 기온에 비추어 농작물 수확량을 예언한다.
- 실업률이 증가하면 범죄율이 어느 정도 증가하는지 예언한다.

**Y 값을 이미 알고 있는데도 Y 값을 예언하는 이유는 무엇인가?**

회귀분석을 하려면 변수 $X$의 값과 변수 $Y$의 값을 알고 있어야 한다. 변수 $X$와 변수 $Y$의 값을 이미 알고 있는데도 회귀분석으로 $X$ 값에 대응되는 $Y$ 값을 예언하는 이유는 무엇인가? 그 이유는 회귀분석이 $X$와 $Y$의 관계(상관)를 이용하여 $X$의 특정 값에서 기대되는 $Y$ 값을 예언하기 위한 방법이기 때문이다. 예를 들어, 회귀분석을 이용하면 특정 지능지수(예: 지능지수 110)의 학생에게 기대되는 성적을 예언할 수 있고, 특정 수능점수를 받은 학생에게 기대되는 대학성적을 예언할 수 있다. 이것은 회귀분석이 변수 간의 관계에 대한 정보를 이용하여 미래의 결과(혹은 점수)를 예언하는 용도로 활용된다는 것을 의미한다.

## 1) 회귀선과 회귀식

독립변수 $X$에 대한 정보에 근거하여 종속변수 $Y$를 예언하자면 회귀선과 회귀식을 구해야 한다. 회귀선과 회귀식에 대해 약술한다.

### (1) 회귀선

**회귀선**(回歸線, regression line)은 변수 $X$에서 변수 $Y$를 예언하기 위한 직선을 말한다. 즉, 회귀선은 변수 $X$의 특정 값에 대응되는 변수 $Y$의 값을 예언하기 위한 직선이다.

    변수 $X$와 변수 $Y$의 관계를 나타낸 산포도에서 점들을 서로 연결하는 직선들은 무수히 많다. 그중에서 회귀선은 $X$에서 $Y$를 가장 잘 예언하는 최적선(最適線, best-fitting line)이다. 최적선이라는 것은 회귀선을 이용하여 $X$에서 $Y$를 예언하면 예언오차(실제 $Y$와 예언된 $Y'$의 차이, 즉 $e = Y - Y'$)가 최소화된다는 것을 의미한다. 즉, 회귀선을 이용해서 예언을 하면 다른 어떤 직선을 이용해서 예언하는 것보다 예언의 오차가 작다(즉, 예언의 정확성이 높다). 좀 어려운 말로 설명하면 회귀선은 최소자승법의 원리(principle of least squares)에 의거하여 예언오차의 자승합 $\sum e^2 = \sum (Y - Y')^2$ 을 최소화하는 직선이다.

    회귀선을 예로 들어 보자. 다음 자료는 학습동기($X$)에서 성적($Y$)을 예언하기 위한 회귀식과 회귀선을 나타내고 있다(회귀식을 구하는 절차는 다음에 제시되어 있다.).

〈표 8-1〉 회귀식과 회귀선　　　　　　　　　　　　　　　　　($r = .758$)

| 학생 | $X$(동기) | $Y$(성적) | 회귀식과 회귀선 |
|---|---|---|---|
| 1 | 5 | 60 | ① 회귀식: $Y' = 40 + 5X$ |
| 2 | 10 | 95 | ② 회귀선 |
| 3 | 3 | 70 | |
| 4 | 9 | 80 | |
| 5 | 8 | 95 | |
| 6 | 10 | 85 | |
| 7 | 4 | 50 | |
| 8 | 6 | 65 | |
| 9 | 7 | 60 | |
| 10 | 8 | 90 | |
| 합계 | 70 | 750 | |
| 평균 | 7 | 75 | |
| 표준편차* | 2.45 | 16.16 | |

\* 〈표 7-7〉(p. 187)에 제시된 표준편차와 차이가 있는 것은 표준편차를 구할 때 분모를 ($n-1$)로 했기 때문이다.

## (2) 회귀식

    **회귀식**(回歸式, regression equation)은 회귀선의 방정식이다. 회귀선은 $X$와 $Y$의 관계를 가장 잘 나타내는 최적선이므로, 회귀식은 $X$와 $Y$의 관계를 기술하는 회귀선의 방정식이다. 회귀선은 직선이므로 회귀식은 다음과 같이 나타낼 수 있다.

$$Y' = a + bX$$

이 공식에서 $Y'$는 예언된 종속변수의 값, $X$는 독립변수의 값, $b$는 회귀선의 기울기, $a$는 절편이다. 회귀식을 알면 $X$의 특정 값에 대응되는 $Y$ 값을 예언할 수 있다.

회귀선은 회귀식의 기울기와 절편에 따라 결정된다. 앞에서 언급한 것처럼 회귀선의 기울기와 절편은 최소자승법 원리에 근거하여 예언의 오차 $\sum(Y-Y')^2$를 최소화한다. 회귀선의 절편과 기울기(회귀계수)는 다음과 같이 구할 수 있다.

### ① 회귀계수(기울기)

**회귀계수**(回歸係數, regression coefficient) $b$는 변화율(rate of change), 즉 변수 $X$가 한 단위 변화될 때 예언된 $Y'$가 변화되는 정도를 나타낸다. 회귀계수라고 하면 일반적으로 $b$를 가리킨다. 회귀계수는 변수 $X$와 $Y$의 표준편차와 상관계수를 이용하여 구할 수 있다.

$$b = r\left(\frac{s_Y}{s_X}\right) = .758\left(\frac{16.16}{2.45}\right) = 5.00$$

회귀계수 $b$는 $X$가 한 단위 바뀔 때 $Y'$가 $b$ 단위만큼 바뀐다는 것을 나타낸다. 〈표 8-1〉의 예시에서 $b=5.00$인데, 이것은 학습동기 $X$가 1점 바뀔 때 예인된 성적 $Y'$가 5점 바뀐다는 것을 의미한다.

회귀계수는 ① 상관의 크기, ② 상관의 부호, ③ 두 변수의 표준편차의 영향을 받는다. 공식에서 알 수 있듯이 회귀계수의 크기와 부호는 상관계수의 크기와 부호에 따라 결정된다. 우선 $b$의 부호는 상관계수의 부호와 일치한다. 그러므로 $b$가 양수(+)이면 변수 $X$가 증가할 때 $Y'$도 증가하고 변수 $X$가 감소할 때 $Y'$도 감소하는 정적 관계($X$와 $Y'$의 변화방향이 일치하는 관계)를 나타낸다. 반대로 $b$가 음수(−)이면 $X$가 증가하면 $Y'$가 감소하고 $X$가 감소하면 $Y'$가 증가하는 부적 관계($X$와 $Y'$의 변화방향이 상반되는 관계)를 나타낸다.

또 회귀계수 $b$는 $X$와 $Y$의 측정단위의 영향을 받는다. 이를 달리 표현하면 회귀계수는 두 변수의 표준편차의 영향을 받는다. 그 이유는 측정단위가 다르면 표준편차가 달라지기 때문이다. 예를 들어, 몸무게에서 키를 예언하기 위한 회귀식에서 몸무게를 kg 단위로 측정하느냐 아니면 g 단위로 측정하느냐에 따라 회귀계수가 달라진다. 그래서 $b$를 **비표준화 회귀계수**(unstandardized regression coefficient)라고 한다. 회귀계수는 $X$와 $Y$를 측정하는 척도에 따라 좌우되므로 1보다 클 수도 있다.

### ② 절편

회귀식의 **절편**(intercept) $a$는 $X$의 값이 0일 때 $Y'$의 값(즉, $X=0$일 때 회귀선의 높이)으로 다음 공식으로 계산한다.

$$a = \overline{Y} - b\overline{X} = 75 - (5)(7) = 40$$

### ③ 회귀식

회귀선의 기울기와 절편을 알면 회귀식을 쉽게 구할 수 있다. 그러므로 〈표 6-1〉의 자료에서 $X$에서 $Y$를 예언하기 위한 회귀식은 다음과 같다.

$$Y' = 40 + 5X$$

회귀식은 쉽게 해석할 수 있다. 먼저 절편은 $a=40$인데, 이것은 변수 $X=0$에서 예언된 $Y'$가 40이라는 것을 의미한다. 따라서 학습동기가 0일 경우 성적은 40점으로 예측된다. 그리고 회귀계수는 $b=5$인데, 이것은 학습동기 $X$가 1점 변화될 때 예언된 성적 $Y'$가 5점 증가한다는 것을 의미한다.

회귀식을 알면 변수 $X$의 특정 값에 대응되는 $Y'$ 점수를 예언할 수 있다. 위에 제시된 회귀식을 이용하여 학습동기($X$)가 5점인 학생이 받을 것이라고 기대되는 성적($Y$)을 예언하면 65점이고($Y'=40+5\times5=65$), 학습동기($X$)가 8점인 학생이 받을 것으로 기대되는 성적($Y$)을 예언하면 80점이다($Y'=40+5\times8=80$).

### ④ 표준화 회귀계수와 표준화 회귀식

**표준화 회귀계수**(標準化 回歸係數, standardized regression coefficient)는 변수 $X$와 $Y$를 각각 평균이 0, 표준편차가 1이 되도록 변환시킨 표준화 자료에서 구한 회귀계수를 뜻한다. 표준화 회귀계수는 비표준화 회귀계수 $b$와 구별하기 위해 $\beta$로 표기한다. 앞에서 회귀계수 $b$는 변수 $X$와 $Y$를 측정하기 위한 측정단위의 영향을 받는다고 지적한 바 있다. 표준화 회귀계수는 측정단위의 영향을 배제한 자료에서 구한 회귀계수다. 그러므로 표준화 회귀계수는 변수 $X$가 1 표준편차 바뀔 때 $Y'$가 몇 표준편차 바뀌는가를 나타낸다. 예컨대, 표준화 회귀계수가 .50이면 $X$가 1 표준편차 바뀔 때 $Y'$는 .50 표준편차 바뀐다는 것을 뜻한다. 독립변수가 하나일 경우 표준화 회귀계수 $\beta$는 상관계수 $r$과 같다. 그러므로 변수 $X$와 $Y$를 모두 표준화시킨 자료에서 구한 **표준화 회귀식**(標準化 回歸式, standardized regression equation)은 다음과 같다.

$$Z'_Y = rZ_X$$

여기서 $Z'_Y$는 예언된 $Y'$를 $Z$ 점수로 표시한 것이고, $r$은 $X$와 $Y$의 상관계수, $Z_X$는 $X$를 $Z$ 점수로 나타낸 것이다. 이 공식은 표준화 자료에서는 $X$가 한 표준편차 변화되면 $Y'$는 $r$ 표준편차 변화된다는 것을 뜻한다.

표준화 회귀계수는 상관계수 $r$과 긴밀하게 관련된다. 즉, 정적 상관이면 표준화 회귀계수도 양수이고, 부적 상관이면 표준화 회귀계수도 음수며, 영상관이면 표준화 회귀계수는 0이다. 위의 예시자료에서 표준화 회귀계수는 .758이므로(상관계수와 같다) 표준화 회귀식은 $Z'_Y = .758Z_X$이다. 이것은 학습동기 $X$가 1표준편차 바뀔 때 예언된 성적 $Y'$가 .758편차 바뀐다는 것을 뜻한다.

표준화 회귀식에 따르면 예언된 $Y'$의 $Z$ 점수는 상관계수와 $X$에 대응하는 $Z$ 점수를 곱한 값과 같다($Z'_Y = r \times Z_X$). 이것은 예언된 $Y'$의 $Z$ 점수가 상관계수에 따라 달라진다는 것을 의미한다. 상관계수에 따라 예언된 $Y'$의 $Z$ 점수가 어떻게 달라지는지를 설명하면 다음과 같다.

① $r = \pm 1.0$: $r = +1.0$일 때 예언된 $Y'$의 $Z$ 점수는 변수 $X$의 $Z$ 점수와 같다 ($Z'_Y = (+1.0)Z_X = Z_X$). 이것은 $X$ 점수의 상대적 위치와 $Y'$ 점수의 상대적 위치가 완전히 일치한다는 것을 의미한다. 이 경우 $X$가 1 표준편차 변화되면 $Y'$도 1 표준편차 변화된다. 반대로 $r = -1.0$이면 $Y'$의 $Z$ 점수와 $X$의 $Z$ 점수가 부호는 다르지만 절댓값이 같다.

② $r \neq \pm 1.0$: 상관계수가 1보다 작을 경우 $Y'$는 $Y$의 평균을 중심으로 군집한

다. 예컨대, $r = .50$일 때 $Z_X = +2.0$에서 예언된 $Y'$의 $Z$ 점수는 $+1.0$이다 [$Z_Y' = (+.50)(+2.0) = +1.0$]. $Z_X = +1.0$이면 예언된 $Y'$의 $Z$ 점수는 $+.50$이다[$Z_Y' = (+.50)(+1.0) = +.50$]. 또 $r = +.25$이면 $Y'$의 $Z$ 점수는 $+.25$다. $X$에서 예언된 $Y'$가 평균을 중심으로 접근하는 현상을 **평균을 향한 회귀** (regression toward the mean)라고 한다.

③ $r = 0$: 상관이 0이면 $Y'$는 항상 $Y$ 평균과 같다[$Z_Y' = (0)Z_X = 0$]. 이것은 상관이 없을 경우 $X$의 값에 관계없이 항상 $Y$의 평균을 예언한다는 것을 의미한다. 그러므로 상관이 없으면 $X$의 상대적 위치를 아는 것이 $Y$의 상대적 위치를 예언하는 데 전혀 도움이 되지 않는다.

## 평균을 향한 회귀

평균을 향한 회귀(regression toward the mean)는 예언된 종속변수의 값이 독립변수의 값에 비해 극단성이 낮아지는 현상으로, **통계적 회귀**(統計的 回歸, statistical regression) 혹은 **회귀효과**(regression effect)라고 한다.

평균을 향한 회귀는 아버지의 키가 작을 때 아들의 키가 커지는 경향이 있고 반대로 아버지 키가 클 때 아들의 키가 작아지는 경향이 있음을 발견한 Francis Galton이 명명한 것이다. Galton에 따르면 이와 같은 현상이 발생한 이유는 아들의 키 평균이 모집단 평균을 향해 '회귀'했기 때문이다. 부모가 총명한 자녀는 부모보다 우둔해지는 경향이 있고, 부모가 우둔한 자녀는 부모에 비해 총명해지는 경향이 있는 것도 회귀에서 기인한다. 물론 이것이 부모가 우둔할 때 모든 자녀가 부모에 비해 총명해지는 것이 아니라 '평균적으로' 더 총명해진다는 것을 의미한다. 마찬가지로 부모가 총명할 때 모든 자녀가 부모에 비해 우둔해지는 것이 아니라 '평균적으로' 더 우둔해진다. 그래서 총명한 부모의 자녀가 부모보다 더 총명할 수도 있지만, 평균적으로는 부모보다 우둔하다. 또 키가 큰 부모의 자녀가 부모보다 키가 더 클 수도 있지만 '평균적으로'는 키가 더 작다.

회귀는 두 변수의 상관이 1.0보다 낮은 데서 기인한다. 상관이 1보다 낮으면 예언된 점수가 $\overline{Y}$에 근접한다. 예언된 점수가 평균에 어느 정도 근접하는가는 상관계수의 크기에 따라 결정된다. 구체적으로 회귀의 정도는 상관계수의 크기에 반비례한다. 그러므로 두 변수의 상관이 1.0이면 회귀는 일어나지 않는다.

통계적 회귀는 사전검사 점수가 극단적으로 낮은 피험자들을 대상으로 한 연구에서 전형적으로 나타난다. 이 경우 피험자들을 특별한 실험처치의 영향을 받지 않아도 '평균적으로' 사후검사 점수가 높아진다. 예를 들어, 지능지수가 극단적으로 낮은 아동들에게 특수교육을 실시한

후 지능검사를 실시하면 지능지수가 현저히 증가하거나, 성적이 극히 낮은 학습자들에게 학습
전략 훈련프로그램을 실시한 후 사후검사를 실시하면 성적이 유의하게 증가하는 현상은 평균
을 향한 회귀가 작용하고 있음을 나타낸다.

그러므로 연구결과를 해석할 때는 통계적 회귀가 작용하는가를 면밀하게 검토해야 한다. 위
의 경우 통계적 회귀를 감안하지 않으면 특수교육 혹은 학습전략 프로그램이 효과가 있다는 그
릇된 결론을 내릴 수 있다.

## 2) 회귀분석의 자승합 분할

회귀분석에서 종속변수의 전체 자승합($SS_t$, 제곱합, 편차를 제곱한 다음 합한 값)은
변수 $X$에 의해 예언되는(즉, 설명되는) 회귀자승합($SS_{reg.}$)과 $X$에 의해 설명되지 않
은 오차자승합($SS_{error}$)으로 분할된다.

$$SS_t = SS_{reg.} + SS_{error}$$

〈표 8-2〉는 동기와 성적의 관계를 분석하기 위한 회귀분석에서 전체 자승합이
회귀자승합과 오차자승합으로 분할되는 과정을 구체적으로 예시하고 있다.

① **전체 자승합** $\sum (Y - \overline{Y})^2$은 $Y$의 각 점수와 평균 간의 편차를 제곱한 후 더한
값이다. 전체 자승합은 회귀자승합과 오차자승합으로 분할된다. 〈표 8-2〉에
서 회귀자승합(1,350)과 오차자승합(1,000)을 합하면 전체 자승합(2,350)과 같
다는 사실을 알 수 있다.

② **회귀자승합**(sum of squares for regression) $\sum (Y' - \overline{Y})^2$은 변수 $X$에 의해 설
명되는 $Y$의 자승합이다. 그래서 이를 설명된 자승합이라고 한다. 회귀자승
합의 핵심은 $(Y' - \overline{Y})$인데, 이것은 $X$의 특정 값에서 예언된 $Y'$와 $Y$ 평
균 간의 거리(편차)를 말한다. 회귀자승합 $\sum (Y' - \overline{Y})^2$의 크기는 상관계
수에 따라 결정된다. 즉, $\sum (Y' - \overline{Y})^2$는 상관계수가 높을수록 크고, 상관
계수가 0이면 0이 된다. 〈표 8-2〉에 제시된 자료에서 회귀자승합은 1,350인
데, 이것은 동기가 성적의 57.45%(1,350/2,350=.5745)를 설명한다는 것을 의

미한다.

③ **오차자승합** $\sum(Y-Y')^2$는 $X$와 $Y$의 관계에 의해 설명되지 않는 오차자승합이다. 이 공식에서 $(Y-Y')$는 실제 $Y$와 예언된 $Y'$ 사이의 차이, 즉 오차를 나타낸다. 오차자승합도 상관계수에 의해 결정된다. 상관계수가 ±1.0이면 모든 점수들이 회귀선에 위치하므로(즉, $X$가 $Y$를 모두 설명하므로) 오차자승합은 0이다. 반면, 상관계수가 낮을수록 점수가 회귀선에서 벗어나므로 오차자승합이 커진다. 〈표 8-2〉에 제시된 자료에서 오차자승합은 1,000이다. 이것은 동기에 의해 설명되지 않은 성적 변산이 42.55%(1-.5745=.4255)라는 것을 의미한다.

〈표 8-2〉 단순회귀분석의 자승합 계산($X$: 동기, $Y$: 성적, $Y'$: 예인된 성적)　$(Y'=40+5X)$

| 학생 | $X$ | $Y$ | $Y'$ | $Y-\overline{Y}$ | $(Y-\overline{Y})^2$ | $Y'-\overline{Y}$ | $(Y'-\overline{Y})^2$ | $Y-Y'$ | $(Y-Y')^2$ |
|---|---|---|---|---|---|---|---|---|---|
| 1 | 5 | 60 | 65 | −15 | 225 | −10 | 100 | −5 | 25 |
| 2 | 10 | 95 | 90 | 20 | 400 | 15 | 225 | 5 | 25 |
| 3 | 3 | 70 | 55 | −5 | 25 | −20 | 400 | 15 | 225 |
| 4 | 9 | 80 | 85 | 5 | 25 | 10 | 100 | −5 | 25 |
| 5 | 8 | 95 | 80 | 20 | 400 | 5 | 25 | 15 | 225 |
| 6 | 10 | 85 | 90 | 10 | 100 | 15 | 225 | −5 | 25 |
| 7 | 4 | 50 | 60 | −25 | 625 | −15 | 225 | −10 | 100 |
| 8 | 6 | 65 | 70 | −10 | 100 | −5 | 25 | −5 | 25 |
| 9 | 7 | 60 | 75 | −15 | 225 | 0 | 0 | −15 | 225 |
| 10 | 8 | 90 | 80 | 15 | 225 | 5 | 25 | 10 | 100 |
| 합계 | 70 | 750 | 750 | 0 | 2350 | 0 | 1350 | 0 | 1000 |
| 평균 | 7 | 75 | | | | | | | |
| 표준편차 | 2.45 | 16.16 | | | | | | | |

## 3) 결정계수: 회귀의 적합도

　**결정계수**(決定係數, coefficient of determination; $r^2$)는 독립변수 $X$가 설명하는 종속변수 $Y$ 변산의 비율(즉, 전체 자승합에서 설명된 자승합이 차지하는 비율)을 뜻한다. 따라서 결정계수는 전체 자승합에서 회귀자승합이 차지하는 비로 정의된다.

$$r^2 = \frac{회귀자승합}{전체\ 자승합} = \frac{\sum (Y' - \overline{Y})^2}{\sum (Y - \overline{Y})^2} = \frac{SS_{reg.}}{SS_t}$$

결정계수의 범위는 항상 0에서 1이다. 결정계수는 회귀모형의 적합도를 나타내는 지표가 된다. 결정계수가 클수록 독립변수가 종속변수를 많이 설명하므로 회귀모형이 적합하다는 것을 의미한다. 〈표 8-2〉의 자료에서 결정계수는 다음과 같다.

$$r^2 = \frac{SS_{reg.}}{SS_t} = \frac{1,350}{2,350} = .5745$$

이것은 $X$가 $Y$를 57.45% 설명한다는 것을 뜻한다. 변수가 2개일 때 결정계수는 상관계수 제곱과 같다. 그러므로 결정계수를 알면 상관계수를 구할 수 있다. 위에서 구한 결정계수에서 상관계수를 구하면 .758($r = \sqrt{.5745} = .758$)이다.

한편, 전체 변산 중에서 설명되지 않은 변산을 **비결정계수**(coefficient of nondetermination; $1-r^2$)라고 하는데, 1에서 결정계수를 빼면 된다. 위의 예시에서 비결정계수는 .4255가 된다.

## 4) 추정의 표준오차

앞에서 살펴본 것처럼 상관계수(더 정확하게는 결정계수)는 회귀의 적합도를 나타내는 지표가 된다. 회귀의 적합도란 $X$가 $Y$를 정확하게 예언하는 정도를 말한다. 그러므로 $r=\pm 1$에 접근할수록 혹은 결정계수가 1.0에 접근할수록 회귀의 적합도가 높고, 반대로 0에 접근할수록 회귀의 적합도가 낮다. 회귀의 적합도를 나타내는 또 다른 지표는 예언오차다. 즉, 예언오차가 작을수록 회귀의 적합도가 높다.

**예언오차**(prediction error)는 실제 $Y$와 예언된 $Y'$의 차이($Y - Y'$), 즉 $X$의 특정 값에서 $Y$를 예언할 때 범하는 오차를 뜻한다. 예언오차는 상관계수와 긴밀한 관련이 있다. $r=\pm 1.0$이면 $X$가 $Y$를 100% 정확하게 예언하므로 예언오차가 전혀 없다. 반대로 상관이 0에 접근할수록 관찰된 $Y$와 예언된 $Y'$ 간에 차이가 크고, 그 결과 실제 $Y$ 점수는 대부분 회귀선에서 벗어나므로 예언오차를 많이 범하게 된다. 회귀분석에서는 예언오차를 추정의 표준오차로 나타낸다.

**추정의 표준오차**(standard error of estimate; $s_{Y \cdot X}$)는 $X$에서 $Y$를 예언할 때 범하는 예언오차로 이루어진 분포의 표준편차를 뜻하며, 다음 공식으로 구할 수 있다.

$$s_{Y \cdot X} = \sqrt{\frac{\sum (Y - Y')^2}{n - 2}}$$

추정의 표준오차를 구할 때 자유도(분모)가 $n-2$가 되는 이유는 $X$와 $Y$의 평균을 구할 때 각각 하나씩 모두 2개의 자유도가 상실되기 때문이다(자유도 개념은 제6장 참조). 공식에서 알 수 있는 것처럼 실제 $Y$와 예언된 $Y'$의 차이가 작을수록 추정의 표준오차는 감소한다.

추정의 표준오차는 회귀선을 이용한 예언의 정확성을 나타낸다. 그러므로 추정의 표준오차가 작을수록 회귀선은 종속변수를 정확하게 예언한다. 추정의 표준오차가 0이면 예언된 $Y'$점수와 실제 $Y$점수가 완전히 일치한다.

추정의 표준오차를 구하는 공식은 다음과 같다(유도과정은 생략).

$$s_{Y \cdot X} = s_Y \sqrt{(1 - r^2)(\frac{n - 1}{n - 2})}$$

이 공식에서 $s_Y$는 종속변수의 표준편차, $n$은 사례수, $1 - r^2$은 $X$에서 예언되지 않은 $Y$ 변산의 비율, 즉 예언오차의 합이다. $\sqrt{1 - r^2}$에 $s_Y$를 곱하는 것은 예언오차를 $Y$의 측정단위에 맞추기 위한 것이다. 위의 공식을 보면 추정의 표준오차는 상관계수에 의해 결정된다는 것을 알 수 있다. 이것은 상관계수의 성질에 비추어 볼 때 쉽게 이해된다. 상관계수가 클수록 추정의 표준오차가 작아지므로 예언의 정확성이 높다. 그러므로 $r = \pm 1.0$이면 추정의 표준오차가 0이므로 $X$가 $Y$를 100% 정확하게 예언한다. 반대로 $r = 0$이면 추정의 표준오차는 $Y$의 표준편차와 같은데, 이것은 $X$가 $Y$를 예측하는 데 전혀 도움이 되지 않는다는 것을 의미한다. 또 추정의 표준오차의 최댓값은 $Y$의 표준편차보다 클 수 없다는 것을 알 수 있다.

〈표 8-2〉의 자료에서 추정의 표준오차는 다음과 같다.

$$s_{Y \cdot X} = 16.16 \sqrt{(1 - .758^2)(\frac{10 - 1}{10 - 2})} = 11.18$$

사례수 $n$이 클 경우 $(n-1)/(n-2) ≒ 1$이므로 추정의 표준오차를 간단하게 추정하려면 다음 공식을 활용하면 된다.

$$s_{Y \cdot X} \approx s_Y \sqrt{1 - r^2}$$

〈표 8-2〉의 자료에서 위의 공식으로 추정의 표준오차를 간단하게 추정하면 다음과 같다.

$$s_{Y \cdot X} \approx 16.16 \sqrt{1 - .758^2} = 10.54$$

두 가지 방식으로 구한 추정의 표준오차가 약간 차이가 있는 이유는 사례수가 작기 때문이다. 사례수 $n$이 충분히 크면 두 방식으로 구한 추정의 표준오차가 거의 같다.

표준편차가 평균을 중심으로 한 점수들의 변산도를 나타내는 것처럼, 추정의 표준오차는 회귀선을 중심으로 한 $Y$ 점수들의 변산도를 나타낸다. 예언된 $Y'$는 $X$의 특정 값에 대응되는 $Y$ 점수들의 평균이므로 예언된 $Y'$를 연결한 회귀선은 $X$의 특정 값에 대응되는 $Y$의 평균들을 연결한 직선이라고 할 수 있다. 이러한 점에서 회귀선은 일종의 이동평균(moving or floating mean)들을 연결한 직선이다. $X$의 특정 값에 대해 이론적으로는 무수하게 많은 $Y$ 값이 있을 수 있는데, 이 $Y$ 값의 평균은 회귀선 위에 위치한다. 그러므로 회귀선은 $X$의 특정 값에 대응되는 $Y$ 점수의 평균들을 연결한 직선이고, 추정의 표준오차는 $X$의 특정 값에 대응되는 $Y$ 점수들로 이루어진 분포의 표준편차라고 할 수 있다. 이때 $X$의 특정 값에서 예언된 $Y'$를 중심으로 분포되어 있는 $Y$ 점수의 표준편차를 구한 다음, 표준편차의 평균을 구하면 추정의 표준오차가 된다.

추정의 표준오차는 표준편차의 일종이므로 표준편차와 같은 방식으로 해석하면 된다. $Y$ 점수들이 예언된 $Y'$를 중심으로 정규분포를 이룬다고 가정할 때 추정의 표준오차를 이용하면 신뢰구간을 구할 수 있다. 정규분포에서는 평균을 중심으로 ±1 표준편차 범위에 약 68%의 사례들이 분포하고, ±1.96 표준편차 범위에 약 95%의 사례들이 분포한다. 그러므로 예언된 $Y'$를 중심으로 ±1 표준오차 범위에

$Y$ 점수들의 약 68%가 분포하고, ±1.96 표준오차 범위에 $Y$ 점수들의 약 95%가 분포하며, ± 2.58 표준오차 범위에 $Y$ 점수들의 약 99%가 분포한다. 바꾸어 말하면 실제 $Y$ 점수가 예언된 $Y'$를 중심으로 ±1 표준오차 범위에 분포할 확률은 약 68%, ± 1.96 표준오차 범위에 분포할 확률은 약 95%, ± 2.58표준오차 범위에 분포할 확률은 약 99%다. 그러므로 $X$에서 $Y$를 예언할 때 신뢰구간은 다음과 같다.

① 68% 신뢰구간

$$Y' \pm 1s_{Y \cdot X} = Y' - 1s_{Y \cdot X} \sim Y' + 1s_{Y \cdot X}$$

② 95% 신뢰구간

$$Y' \pm 1.96s_{Y \cdot X} = Y' - 1.96s_{Y \cdot X} \sim Y' + 1.96s_{Y \cdot X}$$

③ 99% 신뢰구간

$$Y' \pm 2.58s_{Y \cdot X} = Y' - 2.58s_{Y \cdot X} \sim Y' + 2.58s_{Y \cdot X}$$

위의 예시 자료에서 학습동기 $X$가 5인 학생 A와 8인 학생 B가 받을 것이라고 예언되는 성적은 각각 65와 80이었다(A: $Y' = 40 + 5(5) = 65$, B: $Y' = 40 + 5(8) = 80$). 그러므로 A와 B의 예언된 $Y$ 점수의 95% 신뢰구간은 각각 다음과 같다($S_{Y \cdot X} = 10.54$).

① A: $65 - 1.96(10.54) \sim 65 + 1.96(10.54) = 43.34 \sim 85.66$
② B: $80 - 1.96(10.54) \sim 80 + 1.96(10.54) = 59.34 \sim 100.66$

## 5) 회귀분석의 가정

① 선형성(linearity): 독립변수 $X$와 종속변수 $Y$는 선형관계를 이루어야 한다.
② 등분산성(homoscedasticity): $X$의 특정 값에 대응하는 $Y$의 분산은 $X$의 값에 관계없이 같아야 한다. [그림 8-1]의 (a)에서는 $X$의 모든 값에서 $Y$의 분산이 같으므로 등분산성 가정이 충족되고 있다. 반면, (b)에서는 $X$에 따라 $Y$의 분산이 다르기 때문에 등분산성 가정이 충족되지 않고 있다.

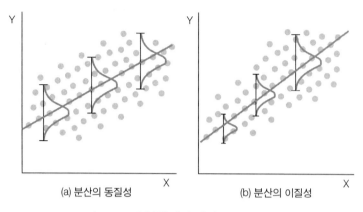

(a) 분산의 동질성          (b) 분산의 이질성

[그림 8-1] 분산의 동질성과 이질성

③ **정규분포**(normality): $X$의 특정 값에 대응하는 $Y$의 값은 정규분포를 이루어야 한다. [그림 8-1]에서는 정규분포에 대한 가정은 충족되고 있다.

## 6) 회귀계수에 대한 가설검증

회귀계수에 대한 가설검증은 모집단 회귀계수가 0이라는 영가설($H_0 : b^* = 0$), 즉 모집단에서 회귀선의 기울기가 0이라는 영가설을 통계적으로 검증하는 방법이다. 검증결과 영가설이 기각되면 독립변수 $X$가 종속변수 $Y$를 유의하게 예언한다는 것을 의미한다. 회귀계수에 대한 검증결과는 모집단 상관계수가 0이라는 영가설 ($H_0 : \rho = 0$)을 검증한 결과와 완전히 일치한다. 왜냐하면 모집단 상관계수가 0일 경우 모집단에서 회귀계수도 0이 되기 때문이다.

모집단 회귀계수가 0이라는 영가설을 검증하기 위한 검증통계량은 다음과 같다.

$$t = \frac{(b)(s_X)\sqrt{n-1}}{s_{Y \cdot X}}$$

검증통계량 $t$는 자유도가 $n-2$인 분포를 따르므로 임계치를 구하고 영가설 기각여부를 결정하는 과정은 $t$ 검증과 같다. 임계치는 (1) 유의수준, (2) 검증형태, (3) 자유도를 고려하여 $t$ 분포표에서 찾으면 된다. 이 검증의 결론은 다음과 같다.

① 검증통계량의 값이 양수(+)로 영가설을 기각했을 경우: 독립변수의 값이 높을수록 종속변수의 값도 높다.

② 검증통계량의 값이 음수(−)로 영가설을 기각했을 경우: 독립변수의 값이 높을수록 종속변수의 값도 낮다.

③ 영가설을 기각하지 못했을 경우: 독립변수가 종속변수를 유의하게 예언하지 못한다.

위의 예시에서 $b = 5$, $s_X = 2.54$, $s_{Y \cdot X} = 11.18$, $n = 10$이므로 학습동기로 학업성적을 예언하기 위한 회귀분석에서 회귀계수가 0이라는 가설을 검증하기 위한 검증통계량은 다음과 같다.

$$t = \frac{(5)(2.54)\sqrt{10-1}}{11.18} = 3.287$$

$\alpha = .05$, 양방검증 $df = 10 - 2 = 8$에서 $t$ 분포의 임계치는 2.306이다. 검증통계량의 값 $t = 3.287$은 임계치보다 높으므로 모집단 회귀계수가 0이라는 영가설을 기각할 수 있다. 따라서 학업동기는 학업성적으로 유의하게 예측한다고 할 수 있다(즉, 학습동기가 높을수록 학업성적이 높다.).

회귀계수에 대한 가설을 검증하는 두 번째 방법은 통계분석 프로그램의 출력물에 제시된 $b$의 유의확률($p$)을 유의수준(통상적으로 .05)과 비교하여 유의확률이 유의수준보다 낮으면 영가설을 기각하고 회귀계수가 통계적으로 유의하다고 해석하는 방법이다. 다음에 제시된 SPSS 분석자료에서 검증통계량 $t = 3.286$의 유의확률은 $p = .011$로 $\alpha = .05$보다 낮으므로 영가설을 기각하면 된다.

〈표 8-3〉 모집단 회귀계수가 0이라는 영가설($H_o : b* = 0$)에 대한 검증(예시)

| 학습동기로 학업성적을 예언하기 위한 회귀분석에서 학습동기가 학업성적을 유의하게 예언하는가를 $\alpha = .05$ 수준에서 검증하라(〈표 8-1〉의 자료). | |
|---|---|
| 1. 통계적 가설 진술 | $H_o : b* = 0$(학습동기는 학업성적을 예언하지 못한다.)<br>$H_1 : b* \neq 0$(학습동기는 학업성적을 유의하게 예언한다.) |

| 2. 검증통계량 계산 | $t = \dfrac{(b)(s_X)\sqrt{n-1}}{s_{Y \cdot X}} = \dfrac{(5)(2.45)\sqrt{10-1}}{11.18} = 3.287$ |
|---|---|
| 3. 임계치 결정 | $\alpha = .05$, $df = 8$, 양방검증에서 $t$ 분포의 임계치는 $t = \pm 2.306$이다. |
| 4. 영가설 기각여부 결정 | 검증통계량의 값 $t = 3.287$은 임계치보다 크므로 영가설을 기각한다. |
| 5. 결론도출 | 모집단 회귀계수는 0이 아니다(즉, 학습동기는 학생성적을 유의하게 예언한다.). |

## 7) SPSS를 활용한 단순회귀분석

① **분석(A)−회귀분석(R)**에서 **선형(L)**을 선택한다.

② 선형회귀분석 대화상자에서 **종속변수(D)**와 **독립변수(I)**를 입력한다.

③ 필요할 경우 **통계량(S)**을 클릭하여 구하려고 하는 통계량을 선택한다.

④ 〈표 8-1〉의 자료에 대해 SPSS로 단순회귀분석을 한 결과는 다음과 같다.

분산분석[b]

| 모형 | | 제곱합 | 자유도 | 평균제곱 | F | 유의확률 |
|---|---|---|---|---|---|---|
| 1 | 선형회귀분석 | 1350.000 | 1 | 1350.000 | 10.800 | .011[a] |
| | 잔차 | 1000.000 | 8 | 125.000 | | |
| | 합계 | 2350.000 | 9 | | | |

a. 예측값: (상수), x

b. 종속변수: y

계수[a]

| 모형 | | 비표준화 계수 B | 표준오차 | 표준화 계수 베타 | t | 유의확률 |
|---|---|---|---|---|---|---|
| 1 | (상수) | 40.000 | 11.222 | | 3.565 | .007 |
| | x | 5.000 | 1.521 | .758 | 3.286 | .011 |

a. 종속변수: y

## 2  중다회귀분석

앞에서 다룬 단순회귀는 하나의 독립변수(예언변수)에서 하나의 종속변수(준거변수)를 예언하려는 통계방법이다. 그런데 독립변수와 종속변수 간의 상관이 매우 높은 경우를 제외하면 하나의 독립변수로 종속변수를 충분히 예언할 수 있는 경우는 그렇게 많지 않다. 이러한 상황에서 여러 개의 독립변수로 종속변수를 예언하면 하나의 독립변수로 종속변수를 예언하는 것보다 예언의 정확성이 높아질 것으로 기대된다. 이를 구체적으로 살펴보자.

앞에서 동기($X$)를 독립변수로 하고 성적($Y$)을 종속변수로 하는 단순회귀분석에서 동기가 설명하는 성적 변산은 57.45%였다. 이 결과는 42.55%의 성적 변산이 동기에 의해 설명되지 않는다는 것을 의미한다. 그런데 성적에는 동기 이외에도 지능, 자기개념, 가정환경 등 다양한 변수들이 영향을 미치는 것으로 알려져 있다. 그러므로 동기에 이와 같은 변수들을 포함시키면 성적 변산을 더 많이 설명할 것이라고 예상할 수 있다. 예를 들어, 동기에 지능을 추가하여 회귀분석을 하면 동기만으로 성적을 예언하는 것보다 예언의 정확도가 더 높아질 것으로 기대된다. 이와 같은 기대에 부응하는 통계방법이 중다회귀분석이다.

**중다회귀분석**(衆多回歸分析, multiple regression analysis)은 여러 독립변수들을 최적으로 결합하여 하나의 종속변수를 예언하려는 통계방법이다. 그러므로 여러 독립변수들의 선형조합에서 종속변수의 값을 추정하려는 중다회귀분석은 단순회귀분석을 2개 이상의 독립변수들을 포함된 상황으로 확대시킨 방법이다. 앞에서 단순회귀분석을 소개했지만, 일반적으로 회귀분석이라고 하면 중다회귀분석을 가리킨다.

중다회귀분석을 적용할 수 있는 상황을 예시하면 다음과 같다.

• 내신성적, 수능성적, 면접점수에서 대학성적을 예측한다.
• 나이, 혈압, 체중, 생활습관에서 수명을 예측한다.
• 학습동기, 지능, 창의력에서 성적을 예측한다.

중다회귀분석은 회귀식에 여러 독립변수들을 포함시켜 종속변수를 예언하는 정확성을 높이려는 통계방법이다. 독립변수들이 많으면 종속변수 변산을 더 많이 설명할 수 있다. 이러한 중다회귀분석의 논리를 벤다이어그램으로 나타내면 [그림 8-2]와 같다.

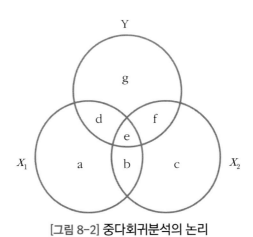

[그림 8-2] 중다회귀분석의 논리

[그림 8-2]에서 $X_1$과 $X_2$는 각각 독립변수이고, $Y$는 종속변수다. 3개의 원은 각각 독립변수와 종속변수의 변산이다. 또 d, e, f, g는 두 변수 혹은 세 변수의 변산이 중첩된 부분이다.

벤다이어그램에서 $X_1$이 설명하는 $Y$의 변산은 d+e다. 즉, d+e는 $X_1$을 독립변수로 하고 $Y$를 종속변수로 하는 단순회귀분석에서 $X_1$이 설명하는 $Y$ 변산이다. 마찬가지로 $Y$ 변산 중 $X_2$가 설명하는 부분은 e+f다. 이 상황에서 독립변수 $X_1$에 $X_2$를 추가하면 $Y$ 변산을 설명하는 부분이 f만큼 증가한다(e는 두 변수가 중첩된 부분이다.). 따라서 $X_1$과 $X_2$를 독립변수로 하고 $Y$를 종속변수로 하는 중다회귀분석을 하면 $Y$ 변산을 설명하는 부분이 d+e+f가 된다. 종속변수의 변산을 더 많이 설명한다는 것은 예언의 정확성이 높아졌다는 것을 의미한다.

## 1) 중다회귀분석의 방법

중다회귀분석은 여러 독립변수들을 종속변수를 가장 잘 예언할 수 있도록 독립변수들을 선형조합하여 회귀식을 구한다. 회귀식에서는 종속변수를 예언하는 상대적 영향력의 크기에 따라 각 독립변수에 가중치를 부여한다. 구체적인 중다회귀분석 방식은 크게 표준회귀분석, 위계적 회귀분석, 단계별 회귀분석으로 구분된다.

**표준회귀분석**(standard regression)은 모든 독립변수들을 동시에 투입하여 회귀식을 구성하는 강제투입법(forced entry method)으로, 동시적 회귀분석(simultaneous regression)이라고 한다. **위계적 회귀분석**(hierarchical regression)은 회귀식에 투입하는 독립변수의 순서를 연구자가 결정하는 분석방법이다. 독립변수의 투입순서는 이론적 근거나 경험적 근거를 기초로 하여 결정된다. 독립변수의 투입순서를 결정할 근거가 미흡하면 단계적 회귀분석을 해야 한다. **단계적 회귀분석**(stepwise regression)은 회귀식에 독립변수를 투입하는 순서를 수학적 준거에 따라 결정하는 방법, 즉 종속변수 변산을 설명하는 정도를 기준으로 독립변수를 자동적으로 회귀식에 투입하는 방법이다. 단계적 회귀분석에서는 종속변수와 상관이 가장 높은 독립변수 (즉, 종속변수를 가장 많이 설명하는 독립변수)가 회귀식에 가장 먼저 투입된다. 그다음에는 첫 번째 독립변수가 설명하는 부분을 제외한 종속변수 변산을 가장 많이 설명할 수 있는 독립변수가 투입된다.

이 세 가지 회귀분석방법은 사용목적이 다르기 때문에 독립변수가 회귀식에 투입되는 방식이 다르고 그로 인해 분석결과에 대한 해석도 다르다. 연구목적에 적합한 회귀분석방법을 적용하지 못할 경우 해석과정에 오류가 있을 수 있고 그릇된 결론을 내릴 수 있기 때문에 반드시 연구목적에 적합한 방식으로 중다회귀분석을 해야 한다. 더 구체적인 내용은 전문서적을 참고하기 바란다.

## 2) 중다회귀식

**중다회귀식**(衆多回歸式, multiple regression equation)은 $k$개 독립변수로 종속변수를 예언하기 위한 식을 말한다. 중다회귀식의 일반형식은 다음과 같다.

$$Y' = b_1 X_1 + b_2 X_2 + \cdots + b_k X_k + a$$

단순회귀분석과 마찬가지로 $b$는 회귀계수, $a$는 절편이다. 자료에 가장 적합한 회귀선을 기술하는 단순회귀식과 달리, 중다회귀식은 다차원공간에 존재하는 자료에 가장 적합한 회귀평면(regression plane)을 기술한다. 여기서 가장 적합하다는 것은 중다회귀식이 오차자승합을 최소화한다는 것을 의미한다.

<표 8-4> 단순회귀분석과 중다회귀분석의 자승합 계산

$(r_{YX_1} = .758 \quad r_{YX_2} = .679 \quad r_{X_1X_2} = .480)$

| 학생 | 동기$X_1$ | 지능$X_2$ | 성적 $Y$ | $Y-\bar{Y}$ | $(Y-\bar{Y})^2$ | (1) | (2) | (3) | (4) | (5) | (6) | (7) | (8) | (9) | (10) |
|---|---|---|---|---|---|---|---|---|---|---|---|---|---|---|---|
| 1 | 5 | 102 | 60 | -15 | 225 | 65 | -10 | 100 | -5 | 25 | 56.33 | -18.67 | 348.569 | 3.67 | 13.469 |
| 2 | 10 | 122 | 95 | 20 | 400 | 90 | 15 | 225 | 5 | 25 | 84.63 | 9.63 | 92.737 | 10.37 | 107.537 |
| 3 | 3 | 128 | 70 | -5 | 25 | 55 | -20 | 400 | 15 | 225 | 61.67 | -13.33 | 177.689 | 8.33 | 69.389 |
| 4 | 9 | 125 | 80 | 5 | 25 | 85 | 10 | 100 | -5 | 25 | 82.40 | 7.40 | 54.760 | -2.40 | 5.760 |
| 5 | 8 | 145 | 95 | 20 | 400 | 80 | 5 | 25 | 15 | 225 | 88.50 | 13.50 | 182.250 | 6.50 | 42.250 |
| 6 | 10 | 132 | 85 | 10 | 100 | 90 | 15 | 225 | -5 | 25 | 89.53 | 14.53 | 211.121 | -4.53 | 20.521 |
| 7 | 4 | 105 | 50 | -25 | 625 | 60 | -15 | 225 | -10 | 100 | 54.10 | -20.90 | 436.810 | -4.10 | 16.810 |
| 8 | 6 | 120 | 65 | -10 | 100 | 70 | -5 | 25 | -5 | 25 | 68.85 | -6.15 | 37.823 | -3.85 | 14.823 |
| 9 | 7 | 134 | 60 | -15 | 225 | 75 | 0 | 0 | -15 | 225 | 79.41 | 4.41 | 19.448 | -19.41 | 376.748 |
| 10 | 8 | 137 | 90 | 15 | 225 | 80 | 5 | 25 | 10 | 100 | 84.58 | 9.58 | 91.776 | 5.42 | 29.376 |
| $\Sigma$ | 70 | 1250 | 750 | 0 | 2350 | | 0 | 1350 | 90 | 1,000 | | 118.1 | 1,652.983 | 68.58 | 696.683 |
| 평균 | 7 | 125 | 75 | | | | | | | | | | | | |
| 표준편차 | 2.45 | 13.52 | 16.16 | | | | | | | | | | | | |

(1) 동기에서 예언된 성적
(2) 동기에서 예언된 성적과 성적평균 간의 편차
(3) 동기에 의해 설명된 자승합
(4) 동기에서 성적을 예언할 때 오차
(5) 동기에서 성적을 예언할 때 오차자승합
(6) 동기+지능에서 설명된 자승합
(7) 동기+지능에서 예언된 성적과 성적평균 간의 편차
(8) 동기에 의해 설명된 자승합
(9) 동기+지능으로 성적을 예언할 때의 오차
(10) 동기+지능으로 성적을 예언할 때의 오차자승합

동기에서 성적을 예언하는 단순회귀분석과 동기에 지능을 추가하여 성적을 예언하는 중다회귀분석을 비교한 〈표 8-4〉의 자료를 이용하여 단순회귀식보다 중다회귀식에서 예언의 정확성이 높다는 것을 예시해 보자(동기와 지능에서 성적을 예언하기 위한 중다회귀식은 바로 다음에 설명되어 있다.).

단순회귀분석보다 중다회귀분석에서 예언의 정확성이 더 높다는 사실을 구체적으로 살펴보자. 〈표 8-4〉에 따르면 동기($X_1$)만으로 성적을 예언할 때 회귀자승합(설명된 자승합)은 1,350이고, 오차자승합은 1,000이었다. 이것은 동기가 성적 변산의 57.45%(1,350/2,350=.5745)를 설명한다는 것을 의미한다. 그런데 동기에 지능($X_2$)을 추가하면 회귀자승합은 1,652.983으로 증가하고, 오차자승합이 696.683으로 감소한다(회귀자승합과 오차자승합은 반비례한다.). 이것은 동기＋지능이 성적 변산의 70.34%(1,652.983/2,350=.7034)를 설명한다는 것을 의미한다. 즉, 동기에 지능을 추가함으로써 성적 변산의 12.89%(70.34-57.45=12.89)를 더 정확하게 설명할 수 있게 되었음을 뜻한다. 이 결과는 중다회귀분석이 단순회귀분석보다 예언의 정확성이 높다는 사실을 잘 나타낸다.

이제 독립변수에서 종속변수를 예언하기 위한 중다회귀식을 구해 보자(중다회귀분석의 주요 목적은 중다회귀식을 도출하는 데 있다.). 독립변수가 2개일 때 중다회귀식의 회귀계수($b$)와 절편($a$)은 각각 다음 공식으로 구할 수 있다.

$$b_1 = [\frac{s_Y}{s_{X_1}}][\frac{r_{YX_1} - r_{YX_2}r_{X_1X_2}}{1 - r^2_{X_1X_2}}] \qquad b_2 = [\frac{s_Y}{s_{X_2}}][\frac{r_{YX_2} - r_{YX_1}r_{X_1X_2}}{1 - r^2_{X_1X_2}}]$$

$$a = \overline{Y} - b_1\overline{X_1} - b_2\overline{X_2}$$

회귀계수는 다른 독립변수를 통제했을 때 각 독립변수가 한 단위 변화됨에 따라 종속변수가 변화되는 정도를 나타낸다.

〈표 8-4〉에 제시된 자료에서 회귀계수와 절편을 구하면 다음과 같다.

$$b_1 = [\frac{s_Y}{s_{X_1}}][\frac{r_{YX_1} - r_{YX_2}r_{X_1X_2}}{1 - r^2_{X_1X_2}}] = [\frac{16.16}{2.45}][\frac{.758 - (.679)(.480)}{1 - .480^2}] = 3.70$$

$$b_2 = [\frac{s_Y}{s_{X_2}}][\frac{r_{YX_2} - r_{YX_1}r_{X_1X_2}}{1 - r^2_{X_1X_2}}] = [\frac{16.16}{13.52}][\frac{.679 - (.758)(.480)}{1 - .480^2}] = .49$$

$$a = \overline{Y} - b_1\overline{X_1} - b_2\overline{X_2} = 75 - (3.70)(7) - .49(125) = -12.15$$

그러므로 동기와 지능으로부터 성적을 예언하기 위한 중다회귀식은 다음과 같다.

$$Y' = 3.70X_1(\text{동기}) + .49X_2(\text{지능}) - 12.15$$

이 중다회귀식은 지능을 통제할 때 동기가 1점 변화되면 성적이 3.70점 변화되고, 동기를 통제할 때 지능이 1점 변화되면 성적이 .49점 변화된다는 것을 뜻한다.

중다회귀식을 이용하면 독립변수의 특정 점수에서 예언되는 종속변수의 값을 구할 수 있다. 위의 예시에서 동기($X_1$)가 8점이고, 지능($X_2$)이 145인 학생에게 기대되는 성적은 88.5점으로 예언된다.

$$Y' = 3.70 \times 8 + .49 \times 145 - 12.15 = 88.5$$

## 3) 표준화 중다회귀식

**표준화 중다회귀식**(standardized multiple regression equation)은 독립변수와 종속변수를 표준화시킨 자료(즉, $Z$ 점수로 바꾼 자료)에서 구한 회귀식을 말한다. 표준화 중다회귀식의 일반형식은 다음과 같다.

$$Z'_{Y'} = \beta_1 Z_{X_1} + \beta_2 Z_{X_2} + \cdots + \beta_k Z_{X_k}$$

위의 공식에서 $\beta$는 **표준화 중다회귀계수**(standardized multiple regression coefficient)다. 표준화 중다회귀계수는 (다른 독립변수들을 통제할 경우) 독립변수가 1표준편차 바뀔 때 종속변수가 몇 표준편차 바뀌는가를 나타내는데, 다음 공식으로 구하면 된다.

$$\beta_1 = b_1\left[\frac{s_{X_1}}{s_Y}\right] = \frac{r_{YX_1} - r_{YX_2}r_{X_1X_2}}{1 - r^2_{X_1X_2}} \qquad \beta_2 = b_2\left[\frac{s_{X_2}}{s_Y}\right] = \frac{r_{YX_2} - r_{YX_1}r_{X_1X_2}}{1 - r^2_{X_1X_2}}$$

〈표 8-4〉에 제시된 자료에서 표준화 중다회귀계수는 다음과 같다.

$$\beta_1 = \frac{r_{YX_1} - r_{YX_2}r_{X_1X_2}}{1 - r_{X_1X_2}^2} = \frac{.758 - (.679)(.480)}{1 - .480^2} = .56$$

$$\beta_2 = \frac{r_{YX_2} - r_{YX_2}r_{X_1X_2}}{1 - r_{X_1X_2}^2} = \frac{.679 - (.758)(.480)}{1 - .480^2} = .41$$

이것은 지능을 통제하면 동기가 1표준편차 바뀔 때 성적이 .56표준편차 바뀌고, 동기를 통제하면 지능이 1표준편차 바뀔 때 성적이 .41표준편차 바뀐다는 것을 의미한다. 그러므로 동기($X_1$)와 지능($X_2$)에서 성적을 예언하기 위한 표준화 중다회귀식은 다음과 같다.

$$Z_{Y'} = .56Z_{X_1} + .41Z_{X_2}$$

표준화 회귀계수와 상관계수를 이용하면 중다결정계수를 구할 수 있다.

$$R_{Y \cdot X_1 X_2}^2 = \beta_1 r_{YX_1} + \beta_2 r_{YX_2}$$

위의 예시에서 $\beta_1 = .56$, $r_{YX_1} = .758$, $\beta_2 = .41$, $r_{YX_2} = .679$이므로 $R_{Y \cdot X_1 X_2}^2 = .703$이다.

$$R_{Y \cdot X_1 X_2}^2 = (.56)(.758) + (.41)(.679) = .703$$

이것은 동기+지능이 성적의 70.3%를 설명한다는 것을 의미한다. 단순회귀분석에서는 동기가 성적의 57.45%를 예언했다. 그러므로 이 결과는 동기에 지능을 추가하면 성적 변산의 12.85%(.703-.5745=.1285)를 더 정확하게 설명한다는 것을 의미한다.

## 4) 중다회귀분석의 자승합 분할

중다회귀분석에서 전체 자승합($SS_t$)은 회귀자승합($SS_{reg.}$)과 오차자승합($SS_{error}$)으로 분할된다. 회귀자승합은 $k$개의 독립변수에 의해 설명되는 자승합이고, 오차자승합은 설명되지 않은 잔차자승합이다. 자승합을 구하는 구체적인 방식은 〈표 8-4〉에 예시한 바 있다. 〈표 8-4〉의 예시에서 전체 자승합은 2,350, 회귀자승합은 1,652.983, 오차자승합은 696.683이었다.

중다결정계수 $R^2$은 회귀자승합을 전체 자승합으로 나눈 값이다. 그러므로 위의 예시에서 $R^2 = .703$이다.

$$R^2 = \frac{SS_{reg.}}{SS_t} = \frac{1652.983}{2350} = .703$$

앞에서 언급한 것처럼 이 결과는 중다회귀식이 종속변수 변산을 70.3% 설명한다는 것을 의미한다.

## 5) 추정의 표준오차

중다회귀분석에서도 추정의 표준오차는 중다회귀식이 종속변수를 어느 정도 정확하게 예측하는가를 나타낸다. 그러므로 추정의 표준오차가 작을수록 예언의 정확성이 높다. 추정의 표준오차를 이용하면 예언된 점수의 신뢰구간을 구할 수 있다. 표본크기를 $n$, 독립변수의 수를 $k$, 중다상관계수를 $R_{Y.X_1X_2}$라고 할 때 추정의 표준오차는 다음 공식으로 구할 수 있다.

$$s_{Y.X_1X_2} = s_Y \sqrt{\left[\frac{n-1}{n-k-1}\right]\left[1 - R_{Y.X_1X_2}^2\right]}$$

표본크기가 클 경우 추정의 표준오차는 다음과 같다.

$$s_{Y.X_1X_2} = s_Y \sqrt{1 - R_{Y.X_1X_2}^2}$$

위의 예시에서 $n=10$, $k=2$, $R_{Y \cdot X_1 X_2} = .839$ 이므로 추정의 표준오차는 9.98이다.

$$s_{Y \cdot X_1 X_2} = s_Y \sqrt{\left[\frac{n-1}{n-k-1}\right]\left[1 - R^2_{Y \cdot X_1 X_2}\right]} = 16.16 \sqrt{\left[\frac{10-1}{10-2-1}\right]\left[1 - .839^2\right]} = 9.98$$

## 6) 중다상관과 중다결정계수

**중다상관**(衆多相關, multiple correlation: $R$)은 1개 종속변수($Y$)와 여러 독립변수들의 선형조합 간의 상관을 의미한다. 그러므로 중다상관은 2개 이상의 독립변수에 의해 예언된 $Y'$와 실제 $Y$ 간의 상관이다. 2개의 독립변수 $X_1$, $X_2$와 종속변수 $Y$의 중다상관계수 $R_{Y \cdot X_1 X_2}$는 다음과 같다.

$$R_{Y \cdot X_1 X_2} = \sqrt{\frac{r^2_{YX_1} + r^2_{YX_2} - 2r_{YX_1} r_{YX_2} r_{X_1 X_2}}{1 - r^2_{X_1 X_2}}}$$

적률상관계수 $r$과 달리 중다상관계수 $R$의 범위는 0에서 1이다($0 \le R \le 1$). 그러므로 $R$은 항상 양수의 값을 갖는다. $R$은 1에 접근할수록 종속변수와 독립변수 간의 관계가 높다는 것을, $R$이 0에 접근할수록 종속변수와 독립변수 간의 관계가 낮다는 것을 의미한다. 동기, 지능, 학업성적 간의 상관계수가 다음과 같을 때 동기와 지능을 독립변수로 하고 학업성적을 종속변수로 하는 중다상관계수는 다음과 같다.

〈표 8-5〉 중다상관계수의 계산

| | $X_1$ | $X_2$ | $Y$ | 중다상관계수 |
|---|---|---|---|---|
| 동기($X_1$) | 1.000 | .480 | .758 | $R_{Y \cdot X_1 X_2} = \sqrt{\dfrac{.758^2 + .679^2 - 2(.758)(.679)(.480)}{1 - .480^2}}$ |
| 지능($X_2$) | | 1.000 | .679 | |
| 학업성적($Y$) | | | 1.000 | $= .839$ |

중다상관계수는 $R = .839$이므로 동기나 지능 중 어느 한 변수와 학업성적 간의

상관보다 더 높아졌다는 것을 알 수 있다. 중다상관계수는 독립변수 간의 상호상관이 낮을수록 커진다.

한편, **중다결정계수**(衆多決定係數, mutiple determination coefficient; $R^2$)는 중다상관계수의 제곱을 의미한다. 중다결정계수는 $k$개 독립변수가 설명하는 종속변수 변산의 비를 나타낸다. 위의 예시에서 $R = .839$이므로 $R^2 = .839^2 = .704$다. 이것은 동기와 지능이 성적 변산을 70.4% 설명한다는 것을 의미한다.

중다결정계수는 표본크기가 작을 경우 편향된다. 그러므로 표본크기가 작을 경우 중다결정계수를 조정해야 한다. 표본크기를 $n$, 독립변수의 수를 $k$라고 할 때 조정된 중다결정계수는 다음 공식으로 구할 수 있다.

$$\text{조정된 } R^2 = 1 - \frac{(1-R^2)(n-1)}{n-k-1}$$

위의 예시에서 $n = 10$, $k = 2$, $R^2 = .704$이므로 조정된 $R^2$은 다음과 같다.

$$\text{조정된 } R^2 = 1 - \frac{(1-R^2)(n-1)}{n-k-1} = 1 - \frac{(1-.704)(10-1)}{10-2-1} = .619$$

## 7) 편상관

앞에서 두 변수 사이의 상관(bivariate correlation)에 대해 살펴보았다. 그런데 실제 상황에서는 두 변수만 존재하는 것이 아니라 수많은 변수들이 혼재하고 있다. 예를 들어, 대학입학전형에서는 고등학교 내신성적, 수능시험점수, 논술성적, 면접고사 성적, 가정의 사회경제적 지위 등 여러 변수를 고려해야 하는데, 이 변수들은 각기 대학성적과 상관이 있을 뿐만 아니라 서로 관련되어 있다. 변수 간에 상관이 있으면 변수들이 제공하는 정보가 중복된다. 예를 들어, 내신성적과 수능시험점수가 상관이 있으면 대학성적을 예측할 때 내신성적이 제공하는 정보와 수능시험점수가 제공하는 정보가 중복된다. 이러한 상황에서 특정 변수를 통제했을 때 변수 간에 어떤 관계에 있는지를 분석한다고 하자. 예컨대, 내신성적을 통제한 후 (즉, 내신성적이 대학성적에 미치는 영향을 제거한 후) 수능시험점수와 대학성적 간의 상관을 구한다고 하자. 이것이 편상관이다.

**편상관**(偏相關, partial correlation)은 한 변수를 통제한 상태에서 구한 두 변수 간의 상관을 말한다. 그러므로 변수 C를 통제한 상태에서 구한 변수 A와 변수 B의 상관은 편상관이다. C의 영향을 통제(교정)한 조건에서 구한 A와 B 간의 편상관은 $r_{AB \cdot C}$으로 표기한다. 변수가 3개이면 $r_{AB \cdot C}$(C를 통제한 상태에서 구한 A와 B 간의 상관), $r_{AC \cdot B}$(B를 통제한 상태에서 구한 A와 C 간의 상관), $r_{BC \cdot A}$(A를 통제한 상태에서 구한 B와 C 간의 상관) 등 3개의 편상관을 구할 수 있다. 두 변수 간의 상관 $r_{AB}$ $r_{AC}$ $r_{BC}$을 이용해서 편상관을 직접 구하는 공식은 다음과 같다.

$$r_{AB \cdot C} = \frac{r_{AB} - r_{AC} r_{BC}}{\sqrt{(1 - r_{AC}^2)(1 - r_{BC}^2)}}$$

⟨표 8-6⟩ 편상관의 계산

| | $X_1$ | $X_2$ | $Y$ | |
|---|---|---|---|---|
| 동기($X_1$) | 1.00 | .480 | .758 | $r_{YX_1 \cdot X_2} = \dfrac{.758 - (.679)(.480)}{\sqrt{(1 - .679^2)(1 - .480^2)}} = .67$ |
| 지능($X_2$) | | 1.00 | .679 | $r_{YX_2 \cdot X_1} = \dfrac{.679 - (.758)(.480)}{\sqrt{(1 - 758^2)(1 - .480^2)}} = .55$ |
| 성적($Y$) | | | 1.00 | $r_{X_1 X_2 \cdot Y} = \dfrac{.480 - (.758)(.679)}{\sqrt{(1 - .758^2)(1 - .679^2)}} = -.073$ |

편상관을 통해 얻은 결론은 다음과 같다. 첫째, 지능을 통제했을 때 동기와 성적 간의 상관은 약간 낮아졌다. 둘째, 동기를 통제했을 때 지능과 성적 간의 상관은 낮아졌다. 셋째, 성적을 통제했을 때 동기와 지능 간의 상관은 현저하게 낮아졌다.

일반적으로 두 변수 간의 편상관은 **영차상관**(zero-order correlation: 제3의 변수의 효과를 제거하기 전 두 변수 간의 상관)보다 작다(항상 작은 것은 아니다). 편상관이 영차상관과 상당히 다를 경우(특히 편상관의 절댓값이 상당히 클 경우) 억압변수가 존재한다는 것을 시사한다. **억압변수**(suppressor variable)란 다른 독립변수의 부적절한 분산을 억압함으로써 중다상관을 증가시키는 변수를 말한다. 변수가 3개인 경우 종속변수와 상관이 낮으면서도 다른 독립변수와 상관이 높은 변수가 억압변수가 된다. 억압변수를 포함시키면 중다상관은 종속변수와 억압변수 간의 영차상관보다 절댓값이 커진다. 예컨대, $r_{YX_1} = .6$ $r_{YX_2} = 0$ $r_{X_1X_2} = .4$일 때 $R_{Y \cdot X_1X_2} = .69$가 된다. 또 $r_{YX_1} = .6$ $r_{YX_2} = 0$ $r_{X_1X_2} = .7$일 때 $R_{Y \cdot X_1X_2} = .84$가 된다. 심지어 $r_{YX_1} = .6$ $r_{YX_2} = 0$ $r_{X_1X_2} = .8$이면 $R_{Y \cdot X_1X_2} = 1.0$이 된다. 이 경우 $X_2$는 종속변수와 상관이 없음에도 $X_1$의 부적절한 분산을 억압함으로써 종속변수를 예언하는 분산을 증가시켰으므로 억압변수로 작용하고 있다. 억압변수는 중다회귀분석의 결과를 해석하는 데 상당한 문제를 야기할 수 있다는 점에 유의해야 한다.

편상관은 중다회귀분석에서 특정 독립변수가 갖는 예언력의 증가분을 나타낸다. 다시 말하면 편상관은 중다회귀분석에 포함된 독립변수가 설명하지 못한 종속변수의 변산을 특정 독립변수가 어느 정도 설명하는가를 나타낸다. 동기와 지능을 독립변수로 하고 성적을 종속변수로 하는 중다회귀분석 예시에서는 동기가 성적 변산의 57.46%($.758^2 = .5746$)을 설명했는데, 이 경우 지능과 성적 간의 편상관이 .55였다. 이것은 지능이 동기가 설명하지 못한 성적 변산의 30.25%($.55^2 = .3025$)를 설명한다는 것을 의미한다(이 결과를 지능이 성적 변산의 30.25% 설명하는 것으로 해석하지 말아야 한다). 전체적으로 볼 때 이 결과는 지능이 학업성적 변산을 설명하는 증가분이 12.87%[$(1-.5746) \times .3025 = .1287$]라는 것을 나타낸다. 그래서 편상관은 중다회귀분석에서 예언력의 증가분이 가장 높은 독립변수를 확인하기 위한 용도로 활용된다.

일차 편상관의 논리는 4개 이상의 변수가 존재하는 상황으로 확대할 수 있다. 변수를 A, B, C, D라고 할 때 두 변수 C와 D를 통제한 상태에서 구한 두 변수 A와 B 간의 이차 편상관(second-order partial correlation)은 3개의 일차 편상관을 이용해서 다음 공식으로 구할 수 있다.

$$r_{AB \cdot CD} = \frac{r_{AB \cdot C} - (r_{AD \cdot C})(r_{BD \cdot C})}{\sqrt{(1 - r_{AD \cdot C}^2)(1 - r_{BD \cdot C}^2)}}$$

## 8) 부분상관

**부분상관**(部分相關, part or semi-partial correlation)이란 한 변수에서 다른 변수가 설명하는 부분을 제거한 후 구한 두 변수 간의 상관을 의미한다. 즉, 부분상관은 두 변수 간의 상관을 구할 때 그중 한 변수를 제3의 변수와의 선형관계에 비추어 교정한 다음 구한 상관이다. 예를 들어, 성적이 지능에 미치는 영향을 교정한 다음 구한 동기와 지능 간의 상관은 부분상관이다. B에서 C의 영향을 통제(교정)한 조건에서 구한 A와 B의 부분상관은 $r_{A(B \cdot C)}$로 표기한다.

상관을 구할 때 제3의 변수에 비추어 두 변수를 모두 교정하는 편상관과 달리, 부분상관은 제3의 변수에 비추어 한 변수만 교정하기 때문에 편상관과 값이 다르다. 부분상관과 편상관은 부호는 같지만 절댓값은 편상관이 더 크다. 부분상관은 특정 독립변수의 '고유한' 예언력을 나타낸다. 부분상관을 제곱하면 특정 독립변수가 설명하는 고유한 변산을 나타낸다. 즉, 부분상관은 다른 독립변수와 공유하는 부분을 제외한 상황에서 특정 독립변수와 종속변수의 관계를 나타낸다.

변수 B에서 변수 C의 영향을 제거한 다음 구한 A와 B 간의 부분상관 $r_{A(B \cdot C)}$은 다음 공식으로 구할 수 있다.

$$r_{A(B \cdot C)} = \frac{r_{AB} - r_{AC} r_{BC}}{\sqrt{1 - r_{BC}^2}}$$

변수가 3개이면 모두 6개의 부분상관을 구할 수 있다. 부분상관을 구하는 공식은 위의 공식을 준용하면 된다. 그러므로 C에서 B의 영향을 배제한 후 구한 A와 C 간의 부분상관은 다음과 같다.

$$r_{A(CB)} = \frac{r_{AC} - r_{AB} r_{BC}}{\sqrt{1 - r_{BC}^2}}$$

〈표 8-4〉의 자료에서 동기에서 지능의 효과를 통제한 후 구한 동기와 성적 간의 부분상관 $r_{Y(X_1 \cdot X_2)}$과 지능에서 동기의 효과를 통제한 후 구한 지능과 성적 간의 부분상관 $r_{Y(X_2 \cdot X_1)}$은 각각 다음과 같다.

$$r_{Y(X_1 \cdot X_2)} = \frac{r_{YX_1} - r_{YX_2} r_{X_1 X_2}}{\sqrt{1 - r_{X_1 X_2}}} = \frac{.758 - (.679)(.480)}{\sqrt{1 - .480^2}} = .493$$

$$r_{Y(X_2 \cdot X_1)} = \frac{r_{YX_2} - r_{YX_1} r_{X_1 X_2}}{\sqrt{1 - r_{X_1 X_2}}} = \frac{.679 - (.758)(.480)}{\sqrt{1 - .480^2}} = .359$$

동기에서 지능의 효과를 통제하면 동기와 성적 간의 상관이 .758에서 .493으로 현저하게 낮아지고, 지능에서 동기의 효과를 통제하면 동기와 성적 간의 상관이 .679에서 .359로 낮아진다는 사실을 알 수 있다.

한편, 편상관과 마찬가지로 부분상관도 이차 부분상관을 구할 수 있다. 이차 부분상관(second-order part correlation)은 한 변수에서 다른 두 변수의 영향을 제거하여 교정한 다음 구한 상관이다. 예를 들어, $r_{A(B \cdot CD)}$은 B에서 C와 D의 효과를 제거한 후 구한 A와 B 간의 이차 부분상관이다. 이차 부분상관은 다음 공식으로 구하면 된다.

$$r_{A(B \cdot CD)} = [r_{AB \cdot C} - (r_{AD \cdot C})(r_{BD \cdot C})] \sqrt{(1 - r_{AC}^2)/(1 - r_{BD \cdot C}^2)}$$

## 9) 영차상관, 중다상관, 편상관, 부분상관의 관계

두 독립변수를 각각 $X_1$과 $X_2$, 종속변수를 $Y$라고 할 때 영차상관(zero-order correlation: 제3의 변수의 효과를 제거하기 전 두 변수 간의 상관), 중다상관, 편상관, 부분상관의 개념을 [그림 8-3]에 제시되어 있는 벤다이어그램을 이용하면 이해하기가 쉽다. 벤다이어그램에서 3개의 원은 각각 세 변수의 변산을 나타내고, 두 원이 중첩된 부분은 두 변수 혹은 세 변수의 공통변산을 나타낸다.

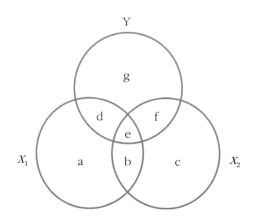

[그림 8-3] 영차상관, 중다상관, 편상관, 부분상관

① 영차상관: $r^2_{YX_1} = \dfrac{d+e}{d+e+f+g}$   $r^2_{YX_2} = \dfrac{e+f}{d+e+f+g}$   $r^2_{X_1X_2} = \dfrac{e+b}{e+b+c+f}$

② 중다상관: $R^2_{Y\cdot X_1X_2} = \dfrac{d+e+f}{d+e+f+g}$

③ 편상관: $r^2_{YX_1\cdot X_2} = \dfrac{d}{d+g}$       $r^2_{YX_2\cdot X_1} = \dfrac{f}{f+g}$

④ 부분상관: $r^2_{Y(X_1\cdot X_2)} = \dfrac{d}{d+e+f+g}$       $r^2_{Y(X_2\cdot X_1)} = \dfrac{f}{d+e+f+g}$

## 10) SPSS를 활용한 중다회귀분석(단순회귀분석과 거의 같음)

① 분석(A)-회귀분석(R)에서 선형(L)을 선택한다.

② 선형회귀분석 대화상자에서 종속변수(D)와 독립변수(I)를 입력한다.

③ 필요할 경우 통계량(S)을 클릭하여 구하려고 하는 통계량을 선택한다.

④ 〈표 8-4〉의 자료에 대해 SPSS로 중다회귀분석을 한 결과는 다음과 같다.

모형 요약

| 모형 | R | R 제곱 | 수정된 R 제곱 | 추정값의 표준오차 |
|---|---|---|---|---|
| 1 | .839[a] | .704 | .619 | 9.97627 |

a. 예측값: (상수), 지능, 동기

분산분석[b]

| 모형 | | 제곱합 | 자유도 | 평균제곱 | F | 유의확률 |
|---|---|---|---|---|---|---|
| 1 | 선형회귀분석 | 1653.318 | 2 | 826.659 | 8.306 | .014[a] |
| | 잔차 | 696.682 | 7 | 99.526 | | |
| | 합계 | 2350.000 | 9 | | | |

a. 예측값: (상수), 지능, 동기

b. 종속변수: 성적

계수[a]

| 모형 | | 비표준화 계수 | | 표준화 계수 | t | 유의확률 | 상관계수 | | |
|---|---|---|---|---|---|---|---|---|---|
| | | B | 표준오차 | 베타 | | | 0차 | 편 | 부분 |
| 1 | (상수) | -12.084 | 31.470 | | -.384 | .712 | | | |
| | 동기 | 3.704 | 1.547 | .562 | 2.394 | .048 | .758 | .671 | .493 |
| | 지능 | .489 | .280 | .409 | 1.746 | .124 | .679 | .551 | .359 |

a. 종속변수: 성적

**1** 다음은 6명의 학생들을 대상으로 실시한 필기시험점수와 면접점수를 나타낸 것이다. 이 자료를 보고 다음 물음에 답하시오.

|        | 1 | 2 | 3 | 4 | 5 | 6 |
|--------|----|----|----|----|----|----|
| 시험점수 | 14 | 24 | 21 | 38 | 34 | 49 |
| 면접점수 | 7 | 4 | 10 | 8 | 13 | 11 |

1) 비표준화 회귀계수와 표준화 회귀계수는?

2) 위의 결과로 보아 필기시험점수와 면접점수 간의 상관계수는?

3) 결정계수는?

4) 필기시험점수에서 면접점수를 예언하기 위한 회귀식은?

5) 필기시험점수가 45점인 학생이 받을 것이라고 예상되는 면접점수는?

6) 필기시험점수에서 면접점수를 예언할 때의 추정의 표준오차는?

**2** 사전검사와 사후검사의 기술통계량이 다음과 같을 때 다음 물음에 답하시오.

|        | 사전검사 | 사후검사 |
|--------|---------|---------|
| 평균    | 48 | 67 |
| 표준편차 | 3 | 4 |
| 상관계수 | $r=+.70$ | |

1) 사전검사점수에서 사후검사점수를 예언하기 위한 회귀식은?

2) 학생 A와 학생 B의 사전검사점수가 각각 42와 55라고 할 때 A와 B가 받을 것이라고 기대되는 사후검사점수는?

3) 사전검사점수에서 사후검사점수를 예언할 때 추정의 표준오차는?

4) 학생 A와 학생 B의 예언된 사후검사점수의 95% 신뢰구간은?

5) 사전검사점수는 사후검사점수를 몇 % 설명하는가?

**3** 학생 A의 중간고사성적의 표준점수는 $Z=+1.5$라고 한다. 중간고사성적과 기말고사성적 간의 가상적인 상관계수가 각각 다음과 같을 때 다음에 답하시오.

| a. $r=0$    b. $r=+.40$    c. $r=+.60$    d. $r=+.90$ |

1) 네 가지 상관계수를 이용하여 추정한 학생 A에게 기대되는 기말고사성적의 표준점수($Z$점수)는?

2) 네 가지 상관계수 가운데 평균을 향한 회귀가 가장 많이 일어나는 것은?

3) 상관계수의 크기와 평균을 향한 회귀 정도의 관계는?

**4** 지능검사를 친 학생 A는 지능지수가 90이라는 결과를 통보받고 크게 낙담하고 있다고 한다. 그 지능검사를 2회 실시하여 구한 상관계수가 $r = .15$라고 할 때 다음 물음에 답하시오.

1) 학생 A에게 지능검사를 다시 치라고 권할 수 있는가?

2) 지능검사를 2회 실시하여 구한 상관계수가 $r = +.90$이라면 학생 A에게 지능검사를 다시 치라고 권할 수 있는가?

**5** 다음은 여덟 가정을 대상으로 소득($X_1$), 가족($X_2$), 지출($Y$)을 조사한 것이다. 소득과 가족을 독립변수로 하고 지출을 종속변수로 하는 중다회귀분석을 한다고 할 때 다음 물음에 답하시오.

| | 1 | 2 | 3 | 4 | 5 | 6 | 7 | 8 |
|---|---|---|---|---|---|---|---|---|
| 소득(단위: 십만 원) | 34 | 46 | 29 | 47 | 38 | 48 | 30 | 50 |
| 가족(단위: 명) | 2 | 4 | 3 | 2 | 3 | 5 | 3 | 4 |
| 지출(단위: 십만 원) | 32 | 43 | 34 | 38 | 25 | 45 | 32 | 48 |

1) 소득과 가족에서 지출을 예언하기 위한 중다회귀식은?

2) 소득과 가족에서 지출을 예언하기 위한 표준화 중다회귀식은?

3) 중다상관계수, 중다결정계수, 수정 중다결정계수는?

4) 소득이 43, 가족이 4인 가정에서 예상되는 지출은?

5) 추정의 표준오차는? (단, $s_Y = 7.79$)

**1** 1) $b = .122$ $\beta = .487$     2) $r = .487$     3) $r^2 = .237$

4) 면접점수 $= .122 \times$ 필기시험점수 $+ 5.185$

5) 면접점수 $= .122 \times 45 + 5.185 = 10.68$

6) $s_{Y \cdot X} \approx s_Y \sqrt{1 - r^2} = 3.19 \sqrt{1 - .487^2} = 2.786$

**2** 1) $b = r\left(\dfrac{s_Y}{s_X}\right) = .70\left(\dfrac{4}{3}\right) = .93$

$a = \overline{Y} - b(\overline{X}) = 67 - .93(48) = 22.36$

사후검사점수 $= .93$(사전검사점수) $+ 22.36$

2) A의 사후검사점수: $.93(42) + 22.36 = 61.42$

B의 사후검사점수: $.93(55) + 22.36 = 73.51$

3) $s_{Y \cdot X} \approx s_Y \sqrt{1 - r^2} = 4 \sqrt{1 - .70^2} = 2.86$

4) A의 사후검사점수의 95% 신뢰구간: $61.42 \pm 1.96 \times 2.86 = 55.81 - 67.03$

B의 사후검사점수의 95% 신뢰구간: $73.51 \pm 1.96 \times 2.86 = 67.90 - 79.12$

5) $49\% (r^2 = .70^2 = .49)$

**3** 1) $r = 0$: $Z_{기대} = .00(1.5) = 0.00$

$r = +.40$: $Z_{기대} = .40(1.5) = 0.60$

$r = +.60$: $Z_{기대} = .60(1.5) = 0.90$

$r = .90$: $Z_{기대} = .90(1.5) = 1.35$

2) $r = 0$

3) 상관계수가 작을수록 평균을 향한 회귀가 더 많이 일어난다.

**4** 1) 있다. 왜냐하면 상관이 $r = .15$로 매우 낮아 회귀가 많이 일어나기 때문이다. 따라서 학생 A가 지능검사를 다시 치면 처음보다 더 높은 점수를 받을 것으로 기대된다.

2) 없다. 왜냐하면 상관이 $r = +.90$로 매우 높아 회귀가 거의 일어나지 않기 때문이다. 따라서 학생 A가 지능검사를 다시 치더라도 더 높은 점수를 받을 확률은 극히 낮다.

**5** 1) 지출 $= .53$(소득)$+ 2.745$(가족수)$+ 8.682$

2) $Z_{지출} = .580 Z_{소득} + .365 Z_{가족}$

3) $R = .824$     $R^2 = .679$     수정 $R^2 = .55$

4) 지출 $= .53(43) + 2.745(4) + 8.682 = 42.452$

5) $s_{Y \cdot X_1 X_2} = s_Y \sqrt{\left[\dfrac{n-1}{n-k-1}\right]\left[1 - R_{Y \cdot X_1 X_2}^2\right]} = 7.79 \sqrt{\left[\dfrac{8-1}{8-2-1}\right]\left[1 - .824^2\right]} = 5.22$

제**9**장

# 일원분산분석(일원변량분석)

학 / 습 / 목 / 표

- $F$ 분포의 특징을 기술한다.
- 분산분석의 유형을 구분한다.
- 일원분산분석의 용도를 기술한다.
- 일원분산분석과 중다 $t$ 검증을 비교한다.
- 집단간 분산과 집단내 분산을 정의하고 계산방식을 설명한다.
- $F$의 의미를 설명한다.
- 주어진 자료에서 일원분산분석을 하고, 분산분석표를 작성 · 해석한다.
- 일원분산분석의 가정을 기술한다.
- 주어진 자료에서 등분산성을 검증한다.
- 일원분산분석표에서 효과크기를 계산한다.

분산분석(分散分析, analysis of variance; ANOVA) 혹은 **변량분석**(變量分析)은 여러 집단의 평균차이를 동시에 검증하는 통계방법이다. 달리 표현하면 분산분석은 독립변수가 종속변수에 미치는 영향을 분석하는 통계방법이다. 분산분석은 실험자료와 비실험자료를 분석할 때 두루 적용될 수 있다.

분산분석은 평균차이를 검증하는 통계방법이므로 분산분석보다 평균비교라는 명칭이 더 적절하지만, 분산(즉, 집단간 분산과 집단내 분산)을 비교하여 평균차이를 검증하므로 분산분석이라고 한다. 다른 관점에서 보면 분산분석은 독립변수가 종속변수에 미치는 영향을 분석하는 방법이다. 분산분석에서 독립변수는 주로 범주변수이고, 종속변수는 연속변수다. 먼저 $F$ 분포의 성질과 분산분석의 유형에 대해 소개한 다음, 일원분산분석에 대해 다룬다.

## 1   $F$ 분포의 성질

분산분석은 $F$ 분포를 이용해서 여러 집단의 평균차이를 검증하기 때문에 **$F$ 검증**($F$ test)이라고 한다($F$는 분산분석을 개발한 통계학자 Fisher의 이니셜을 가리킨다.). 그러므로 분산분석을 하려면 먼저 $F$ 분포의 성질을 이해해야 한다.

$F$ 분포를 만드는 과정을 간단히 설명하면 다음과 같다. 한 모집단에서 각각 20명씩 세 집단을 무작위표집하여 특정 변수의 평균과 분산을 계산한다고 하자. 당연히 각 집단의 20개 점수는 표집오차로 인해 차이가 있을 것이다. 이때 각 집단에 속한 20개 점수가 다른 정도를 나타내는 집단내 분산은 오차분산(표집오차) 추정치가 된다. 또 세 집단의 평균도 차이가 있는데, 그 차이는 전적으로 표집오차에서 기인하므로 평균차이를 나타내는 집단간 분산은 오차분산의 또 다른 추정치가 된다.

① 집단내 분산: $s_{within}^2 \approx$ 오차분산
② 집단간 분산: $s_{between}^2 \approx$ 오차분산 $+$ (독립변수의 효과 $= 0$, $H_o$이 참일 경우)

집단내 분산과 집단간 분산은 표집오차(오차분산)를 각각 독립적으로 추정한 것이지만, 양자가 완전히 일치하지는 않는다. $F$는 집단간 분산과 집단내 분산을 비

로 나타낸 것이다.

$$F = \frac{\text{집단간 분산}\,(s_{between}^2)}{\text{집단내 분산}\,(s_{within}^2)}$$

이러한 절차를 예컨대, 3,000회 반복하여 집단간 분산과 집단내 분산의 비(즉, $F$)를 계산하면 3,000개의 $F$ 값으로 이루어진 분포를 얻을 수 있는데, 그것이 바로 $F$의 표집분포다. $F$ 분포의 특징은 다음과 같다.

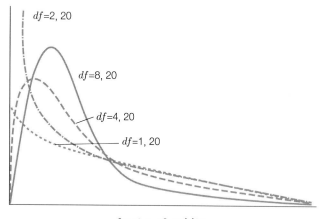

[그림 9-1] $F$ 분포

① $F$ 분포는 2개의 자유도(분자의 자유도와 분모의 자유도)에 따라 결정된다. 그러므로 $F$ 분포는 자유도에 따라 다양한 형태를 취한다.

② $F$ 분포는 최빈치가 하나인 단봉분포(unimodal distribution)다. 표본크기가 증가함에 따라 $F$ 분포의 평균은 1에 접근한다.

③ $F$ 분포는 정적으로 편포된다. 그 이유는 분산의 비를 나타내는 $F$가 항상 양수의 값만 갖기 때문이다(이에 비해 $Z$나 $t$는 평균차이가 양수가 될 수도 있고 음수가 될 수도 있으므로, $Z$ 분포나 $t$ 분포는 좌우대칭이다).

④ $F$ 검증은 항상 비방향가설을 검증하므로 $F$ 분포에서 임계치와 기각역은 항상 오른쪽에 존재한다. 그러므로 $F$ 검증을 일방검증이라고 하거나(기각역이 오른쪽에 존재하기 때문에) 양방검증이라고 하는 것(평균차이가 작든 크든 관계가 없기 때문에)은 잘못된 것이고, 비방향검증이라고 하는 것이 정확하다.

⑤ $F$ 검증에서 임계치는 2개의 자유도(분자 및 분모의 자유도)와 유의수준 $\alpha$에 따라 결정된다. $F$ 분포는 〈부록 표 5〉에 제시되어 있다. 단, 〈부록 표 5〉에 제시된 값은 일방검증에 해당하는 것이므로 양방검증의 경우에는 유의수준 $\alpha$를 반으로 나누어야 한다. 예를 들어, $\alpha = .05$에서 양방검증을 할 경우 .025에 대응하는 부분에서 임계치를 구해야 한다.

$F$의 표집분포를 이용하면 영가설이 참인 조건에서 특정 표본에서 구한 $F$ 값과 같거나 그보다 큰 $F$ 값을 얻을 확률을 구할 수 있다. 분산분석은 그 확률을 이용하여 평균차이에 관한 영가설을 검증한다. 구체적으로 특정 표본에서 구한 $F$ 값이 $F$의 표집분포에서 나타날 확률이 유의수준보다 낮으면 영가설을 기각하고 집단 간에 평균이 다르다고(즉, 독립변수가 효과가 있다고) 결론을 내린다.

## 2 분산분석의 유형

분산분석의 구체적인 방법은 독립변수의 수와 설계형태에 따라 실로 다양하다. 설계형태는 크게 피험자간 설계, 피험자내 설계, 혼합설계로 나뉜다. 종속변수가 하나일 때 독립변수와 설계형태에 따른 분산분석의 유형을 간단하게 제시하면 〈표 9-1〉, [그림 9-2]와 같다.[1)]

〈표 9-1〉 설계형태와 독립변수에 따른 분산분석의 유형

| 분산분석의 유형 | 설계형태 | 독립변수 종류 및 수 | |
|---|---|---|---|
| | | 피험자간 변수 | 피험자내 변수 |
| 일원분산분석(제9장)<br>공분산분석(제14장) | 일요인 피험자간 설계 | 1 | − |
| 이원분산분석(제11장)<br>내재설계 분산분석(제13장) | 이요인 피험자간 설계 | 2 | − |

---

1) 종속변수가 2개 이상이면 다변인분산분석(multi-variate analysis of variance; MANOVA)을 해야 한다. 다변인분산분석은 고급통계문헌을 참조하기 바란다.

| 무작위구획설계<br>분산분석(제12장) | 무작위구획설계 | – | 1 |
|---|---|---|---|
| 일요인 반복측정<br>분산분석(제12장) | 일요인 반복측정설계<br>(일요인 피험자내 설계) | – | 1 |
| 이요인 반복측정<br>분산분석(제12장) | 이요인 반복측정설계<br>(이요인 피험자내 설계) | – | 2 |
| 이요인 혼합설계<br>분산분석(제13장) | 혼합설계 | 1 | 1 |

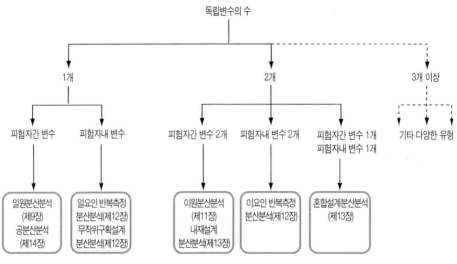

[그림 9-2] 분산분석의 유형

## 1) 피험자간 설계

**피험자간 설계**(被驗者間 設計, between-subjects design)는 실험조건(집단)에 따라 피험자가 상이한 설계를 말한다. 피험자간 설계의 가장 단순한 형태는 피험자를 무작위로 표집한 다음, 실험집단과 통제집단에 각각 무작위로 배치하는 설계다. 피험자간 설계에서 특정 피험자는 하나의 실험조건과 한 번의 측정만 경험한다. 피험자간 설계에서 집단 간의 평균차이를 검증하는 분산분석방법은 독립변수의 수에 따라 일원분산분석(독립변수가 1개일 때, 제9장), 이원분산분석(독립변수가 2개일 때, 제11장), 삼원분산분석(독립변수가 3개일 때)으로 나뉜다.

## 2) 피험자내 설계

피험자내 설계(被驗者內 設計, within-subjects design)는 동일 피험자가 여러 실험조건들을 모두 경험하는 설계를 말한다. 이 설계는 동일 피험자를 여러 차례 측정하므로 **반복측정설계**(反復測定設計, repeated measure design)라고 한다. 피험자내 설계의 가장 단순한 형태는 한 집단에 사전검사와 사후검사를 모두 실시하는 사전검사-사후검사 설계(pretest-posttest design)인데, 이 설계에서는 모든 피험자들을 2회 측정한다. 특정 변수를 기준으로 짝지은 피험자들을 실험조건에 무작위로 배치하는 설계도 피험자내 설계로 간주된다(제12장 참조). 피험자내 설계에서 집단 간의 평균차이를 검증하는 분산분석방법은 반복측정 분산분석과 무작위구획설계 분산분석이다. 피험자내 설계 분산분석의 구체적인 검증절차는 피험자간 설계의 분산분석과 차이가 있다. 왜냐하면 피험자내 설계에서는 집단 간에 상관이 있는데, 분석과정에서 상관을 고려하기 때문이다. 피험자내 설계는 피험자간 설계보다 오차분산이 더 작기 때문에 통계적 검증력이 더 높다. 구체적으로 피험자간 설계의 오차분산은 실험오차와 개인차에서 기인하는 오차를 모두 포함한다. 반면, 피험자내 설계에서는 동일 피험자를 반복측정하는 과정을 통해 개인차에서 기인하는 오차를 오차분산에서 제거하기 때문에 오차분산은 순수한 실험오차만 반영한다. 그 결과 피험자내 설계의 분산분석이 피험자간 설계의 분산분석보다 통계적 검증력이 더 높다. 피험자내 설계의 분산분석은 제12장에서 소개한다.

## 3) 혼합설계

혼합설계(混合設計, mixed design)는 피험자간 설계와 피험자내 설계를 결합한 설계를 말한다. 혼합설계의 전형적인 사례는 실험집단과 통제집단에 각각 사전검사와 사후검사를 모두 실시하는 설계다. 이 설계에서 실험처치(즉, 실험집단과 통제집단)는 피험자간 변수에, 검사시기(즉, 사전검사와 사후검사)는 피험자내 변수에 해당된다. 혼합설계에서 집단 간의 평균차이는 혼합설계 분산분석으로 검증한다. 혼합설계 분산분석은 제13장에서 다룬다.

# 3 일원분산분석의 개념과 논리

　　**일원분산분석**(一元分散分析, one-way or one-factor analysis of variance) 혹은 일요인 분산분석은 $k(k \geq 2)$개 집단의 평균차이를 동시에 검증하는 통계방법이다. 여기서 일원 혹은 일요인이란 독립변수(혹은 요인)의 수가 하나라는 것을, 분산분석이란 집단간 분산과 집단내 분산을 비교하여 평균차이를 검증한다는 것을 의미한다.

　　일원분산분석은 하나의 독립변수가 하나의 종속변수에 미치는 영향을 분석하는 방법이므로 분산분석 중에서 가장 간단한 방법이다. 물론 집단이 2개이면 독립표본 $t$ 검증으로 평균차이를 검증해도 된다. 그러나 독립표본 $t$ 검증은 집단이 3개 이상일 경우 평균차이를 동시에 검증할 수 없다. 집단이 2개일 때 일원분산분석으로 평균차이를 검증하면 독립표본 $t$ 검증과 같은 결과를 얻을 수 있다. 그러므로 일원분산분석은 독립표본 $t$ 검증을 확장시킨 방법이라고 할 수 있다.

### 일원분산분석과 중다 $t$ 검증

　　$t$ 검증은 두 집단의 평균차이를 검증하지만, 일원분산분석은 집단이 2개 혹은 3개 이상일 때 집단 간의 평균차이를 동시에 검증한다. 집단이 2개일 경우 일원분산분석과 $t$ 검증의 관계는 다음과 같다.

$$F = t^2$$

　　$t$ 검증은 두 집단의 평균차이를 검증하는 방법이므로 집단의 수가 많을수록 검증 횟수가 증가한다. 집단의 수를 $k$라고 할 때 $t$ 검증 횟수는 $k(k-1)/2$다. 그러므로 $t$ 검증 횟수는 $k$가 3이면 3회($3(3-1)/2=3$), $k$가 4이면 6회($4(4-1)/2=6$), $k$가 5이면 10회($5(5-1)/2=10$)로 증가한다.

　　**중다 $t$ 검증**(multiple $t$ test)의 가장 큰 문제점은 $t$ 검증의 횟수가 증가할수록 제1종 오류를 범할 확률이 높아진다는 것이다. 중다 $t$ 검증에서 제1종 오류를 범할 확률은 집단의 수에 비례한다. $t$ 검증의 횟수(혹은 영가설의 수)가 $m$이고 모든 검증이 독립이라고 가정할 때 중다 $t$ 검증에서 하나 이상의 제1종 오류(즉, 실험오류율, experimentwise or familywise Type I error)를 범할 확률은 다음과 같다.

$$1 - (1-\alpha)^m$$

　　가령 평균이 5개이면 모두 10회의 $t$ 검증을 해야 하므로 $\alpha = .05$에서 하나 이상의 제1종 오류를 범할 확률은 $1-(1-.05)^{10}=.40$이다. 제1종 오류의 수준은 통상적으로 .05로 설정된다는 점에 비추어 볼 때 .40은 너무 높은 수준이다. 하나 이상의 제1종 오류를 범할 확률은 평균이 6개이면 $t$ 검증 횟수가 15이므로 .54$(1-(1-.05)^{15}=.54)$, 평균이 7개이면 $t$ 검증 횟수가 21이므로 .66$(1-(1-.05)^{21}=.66)$이다. 중다 $t$ 검증은 $t$ 검증 사이에 의존관계가 있을 경우 문제가 더 복잡해진다.

　$t$ 검증과 달리 일원분산분석은 집단의 수에 관계없이 전반적 영가설을 $\alpha$ 수준에서 동시에 검증한다. $k$개 집단의 평균차이를 동시에 검증하기 위한 일원분산분석은 중다 $t$ 검증에 비해 다음과 같은 장점을 갖고 있다.

① 중다 $t$ 검증에서는 $\alpha$ 수준이 높아지지만, 일원분산분석에서는 $\alpha$ 수준을 일정하게 유지할 수 있다.
② 2개 이상의 독립변수가 종속변수에 미치는 개별효과(주효과)와 상호작용을 동시에 검증할 수 있다(제11장 이원분산분석 참조).

　먼저 일원분산분석의 논리를 요약하면 다음과 같다. 일원분산분석은 독립변수에 따라 집단평균들이 다른 정도를 나타내는 집단간 분산($MS_b$)과 같은 집단에 속하는 점수들의 다른 정도를 나타내는 집단내 분산($MS_w$)을 비교하여 평균차이를 검증한다. 여러 집단들의 평균차이는 독립변수에서 기인하므로 집단간 분산은 독립변수의 효과(즉, 집단차이)를 나타낸다. 반면, 같은 집단에 속하는 점수의 차이는 전적으로 무작위오차(표집오차)에서 기인하므로 집단내 분산은 무작위오차가 작용하는 정도를 나타낸다(즉, 무작위오차가 작용하지 않으면 같은 집단에 속하는 모든 점수가 같을 것으로 기대된다.). 그러므로 집단간 분산이 클수록 평균차이가 있을 확률이 높고, 집단내 분산이 클수록 평균차이가 없을 확률이 높다.

　그러나 일원분산분석에서는 집단간 분산이 클수록 평균차이가 있을 확률이 높지만, 단순히 집단간 분산이 크다고 해서 평균차이가 있다고는 할 수 없다. 왜냐하면 집단간 분산은 종속변수의 측정단위, 집단의 수, 사례수와 같은 요인에 따라 달라지기 때문이다. 우선 집단간 분산은 종속변수를 측정하는 단위의 영향을 받는다. 예를 들어, 키를 cm 단위로 측정할 때 표준편차는 키를 m 단위로 측정할 때의 표준편차보다 100배 더 크다(원점수를 100배 곱하면 표준편차도 100배 증가한다.). 당연히 전자가 후자보다 집단간 분산이 크다. 또 집단간 분산은 집단의 수와 사례수에 비례한다.

따라서 단순히 집단간 분산이 크다고 해서 평균차이가 있다고 할 수 없다. 그래서 분산분석에서는 집단간 분산이 집단내 분산에 비해 어느 정도 큰가를 비교하여 평균차이가 있는지를 판단한다($t$ 검증에서 평균차이를 표준오차와 비교하여 평균차이가 유의한지를 판단하는 논리와 근본적으로 같다.). 즉, 집단내 분산은 집단간 분산의 크기를 상대적으로 비교할 수 있는 기준이 된다. [그림 9-3]에서 제시한 것처럼 집단간 분산이 같더라도 집단내 분산의 크기에 따라 평균차이가 있을 수도 있고, 반대로 차이가 없을 수도 있다.

이러한 일원분산분석의 논리를 구체적으로 살펴보자. [그림 9-3]과 같이 두 모집단에서 각각 표집한 집단 1과 집단 2의 평균이 각각 $\overline{X_1}=20$과 $\overline{X_2}=25$라고 할 때 두 모집단의 평균은 유의한 차이가 있다고 할 수 있을까?

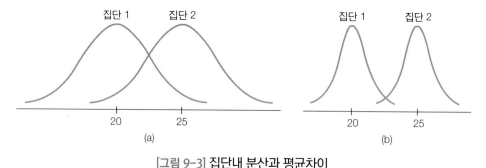

[그림 9-3] 집단내 분산과 평균차이

(a)에서는 모집단 1의 평균과 모집단 2의 평균이 차이가 있다고 하기 어렵다. 왜냐하면 (a)에서는 집단내 분산이 크기 때문에 두 집단의 평균차이가 모집단의 평균차이에서 기인할 수도 있고, 우연적인 요인에서 기인할 수도 있기 때문이다. 다시 말하면 두 집단의 평균차이가 집단내 분산에 비해 상대적으로 작기 때문에 두 모집단의 평균이 다르다고 하기 어렵다. 반면, (b)의 경우 집단내 분산이 상대적으로 작기 때문에 모집단 1의 평균이 모집단 2의 평균과 다를 확률이 높다. 즉, (b)에서는 두 집단의 평균차이가 집단내 분산에 비해 크므로 두 모집단 평균이 차이가 있을 확률이 높다.

요컨대, 일원분산분석에서는 집단간 분산이 집단내 분산에 비해 상대적으로 크면 평균차이가 있다고 결론을 내린다. 일원분산분석에서는 집단간 분산이 집단내 분산에 비해 상대적으로 큰 정도를 $F$ 값으로 나타낸다. 그러므로 $F$ 값이 크다는 것은 집단간 분산이 집단내 분산에 비해 크고, 따라서 평균차이가 유의하다는 것을 의미한다. 반대로 $F$값이 작다는 것은 집단간 분산이 집단내 분산에 비해 상대적으로 크지 않고, 따라서 평균차이가 유의하지 않다는 것을 의미한다. 이와 같이 일원분산분석은 집단간 분산과 집단내 분산을 비교하여 평균차이를 검증하기 때문에 분산분석이라고 한다.

## 1) 일원분산분석의 용도

일원분산분석은 하나의 피험자간 독립변수가 하나의 종속변수에 미치는 영향을 분석하는 통계방법이다. 일원분산분석은 여러 집단의 평균차이를 검증하므로 실험연구와 조사연구에서 두루 적용되는데, 구체적인 적용 상황을 예시하면 다음과 같다.

- 상담방법(인간중심상담, 현실상담, 통제집단)에 따른 자기수용도의 차이를 검증한다.(실험연구)
- 교수법(설명, 토론, 질의)에 따라 성적차이가 있는지를 검증한다.(실험연구)
- 학과(경영학과, 행정학과, 경제학과, 통계학과)에 따라 동기가 차이가 있는지를 검증한다.(조사연구)
- 사회경제적 지위(상, 중, 하)에 따라 자기개념이 차이가 있는지를 검증한다.(조사연구)

## 2) 일원분산분석의 요건

① 독립변수는 범주변수로 2개 이상의 수준으로 나뉘며, 독립변수의 수준은 질적 혹은 양적인 차이가 있어야 한다. 예컨대, 교수방법(강의, 토론, 질의)의 수준은 질적으로 다르고, 강화 횟수(2, 4, 6회 등)의 수준은 양적으로 다르다.
② 특정 피험자는 단 하나의 집단(즉, 수준)에만 속해야 하며, 모집단에서 무작위로 표집되어야 한다.
③ 종속변수는 동간척도 혹은 비율척도라야 한다.

## 3) 일원분산분석의 통계적 가설

일원분산분석은 **전반적 영가설**(全般的 零假說, omnibus null hypothesis: 여러 집단들의 평균이 차이가 없다고 진술한 가설)을 검증한다. 집단의 수가 4개라고 할 때 전반적 영가설과 대립가설은 각각 다음과 같이 진술할 수 있다.

$H_0 : \mu_1 = \mu_2 = \mu_3 = \mu_4$

$H_1 :$ 모든 집단들의 평균이 같지는 않다(혹은 영가설은 참이 아니다.).

이 영가설은 수많은 영가설들을 포함하는데, 몇 가지만 열거하면 다음과 같다.

① $H_{o_1} : \mu_1 = \mu_2$(평균 1과 평균 2는 차이가 없다.)

② $H_{o_2} : \mu_1 = \mu_3$(평균 1과 평균 3은 차이가 없다.)

③ $H_{o_3} : \dfrac{\mu_1 + \mu_2}{2} = \dfrac{\mu_3 + \mu_4}{2}$(평균 1과 평균 2의 통합평균은 평균 3과 평균 4의 통합평균과 차이가 없다.)

④ $H_{o_4} : \mu_1 = \dfrac{\mu_2 + \mu_3 + \mu_4}{3}$(평균 1은 평균 2, 평균 3, 평균 4의 통합평균과 차이가 없다.)

일원분산분석의 영가설은 앞서 열거한 4개 가설 이외에도 수많은 영가설을 포함하므로 **전반적 영가설**(ommibus hypothesis)이라고 한다(분산분석을 **전반적 검증**(全般的 檢證: omnibus test)이라고 하는 것은 전반적 영가설을 검증하기 때문이다). 전반적 영가설을 검증하는 일원분산분석에서는 대립가설을 구체적으로 명시할 수 없으므로 대립가설도 $H_1 : \mu_1 \neq \mu_2 \neq \mu_3 \neq \mu_4$와 같은 형태로 진술하는 것이 아니라(대립가설을 그렇게 진술하면 모든 평균이 차이가 있어야 영가설을 기각할 수 있다.), '모든 평균들이 같은 것은 아니다.' 혹은 '영가설은 참이 아니다.' 혹은 '모든 영가설 중 적어도 하나는 참이 아니다.'라고 진술한다. 그 결과 일원분산분석에서는 전반적 영가설이 기각되면 모든 영가설 중 적어도 하나의 영가설은 참이 아니라고 할 수 있지만, 구체적으로 어느 영가설이 참이 아닌지는 알 수 없다(특정 영가설의 기각여부를 결정하려면 중다비교를 해야 한다. 제10장 중다비교 참조).

## 4) 일원분산분석의 가정

일원분산분석은 독립표본 $t$ 검증을 확장시킨 방법이므로 독립표본 $t$ 검증과 마찬가지로 독립성, 정규성, 등분산성을 가정한다. 이러한 가정이 충족되지 않으면 비모수통계방법인 Kruskal-Wallis 검증을 해야 한다(제16장 참조). 일원분산분석의 가정에 대해 살펴본다.

### (1) 독립성

**독립성**(獨立性, independence)은 집단 간의 점수 및 집단 내의 점수들이 독립이어야 한다는 가정이다. 우선 집단 간에 체계적인 관계가 없어야 한다. 이것은 각 집단의 점수가 다른 집단의 점수와 독립이어야 함을 의미한다. 또 각 집단에서 피험자 점수 간에 체계적인 관계가 없어야 한다. 이것은 특정 피험자의 점수가 다른 피험자의 점수에 대한 정보를 주지 않아야 한다는 것을 뜻한다.

독립성 가정이 위배되면 제1종 오류를 범할 확률이 크게 높아진다. Scariano와 Davenport(1987)에 따르면 $\alpha = .05$ 수준에서 세 집단(각 집단의 사례수가 각각 10명일 때)의 평균차이를 일원분산분석으로 검증할 때 집단 간의 상관이 $r = .50$이면 제1종 오류를 범할 확률이 .74로 높아진다(즉, 실제 평균차이가 없는데도 평균차이가 있다는 결과를 얻을 확률이 .74에 달한다). 독립성 가정이 충족되지 않으면, 즉 집단 간의 점수가 상관이 있으면 제12장에서 다룬 상관표본 분산분석을 해야 한다.

### (2) 정규성

**정규성**(正規性, normality)은 모집단에서 종속변수가 정규분포를 이루어야 한다는 가정이다. 이 가정을 다르게 표현하면 각 집단은 정규분포를 이루는 모집단에서 표집되어야 한다는 것이다. 오차에 비추어 볼 때 이 가정은 각 집단에서 오차가 정규분포를 이룬다는 가정이다. 정규성 가정이 충족되는지를 간단하게 검토하려면 집단별로 정규확률도표(normal probability plot)를 작성한 후 시각적으로 판단하면 된다(제4장 정규분포 참조).

SPSS에서 표본분포가 정규분포를 이루는지를 검증하려면 Kolmogorov-Smirnov 검증 혹은 Shapiro-Wilk 검증을 하면 된다. 이 두 검증은 표본분포를 평균 및 표준편차가 같은 정규분포와 비교하여 정규성을 검증한다. 그러므로 이 검증의 결과가 통계적으로 유의하지 않으면($p > .05$) 표본분포가 정규분포를 이룬다고 보면 된다. 단, 이 검증은 표본크기가 크면 표본분포가 정규분포와 큰 차이가 없어도 통계적으로 유의하다는 결과(즉, 정규분포가 아니라는 결과)를 얻을 확률이 높다는 단점이 있다. SPSS에서 Kolmogorov-Smirnov 검증 혹은 Shapiro-Wilk 검증으로 정규성을 검증하려면 **분석(A)-기술통계량(E)-데이터탐색(E)**에서 **도표(L)**를 클릭한 후 **검정과 함께 정규성도표(O)**를 선택하면 된다.

### (3) 등분산성

**등분산성**(等分散性, homogeneity of variance, 동변량성)은 표본을 추출한 모집단의 분산이 같다는 가정($\sigma_1^2 = \sigma_2^2 = \cdots = \sigma_k^2$)으로, 분산의 동질성에 대한 가정이라고 한다. 등분산성 가정이 충족되지 않으면 제1종 오류를 범할 확률이 $\alpha$보다 더 높기 때문에 $F$분포를 활용할 수 없다. 단, 집단별 사례수가 같을 경우 분산분석은 등분산성 가정이 위배되어도 큰 영향을 받지 않는다.

집단별 사례수가 다르면 약간 복잡하다. 사례수가 큰 집단의 분산이 사례수가 적은 집단의 분산보다 크면 실제 평균차이가 있는데도 평균차이가 없다는 결과를 얻을 확률이 높다. 반대로 사례수가 많은 집단의 분산이 사례수가 적은 집단의 분산보다 작으면 실제 평균차이가 없는데도 평균차이가 있다는 결과를 얻을 확률이 높다. 후자의 경우에는 등분산성을 확보하기 위해 자료를 변환하거나 대안적인 방법(예: Brown-Forsythe modified test)으로 가설을 검증해야 한다.

SPSS에서는 등분산성 가정이 위배되었을 때 $F$값의 대안으로 Brown-Forsythe의 $F$값과 Welch의 $F$값을 보고하고 있으므로 **분석(A)-평균비교(M)-일원배치 분산분석(O)-옵션(O)**에서 선택하면 된다. 등분산성을 통계적으로 검증하는 방법은 제9절에 제시되어 있으니 참고하기 바란다.

## 4 일원분산분석의 절차

일원분산분석의 검증통계량 $F$값은 집단간 분산을 집단내 분산으로 나눈 값인데, 구체적인 계산절차는 꽤 복잡하다. 이 절에서는 일원분산분석의 절차를 검증통계량을 구하는 절차를 중심으로 소개한다.

**일원분산분석의 절차**

1. 통계적 가설 진술

   $H_o$ : $\mu_1 = \mu_2 = \cdots = \mu_k (k$개 집단의 평균은 차이가 없다.)

   $H_1$ : 모든 평균이 같은 것은 아니다.

2. 검증통계량 계산: $F = \dfrac{MS_b}{MS_w}$

3. 임계치 결정: $\alpha$, 집단간 자유도, 집단내 자유도를 고려하여 구한다.

4. 영가설 기각여부 결정: 검증통계량 $F$ 값이 임계치와 같거나 그보다 크면 영가설을 기각한다. 혹은 $F$ 값의 유의확률($p$)이 $\alpha$보다 낮으면 영가설을 기각한다.

5. 효과크기의 계산: 독립변수가 종속변수에 미치는 효과크기를 계산한다.

6. 결론도출: 영가설 기각여부에 근거하여 적절한 결론을 도출한다.

일원분산분석의 검증통계량 $F$를 구하는 절차는 [그림 9-4]와 같다.

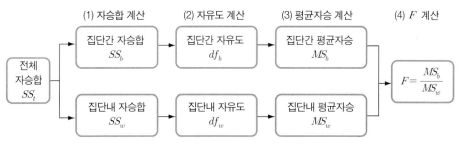

(1) 자승합 계산　　(2) 자유도 계산　　(3) 평균자승 계산　　(4) $F$ 계산

전체 자승합 $SS_t$

집단간 자승합 $SS_b$ → 집단간 자유도 $df_b$ → 집단간 평균자승 $MS_b$

집단내 자승합 $SS_w$ → 집단내 자유도 $df_w$ → 집단내 평균자승 $MS_w$

$F = \dfrac{MS_b}{MS_w}$

[그림 9-4] 일원분산분석의 검증통계량 계산

## 1) 자승합(제곱합)의 계산

**자승합**(自乘合, sum of squares; $SS$) 혹은 제곱합은 편차를 제곱한 다음 합한 값이다. 일원분산분석은 검증통계량 $F$ 값을 구하기 위해 전체 자승합($SS_t$)을 집단간 자승합($SS_b$)과 집단내 자승합($SS_w$)으로 분할한다.

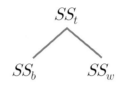

[그림 9-5] 일원분산분석의 자승합 분할

　　자승합은 분산분석을 이해하기 위한 핵심개념이므로 정확하게 이해해야 한다. 일원분산분석에서 자승합을 분할하는 과정은 다음과 같다.


① 개인의 점수 $X$는 전체 평균 $\overline{X}$, 독립변수의 효과 $\alpha$ 혹은 $(\overline{X_j} - \overline{X})$, 오차 $\varepsilon$ 혹은 $(X - \overline{X_j})$의 합으로 나타낼 수 있다($\overline{X_j}$: 집단평균).

$$X = \overline{X} + \alpha + \varepsilon \quad \text{혹은} \quad X = \overline{X} + (\overline{X_j} - \overline{X}) + (X - \overline{X_j})$$

　　$\alpha$는 독립변수의 효과로, 집단평균과 전체 평균의 차이$(\overline{X_j} - \overline{X})$와 같다. 집단 간에 평균차이가 없으면 이 값은 0이 된다. $\varepsilon$는 점수에서 표집오차와 무작위오차의 영향을 받은 부분이다. 점수에 독립변수도 영향을 미치지 않고 (즉, $\alpha = \overline{X_j} - \overline{X} = 0$), 무작위오차도 작용하지 않으면($\varepsilon = X - \overline{X_j} = 0$) 모든 점수들이 전체 평균과 같다(실제 이러한 경우는 없다.).

② 개인의 점수를 편차점수로 표현하면 전체 편차는 집단간 편차와 집단내 편차로 구성된다.

$$X - \overline{X} = (\overline{X_j} - \overline{X}) + (X - \overline{X_j}) \text{(전체 편차=집단간 편차 + 집단내 편차)}$$

　　집단간 편차는 독립변수의 영향을 받은 부분이고, 집단내 편차는 무작위오차의 영향을 받은 부분이다.

③ 모든 점수들의 편차점수를 제곱한 다음 더한 전체 자승합은 다음과 같이 집단간 자승합과 집단내 자승합으로 분할된다.

$$\sum (X - \overline{X})^2 = \sum (\overline{X_j} - \overline{X})^2 + \sum (X - \overline{X_j})^2$$

전체 자승합＝집단간 자승합＋집단내 자승합($SS_t = SS_b + SS_w$)

　세 가지 실험조건(강의, 토론, 질의)에서 측정한 학업성적에 대한 자료를 이용하여 전체 자승합을 집단간 자승합과 집단내 자승합으로 분할하는 방식을 예시하면 〈표 9-2〉와 같다. 집단간 자승합과 집단내 자승합을 합하면 전체 자승합과 같다는 것을 알 수 있다(210+170=380). 분산분석에서는 자승합의 개념이 매우 중요하므로 자승합의 개념을 자세하게 설명한다.

〈표 9-2〉 일원분산분석의 자승합의 분할(전체 평균＝10)

| 집단 | $X$<br>(성적) | 전체 자승합<br>$(X-\overline{X})^2$ | 집단간 자승합<br>$(\overline{X_j}-\overline{X})^2$ | 집단내 자승합<br>$(X-\overline{X_j})^2$ |
|---|---|---|---|---|
| 강의<br>$(\overline{X_1}=15)$ | 16 | $(16-10)^2=36$ | $(15-10)^2=25$ | $(16-15)^2=1$ |
| | 18 | $(18-10)^2=64$ | $(15-10)^2=25$ | $(18-15)^2=9$ |
| | 10 | $(10-10)^2=0$ | $(15-10)^2=25$ | $(10-15)^2=25$ |
| | 12 | $(12-10)^2=4$ | $(15-10)^2=25$ | $(12-15)^2=9$ |
| | 19 | $(19-10)^2=81$ | $(15-10)^2=25$ | $(19-15)^2=16$ |
| 토론<br>$(\overline{X_2}=6)$ | 4 | $(4-10)^2=36$ | $(6-10)^2=16$ | $(4-6)^2=4$ |
| | 6 | $(6-10)^2=16$ | $(6-10)^2=16$ | $(6-6)^2=0$ |
| | 8 | $(8-10)^2=4$ | $(6-10)^2=16$ | $(8-6)^2=4$ |
| | 10 | $(10-10)^2=0$ | $(6-10)^2=16$ | $(10-6)^2=16$ |
| | 2 | $(2-10)^2=64$ | $(6-10)^2=16$ | $(2-6)^2=16$ |
| 질의<br>$(\overline{X_3}=9)$ | 2 | $(2-10)^2=64$ | $(9-10)^2=1$ | $(2-9)^2=49$ |
| | 10 | $(10-10)^2=0$ | $(9-10)^2=1$ | $(10-9)^2=1$ |
| | 9 | $(9-10)^2=1$ | $(9-10)^2=1$ | $(9-9)^2=0$ |
| | 13 | $(13-10)^2=9$ | $(9-10)^2=1$ | $(13-9)^2=16$ |
| | 11 | $(11-10)^2=1$ | $(9-10)^2=1$ | $(11-9)^2=4$ |
| 자승합 | | $SS_t=380$ | $SS_b=210$ | $SS_w=170$ |

① **전체 자승합**(sum of squares total; $SS_t$)은 모든 점수들이 전체 평균과 차이가 있는 정도를 나타내는 자승합이다. 그러므로 점수들이 전체 평균과 차이가 클수록 전체 자승합은 커진다. 반대로 모든 점수들이 전체 평균과 같으면 전체 자승합은 0이 되는데, 이것은 독립변수도 종속변수에 영향을 주지 않고 무작

위오차도 작용하지 않는다는 것을 의미한다. 전체 자승합을 구하려면 각 점수와 전체 평균 간의 편차를 제곱한 후 합하면 된다[$SS_t = \sum (X - \overline{X})^2$]. 〈표 9-2〉의 자료에서 전체 자승합은 380이다.

② **집단간 자승합**(sum of squares between groups; $SS_b$)은 각 집단의 평균이 전체 평균과 차이가 있는 정도(즉, 평균이 서로 다른 정도)를 나타내는 자승합이다. 집단간 자승합은 독립변수의 영향을 받는 부분이므로 집단평균들의 차이가 클수록(즉, 독립변수의 효과가 클수록) 커진다. 반면, 모든 집단평균들이 전체 평균과 같을 경우 집단간 자승합은 0이 된다. 집단간 자승합을 구하려면 모든 사례에서 각 집단의 평균과 전체 평균 간의 편차를 제곱한 후 합하면 된다 [$SS_b = \sum (\overline{X_j} - \overline{X})^2$]. 〈표 9-2〉의 자료에서 집단간 자승합은 210이다.

③ **집단내 자승합**(오차자승합, sum of squares within group; $SS_w$) 각 집단의 점수들이 집단평균과 차이가 있는 정도를 나타내는 자승합이다. 집단내 자승합은 각 집단에 속하는 피험자의 차이를 나타내므로 $SS_{S/A}$로 표기하기도 한다(S: 피험자, A: 독립변수). 집단내 자승합은 무작위오차의 영향을 받는 부분이므로 **오차자승합**이라고 한다. 그러므로 집단내 자승합이 클수록 무작위오차가 많이 작용한다는 것을 의미한다. 무작위오차가 전혀 작용하지 않으면 각 집단에 속한 점수들이 모두 같고, 그 결과 집단내 자승합은 0이 된다. 집단내 자승합을 구하려면 각 점수와 집단평균 간의 편차를 제곱한 후 합하면 된다[$SS_w = \sum (X - \overline{X_j})^2$]. 〈표 9-2〉의 자료에서 집단내 자승합은 170이다.

## 2) 평균자승(분산) 계산

**평균자승**(mean square; $MS$)은 자승합 $SS$를 자유도 $df$로 나눈 값이다(평균자승은 일반적으로 분산이라고 한다. 분산은 자승합을 사례수로 나눈 값이라는 것을 상기하기 바란다.). 평균자승을 구하는 이유는 자승합이 사례수나 집단수의 영향을 받기 때문에 그 영향을 제거하기 위한 것이다. 먼저 자유도의 개념을 살펴본다.

### (1) 자유도

**자유도**(自由度, degree of freedom; $df$)는 모수를 추정할 때 독립적인 정보를 제공할 수 있는(즉, 임의의 값을 취할 수 있는) 점수의 수를 말한다. 자유도의 의미를 구체적으로 살펴보자.

　모집단에서 $n$명을 표집하여 모집단 평균($\mu$)을 추정할 때는 $n$개 점수들은 독립적인 정보를 제공할 수 있으므로 자유도는 $n$이다. 그러나 표본 평균을 이용하여 분산을 구할 때는 자유도가 $(n-1)$이다. 왜냐하면 분산을 구하려면 표본 평균을 이용해야 하므로 $(n-1)$개의 점수만 임의의 값을 취할 수 있기 때문이다. 가령 3개 점수의 평균으로 편차점수 $d = X - \overline{X}$ 를 추정할 때 편차의 합은 항상 0이므로 2개 편차점수는 어떤 값이라도 자유롭게 취할 수 있지만, 세 번째 편차점수는 자동적으로 결정된다.

　모집단 분산을 구할 때 자유도는 $(n-1)$인데, 그 이유는 다음과 같다. 모집단 분산을 구할 때는 표본 평균 $\overline{X}$ 을 이용한다(모집단 평균 $\mu$를 이용해서 분산을 구해야 하지만 모집단 평균을 알 수 없기 때문에 표본평균을 이용한다.). 즉, 표본평균이 모집단 평균과 같다고 보고 표본평균을 이용해서 모집단 분산을 구한다. 이때 $n$개 점수 중 모집단 분산에 대해 독립적인 정보를 제공할 수 있는 점수의 수는 $(n-1)$이다. 또 다른 이유는 $n$을 분모로 하여 모집단 분산을 추정하면 실제 분산보다 과소 추정되지만, $(n-1)$을 분모로 하여 모집단 분산을 추정하면 실제 분산과 같은 불편추정량(unbiased estimator)이 되기 때문이다.

　분산분석에서 자유도는 자승합을 계산할 때 독립적인 정보를 제공할 수 있는 점수들의 수와 같다. 그 이유는 다음과 같다. 자승합을 구할 때는 편차점수를 이용한다. 편차점수를 이용할 때 점수 중 하나는 평균에 의해 자동적으로 결정되므로 독립적인 정보를 제공하지 않는다. 결국 자승합을 구할 때는 $n$개 점수에서 $(n-1)$개 점수만 독립적인 정보를 제공할 수 있으므로 자유도가 $(n-1)$이 된다. 가령 10개 점수에서 자승합을 구할 때 평균이 80이라고 하면 9개 점수는 자유롭게 변할 수 있으나, 10번째 점수는 자동적으로 결정된다. 즉, 10개 점수 중 9개 점수는 자유롭게 변화될 수 있으므로 자유도는 9가 된다. 일반적으로 자유도는 자승합 $SS$를 계산할 때 사용되는 점수의 수에서 1을 빼면 된다. 그러므로 $n$개 점수를 이용해서 $SS$를 구할 때 자유도는 $(n-1)$이다.

　일원분산분석의 전체 사례를 $N$, 각 집단의 사례를 $n$이라고 할 때(각 집단의 사례 수가 같다고 가정하고) 자유도는 다음과 같다.

　① 전체 자유도($df_t$): 전체 자승합 $SS_t$를 구하려면 전체 사례들을 모두 고려해야

하므로 자유도는 ($N-1$)이다. 즉, ($N-1$)개 점수는 임의의 값을 취할 수 있다. 〈표 9-2〉의 자료에서 전체 사례수는 15명이므로 전체 자유도는 14가 된다.

② 집단간 자유도($df_b$): 집단간 자승합 $SS_b$는 $k$개 집단평균들을 이용하여 구하기 때문에 집단간 자유도는 ($k-1$)이다. 즉, 집단평균이 $k$개이고 전체 평균이 정해져 있을 때 ($k-1$)개 평균은 임의의 값을 가질 수 있다. 예컨대, 집단의 수가 3개이고 전체 평균이 4일 경우 집단 1의 평균과 집단 2의 평균은 임의의 값을 가질 수 있으므로 자유도는 2가 된다. 〈표 9-2〉의 자료에서 집단(평균)의 수는 3개이므로 집단간 자유도는 2가 된다.

③ 집단내 자유도($df_w$): 집단내 자승합 $SS_w$를 구하자면 각 집단의 자승합을 더해야 한다. 각 집단에서 집단내 자승합을 구할 때는 $n$개 점수를 이용하므로 각 집단내 자유도는 ($n-1$)이다. 즉, 각 집단의 평균이 정해져 있을 때 ($n-1$)개 사례는 임의의 값을 취할 수 있다. 집단내 자유도는 $k$개 집단의 자유도를 모두 더해야 한다. 그러므로 $k$개 집단의 사례수가 모두 $n$이라고 할 때 집단내 자유도는 $k(n-1)=N-k$가 된다.

$$df_w = 집단 1의 \ 자유도 + 집단 2의 자유도 + \cdots + 집단 k의 자유도$$
$$df_w = (n_1-1) + (n_2-1) + \cdots + (n_k-1)$$

〈표 9-2〉에서 세 집단의 사례는 각각 5명이므로 집단내 자유도는 12다.

　요컨대, 집단간 자승합($SS_b$)의 자유도는 $k-1$($k$: 집단 수), 집단내 자승합($SS_w$)의 자유도는 $k(n-1)=N-k$, 전체 자승합의 자유도는 $nk-1=N-1$이다. 전체 자승합이 집단간 자승합과 집단내 자승합으로 분할되는 것처럼 전체 자유도는 집단간 자유도와 집단내 자유도로 분할된다.

　　전체 자유도($N-1$)＝집단간 자유도($k-1$) + 집단내 자유도($N-k$)

〈표 9-2〉의 자료에서도 집단간 자유도(2)와 집단내 자유도(12)를 더하면 전체 자유도(14)와 같다는 것을 알 수 있다.

## (2) 평균자승(분산) 계산

평균자승(분산)은 자승합을 자유도로 나눈 값이다. 일원분산분석의 평균자승은 전체 평균자승, 집단간 평균자승, 집단내 평균자승으로 나뉜다.

① 전체 평균자승(전체 분산): 전체 자승합을 전체 자유도로 나눈 값이다($MS_t = SS_t/(N-1)$). 〈표 9-2〉에 제시된 자료에서 전체 평균자승은 전체 자승합(380)을 전체 자유도(14)로 나눈 값이므로 27.142다.

② 집단간 평균자승(mean squares between groups; $MS_b$) 혹은 집단간 분산(between-group variance): 집단간 평균자승은 집단간 자승합($SS_b$)을 집단간 자유도($k-1$)로 나눈 값이다[$MS_b = SS_b/(k-1)$]. 집단간 평균자승은 집단평균들이 다른 정도를 나타내므로 평균차이가 클수록 값이 크다. 집단간 평균자승은 독립변수의 영향을 받은 분산과 표집오차(무작위오차)의 합으로 구성된다(표집오차의 영향을 받는 것은 모집단 평균이 같더라도 표집오차로 인해 표본평균이 달라질 수 있기 때문이다). 〈표 9-2〉의 자료에서 집단간 평균자승은 집단간 자승합(210)을 집단간 자유도(2)로 나눈 값이므로 105가 된다.

③ 집단내 평균자승(mean squares within group; $MS_w$) 혹은 집단내 분산(within-group variance): 집단내 평균자승은 집단내 자승합($SS_w$)을 집단내 자유도(N-k)로 나눈 값이다[$MS_w = SS_w/(N-k)$]. 집단내 평균자승은 같은 집단에 속한 점수에 작용하는 무작위오차를 반영하는 분산이다. 같은 집단에 속하는 피험자는 모두 같은 독립변수를 경험했으므로 집단내 평균자승은 집단 간의 평균차이가 아니라 표집오차에 의해 유발된다. 그래서 집단내 평균자승을 **오차분산**(error variance)이라 한다. 집단내 평균자승은 집단간 평균자승의 상대적 크기를 판단할 수 있는 기준이 된다. 집단간 평균자승이 집단내 평균자승과 거의 같으면 집단간 평균자승(즉, 집단 간의 평균차이)은 무작위오차에 의해 기인한다고 간주한다. 반면, 집단간 평균자승이 집단내 평균자승보다 상당히 크면 무작위오차 이외의 요인(즉, 독립변수의 효과)이 영향을 미친다고 간주한다. 요컨대, 집단간 평균자승과 집단내 평균자승의 차이는 독립변수의 효과를 나타낸다. 〈표 9-2〉에 제시된 자료에서 집단내 평균자승은 집단내 자승합(170)을 집단내 자유도(12)로 나눈 값이므로 14.167이다.

## 3) 검증통계량 계산

일원분산분석의 검증통계량 $F$ 값은 집단간 평균자승($MS_b$)을 집단내 평균자승($MS_w$)으로 나눈 값이다. 집단간 평균자승은 독립변수의 영향을 받은 체계적인 분산을 반영하고 집단내 평균자승은 비체계적인 분산을 반영한다. 그러므로 $F$ 값은 체계적 분산(독립변수의 효과)과 비체계적 분산(무작위오차)의 비를 나타낸다.

$F$ 값의 의미를 구체적으로 살펴보자. 영가설이 참인 경우와 영가설이 거짓인 경우 검증통계량 F는 다음과 같다.

① 영가설이 참일 때: $F = \dfrac{\text{집단간 평균자승}}{\text{집단내 평균자승}} = \dfrac{0 + \text{오차분산}}{\text{오차분산}} = 1$

② 영가설이 거짓일 때: $F = \dfrac{\text{집단간 평균자승}}{\text{집단내 평균자승}} = \dfrac{\text{독립변수 효과} + \text{오차분산}}{\text{오차분산}} > 1$

영가설이 참인 경우(독립변수가 종속변수에 영향을 미치지 못하면, 즉 집단 간 평균차이가 없으면) 집단간 평균자승이 집단내 평균자승과 거의 같을 것으로 기대되므로 $F$ 값이 1에 접근한다. $F$ 값이 1보다 작아도 평균차이가 없다는 것을 나타낸다. 이는 무작위오차에 기인하는 비체계적 분산이 독립변수에 기인하는 체계적 분산보다 더 크다는 것을 의미한다. 반면, 영가설이 거짓인 경우(즉, 독립변수가 종속변수에 영향을 미치면, 즉 집단 간의 평균차이가 있으면) 집단간 평균자승이 집단내 평균자승보다 크고, 결과적으로 $F$ 값이 1보다 크다. 따라서 $F$ 값이 1보다 크다는 것은 영가설에 반(反)하는 증거가 된다. 〈표 9-2〉에 제시된 자료에서 $F$ 값은 집단간 평균자승을 집단내 평균자승로 나눈 값이므로 7.412($F = 105/14.167 = 7.412$)가 된다.

## 4) 영가설 기각여부 결정

일원분산분석에서 영가설 기각여부는 ① $F$ 값을 임계치와 비교하여 결정하는 방법과, ② $F$ 값의 유의확률을 $\alpha$와 비교하여 결정하는 방법이 있다. 단, 어느 방식으로 영가설을 기각하든 간에 사전에 유의수준을 결정해야 한다.

## (1) $F$ 값을 임계치와 비교하여 영가설 기각여부를 결정하는 방법

$F$ 값이 임계치보다 크거나 같으면 영가설을 기각하는 방법이다. 임계치는 $F$ 분포표에서 유의수준 $\alpha$와 자유도(집단간 자유도와 집단내 자유도)를 고려하여 〈부록 표 5〉에 제시되어 있는 $F$ 분포에서 다음과 같은 방법으로 구하면 된다.

① 일방검증: $\alpha$에 대응되는 $F$ 분포에서 자유도를 고려하여 찾는다. 가령 $\alpha = .05$이면 $\alpha = .05$에 대응되는 $F$ 분포에서 분자 및 분모의 자유도를 고려하여 임계치를 찾는다.

② 양방검증: $\alpha/2$에 대응되는 $F$ 분포에서 자유도를 고려하여 찾는다. 가령 $\alpha = .05$이면 유의수준 $.025$에 대응되는 $F$ 분포에서 분자 및 분모의 자유도를 감안해서 임계치를 찾는다.

위의 예시에서 검증통계량의 값은 $F=7.412$이었다. $F$ 분포에서 $\alpha = .05$, 분자의 자유도 2, 분모의 자유도 12에 대응되는 임계치는 $F_{.05} = 3.89$다. $F$ 값이 임계치보다 크므로 영가설을 기각하면 된다.

## (2) $F$ 값의 유의확률을 $\alpha$와 비교하여 영가설 기각여부를 결정하는 방법

$F$ 값의 유의확률($p$)이 $\alpha$와 같거나 그보다 낮으면 영가설을 기각하는 방법이다. 예컨대, $\alpha = .05$에서 $F$ 값의 유의확률이 $p \leq .05$이면 영가설을 기각하면 된다. 유의확률은 $F$ 분포에서 표본에서 구한 $F$ 값과 같거나 더 큰 값을 얻을 확률이다. 유의확률은 통계프로그램에서 자동으로 산출된다. 위의 예시에서 검증통계량의 값은 $F=7.412$이었다. 분자의 자유도 2, 분모의 자유도 12에서 검증통계량 $F=7.41$의 유의확률은 $p=.008$이다. 이것은 분자의 자유도 2, 분모의 자유도가 14인 $F$ 분포에서 $F=7.41$보다 같거나 큰 $F$ 값을 얻을 확률이 $.008$이라는 것을 의미한다. 이경우 유의확률이 $\alpha = .05$보다 낮으므로 영가설을 기각한다.

## 5) 효과크기 계산

일원분산분석의 결과는 단순히 여러 집단의 평균차이가 독립변수의 영향을 받았는지 아니면 우연적으로 발생했는지를 나타낼 뿐, 독립변수가 종속변수에 어느 정도 효과를 미쳤는지에 대한 정보는 제공하지 않는다. 왜냐하면 $F$ 값의 유의확률은 독립변수의 효과는 물론 표본크기의 영향을 받기 때문이다.

독립변수가 종속변수에 어느 정도 효과를 미쳤는지를 나타내자면 효과크기를 계산해야 한다. **효과크기**(effect size)는 독립변수(실험처치)가 종속변수에 어느 정도 효과를 미쳤는지를 나타낸다. 효과크기를 구하는 방식을 소개한다.

### (1) $\eta^2$

$\eta^2$(eta squared)는 전체 자승합에서 집단간 자승합이 차지하는 비로 정의된다.

$$\eta^2 = \frac{SS_b}{SS_t} = \frac{\text{집단간 자승합}}{\text{전체 자승합}}$$

$\eta^2$은 회귀분석의 결정계수($R^2$)와 비슷한 개념으로, 값이 클수록 독립변수가 종속변수에 큰 영향을 미친다는 것을 의미한다. $\eta^2$의 범위는 0에서 1.0이다. $\eta^2$이 0이면 독립변수가 종속변수에 전혀 영향을 미치지 않는다는 것을, 1.0이면 독립변수가 종속변수를 완전히 결정한다는 것을 의미한다. 위의 예시에서 효과크기는 다음과 같다.

$$\eta^2 = \frac{SS_b}{SS_t} = \frac{210}{380} = .5526$$

이 결과는 독립변수가 종속변수에 55.26%의 영향을 미친다는 것을 의미한다. 그런데 $\eta^2$은 편향된 추정량 $SS_t$와 $SS_b$를 이용하여 구했으므로 독립변수의 효과에 대한 편향추정량이다. 조정된 $\eta^2$은 독립변수의 효과를 더 정확하게 추정한다.

$$\text{조정된 } \eta^2 = 1 - \frac{MS_w}{MS_t}$$

앞의 예시에서 구한 조정된 $\eta^2$은 다음과 같다.

$$\text{조정된 } \eta^2 = 1 - \frac{MS_w}{MS_t} = 1 - \frac{14.167}{27.142} = .478$$

## (2) $\omega^2$

실험연구에서 효과크기를 나타내기 위해서 일반적으로 사용되고 있는 $\omega^2$(omega squared)는 분산분석표의 자료를 이용하여 다음과 같이 추정할 수 있다.

$$\omega^2 = \frac{SS_b - (k-1)MS_w}{SS_t + MS_w}$$

앞의 예시에서 $\omega^2$ 추정치를 구하면 다음과 같다.

$$\omega^2 = \frac{210 - (3-1)14.167}{380 + 14.167} = .461$$

이것은 독립변수가 종속변수의 전체 변산을 약 46% 설명한다는 것을 나타낸다.

## (3) $f$

Cohen(1988)이 개발한 $f$는 다음과 같이 계산할 수 있다.

$$f = \sqrt{\frac{\omega^2}{1 - \omega^2}}$$

$f$는 $t$ 검증의 효과크기 $d$와 같은 개념이다. 그러므로 $f = .10$보다 작으면 효과크기가 작고, $f = .25$ 정도이면 효과크기가 중간 정도이며, $f = .40$보다 크면 효과크기가 크다고 해석한다. 앞의 예시에서 $f$를 구하면 다음과 같다.

$$f = \sqrt{\frac{\omega^2}{1 - \omega^2}} = \sqrt{\frac{.461}{1 - .461}} = .925$$

## 6) 결론도출

영가설이 기각되면 여러 집단의 평균차이가 있다고(즉, 독립변수가 종속변수에 영향을 미친다고) 결론을 내린다. 영가설이 기각되었다는 것은 연구결과가 대립가설과 일치한다는 것을 의미하며, 그러한 의미에서 대립가설을 수용한다. 반대로 영가설이 기각되지 않으면 평균차이가 없다고(즉, 독립변수가 종속변수에 영향을 미치지 않는다고) 결론을 내린다. 영가설 기각실패는 연구결과가 영가설과 일치한다는 것을 의미한다. 위의 예시에서는 영가설이 기각되었으므로 세 집단의 평균이 통계적으로 유의한 차이가 있다는 결론을 내린다.

## 5 일원분산분석의 결과제시방법

일원분산분석의 결과는 분산분석표로 요약하여 제시하는 것이 일반적이다. 일원분산분석표를 작성하는 요령은 다음과 같다.

〈표 9-3〉 일원분산분석표의 일반형식

| (1) 변산원(Source) | (2) 자승합($SS$) | (3) 자유도($df$) | (4) 평균자승(MS) | (5) $F$ | (6) $\eta^2$ |
|---|---|---|---|---|---|
| 집단간(요인)[2] | $SS_b$ | $k-1$ | $MS_b = \dfrac{SS_b}{k-1}$ | $\dfrac{MS_b}{MS_w}$ | $\dfrac{SS_b}{SS_t}$ |
| 집단내(오차) | $SS_w$ | $N-k$ | $MS_w = \dfrac{SS_w}{N-k}$ | | |
| 전체 | $SS_t$ | $N-1$ | | | |

① 변산원(source): 종속변수의 변산에 영향을 미치는 요인들을 제시한다. 일원분산분석의 변산원은 독립변수(요인)와 집단내 요인(오차)으로 나뉘므로, 전체 변산원과 함께 기입한다.

② 자승합($SS$): 변산원별 자승합을 기입한다. 집단간 자승합과 집단내 자승합을

_____

2) 이 변산원의 명칭은 집단간, 처치, 집단, 모델, 독립변수명 등 다양하게 불린다.

합한 값은 반드시 전체 자승합과 같아야 한다.

③ 자유도($df$): 변산원별 자유도를 기입한다. 집단간 자유도와 집단내 자유도를 합한 값은 반드시 전체 자유도와 같아야 한다.

④ 평균자승($MS$): 자승합을 자유도로 나눈 평균자승을 기입한다.

⑤ $F$: 집단간 평균자승을 집단내 평균 자승합으로 나눈 값을 기입한다.

⑥ 효과크기: 집단간 자승합을 전체 자승합으로 나눈 값을 기입한다.

⑦ $F$ 값의 유의확률을 기입한다($F$가 임계치보다 큰지 아니면 작은지를 표시한다). 혹은 $F$의 유의성 검증결과를 표 아래에 각주로 표시한다.

## 6 일원분산분석 예시

앞에서 〈표 9-2〉에 제시된 자료를 이용하여 세 집단의 평균차이를 검증하기 위한 일원분석분석의 절차를 단계별로 상세하게 소개하였다. 앞에서 소개한 일원분산분석의 절차를 요약하면 다음과 같다.

〈표 9-4〉 일원분산분석 예시 요약

| 1. 통계적 가설 진술 | $H_o : \mu_1 = \mu_2 = \mu_3$(세 집단의 평균들은 차이가 없다.)<br>$H_1 :$ 영가설은 참이 아니다. |
|---|---|
| 2. 검증통계량 계산 | (1) 자승합 계산<br>　① 전체 자승합: $SS_t = 380$<br>　② 집단간 자승합: $SS_b = 210$<br>　③ 집단내 자승합: $SS_w = 170$<br>(2) 평균자승 계산<br>　① 집단간 평균자승: $MS_b = SS_b/df_b = 210/2 = 105.000$<br>　② 집단내 평균자승: $MS_w = SS_w/df_w = 170/12 = 14.167$<br>(3) 검증통계량 계산: $F = \dfrac{MS_b}{MS_w} = \dfrac{105.000}{14.167} = 7.412$ |
| 3. 임계치 결정 | $\alpha = .05$, $df_b = 2$, $df_w = 12$에서 임계치는 $F_{.05} = 3.89$다. |
| 4. 영가설 기각여부 결정 | 검증통계량의 값 $F = 7.412$는 임계치($F_{.05} = 3.89$)보다 크므로 영가설을 기각한다. |

| 5. 효과크기 계산 | $\eta^2 = \dfrac{SS_b}{SS_t} = \dfrac{210}{380} = .5526$ |
|---|---|
| 6. 결론도출 | 세 집단의 평균들은 통계적으로 유의한 차이가 있다. |

일원분산분석표

| 변산원 | 자승합 | 자유도 | 평균자승 | $F$ | $\eta^2$ |
|---|---|---|---|---|---|
| 집단간 | 210 | 2 | 105 | 7.412* | .5526 |
| 집단내 | 170 | 12 | 14.167 | | |
| 전체 | 380 | 14 | | | |

\* $p < .05$

분산분석표에서 영가설 기각여부를 표시하는 방식은 대개 세 가지가 있는데, 약간씩 차이가 있다. 첫째는 $F$ 값의 유의확률이 $\alpha$보다 낮다는 사실을 각주에 표시하는 방식이다. 〈표 9-5〉의 각주에 제시된 '\*$p < .05$'는 $F = 7.412$의 유의확률이 $\alpha = .05$보다 낮다는 것을 나타낸다. 그러므로 이 표시는 영가설이 기각되었다는 것을 의미한다. 단, 유의확률이 .05보다 클 경우에는 표시하지 않는 것이 원칙이다.

〈표 9-5〉 일원분산분석표의 형식(1)

| 변산원 | 자승합 | 자유도 | 평균자승 | $F$ |
|---|---|---|---|---|
| 집단간 | 210 | 2 | 105 | 7.412* |
| 집단내 | 170 | 12 | 14.167 | |
| 전체 | 380 | 14 | | |

\* $p < .05$

두 번째는 $F$ 값의 유의확률($p$)을 $F$ 값 옆에 병기하는 방식이다. 다음 〈표 9-6〉에서 $F = 7.412$의 $p = .008$로 제시되어 있다. 이 경우 $F$ 값의 $p$가 $\alpha$와 같거나 그보다 낮으면 통계적으로 유의하다고 해석하면 된다. 〈표 9-6〉에서 $F$ 값의 $p = .008$은 $\alpha = .05$보다 낮으므로 평균차이가 있다(즉, 영가설이 기각되었다.)고 해석하면 된다.

〈표 9-6〉 일원분산분석표의 형식(2)

| 변산원 | 자승합 | 자유도 | 평균자승 | $F$ | $p$ |
|---|---|---|---|---|---|
| 집단간 | 210 | 2 | 105 | 7.412 | .008 |
| 집단내 | 170 | 12 | 14.167 | | |
| 전체 | 380 | 14 | | | |

세 번째는 $p$가 $\alpha$보다 큰지 아니면 작은지의 여부를 표시하는 방식이다. 〈표 9-7〉에서 '$p < .05$'는 $F=7.412$의 유의확률이 $\alpha = .05$보다 작다는 것을 뜻한다. 이것은 $F$ 값의 유의확률이 .05보다 낮으므로 $\alpha = .05$ 수준에서 영가설이 기각되었음을 뜻한다. $p$가 .05보다 크면 ns(non significant) 혹은 $p > .05$라고 표기하면 된다.

〈표 9-7〉 일원분산분석표의 형식(3)

| 변산원 | 자승합 | 자유도 | 평균자승 | $F$ | |
|---|---|---|---|---|---|
| 집단간 | 210 | 2 | 105 | 7.412 | $p < .05$ |
| 집단내 | 170 | 12 | 14.167 | | |
| 전체 | 380 | 14 | | | |

## 7 SPSS를 활용한 일원분산분석

SPSS를 활용한 일원분산분석의 절차는 다음과 같다.

① 분석(A)-일반선형모형(G)에서 일변량(U)을 선택한다(분석(A)-평균비교(M)-일원배치 분산분석(O)에서 분석해도 된다).
② 일변량(U)에서 종속변수(D), 모수요인(F), 변량요인(A)에 해당되는 변수를 선택한다. 독립변수는 고정변수이면 모수요인에, 무작위변수이면 변량요인에 입력해야 한다.
③ (필요할 경우) 일변량(U)-옵션(O)에서 효과크기 추정값(E)이나 동질성 검정(H) 등을 선택한다.
④ 〈표 9-2〉의 자료에 대해 SPSS로 일원분산분석을 한 결과는 다음과 같다.

개체-간 효과 검정

종속변수: 성적

| 소스 | 제 III 유형 제곱합 | 자유도 | 평균제곱 | F | 유의확률 | 부분 에타 제곱 |
|---|---|---|---|---|---|---|
| 수정 모형 | 210.000ª | 2 | 105.000 | 7.412 | .008 | .553 |
| 절편 | 1500.000 | 1 | 1500.000 | 105.882 | .000 | .898 |
| 방법 | 210.000 | 2 | 105.000 | 7.412 | .008 | .553 |
| 오차 | 170.000 | 12 | 14.167 | | | |
| 합계 | 1880.000 | 15 | | | | |
| 수정 합계 | 380.000 | 14 | | | | |

a. R 제곱 = .553 (수정된 R 제곱 = .478)

## 8 등분산성(동변량성)의 검증방법

### 1) Levene 검증

**Levene 검증**은 원점수를 이용하여 등분산성을 검증하는 방법이다. SPSS에서는 Levene 검증으로 등분산성 가정이 충족되는지를 검증한다.

Levene 검증은 여러 집단의 분산이 차이가 없다는 영가설을 검증하기 위해 원점수($X$)와 집단평균($\overline{X_j}$)의 편차 절댓값($d = |X - \overline{X_j}|$)의 집단차이를 일원분산분석으로 검증하는 방법이다. 여러 집단의 분산이 같으면 편차 절댓값 평균이 같을 것이므로 $F$ 값이 통계적으로 유의하지 않을 것이다. 반대로 집단 간의 분산이 다르면 편차 절댓값 평균의 차이가 크고, 결국 $F$ 값이 통계적으로 유의할 것이다. 따라서 이 분산분석에서는 $F$ 값이 통계적으로 유의하면 여러 집단의 분산이 다르다고 결론을 내린다. 분산이 종속적일 때, 즉 동일 집단을 3개 이상의 조건에서 측정했을 경우 등분산성을 검증하려면 Levene 검증을 확장시킨 방법을 적용하면 된다. 즉, 각 조건별로 원점수와 집단평균의 편차 절댓값을 구한 다음 등분산성을 검증하면 된다.

Levene 검증은 표본크기가 클 경우 실제 분산차이가 크지 않아도 분산이 다르다는 검증결과를 얻을 수 있다는 단점이 있다. 그러므로 Levene 검증의 결과는 다음에 소개되어 있는 Hartley 검증의 결과를 감안해서 해석하는 것이 좋다.

〈표 9-8〉 Levene 검증(예시)

| 교수방법 | $X$ | $X - \overline{X_j}$ | $\|X - \overline{X_j}\|$ | 편차 절댓값에 대한 분산분석(Levene 검증) |
|---|---|---|---|---|
| 강의 ($\overline{X_1} = 15$) | 16 | 1 | 1 | |
| | 18 | 3 | 3 | |
| | 10 | −5 | 5 | |
| | 12 | −3 | 3 | |
| | 19 | 4 | 4 | |
| 토론 ($\overline{X_2} = 6$) | 4 | −2 | 2 | |
| | 6 | 0 | 0 | |

개체-간 효과 검정

종속변수: 절대편차

| 소스 | 제 III 유형 제곱합 | 자유도 | 평균제곱 | F | 유의확률 |
|---|---|---|---|---|---|
| 수정 모형 | 2.133a | 2 | 1.067 | .274 | .765 |
| 절편 | 129.067 | 1 | 129.067 | 33.094 | .000 |
| 방법 | 2.133 | 2 | 1.067 | .274 | .765 |
| 오차 | 46.800 | 12 | 3.900 | | |
| 합계 | 178.000 | 15 | | | |
| 수정 합계 | 48.933 | 14 | | | |

a. R 제곱 = .044 (수정된 R 제곱 = −.116)

| | | | |
|---|---|---|---|
| | 8 | 2 | 2 |
| | 10 | 4 | 4 |
| | 2 | −4 | 4 |
| 질의 ($\overline{X_3}=9$) | 2 | −7 | 7 |
| | 10 | 3 | 3 |
| | 9 | 0 | 0 |
| | 13 | 4 | 4 |
| | 11 | 2 | 2 |

(1) $SS$
① 전체 자승합: $SS_t = 48.933$
② 집단간 자승합: $SS_b = 2.133$
③ 집단내 자승합: $SS_w = 46.800$

(2) $MS$
① 집단간: $MS_b = SS_b/df_b = 2.133/2 = 1.067$
② 집단내: $MS_w = SS_w/SS_b = 46.80/12 = 3.90$

(3) $F = \dfrac{MS_b}{MS_w} = \dfrac{1.067}{3.90} = .274\,(p=.765)$

(4) $F$ 값의 유의확률은 $p=.765$이므로 세 집단 분산이 차이가 없다는 영가설을 기각할 수 없다.

SPSS를 활용한 Levene 검증은 다음과 같다.

① **분석(A)–일반선형모형(G)–일변량(U)**에서 종속변수와 독립변수를 선택한다.
② **옵션(O)–동질성 검증(H)**을 선택한다.
③ Levene 검증의 결과 $F$ 값의 유의확률($p$)이 .05보다 낮으면 등분산성 가정이 위배되었다고 판단한다.
④ 〈표 9–2〉의 자료에 대해 SPSS로 등분산성을 검증한 결과는 다음과 같다(〈표 9–8〉의 결과와 비교하면 $F$ 값과 유의확률이 약간 다르지만 검증결과는 같다.). SPSS에서 등분산성 검증결과는 분산분석결과와 함께 제시된다.

오차 분산의 동일성에 대한 Levene의 검정[a]

종속변수: 성적

| F | 자유도1 | 자유도2 | 유의확률 |
|---|---|---|---|
| .189 | 2 | 12 | .830 |

여러 집단에서 종속변수의 오차 분산이 동일한 영가설을 검정합니다.

## 2) Hartley의 $F_{max}$ 검증

Hartley의 **$F_{max}$ 검증**은 분산의 비를 이용하여 등분산성을 검증하는 방법이다. 여기서 $F_{max}$는 최대 분산 $s_{max}^2$를 최소 분산 $s_{min}^2$으로 나눈 값이다.

$$F_{\max} = \frac{s^2_{\max}}{s^2_{\min}}$$

$F_{\max}$의 통계적 유의성을 판단하기 위한 임계치는 ① 유의수준, ② 집단의 수, ③ 각 집단의 자유도를 고려하여 〈부록 표 6〉에서 찾으면 된다. 집단의 사례수가 다를 경우 평균을 구한 다음 반올림해서 사용해도 된다. $F_{\max}$가 임계치보다 낮으면 분산이 같다고 결론을 내리면 된다. 세 집단의 분산이 〈표 9-9〉와 같을 때 분산 차이가 있는지를 Hartley의 $F_{\max}$ 검증으로 검증하면 다음과 같다.

**〈표 9-9〉Hartley(1950)의 $F_{\max}$ 검증(예시)**

| 집단 | $n$ | $df$ | $s^2$ | $F_{\max}$ 검증절차 |
|---|---|---|---|---|
| 1 | 5 | 4 | 14.31 | (1) 검증통계량: $F_{\max} = 16.02/10.00 = 1.60$ |
| 2 | 5 | 4 | 10.00 | (2) 임계치: $\alpha = .05$, 집단의 수(3), 자유도(4)에서 임계치는 15.5다. |
| 3 | 5 | 4 | 16.02 | (3) 결론: $F_{\max} = 1.60$은 임계치보다 작으므로 분산 간에 유의한 차이가 없다. |
| 전체 | 15 | 14 | 27.14 | |

## 3) Cochran 검증

Cochran 검증은 각 집단의 분산 $s^2$을 모르지만 분산의 합을 알고 있을 경우 유용하다. 검증통계량은 다음 공식으로 추정한다.

$$Cochran's \ \ g = \frac{s^2_{\max}}{\sum s^2} = \frac{s^2_{\max}}{k(MS_w)}$$

〈표 9-8〉의 예시에서 Cochran의 검증의 검증통계량은 다음과 같다.

$$Cochran's \ \ g = \frac{s^2_{\max}}{\sum s^2} = \frac{16.02}{40.33} = .40$$

Cochran의 검증의 임계치는 ① 유의수준, ② 각 집단의 자유도, ③ 집단의 수를 고려해서 〈부록 표 7〉에서 찾으면 된다. 위의 예시에서 $\alpha = .05$, 각 집단의 자유도=4, 집단의 수=3이므로 이에 해당하는 Cochran 검증의 임계치는 .6287이다. 검증통계량의 값은 임계치보다 작기 때문에 영가설을 기각할 수 없다. 따라서 세 집단의 분산은 유의한 차이가 없다고 할 수 있다.

## 9 기타 고려사항

### 1) 중다비교: 일원분산분석의 후속분석

일원분산분석에서 전반적 영가설이 기각되었다는 것은 여러 집단의 평균이 차이가 있다는 것을 의미한다. 그러나 일원분산분석의 결과는 어느 집단의 평균과 어느 집단의 평균이 차이가 있는지에 대한 구체적인 정보를 제공하지 않는다. 그러므로 일원분산분석의 결과가 통계적으로 유의하면 구체적으로 어느 집단과 어느 집단의 평균이 차이가 있는지를 밝히기 위해 개별비교를 해야 한다(제10장 중다비교 참조). 반면, 전반적 영가설이 기각되지 않으면 분석을 종결하고, 여러 집단의 평균이 통계적으로 유의한 차이가 없다고 결론을 내리면 된다.

### 2) 일원분산분석의 검증력

일원분산분석에서 $F$ 검증의 통계적 검증력(power, $1 - \beta$)은 영가설이 거짓일 때 그것을 기각할 수 있는 확률이다. 이상적으로 통계적 검증력은 .80 이상이 되어야 한다. 통계적 검증력은 다음과 같은 요인에 따라 결정된다.

① 평균차이: 통계적 검증력은 집단평균의 차이가 클수록 높아진다.
② 오차분산: 오차분산이 작을수록 통계적 검증력이 커진다.
③ 집단간 자유도

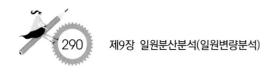

④ 집단내 자유도

⑤ 유의수준

**1** 다음 일원분산분석표에서 빈칸을 채운 후 물음에 답하시오.

**일원분산분석표**

| 변산원 | 자승합 | 자유도 | 평균자승 | $F$ | $\eta^2$ |
|---|---|---|---|---|---|
| 집단간 | 200 | _____ | 200 | _____ | _____ |
| 집단내 | 280 | _____ | 10 | | |
| 전체 | _____ | 29 | | | |

1) 독립변수의 수준은 몇 개인가?
2) 모든 집단들의 피험자수가 같다고 할 때 각 집단의 피험자는 몇 명인가?
3) 독립변수의 효과를 검증하기 위한 $F$ 검증의 자유도는 각각 얼마인가?
4) $\alpha = .05$에서 영가설을 기각하기 위한 임계치는 얼마인가?
5) 영가설을 기각할 수 있는가?

**2** 27명 학생들을 세 가지 수업조건(설명식 수업, 토론식 수업, 개별화 수업)에 각각 9명씩 무작위로 배치한 다음 수업을 실시했다. 수업이 끝난 후 실시한 성취도 검사의 점수가 다음과 같다고 할 때 세 집단 간에 점수차이가 있는지를 $\alpha = .05$ 수준에서 검증하고 분산분석표를 작성하시오.

**수업유형에 따른 성취도검사 점수**

| 설명식 수업 | 토론식 수업 | 개별화수업 |
|---|---|---|
| 92 | 86 | 81 |
| 86 | 93 | 80 |
| 87 | 97 | 72 |
| 76 | 81 | 82 |
| 80 | 94 | 83 |
| 87 | 89 | 89 |
| 92 | 98 | 76 |
| 83 | 90 | 88 |
| 84 | 91 | 83 |

**3**  세 집단의 반응시간이 다음과 같을 때 $\alpha = .05$ 수준에서 세 집단의 평균반응시간이 통계적으로 유의한 차이가 있는지를 검증하시오.

세 집단의 반응시간(단위: 초)

|  | 집단 1 | 집단 1 | 집단 3 |
|---|---|---|---|
|  | 3 | 5 | 1 |
|  | 2 | 8 | 3 |
|  | 5 | 9 | 4 |
|  | 6 | 2 | 2 |
|  | 3 | 6 | 7 |
|  | 1 | 5 | 3 |
| 평균 | 3.33 | 5.83 | 3.33 |
| 표준편차 | 1.86 | 2.48 | 2.06 |

**4**  실험집단과 통제집단의 자료가 다음과 같을 때 다음 물음에 답하시오.

| 실험집단 | 10  5  6  13  12  9 | 통제집단 | 21  9  17  13  15  15 |
|---|---|---|---|

1) 독립표본 $t$ 검증으로 $\alpha = .05$ 수준에서 평균차이를 검증하시오.

2) 일원분산분석으로 $\alpha = .05$ 수준에서 평균차이를 검증하시오.

3) 독립표본 $t$ 검증의 결과와 일원분산분석의 결과가 같은지 판단하시오.

4) $F = t^2$이 성립한다는 사실을 독립표본 $t$ 검증과 일원분산분석의 결과로 증명하시오.

**1**

**일원분산분석표**

| 변산원 | 자승합 | 자유도 | 평균자승 | $F$ | $\eta^2$ |
|---|---|---|---|---|---|
| 집단간 | 200 | 1 | 200 | 20 | .4167 |
| 집단내 | 280 | 28 | 10 | | |
| 전체 | 480 | 29 | | | |

1) 2개                                      2) 15명

3) 집단간 자유도＝1, 집단내 자유도＝28        4) $F = 4.20$

5) 있다.

**2**  $\alpha = .05$, 분자의 자유도＝2, 분모의 자유도＝24에서 $F$ 분포의 임계치는 $F_{.05} = 3.40$이다. 검증통계량 $F = 7.29$는 임계치보다 크므로 영가설을 기각한다. 그러므로 세 가지 수업조건에 따라 성취도검사의 점수가 유의하게 다르다고 할 수 있다.

**일원분산분석표**

| 변산원 | 자승합 | 자유도 | 평균자승 | $F$ | $\eta^2$ |
|---|---|---|---|---|---|
| 집단간 | 408.074 | 2 | 204.037 | 7.29* | .3779 |
| 집단내 | 671.778 | 24 | 27.991 | | |
| 전체 | 1079.852 | 26 | | | |

$p < .05$

**3**  검증통계량 $F = 2.698$은 임계치 $F_{.05} = 3.68$보다 작으므로 영가설을 기각할 수 없다. 그러므로 세 집단들의 반응시간은 통계적으로 차이가 없다.

**일원분산분석표**

| 변산원 | 자승합 | 자유도 | 평균자승 | $F$ | |
|---|---|---|---|---|---|
| 집단간 | 25.00 | 2 | 12.50 | 2.698 | p>.05 |
| 집단내 | 69.50 | 15 | 4.633 | | |
| 전체 | 94.50 | 17 | | | |

**4**  1) 두 집단의 평균은 통계적으로 유의한 차이가 있다($t = -2.793$, $p = .019$)

2) 두 집단의 평균은 통계적으로 유의한 차이가 있다($F = 7.803$, $p = .019$)

3) 같다.

4) $(-2.793)^2 = 7.800$

학 / 습 / 목 / 표

- 비교의 개념을 설명한다.
- 사전비교와 사후비교의 용도를 비교한다.
- 단순비교와 복합비교를 비교한다.
- 실험오류율과 비교오류율을 비교한다.
- 사전비교의 방법을 열거, 설명한다.
- 사후비교의 방법을 열거, 설명한다.

일원분산분석은 여러 집단의 평균이 전반적으로 차이가 있는지에 대한 정보는 제공하지만, 구체적으로 어느 집단의 평균과 어느 집단의 평균이 차이가 있는지에 대한 정보는 제공하지 않는다. **중다비교**(衆多比較, multiple comparison) 혹은 **개별비교**(individual comparison)는 집단의 수가 2개 이상일 때 평균차이를 구체적으로 분석하는 통계방법이다. 중다비교는 전반적 $F$ 검증(omnibus or overall $F$ test) 대신 평균차이를 검증하는 사전비교와 전반적 $F$ 검증이 통계적으로 유의할 때 평균차이를 비교하는 사후검증으로 구분된다. 이 장에서는 먼저 중다비교의 개념을 살펴본 다음, 중다비교를 사전비교와 사후검증으로 나누어 살펴본다.

# 1 중다비교의 개념

중다비교를 하자면 ① 비교의 개념, ② 단순비교와 복합비교, ③ 사전비교와 사후비교, ④ 오류율(PC 오류와 FW 오류율), ⑤ 단계적 검증과 동시적 검증, ⑥ 비교의 검증통계량을 이해해야 한다.

## 1) 비교(대비)의 개념

**비교**(比較, comparison) 혹은 **대비**(對比, contrast)는 집단 간의 평균차이를 말한다. 모집단 간의 평균비교는 $\psi$(sigh로 읽는다)로 표시하고, 표본평균 간의 비교는 $\hat{\psi}$(sigh hat)으로 표시한다. 비교는 평균에 가중치를 부여한 선형조합으로 나타낼 수 있는데, 비교하려는 평균에 부여한 가중치를 **비교계수**(contrast coefficient; $c$)라고 한다. 이를 구체적으로 살펴보자. 집단이 3개이고 연구문제가 다음과 같다고 하자.

① 연구문제 1: 집단 1의 평균과 집단 2의 평균은 차이가 있는가?
② 연구문제 2: 집단 2의 평균과 집단 3의 평균은 차이가 있는가?
③ 연구문제 3: 집단 1과 집단 2의 통합평균과 집단 3의 평균은 차이가 있는가?

앞의 연구문제를 해결하기 위해 집단평균에 비교계수를 부여하고, 각 연구문제에 대응되는 비교를 선형조합으로 표시하면 다음과 같다.

⟨표 10-1⟩ 비교의 선형조합(예시)

| | 비교계수 | | | 비교의 선형조합 |
|---|---|---|---|---|
| | $\overline{X_1}$ | $\overline{X_2}$ | $\overline{X_3}$ | |
| 비교 1: 연구문제 1 | 1 | −1 | 0 | $\hat{\psi_1} = (1)\overline{X_1}+(-1)\overline{X_2}+(0)\overline{X_3} = \overline{X_1}-\overline{X_2}$ |
| 비교 2: 연구문제 2 | 0 | 1 | −1 | $\hat{\psi_2} = (0)\overline{X_1}+(1)\overline{X_2}+(-1)\overline{X_3} = \overline{X_2}-\overline{X_3}$ |
| 비교 3: 연구문제 3 | 1/2 | 1/2 | −1 | $\hat{\psi_3} = \overline{X_1}/2+\overline{X_2}/2+(-1)\overline{X_3} = \dfrac{\overline{X_1}+\overline{X_2}}{2}-\overline{X_3}$ |

비교가 성립하자면 다음 두 가지 조건들을 모두 충족시켜야 한다.

① 적어도 하나의 비교계수는 0이 아니다.
② 비교계수의 합은 0이 되어야 한다($\sum c = 0$). 비교계수 절댓값의 합은 2가 되도록 하는 것이 좋다.

비교의 조건을 염두에 두고 다음 비교가 비교의 조건을 충족시키는지를 보자.

① $\hat{\psi_1} = (1)\overline{X_1} + (-1)\overline{X_2} + (0)\overline{X_3} = \overline{X_1}-\overline{X_2}$

② $\hat{\psi_2} = (1)\overline{X_1} + (0)\overline{X_2} + (-1)\overline{X_3} = \overline{X_1}-\overline{X_3}$

③ $\hat{\psi_3} = (1)\overline{X_1} + (1)\overline{X_2} + (-1)\overline{X_3} = (\overline{X_1}+\overline{X_2})-\overline{X_3}$

비교 1의 비교계수는 각각 +1, −1, 0으로 하나 이상의 계수가 0이 아니고, 비교계수의 합은 0이므로 비교의 조건을 충족시키고 있다. 비교 2도 조건을 모두 충족시키고 있다. 그렇지만 비교 3은 첫 번째 조건은 충족시키고 있지만 비교계수의 합이 1로 두 번째 조건은 충족시키지 못하고 있으므로 비교가 아니다.

## 2) 단순비교와 복합비교

**단순비교**(單純比較, simple or pairwise contrast)는 두 집단의 평균을 비교하는 것, 즉 두 평균의 비교계수가 +1 혹은 −1인 비교를 뜻한다. 예컨대, 비교 $\widehat{\psi_1} = \overline{X_1} - \overline{X_2}$ 은 집단 1의 평균과 집단 2의 평균차이를 검증하기 위한 단순비교를 나타낸다. 단순비교의 영가설은 두 집단의 평균이 차이가 없다는 것이다. 단순비교에서는 비교하려는 두 평균에 부여된 비교계수를 제외한 나머지 평균의 비교계수는 모두 0이 되어야 한다. 평균의 수가 $k$개일 때 단순비교의 최댓값은 $k(k-1)/2$이므로, 평균이 2개일 때 단순비교는 1개, 평균이 3개일 때 단순비교는 3개가 된다.

**복합비교**(複合比較, complex or non-pairwise contrast)는 ① 한 집단의 평균을 여러 집단의 통합평균과 비교하거나, ② 여러 집단의 통합평균을 여러 집단의 통합평균과 비교하는 것을 뜻한다. 그러므로 복합비교는 단순비교를 제외한 모든 비교를 말한다. 예를 들어, $\widehat{\psi} = \overline{X_1}/2 + \overline{X_2}/2 - \overline{X_3}$ 은 집단 1과 집단 2의 통합평균이 집단 3의 평균과 차이가 있는지를 검증하기 위한 복합비교를 나타낸다.

## 3) 사전비교와 사후비교

**사전비교**(事前比較, a priori comparison) 혹은 **계획비교**(planned comparison)는 미리 계획한 집단 간의 평균차이에 관한 특정 영가설을 검증하는 비교를 말한다. 사전비교라고 하는 것은 결과를 분석하기 전에 이론이나 선행연구에 근거하여 비교를 미리 계획하기 때문이다. 사전비교는 특정 연구문제에 대한 확증여부를 결정하려는 확인적 통계분석(confirmatory statistical analysis)의 성격을 띤다. 그러므로 사전비교에서는 전반적 $F$ 검증을 하지 않고 영가설에 진술된 평균차이를 직접 검증한다. 전반적 $F$ 검증을 하는 경우에도 사전비교에서는 그 결과에 관심을 갖지 않는다. 왜냐하면 전반적 $F$ 검증은 구체적인 가설이 없는 상황에 적합하기 때문이다. 집단차이에 대한 선행지식이 있거나 전반적인 비교에 관심이 없을 경우에는 구태여 전반적인 $F$ 검증을 할 필요가 없다. 사전비교는 사전에 관심을 가진 평균차이만 비교하는 과정이므로 전반적 $F$ 검증에 후속되는 과정이 아니다. 그러므로 사전비교는 탐색적 연구에서 적절하지 않다(탐색적 연구에서는 분산분석을 한 다음 분석결과가 통계적으로 유의하면 사후비교를 한다.). 자료수집 전에 검증하려는 가설(비교)

을 구체적으로 설정하는 사전비교의 논리는 일방검증의 논리와 유사하다. 사전비교에서는 비교하려는 집단 간의 평균차이를 $t$ 검증(혹은 $F$ 검증)으로 검증하면 된다. 앞에서 다룬 $Z$ 검증이나 $t$ 검증은 하나의 영가설을 검증하므로 사전비교에 해당된다. 단, 이 경우에는 집단이 2개뿐이므로 비교의 개념이 필요하지 않았을 뿐이다. 집단이 3개 이상일 때 사전비교를 하자면 $t$ 검증의 논리를 확대하여 비교하려는 두 집단 간의 평균차이를 $t$ 검증으로 검증하면 된다. 사전비교가 $t$ 검증과 다른 점은 표준오차 대신 집단내 분산을 분모로 사용한다는 것이다. 집단내 분산은 모든 집단의 점수들을 고려하므로 표준오차보다 정확성이 더 높다.

이에 반해 **사후비교**(事後比較, a posteriori or post hoc comparison) 혹은 사후검증은 일원분산분석(즉, 전반적 $F$ 검증)의 결과가 통계적으로 유의할 때 집단 간의 평균차이를 구체적으로 밝히기 위한 후속검증으로, 흔히 **비계획비교**(unplanned comparison)라고 한다. 앞에서 설명한 것처럼 전반적 영가설(omnibus null hypothesis, $H_o : \mu_1 = \mu_2 = \cdots = \mu_k$)을 검증하는 일원분산분석의 결론은 영가설을 기각하지 못하거나 영가설을 기각하는 것 중 하나가 된다. 일원분산분석에서 전반적 영가설이 기각되지 않으면 평균차이가 없다는 것을 의미하므로 통계분석이 종료된다. 반대로 전반적 영가설이 기각되면 집단 간에 평균차이가 있다는 것을 의미한다. 그런데 그 결과는 어느 평균 간에 차이가 있고 어느 평균 간에 차이가 없는지에 대한 구체적인 정보를 제공하지 않는다. 그러므로 일원분산분석의 결과가 통계적으로 유의하면 구체적으로 어느 집단의 평균과 어느 집단의 평균이 차이가 있는지를 밝히기 위해 후속적인 분석을 해야 하는데, 이러한 분석을 사후비교라고 한다. 사전비교와 달리 사후비교는 검증하고자 하는 가설을 사전에 구체화하지 않으므로 탐색적 연구에서 적용된다.

사전비교와 사후비교는 모두 집단 간의 평균차이를 검증하고 실험오류율을 통제한다는 공통점이 있지만, 두 가지 점에서 차이가 있다. 첫째, 비교의 목적이 다르다. 구체적으로 사후비교는 '어느 차이가 통계적으로 유의한가?'를 검증하는 데 목적이 있지만, 사전비교는 '이 차이가 통계적으로 유의한가?'를 검증하는 데 목적이 있다. 그래서 사후비교는 분산분석에서 전반적 영가설이 기각된 후 수행되지만, 사전비교는 분산분석을 하지 않고 수행된다. 둘째, 실험오류율을 통제하는 방식이 다르다. 사전비교는 실제 비교의 수를 이용하여 실험오류율을 통제하지만, 사후비교는 실제 비교의 수가 아니라 가능한 비교의 수를 이용하여 실험오류율을 통제한다. 이러한 점에서 사후비교는 여러 표적을 동시에 거냥하는 엽총에 비유되고, 사전비교는 하나의 표적(영가설)을 거냥하는 소총에 비유된다. 결과적으로 사전비교가 사후비교보다 통계적 검증력이 더 높다. 이는 여러 표적을 동시에 거냥하는 엽총이 하나의 표적을 거냥하는 소총보다 정확도가 떨어지는 것과 같다.

## 4) 오류율: PC 오류와 FW 오류율

가설검증에서 제1종 오류를 범할 확률은 PC 오류로 불리고 있다. **PC 오류**(Type I error rate per comparison; $\alpha_{PC}$)는 특정 비교에서 제1종 오류를 범할 확률을 말한다. 그러므로 PC 오류는 유의수준 $\alpha$와 같다. 그런데 개별비교에서는 같은 자료에 대해 여러 차례 비교를 하기 때문에 적어도 하나 이상의 제1종 오류를 범할 수 있다.

**FW 오류율**(familywise error rate; $\alpha_{FW}$)은 일련의 비교에서 하나 이상의 제1종 오류를 범할 확률을 말한다. 유의수준을 $\alpha$라고 할 때 하나의 비교에서 제1종 오류를 범하지 않을 확률은 $(1-\alpha)$이므로, $m$개 비교에서 제1종 오류를 범하지 않을 확률은 $(1-\alpha)^m$이다. 그러므로 유의수준을 $\alpha$, 직교비교(서로 독립적인 비교)의 수를 $m$이라 할 때 $m$개 비교에서 하나 이상의 제1종 오류를 범할 FW 오류율은 다음과 같다.

$$\alpha_{FW} = 1 - (1-\alpha)^m$$

FW 오류율은 (1) 직교비교의 수와 (2) 유의수준에 비례한다. 직교비교의 수가 3일 때 $\alpha = .05$ 수준과 $\alpha = .01$ 수준에서 FW 오류율은 각각 다음과 같다.

① $\alpha = .05$: $\alpha_{FW} = 1 - (1 - .05)^3 = .143$
② $\alpha = .01$: $\alpha_{FW} = 1 - (1 - .01)^3 = .030$

## 5) 단계적 검증과 동시적 검증

**단계적 검증**(stepwise test)은 단계별로 비교를 하는 검증이다. 전반적 $F$ 검증의 결과가 통계적으로 유의할 때 수행되는 사후비교와 특정 비교가 통계적으로 유의할 때 후속적으로 수행되는 비교가 단계적 검증에 해당된다. 뒤에서 다룰 Newman-

Keuls 검증은 대표적인 단계적 검증방법이다. **동시적 검증**(simultaneous or non-stepwise test)은 모든 비교를 동시에 수행하는 검증이다. Dunn 검증, Tukey 검증, Scheffé 검증이 동시적 검증방법에 속한다.

## 6) 비교의 검증통계량: $t$, $F$, 범위통계량($q$)

비교를 할 때도 검증통계량을 구한 다음 통계적 유의성을 검증해야 한다. 비교의 검증통계량으로는 $t$, $F$, 범위통계량($q$) 등이 사용된다.

### (1) $t$와 $F$

비교의 통계적 유의성은 일반적으로 $t$ 검증(혹은 $F$ 검증)으로 검증한다. 비교의 $t$ 검증이 통상적인 $t$ 검증과 다른 점은 표준오차 대신 분산분석의 집단내 분산 $MS_w$를 분모로 사용한다는 점이다(집단간 분산이 크게 차이가 있을 경우 대치하지 말아야 한다). $MS_w$는 모든 집단을 고려하여 구한 분산이므로 표준오차보다 더 양호하다(집단이 2개인 경우 $\sqrt{MS_w}$는 $t$ 검증의 표준오차와 같다.).

비교의 통계적 유의성을 검증하기 위한 검증통계량 $t$는 A와 같다. 표본크기가 같고, 짝비교를 할 때 검증통계량 $t$는 B와 같다(c: 비교계수, $n$: 집단의 사례수).

$$\text{A: } t_{\hat{\psi}} = \frac{\overline{X_a} - \overline{X_b}}{\sqrt{MS_w \sum \frac{c^2}{n}}} \qquad \text{B: } t_{\hat{\psi}} = \frac{\overline{X_a} - \overline{X_b}}{\sqrt{\frac{MS_w}{n}(2)}}$$

$\overline{X_a}$는 비교하려는 평균 중 큰 평균이고, $\overline{X_b}$는 작은 평균이다.

$t^2 = F$의 관계를 이용하면 $F$ 검증으로 비교의 유의성을 검증해도 된다. $F$ 검증으로 비교를 할 때 검증통계량은 다음과 같다.

$$F = t^2 = \frac{(\overline{X_a} - \overline{X_b})^2}{\frac{MS_w}{n} \sum c^2} = \frac{(\overline{X_a} - \overline{X_b})^2 / [\sum c^2 / n]}{MS_w}$$

검증통계량의 값이 임계치와 같거나 그보다 크면 비교하려는 집단 간에 평균차이가 없다는 영가설을 기각하면 된다.

### (2) 범위통계량

비교의 통계량으로 흔히 사용되고 있는 **스튜던트 범위**(studentized range; $q$)는 다음과 같다.

$$q = \frac{\overline{X_a} - \overline{X_b}}{\sqrt{\dfrac{MS_w}{n}}}$$

여기서 $\overline{X_a}$는 비교하려는 평균 중 큰 평균, $\overline{X_b}$는 비교하려는 평균 중 작은 평균, $n$은 각 집단의 사례수다. $q$의 임계치는 유의수준 $\alpha$와 비교하려는 평균의 수를 고려해서 〈부록 표 8〉에서 찾으면 된다. $q$의 값이 임계치와 같거나 그보다 크면 영가설을 기각한다.

단순비교에서 $t$는 $q$를 $\sqrt{2}$로 나눈 값과 같다($t_{\hat\psi} = q/\sqrt{2}$). 따라서 $t$를 구한 다음 임계치와 비교해서 영가설 기각여부를 결정해도 된다. 예를 들어, $k = 4$, $df_w = 20$에서 $q$의 임계치는 3.96인데, 이 값을 $\sqrt{2}$로 나누면 2.80이다. 이 경우 $t$ 값을 임계치 2.80과 비교하여 영가설 기각여부를 결정하는 것은 $q$ 값을 임계치 3.96과 비교하여 영가설 기각여부를 결정하는 것과 같다.

### (3) $t$, $F$, $q$의 관계

개별비교의 검증통계량 $t$, $q$, $F$는 긴밀하게 관련되는데, 그 관계를 예로 들어 설명하면 다음과 같다. 제9장에 제시된 예시에서는 세 집단의 평균이 각각 $\overline{X_1} = 15$, $\overline{X_2} = 6$, $\overline{X_3} = 9$이고, 각 집단의 사례수가 각각 5, $MS_w = 14.17$이었다. 이때 집단 1의 평균과 집단 2의 평균차이를 비교할 때 비교계수는 1, −1, 0이므로 비교의 영가설을 검증하기 위한 검증통계량 $t$, $q$, $F$는 다음과 같다.

① $t_{\hat{\psi}} = \dfrac{\overline{X_a} - \overline{X_b}}{\sqrt{\dfrac{MS_w}{n}(2)}} = \dfrac{15 - 6}{\sqrt{\dfrac{14.17}{5}(2)}} = \dfrac{9}{2.381} = 3.78$

② $q = \dfrac{\overline{X_a} - \overline{X_b}}{\sqrt{\dfrac{MS_w}{n}}} = \dfrac{15 - 6}{\sqrt{\dfrac{14.17}{5}}} = \dfrac{9}{1.68} = 5.36 \qquad t = \dfrac{q}{\sqrt{2}} = \dfrac{5.36}{1.4142} = 3.78$

③ $F = \dfrac{(\overline{X_a} - \overline{X_b})^2}{\dfrac{MS_w}{n}\sum c^2} = \dfrac{(15 - 6)^2 / (2/5)}{(14.17/5)2} = \dfrac{81}{5.668} = 14.29$

④ $t = \sqrt{F} = \sqrt{14.29} = 3.78$

비교의 검증통계량 $t$, $q$, $F$는 계산방식이 다르지만, 서로 긴밀한 관련이 있음을 알 수 있다.

## 2 사전비교(계획비교)

**사전비교**(事前比較, a priori comparison)는 연구를 하기 전에 미리 계획된 평균차이를 검증하는 것을 말한다(a priori는 'before the fact'를 의미한다.). 사전비교라고 하는 것은 자료를 수집하고 분석하기 전에 비교를 하기 위한 특정 가설을 설정하기 때문이다. 앞에서 언급한 것처럼 사전비교에서는 분산분석으로 전반적 가설을 검증하는 데는 관심이 없다. 사전비교의 방법을 소개한다.

### 1) $F$검증을 이용한 사전비교

$F$검증을 이용한 사전비교(linear contrast)의 검증통계량 $F$는 비교의 평균자승($MS_{\text{비교}}$)을 일원분산분석의 집단내 평균자승($MS_w$)으로 나눈 값이다.

$$F = \frac{MS_{\text{비교}}}{MS_w}$$

　비교의 평균자승 $MS_w$는 비교의 자승합($SS_{비교}$)을 자유도로 나누면 된다. 비교의 자유도는 비교하려고 하는 집단이 2개이므로 1이다. 각 집단의 사례수를 $n$, 비교계수를 $c$라고 할 때 비교의 자승합은 다음과 같다.

$$SS_{비교} = \frac{n(\hat{\psi})^2}{\sum c^2} \; (단, \hat{\psi} = \sum c\overline{X})$$

## $F$ 검증을 이용한 사전비교 예시

　다음 자료에서 ① 집단 1의 평균과 집단 2의 차이가 있는지(비교 1), ② 집단 1과 집단 2의 통합평균과 집단 3의 평균이 차이가 있는지(비교 2) $F$ 검증으로 비교해 보자.

〈표 10-2〉 비교계수(단, $MS_w = 14.17$)

| 평균(사례수) | 집단 | | |
|---|---|---|---|
| | 15(n=5) | 6(n=5) | 9(n=5) |
| 비교 1 | 1 | −1 | 0 |
| 비교 2 | 1/2 | 1/2 | −1 |

### (1) 비교 1(단순비교)

① $\hat{\psi}_1 = (1)(15) + (-1)(6) + (0)(9) = 9$

② $SS_{비교\,1} = \dfrac{5(9)^2}{(0)^2 + (1)^2 + (-1)^2} = 202.5$

③ $MS_{비교\,1} = \dfrac{202.5}{1} = 202.5$

④ $F_{비교\,1} = \dfrac{202.5}{14.17} = 14.29$

## (2) 비교 2(복합비교)

① $\widehat{\psi_2} = (1/2)(15) + (1/2)(6) + (-1)(9) = 1.5$

② $SS_{\text{비교 2}} = \dfrac{5(1.5)^2}{(1/2)^2 + (1/2)^2 + (-1)^2} = 7.5$

③ $MS_{\text{비교 2}} = \dfrac{7.5}{1} = 7.5$

④ $F_{\text{비교 2}} = \dfrac{7.5}{14.17} = .53$

$\alpha = .05$, 집단간 자유도 1, 집단내 자유도 12에서 $F$ 분포의 임계치는 $F = 4.75$이므로 비교 1만 통계적으로 유의하다. 그러므로 집단 1의 평균은 집단 2의 평균과 차이가 있으나, 집단 1과 집단 2의 통합평균은 집단 3의 평균과 차이가 없다고 할 수 있다. 위에서 설명한 사전비교는 $t$ 검증으로 검증해도 같은 결과를 얻을 수 있다.

⟨표 10-3⟩ 사전비교 결과

| 변산원 | 자승합 | 자유도 | 평균자승 | $F$ |
|---|---|---|---|---|
| 집단간 | 210.00 | 2 | | |
| 비교 1 | 202.50 | 1 | 202.50 | 14.29* |
| 비교 2 | 7.50 | 1 | 7.50 | .53 |
| 집단내 | 170.00 | 12 | 14.17 | |
| 전체 | 380.00 | 14 | | |

\* $p < .05$

이 검증결과로 보면 집단간 자승합의 대부분은 집단 1의 평균과 집단 2의 평균차이에서 기인한다. 즉, 집단간 자승합(210.00) 중에서 비교 1의 자승합은 202.50이므로 96% 이상의 자승합이 비교 1에서 기인하고 있다. 전반적 $F$ 검증의 결과는 집단평균 간에 차이가 있다는 정보는 제공했으나, 구체적으로 어느 평균과 어느 평균이 차이가 있는지에 대한 정보는 제공되지 않는다는 것을 알 수 있다.

## 2) 직교비교

**직교비교**(直交比較, orthogonal comparison)는 독립적인 혹은 중복되지 않은(indepen-dent or non-overlapping) 정보를 갖고 있는 비교를 말한다(수학적으로 직교는 상관이 없다는 것을 의미한다.). 직교비교는 특정 비교의 결과가 다른 비교의 결과에 대한 정보를 갖고 있지 않음을 의미한다. 그러므로 두 비교 간의 상관이 0이면 두 비교는 직교비교가 된다. 혹은 다음과 같이 두 비교에서 대응되는 비교계수를 서로 곱한 후 합한 값이 0이 되면 두 비교는 직교적이다.

$$\sum (c_a)(c_b) = 0$$

여기서 $c_a$와 $c_b$는 두 비교에서 서로 대응되는 비교계수를 나타낸다. 두 비교의 직교성을 검증해 보자.

|  | 집단 1 | 집단 2 | 집단 3 |
|---|---|---|---|
| 비교 1 | 1 | −1 | 0 |
| 비교 2 | −1/2 | −1/2 | 1 |
| $(c_a)(c_b)$ | −1/2 | 1/2 | 0 |

위의 경우 비교 1과 비교 2의 비교계수의 서로 곱한 값을 세 집단에서 합한 값은 0이다. 따라서 두 비교는 직교비교다. 이에 비해 직교관계가 성립하지 않은 비교를 보자.

|  | 집단 1 | 집단 2 | 집단 3 |
|---|---|---|---|
| 비교 1 | +1 | −1 | 0 |
| 비교 2 | +1 | 0 | −1 |
| $(c_a)(c_b)$ | +1 | 0 | 0 |

위의 경우 비교계수의 곱을 세 집단에서 합한 값은 1이므로 두 비교는 직교비교가 아니다.

직교비교의 수는 일원분산분산의 집단간 자유도와 같다. 그러므로 집단이 3개일 때 직교비교의 수는 2가 된다. 분산분석의 핵심은 전체 자승합을 독립적인 요소로 분할할 수 있다는 것이다. 제9장에서 전체 자승합은 집단간 자승합과 집단내 자승합으로 분할된다는 것을 살펴보았다. 따라서 직교비교의 자승합을 모두 합한 값은 집단간 자승합과 일치한다. 즉, 집단의 수를 $k$라고 할 때 $k-1$개 직교비교의 자승합을 합하면 집단간 자승합과 같다. 〈표 10-3〉에 제시된 결과에서도 비교 1과 비교 2는 직교비교이므로 두 비교의 자승합을 합하면 집단간 자승합과 같다는 것을 알 수 있다($SS_{비교1} + SS_{비교2} = 202.50 + 7.50 = 210.00 = SS_b$).

## 3) Dunnett 검증

Dunnett 검증은 $k-1$개 평균을 통제집단의 평균과 비교하기 위한 사전비교방법이다. 따라서 Dunnett 검증을 하면 통제집단을 기준으로 $k-1$개의 사전 짝비교를 할 수 있다. Dunnett 검증의 검증통계량은 다음과 같다.

$$t_D = \frac{\overline{X_a} - \overline{X_b}}{\sqrt{MS_w(\frac{1}{n_a} + \frac{1}{n_b})}}$$

〈표 10-2〉의 자료에서 집단 3을 통제집단으로 가정하고 집단 1과 집단 2의 평균차이와 집단 2와 집단 3의 평균차이를 Dunnett 검증으로 비교하면 다음과 같다.

① 집단 1 대 집단 3: $t_D = \dfrac{15-9}{\sqrt{(14.17)(\frac{1}{5}+\frac{1}{5})}} = \dfrac{6}{2.381} = 2.52$

② 집단 2 대 집단 3: $t_D = \dfrac{6-9}{\sqrt{(14.17)(\frac{1}{5}+\frac{1}{5})}} = -\dfrac{3}{2.381} = -1.26$

Dunnett 검증의 임계치는 유의수준 $\alpha$, 집단내 자유도 $df_w$, $k$(통제집단을 포함한 집단의 수), 검증형태(양방검증 혹은 일방검증)를 고려하여 〈부록 표 9〉에서 찾으면 된다. 위의 예시에서는 $\alpha = .05$, $df_w = 12$, $k = 3$, 양방검증이므로 임계치는 2.50 이다. 집단 1과 집단 3의 비교에서 검증통계량 $t_D = 2.52$는 임계치보다 크므로 집단 1의 평균은 집단 3의 평균과 유의한 차이가 있다고 할 수 있다. 그렇지만 집단 2와 집단 2의 비교에서는 검증통계량 $t_D = -1.26$이 임계치보자 작으므로 집단 2와 집단 3의 평균은 유의한 차이가 없다고 할 수 있다.

한편, Dunnett 검증에서는 **최소평균차이**(critical difference; $CD$: 통계적으로 유의하기 위한 최소평균차이)를 이용하여 비교의 유의성을 검증해도 된다. 두 집단의 평균 차이가 최소평균차이와 같거나 그보다 크면 평균차이가 통계적으로 유의하다고 할 수 있다. 최소평균차이를 구하기 위한 공식은 각각 다음과 같다.

$$CD_D = t_{D_\alpha} \sqrt{\frac{2MS_w}{n}}$$

$t_{D_\alpha}$는 유의수준 $\alpha$, $k$(집단수), $df_w$에 대응되는 Dunnett 검증의 임계치다. 위의 경우 $\alpha = .05$, $df_w = 12$, $k = 3$, 양방검증에서 Dunnett 검증의 임계치는 2.50이었다. 그러므로 최소평균차이는 다음과 같다.

$$CD_D = .2.50 \sqrt{\frac{2(14.17)}{5}} = 5.96$$

그러므로 두 집단의 평균이 통계적으로 유의한 차이가 있으려면 평균차이가 최소 5.96보다 커야 한다. 최소평균차이를 기준으로 할 때 집단 1의 평균(15)과 집단 3의 평균(9) 차이는 6으로 최소평균차이 5.96보다 크므로 통계적으로 유의한 차이가 있다. 그러나 집단 2의 평균(6)과 집단 3의 평균(9) 차이는 3으로 최소평균차이 5.96보다 작기 때문에 통계적으로 유의한 차이가 없다.

## 4) Bonferroni 검증

Bonferroni 검증은 사전에 계획한 $m$개 비교를 $t$ 검증으로 검증하는 방법이다. 그러므로 비교의 수와 어느 집단과 어느 집단의 평균을 비교할 것인지를 사전에 결정했으면 Bonferroni 검증으로 비교를 하면 된다. Bonferroni 검증은 오류율을 조정한다는 점을 제외하면 뒤에서 다룰 Fisher의 LSD 검증과 같다.

앞에서 지적한 것처럼 $\alpha = .05$에서 $m$개 비교를 하면 FW 오류율은 $m\alpha$가 된다. 즉, 특정 비교에서 제1종 오류를 범할 확률은 .05이지만, 전체 사전비교에서 적어도 하나 이상의 제1종 오류를 범할 확률은 그보다 더 높아진다. Bonferroni 검증은 FW 오류율을 통제하기 위해 PC 오류율을 조정한다. 구체적으로 Bonferroni 검증은 전체 사전비교에서 FW 오류율을 일정 수준에서 유지하기 위해 FW 오류율 $\alpha$를 비교의 수 $m$으로 나누어 각 비교의 유의수준을 $\alpha'(\alpha' = \alpha/m)$로 설정한 다음, 그 수준에서 비교를 한다. 예를 들어, $\alpha_{FW} = .05$에서 3개의 비교를 할 때 각 비교를 $.05/3 = .0167$ 수준에서 검증한다. 그러므로 Bonferroni 검증은 통계적 검증력이 가장 낮은 개별비교 방법이다. 짝비교와 비짝비교에 모두 적용될 수 있는 이 검증의 검증통계량은 A와 같다(집단크기 $n$이 같고 짝비교를 할 때 검증통계량은 B와 같다.).

$$\text{A: } t_B = \frac{\overline{X_a} - \overline{X_b}}{\sqrt{MS_w \sum \frac{c^2}{n}}} \qquad \text{B: } t_B = \frac{\overline{X_a} - \overline{X_b}}{\sqrt{\frac{MS_w}{n}(2)}}$$

Bonferroni 검증의 임계치는 $\alpha'$와 $df_w$를 이용해서 $t$ 분포에서 구하면 된다. 검증통계량의 값이 임계치와 같거나 그보다 크면 영가설을 기각하면 된다.

## Bonferroni 검증 예시

〈표 10-2〉의 자료에서 세 집단의 평균차이를 Bonferroni 검증으로 $\alpha = .05$ 수준에서 검증하면 다음과 같다(단, $MS_w = 14.17$).

① 집단 1 대 집단 2: $t_{B_1} = \dfrac{15-6}{\sqrt{\dfrac{14.17}{5}(2)}} = \dfrac{9}{2.38} = 3.78$

② 집단 2 대 집단 3: $t_{B_2} = \dfrac{6-9}{\sqrt{\dfrac{14.17}{5}(2)}} = -\dfrac{3}{2.38} = -1.26$

③ 집단 1 대 집단 3: $t_{B_3} = \dfrac{15-9}{\sqrt{\dfrac{14.17}{5}(2)}} = \dfrac{6}{2.38} = 2.52$

$df_w = 12$, $\alpha' = .05/3 = .0167$에서 Bonferroni 검증의 임계치는 약 $t = 2.68$이므로 집단 1과 집단 2의 평균만 차이가 있다.

## 3 사후비교

사후비교(事後比較, posteriori comparison)는 분산분석의 결과가 통계적으로 유의할 때 집단 간의 평균차이를 구체적으로 검증하는 방법이다(posteriori는 'after the fact'를 의미한다.). 그러므로 사후비교는 자료를 수집하고 분석한 후 수행되는 검증이다. 사후비교 방법으로 (1) Fisher의 LSD 검증, (2) Tukey 검증, (3) Newman-Keuls 검증, (4) Scheffé 검증을 소개한다.

### 1) Fisher의 LSD 검증

Fisher의 LSD 검증(least significant difference test)은 일원분산분석의 결과가 통계적으로 유의할 때 $t$ 검증으로 평균 짝을 비교하는 방법이다(이를 protected $t$ 검증이라고 부르기도 한다). 이 검증은 일원분산분석의 결과가 통계적으로 유의할 때 평균 짝 간에 차이가 있는지를 검증하기 위해 수정 $t$ 검증을 하면 되므로 매우 간단하다. 이 검증의 검증통계량은 다음과 같다.

$$t_{LSD} = \frac{\overline{X_a} - \overline{X_b}}{\sqrt{MS_w\left(\frac{1}{n_a} + \frac{1}{n_b}\right)}}$$

임계치는 유의수준 $\alpha$와 집단내 자유도 $df_w$를 고려하여 〈부록 표 2〉의 $t$ 분포에서 찾으면 된다. 검증통계량의 값이 임계치보다 크거나 같으면 영가설을 기각하면 된다. 이 검증은 집단별 사례수가 같을 때는 물론 사례수가 달라도 적용할 수 있다는 융통성이 있다.

## Fisher의 LSD 검증 예시

집단 1의 평균은 15, 집단 2의 평균은 6, 집단 3의 평균은 9이고, $MS_w = 14.17$이며, $n=5$일 때 집단 1과 집단 2의 평균차이를 검증해 보자(단, $df_w = 12$).

$$t_{LSD} = \frac{15-6}{\sqrt{14.17\left(\frac{1}{5}+\frac{1}{5}\right)}} = \frac{9}{\sqrt{5.668}} = 3.78$$

$\alpha = .05$, $df = 12$, 양방검증에서 $t$ 분포의 임계치는 $t = \pm2.179$다. 검증통계량의 값은 $t = 3.78$로 임계치보다 크므로 영가설을 기각하고, 평균 1과 평균 2는 유의한 차이가 있다고 결론을 내린다.

한편, Fisher의 검증에서도 최소평균차이(critical difference; $CD$: 통계적으로 유의하기 위한 최소평균차이)를 이용하여 비교의 유의성을 검증해도 된다(다음에 소개할 Tukey의 $HSD$ 검증에서 $CD$는 $HSD$로 표기되어 있다). 비교하려고 하는 집단의 평균차이가 최소평균차이와 같거나 그보다 크면 평균차이가 통계적으로 유의하다고 할 수 있다. 최소평균차이 $CD$는 다음 공식으로 구할 수 있다.

① 단순비교의 최소평균차이: $CD_{LSD} = \sqrt{F_{1, df_w}} \sqrt{\frac{2MS_w}{n}}$

② 복합비교의 최소평균차이: $CD_{LSD} = \sqrt{F_{1,\,df_w}} \sqrt{\dfrac{(\sum c^2)(MS_w)}{n}}$

위의 예시에서 $F_{.05,\,1,\,12} = 4.75$, $MS_w = 14.17$, $n = 5$이므로 최소평균차이는 단순비교에서 $CD_{LSD} = 5.19$, 복합비교에서 $CD_{LSD} = 4.49$다.

① $CD_{LSD} = \sqrt{4.75} \sqrt{\dfrac{2 \times 14.17}{5}} = 5.19$ (단순비교)

② $CD_{LSD} = \sqrt{4.75} \sqrt{\dfrac{1.5 \times 14.17}{5}} = 4.49$ (복합비교)

그러므로 단순비교에서는 평균차이가 최소 5.19보다 커야 통계적으로 차이가 있고, 복합비교에서는 평균차이가 최소 4.49보다 커야 차이가 있다. 위의 결과에 비추어 볼 때 집단 1과 집단 2의 평균차이는 9로 최소평균차이 5.19보다 크므로 유의한 차이가 있다고 할 수 있다.

## 2) Tukey의 *HSD* 검증

Tukey의 *HSD* 검증(Honestly Significant Difference test)과 Newman−Keuls 검증은 스튜던트 범위(studentized range)를 이용한 검증이다. 범위는 평균들을 크기 순서대로 배열할 때 최대평균과 최소평균의 차이를 말한다. 모든 집단의 사례수 $n$이 같을 경우 스튜던트 범위 $q$는 다음과 같이 정의된다.[1]

$$q = \frac{\overline{X_{최대}} - \overline{X_{최소}}}{\sqrt{\dfrac{MS_w}{n}}}$$

---

1) 집단별 사례수가 다를 경우 $n$ 대신 $\tilde{n}$(n tilde)를 사용해야 한다. $\tilde{n}$는 각 집단 사례수의 조화평균이다. 집단의 수를 k라고 할 때 $\tilde{n}$는 다음 공식으로 구할 수 있다.

$$\tilde{n} = \frac{k}{\dfrac{1}{n_1} + \dfrac{1}{n_2} + ... + \dfrac{1}{n_k}}$$

모든 집단의 사례수가 같을 경우 $\tilde{n} = n$ 이다.

Tukey의 $HSD$ 검증은 전반적인 유의수준 $\alpha$에서 평균의 모든 짝비교를 하기 위한 방법이다. $HSD$ 검증은 실험오류율을 $\alpha$ 수준에서 유지한다. 이 검증은 단순비교에서 Scheffé 검증보다 더 강력하지만 단순비교에만 적용해야 한다. Tukey 검증의 검증통계량 $q$는 다음과 같다.

$$q = \frac{\overline{X_a} - \overline{X_b}}{\sqrt{\dfrac{MS_w}{n}}}$$

$\overline{X_a}$는 비교하려는 평균 중 큰 평균, $\overline{X_b}$는 비교하려는 평균 중 작은 평균, $MS_w$는 집단내 평균자승, $n$은 각 집단의 사례수다. $q$를 계산할 때는 큰 평균에서 작은 평균을 빼기 때문에 $q$는 항상 양수의 값을 갖는다. $q$의 임계치는 유의수준 $\alpha$, 집단내 자유도 $df_w$, 비교 범위에 포함된 평균의 수를 고려하여 〈부록 표 8〉에서 찾으면 된다. 물론 $q$가 임계치보다 크거나 같으면 영가설을 기각하면 된다. Tukey 검증의 절차는 다음과 같다.

① 평균들을 크기 순서대로 배열한다.
② 최대평균과 최소평균이 차이가 있는지를 검증하기 위해 $q$를 구한다.
③ $q$가 임계치보다 크거나 같으면 평균차이가 있다고 결론을 내린다. 최대평균 차이가 통계적으로 유의하지 않으면 분석을 중단한다.
④ 최대평균차이가 유의하면 두 번째 평균차이의 유의성을 같은 방식으로 검증한다. 두 번째 평균차이가 통계적으로 유의하지 않으면 분석을 중단한다.

---

**스튜던트 범위($q$)를 이용한 Tukey의 $HSD$ 검증 예시**

집단 1의 평균은 15, 집단 2의 평균은 6, 집단 3의 평균은 9, $MS_w = 14.17$, $n=5$일 때 평균차이를 비교하기 위한 검증통계량 $q$는 다음과 같다.

① 평균 1과 평균 2의 비교: $q = \dfrac{15 - 6}{\sqrt{14.17/5}} = \dfrac{9}{1.683} = 5.347$

② 평균 1과 평균 3의 비교: $q = \dfrac{15 - 9}{\sqrt{14.17/5}} = \dfrac{6}{1.683} = 3.565$

③ 평균 2와 평균 3의 비교: $q = \dfrac{9 - 6}{\sqrt{14.17/5}} = \dfrac{3}{1.683} = 1.783$

$\alpha = .05$, 평균의 수 3, 집단내 자유도 12에서 $q$의 임계치는 3.77이다. 평균차이가 없다는 영가설을 기각하려면 $q$ 값이 임계치 3.77보다 크거나 같아야 한다. 이에 따르면 첫 번째 비교에서만 $q$ 값이 임계치보다 크므로 영가설을 기각할 수 있다.

한편, 모든 집단의 크기가 같을 경우 Tukey 검증에서도 최소평균차이(honestly significant difference; $HSD$: 통계적으로 유의하기 위한 최소평균차이)를 이용하여 평균차이를 검증하면 편리하다. 최소평균차이는 다음과 같이 구할 수 있다.

① 평균들을 크기 순서대로 배열한다.
② 두 평균의 차이를 표에 기입한다. 대각선의 반대편은 기입하지 않아도 된다.
③ $HSD$를 구한다. 평균차이가 $HSD$보다 크거나 같으면 영가설을 기각한다.
　　$HSD$를 구하는 공식은 다음과 같다.

$$HSD = q_\alpha \sqrt{\dfrac{MS_w}{n}}$$

$q_\alpha$는 ① 유의수준 $\alpha$, ② 집단내 자유도 $df_w$, ③ 평균의 수에 대응되는 임계치다.

---

**최소평균차이를 이용한 Tukey의 $HSD$ 검증 예시**

세 집단의 평균차이가 다음과 같을 때 두 집단의 평균차이를 $\alpha = .05$ 수준에서 $HSD$ 검증으로 비교하시오(단, $MS_w = 14.17$, $df_w = 12$).

〈표 10-4〉 Tukey의 *HSD* 검증(표 안의 수치는 평균차이)

| | $\overline{X_2}=6$ | $\overline{X_3}=9$ | $\overline{X_1}=15$ | *HSD* 검증의 통계량 |
|---|---|---|---|---|
| $\overline{X_2}=6$ | – | 3 | 9* | $HSD=3.77\sqrt{\dfrac{14.17}{5}}=6.345$ |
| $\overline{X_3}=9$ | | – | 6 | |
| $\overline{X_1}=15$ | | | – | |

\* $p<.05$

$\alpha=.05$, 집단내 자유도 12, 평균의 수 3에서 임계치는 $q_\alpha=3.77$이다. 이때 $HSD=$ 6.345이므로 평균차이가 이보다 크거나 같아야 통계적으로 차이가 있다. 〈표 10-4〉에 따르면 집단 1과 집단 2의 평균차이는 9로 $HSD$보다 크므로 두 평균은 차이가 있지만, 나머지 집단 간에는 평균차이가 없다.

Tukey의 $HSD$ 검증과 Scheffé의 검증은 대표적인 사후검증방법이다. Tukey의 $HSD$ 검증은 모든 단순비교에 적합하고, Scheffé 검증은 단순비교 및 복합비교에 공히 적용될 수 있다. 따라서 단순비교만 할 경우에는 Tukey 검증의 검증력이 더 높다. Scheffé 검증은 통계적 검증력이 상대적으로 낮다.

## 3) Newman-Keuls 검증

**Newman-Keuls 검증**은 각 비교를 유의수준 $\alpha$에서 검증한다는 점을 제외하면, Tukey 방법과 사실상 같은 사후검증방법이다. 단, Newman-Keuls 검증은 비교오류율을 $\alpha$ 수준에서 유지하지만, Tukey 검증은 실험오류율을 $\alpha$ 수준에서 유지한다. 따라서 Newman-Keuls 검증이 Tukey 검증보다 실험오류율이 더 높다.

Tukey 검증과 Newman-Keuls 검증은 최대평균차이(최대평균과 최소평균의 차이)를 검증하는 절차가 같다. 그러나 최대평균차이에 대한 영가설이 기각될 경우 두 검증에서 임계치가 달라진다. 구체적으로 Tukey 검증에서는 모든 비교의 임계치가 같지만, Newman-Keuls 검증에서는 임계치가 평균의 수에 따라 달라진다. Newman-Keuls 검증에서 임계치는 평균들을 크기 순서대로 배열했을 때 비교하려는 평균의 범위에 포함된 평균의 수에 따라 결정되며, 각 비교에서 $\alpha$ 수준을 유지하기 위해 비교마다 임계치를 달리한다. Newman-Keuls 검증은 평균들을 크기

순으로 배열한 후 다음 순서로 검증한다.

① 최대평균과 최소평균의 차이를 검증한다. 이 차이가 통계적으로 유의하지 않으면 분석이 종료된다. 이 단계의 검증은 Tukey 검증과 같다.

② 최대평균과 최소평균이 통계적으로 유의한 차이가 있으면 최대평균과 두 번째로 작은 평균의 차이를 검증한다. 임계치는 $k$(비교범위에 포함된 평균의 수), $\alpha$, $df_w$에 따라 결정된다.

③ 최대평균과 두 번째로 작은 평균이 유의한 차이가 있으면 최대평균과 세 번째로 작은 평균의 차이를 검증한다.

④ 이러한 방식으로 평균차이가 유의하지 않을 때까지 검증을 계속한다. 그러므로 Tukey 검증에서는 모든 비교에서 $q$의 임계치가 같지만, Newman-Keuls 검증에서는 비교하려는 평균의 수 $k$가 작을수록 $q$의 임계치가 낮아진다.

⑤ 두 번째로 큰 평균과 가장 작은 평균의 차이를 검증한다. 유의한 차이가 있으면 위와 같은 방식으로 검증을 계속한다.

⑥ 세 번째로 큰 평균과 가장 작은 평균의 차이를 검증한다. 위의 검증을 유의한 차이가 없을 때까지 계속한다.

## Newman-Keuls 검증 예시

집단 1의 평균은 15, 집단 2의 평균은 6, 집단 3의 평균은 9, $MS_w = 14.17$, $n=5$일 때 집단 간 평균차이를 Newman-Keuls 검증으로 검증해 보자.

① 평균을 크기 순서대로 배열한 다음 평균 1과 평균 2의 차이를 비교하기 위해 $q$를 계산한다.

⟨표 10-5⟩ Newman-Keuls 검증을 위한 기초자료(표의 수치는 평균차이)

| | $\overline{X}_2 = 6$ | $\overline{X}_3 = 9$ | $\overline{X}_1 = 15$ | 검증통계량 |
|---|---|---|---|---|
| $\overline{X}_2 = 6$ | – | 3 | 9 | $q = \dfrac{15-6}{\sqrt{14.17/5}} = 5.347$ |
| $\overline{X}_3 = 9$ | | – | 6 | |

$$\overline{X_1} = 15$$ _____ —

② 임계치를 구한다. 임계치는 비교하려는 평균의 범위에 포함되어 있는 평균의 수 $k$에 따라 달라진다. 위의 경우 평균 1과 평균 2 사이에 평균 3이 포함되어 있으므로 $k=3$이다. 임계치는 $\alpha = .05$, $df_w = 12$에서 $q_{.05} = 3.77$이다. 평균 차이가 없다는 영가설을 기각하려면 $q$ 값이 임계치 $q_{.05} = 3.77$보다 같거나 커야 하는데, $q=5.347$은 임계치보다 크므로 영가설을 기각하고 평균 1과 평균 2가 차이가 있다고 결론을 내린다.

③ 평균 1과 평균 3의 차이를 검증하기 위한 $q$는 다음과 같다.

$$q = \frac{15 - 9}{\sqrt{14.17/5}} = 3.565$$

평균 2와 평균 3은 인접해 있으므로 $k=2$다. $\alpha = .05$, $df_w = 12$에서 임계치는 $q_{.05} = 3.08$이다. 검증통계량의 값 $q=3.565$는 임계치보다 크므로 평균 1과 평균 3은 통계적으로 유의한 차이가 있다고 할 수 있다.

④ 평균 2와 평균 3의 차이를 검증하기 위한 $q$는 다음과 같다.

$$q = \frac{9 - 6}{\sqrt{14.17/5}} = 1.783$$

평균 1과 평균 2는 인접해 있으므로 $k=2$다. $\alpha = .05$, $df_w = 12$에서 임계치는 $q_{.05} = 3.08$이다. $q=1.783$은 임계치보다 작기 때문에 평균 1과 평균 2는 통계적으로 유의한 차이가 없다.

## 4) Scheffé 검증

Scheffé 검증은 단순하고, 집단별 사례수가 달라도 되며, 직교비교는 물론 비직교비교에 두루 적용이 가능하고, 정규성과 등분산성을 충족하지 않더라도 큰 영향을 받지 않는 사후검증방법이다. Tukey 검증과 마찬가지로 Scheffé 검증은 모든 비교에서 임계치가 같다. 단, Tukey 검증은 짝비교에 적합하지만 Scheffé 검증은 모든 비교에 적합하다는 차이가 있다. Scheffé 검증은 비교의 유의성을 $t$ 검증 혹은 $F$ 검증으로 검증한다.

(1) $t$ 검증을 할 경우 Scheffé 검증의 검증통계량 $t_{\hat{\psi}}$와 임계치 $S$

① $t = \dfrac{\hat{\psi}}{SE_{\hat{\psi}}} = \dfrac{\sum c\overline{X}}{\sqrt{MS_w \sum \dfrac{c^2}{n}}}$

② 임계치: $S = \sqrt{(k-1)F_\alpha}$ ($F_\alpha$: $\alpha$, 자유도 $k-1$, $N-k$에서의 임계치)

(2) $F$ 검증을 할 경우 Scheffé 검증의 검증통계량 $F$와 임계치 $F_S$

① 검증통계량: $F = \dfrac{SS_{비교}}{MS_w} = \dfrac{(\sum c\overline{X})^2}{MS_w \sum \dfrac{c^2}{n}}$

② 임계치: $F_S = (k-1)F_\alpha$ ($F_\alpha$: $\alpha$, 자유도 $k-1$, $N-k$에 해당하는 임계치)

**$t$ 검증을 이용한 Scheffé 검증 예시**

① 표준오차

$SE_{\hat{\psi}} = \sqrt{14.17[(1)^2 + (-1/2)^2 + (-1/2)^2]/5} = \sqrt{4.251} = 2.062$

② 검증통계량

$t_{비교1} = \dfrac{7.5}{2.062} = 3.437 \quad t_{비교2} = \dfrac{-6}{2.062} = -2.910 \quad t_{비교3} = \dfrac{-1.5}{2.062} = -.727$

③ 임계치는 $S = \sqrt{(3-1) \times 3.88} = 2.768$이므로 비교 1과 비교 2는 통계적으로 유의하지만, 비교 3은 통계적으로 유의하지 않다.

〈표 10-6〉 Scheffé 검증의 결과(단, $MS_w = 14.17$)

| 비교 | 집단(평균, 사례수) | | | $\hat{\psi}$ | $SE_{\hat{\psi}}$ | $t$ | $F$ |
|------|-----------|------------|------------|------|------|------|------|
| | 집단 1 15(5) | 집단 2 6(5) | 집단 3 9(5) | | | | |
| 비교 1 | 1 | −1/2 | −1/2 | 7.5 | 2.062 | 3.437* | 11.813* |
| 비교 2 | −1/2 | 1 | −1/2 | −6 | 2.062 | −2.910* | 8.468* |
| 비교 3 | −1/2 | −1/2 | 1 | −1.5 | 2.062 | −.727 | .529 |

* $p < .05$

## $F$ 검증을 이용한 Scheffé 검증 예시(비교 2)

$$F = \frac{[(-1/2)15 + (1)6 + (-1/2)9]^2}{14.17[(-1/2)^2 + (1)^2 + (-1/2)^2]/5} = \frac{(6)^2}{4.251} = 8.449$$

비교의 검증통계량 $F=8.449$는 임계치$[(3-1)F_{.05,\ 3,12} = (3-1)3.89 = 7.78]$보다 크므로 평균차이가 통계적으로 유의하다($F$는 $t$의 제곱과 같다는 사실을 알 수 있다).

한편, Scheffé 검증에서도 최소평균차이를 이용하여 비교의 유의성을 검증할 수 있다. 최소평균차이를 구하기 위한 공식은 각각 다음과 같다.

① 단순비교의 최소평균차이: $CD_S = \sqrt{(k-1)F_\alpha}\ \sqrt{\dfrac{2MS_w}{n}}$

② 복합비교의 최소평균차이: $CD_S = \sqrt{(k-1)F_\alpha}\ \sqrt{\dfrac{(\sum c^2)(MS_w)}{n}}$

$F_\alpha$는 유의수준 $\alpha$, 자유도 $k-1$, $N-k$에 해당하는 $F$ 검증의 임계치다. 위의 예시에서 $k=3$, $F_{.05} = 3.89$, $MS_w = 14.17$, $n=5$이므로 단순비교의 최소평균차이는 $CD_S = 6.64$, 복합비교의 최소평균차이는 $CD_S = 5.75$다.

① 단순비교: $CD_S = \sqrt{(3-1)(3.89)} \sqrt{\dfrac{2 \times 14.17}{5}} = 6.64$

② 복합비교: $CD_S = \sqrt{(3-1)(3.89)} \sqrt{\dfrac{1.5 \times 14.17}{5}} = 5.75$

그러므로 Sheffé 검증을 할 경우 단순비교에서는 평균차이가 최소 6.64 이상이 되어야 통계적으로 차이가 있고, 복합비교에서는 평균차이가 최소 5.75 이상이 되어야 통계적으로 차이가 있다고 할 수 있다. 이에 따르면 단순비교에서는 집단 1과 집단 2의 평균(15-6=9)만 통계적으로 차이가 있으며, 복합비교에서는 〈표 10-6〉에 제시된 비교 1(평균차이=7.5)과 비교 2(평균차이=6)가 통계적으로 차이가 있다. 통계적으로 유의하기 위한 최소평균차이는 Fisher의 *LSD* 검증에서 5.19, Tukey 검증의 *HSD*는 6.345이므로 Scheffé 검증이 더 보수적인 사후검증방법이라고 할 수 있다.

**1** 다음에서 타당하지 않은 비교를 고르시오.

1) $\hat{\psi_1} = \overline{X_1} - \overline{X_3}$

2) $\hat{\psi_2} = \overline{X_1} + \overline{X_2}$

3) $\hat{\psi_3} = \overline{X_1}/2 + \overline{X_2}/2 - \overline{X_3}$

**2** 위에서 복합비교에 해당하는 것을 고르시오.

**3** 1번 문제의 3)에 해당하는 영가설을 진술하시오.

**4** 1번 문제에서 1)과 3)은 직교비교인지 판정하시오.

**5** 다음 분산분석표에 제시된 자료를 이용하여 다음에 답하시오. 단, 집단 1의 평균은 5.6, 집단 2의 평균은 4.0, 집단 3의 평균이 3.9이고, 세 집단의 사례수는 각각 10명이다.

**일원분산분석표**

| 변산원 | 자승합 | 자유도 | 평균자승 | $F$ |
|---|---|---|---|---|
| 집단간 | 18 | 2 | 9 | 4.5* |
| 집단내 | 54 | 27 | 2 | |
| 전체 | 72 | 29 | | |

* $p < .05$

1) 집단 1의 평균과 집단 2의 평균이 차이가 있는지를 $\alpha = .05$ 수준에서 사전직교비교로 검증하면?

2) 집단 1과 집단 2의 통합평균이 집단 3의 평균이 차이가 있는지를 $\alpha = .05$ 수준에서 사전직교비교로 검증하면?

3) Scheffé 검증으로 문제 1과 문제 2의 영가설을 검증하면?

4) Tukey 검증으로 $\alpha = .05$ 수준에서 짝비교를 하면?

**1** 2)

**2** 3)

**3** $\dfrac{\mu_1+\mu2}{2}=\mu_3$

**4** 아니요

**5**

1) 검증통계량의 값($t_{\hat{\psi}_1} = \dfrac{5.6-4}{\sqrt{\dfrac{2}{10}(2)}} = \dfrac{1.4}{.632} = 2.14$)은 자유도 27에서 임계치 $t_{.05} = 2.052$보다 크므로

영가설을 기각할 수 있다. 그러므로 집단 1의 평균은 집단 2의 평균과 유의한 차이가 있다.

2) 검증통계량의 값($t_{\hat{\psi}_1} = \dfrac{5.6/2+4/2-3.9}{\sqrt{2(.5^2/10+.5^2/10+1/10)}} = \dfrac{.90}{.548} = 1.64$)은 자유도 27에서 임계치

$t_{27} = 2.052$보다 작으므로 영가설을 기각할 수 없다. 그러므로 집단 1과 집단 2의 통합평균은 집단 3의

평균과 유의한 차이가 없다.

3) $\alpha = .05$, 비교의 수=2, 집단내 자유도=27에서 Scheffé 검증의 임계치는 $S = \sqrt{(3-1)3.35} = 2.59$

다. 집단 1과 집단 2의 평균차이를 검증하기 위한 검증통계량과 집단 1과 집단 2의 통합평균과 집단

3의 평균차이를 검증하기 위한 검증통계량은 모두 임계치보다 작으므로 영가설을 기각할 수 없다.

4) $s_{\overline{X}} = \sqrt{2/10} = .447$, 임계치 $q_{27,3} \fallingdotseq 3.53$

집단 1 대 집단 2: $q_1 = \dfrac{5.6-4}{.447} = 3.58$(통계적으로 유의한 차이가 있다)

집단 2 대 집단 3: $q_2 = \dfrac{4-3.9}{.447} = .22$(통계적으로 유의한 차이가 없다)

집단 1 대 집단 3: $q_3 = \dfrac{5.6-3.9}{.447} = 3.80$(통계적으로 유의한 차이가 있다)

## 제11장
# 이원분산분석(이원변량분석)

**학 / 습 / 목 / 표**

- 요인설계의 적용 상황과 장점을 기술한다.
- 주효과와 상호작용을 설명한다.
- 일원분산분석에 비해 이원분산분석이 우수한 이유를 기술한다.
- 자료를 이원분산분석으로 분석하고 결과를 해석한다.
- 요인설계의 사후검증절차에 대해 기술한다.
- 이원분산분석에서 효과크기를 계산한다.
- 이원분산모형의 세 가지 모형을 비교한다.

　이원분산분석(二元分散分析, two-way ANOVA) 혹은 **이원변량분석**은 2개의 독립변수들이 종속변수에 미치는 효과(개별적인 효과 및 상호작용)를 동시에 분석하는 통계방법이다. 설계형태에 비추어 볼 때 이원분산분석은 2개의 독립변수(요인)들이 교차된 요인설계의 자료를 분석하는 **요인설계 분산분석**(factorial analysis of variance)이다. 이 장에서는 요인설계의 개념을 소개한 다음 이원분산분석에 대해 구체적으로 살펴본다.

# 1  요인설계의 개념

## 1) 요인설계의 의미

　**요인설계**(要因設計, factorial design)는 여러 독립변수들의 각 수준이 완전히 조합된 설계를 말한다. 요인설계에서는 독립변수를 **요인**(factor)이라고 하는데, 각 요인은 2개 이상의 수준(집단 혹은 실험조건)으로 구성된다. 바둑판의 가로와 세로가 교차하듯이 요인설계에서는 특정 요인의 모든 수준들이 다른 요인의 모든 수준들과 완전히 교차되므로 **완전교차설계**(completely crossed design)라고 한다. 요인설계에서는 한 요인의 모든 수준들이 다른 요인의 모든 수준들에서 나타나는데, 여러 요인들의 수준이 조합된 조건은 **셀**(cell)이라고 한다. 요인설계에서 셀의 수는 요인들의 수준을 서로 곱하면 된다. 가령 요인 A의 수준이 2개이고 요인 B의 수준이 3개라고 하면 조건(셀)의 수는 6개($2 \times 3 = 6$)가 된다.

　요인설계의 구체적인 형태는 요인의 성질에 따라 (1) 요인들이 모두 피험자간 요인이면 독립적 요인설계(independent factorial design), (2) 요인들이 모두 피험자내 요인이면 반복측정 요인설계(repeated measures factorial design), (3) 요인들이 피험자간 요인과 피험자내 요인을 포함하면 혼합설계(mixed design)라고 한다. 요인의 수에 따라 요인설계는 요인이 2개이면 이요인설계(two-way factorial design), 3개이면 삼요인설계(three-way factorial design)라고 한다. 또 요인의 수준 수를 고려하여 요인설계를 명명하기도 한다. 가령 한 요인의 수준이 2개이고 다른 요인의 수준이 3개이면 2×3 요인설계라고 한다. 이 장에서는 2개 피험자간 요인들이 교차된 독립적 요인설계의 자료를 분석하기 위한 이원분산분석을 다룬다. 이원분산분석의 논리는 3개 이상의 요인들을 포함하는 다요인설계에도 적용될 수 있다.

　가장 단순한 요인설계는 요인과 수준이 각각 2개인 2×2 요인설계인데, 교수방법(강의, 토론)과 성별(남, 여)이 학업성적에 미치는 효과를 검증하기 위한 2×2 요인설계를 나타내면 [그림 11-1]과 같다.

<br/>

교수방법

| | 강의 | 토론 |
|---|---|---|
| 남 | $n=20$ | $n=20$ |
| 여 | $n=20$ | $n=20$ |

성별

[그림 11-1] 교수방법과 성별이 교차된 이요인설계

<br/>

　이 설계는 2개의 피험자간 요인(교수방법, 성별)들이 완전히 교차하는 교차설계로, 2개의 일요인설계를 포함하고 있다. 즉, 이 설계는 성별을 무시하면 교수방법이 학습에 미치는 효과를 밝히기 위한 일요인설계가 되고, 교수방법을 무시하면 성별이 학습에 미치는 영향을 밝히기 위한 일요인설계가 된다(일요인설계에서 가설검증은 9장에서 다룬 일요인분산분석으로 분석한다.). 이 설계에서 검증할 수 있는 연구문제는 다음과 같다.

<br/>

　① 교수방법(강의, 토론)은 학업성적에 어떤 효과를 미치는가?
　② 성별(남, 여)은 학업성적에 어떤 효과를 미치는가?
　③ 교수방법이 학업성적에 미치는 효과는 성별에 따라 달라지는가?

<br/>

　연구문제 1과 연구문제 2는 독립변수가 종속변수에 미치는 개별적인 효과(주효과)에, 연구문제 3은 두 독립변수가 결합된 상호작용에 관련된다.

## 2) 요인설계의 장점

요인설계는 다음과 같은 장점을 갖고 있기 때문에 연구 상황에서 매우 널리 활용된다.

첫째, 요인설계는 피험자들이 적어도 되고 적은 노력과 비용으로 더 많은 자료를 수집할 수 있으므로 효율성이 높다. 위의 예시에서 요인설계를 사용하지 않고 두 요인의 효과를 따로 검증하려면 2개의 일요인설계를 적용해야 하므로 더 많은 피험자들이 필요하다. 예컨대, [그림 11-2]에 제시된 것처럼 일요인설계를 이용하여 교수방법 효과를 검증하자면 80명의 피험자들이 필요하고, 성별 효과를 검증하자면 또 80명의 피험자들이 필요하다. 그러므로 교수방법과 성별 효과를 각각 일요인설계로 검증하려면 모두 160명의 피험자들이 필요하다.

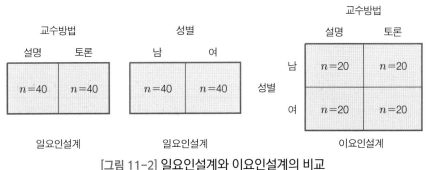

[그림 11-2] 일요인설계와 이요인설계의 비교

그렇지만 이요인설계에서는 80명의 피험자만 있으면 2개의 일요인설계와 같은 결과를 얻을 수 있다. 이요인설계에서는 교수방법 효과를 검증하려면 성별을 무시하면 되고, 반대로 성별 효과를 검증하려면 교수방법을 무시하면 된다. 또 이요인설계는 교수방법과 성별의 상호작용을 분석할 수 있다는 장점이 있다(일요인 설계에서는 상호작용을 분석할 수 없다.).

둘째, 요인설계는 외재변수를 실험적으로 통제할 수 있다. 일요인설계는 지능이나 동기와 같은 개인차 특성을 통제하기 어려운데, 개인차 특성이 제대로 통제되지 않으면 오차분산으로 작용하므로 통계적 검증력이 약화된다. 이에 반해 요인설계는 종속변수에 영향을 미칠 개연성이 높은 개인차 특성을 독립변수로 포함시켜 통제할 수 있으므로 통계적 검증력이 높아진다.

셋째, 요인설계는 연구결과의 일반화 가능성이 높다. 요인설계는 다양한 실험조건에서 독립변수 간의 상호작용을 밝힘으로써 연구결과의 일반화 가능성을 평가할 수 있다는 장점이 있다.

# 2 이원분산분석의 적용 상황

독립변수가 2개일 경우 종속변수에 영향을 미치는 요인들은 다음과 같다.

① 독립변수 A
② 독립변수 B
③ 독립변수 A와 B의 상호작용
④ 오차(우연적 요인)

따라서 2개의 독립변수들이 종속변수에 미치는 영향을 분석하기 위한 이원분산분석은 평균차이가 ① 독립변수 A에서 기인하는지, ② 독립변수 B에서 기인하는지, ③ 독립변수 A와 B의 상호작용에서 기인하는지, ④ 우연적인 요인에서 기인하는지를 검증하기 위한 방법이다.

## 1) 이원분산분석의 요건

① 두 독립변수(요인)들이 완전히 교차해야 한다. 독립변수는 모두 범주변수로, 각각 2개 이상의 수준으로 나뉘며, 독립변수의 수준은 질적 혹은 양적으로 달라야 한다.
② 특정 피험자는 두 독립변수가 조합된 하나의 조건(즉, 셀)에만 속해야 하며, 모집단에서 무작위로 표집되어야 한다.
③ 종속변수는 동간척도 혹은 비율척도라야 한다.

## 2) 이원분산분석의 통계적 가설

이원분산분석은 주효과와 상호작용이 상호독립이라고 전제하고, 주효과에 대한 2개의 영가설과 상호작용에 대한 영가설을 동시에 검증한다. 주효과 및 상호작용에 대한 영가설은 다음과 같다.

### (1) 독립변수 A와 독립변수 B의 상호작용에 대한 가설

$H_{o(AB)}$ : 변수 A와 변수 B 간에 상호작용이 없다.

$H_{1(AB)}$ : 변수 A와 변수 B 간에 상호작용이 있다.

### (2) 독립변수 A의 주효과에 대한 가설

$H_{o(A)}$ : $\mu_1 = \mu_2 = \cdots = \mu_a$ (변수 A의 a개 평균은 차이가 없다.)

$H_{1(A)}$ : 영가설은 참이 아니다.

### (3) 독립변수 B의 주효과에 대한 가설

$H_{o(B)}$ : $\mu_1 = \mu_2 = \cdots = \mu_b$ (변수 B의 b개 평균은 차이가 없다.)

$H_{1(B)}$ : 영가설은 참이 아니다.

## 3) 이원분산분석의 가정

① 독립성: 특정 피험자의 점수는 다른 피험자의 점수와 독립적이다.
② 정규성: 각 셀의 점수들은 정규분포를 이루는 모집단에서 표집되었다.
③ 등분산성: 각 셀의 점수들을 표집한 모집단의 분산이 같다.

## 3 주효과와 상호작용

이원분산분석은 요인설계의 자료에서 2개의 주효과에 대한 영가설과 상호작용에 대한 영가설을 동시에 검증한다. 주효과에 관한 영가설은 일원분산분석의 영가설과 같다. 이원분산분석은 상호작용에 대한 가설을 검증할 수 있다는 장점이 있다. 주효과와 상호작용의 개념을 소개한다.

## 1) 주효과

**주효과**(主效果, main effect)는 특정 독립변수가 종속변수에 미치는 개별적인 효과, 즉 특정 독립변수가 다른 독립변수에 관계없이 종속변수에 미치는 효과를 말한다. 이원분산분석에서는 독립변수가 2개이므로 2개의 주효과가 존재한다. 예컨대, 교수방법과 성별이 동기에 미치는 영향을 분석하려는 이원분산분석에서는 교수방법 주효과와 성별 주효과가 존재한다. 교수방법 주효과는 성별과 관계없이 동기에 미치는 효과를, 성별 주효과는 교수방법과 관계없이 동기에 미치는 효과를 말한다. 그러므로 교수방법에 따라 동기가 차이가 있다면 교수방법 주효과가 유의하다고 하고, 성별에 따라 동기가 차이가 있다면 성별 주효과가 유의하다고 한다. 이원분산분석에서 주효과가 나타날 수 있는 경우는 다음과 같다.

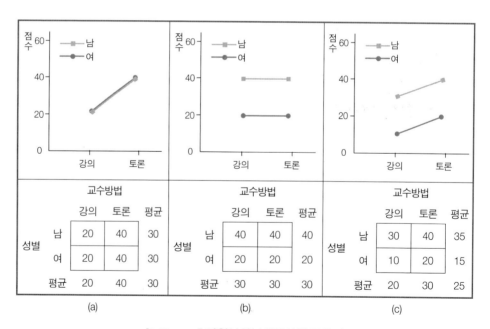

[그림 11-3] 이원분산분석에서의 주효과

① 독립변수 A의 주효과만 유의한 경우: [그림 11-3]의 (a)는 교수방법 주효과는 유

의하지만, 성별 주효과가 유의하지 않은 경우를 나타낸다. 즉, 교수방법에 따라 점수가 차이가 있지만, 성별에 따른 점수는 차이가 없다.

② 독립변수 B의 주효과만 유의한 경우: [그림 11-3]의 (b)는 성별 주효과는 유의하지만, 교수방법 주효과가 유의하지 않은 경우를 나타낸다. 즉, 성별에 따라 점수가 차이가 있지만, 교수방법에 따른 점수는 차이가 없다.

③ 독립변수 A와 B의 주효과가 모두 유의한 경우: [그림 11-3]의 (c)는 교수방법 및 성별 주효과가 모두 유의한 경우를 나타낸다. 즉, 교수방법 및 성별에 따라 점수가 차이가 있는 경우를 나타낸다.

## 2) 상호작용(교호작용)

이원분산분석의 가장 큰 장점은 상호작용을 검증할 수 있다는 것이다. 상호작용의 개념과 유형을 소개한 다음, 상호작용이 있을 때 주효과를 해석하는 문제와 연구결과의 일반화 문제에 관해 기술한다.

### (1) 상호작용의 개념

**상호작용**(相互作用, interaction) 혹은 교호작용(交互作用)이란 한 독립변수가 종속변수에 미치는 효과가 다른 독립변수의 수준에 따라 달라지는 현상을 일컫는다. 예를 들어, 교수방법과 성별이 학업성적에 미치는 효과를 분석했을 때 강의는 남학생 집단에 효과적이고 토론은 여학생 집단에 효과적이라면 교수방법과 성별 간에 상호작용이 존재한다. 두 변수를 A와 B라고 할 때 상호작용은 A×B 혹은 AB로 표기한다. 상호작용은 특정 독립변수가 종속변수에 미치는 효과가 다른 독립변수의 수준에 따라 제약된다는 것을 의미한다. 그러므로 상호작용이 존재할 경우 두 독립변수를 모두 알고 있으면 어느 한 독립변수만 알고 있을 때보다 종속변수를 더 잘 예측할 수 있다. 상호작용의 존재여부를 확인하기 위한 절차는 다음과 같다.

① 독립변수 A의 수준에 따라 독립변수 B와 종속변수의 관계가 다르거나, 독립변수 B의 수준에 따라 독립변수 A와 종속변수의 관계가 다르면 상호작용이 존재한다.

② 반대로 독립변수 A의 수준에 관계없이 독립변수 B와 종속변수의 관계가 일

정하거나, 독립변수 B의 수준에 관계없이 독립변수 A와 종속변수의 관계가 일정하면 상호작용이 존재하지 않는다.

상호작용의 존재여부는 그래프에서 쉽게 확인할 수 있는데, 상호작용의 존재여부를 확인하기 위해 그래프를 그리는 방식은 다음과 같다.

① $X$축에 수준의 수가 많은 독립변수를 표시한다. 예컨대, 독립변수 A의 수준이 2개($A_1$, $A_2$)이고 독립변수 B의 수준이 3개($B_1$, $B_2$, $B_3$)라고 할 때 $X$축에 B의 수준들을 표시한다. 이때 독립변수 B의 세 수준을 $X$축에 같은 간격으로 표시해야 한다.

② $Y$축에는 종속변수의 평균을 표시한다.

③ B의 각 수준에 대응되는 변수 A의 수준별 평균을 점으로 표시한다. 즉, $B_1$에 대응되는 $A_1$과 $A_2$의 평균, $B_2$에 대응되는 $A_1$과 $A_2$의 평균, $B_3$에 대응되는 $A_1$과 $A_2$의 평균을 각각 점으로 표시한다.

④ A의 각 수준별로 점(평균)들을 직선으로 연결한다. 이 사례에서는 수준 $A_1$에 대응되는 평균($A_1B_1$, $A_1B_2$, $A_1B_3$)과 수준 $A_2$에 대응되는 평균($A_2B_1$, $A_2B_2$, $A_2B_3$)을 각각 직선으로 연결하면 된다.

⑤ 두 직선들의 평행여부는 상호작용의 존재를 나타낸다. 두 직선들이 평행하면 상호작용이 존재하지 않지만, 기울기가 다르거나 교차하면 상호작용이 존재한다.

## (2) 상호작용의 유형

상호작용의 유형은 크게 정순상호작용과 역순상호작용으로 구분된다. **정순상호작용**(正順相互作用, ordinal interaction, 서열상호작용)은 특정 독립변수가 종속변수에 미치는 효과의 서열이 다른 독립변수의 모든 수준에서 같지만, 그 효과가 특정 수준에서 더 큰 상호작용이다. 반면, **역순상호작용**(逆順相互作用, disordinal interaction, 비서열상호작용)은 특정 독립변수가 종속변수에 미치는 효과의 서열이 다른 독립변수의 수준에 따라 상반되는 상호작용이다.

상호작용의 유형은 그래프에서 분명하게 드러나는데, 정순상호작용에서는 두 직선이 평행하지도 않고 교차하지도 않지만, 역순상호작용에서는 두 직선이 교차한다. [그림 11-4]의 (c)의 경우 강의조건에서는 남자와 여자의 평균차이가 작지만, 토론조건에서는 남자와 여자의 평균차이가 크므로 교수방법과 성별 간에 정순 상호작용이 있다. 반면, (d)의 경우 강의조건에서는 여자가 남자보다 점수가 높지만, 토론조건에서는 남자가 여자보다 점수가 더 높으므로 교수방법과 성별 간에 역순 상호작용이 있다.

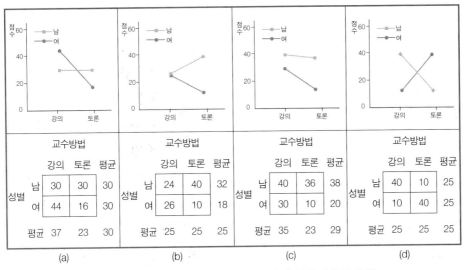

[그림 11-4] 이원분산분석에서 주효과와 상호작용의 유형

이원분산분석에서 두 변수를 각각 A(교수방법)와 B(성별)라고 할 때 주효과와 상호작용이 존재할 수 있는 경우의 수는 [그림 11-4]에서 ① A의 주효과와 상호작용이 유의한 경우(a), ② B의 주효과와 상호작용이 유의한 경우(b), ③ A 및 B의 주효과와 상호작용이 모두 유의한 경우(c), ④ 주효과는 유의하지 않고 상호작용만 유의한 경우(d)로 구분할 수 있다.

### (3) 상호작용이 있을 때 주효과에 대한 해석

주효과는 상호작용이 없을 때 분명하게 해석할 수 있다. 주효과만 유의하고 상호작용이 없으면 주효과만 해석하면 되므로 간단하다. 상호작용이 없다는 것은 특정 독립변수가 다른 독립변수와 관계없이 종속변수에 일정한 영향을 준다는 것을 의미한다. 그러므로 상호작용이 없으면 두 독립변수가 종속변수에 미치는 영향을 별도로 해석하면 된다. 한편, 주효과가 유의하지 않고 상호작용만 유의하면 상호작용만 해석하면 된다. 독립변수 A와 B가 종속변수에 상반된 효과를 미칠 경우 주효과는 유의하지 않지만 상호작용(역순상호작용)은 통계적으로 유의하다.

주효과와 상호작용이 모두 유의하면 해석이 복잡하다. 상호작용은 독립변수 A의 효과가 독립변수 B의 수준에 따라 달라지고 독립변수 B의 효과가 독립변수 A의 수준에 따라 달라진다는 것을 의미하므로, 상호작용이 있으면 주효과에 대한 해석이 복잡해진다. 그러므로 주효과와 상호작용이 모두 유의할 경우에는 주효과보다 상호작용을 먼저 해석하는 것이 원칙이다.

상호작용이 있을 때 주효과를 해석해야 하는가에 대해서는 이견(異見)이 있다. 일각에서는 상호작용이 있으면 주효과를 해석하지 말아야 한다고 주장한다. 특정 독립변수가 다른 독립변수에 관계없이 종속변수에 영향을 준다는 주효과와 특정 독립변수가 종속변수에 미치는 효과가 다른 독립변수에 따라 달라진다는 상호작용이 논리적으로 모순된다는 것이 그 주장의 근거다. 예컨대, Weiss(1995)는 상호작용이 있으면 주효과에 대한 해석이 복잡해지므로 주효과는 상호작용이 없을 때만 해석해야 하며, 상호작용이 있으면 상호작용만 해석해야 한다고 주장한다. 이와 달리 상호작용이 있을 때 무조건 주효과를 해석하지 않는 것은 비합리적이라는 견해도 있다(Howell, 2006). 또 상호작용 유형에 따라 주효과에 대한 해석을 달리해야 한다는 주장도 있다. Bluman(1997)은 정순상호작용이 있으면 각 변수의 주효과를 독립적으로 해석하고, 역순상호작용이 있으면 두 주효과가 상쇄되므로 주효과를 해석할 때 상호작용을 감안해야 한다고 지적한다.

주효과에 대한 해석은 상식에 따르면 된다. 주효과가 분명한 의미가 있다면 상호작용의 존재여부에 관계없이 해석하는 것이 합리적이다. 반면, 주효과가 아무 의미가 없으면 해석하지 않는 것이 좋다. 요컨대, 이원분산분석에서 상호작용은 주효과를 왜곡, 은폐, 과장할 소지가 있으므로 상호작용이 있으면 주효과(통계적으로 유의하건 유의하지 않건 간에)를 주의해서 해석해야 한다.

### (4) 상호작용과 연구결과의 일반화

상호작용은 연구결과의 해석 및 활용에 적지 않은 영향을 준다. 상호작용이 없으면 특정 독립변수가 종속변수에 미치는 효과의 크기 및 방향(부호)이 다른 독립변수에 관계없이 일정하다는 것을 의미하므로 연구결과의 일반화 가능성이 높다. 예를 들어, 교수방법과 성별 간의 상호작용이 없다면 교수방법은 성별에 관계없이 동일한 효과를 미친다고 확신할 수 있으므로 연구결과의 일반화 가능성이 높다. 반면, 상호작용이 있으면 연구결과의 일반화 가능성이 제약된다. 그래서 연구결과의 일반화 가능성을 높이기 위해 상호작용이 예상되지 않는 개인차 특성을 의도적으로 제2의 독립변수로 포함하는 경우도 없지 않다.

상호작용의 존재여부는 연구결과를 활용하는 데도 영향을 미친다. 예를 들어, 두 가지 교수방법의 효과를 비교하기 위한 연구에서 남학생 100명과 여학생 100명을 각각 50명씩 무작위로 두 집단으로 나누어 강의와 토론으로 수업한 후 실시한 시험의 평균이 [그림 11-5]와 같다고 하자.

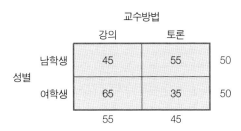

[그림 11-5] 교수방법과 성별에 따른 평균

이 자료에 따르면 남학생 집단평균과 여학생 집단평균은 모두 50이므로 성별 주효과가 존재하지 않는다. 그렇지만 강의집단의 평균(55)은 토론집단의 평균(45)보다 더 높으므로 교수방법 주효과가 존재한다. 또 남학생 집단에서는 토론으로 수업을 받은 집단의 평균(55)이 강의로 수업을 받은 집단의 평균(45)보다 더 높지만, 여학생 집단에서는 반대로 강의로 수업을 한 집단의 평균(65)이 토론으로 수업을 한 집단의 평균(35)보다 더 높으므로 성별과 교수방법 간에 상호작용(즉, 역순상호작용)이 존재한다.

이 상황에서 교수방법을 선정할 때 성별을 고려하지 않으면 강의를 선택하면 된다. 그러나 성별을 고려하면 남학생 집단에는 강의보다 토론으로 가르치는 것이 합리적이다. 왜냐하면 남학생 집단에서는 강의보다 토론으로 가르쳤을 때 성적이 더 높기 때문이다. 반대로 여학생 집단에는 강의로 가르치는 것이 합리적이다. 이와 같이 상호작용은 연구결과를 실제 상황에 활용할 때 상당한 영향을 준다.

## 4  이원분산분석의 절차

이원분산분석은 3개의 영가설(2개의 주효과에 대한 가설과 1개의 상호작용에 대한 가설)을 검증한다. 이원분산분석에서는 2개의 주효과와 상호작용을 검증하기 위한 검증통계량을 구하는 절차가 핵심을 차지하므로, 검증통계량을 구하는 절차를 중점적으로 기술한다. 가설검증절차는 다음과 같다.

### 이원분산분석의 절차

**[상호작용 검증]**

1. 통계적 가설 진술

$H_{o(AB)}$ : 독립변수 A와 B 간에 상호작용이 없다.

$H_{1(AB)}$ : 독립변수 A와 B 간에 상호작용이 있다.

2. 검증통계량 계산: $F_{AB} = \dfrac{MS_{AB}}{MS_w}$

3. 임계치 결정: $\alpha$, 집단간 자유도, 집단내 자유도를 고려하여 구한다.

4. 영가설 기각여부 결정: 검증통계량 $F$ 값이 임계치와 같거나 그보다 크면 영가설을 기각한다.

5. 효과크기의 계산: 상호작용이 종속변수에 미치는 효과크기를 계산한다.

6. 결론도출: 영가설 기각여부에 근거하여 적절한 결론을 도출한다.


**[변수 A의 주효과 검증]**

1. 통계적 가설 진술

$H_{o(A)}$ : $\mu_1 = \mu_2 = \cdots = \mu_a$(독립변수 A의 주효과가 없다.)

$H_{1(A)}$ : 영가설은 참이 아니다.

2. 검증통계량 계산: $F_A = \dfrac{MS_A}{MS_w}$

3. 임계치 결정: $\alpha$, 집단간 자유도, 집단내 자유도를 고려하여 구한다.

4. 영가설 기각여부 결정: 검증통계량 $F$ 값이 임계치와 같거나 그보다 크면 영가설을 기각한다.

5. 효과크기의 계산: 독립변수가 종속변수에 미치는 효과크기를 계산한다.

6. 결론도출: 영가설 기각여부에 근거하여 적절한 결론을 도출한다.

**[변수 B의 주효과 검증]**

1. 통계적 가설 진술

$H_{o(B)}$ : $\mu_{1_1} = \mu_2 = \cdots = \mu_b$(독립변수 B의 주효과가 없다.)

$H_{1(B)}$ : 영가설은 참이 아니다.

2. 검증통계량 계산: $F_B = \dfrac{MS_B}{MS_w}$

3. 임계치 결정: $\alpha$, 집단간 자유도, 집단내 자유도를 고려하여 구한다.

4. 영가설 기각여부 결정: 검증통계량 $F$ 값이 임계치와 같거나 그보다 크면 영가설을 기각한다.

5. 효과크기의 계산: 독립변수가 종속변수에 미치는 효과크기를 계산한다.

6. 결론도출: 영가설 기각여부에 근거하여 적절한 결론을 도출한다.

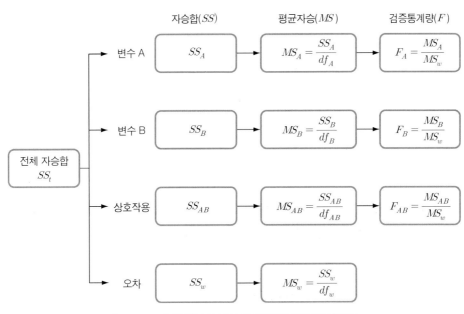

[그림 11-6] 이원분산분석의 검증통계량 계산절차

## 1) 자승합 계산

이원분산분석은 전체 자승합을 ① 독립변수 A의 자승합, ② 독립변수 B의 자승합, ③ A와 B의 상호작용 자승합, ④ 집단내 자승합(각 집단에 속한 피험자의 차이에서 기인하는 오차자승합)으로 분할한다.[1]

전체 자승합＝변수 A의 자승합＋변수 B의 자승합＋상호작용 자승합＋집단내 자승합
$$SS_t = SS_A + SS_B + SS_{AB} + SS_w$$

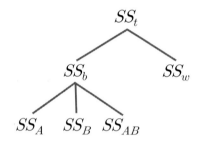

[그림 11-7] 이원분산분석의 자승합 분할

① 전체 자승합: 각 점수와 전체 평균 간의 편차를 제곱한 후 모두 더한 값 $[SS_t = \sum (X - \overline{X})^2]$으로, 각 점수가 전체 평균과 차이가 있는 정도를 나타낸다. 모든 점수들이 전체 평균과 같으면 전체 자승합은 0이 된다. 〈표 11-2〉에 제시되어 있는 자료에서 전체 자승합은 394다.

---

1) 전체 편차는 독립변수 A의 효과를 나타내는 편차, 독립변수 B의 효과를 나타내는 편차, 상호작용을 반영하는 편차, 집단내 편차로 나뉜다.
   (1) 독립변수 A의 효과는 A의 집단평균과 전체 평균의 편차 $(\overline{X_A} - \overline{X})$로 표시된다.
   (2) 독립변수 B의 효과는 B의 집단평균과 전체 평균의 편차 $(\overline{X_B} - \overline{X})$로 표시된다.
   (3) 상호작용은 전체 평균과 셀평균의 편차에서 A와 B의 효과를 뺀 값이므로
   $(\overline{X_{AB}} - \overline{X}) - (\overline{X_A} - \overline{X}) - (\overline{X_B} - \overline{X}) = (\overline{X_{AB}} - \overline{X_A} - \overline{X_B} + \overline{X})$로 표시된다.
   (4) 집단내 편차는 개별점수와 셀평균의 차이 $(X - \overline{X_{AB}})$로 표시된다.
   (5) 결론적으로 편차를 자승합으로 나타내면 다음과 같다.
   $\sum (X - \overline{X})^2 = \sum (\overline{X_A} - \overline{X})^2 + \sum (\overline{X_B} - \overline{X})^2 + \sum (\overline{X_{AB}} - \overline{X_A} - \overline{X_B} + \overline{X})^2 + \sum (X - \overline{X_{AB}})^2$
   $SS_t = SS_A + SS_B + SS_{AB} + SS_w$

② 독립변수 A의 자승합: A의 집단평균과 전체 평균 간의 편차를 제곱한 후 합한 값[$SS_A = \sum(\overline{X_A} - \overline{X})^2$]으로, A의 수준에 따라 집단평균들이 서로 다른 정도를 나타낸다. A의 자승합은 변수 B를 무시하고 일원분산분석의 집단간 자승합과 같은 방식으로 계산하면 된다. 〈표 11-2〉에 제시되어 있는 자료에서 독립변수 A(성별)의 자승합은 120이다.

③ 독립변수 B의 자승합: B의 집단평균과 전체 평균 간의 편차를 제곱한 후 더한 값으로[$SS_B = \sum(\overline{X_B} - \overline{X})^2$], B의 수준에 따라 집단평균들이 서로 다른 정도를 나타낸다. B의 자승합은 변수 A를 무시하고 일원분산분석의 집단간 자승합과 같은 방식으로 계산하면 된다. 〈표 11-2〉에 제시되어 있는 자료에서 독립변수 B(교수방법)의 자승합은 45다.

④ 상호작용 자승합: 각 셀의 평균과 전체 평균 간의 편차에서 변수 A와 B의 효과를 뺀 값을 제곱하여 합한 값이다[$SS_{AB} = \sum(\overline{X_{AB}} - \overline{X_A} - \overline{X_B} + \overline{X})^2$]. 〈표 11-2〉에 예시된 자료에서 상호작용 자승합은 95다.

⑤ 집단내 자승합(오차자승합): 각 점수와 셀평균 간의 편차를 제곱한 후 더한 값[$SS_w = \sum(X - \overline{X_{AB}})^2$]으로, 각 집단에 속하는 점수에 무작위오차가 작용하는 정도를 나타낸다. 집단내 자승합은 전체 자승합에서 독립변수 A와 B의 자승합 및 상호작용 자승합을 제외한 잔차를 나타내며, $A \times B$ 조건 내에 존재하는 피험자 차이를 나타내므로 $SS_{S/AB}$로 표기하기도 한다. 〈표 11-2〉에 제시되어 있는 자료에서 집단내 자승합은 134다.

이원분산분석에서 자승합을 구하는 방식을 구체적으로 예시해 보자. 〈표 11-1〉에 제시되어 있는 자료는 성별(A)과 교수방법(B)이 교차된 2×3 요인설계에서 수집된 학업성적이다. 각 조건의 사례수가 6명이라는 것을 쉽게 알 수 있다. 그리고 [그림 11-8]은 6개 집단별 학업성적 평균이다. 이 자료에서 자승합을 구하면 다음 〈표 11-2〉와 같다.

〈표 11-1〉 성별(A)과 교수방법(B)에 따른 학업성적

| | 강의(1) | 토론(2) | 질의(3) |
|---|---|---|---|
| 남(1) | 59 | 60 | 58 |
| | 59 | 64 | 53 |
| | 55 | 58 | 53 |
| | 58 | 62 | 56 |
| | 54 | 66 | 55 |
| 여(2) | 62 | 61 | 64 |
| | 62 | 63 | 60 |
| | 61 | 59 | 59 |
| | 64 | 59 | 64 |
| | 66 | 63 | 63 |

| | 강의(1) | 토론(2) | 질의(3) | 평균 |
|---|---|---|---|---|
| 남(1) | 57 | 62 | 55 | 58 |
| 여(2) | 63 | 61 | 62 | 62 |
| 평균 | 60 | 61.5 | 58.5 | 60 |

[그림 11-8] 집단별 학업성적 평균

## 2) 평균자승(분산) 계산

평균자승은 각 자승합을 대응되는 자유도로 나누면 된다. 독립변수 A의 수준이 $a$, 독립변수 B의 수준이 $b$, 각 집단의 사례수가 $n$이라고 할 때 이원분산분석의 자유도는 〈표 11-3〉과 같다.

**〈표 11-2〉 이원분산분석의 자승합 계산(전체 평균＝60)**

| 집단 | $X$ | 전체 자승합 $(X - \overline{X})^2$ | 집단내 자승합 $(X - \overline{X_{AB}})^2$ | 변수 A 자승합 $(\overline{X_A} - \overline{X})^2$ | 변수 B 자승합 $(\overline{X_B} - \overline{X})^2$ | 상호작용 자승합 $(\overline{X_{AB}} - \overline{X_A} - \overline{X_B} + \overline{X})^2$ |
|---|---|---|---|---|---|---|
| $\overline{X_{11}} = 57$ | 59 | $(59-60)^2 = 1$ | $(59-57)^2 = 4$ | $(58-60)^2 = 4$ | $(60-60)^2 = 0$ | $(57-58-60+60)^2 = 1$ |
| | 59 | $(59-60)^2 = 1$ | $(59-57)^2 = 4$ | $(58-60)^2 = 4$ | $(60-60)^2 = 0$ | $(57-58-60+60)^2 = 1$ |
| | 55 | $(55-60)^2 = 25$ | $(55-57)^2 = 4$ | $(58-60)^2 = 4$ | $(60-60)^2 = 0$ | $(57-58-60+60)^2 = 1$ |
| | 58 | $(58-60)^2 = 4$ | $(58-57)^2 = 1$ | $(58-60)^2 = 4$ | $(60-60)^2 = 0$ | $(57-58-60+60)^2 = 1$ |
| | 54 | $(54-60)^2 = 36$ | $(54-57)^2 = 9$ | $(58-60)^2 = 4$ | $(60-60)^2 = 0$ | $(57-58-60+60)^2 = 1$ |
| $\overline{X_{12}} = 62$ | 60 | $(60-60)^2 = 0$ | $(60-62)^2 = 4$ | $(58-60)^2 = 4$ | $(61.5-60)^2 = 2.25$ | $(62-58-61.5+60)^2 = 6.25$ |
| | 64 | $(64-60)^2 = 16$ | $(64-62)^2 = 4$ | $(58-60)^2 = 4$ | $(61.5-60)^2 = 2.25$ | $(62-58-61.5+60)^2 = 6.25$ |
| | 58 | $(58-60)^2 = 4$ | $(58-62)^2 = 16$ | $(58-60)^2 = 4$ | $(61.5-60)^2 = 2.25$ | $(62-58-61.5+60)^2 = 6.25$ |
| | 62 | $(62-60)^2 = 4$ | $(62-62)^2 = 0$ | $(58-60)^2 = 4$ | $(61.5-60)^2 = 2.25$ | $(62-58-61.5+60)^2 = 6.25$ |
| | 66 | $(66-60)^2 = 36$ | $(66-62)^2 = 16$ | $(58-60)^2 = 4$ | $(61.5-60)^2 = 2.25$ | $(62-58-61.5+60)^2 = 6.25$ |
| $\overline{X_{13}} = 55$ | 58 | $(58-60)^2 = 4$ | $(58-55)^2 = 9$ | $(58-60)^2 = 4$ | $(58.5-60)^2 = 2.25$ | $(55-58-58.5+60)^2 = 2.25$ |
| | 53 | $(53-60)^2 = 49$ | $(53-55)^2 = 4$ | $(58-60)^2 = 4$ | $(58.5-60)^2 = 2.25$ | $(55-58-58.5+60)^2 = 2.25$ |
| | 53 | $(53-60)^2 = 49$ | $(53-55)^2 = 4$ | $(58-60)^2 = 4$ | $(58.5-60)^2 = 2.25$ | $(55-58-58.5+60)^2 = 2.25$ |
| | 56 | $(56-60)^2 = 16$ | $(56-55)^2 = 1$ | $(58-60)^2 = 4$ | $(58.5-60)^2 = 2.25$ | $(55-58-58.5+60)^2 = 2.25$ |
| | 55 | $(55-60)^2 = 25$ | $(55-55)^2 = 0$ | $(58-60)^2 = 4$ | $(58.5-60)^2 = 2.25$ | $(55-58-58.5+60)^2 = 2.25$ |
| $\overline{X_{21}} = 63$ | 62 | $(62-60)^2 = 4$ | $(62-63)^2 = 1$ | $(62-60)^2 = 4$ | $(60-60)^2 = 0$ | $(63-62-60+60)^2 = 1$ |
| | 62 | $(62-60)^2 = 4$ | $(62-63)^2 = 1$ | $(62-60)^2 = 4$ | $(60-60)^2 = 0$ | $(63-62-60+60)^2 = 1$ |
| | 61 | $(61-60)^2 = 1$ | $(61-63)^2 = 4$ | $(62-60)^2 = 4$ | $(60-60)^2 = 0$ | $(63-62-60+60)^2 = 1$ |
| | 64 | $(64-60)^2 = 16$ | $(64-63)^2 = 1$ | $(62-60)^2 = 4$ | $(60-60)^2 = 0$ | $(63-62-60+60)^2 = 1$ |
| | 66 | $(66-60)^2 = 36$ | $(66-63)^2 = 9$ | $(62-60)^2 = 4$ | $(60-60)^2 = 0$ | $(63-62-60+60)^2 = 1$ |
| $\overline{X_{22}} = 61$ | 61 | $(61-60)^2 = 1$ | $(61-61)^2 = 0$ | $(62-60)^2 = 4$ | $(61.5-60)^2 = 2.25$ | $(61-62-61.5+60)^2 = 6.25$ |
| | 63 | $(63-60)^2 = 9$ | $(63-61)^2 = 4$ | $(62-60)^2 = 4$ | $(61.5-60)^2 = 2.25$ | $(61-62-61.5+60)^2 = 6.25$ |
| | 59 | $(59-60)^2 = 1$ | $(59-61)^2 = 4$ | $(62-60)^2 = 4$ | $(61.5-60)^2 = 2.25$ | $(61-62-61.5+60)^2 = 6.25$ |
| | 59 | $(59-60)^2 = 1$ | $(59-61)^2 = 4$ | $(62-60)^2 = 4$ | $(61.5-60)^2 = 2.25$ | $(61-62-61.5+60)^2 = 6.25$ |
| | 63 | $(63-60)^2 = 9$ | $(63-61)^2 = 4$ | $(62-60)^2 = 4$ | $(61.5-60)^2 = 2.25$ | $(61-62-61.5+60)^2 = 6.25$ |
| $\overline{X_{23}} = 62$ | 64 | $(64-60)^2 = 16$ | $(64-62)^2 = 4$ | $(62-60)^2 = 4$ | $(58.5-60)^2 = 2.25$ | $(62-62-58.5+60)^2 = 2.25$ |
| | 60 | $(60-60)^2 = 0$ | $(60-62)^2 = 4$ | $(62-60)^2 = 4$ | $(58.5-60)^2 = 2.25$ | $(62-62-58.5+60)^2 = 2.25$ |
| | 59 | $(59-60)^2 = 1$ | $(59-62)^2 = 9$ | $(62-60)^2 = 4$ | $(58.5-60)^2 = 2.25$ | $(62-62-58.5+60)^2 = 2.25$ |
| | 64 | $(64-60)^2 = 16$ | $(64-62)^2 = 4$ | $(62-60)^2 = 4$ | $(58.5-60)^2 = 2.25$ | $(62-62-58.5+60)^2 = 2.25$ |
| | 63 | $(63-60)^2 = 9$ | $(63-62)^2 = 1$ | $(62-60)^2 = 4$ | $(58.5-60)^2 = 2.25$ | $(62-62-58.5+60)^2 = 2.25$ |
| $\sum$ | | $SS_t = 394$ | $SS_w = 134$ | $SS_A = 120$ | $SS_B = 45$ | $SS_{AB} = 95$ |

**〈표 11-3〉** 이원분산분석의 자유도

| 자승합 | 자유도 | 〈표 11-2〉에서 자유도 |
|--------|--------|------------------------|
| $SS_A$ | $df_A = a-1$ | 1 |
| $SS_B$ | $df_B = b-1$ | 2 |
| $SS_{AB}$ | $df_{AB} = (a-1)(b-1)$ | 2 |
| $SS_w$ | $df_w = ab(n-1)$ | 24 |
| $SS_t$ | $df_t = N-1$ | 29 |

① 전체 자유도는 전체 사례수에서 1을 뺀 값이므로 $N-1$이다.

② 주효과를 검증하기 위한 자유도는 변수의 수준에서 1을 뺀 값이다. 그러므로 변수 A의 자유도는 $a-1$이고, 변수 B의 자유도는 $b-1$이다.

③ 상호작용의 자유도는 상호작용에 관련된 변수들의 자유도를 곱하면 되므로 $(a-1)(b-1)$이다.

④ 집단내 자승합의 자유도는 다소 복잡하다. 각 집단별로 $n$명의 사례가 있으므로 각 집단의 자유도는 $n-1$이다. 자유도는 집단의 수$(ab)$에 각 집단의 자유도 $(n-1)$를 곱하면 되므로 $ab(n-1)$이다.

⑤ 모든 변산원의 자유도를 합하면 전체 자유도와 같다.

$$df_t = df_A + df_B + df_{AB} + df_w$$

따라서 이원분산분석의 평균자승은 다음과 같다.

$$MS_A = \frac{SS_A}{df_A} \qquad MS_B = \frac{SS_B}{df_B} \qquad MS_{AB} = \frac{SS_{AB}}{df_{AB}} \qquad MS_w = \frac{SS_w}{df_w}$$

위의 예시에서 평균자승은 각각 다음과 같다.

$$MS_A = 120/1 = 120 \qquad MS_B = 45/2 = 22.5$$
$$MS_{AB} = 95/2 = 47.5 \qquad MS_w = 134/24 = 5.583$$

## 3) 검증통계량 계산

주효과와 상호작용을 검증하기 위한 검증통계량 $F$ 값은 각 평균자승($MS$)을 오차분산(집단내 평균자승)으로 나누면 되므로 각각 다음과 같다.

$$F_A = \frac{MS_A}{MS_w} \qquad F_B = \frac{MS_B}{MS_w} \qquad F_{AB} = \frac{MS_{AB}}{MS_w}$$

위의 예시에서 검증통계량은 각각 다음과 같다.

$$F_A = \frac{120}{5.583} = 21.493 \qquad F_B = \frac{22.5}{5.583} = 4.030 \qquad F_{AB} = \frac{47.5}{5.583} = 8.507$$

## 4) 임계치 결정 및 영가설 기각여부 결정

이원분산분석에서는 주효과와 상호작용을 검증하기 위한 임계치가 다르다. 임계치는 다음과 같은 방식으로 구한다.

① 상호작용을 검증하기 위한 임계치: 유의수준 $\alpha$, 분자의 자유도 $(a-1)(b-1)$, 분모의 자유도 $ab(n-1)$를 고려하여 구한다. 〈표 11-2〉의 예시에서 상호작용을 검증하기 위한 임계치는 $\alpha = .05$, 분자의 자유도 2, 분모의 자유도 24이므로 $F=3.40$이다.

② 독립변수 A의 주효과를 검증하기 위한 임계치: 유의수준 $\alpha$, 분자의 자유도 $a-1$, 분모의 자유도 $ab(n-1)$를 고려하여 구한다. 〈표 11-2〉의 예시에서 성별 주효과를 검증하기 위한 임계치는 $\alpha = .05$, 분자의 자유도 1, 분모의 자유도 24이므로 $F=4.26$이다.

③ 독립변수 B의 주효과를 검증하기 위한 임계치: 유의수준 $\alpha$, 분자의 자유도 $b-1$, 분모의 자유도 $ab(n-1)$를 고려하여 구한다. 〈표 11-2〉의 예시에서 교수방법의 주효과를 검증하기 위한 임계치는 $\alpha = .05$, 분자의 자유도 2, 분모의 자유도 24이므로 $F=3.40$이다.

검증통계량의 값이 임계치와 같거나 그보다 크면 영가설을 기각한다. $F$ 값의 유의확률($p$)이 $\alpha$와 같거나 그보다 낮으면 영가설을 기각해도 된다. 위의 예시에서 상호작용을 검증하기 위한 검증통계량의 값은 임계치보다 크므로 영가설을 기각할 수 있다. 또 두 변수의 주효과를 검증하기 위한 검증통계량의 값도 모두 임계치보다 크므로 영가설을 기각한다.

## 5) 효과크기 계산

이원분산분석의 결과는 영가설 기각여부에 대한 정보는 제공하지만, 각 요인이 종속변수에 어느 정도 영향을 미치는지에 대한 정보를 제공하지 않는다. 그러므로 각 요인이 종속변수에 어느 정도 영향을 미쳤는지 확인하려면 효과크기를 구해야 한다. 고정효과 모형에서 효과크기는 다음과 같은 방식으로 구할 수 있다.

### (1) $\eta^2$

$\eta^2$(eta 제곱)은 독립변수의 자승합을 전체 자승합으로 나눈 값으로, 독립변수가 설명하는 종속변수 변산의 비를 나타낸다. 〈표 11-2〉의 예시에서 $\eta^2$은 다음과 같다.

① 독립변수 A(성별): $\eta_A^2 = \dfrac{SS_A}{SS_t} = \dfrac{120}{394} = .3046$

② 독립변수 B(교수방법): $\eta_B^2 = \dfrac{SS_B}{SS_t} = \dfrac{45}{394} = .1142$

③ 상호작용: $\eta_{AB}^2 = \dfrac{SS_{AB}}{SS_t} = \dfrac{95}{394} = .2411$

### (2) 부분 $\eta^2$

**부분 $\eta^2$**(partial $\eta^2$)은 특정 효과의 자승합을 그 효과의 자승합과 오차자승합을 더한 값으로 나눈 값이다. 부분 $\eta^2$은 $\eta^2$보다 더 크다. SPSS에서는 부분 $\eta^2$을 보고하고 있지만, 부분 $\eta^2$의 합은 1보다 크기 때문에 그다지 유용하지는 않다. 위의 예시에서 부분 $\eta^2$은 다음과 같다.

① 독립변수 A(성별): 부분 $\eta^2_A = \dfrac{SS_A}{SS_A + SS_w} = \dfrac{120}{120 + 134} = .4724$

② 독립변수 B(교수방법): 부분 $\eta^2_B = \dfrac{SS_B}{SS_B + SS_w} = \dfrac{45}{45 + 134} = .2514$

③ 상호작용: 부분 $\eta^2_{AB} = \dfrac{SS_{AB}}{SS_{AB} + SS_w} = \dfrac{95}{95 + 134} = .4148$

### (3) $\omega^2$

$\omega^2$(오메가 제곱)은 고정효과 모형의 이원분산분석에서 효과크기를 나타내기 위해서 일반적으로 사용된다. $\omega^2$는 분산분석표를 이용하여 쉽게 추정할 수 있다. 전형적으로 $\omega^2$은 통계적으로 유의할 경우에만 계산한다. 위의 예시에서 $\omega^2$은 각각 다음과 같다.

① 독립변수 A(성별): $\omega^2_A = \dfrac{SS_A - (df_A)MS_w}{SS_t + MS_w} = \dfrac{120 - (1)5.583}{394 + 5.583} = .2863$

② 독립변수 B(교수방법): $\omega^2_B = \dfrac{SS_B - (df_B)MS_w}{SS_t + MS_w} = \dfrac{45 - (2)(5.583)}{394 + 5.583} = .0847$

③ 상호작용: $\omega^2_{AB} = \dfrac{SS_{AB} - (df_{AB})MS_w}{SS_t + MS_w} = \dfrac{95 - (2)(5.583)}{394 + 5.583} = .2098$

## 6) 결론 도출

영가설이 기각되면 평균차이가 있다고 결론을 내린다. 영가설이 기각되면 연구결과가 대립가설과 일치한다는 것을 의미하며, 그러한 의미에서 대립가설을 수용한다. 반대로 영가설이 기각되지 않으면 평균차이가 없다고 결론을 내린다. 위의 예시에서는 상호작용에 대한 영가설과 두 변수의 주효과에 대한 영가설을 모두 기각할 수 있으므로 상호작용은 물론 두 변수의 주효과가 모두 통계적으로 유의하다는 결론을 내릴 수 있다.

# 5 이원분산분석의 결과제시방법

이원분산분석의 결과는 분산분석표로 요약해서 제시하는 것이 바람직하다. 분산분석표를 작성하는 요령은 다음과 같다.

〈표 11-4〉 이원분산분석표의 일반형식

| 변산원 | 자승합 | 자유도 | 평균자승 | $F$ | 부분 $\eta^2$ |
|---|---|---|---|---|---|
| A | $SS_A$ | $df_A = a-1$ | $MS_A = \dfrac{SS_A}{df_A}$ | $\dfrac{MS_A}{MS_w}$ | $\dfrac{SS_A}{SS_A + SS_w}$ |
| B | $SS_B$ | $df_B = b-1$ | $MS_B = \dfrac{SS_B}{df_B}$ | $\dfrac{MS_B}{MS_w}$ | $\dfrac{SS_B}{SS_B + SS_w}$ |
| AB | $SS_{AB}$ | $df_{AB} = (a-1)(b-1)$ | $MS_{AB} = \dfrac{SS_{AB}}{df_{AB}}$ | $\dfrac{MS_{AB}}{MS_w}$ | $\dfrac{SS_{AB}}{SS_{AB} + SS_w}$ |
| 오차 | $SS_w$ | $df_w = ab(n-1)$ | $MS_w = \dfrac{SS_w}{df_w}$ | | |
| 전체 | $SS_t$ | $df_t = abn-1$ | | | |

① 변산원(source): 종속변수의 변산에 영향을 미치는 요인을 제시한다. 이원분산분석의 변산원은 (1) 독립변수 A, (2) 독립변수 B, (3) A와 B의 상호작용, (4) 오차로 모두 4개다.

② 자승합($SS$): 변산원별로 자승합을 기입한다.

③ 자유도($df$): 변산원별로 자유도를 기입한다.

④ 평균자승($MS$): 자승합을 자유도로 나눈 평균자승을 기입한다.

⑤ $F$: 변수 A와 B의 평균자승, A와 B의 상호작용 평균자승을 집단내 평균자승으로 나눈 값을 기입한다.

⑥ **효과크기**: 변수 A의 자승합, B의 자승합, 상호작용 자승합을 전체 자승합으로 나눈 값을 기입한다(혹은 부분 $\eta^2$을 기입한다.).

⑦ $F$ 값의 유의확률을 기입한다(혹은 $F$ 값이 임계치보다 큰지 아니면 작은지 표시한다.).

# 6 이원분산분석 예시

　지금까지 〈표 12-1〉의 자료에 대한 이원분산분석의 절차를 자세하게 기술하였다. 이원분산분석의 가설검증절차를 요약해서 제시하면 〈표 12-5〉와 같다.

〈표 11-5〉 이원분산분석 예시 요약

| 1. 통계적 가설 진술 | $H_{o(성별)}$: 남학생과 여학생의 성적은 차이가 없다.<br>$H_{o(방법)}$: 교수방법에 따른 성적은 차이가 없다.<br>$H_{o(성별 \times 교수방법)}$: 성별과 교수방법 간에 상호작용이 없다. |
|---|---|
| 2. 검증통계량 계산 | (1) 자승합 계산(계산과정은 표 참조)<br>　① 전체 자승합: $SS_t = 394$<br>　② 성별 자승합: $SS_A = 120$<br>　③ 교수방법 자승합: $SS_B = 45$<br>　④ 상호작용 자승합: $SS_{AB} = 95$<br>　⑤ 집단내 자승합: $SS_w = 134$<br>(2) 평균자승 계산<br>　① 성별 평균자승: $MS_A = 120/1 = 120$<br>　② 교수방법 평균자승: $MS_B = 45/2 = 22.5$<br>　③ 상호작용 평균자승: $MS_{AB} = 95/(2-1)(3-1) = 47.5$<br>　④ 집단내 평균자승: $MS_w = 134/(30-6) = 5.583$<br>(3) 검증통계량 계산<br>　① 성별 주효과: $F_A = 120/5.583 = 21.493$<br>　② 교수방법 주효과: $F_B = 22.5/5.583 = 4.030$<br>　③ 상호작용: $F_{AB} = 47.5/5.583 = 8.507$ |
| 3. 임계치 결정 | $\alpha = .05$에서 임계치는 다음과 같다.<br>(1) 성별 주효과: 분자의 자유도는 1, 분모의 자유도는 24이므로 임계치는 $F = 4.26$이다.<br>(2) 교수방법 주효과 및 상호작용: 분자의 자유도는 2, 분모의 자유도는 24이므로 임계치는 $F = 3.40$이다. |

| 4. 영가설 기각 여부 결정 | (1) 성별 주효과를 검증하기 위한 검증통계량의 값은 $F_A = 21.493$으로 임계치보다 크므로 영가설을 기각한다. |
| | (2) 교수방법 주효과를 검증하기 위한 검증통계량의 값은 $F_B = 4.030$으로 임계치보다 크므로 영가설을 기각한다. |
| | (3) 상호작용을 검증하기 위한 검증통계량의 값은 $F_{AB} = 8.507$로 임계치보다 크므로 영가설을 기각한다. |
| 5. 효과크기 계산 | (1) 성별: 부분 $\eta_A^2 = \dfrac{SS_A}{SS_A + SS_w} = \dfrac{120}{120+134} = .4724$ |
| | (2) 교수방법: 부분 $\eta_B^2 = \dfrac{SS_B}{SS_B + SS_w} = \dfrac{45}{45+134} = .2514$ |
| | (3) 상호작용: 부분 $\eta_{AB}^2 = \dfrac{SS_{AB}}{SS_{AB} + SS_w} = \dfrac{95}{95+134} = .4148$ |
| 6. 결론도출 | (1) 성별 주효과는 통계적으로 유의하다. |
| | (2) 교수방법 주효과는 통계적으로 유의하다. |
| | (3) 성별과 교수방법 간의 상호작용은 통계적으로 유의하다. |

〈표 11-6〉 이원분산분석표

| 변산원 | 자승합 | 자유도 | 평균자승 | $F$ | 부분 $\eta^2$ |
|---|---|---|---|---|---|
| 성별(A) | 120 | 1 | 120 | 21.493** | .4724 |
| 교수방법(B) | 45 | 2 | 22.5 | 4.030* | .2514 |
| AB | 95 | 2 | 47.5 | 8.507** | .4148 |
| 오차 | 134 | 24 | 5.583 | | |
| 전체 | 394 | 29 | | | |

\* $p < .05$    \*\* $p < .01$

## 7 이원분산분석과 일원분산분석의 비교

앞에서 이원분산분석이 2개의 일원분산분석보다 더 효과적이라고 한 바 있다. 이를 구체적으로 확인하기 위해 이원분산분석의 결과와 일원분산분석의 결과를 비교해 보자. 〈표 11-7〉과 〈표 11-8〉은 〈표 11-1〉의 자료를 2개의 일원분산분석으로 각각 분석한 것이다. 표에 제시된 것처럼 성별을 독립변수로 한 일원분산분석의 결과는 통계적으로 유의했지만, 교수방법을 독립변수로 한 일원분산분석의 결과는 통계적으로 유의한 차이가 없었다(이원분산분석에서는 교수방법은 물론 성별의 주효과가 모두 유의했다는 것을 상기하기 바란다.). 이제 이원분산분석의 결과와 일원분산분석의 결과를 비교해 보자.

〈표 11-7〉성별을 독립변수로 한 일원분산분석

| 변산원 | 자승합 | 자유도 | 평균 자승 | $F$ |
|--------|--------|--------|----------|-----|
| 성별 | 120 | 1 | 120 | 12.26* |
| 집단내 | 274 | 28 | 9.786 | |
| 전체 | 394 | 29 | | |

〈표 11-8〉교수방법을 독립변수로 한 일원분산분석

| 변산원 | 자승합 | 자유도 | 평균 자승 | $F$ |
|--------|--------|--------|----------|-----|
| 방법 | 45 | 2 | 22.50 | 1.74 |
| 집단내 | 349 | 27 | 12.926 | |
| 전체 | 394 | 29 | | |

* $p < .05$

일원분산분석과 비교하면 이원분산분석의 장점이 잘 나타난다.

① 전체 자승합 $SS_t$(394)와 전체 자유도 $df_t$(29)는 전체 점수에서 계산되었으므로 일원분산분석과 같다.

② 성별을 독립변수로 하는 일원분산분석에서 성별의 자승합, 자유도, 평균자승은 이원분산분석과 같다. 이것은 교수방법을 고려하지 않고 성별만 고려하여 자승합과 자유도를 계산했기 때문이다. 마찬가지로 교수방법을 독립변수로 하는 일원분산분석에서 교수방법의 자승합, 자유도, 평균자승도 이원분산분석과 같다.

③ 성별을 독립변수로 하는 일원분산분석의 집단내 자승합은 이원분산분석에 따라서 교수방법 자승합, 상호작용 자승합, 집단내 자승합으로 분할되었다. 따라서 이원분산분석의 교수방법 자승합, 상호작용 자승합, 집단내 자승합을 합하면 성별을 독립변수로 하는 일원분산분석의 집단내 자승합과 같다(45+95+134=274). 마찬가지로 교수방법을 독립변수로 하는 일원분산분석의 집단내 자승합은 이원분산분석에서 성별 자승합, 상호작용 자승합, 집단내 자승합으로 분할되었다. 이원분산분석에서 성별 자승합, 상호작용 자승합, 집단내 자승합을 합하면 교수방법을 독립변수로 하는 일원분산분석의 집단내 자승합과 같다(120+95+134=349).

④ 성별을 독립변수로 하는 일원분산분석의 집단내 자유도는 이원분산분석에서 교수방법의 자유도, 상호작용 자유도, 집단내 자유도로 분할되었다. 이원분산분석의 교수방법 자유도, 상호작용 자유도, 집단내 자유도를 합하면 교수방법을 독립변수로 하는 일원분산분석의 집단내 자유도와 같다(2+2+24=28). 또 교수방법을 독립변수로 하는 일원분산분석의 집단내 자유도는 이원분산분석에서 성별 자유도, 상호작용 자유도, 집단내 자유도로 분할되었다. 그러므로 이원분산분석의 성별 자유도, 상호작용 자유도, 집단내 자유도를 합하면 교수방법을 독립변수로 하는 일원분산분석의 집단내 자유도와 같다(1+2+24=27).

⑤ 이원분산분석이 2개의 일원분산분석보다 더 효과적인 이유는 다음과 같다. 첫째, 일원분산분석은 상호작용을 검증할 수 없지만, 이원분산분석은 상호작용을 검증할 수 있다. 이것이 이원분산분석의 가장 큰 장점이다. 둘째, 이원분산분석에서는 일원분산분석에 비해 집단내 분산($MS_w$)이 줄어들므로 통계적 검증력이 더 높다. 이원분산분석의 $MS_w$는 일원분산분석의 $MS_w$보다 작다. 이원분산분석에서는 두 번째 독립변수의 주효과 자승합과 상호작용 자승합이 클수록 $MS_w$가 더 많이 감소한다. $MS_w$는 $F$값을 구할 때 분모가 되므로 값이 작을수록 $F$값이 커지므로 영가설을 기각할 수 있는 확률이 높아진다. 위의 예에서도 이원분산분석의 $MS_w$는 5.583이었지만 두 일원분산분석의 $MS_w$는 각각 9.786과 12.926이었다. 이원분산분석의 $MS_w$는 일원분산분석의 $MS_w$보다 모집단 분산 $\sigma^2$에 대한 더 양호한(순수한) 추정량이다. 왜냐하면 이원분산분석의 $MS_w$에는 두 변수의 주효과와 상호작용이 모두 제거되었지만, 일원분산분석의 $MS_w$에는 한 변수의 효과만 제거되었기 때문이다. 따라서 변수 A의 주효과에 대한 영가설을 기각할 확률은 변수 B의 주효과와 상호작용이 클수록 높아진다. 마찬가지로 변수 B의 주효과에 대한 영가설을 기각할 확률은 변수 A의 주효과와 상호작용이 클수록 높아진다.

## 8 SPSS를 활용한 이원분산분석

SPSS를 활용한 이원분산분석의 절차는 다음과 같다.

① **분석(A)–일반선형모형(G)**에서 **일변량(U)**을 선택한다.

② **일변량(U)**에서 **종속변수(D)**와 독립변수를 선택한다. 독립변수는 고정요인이면 **모수요인(F)**에, 무작위요인이면 **변량요인(A)**에 입력해야 한다.

③ (필요할 경우) 집단평균을 구하려면 **일변량(U)–옵션(O)**을 선택한 다음 **주변평균 추정**에서 **요인 및 요인상호작용(F)**의 해당 항목을 선택하면 된다. 예컨대, 주변 평균추정에서 a, b, a*b를 선택하면 변수 A의 집단별 평균, 변수 B의 집단별 평균, cell 평균을 산출해 준다.

④ (필요할 경우) **일변량(U)–옵션(O)**에서 **효과크기 추정값(E)**이나 **동질성 검정(H)** 등을 선택할 수 있다.

⑤ 상호작용 그래프를 얻으려면 일변량 화면에서 **도표(T)**를 선택한 다음 **수평축 변수(H)**와 **선구분 변수(S)**를 입력한 다음 **추가**를 클릭한다(수평축 변수에는 수준의 수가 많은 변수를 선택해야 한다.).

⑥ 〈표 11–1〉에 제시되어 있는 자료에 대해 SPSS로 이원분산분석을 한 결과는 다음과 같다.

**개체-간 효과 검정**

종속변수: 학업성적

| 소스 | 제 III 유형 제곱합 | 자유도 | 평균제곱 | F | 유의확률 | 부분 에타 제곱 |
|---|---|---|---|---|---|---|
| 수정 모형 | 260.000[a] | 5 | 52.000 | 9.313 | .000 | .660 |
| 절편 | 08000.000 | 1 | 108000.000 | 19343.284 | .000 | .999 |
| 성별 | 120.000 | 1 | 120.000 | 21.493 | .000 | .472 |
| 교수방법 | 45.000 | 2 | 22.500 | 4.030 | .031 | .251 |
| 성별 * 교수방법 | 95.000 | 2 | 47.500 | 8.507 | .002 | .415 |
| 오차 | 134.000 | 24 | 5.583 | | | |
| 합계 | 08394.000 | 30 | | | | |
| 수정 합계 | 394.000 | 29 | | | | |

a. R 제곱 = .660 (수정된 R 제곱 = .589)

## 9 이원분산분석의 개별비교

대부분의 통계문헌에서는 일원분산분석의 개별비교는 자세하게 다루지만, 요인 설계에서의 개별비교는 거의 다루지 않는다. 이 절에서는 이원분산분석에서의 사전비교와 사후비교를 간단하게 소개한다.

### 1) 사전비교

이원분산분석에서 요인 A의 수준을 $a$, 요인 B의 수준을 $b$, 각 셀의 사례수를 $n$이라고 하면 $ab$개의 직교비교가 존재한다. 위의 예시에서 세 가지 교수방법에 따른 평균차이를 검증하기 위한 사전비교의 비교, 표준오차, 검증통계량은 각각 다음과 같다.

① 비교: $\hat{\psi} = \sum c \overline{X} = c_1 \overline{X_1} + c_2 \overline{X_2} + c_3 \overline{X_3}$

② 표준오차: $s_{\hat{\psi}} = \sqrt{MS_w \sum c^2 / na}$

③ 검증통계량: $t = \dfrac{\hat{\psi}}{s_{\hat{\psi}}}$

$t$의 임계치는 집단내 자유도를 이용해서 구하면 된다.

집단별 평균이 다음과 같을 때 토론조건(평균 61.5)과 질의조건(평균 58.5)의 평균차이를 사전비교로 검증해 보자(단, $MS_w = 5.583$, $n = 5$).

|  | 강의 | 토론 | 질의 | 평균 |
|---|---|---|---|---|
| 남 | 57 | 62 | 55 | 58 |
| 여 | 63 | 61 | 62 | 62 |
| 평균 | 60 | 61.5 | 58.5 | 60 |

① $\hat{\psi_1} = \overline{X_{토론}} - \overline{X_{질의}} = 61.5 - 58.5 = 3$

② $s_{\hat{\psi}} = \sqrt{MS_w \sum c^2 / na} = \sqrt{5.583(\frac{1}{10} + \frac{1}{10})} = 1.057$

③ $t = \dfrac{\hat{\psi}}{s_{\hat{\psi}}} = \dfrac{3}{1.057} = 2.84$

④ 사전직교비교의 경우 $\alpha = .01$, $df_w = 14$에서 t의 임계치는 2.797이다. 검증통계량 $t = 2.84$는 임계치 2.797보다 크므로 영가설을 기각한다. 그러므로 토론조건과 질의조건의 평균차이는 통계적으로 유의한 차이가 있다고 할 수 있다.

## 2) 사후비교

이원분산분석에서 영가설이 기각되었다는 것은 집단평균 간에 유의한 차이가 있음을 의미한다. 그러나 이원분산분석의 결과는 여러 집단의 평균이 차이가 있다는 정보는 제공하지만, 구체적으로 어느 집단과 어느 집단의 평균이 차이가 있는지에 대한 정보는 제공하지 않는다. 그러므로 이원분산분석의 결과가 통계적으로 유의하면 어느 집단과 어느 집단이 차이가 있는지를 밝히기 위해 사후비교를 해야 한다. 이원분산분석의 사후검증방법으로 Tukey 검증을 소개한다.

### (1) 주효과의 개별비교

주효과가 유의할 때 Tukey 검증의 절차는 제10장에서 소개한 절차와 기본적으로 같다. 단, 요인설계에서 개별비교를 할 때는 표본크기가 비교하려는 요인의 수준에 해당되는 피험자수라는 점만 다르다. 그러므로 요인 A의 수준을 $a$, 요인 B의 수준을 $b$, 각 셀의 피험자수를 $n$이라 할 때는 요인 A에 따른 평균을 비교할 경우 피험자수는 $nb$가 되고, 요인 B에 따른 평균을 비교할 경우 피험자수는 $na$가 된다. 비교하려는 평균을 $\overline{X_1}$과 $\overline{X_2}$라고 할 때 주효과에 대한 개별비교에서 Tukey 검증의 검증통계량은 다음과 같다.

① 요인 A의 주효과에 대한 개별비교: $q = \dfrac{\overline{X_1} - \overline{X_2}}{\sqrt{MS_w / nb}}$

② 요인 B의 주효과에 대한 개별비교: $q = \dfrac{\overline{X_1} - \overline{X_2}}{\sqrt{MS_w / na}}$

$q$의 임계치는 유의수준, 요인의 수준 수, 집단내 자유도에 따라 결정된다. 평균 차이의 절댓값이 임계치보다 크면 영가설을 기각하면 된다.

위의 예시자료에서 교수방법에 따른 평균차이를 Tukey 검증으로 비교하기 위한 검증통계량은 다음과 같다.

① 강의 대 토론: $q = \dfrac{\overline{X_{강의}} - \overline{X_{토론}}}{\sqrt{MS_w/na}} = \dfrac{60 - 61.5}{\sqrt{5.583/(5)(2)}} = -1.963$

② 토론 대 질의: $q = \dfrac{\overline{X_{토론}} - \overline{X_{질의}}}{\sqrt{MS_w/na}} = \dfrac{61.5 - 58.5}{\sqrt{5.583/(5)(2)}} = 4.015$

③ 강의 대 질의: $q = \dfrac{\overline{X_{강의}} - \overline{X_{질의}}}{\sqrt{MS_w/na}} = \dfrac{60 - 58.5}{\sqrt{5.583/(5)(2)}} = 1.963$

$\alpha = .05$, $k = 3$, $df = 24$에서 $q$의 임계치는 3.53이다. 그러므로 토론조건과 질의조건의 평균차이는 유의하나, 강의조건과 토론조건의 평균차이와 강의조건과 질의조건의 평균차이는 통계적으로 유의하지 않다.

Tukey의 $HSD$로 주효과에 대한 개별비교를 할 경우 검증통계량은 다음과 같다.

$$HSD_A = q_{\alpha, a, N-ab} \sqrt{MS_w/nb} \qquad HSD_B = q_{\alpha, b, N-ab} \sqrt{MS_w/na}$$

$q_{\alpha, a, N-ab}$는 유의수준 $\alpha$, 평균의 수 $a$, 자유도 $N-ab$에서 $q$의 임계치, $q_{\alpha, b, N-ab}$는 유의수준 $\alpha$, 평균의 수 $b$, 자유도 $N-ab$에서 $q$의 임계치를 말한다. 그러므로 평균차이가 $HSD$보다 크면 영가설을 기각하면 된다. 위의 예시에서 $\alpha = .05$ 수준에서 교수방법의 주효과에 대한 개별비교를 Tukey의 $HSD$로 검증할 경우 평균의 수=3, $df = 24$에서 $q$의 임계치는 3.53이므로 $HSD$는 다음과 같다.

$$HSD = 3.53 \sqrt{5.583/(5)(2)} = 2.64$$

그러므로 평균차이가 2.64보다 크면 영가설을 기각할 수 있다. 이에 따르면 토론조건과 질의조건의 평균차이(61.5-58.5=3)는 $HSD$보다 크므로 평균차이가 있지만, 강의조건과 토론조건의 평균차이(60-61.5=1.5)와 강의조건과 질의조건의 평균차이(60−58.5＝1.5)는 *HSD*보다 작으므로 차이가 없다.

### (2) 상호작용에 대한 개별비교

상호작용이 유의할 때 모든 집단평균들의 차이를 검증할 필요는 없다. 즉, 집단 평균을 비교할 때는 같은 열의 평균들을 비교하고, 같은 행의 평균들을 비교하면 되며, 평균을 대각선으로 비교할 필요는 없다. 비교하려는 두 평균을 $\overline{X_a}$과 $\overline{X_b}$라고 할 때 상호작용에 대한 개별비교를 위한 Tukey 검증의 검증통계량은 다음과 같다.

$$q = \frac{\overline{X_a} - \overline{X_b}}{\sqrt{MS_w/n}}$$

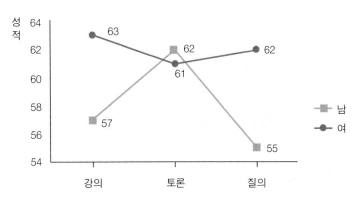

[그림 11-9] 교수방법과 성별의 상호작용

위의 예시에서는 [그림 11-9]에 제시된 것처럼 성별과 교수방법 간의 상호작용이 통계적으로 유의했다($F=8.507$, $p<.05$). 위의 예시자료에서 교수방법의 수준별로 남자집단 평균과 여자집단 평균이 차이가 있는지를 비교하기 위한 Tukey 검증의 검증통계량은 다음과 같다.

① 강의조건에서 성별차이: $q = \dfrac{57-63}{\sqrt{5.583/5}} = -5.553$

② 토론조건에서 성별차이: $q = \dfrac{62-61}{\sqrt{5.583/5}} = .946$

③ 질의조건에서 성별차이: $q = \dfrac{55-62}{\sqrt{5.583/5}} = -6.624$

$\alpha = .05$, 평균의 수 $k=6$, $df=24$에서 $q$의 임계치는 4.37이다. 그러므로 강의조건과 질의조건에서는 성별차이가 있으나, 토론조건에서는 성별차이가 없다. Tukey의 $HSD$ 검증으로 상호작용에 대한 개별비교를 할 경우 검증통계량은 다음과 같다.

$$HSD_{AB} = q_{\alpha, \, ab, \, N-ab} \sqrt{MS_w/n}$$

$q_{\alpha, \, ab, \, N-ab}$는 유의수준 $\alpha$, 평균의 수 $ab$, 자유도 $N-ab$에서 $q$의 임계치다. 그러므로 평균차이가 $HSD$보다 크면 영가설을 기각하면 된다. 위의 예시에서 $\alpha = .05$, 평균의 수$=6$, $df=24$에 해당하는 $q$의 임계치는 4.37이므로 $HSD$는 다음과 같다.

$$HSD_{AB} = 4.37 \sqrt{5.583/5} = 4.14$$

그러므로 셀 평균의 차이(절댓값)가 4.14보다 크면 영가설을 기각할 수 있다. 이에 따르면 강의조건에서 성별차이(75−63=6)와 질의조건에서 성별차이(55−62=−7)는 $HSD$보다 크므로 영가설을 기각할 수 있으나. 토론조건에서 성별차이(62−61=1)는 $HSD$보다 작으므로 영가설을 기각할 수 없다.

## 3) 단순 주효과 분석

상호작용은 특정 독립변수가 종속변수에 미치는 효과가 다른 독립변수의 수준에 따라 다르다는 것을 의미한다. 그렇지만 상호작용 자체는 특정 독립변수가 종속변수에 미치는 효과가 다른 독립변수의 수준에 따라 달라진다는 정보만 제공할 뿐 더 이상의 구체적인 정보는 제공하지 않는다. 그러므로 상호작용이 유의하면 상호작용을 구체적으로 분석해야 한다. 상호작용을 상세하게 분석하는 방법으로는 단순 주효과 분석과 상호작용 비교분석(analysis of interaction comparison)[2]이 있으나, 여기에서는 단순 주효과를 분석하는 방법을 소개한다. 단순 주효과 분석은

---

[2] 상호작용 비교분석(analysis of interaction comparison)은 요인설계를 일련의 소규모 요인설계로 나누어 분석하는 방법이다. 예를 들어, 3×2 요인설계의 경우 3개의 2×2 요인설계로 나누어 분석하는 방법이다. 상호작용 비교분석은 Keppel과 Wickins(2004)를 참고하기 바란다.

상호작용이 있을 때 그것을 구체적으로 분석하는 방법이다.

　　**단순 주효과**(單純 主效果, simple main effect)는 한 독립변수가 다른 독립변수의 특정 수준에서 종속변수에 미치는 효과를 말한다. 주효과와 단순 주효과는 한 독립변수의 효과를 나타낸다는 공통점이 있지만, 주효과는 한 독립변수가 다른 독립변수와 관계없이 종속변수에 미치는 개별적인 효과를 의미하고, 단순 주효과는 다른 독립변수의 특정 수준에서 한 독립변수가 종속변수에 미치는 효과를 의미한다는 점에서 다르다. 위의 예시 자료에서 특정 교수방법에서 성별차이를 비교하거나 남자집단에서 세 가지 교수방법의 차이를 비교하는 것이 단순 주효과 분석이다.

　　단순 주효과 분석은 개념적으로 다른 독립변수의 특정 수준에서 한 독립변수가 종속변수에 미치는 효과를 일원분산분석으로 분석한 것이다. 예컨대, 〈표 11-9〉에서 단순 주효과 분석은 교수방법의 각 수준에서 성별 평균차이를 일원분산분석으로 검증한 것이고, 성별의 각 수준에서 세 교수방법의 평균차이를 일원분산분석으로 검증한 것이다. 단, 단순 주효과 분석에서 $F$ 값을 구할 때는 분산분석의 집단 내 평균자승을 분모로 해야 한다. 또 상호작용이 유의할 때 모든 단순 주효과를 분석하면 제1종 오류를 범할 확률이 높아지므로 연구목적에 부합되는 단순 주효과만 분석해야 한다. 〈표 11-9〉에는 앞의 예시자료를 이용한 단순 주효과 분석결과가 제시되어 있다. 단, 이 경우 교수방법의 단순 주효과는 분석할 필요가 없으나, 예시의 필요상 분석했다.

〈표 11-9〉 단순 주효과 분석

| 수학성적의 평균(각 셀의 사례수＝5) | | | | |
|---|---|---|---|---|
| | | 교수방법 | | 평균 |
| | | 강의 | 토론 | 질의 | |
| 성별 | 남 | 57 | 62 | 55 | 58 |
| | 여 | 63 | 61 | 62 | 62 |
| 평균 | | 60 | 61.5 | 58.5 | 60 |

(1) 성별(A)의 단순 주효과를 구하기 위한 자승합 계산

$$SS_{A\,at\,B_1} = 5[(57-60)^2 + (63-60)^2] = 90$$

$$SS_{A\,at\,B_2} = 5[(62-61.5)^2 + (61-61.5)^2] = 2.5$$

$$SS_{A\,at\,B_3} = 5[(55-58.5)^2 + (62-58.5)^2] = 122.5$$

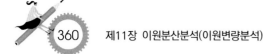

(2) 교수방법(B)의 단순 주효과를 구하기 위한 자승합 계산

$$SS_{B\ at\ A_1} = 5[(57-58)^2 + (62-58)^2 + (55-58)^2] = 130$$

$$SS_{B\ at\ A_2} = 5[(63-62)^2 + (61-62)^2 + (62-62)^2] = 10$$

| 단순 주효과 분석표 | | | | |
|---|---|---|---|---|
| 변산원 | 자승합 | 자유도 | 평균자승 | $F$ |
| 성별(A) | | | | |
| A at $B_1$ | 90 | 1 | 90 | 16.12* |
| A at $B_2$ | 2.5 | 1 | 2.5 | .45 |
| A at $B_3$ | 122.5 | 1 | 122.5 | 21.94* |
| 교수방법(B) | | | | |
| B at $A_1$ | 130 | 2 | 65 | 11.64* |
| B at $A_2$ | 10 | 2 | 5 | .90 |
| 오차 | 134 | 24 | 5.583 | |

\* $p < .05$

---

### SPSS를 활용한 단순 주효과 분석

SPSS에서 단순 주효과는 명령문을 작성하여 분석해야 한다(대화상자로는 단순 주효과를 분석할 수 없다.). 위의 예시에서 교수방법의 단순 주효과를 분석하기 위한 명령문은 다음과 같다.

glm 점수 by 성별 교수방법

　/emmeans=tables(성별\*교수방법)compare(성별).

glm(general linear model)은 이원분산분석을 수행하라는 명령어고, emmeans는 단순 주효과 분석을 하라는 명령어다. 그리고 compare(성별)는 교수방법의 각 수준에서 성별효과를 비교하라는 것이다. SPSS로 단순 주효과를 분석한 결과는 다음과 같다.

### 일변량 검정

종속변수: 점수

| 방법 | | 제곱합 | 자유도 | 평균제곱 | F | 유의확률 |
|---|---|---|---|---|---|---|
| 1 | 대비 | 90.000 | 1 | 90.000 | 16.119 | .001 |
| | 오차 | 134.000 | 24 | 5.583 | | |
| 2 | 대비 | 2.500 | 1 | 2.500 | .448 | .510 |
| | 오차 | 134.000 | 24 | 5.583 | | |
| 3 | 대비 | 122.500 | 1 | 122.500 | 21.940 | .000 |
| | 오차 | 134.000 | 24 | 5.583 | | |

분석결과에 따르면 교수방법의 수준 1과 수준 3에서는 성별차이가 있으나, 교수방법의 수준 2에서는 성별차이가 없다. 즉, 위의 단순 주효과 분석에 따르면 강의조건과 질의조건에서는 남자집단과 여자집단의 평균차이가 있으나, 토론조건에서는 성별차이가 없다.

# 10 분산분석의 모형

　분산분석의 모형은 고정효과 모형, 무작위효과 모형, 혼합효과 모형으로 구분된다. 고정효과 모형과 무작위효과 모형은 ① 독립변수의 성질, ② 검증통계량 $F$ 값을 구하는 방식, ③ 결과를 일반화할 수 있는 정도에서 차이가 있다. 그러므로 분산분석을 하기 전에 어떤 모형인지 확인하는 것이 매우 중요하다.

　**고정효과 모형**(固定效果模型, fixed effect model)은 독립변수의 수준들이 독립변수의 가능한 수준들을 망라하고 있어 연구를 반복할 경우에도 독립변수의 수준들이 같은 모형이다. 고정효과 모형에서는 연구자가 독립변수 수준들을 의도적으로 선택한다. 고정효과 모형에서 독립변수 수준들을 합리적인 근거에 따라 선택한 요인을 **고정요인**(fixed factor)이라고 한다. 교수방법을 설명식과 토론식으로 선택하거나 강화 횟수가 학습에 미치는 영향을 밝히기 위해 강화 횟수를 2회, 4회, 6회로 선택한 경우가 고정요인이다.

　반면, **무작위효과 모형**(無作爲效果模型, random effect model)은 독립변수의 수준들을 모집단에서 무작위로 표집한 모형으로, 연구를 반복할 때마다 독립변수 수준들이 달라지는 모형이다. 무작위효과 모형에서 독립변수 수준들을 모집단에서 무작위로 표집했을 때 그 독립변수를 **무작위요인**(random factor)이라고 한다. 예를 들어, 교사가 학습에 미치는 영향을 밝히기 위한 연구에서 5명의 교사를 교사집단에서 무작위로 표집했다면 교사는 무작위요인이다. 한편, **혼합효과 모형**(混合效果模型, mixed effect model)은 고정변수와 무작위변수가 결합된 모형이다.

　독립변수에 따라 고정효과 모형만 가능한 경우가 있는가 하면, 무작위효과 모형만 가능한 경우가 있다. 가령 독립변수가 성별이면 반드시 고정효과 모형이지만, 독립변수가 음주량이면 반드시 무작위효과 모형이다. 학교형태와 같은 변수는 고정효과 모형과 무작위효과 모형 모두 가능하다. 예를 들어, 수많은 학교에서 3개 학교를 무작위로 선택하여 학교차이를 비교하고 그 결과를 모든 학교에 일반화하려고 한다면 무작위효과 모형이다. 그러나 3개 학교를 선정하여 그 결과를 3개 학교에만 일반화하려고 할 때는 고정효과 모형이다.

고정효과 모형에서는 독립변수 수준들이 고정되어 있으므로 연구결과의 일반화는 연구에 포함된 수준에 한정된다. 반면, 무작위효과 모형에서는 독립변수 수준들을 모집단에서 무작위로 표집했으므로 연구결과를 모집단으로 일반화할 수 있다.

고정효과 모형과 무작위효과 모형은 자승합, 자유도, 평균자승을 계산하는 방식은 같지만, 검증통계량 $F$를 구하는 방식이 다르므로 유의해야 한다. 고정효과 모형에서는 $MS_w$를 분모로 하여 주효과 및 상호작용을 검증하기 위한 $F$ 값을 구한다. 반면에, 무작위효과 모형에서는 $MS_{AB}$를 분모로 하여 주효과를 검증하기 위한 $F$ 값을 구하고, 상호작용을 검증하기 위한 $F$ 값은 $MS_w$를 분모로 해서 구한다. 무작위효과 모형에서 주효과를 검증하기 위한 $F$ 값을 구할 때 $MS_{AB}$를 분모로 하는 이유는 평균자승의 기댓값이 고정효과 모형과 다르기 때문이다(이 부분은 그대로 받아들이고 넘어가도 무방하다). 한편, 혼합효과 모형에서는 고정요인의 $F$ 값은 $M_{AB}$를 분모로 해서 구하고, 무작위요인의 $F$ 값은 $MS_w$를 분모로 해서 구해야 한다(이 부분은 혼동하기 쉽다).

〈표 11-10〉 분산분석의 모형에 따라 $F$ 값을 구하는 방식

| 변산원 | 고정효과 모형 | 무작위효과 모형 | 혼합효과 모형 |
|---|---|---|---|
| A | $\dfrac{MS_A}{MS_w}$ | $\dfrac{MS_A}{MS_{AB}}$ | $\dfrac{MS_A}{MS_{AB}}$ |
| B | $\dfrac{MS_B}{MS_w}$ | $\dfrac{MS_B}{MS_{AB}}$ | $\dfrac{MS_B}{MS_w}$ |
| AB | $\dfrac{MS_{AB}}{MS_w}$ | $\dfrac{MS_{AB}}{MS_w}$ | $\dfrac{MS_{AB}}{MS_w}$ |

단, 혼합효과 모형에서 A는 고정요인, B는 무작위요인임.

**1** 다음 이원분산분석표에서 빈칸을 채운 후, 물음에 답하시오.

이원분산분석표(고정효과 모형)

| 변산원 | 자승합 | 자유도 | 평균자승 | $F$ | 부분 $\eta^2$ |
|---|---|---|---|---|---|
| A | 200 | ＿＿＿ | 200 | ＿＿＿ | ＿＿＿ |
| B | 200 | ＿＿＿ | 100 | ＿＿＿ | ＿＿＿ |
| AB | 100 | ＿＿＿ | 50 | ＿＿＿ | ＿＿＿ |
| 오차 | 360 | ＿＿＿ | 10 | | |
| 전체 | ＿＿＿ | 41 | | | |

1) 요인 A의 수준은 몇 개인가?

2) 요인 B의 수준은 몇 개인가?

3) 모든 셀의 피험자수가 같다고 할 때 각 셀의 피험자는 몇 명인가?

4) 주효과와 상호작용을 검증하기 위한 $F$의 자유도는 각각 얼마인가?

5) $\alpha = .05$에서 주효과와 상호작용에 대한 영가설을 기각하기 위한 임계치는 각 각 얼마인가?

6) 주효과와 상호작용에 대한 영가설을 기각할 수 있는가?

**2** 4×3 요인설계에 대한 다음 물음에 답하시오(단, 각 셀의 피험자는 3명).

1) 전체 자유도

2) 요인 A의 주효과에 해당되는 자유도

3) 요인 B의 주효과에 해당되는 자유도

4) 상호작용에 해당되는 자유도

5) 집단내 자유도

**3** 다음 자료는 남학생 15명과 여학생 15명을 3개 실험조건에 각각 5명씩 배치하고 실험 처치를 가한 후 측정한 학업성적이다. 이 자료를 $\alpha = .05$ 수준에서 이원분산분석으로 분석한다고 할 때 다음 물음에 답하시오.

**성별과 교수방법에 따른 학업성적**

| | 강의 | 토론 | 질의 |
|---|---|---|---|
| 남 | 60 | 70 | 59 |
| | 50 | 58 | 41 |
| | 55 | 63 | 38 |
| | 62 | 65 | 45 |
| | 48 | 62 | 49 |
| 여 | 60 | 55 | 66 |
| | 65 | 64 | 80 |
| | 70 | 60 | 71 |
| | 51 | 60 | 64 |
| | 67 | 58 | 66 |

1) 영가설을 진술하라.
2) 성별의 주효과를 검증하기 위한 자유도는?
3) 교수방법의 주효과를 검증하기 위한 자유도는?
4) 상호작용을 검증하기 위한 자유도는?
5) 성별 주효과를 검증하기 위한 임계치는?
6) 교수방법의 주효과를 검증하기 위한 임계치는?
7) 이원분산분석을 실시하고 분산분석표를 완성하라.
8) 통계적 결론을 도출하라.

**4** 시험불안과 과제난이도가 학습에 미치는 영향을 밝히기 위한 연구에서 시험불안이 높은 학생 15명, 시험불안이 중간 정도인 15명, 시험불안이 낮은 15명을 세 가지 과제난이도 조건(상, 중, 하)에 각각 5명씩 무작위로 배치했다. 일주일 동안 수업을 한 후 실시한 시험성적이 다음과 같다고 한다. 이 자료에서 과제난이도와 시험불안이 성적에 미치는 영향을 분석한다고 할 때 다음 물음에 답하시오.

**과제난이도와 시험불안에 따른 시험성적**

| 과제난이도 | 시험불안 | | | | | | | | | | | | | | |
|---|---|---|---|---|---|---|---|---|---|---|---|---|---|---|---|
| | 낮은 수준 | | | | | 중간 수준 | | | | | 높은 수준 | | | | |
| 낮은 수준 | 18 | 17 | 20 | 16 | 17 | 18 | 18 | 19 | 15 | 17 | 18 | 17 | 16 | 18 | 19 |
| 중간 수준 | 18 | 14 | 17 | 16 | 14 | 18 | 17 | 18 | 15 | 14 | 14 | 15 | 17 | 12 | 16 |
| 높은 수준 | 11 | 6 | 10 | 10 | 8 | 15 | 12 | 13 | 11 | 12 | 9 | 8 | 7 | 8 | 5 |

1) 영가설을 진술하라.
2) $\alpha = .05$ 수준에서 영가설을 검증한 다음 분산분석표를 작성하고 결론을 도출하라.

**정답**

**1**

이원분산분석표

| 변산원 | 자승합 | 자유도 | 평균자승 | $F$ | 부분 $\eta^2$ |
|---|---|---|---|---|---|
| A | 200 | 1 | 200 | 20 | .357 |
| B | 200 | 2 | 100 | 10 | .357 |
| AB | 100 | 2 | 50 | | .217 |
| 오차 | 360 | 36 | 10 | | |
| 전체 | 860 | 41 | | | |

1) 2개   2) 3개   3) 7명   4) A의 주효과: 1, B의 주효과: 2, 상호작용: 2

5) A의 주효과: $F$=4.12   B의 주효과: $F$=3.27   상호작용: $F$=3.12

6) 모두 기각할 수 있다.

**2**   1) 35   2) 3   3) 2   4) 6   5) 24

**3**   1) 남자와 여자의 학업성적은 차이가 없다. / 교수방법에 따른 학업성적은 차이가 없다. / 교수방법과 성별 간에 상호작용이 없다.

2) 1   3) 2   4) 2   5) $F_{1, 24} = 4.26$   6) $F_{2, 24} = 3.40$

7) 분산분석표

이원분산분석표

| 변산원 | 자승합 | 자유도 | 평균자승 | $F$ |
|---|---|---|---|---|
| 성별(A) | 580.08 | 1 | 580.802 | 15.09* |
| 교수방법(B) | 70.20 | 2 | 35.10 | .91 |
| AB | 930.20 | 2 | 465.10 | 12.08* |
| 오차 | 924.00 | 24 | 38.50 | |
| 전체 | 2505.20 | 29 | | |

* $p < .05$

8) 성별 주효과는 통계적으로 유의하다. / 교수방법 주효과는 통계적으로 유의하지 않다. / 성별과 교수방법 간에 상호작용이 있다.

**4**   1) 불안수준에 따른 성적차이가 없다. / 과제난이도에 따른 성적차이가 없다. / 불안수준과 과제난이도 간에 상호작용이 없다.

2) 분산분석표

이원분산분석표

| 변산원 | 자승합 | 자유도 | 평균자승 | $F$ |
|---|---|---|---|---|
| 과제난이도(A) | 506.844 | 2 | 253.422 | 92.35* |
| 시험불안(B) | 36.844 | 2 | 18.422 | 6.72* |
| AB | 40.756 | 4 | 10.189 | 3.71* |
| 오차 | 98.800 | 36 | 2.744 | |
| 전체 | 683.244 | 44 | | |

*$p < .05$

시험불안 수준에 따라 성적이 차이가 있다. / 과제난이도 수준에 따라 성적이 차이가 있다. / 시험불안과 과제난이도 간에 상호작용이 있다.

## 제12장

# 상관표본 분산분석

1. 무작위구획설계 분산분석
2. 반복측정 분산분석
3. 일요인 반복측정 분산분석
4. 이요인 반복측정 분산분석(이요인 피험자내 설계 분산분석)
5. 라틴 스케어 설계 분산분석

학 / 습 / 목 / 표

- 외재변수를 통제하기 위한 방안을 기술한다.
- 상관표본 분산분석의 특징을 기술한다.
- 무작위구획설계의 자료를 분석하고 결과를 해석한다.
- 일요인 반복측정 분산분석으로 자료를 분석하고 결과를 해석한다.
- 이요인 반복측정 분산분석으로 자료를 분석하고 결과를 해석한다.
- 라틴 스케어 설계의 자료를 분석하고 결과를 해석한다.

　　**상관표본 분산분석**(相關標本 分散分析, correlated samples ANOVA)은 피험자내 설계의 자료에서 집단 간의 평균차이를 검증하는 분산분석 방법이다. **피험자내 설계**(被驗者內 設計, within−subjects design)는 피험자들에게 여러 실험조건들을 모두 경험하도록 하는 설계로, 반복측정설계(repeated measures design), 상관표본설계(correlated samples design), 종속표본설계(dependent samples design), 무작위구획설계(randomized block design), 짝진 피험자/표본설계(matched subjects/samples design) 등 다양한 명칭으로 불린다. 상관표본이라고 하는 것은 피험자내 설계에서는 집단 간에 상관이 있기 때문이다. 집단 간에 상관이 있으면 피험자간 설계 분산분석을 적용할 수 없다. $k$개 상관표본(종속표본)의 자료를 이용하여 평균차이를 검증하는 상관표본 분산분석은 두 상관표본의 자료를 이용하여 평균차이를 검증하는 종속표본 $t$ 검증을 확장시킨 방법이다. 물론 상관표본이 2개일 경우 상관표본 분산분석과 종속표본 $t$ 검증의 결과는 같다.

　　상관표본 분산분석은 오차분산에서 개인차에서 기인하는 분산을 제거하여 통계적 검증력을 높이기 위한 방안으로 활용되고 있다. 통상적인 독립표본(피험자간) 분산분석에서 오차분산은 개인차에서 기인하는 분산을 포함하기 때문에 통계적 검증력이 낮다(오차분산은 $F$ 값을 구할 때 분모가 되는데, 오차분산이 클수록 $F$ 값이 작고, 그 결과 검증력이 낮아진다.). 오차분산에서 개인차에서 기인하는 분산을 분리하면 오차분산이 줄어들어 $F$ 값이 커지고, 결과적으로 통계적 검증력이 높아진다. 상관표본 분산분석은 이러한 기대에 부응하는 통계방법이다. 이 장에서는 상관표본 분산분석의 방법으로 무작위구획설계 분산분석, 반복측정 분산분석, 라틴 스퀘어 설계의 분산분석에 대해 살펴본다.

## 1 무작위구획설계 분산분석

### 1) 무작위구획설계의 개념

　　**무작위구획설계 분산분석**(randomized block design ANOVA)은 무작위구획설계의 자료를 분석하기 위한 통계방법이다. **무작위구획설계**(無作爲區劃設計)[1]는 외재변수

(extraneous or concomitant variables: 무작위구획설계에서는 구획변수라고 함)의 영향을 통제하기 위해 외재변수를 기준으로 동질적인 피험자 구획을 만든 다음, 같은 구획에 속하는 피험자들을 $k$개 실험조건에 무작위로 배치하는 방안이다. 이 설계는 짝진 집단 설계(matched groups design)라고 부르기도 한다.

무작위구획설계를 일요인 집단간 설계와 비교해 보자. 독립변수(A)의 수준이 3개, 피험자가 30명이라고 할 때 일요인 집단간 설계와 무작위구획설계의 구조와 변산원을 비교하면 [그림 12-1]과 같다.

| 일요인 집단간 설계 | | |
|---|---|---|
| 독립변수 A | | |
| $A_1$ | $A_2$ | $A_3$ |
| $n=10$ | $n=10$ | $n=10$ |

| 무작위구획설계 | | | |
|---|---|---|---|
| 독립변수 A | | | |
| 구획 | $A_1$ | $A_2$ | $A_3$ |
| $block_1$ | $n=1$ | $n=1$ | $n=1$ |
| $block_2$ | $n=1$ | $n=1$ | $n=1$ |
| ⋮ | ⋮ | ⋮ | ⋮ |
| $block_{10}$ | $n=1$ | $n=1$ | $n=1$ |

| 일원분산분석표 | |
|---|---|
| 변산원 | 자유도 |
| 독립변수(A) | $3-1=2$ |
| 집단내(오차) | $3(10-1)=27$ |
| 전체 | $3(10)-1=29$ |

| 무작위구획설계 분산분석표 | |
|---|---|
| 변산원 | 자유도 |
| 독립변수(A) | $3-1=2$ |
| 구획(block) | $10-1=9$ |
| 잔차(A×구획) | $(3-1)(10-1)=18$ |
| 전체 | $3\times10-1=29$ |

[그림 12-1] 일요인 집단간 설계와 무작위구획설계의 구조 비교

일요인 집단간 설계에서는 30명의 피험자를 3개 실험조건에 10명씩 무작위로 배치하고 실험을 한 다음, 세 집단의 평균차이를 일원분산분석으로 검증한다. 그런데 이 설계는 외재변수(개인차 특성)를 완전히 통제할 수 없다. 왜냐하면 집단간 설계에서는 외재변수를 전혀 고려하지 않고 피험자들을 실험조건에 무작위로 배치하므로 무작위배치를 한 후에도 집단에 따라 개인차 특성이 다를 소지가 있기 때

---

1) 무작위구획설계를 난괴법(亂塊法) 혹은 무선구획설계(無選區劃設計)라고 하기도 한다. 이러한 용어 차이는 'block'과 'random'을 각기 다르게 번역했기 때문이다.

문이다. 예컨대, 집단간 설계에서는 개인차 특성이 높은 피험자가 특정 실험조건에 배치될 확률과 개인차 특성이 낮은 피험자가 특정 실험조건에 배치될 확률이 같으므로, 어떤 실험조건에는 개인차 특성이 높은 피험자들이 주로 배치되고 어떤 실험조건에는 개인차 특성이 낮은 피험자들이 주로 배치될 수 있다. 이러한 개연성은 피험자수가 적을수록 더 커진다. 집단간 설계의 또 다른 문제점은 통계적 검증력이 상대적으로 낮고(이 점은 뒤에서 설명된다), 현실적으로 피험자들을 무작위배치하기가 어려운 상황이 많다는 점이다.

이에 반해 무작위구획설계는 외재변수의 영향을 통제하기 위해 [그림 12−1]에 제시된 것처럼 개인차 특성이 비슷하도록 3명씩 10개 구획을 만든 다음, 각 구획에 속하는 3명의 피험자들을 3개 실험조건에 각각 1명씩 무작위로 배치한다. 이렇게 하면 3개 집단의 개인차 특성이 비슷해지므로 개인차 특성의 영향을 통제할 수 있다.

무작위구획설계는 구조적으로 $b$개($b$: 구획수)의 일요인 집단간 설계로 간주할 수 있다. 위의 그림에서 무작위구획설계는 개인차 특성의 수준이 다른 10개의 일요인 집단간 설계로 구성된다. 그래서 이 설계를 구획설계(blocking design)라고 한다. 구획설계는 구획×처치 조건에 피험자를 1명씩 배치하는데 구획변수가 무작위변수이면 무작위구획설계, 고정변수이면 고정구획설계(fixed block design)라고 한다. 구획×처치 조건에 2명 이상의 피험자들을 배치하는 설계는 처치−구획설계(treatment−block design)라고 한다. 이 장에서는 구획×처치 조건에 피험자가 1명인 설계만 다룬다.

무작위구획설계 분산분석은 무작위구획설계의 자료에서 집단 간의 평균차이를 검증하는 방법이다. 무작위구획설계 분산분석은 외재변수로 작용하는 개인차 특성을 독립변수로 포함하므로 구조적인 측면에서 독립변수와 개인차 특성(구획변수)이 완전히 교차하는 이요인설계의 분산분석과 같다.

무작위구획설계 분산분석은 일원분산분석보다 통계적 검증력이 더 높다. 왜냐하면 일원분산분석의 오차분산(집단내 분산)은 개인차에서 기인하는 분산을 포함하지만, 무작위구획설계 분산분석의 오차분산에는 개인차(피험자 구획)에서 기인하는 오차가 제외되기 때문이다. 집단내 분산(오차분산)이 줄어들면 $F$ 값이 커지고, 그 결과 영가설을 기각할 수 있는 통계적 검증력이 높아진다.

## 2) 무작위구획설계의 절차

무작위구획설계는 (1) 개인차 특성을 기준으로 동질적인 피험자 구획을 만든 다음, (2) 각 구획의 피험자들을 실험조건에 무작위로 배치하는 절차로 이루어진다. 그 절차는 다음과 같다.

### (1) 구획변수 선정

동질적인 피험자 구획(block, 구획변수가 비슷한 피험자 집단)을 만들려면 먼저 **구획변수**(blocking variable: 종속변수와 상관이 있는 개인차 특성)를 선정해야 한다. 무작위구획설계는 오차분산을 감소시켜 통계적 검증력을 높이는 데 목적이 있으므로 종속변수와 상관이 있는 모든 개인차 특성들이 구획변수로 사용될 수 있는데, 흔히 지능지수, 성적, 사회경제적 지위(SES), 학습동기, 태도 등이 구획변수로 사용된다. 구획변수에 대한 자료는 반드시 실험 전에 수집해야 한다.

### (2) 구획형성

**구획형성**(blocking)이란 구획변수가 동질적인 소집단을 구성하는 것을 말한다. 이때 같은 구획에 속하는 피험자들은 동질적이고, 다른 구획에 속하는 피험자들은 이질적이 되도록 해야 한다. 즉, 구획 내에는 구획변수가 같거나 비슷해야 하고, 구획 간에는 구획변수의 차이가 커야 한다. 구획의 크기는 최소한 독립변수의 수준 수와 같아야 하고, 모든 구획들의 크기는 동일해야 한다.

### (3) 무작위배치

구획별로 피험자들을 실험조건에 무작위로 배치한다. 그래서 이 설계를 무작위구획설계라고 한다. 각 구획의 피험자수가 독립변수의 수준과 같으면 피험자를 수준별로 1명씩 무작위로 배치하고, 각 구획의 피험자수가 $nk$($k$: 실험조건의 수)이면 수준별로 $n$명씩 무작위로 배치하면 된다(피험자간 설계에서는 피험자를 처치수준에 완전히 무작위로 배치한다.).

## 3) 무작위구획설계 분석분석과 공분산분석

공분산분석(제14장 참조)은 외재변수를 통제하기 위해 흔히 사용되는 방안이다. 공분산분석에서도 실험 전에 외재변수에 대한 자료를 수집하지만, 무작위구획설계와 본질적으로 다르다. 무작위구획설계에서는 외재변수를 활용하여 피험자들을 실험조건에 배치함으로써 외재변수를 사전에 실험적으로 통제한다. 반면, 공분산분석에서는 통상적인 방법으로 피험자들을 실험조건에 무작위로 배치하여 실험처치를 한 다음 통계분석과정에서 외재변수의 영향을 사후에 조정한다. 구체적으로 말하면 공분산분석은 외재변수와 종속변수의 상관에 관한 정보를 활용하여 종속변수를 통계적으로 조정한다. 공분산분석은, 외재변수를 이용하여 종속변수를 조정한다는 점을 제외하면, 분산분석과 완전히 동일한 통계방법이다. 공분산분석에서도 오차분산이 줄어들기 때문에 통계적 검증력이 높아진다. 무작위구획설계분산분석과 공분산분석에 대한 더 자세한 사항은 제14장을 참조하기 바란다.

## 4) 무작위구획설계 분산분석의 장점과 단점

무작위구획설계 분산분석은 여러 가지 장점을 갖고 있다. 첫째, 무작위구획설계 분산분석은 일원분산분석보다 오차분산이 작으므로 통계적 검증력이 더 높다. 무작위구획설계 분산분석의 통계적 검증력은 구획변수와 종속변수 간의 평균상관 $\bar{r}$에 비례한다. 무작위 구획설계의 오차분산 $MS_{residual}$은 다음과 같이 구획변수와 종속변수 간의 평균상관의 영향을 받는다(Kirk, 1990).

$$MS_{residual} = MS_w(1 - \bar{r})$$

그러므로 평균상관이 높을수록 오차분산이 많이 감소하고, 그 결과 통계적 검증력이 높아진다. 둘째, 독립변수와 구획변수가 교차하는 조건의 피험자들이 2명 이상일 경우 무작위구획설계 분산분석은 독립변수와 구획변수 간의 상호작용을 검증할 수 있다. 독립변수와 구획변수 간의 상호작용이 없으면 연구결과의 일반화 가능성에 대해 상당히 확신할 수 있지만, 상호작용이 있으면 연구결과를 모든 구획변수 수준으로 일반화하기가 어렵다. 가령 지능수준이 평균에 해당하는 피험자들을 대상으로 수행한 연구나 중류층 학생들을 대상으로 한 연구의 결과는 전체 모집 단으로 일반화하기가 어렵다. 무작위구획설계에서는 여러 구획들을 대상으로 연 구를 수행하기 때문에 일반화 가능성의 문제를 해결할 수 있다.

반면, 무작위구획설계는 다음과 같은 단점을 갖고 있다. 첫째, 종속변수와 상관 이 높은 구획변수를 찾기가 어렵다. 둘째, 동질적인 구획을 만드는 데 노력과 비용 이 많이 소요된다. 무작위구획설계 분산분석의 통계적 검증력이 높으려면 구획 내 에서는 동질성이 높고 구획 간에는 이질성이 높아야 한다. 구획의 수를 몇 개로 할 것인지 결정하는 문제도 있다. 셋째, 구획변수가 종속변수 간의 상관이 거의 없으 면 검증력이 낮아진다. 무작위구획설계에서는 오차분산의 자유도가 집단간 설계 보다 작기 때문에 상관이 없으면 검증력이 오히려 낮아진다. 그러므로 구획변수와 종속변수 간의 상관이 $r = .20$보다 작으면 무작위구획설계를 사용하지 않는 것이 좋다(Feldt, 1958).

## 5) 무작위구획설계 분산분석의 요건

① 독립변수는 범주변수로 2개 이상의 수준으로 나뉘며, 독립변수의 수준은 질 적 혹은 양적인 차이가 있어야 한다.
② 구획변수는 종속변수와 상관이 높아야 하고, 구획변수를 기준으로 동질적인 피험자 구획을 만들 수 있어야 한다. 또 각 구획의 피험자들은 독립변수의 수 준에 무작위로 배치되어야 한다.
③ 종속변수는 동간척도 혹은 비율척도라야 한다.

## 6) 무작위구획설계 분산분석의 통계적 가설

무작위구획설계 분산분석의 통계적 가설은 일원분산분석의 통계적 가설과 같 다. 무작위구획설계 분산분석에서는 구획변수의 주효과를 검증할 수는 있으나, 아 무 의미가 없다. 왜냐하면 당연히 구획차이가 있을 것이라고 기대되기 때문이 다. 또 독립변수와 구획변수가 교차하는 조건의 피험자가 1명인 무작위구획 설 계에서는 상호작용이 무작위오차와 혼합되어 있으므로 상호작용을 검증할 수 없다.

그러므로 독립변수 A의 수준이 a개라고 할 때 통계적 가설은 다음과 같다.

$$H_o : \mu_1 = \mu_2 = \cdots = \mu_a$$

$H_1$ : 영가설은 참이 아니다.

## 7) 무작위구획설계 분산분석의 절차

### 무작위구획설계 분산분석의 절차

1. 통계적 가설 진술

   $H_o : \mu_1 = \mu_2 = \cdots = \mu_a$(a개 집단평균들은 차이가 없다)

   $H_a$ : 영가설은 참이 아니다.

2. 검증통계량 계산: $F = \dfrac{MS_A}{MS_{residual}}$

3. 임계치 결정: $\alpha$, 분자 및 분모의 자유도를 고려하여 구한다.
4. 영가설 기각여부 결정: 검증통계량 $F$ 값이 임계치보다 크거나 같으면 영가설을 기각한다.
5. 효과크기의 계산: 독립변수가 종속변수에 미치는 효과크기를 계산한다.
6. 결론도출: 영가설 기각여부에 근거하여 적절한 결론을 도출한다.

### (1) 자승합의 계산

무작위구획설계 분산분석에서는 독립변수와 구획변수가 완전히 교차하므로 자료의 구조는 이원분산분석과 완전히 같다. 단, 독립변수와 구획변수가 교차하는 조건의 피험자가 1명이라는 점만 다르다. 그러므로 무작위구획설계 분산분석의 전체 자승합은 다음과 같이 ① 독립변수의 자승합, ② 구획변수의 자승합, ③ 잔차자승합으로 분할된다.

$$\sum(X - \overline{X})^2 = \sum(\overline{X_a} - \overline{X})^2 + \sum(\overline{X_{block}} - \overline{X})^2 + \sum(X - \overline{X_a} - \overline{X_{block}} + \overline{X})^2$$

전체 자승합 = 독립변수의 자승합 + 구획변수의 자승합 + 잔차자승합

$$SS_t = SS_A + SS_{block} + SS_{residual}$$

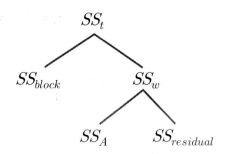

[그림 12-2] 무작위구획설계 분산분석의 자승합 분할

① $SS_t$: 모든 점수들이 전체 평균($\overline{X}$)과 다른 정도를 나타내는 자승합이다

② $SS_A$: 독립변수의 영향을 받은 자승합으로[$SS_A = \sum n(\overline{X_a} - \overline{X})^2$] ($n$: 피험자수, $\overline{X_a}$: 실험조건 평균), 일원분산분석의 집단간 자승합과 같다. 이 자승합은 집단평균 차이의 영향을 받기 때문에 평균차이가 없으면 0이 된다.

③ $SS_{block}$: 구획의 평균차이를 나타내는 자승합이다[$SS_{block} = \sum a(\overline{X_{block}} - \overline{X})^2$] ($a$: 실험조건 수, $\overline{X_{block}}$: 구획평균).

④ $SS_{residual}$: 피험자와 독립변수 간의 상호작용과 무작위오차를 포함하는 잔차 자승합이다(이 설계에서는 독립변수와 피험자 변수가 교차하는 조건의 피험자가 1명이므로 상호작용을 분리할 수 없다.). **잔차자승합**이란 전체 자승합에서 독립변수의 효과와 구획 효과를 제외하고 남은 자승합이라는 것을 뜻한다. 잔차자승합은 상호작용자승합과 오차자승합을 포함하므로 전체 자승합에서 독립변수 및 구획변수의 자승합을 빼면 된다[$SS_{residual} = SS_t - SS_A - SS_{block}$].

## (2) 평균자승 계산

평균자승은 자승합을 자유도로 나누면 된다. 무작위구획설계 분산분석의 전체 자유도는 독립변수의 자유도, 구획변수의 자유도, 잔차 자유도로 분할된다.

① 전체 자유도는 전체 사례수에서 1을 뺀 값 $N-1$이다.
② 독립변수의 자유도는 수준의 수에서 1을 뺀 값 $a-1$이다.
③ 구획변수의 자유도는 구획수에서 1을 뺀 값 $b-1$이다.
④ 잔차자유도는 독립변수 및 구획변수의 자유도를 곱한 $(a-1)(b-1)$이다.

그러므로 평균자승은 다음과 같다.

$$MS_A = \frac{SS_A}{a-1} \qquad MS_{block} = \frac{SS_{block}}{b-1} \qquad MS_{residual} = \frac{SS_{residual}}{(a-1)(b-1)}$$

### (3) 검증통계량 계산

집단평균 간에 차이가 없다는 영가설과 구획평균 간에 차이가 없다는 영가설을 검증하기 위한 검증통계량 $F$는 각각 다음과 같다.

$$F_A = \frac{MS_A}{MS_{residual}} \qquad\qquad F_{block} = \frac{MS_{block}}{MS_{residual}}$$

검증통계량을 구할 때 잔차평균자승을 분모로 하는 이유는 독립변수와 구획이 교차하는 조건의 사례가 1인($n=1$) 무작위구획설계에서는 오차분산과 상호작용분산이 혼합되어(confounding) 있어 분리할 수 없기 때문이다. 그래서 각 조건의 사례가 1인 무작위구획설계 분산분석에서는 잔차평균자승을 집단내 분산으로 간주한다. 일반적으로 무작위구획설계 분산분석에서는 독립변수의 효과만 검증하고 구획차이는 검증하지 않는다. 왜냐하면 구획 간에는 당연히 종속변수의 차이가 있을 것으로 기대되기 때문이다. 구획효과는 각 조건에 사례수가 적어도 2명 이상일 때 검증한다.

### (4) 영가설 기각여부 결정 및 결론 도출

독립변수의 주효과를 검증하기 위한 임계치는 유의수준 $\alpha$, 분자의 자유도 $a-1$, 분모의 자유도 $(a-1)(b-1)$을 고려하여 $F$ 분포에서 구하면 된다.

검증통계량 $F$ 값이 임계치와 같거나 그보다 크면 영가설을 기각하면 된다. 또 $F$값의 유의확률($p$)이 $\alpha$와 같거나 그보다 낮으면 영가설을 기각해도 된다. 영가설이 기각되면 평균차이가 있다고 결론을 내린다.

## 8) 무작위구획설계 분산분석의 결과제시

무작위구획설계의 분산분석표는 다음과 같다.

〈표 12-1〉무작위구획설계 분산분석표($n=1$, $a$: 독립변수의 수준수, $b$: 구획수)

| 변산원 | 자승합 | 자유도 | 평균자승 | $F$ | $\eta^2$ |
|---|---|---|---|---|---|
| 구획 | $SS_{block}$ | $b-1$ | $\dfrac{SS_{block}}{b-1}$ | | |
| 구획내 | | | | | |
| 　독립변수(처치) | $SS_A$ | $a-1$ | $\dfrac{SS_A}{a-1}$ | $\dfrac{MS_A}{MS_{residual}}$ | $\dfrac{SS_A}{SS_t}$ |
| 　잔차 | $SS_{residual}$ | $(a-1)(b-1)$ | $\dfrac{SS_{residual}}{(a-1)(b-1)}$ | | |
| 전체 | $SS_t$ | $N-1$ | | | |

① 변산원(source): 종속변수의 변산에 영향을 미치는 요인들을 제시한다. 무작위 구획설계의 변산원은 구획간 요인과 구획내 요인으로 나뉘고, 구획내 요인은 독립변수와 잔차로 나뉜다.

② 자승합($SS$): 변산원별로 자승합을 기입한다.

③ 자유도($df$): 변산원별로 자유도를 기입한다.

④ 평균자승($MS$): 자승합을 자유도로 나눈 평균자승을 기입한다.

⑤ $F$: 독립변수의 평균자승을 잔차평균자승으로 나눈 값을 기입한다.

⑥ 효과크기: 독립변수의 자승합을 전체 자승합으로 나눈 값을 기입한다(혹은 부분 $\eta^2$을 기입한다).

⑦ $F$값의 유의확률을 기입한다.

## 9) 무작위구획설계 분산분석 예시

〈표 12-2〉에 제시되어 있는 자료는 30명의 피험자들을 지능수준이 비슷하도록 10개 구획으로 나눈 다음, 각 구획의 피험자들을 3개 교수방법(강의, 토론, 질의)에 무작위로 배치하고 수업을 한 후 실시한 성취도검사의 점수를 나타낸 것이다. 세 교수방법 간에 평균차이가 있는지를 무작위구획설계 분산분석으로 검증하면 다음과 같다.

**〈표 12-2〉 교수방법 및 구획에 따른 성취도검사 점수와 자승합 계산**

| | 강의 | 토론 | 질의 | 구획평균 |
|---|---|---|---|---|
| 구획 1 | 41 | 44 | 42 | 42.33 |
| 구획 2 | 39 | 44 | 47 | 43.33 |
| 구획 3 | 28 | 33 | 37 | 32.67 |
| 구획 4 | 26 | 41 | 30 | 32.33 |
| 구획 5 | 41 | 42 | 41 | 41.33 |
| 구획 6 | 28 | 36 | 36 | 33.33 |
| 구획 7 | 26 | 33 | 35 | 31.33 |
| 구획 8 | 24 | 33 | 34 | 30.33 |
| 구획 9 | 27 | 49 | 30 | 35.33 |
| 구획 10 | 31 | 41 | 28 | 30.33 |
| 교수방법평균 | 31.10 | 39.60 | 36.00 | 전체 평균=35.57 |

(1) $SS_t = (41-35.57)^2 + (44-35.57)^2 + \cdots + (28-35.57)^2 = 1,365.37$

(2) $SS_A = 10[(31.10-35.57)^2 + (39.60-35.57)^2 + (36.00-35.57)^2] = 364.07$

(3) $SS_{block} = 3[(42.33-35.57)^2 + (43.33-35.57)^2 + \cdots + (30.33-35.57)^2] = 640.70$

(4) $SS_{residual} = 1365.37 - 364.07 - 640.70 = 360.6$

**〈표 12-3〉 무작위구획설계 분산분석 예시 요약**

| | |
|---|---|
| 1. 통계적 가설 진술 | $H_o : \mu_1 = \mu_2 = \mu_3$ (세 교수방법의 평균은 차이가 없다.)<br>$H_1$ : 영가설은 참이 아니다. |
| 2. 검증통계량 계산 | (1) 자승합 계산<br>　① 전체 자승합: $SS_t = 1,365.37$<br>　② 독립변수의 자승합: $SS_A = 364.07$<br>　③ 구획변수의 자승합: $SS_{block} = 640.70$<br>　④ 잔차자승합: $SS_{residual} = 360.6$<br>(2) 평균자승 계산<br>　① 독립변수의 평균자승: $MS_A = 364.07/2 = 182.03$<br>　② 구획변수의 평균자승: $MS_{block} = 640.70/9 = 71.79$<br>　③ 잔차평균자승: $MS_{residual} = 360.60/18 = 20.03$<br>(3) 검증통계량 계산: $F_A = 182.03/20.03 = 9.09$ |
| 3. 임계치 결정 | $\alpha = .05$, $df_A = 2$, $df_w = 18$에서 임계치는 $F=3.55$다. |

| 4. 영가설 기각 여부 결정 | 검증통계량의 값 $F=9.09$는 임계치(3.55)보다 크므로 영가설을 기각한다. |
|---|---|
| 5. 효과크기 계산 | 부분 $\eta^2 = \dfrac{SS_A}{SS_A + SS_{residual}} = \dfrac{364.07}{364.07 + 360.60} = .5024$ |
| 6. 결론도출 | 세 교수방법의 평균은 통계적으로 유의한 차이가 있다. |

| 무작위구획설계의 분산분석표 | | | | | |
|---|---|---|---|---|---|
| 변산원 | 자승합 | 자유도 | 평균자승 | $F$ | 부분 $\eta^2$ |
| 구획 | 640.70 | 9 | 71.19 | | |
| 구획내 | | | | | |
| 교수방법 | 364.07 | 2 | 182.03 | 9.09** | .502 |
| 잔차 | 360.60 | 18 | 20.03 | | |
| 전체 | 1365.37 | 29 | | | |

** $p < .01$

## 10) 무작위구획설계 분산분석과 일원분산분석의 비교

무작위구획설계 분산분석이 일원분산분석과 어떤 차이가 있는지 비교해 보자. 다음 〈표 12-4〉는 〈표 12-2〉의 자료를 일원분산분석으로 분석한 것이다.

〈표 12-4〉 일요인 집단간 설계의 일원분산분석표

| 변산원 | 자승합 | 자유도 | 평균자승 | $F$ | $\eta^2$ |
|---|---|---|---|---|---|
| 교수방법 | 364.067 | 2 | 182.033 | 4.91* | .267 |
| 오차 | 1001.300 | 27 | 37.085 | | |
| 전체 | 1365.367 | 29 | | | |

* $p < .05$

〈표 12-4〉에서 알 수 있는 것처럼 교수방법의 주효과는 무작위구획설계의 분산분석에서 $F=9.09$로 $\alpha = .01$ 수준에서 유의했지만, 일원분산분석에서는 $F=4.91$로 $\alpha = .05$ 수준에서 유의했다. 이것은 무작위구획설계의 통계적 검증력이 일원분산분석보다 더 높다는 것을 의미한다. 무작위구획설계의 검증력이 더 높은 이유를

위의 표에서 보면 독립변수의 자승합은 두 설계에서 364.067로 같지만, 무작위구획설계 분산분석의 오차자승합(360.60)이 일원분산분석의 오차자승합(1001.300)보다 훨씬 작기 때문이다. 오차분산이 줄어들면 $F$ 값이 커지고 결국 통계적 검증력이 높아진다.

## 11) 무작위구획설계와 반복측정설계의 개별비교

무작위구획설계 분산분석에서도 전반적 영가설이 기각되면 평균차이를 구체적으로 밝히기 위한 개별비교를 해야 한다. 개별비교의 절차는 제8장에서 설명한 절차를 약간 수정하면 된다. 즉, 개별비교의 검증통계량을 계산할 때 오차분산(분모)은 $MS_w$가 아니라 무작위구획설계의 잔차분산 $MS_{residual}$으로 해야 한다.

두 집단평균을 각각 $\overline{X_a}$와 $\overline{X_b}$라고 할 때 Tukey 검증의 검증통계량은 다음과 같다.

$$q = \frac{\overline{X_a} - \overline{X_b}}{\sqrt{MS_{residual}/n}}$$

임계치 $q_\alpha$는 유의수준 $\alpha$, 집단의 수 $a$, 자유도 $df = (a-1)(b-1)$를 고려해서 구하면 된다. 검증통계량의 값이 임계치보다 크면 영가설을 기각하면 된다. 한편, Tukey의 $HSD$ 검증의 검증통계량은 다음과 같다.

$$HSD = q_a \sqrt{MS_{residual}/n}$$

$q_\alpha$는 유의수준 $\alpha$, 집단의 수 $a$, 잔차자유도 $df = (a-1)(b-1)$에 해당하는 $q$의 임계치다. 그러므로 평균차이가 $HSD$보다 크면 영가설을 기각하면 된다.

### 개별비교 예시(Tukey 검증)

〈표 12-2〉의 자료에서는 3개 집단의 평균이 $\overline{X_1} = 31.10$, $\overline{X_2} = 39.60$, $\overline{X_3} = 36.00$ 이고, $MS_{residual} = 20.03$이었다. 이 자료를 이용하여 Tukey 검증으로 개별비교를 해 보자. Tukey 검증(단순비교)의 검증통계량은 다음과 같다.

① 평균 1과 평균 2의 비교

$$q = \frac{39.6 - 31.1}{\sqrt{20.03/10}} = 5.97$$

② 평균 2와 평균 3의 비교

$$q = \frac{39.6 - 36.0}{\sqrt{20.03/10}} = 2.53$$

③ 평균 1과 평균 3의 비교

$$q = \frac{36.0 - 31.1}{\sqrt{20.03/10}} = 3.44$$

$\alpha = .05$, 집단의 수 $a = 3$, $df = (3-1)(10-1) = 18$에서 $q$의 임계치는 $q_{.05} = 3.61$이다. 그러므로 집단 1과 집단 2의 평균은 차이가 있지만, 집단 1과 집단 3의 평균, 집단 2와 집단 3의 평균은 차이가 없다.

한편, Tukey의 $HSD$는 다음과 같다.

$$HSD = q_a \sqrt{MS_{residual}/n} = 3.61 \sqrt{20.03/10} = 5.11$$

따라서 두 집단의 평균차이가 5.11보다 커야 통계적으로 유의한 차이가 있다고 할 수 있다. 이에 따르면 집단 1과 집단 2의 평균은 유의한 차이가 있으나, 집단 1과 집단 3의 평균, 집단 2와 집단 3의 평균은 유의한 차이가 없다.

## 2 반복측정 분산분석

### 1) 반복측정 분산분석의 개념

　반복측정 분산분석(反復測定 分散分析, repeated measures ANOVA)은 반복측정설계의 자료에서 평균차이를 검증하기 위한 통계방법이다. **반복측정설계**(repeated measures design)는 같은 피험자들을 여러 실험조건에서 모두 측정하는 설계를 말한다(피험자 간 설계는 피험자를 1회만 측정한다.). 반복측정설계는 **피험자내 설계**(within-subjects design)라고 부르기도 하는데, 그 이유는 피험자가 독립변수의 모든 수준을 경험한 결과로 인해 같은 피험자내 차이에서 기인하는 변산도 있기 때문이다. 반복측정설계에서는 피험자 점수 간에 상관이 있으므로 반복측정 분산분석은 **종속표본 분산분석**(dependent samples ANOVA)이라고 부르기도 한다. 반복측정설계의 일반적인 형태는 다음과 같다.

① 동일 피험자를 여러 실험조건에서 여러 차례 관찰하는 설계
② 동일 피험자를 실험 전후 관찰하는 설계, 즉 사전검사-사후검사 설계(이 설계는 사전검사를 실시하고, 실험처치를 한 다음, 사후검사를 실시하기 때문에 동일 피험자를 2회 관찰한다.)
③ 개인차 특성이 같도록 피험자들을 짝지은 다음 $k$개의 실험조건에 무작위배치하는 설계(무작위구획설계 참조)
④ 연령증가에 따른 효과를 검토하려는 종단연구
⑤ 같은 집단에 여러 개의 하위검사를 실시하는 연구(예를 들어, 성격검사의 5개 하위검사를 같은 학생에게 실시하는 연구)

사회과학 분야에서 반복측정설계를 사용할 수 있는 경우는 다음과 같다.

① 개인차 특성이 종속변수와 상관이 있을 경우: 개인차 특성이 종속변수에 큰 영향을 미칠 경우 반복측정설계를 적용하면 좋다.
② 피험자들이 제한되어 있을 경우: 피험자들이 한정되어 있고, 이월효과가 없

거나 이월효과가 있더라도 그것을 제거할 수 있을 경우 반복측정설계가 적합하다.

③ 실험처치의 노출강도가 행동에 미치는 효과를 검증하고자 할 경우: 실험처치에 노출된 강도가 행동에 미치는 효과를 검증하고자 할 경우 반복측정설계가 유일한 방안이다.

반복측정설계의 장단점을 살펴본 다음 반복측정설계의 분산분석을 일요인 반복측정 분산분석, 이요인 반복측정분산분석, 라틴 스케어 설계 분산분석으로 나누어 살펴본다.

## 2) 반복측정설계의 장점과 단점

반복측정설계의 장점은 다음과 같다. 첫째, 반복측정설계는 통계적 검증력이 높다. 그 이유는 반복측정설계에서는 여러 실험조건에서 피험자 특성(지능, 동기, 연령 등)이 동일하므로 피험자의 개인차가 오차분산으로 작용하지 않기 때문이다. 오차분산이 작으면 통계적 검증력이 높아진다. 둘째, 반복측정설계는 효율성이 높다. 예컨대, 독립변수의 수준이 4개이고 집단별 피험자들이 20명이면 피험자간 설계에서는 모두 80명의 피험자들이 필요하지만, 반복측정설계에서는 20명의 피험자만 있으면 된다. 피험자수가 적으면 시간, 비용, 노력이 절약된다. 결과적으로 반복측정설계는 적은 피험자수로 피험자간 설계보다 더 높은 수준의 통계적 검증력을 확보할 수 있다.

반면, 반복측정설계에서는 피험자들이 독립변수의 모든 수준을 경험해야 하므로 부담이 높다. 따라서 실험처치가 복잡하면 피험자들을 확보하기가 쉽지 않다. 또 반복측정설계에서는 **이월효과**(移越效果, carryover effect: 특정 실험처치가 후속 실험처치에서 관찰되는 행동에 영향을 미치는 효과)가 작용할 소지가 있다. 즉, 특정 실험처치가 피험자를 변화시키고, 그러한 변화가 후속 실험처치로 이월되어 피험자의 행동방식에 영향을 줄 수 있다.

## 3) 반복측정 분산분석의 가정: 구형성 가정

반복측정 분산분석은 일원분산분석과 마찬가지로 등분산성과 정규분포를 가정한다. 반복측정 분산분석이 일원분산분석과 다른 점은 구형성을 가정한다는 점이다.

**구형성**(sphericity) 혹은 공분산행렬의 구형성 가정은 차이점수 분산의 동질성에 대한 가정을 뜻한다. 차이점수 분산의 동질성은, 예를 들어, 피험자내 변수의 수준이 3개($A_1$, $A_2$, $A_3$)일 경우 차이점수는 3개($A_2 - A_1$, $A_3 - A_1$, $A_3 - A_2$)가 있는데, 이 차이점수의 분산이 같아야 한다는 가정이다. 단, 피험자내 변수의 수준이 2개인 경우에는 차이점수가 1개뿐이므로 구형성 가정이 절대로 위배되지 않는다. 그러므로 이 경우에는 구형성 가정의 충족여부를 검증할 필요가 없다.

구형성 가정은 피험자내 변수와 피험자 간의 상호작용이 없으면(즉, 독립변수가 모든 피험자들에게 동일한 효과를 미치면) 충족된다. 이 경우 독립변수는 모든 피험자들에게 동일한 효과를 미치므로 차이점수에는 측정오차만 작용한다. 구형성 가정이 위배되면 제1종 오류를 범할 확률이 커지므로 영가설이 참일 때 영가설을 기각할 확률이 높아진다.

**Mauchly의 구형성 검증**(Mauchly's test of sphericity)은 차이점수 분산의 동질성을 검증한다. Mauchly의 구형성 검증 결과가 통계적으로 유의하면(즉, Mauchly의 W 통계치가 0에 근접하여 유의확률이 $p \leq .05$이면) 구형성 가정이 위배되었음을 나타낸다. 구형성 가정이 위배되었을 때 대안은 다음과 같다.

① MANOVA로 분석한다. MANOVA는 구형성을 가정하지 않는다.
② 피험자내 요인 및 오차의 자유도를 ε(episilon)으로 교정한다(구형성 가정이 위배되지 않으면 ε = 1이므로 자유도를 교정할 필요가 없다.). 구형성 가정이 충족되지 않을 때 ε ≥ .75이면 Huynh-Feldt의 ε으로 교정하고, ε < .75이면 Greenhouse-Geisser의 ε로 교정하면 된다. 단, 집단간 요인에 관련된 자유도는 교정할 필요가 없다.

## 3 일요인 반복측정 분산분석

### 1) 일요인 반복측정 분산분석의 개념

**일요인 반복측정 분산분석**(single-factor repeated measure analysis of variance)은 모든 피험자들에게 한 독립변수의 모든 수준을 경험하도록 하는 일요인 반복측정설계(일요인 피험자내 설계, one-factor repeated measure design)의 자료에서 분산분석으로 평균차이를 검증하는 방법이다. 그러므로 일요인 반복측정 분산분석은 $k$개 종속표본에서 수집된 자료를 분석하는 방법이다. 종속표본의 수가 2개일 경우 일요인 반복측정 분산분석은 종속표본 $t$ 검증과 같은 결과를 얻을 수 있다.

일요인 반복측정설계의 가장 단순한 형태는 한 집단의 피험자를 2회 측정하는 설계인데, 이 경우에는 종속표본 $t$ 검증으로 분석하면 된다. 그러므로 일요인 반복측정 분산분석은 종속표본 $t$ 검증의 논리를 3개 이상의 종속표본에 확대시킨 방법이다.

일요인 집단간 설계와 비교하면 일요인 반복측정설계를 이해하기 쉽다. [그림 12-3]은 독립변수 A의 수준이 4개인 집단간 설계와 반복측정설계를 나타낸 것이다.

| 일요인 집단간 설계 | | | |
|---|---|---|---|
| 독립변수 A | | | |
| $A_1$ | $A_2$ | $A_3$ | $A_4$ |
| $n=5$ | $n=5$ | $n=5$ | $n=5$ |

| 일요인 반복측정설계 | | | | |
|---|---|---|---|---|
| | 독립변수 A | | | |
| 피험자 | $A_1$ | $A_2$ | $A_3$ | $A_4$ |
| $S_1$ | $n=1$ | $n=1$ | $n=1$ | $n=1$ |
| $S_2$ | $n=1$ | $n=1$ | $n=1$ | $n=1$ |
| $S_3$ | $n=1$ | $n=1$ | $n=1$ | $n=1$ |
| $S_4$ | $n=1$ | $n=1$ | $n=1$ | $n=1$ |
| $S_5$ | $n=1$ | $n=1$ | $n=1$ | $n=1$ |

| 일원분산분석표 | |
|---|---|
| 변산원 | 자유도 |
| 독립변수(A) | $4-1=3$ |
| 집단내(오차) | $4(5-1)=16$ |
| 전체 | $4(5)-1=19$ |

| 일요인 반복측정 분산분석표 | |
|---|---|
| 변산원 | 자유도 |
| 피험자간 | $5-1=4$ |
| 독립변수(A) | $4-1=3$ |
| 잔차(A×피험자) | $(5-1)(4-1)=12$ |
| 전체 | $4×5-1=19$ |

[그림 12-3] 일요인 집단간 설계와 일요인 반복측정설계의 구조

　일요인 집단간 설계에서는 20명의 피험자들을 네 집단에 각각 5명씩 무작위로
배치한 다음, 집단별로 실험처치를 하고, 일원분산분석으로 평균차이를 검증한다.
일요인 집단간 설계에서 피험자는 단 하나의 실험조건만 경험한다.

　이에 반해 일요인 반복측정설계에서는 5명의 학생들에게 네 가지 실험조건을 모
두 부과한다. 일요인 반복측정설계에서는 독립변수가 하나이지만, 구조적으로 독
립변수와 피험자 변수가 완전히 교차된 요인설계와 같다['교차한다(crossed)'는 것은
피험자가 2개 이상의 조건에서 관찰된다는 것을 의미한다.]. 즉, 이 설계는 두 독립변수
들이 교차되는 이요인설계와 같으므로 독립변수 효과와 피험자 효과를 분리할 수
있다. 단, 이 설계에는 독립변수와 피험자가 교차되는 부분의 사례가 1명으로 상호
작용과 오차가 혼합되어 있어서 상호작용을 분리할 수 없다.

〈표 12-5〉 일요인 집단간 설계와 일요인 반복측정설계의 비교

| 일요인 집단간 설계 | 설계형태 | 일요인 반복측정설계 |
|---|---|---|
| 피험자간 설계 | 설계형태 | 피험자내 설계 |
| 피험자를 1회만 측정한다. | 측정 횟수 | 같은 피험자를 여러 번 측정한다. |
| 피험자 간의 차이에서 기인하는 오차를 포함한다. | 오차분산 | 피험자 간의 차이에서 기인하는 오차가 제외된다. |
| 낮다. | 통계적 검증력 | 높다. |

　일요인 반복측정 분산분석은 오차분산에서 피험자 효과를 제거한다(앞에서 설명
한 것처럼 일원분산분석의 오차분산에는 실험조건의 차이에서 기인하는 오차와 피험자 간
의 개인차에 기인하는 오차가 포함되어 있다.). 그 결과 일요인 반복측정 분산분석은
일원분산분석보다 통계적 검증력이 더 높다. 또 동일한 피험자를 반복해서 측정하
면 측정치 간에 상관이 있기 때문에 검증력이 더 높아진다(종속표본 $t$ 검증이 독립표
본 $t$ 검증보다 통계적 검증력이 더 높은 이유와 같다.). 반복측정설계에서는 피험자가
여러 실험조건들을 모두 경험하므로 실험조건 간에 정적 상관이 있다. 일요인 반
복측정 분산분석에서는 이러한 상관을 감안하기 때문에 통계적 검증력이 높다. 집
단간 설계에서 반복측정설계에 해당하는 수준의 통계적 검증력을 얻으려면 피험
자수가 더 많아야 된다.

## 2) 일요인 반복측정 분산분석의 요건

① 독립변수는 범주변수로 2개 이상의 수준으로 나뉘며, 독립변수의 수준은 질적 혹은 양적인 차이가 있어야 한다.
② 피험자는 독립변수의 모든 수준을 경험해야 한다.
③ 종속변수는 동간척도 혹은 비율척도라야 한다.

## 3) 일요인 반복측정설계의 통계적 가설

$H_o : \mu_1 = \mu_2 = \cdots = \mu_a$ (a: 독립변수 A의 수준)
$H_1 :$ 영가설은 참이 아니다.

## 4) 일요인 반복측정설계 분산분석의 절차

**일요인 반복측정 분산분석의 절차**

1. 통계적 가설 진술
   $H_o : \mu_1 = \mu_2 = \cdots = \mu_a$ (a개 집단평균들은 차이가 없다.)
   $H_a :$ 영가설은 참이 아니다.
2. 검증통계량 계산: $F_A = \dfrac{MS_A}{MS_{residual}}$
3. 임계치 결정: $\alpha$, 분자 및 분모의 자유도를 고려하여 구한다.
4. 영가설 기각여부 결정: 검증통계량 $F$ 값이 임계치보다 크거나 같으면 영가설을 기각한다.
5. 효과크기의 계산: 독립변수가 종속변수에 미치는 효과크기를 계산한다.
6. 결론도출: 영가설 기각여부에 근거하여 적절한 결론을 도출한다.

### (1) 자승합의 계산

일요인 반복측정 분산분석의 전체 자승합은 피험자간 자승합과 피험자내 자승합으로 분할되는데, 피험자 내 자승합은 집단간(독립변수) 자승합과 잔차자승합으로 다시 분할된다. 그러므로 전체 자승합은 다음과 같이 분할된다.

$$SS_t = SS_S + SS_A + SS_{residual}$$

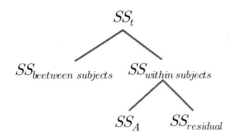

[그림 12-4] 일요인 반복측정 분산분석의 자승합 분할

① $SS_t$: 모든 점수들이 전체 평균($\overline{X}$)과 다른 정도를 나타내는 자승합이다.

② $SS_S(= SS_{between\ subjects})$: 피험자들이 다른 정도를 나타내는 자승합이다 [$SS_S = \sum a(\overline{X_s} - \overline{X})^2$]($a$: 실험조건 수, $\overline{X_s}$: 피험자 평균).

③ $SS_A$: 독립변수의 영향을 받은 자승합으로[$SS_A = \sum n(\overline{X_a} - \overline{X})^2$] ($n$: 피험자 수, $\overline{X_a}$: 실험조건 평균), 일원분산분석의 집단간 자승합과 같다. 이 자승합은 집단간 평균차이의 영향을 받기 때문에 평균차이가 없으면 0이 된다.

④ $SS_{residual}$: 피험자와 독립변수 간의 상호작용과 무작위오차를 포함하는 잔차 자승합이다(이 설계에서는 독립변수와 피험자 변수가 교차하는 조건의 피험자가 1명이므로 상호작용을 분리할 수 없다.). 잔차라는 말은 전체 자승합에서 독립변수의 효과와 피험자 효과를 제외하고 남은 자승합이라는 것을 뜻한다 [$SS_{residual} = SS_t - SS_A - SS_S$].

　　일요인 반복측정 분산분석은 구획변수가 피험자 변수로 바뀌었다는 점만 다를 뿐, 개념적으로 무작위구획설계 분산분석과 같다. 그러므로 전체 자승합, 독립변수의 자승합, 피험자 변수의 자승합은 무작위구획설계 분산분석과 같은 방식으로 구하면 된다. 잔차자승합은 전체 자승합에서 독립변수의 자승합과 피험자 변수의 자승합을 뺀 값이다.

　　결국 일요인 반복측정 분산분석에서 전체 자승합과 독립변수의 자승합은 일원분산분석과 같지만, 오차분산은 피험자의 체계적인 차이에서 기인하는 자승합이 제거되므로 일원분산분석보다 작다. 그 결과 $F$ 값이 커지고, 통계적 검증력이 높아진다.

### (2) 평균자승 계산

평균자승은 자승합을 자유도로 나눈 값이다. 일요인 반복측정 분산분석의 자유도는 다음과 같다.

① 전체 자유도는 전체 사례수에서 1을 뺀 값이다($df_t = an - 1 = N - 1$).
② 피험자 변수의 자유도는 피험자수에서 1을 뺀 값이다($df_S = n - 1$).
③ 독립변수의 자유도는 처치수준에서 1을 뺀 값이다($df_A = a - 1$).
④ 잔차자유도는 요소들의 자유도를 곱한 값이다[$df_{residual} = (a - 1)(n - 1)$].

그러므로 일요인 반복측정 분산분석의 평균자승은 다음과 같다.

$$MS_A = \frac{SS_A}{a - 1} \qquad MS_S = \frac{SS_S}{n - 1} \qquad MS_{residual} = \frac{SS_{residual}}{(a - 1)(n - 1)}$$

### (3) 검증통계량 계산

일요인 반복측정 분산분석에서 독립변수 A의 효과를 검증하기 위한 검증통계량은 독립변수의 평균자승을 잔차평균자승 $MS_{residual}$으로 나눈 값이다.

$$F = \frac{MS_A}{MS_{residual}}$$

일요인 반복측정 분산분석에서 검증통계량 $F$ 값을 구할 때 분모는 잔차평균자승(상호작용 평균자승)이다. 잔차평균자승이 분모가 되는 이유를 이해하려면 자승합 분할 방식을 이해해야 한다. 잔차평균자승은 피험자들이 독립변수에 서로 다르게 반응하는 정도를 나타낸다. 일원분산분석의 집단내 자승합 $SS_w$는 일요인 반복측정 분산분석에서 피험자간 자승합 $SS_S$와 잔차자승합 $SS_{residual}$로 분할된다. 피험자 자승합 $SS_S$는 피험자 간의 일관성 있는 차이를, 잔차자승합 $SS_{residual}$는 피험자내 효과를 나타낸다. 독립변수의 자승합 $SS_A$도 피험자 내 효과에 해당된다. 왜냐하면 모든 피험자들을 독립변수의 모든 수준에서 반복적으로 측정했기 때문이다. 그러므로 독립변수 A의 효과가 유의한지를 판정하기 위한 분모는 피험자내 오차, 즉 잔차자승합 $SS_{residual}$이 된다.

일요인 반복측정 분산분석에서는 독립변수의 효과를 검증하기 위한 $F$ 값만 구하고, 피험자 효과를 검증하기 위한 $F$ 값과 독립변수와 피험자 간의 상호작용 $A \times S$를 검증하기 위한 $F$ 값은 구하지 않는다. 일요인 반복측정 분산분석에서는 독립변수와 피험자가 교차하는 조건에 1명의 사례만 존재하므로 상호작용 자승합을 구할 수 없고, 또 상호작용의 우연적인 변산을 나타내는 오차항도 구할 수 없다.

### (4) 영가설 기각여부 결정 및 결론 도출

$F$ 값이 임계치와 같거나 그보다 클 경우(혹은 $F$ 값의 유의확률이 $\alpha$보다 낮으면) 영가설을 기각하면 된다. 영가설이 기각되면 평균차이가 있다고 결론을 내린다. 반대로 영가설이 기각되지 않으면 평균차이가 없다고 결론을 내린다.

### (5) 효과크기 계산

일요인 반복측정 분산분석에서 효과크기를 구하는 방식은 다음과 같다.

① $\eta^2 = \dfrac{SS_A}{SS_t}$

② 부분 $\eta^2 = \dfrac{SS_A}{SS_A + SS_{residual}}$

③ $w^2 = \dfrac{df_A(F_A-1)}{df_A(F_A-1)+F_S(n)+an}$ ($a$: 실험조건, $n$: 각 조건의 피험자수)

④ $f = \sqrt{\dfrac{\eta^2}{1-\eta^2}}$

## 5) 일요인 반복측정 분산분석의 결과 제시방법

반복측정설계의 분산분석표는 다음과 같다.

**〈표 12-6〉 일요인 반복측정 분산분석표**  (n: 피험자수, a: 독립변수의 수준수)

| 변산원 | 자승합 | 자유도 | 평균자승 | F | 부분 $\eta^2$ |
|---|---|---|---|---|---|
| 피험자간 | $SS_S$ | $n-1$ | $\dfrac{SS_S}{n-1}$ | | |
| 피험자내 | | | | | |
| 　독립변수 | $SS_A$ | $a-1$ | $\dfrac{SS_A}{a-1}$ | $\dfrac{MS_A}{MS_{residual}}$ | $\dfrac{SS_A}{SS_A+SS_{residual}}$ |
| 　잔차 | $SS_{residual}$ | $(a-1)(n-1)$ | $\dfrac{SS_{residual}}{(a-1)(n-1)}$ | | |
| 전체 | $SS_t$ | $an-1$ | | | |

① 변산원(source): 종속변수의 변산에 영향을 미치는 요인들을 제시한다. 일요인 반복측정분산분석의 변산원은 피험자간 변산과 피험자내 변산으로 나뉘고, 피험자내 변산은 독립변수의 변산과 잔차변산으로 나뉜다.

② 자승합(SS): 변산원별로 자승합을 기입한다.

③ 자유도(df): 변산원별로 자유도를 기입한다.

④ 평균자승(MS): 자승합을 자유도로 나눈 평균자승을 기입한다.

⑤ F: 독립변수의 평균자승을 잔차평균자승으로 나눈 값을 기입한다.

⑥ 효과크기: 독립변수의 자승합을 전체 자승합으로 나눈 값을 기입한다(혹은 부분 $\eta^2$을 기입한다.).

⑦ F 값의 유의확률을 기입한다.

## 6) 일요인 반복측정 분산분석 예시

〈표 12-7〉에 제시되어 있는 자료는 무작위로 표집한 6명의 학생들을 대상으로 하여 4일에 걸쳐 측정한 동기점수를 나타낸 것이다. 요일에 따라 동기점수가 차이가 있는지를 일요인 반복측정 분산분석으로 $\alpha = .05$ 수준에서 검증하면 다음과 같다.

**〈표 12-7〉 요일별 동기점수와 자승합 계산**

| 피험자 | 월 | 화 | 수 | 목 | 피험자평균 |
|---|---|---|---|---|---|
| 1 | 15 | 10 | 8 | 7 | 10.00 |
| 2 | 10 | 11 | 4 | 7 | 8.00 |
| 3 | 4 | 9 | 7 | 0 | 5.00 |
| 4 | 10 | 10 | 7 | 1 | 7.00 |
| 5 | 4 | 2 | 4 | 2 | 3.00 |
| 6 | 12 | 17 | 9 | 14 | 13.00 |
| 요일평균 | 9.17 | 9.83 | 6.50 | 5.17 | 전체 평균=7.67 |

(1) $SS_t = (15-7.67)^2 + (10-7.67)^2 + \cdots + (14-7.67)^2 = 459.33$

(2) $SS_A = 6[(9.17-7.67)^2 + (9.83-7.76)^2 + (6.50-7.67)^2 + (5.17-7.67)^2] = 87.33$

(3) $SS_S = 4[(10-7.67)^2 + (8-7.67)^2 + (5-7.67)^2 + (7-7.67)^2 + (3-7.67)^2 + (13-7.67)^2]$
$= 253.33$

(4) $SS_{residual} = 459.33 - 87.33 - 253.33 = 118.67$

**〈표 12-8〉 일요인 반복측정 분산분석 예시 요약**

| | |
|---|---|
| 1. 통계적 가설 진술 | $H_o : \mu_1 = \mu_2 = \mu_3 = \mu_4$ (네 요일의 동기평균은 차이가 없다.)<br>$H_1$ : 영가설은 참이 아니다. |
| 2. 검증통계량 계산 | (1) 자승합 계산<br>　① 전체 자승합: $SS_t = 459.33$<br>　② 독립변수 자승합: $SS_A = 87.33$<br>　③ 피험자 자승합: $SS_S = 253.33$<br>　④ 잔차자승합: $SS_{residual} = 118.67$<br>(2) 평균자승 계산<br>　① 독립변수 평균자승: $MS_A = 87.33/3 = 29.11$<br>　② 피험자 평균자승: $MS_S = 253.33/5 = 50.67$<br>　③ 잔차평균자승: $MS_{residual} = 118.67/15 = 7.91$<br>(3) 검증통계량 계산: $F_A = \dfrac{29.11}{7.91} = 3.68$ |
| 3. 임계치 결정 | $\alpha = .05$, $df_A = 3$, $df_w = 15$에서 임계치는 $F$=3.29다. |
| 4. 영가설 기각 여부 결정 | 검증통계량의 값은 $F$=3.68로 임계치(3.29)보다 크므로 영가설을 기각한다. |

| 5. 효과크기 계산 | 부분 $\eta^2 = \dfrac{SS_A}{SS_A + SS_{residual}} = \dfrac{87.33}{87.333 + 118.67} = .424$ |
|---|---|
| 6. 결론도출 | 네 요일의 동기평균은 통계적으로 유의한 차이가 있다. |

**일요인 반복측정 분산분석표**

| 변산원 | 자승합 | 자유도 | 평균자승 | $F$ | 부분 $\eta^2$ |
|---|---|---|---|---|---|
| 피험자 | 253.33 | 5 | 50.67 | | |
| 요일 | 87.33 | 3 | 29.11 | 3.68* | .424 |
| 잔차 | 118.67 | 15 | 7.91 | | |
| 전체 | 459.33 | 23 | | | |

\* $p < .05$

## 7) SPSS를 활용한 일요인 반복측정 분산분석

SPSS를 활용한 일요인 반복측정 분산분석의 절차는 다음과 같다.

① 자료를 입력한다(집단간 설계의 일원분산분석과 자료입력이 다르다는 점에 유의해야 한다).

② **분석(A)-일반선형모형(G)-반복측정(R)**을 선택한다.

③ **개체-내 요인이름(W)**과 **수준의 수(L)**를 정의한다. 이때 변수명과 수준의 수를 각각 정의해야 한다. 위의 예시에서 변수의 이름(조건), 수준의 수(4)를 입력한 후 정의를 클릭하면 된다.

④ 반복측정 화면에서 개체-내 요인을 입력하면 반복측정 화면의 **개체-내 변수 (W)**에 조건(1) 조건(2) 조건(3) 조건(4)이 생성된다.

⑤ 확인을 클릭하면 분석이 시작된다. 분석결과의 **개체-내 효과 검증**과 **개체-간 효과 검증**에서 자승합, 자유도, 평균자승, $F$ 값을 찾아 분산분석표에 기입한다. 이때 피험자 효과를 나타내는 자승합과 자유도는 개체-간 효과 검증에 제시되어 있는 오차에 해당하는 자승합과 자유도다.

⑥ 〈표 12-5〉의 자료에 대해 SPSS로 일요인 반복측정 분산분석을 한 결과는 다음과 같다.

개체-내 효과 검정

측도: MEASURE_1

| 소스 | | 제 III 유형 제곱합 | 자유도 | 평균제곱 | F | 유의확률 | 부분 에타 제곱 |
|---|---|---|---|---|---|---|---|
| 요일 | 구형성 가정 | 87.333 | 3 | 29.111 | 3.680 | .036 | .424 |
| | Greenhouse-Geisser | 87.333 | 2.654 | 32.910 | 3.680 | .044 | .424 |
| | Huynh-Feldt | 87.333 | 3.000 | 29.111 | 3.680 | .036 | .424 |
| | 하한값 | 87.333 | 1.000 | 87.333 | 3.680 | .113 | .424 |
| 오차(요일) | 구형성 가정 | 118.667 | 15 | 7.911 | | | |
| | Greenhouse-Geisser | 118.667 | 13.269 | 8.943 | | | |
| | Huynh-Feldt | 118.667 | 15.000 | 7.911 | | | |
| | 하한값 | 118.667 | 5.000 | 23.733 | | | |

개체-간 효과 검정

측도: MEASURE_1
변환된 변수: 평균

| 소스 | 제 III 유형 제곱합 | 자유도 | 평균제곱 | F | 유의확률 | 부분 에타 제곱 |
|---|---|---|---|---|---|---|
| 절편 | 1410.667 | 1 | 1410.667 | 27.842 | .003 | .848 |
| 오차 | 253.333 | 5 | 50.667 | | | |

## 8) 일요인 반복측정 분산분석과 일원분산분석의 비교

일요인 반복측정 분산분석은 일원분산분석보다 통계적 검증력이 더 높다고 지적한 바 있다. 이를 구체적으로 살펴보자. 위의 자료를 일원분산분석(잘못된 분석임)으로 분석한 결과는 〈표 12-9〉에 제시되어 있다.

〈표 12-9〉 일원분산분석표

| 변산원 | 자승합 | 자유도 | 평균자승 | $F$ | $p$ | $\eta^2$ |
|---|---|---|---|---|---|---|
| 집단간(요일) | 87.33 | 3 | 29.11 | 1.57 | .22 | .19 |
| 집단내(오차) | 372.00 | 20 | 18.60 | | | |
| 전체 | 459.33 | 23 | | | | |

위에 제시된 것처럼 일요인 반복측정 분산분석에서는 실험조건에 따른 평균차이가 통계적으로 유의했지만, 일원분산분석에서는 평균차이가 통계적으로 유의하지 않았다. 이것은 일요인 반복측정 분산분석이 일원분산분석보다 통계적 검증력이 더 높다는 사실을 잘 나타낸다.

일요인 반복측정 분산분석과 일원분산분석의 독립변수 자승합이 같음에도 전자가 통계적 검증력이 높은 이유는 오차분산이 훨씬 작기 때문이다. 위의 예시에서 일원분산분석의 오차자승합(372.00)은 일요인 반복측정 분산분석에서 118.67로 감소했다(일요인 반복측정 분산분석의 피험자 자승합과 오차자승합을 합하면 일원분산분석의 오차자승합과 같다). 그 결과 검증통계량 $F$ 값이 1.57에서 3.68로 높아졌고, 영가설이 기각되었다.

## 4 이요인 반복측정 분산분석(이요인 피험자내 설계 분산분석)

### 1) 이요인 반복측정 분산분석의 개념

**이요인 반복측정 분산분석**(two-factor repeated measure analysis of variance)은 피험자내 요인설계에서 평균차이를 검증하는 방법이다. **피험자내 요인설계**(within-subjects factorial design) 혹은 이요인 피험자내 설계(two-factor within-subjects design)는 각 피험자에게 2개의 피험자 내 변수를 교차시킨 조건을 모두 경험하도록 하는 설계다. 그러므로 이요인 반복측정 분산분석은 일요인 반복측정 분산분석을 피험자내 변수가 2개인 설계로 확장시킨 분석방법이다.

이요인 반복측정설계를 구체적으로 살펴보자. 피험자내 변수의 A의 수준이 2개, B의 수준이 3개, 피험자가 5명인 이요인 반복측정설계는 다음과 같은데, 이 설계는 모든 피험자들에게 두 피험자 내 변수들이 조합된 6개 조건들을 모두 경험하도록 하고 있다.

| 피험자 | \(A_1\) | | | \(A_2\) | | |
|---|---|---|---|---|---|---|
| | \(B_1\) | \(B_2\) | \(B_3\) | \(B_1\) | \(B_2\) | \(B_3\) |
| \(S_1\) | $n=1$ | $n=1$ | $n=1$ | $n=1$ | $n=1$ | $n=1$ |
| \(S_2\) | $n=1$ | $n=1$ | $n=1$ | $n=1$ | $n=1$ | $n=1$ |
| \(S_3\) | $n=1$ | $n=1$ | $n=1$ | $n=1$ | $n=1$ | $n=1$ |
| \(S_4\) | $n=1$ | $n=1$ | $n=1$ | $n=1$ | $n=1$ | $n=1$ |
| \(S_5\) | $n=1$ | $n=1$ | $n=1$ | $n=1$ | $n=1$ | $n=1$ |

[그림 12-5] 이요인 반복측정설계의 구조

이 설계에서는 피험자 내 요인 A와 B가 교차하고 있으므로 2개의 주효과와 상호작용을 분리할 수 있다. 그 결과 이요인 반복측정설계는 오차분산이 줄어들어 통계적 검증력이 높아지고, 이월효과가 작용하지 않을 경우 적은 수의 피험자로 많은 자료를 수집할 수 있다는 장점이 있다. 반면, 이 설계는 같은 피험자를 여러 조건에서 측정하기 때문에 피로효과와 연습효과가 작용할 소지가 있으며, 통계적 가정이 위배될 소지가 크다.

## 2) 이요인 반복측정 분산분석의 요건

① 두 독립변수들은 모두 피험자내 변수이고, 독립변수의 수준들은 질적 혹은 양적으로 다르다. 또 두 독립변수들은 완전히 교차되어야 한다.
② 피험자는 두 독립변수들이 교차되는 조건을 모두 경험해야 한다.
③ 종속변수는 동간척도 혹은 비율척도라야 한다.

## 3) 이요인 반복측정 분산분석의 통계적 가설

이요인 반복측정 분산분석은 2개의 주효과와 상호작용을 동시에 검증한다. 그러므로 통계적 가설은 다음과 같다.

① 상호작용에 대한 가설
$H_{o(AB)}$ : 변수 A와 변수 B 간에 상호작용이 없다.
$H_{1(AB)}$ : 변수 A와 변수 B 간에 상호작용이 있다.

② 변수 A의 주효과에 대한 가설
$H_{o(A)} : \mu_1 = \mu_2 = \cdots = \mu_a$ ($a$: 독립변수 A의 수준)
$H_{1(A)}$ : 영가설은 참이 아니다.

③ 변수 B의 주효과에 대한 가설
$H_{o(B)} : \mu_1 = \mu_2 = \cdots = \mu_b$ ($b$: 독립변수 B의 수준)
$H_{1(B)}$ : 영가설은 참이 아니다.

## 4) 이요인 반복측정 분산분석의 절차

이요인 반복측정 분산분석의 절차

**[상호작용 검증]**

1. 통계적 가설 진술

$H_{o(AB)}$ : 독립변수 A와 B 간에 상호작용이 없다.

$H_{1(AB)}$ : 독립변수 A와 B 간에 상호작용이 있다.

2. 검증통계량 계산: $F_{AB} = \dfrac{MS_{AB}}{MS_{ABS}}$

3. 임계치 결정: $\alpha$, 분자 및 분모의 자유도를 고려하여 구한다.

4. 영가설 기각여부 결정: 검증통계량 $F$ 값이 임계치와 같거나 그보다 크면 영가설을 기각한다.

5. 효과크기의 계산: 상호작용이 종속변수에 미치는 효과크기를 계산한다.

6. 결론도출: 영가설 기각여부에 근거하여 적절한 결론을 도출한다.

**[변수 A의 주효과 검증]**

1. 통계적 가설 진술

$H_{o(A)}$ : $\mu_1 = \mu_2 = \cdots = \mu_a$ (독립변수 A의 주효과가 없다.)

$H_{1(A)}$ : 영가설은 참이 아니다.

2. 검증통계량 계산: $F_A = \dfrac{MS_A}{MS_{AS}}$

3. 임계치 결정: $\alpha$, 분자 및 분모의 자유도를 고려하여 구한다.

4. 영가설 기각여부 결정: 검증통계량 $F$ 값이 임계치와 같거나 그보다 크면 영가설을 기각한다.

5. 효과크기의 계산: 독립변수가 종속변수에 미치는 효과크기를 계산한다.

6. 결론도출: 영가설 기각여부에 근거하여 적절한 결론을 도출한다.

**[변수 B의 주효과 검증]**

1. 통계적 가설 진술

$H_{o(B)}$ : $\mu_{1_1} = \mu_2 = \cdots = \mu_3$ (독립변수 B의 주효과가 없다.)

$H_{1(B)}$ : 영가설은 참이 아니다.

2. 검증통계량 계산: $F_B = \dfrac{MS_B}{MS_{BS}}$

3. 임계치 결정: $\alpha$, 분자 및 분모의 자유도를 고려하여 구한다.

4. 영가설 기각여부 결정: 검증통계량 $F$ 값이 임계치와 같거나 그보다 크면 영가설을 기각한다.

5. 효과크기의 계산: 독립변수가 종속변수에 미치는 효과크기를 계산한다.

6. 결론도출: 영가설 기각여부에 근거하여 적절한 결론을 도출한다.

## (1) 자승합의 계산

이요인 반복측정 분산분석에서 종속변수의 변산에 영향을 미치는 요인을 살펴보자. 우선 이요인 반복측정설계의 요인은 모두 3개(독립변수 A, 독립변수 B, 피험자변수 S)이므로 3개의 주효과(A의 주효과, B의 주효과, S의 주효과)가 존재한다. 또 이 설계에는 세 요인이 완전히 교차하므로 3개의 1차 상호작용(AB, AS, BS)과 2차 상호작용 ABS가 존재한다. 단, ABS 조건의 사례수는 1명이므로 상호작용과 오차를 분리할 수 없다. 그러므로 이요인 반복측정 분산분석의 전체 자승합은 [그림 12-6]과 같이 분할된다($SS_t = SS_A + SS_B + SS_{AB} + SS_S + SS_{AS} + SS_{BS} + SS_{ABS}$).

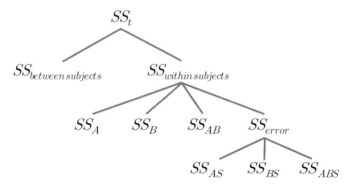

[그림 12-6] 이요인 반복측정 분산분석의 자승합 분할

① $SS_A$: 피험자내 변수 A의 효과를 반영하는 자승합

② $SS_B$: 피험자내 변수 B의 효과를 반영하는 자승합

③ $SS_S(= SS_{between\,subjects})$: 피험자 간의 체계적인 차이를 반영하는 자승합

④ $SS_{AB}$: 피험자내 변수 A와 B의 상호작용을 반영하는 자승합

⑤ $SS_{AS}$: 피험자내 변수 A와 피험자 변수 간의 상호작용을 반영하는 자승합

　( $SS_{error\,A}$ 혹은 $SS_{error\,1}$이라고 하기도 함)

⑥ $SS_{BS}$: 피험자내 변수 B와 피험자 변수 간의 상호작용을 반영하는 자승합

　( $SS_{error\,B}$ 혹은 $SS_{error\,2}$라고 하기도 함)

⑦ $SS_{ABS}$: A, B, S 간의 상호작용과 오차를 포함하는 자승합

　($SS_{error\,AB}$ 혹은 $SS_{error\,3}$라고 하기도 함)

## (2) 평균자승 계산

평균자승은 자승합을 자유도로 나눈 값이므로 다음과 같다. 각 변산원의 자유도는 다음과 같다.

① 주효과의 자유도: 요인의 수준에서 1을 뺀 값이므로 다음과 같다.

$$df_A = a-1 \qquad df_B = b-1 \qquad df_S = n-1$$

② 상호작용의 자유도: 상호작용의 자유도는 상호작용을 구성하는 요인의 자유도를 곱한 값이다. 따라서 자유도는 다음과 같다.

$$df_{AB} = (a-1)(b-1) \qquad df_{AS} = (a-1)(n-1) \qquad df_{BS} = (b-1)(n-1)$$
$$df_{ABS} = (a-1)(b-1)(n-1)$$

그러므로 평균자승은 다음과 같다.

$$MS_A = \frac{SS_A}{a-1} \qquad MS_B = \frac{SS_B}{b-1} \qquad MS_S = \frac{SS_S}{n-1}$$

$$MS_{AB} = \frac{SS_{AB}}{(a-1)(b-1)} \qquad MS_{AS} = \frac{SS_{AS}}{(a-1)(n-1)}$$

$$MS_{BS} = \frac{SS_{BS}}{(b-1)(n-1)} \qquad MS_{ABS} = \frac{SS_{ABS}}{(a-1)(b-1)(n-1)}$$

## (3) 검증통계량 계산

검증통계량을 구하려면 검증하려는 효과의 평균자승을 적절한 오차항(분모)으로 나누어야 한다. 이요인 반복측정 분산분석에서는 오차항을 선택하는 규칙은 다음과 같다(Keppell & Wickins, 2004, p. 405).

피험자내 효과에 해당하는 오차항은 그 효과와 피험자 간 상호작용이다.

이 원칙을 적용하면 요인 A의 주효과를 검증하기 위한 $F$ 값의 오차항은 A와 피험자 간의 상호작용이고, 요인 B의 주효과를 검증하기 위한 $F$ 값의 오차항은 B와 피험자 간의 상호작용이며, 상호작용 AB를 검증하기 위한 $F$ 값의 오차항은 AB와 피험자 간의 상호작용이다. 그러므로 주효과 및 상호작용을 검증하기 위한 검증통계량 F는 각각 다음과 같다.

$$F_A = \frac{MS_A}{MS_{AS}} \qquad F_B = \frac{MS_B}{MS_{BS}} \qquad F_{AB} = \frac{MS_{AB}}{MS_{ABS}}$$

### (4) 영가설 기각여부 결정 및 결론 도출

임계치는 유의수준과 자유도를 고려해서 $F$ 분포표에서 찾으면 된다. 검증통계량 $F$ 값이 임계치와 같거나 그보다 클 경우 영가설을 기각한다. 그리고 영가설이 기각여부에 따라 적절한 결론은 도출한다.

## 5) 이요인 반복측정 분산분석의 결과제시

이요인 반복측정 분산분석표는 다음과 같다.

**〈표 12-10〉 이요인 반복측정 분산분석표**　　　($a$: A의 수준, $b$: B의 수준, $n$: 피험자수)

| 변산원 | 자승합 | 자유도 | 평균자승 | $F$ | 부분 $\eta^2$ |
|---|---|---|---|---|---|
| 피험자(S) | $SS_S$ | $n-1$ | $\dfrac{SS_S}{n-1}$ | | |
| A | $SS_A$ | $a-1$ | $\dfrac{SS_A}{a-1}$ | $\dfrac{MS_A}{MS_{AS}}$ | $\dfrac{SS_A}{SS_A+SS_{AS}}$ |
| AS(오차 1) | $SS_{AS}$ | $(a-1)(n-1)$ | $\dfrac{SS_{AS}}{(a-1)(n-1)}$ | | |
| B | $SS_B$ | $b-1$ | $\dfrac{SS_B}{b-1}$ | $\dfrac{MS_B}{MS_{BS}}$ | $\dfrac{SS_B}{SS_B+SS_{BS}}$ |
| BS(오차 2) | $SS_{BS}$ | $(b-1)(n-1)$ | $\dfrac{SS_{BS}}{(b-1)(n-1)}$ | | |
| AB | $SS_{AB}$ | $(a-1)(b-1)$ | $\dfrac{SS_{AB}}{(a-1)(b-1)}$ | $\dfrac{MS_{AB}}{MS_{ABS}}$ | $\dfrac{SS_{AB}}{SS_{AB}+SS_{ABS}}$ |
| ABS(오차 3) | $SS_{ABS}$ | $(a-1)(b-1)(n-1)$ | $\dfrac{SS_{ABS}}{(a-1)(b-1)(n-1)}$ | | |
| 전체 | $SS_t$ | $abn-1$ | | | |

① 변산원(source): 이요인 반복측정설계의 변산원은 독립변수 A와 B, A와 B의 상호작용, 피험자 변수 S, 피험자 변수와 독립변수 A 및 B의 상호작용 AS와 BS, ABS의 상호작용이다.

② 자승합(*SS*): 변산원별로 자승합을 기입한다.

③ 자유도(*df*): 변산원별로 자유도를 기입한다.

④ 평균자승(*MS*): 자승합을 해당되는 자유도로 나눈 평균자승을 기입한다.

⑤ *F*: A의 주효과를 검증하기 위한 *F* 값은 AS 상호작용 평균자승을 분모로 해서 구한다. B의 주효과를 검증하기 위한 *F* 값은 BS 상호작용 평균자승을 분모로 해서 구한다. AB 상호작용을 검증하기 위한 *F* 값은 ABS 상호작용 평균자승을 분모로 해서 구한다.

⑥ 효과크기: A와 B, AB의 상호작용에 해당하는 효과크기를 기입한다.

⑦ *F* 값의 유의확률을 기입한다.

## 6) 이요인 반복측정 분산분석 예시

〈표 12-11〉의 자료는 단어위치(상, 중, 하)와 단서유형(시각, 청각)이 단어회상에 미치는 효과를 밝히기 위해 10명의 피험자들을 6개 실험조건에서 측정한 것이다. 이 자료는 모든 피험자들이 두 독립변수의 수준이 조합된 6개 실험조건들을 모두 경험하고 있으므로 이요인 반복측정 분산분석으로 분석해야 한다. 이 자료에서 단서유형 및 단어위치의 주효과 및 상호작용을 $\alpha = .05$에서 검증하면 〈표 12-13〉과 같다.

〈표 12-11〉 단어위치(상, 중, 하)와 단서유형(시각, 청각)에 따른 회상점수

| 피험자 | 상 | | 중 | | 하 | |
|---|---|---|---|---|---|---|
| | 시각단서 | 청각단서 | 시각단서 | 청각단서 | 시각단서 | 청각단서 |
| 1 | 10 | 8 | 6 | 8 | 14 | 4 |
| 2 | 6 | 7 | 23 | 27 | 11 | 6 |
| 3 | 22 | 10 | 29 | 29 | 17 | 10 |
| 4 | 11 | 11 | 20 | 27 | 12 | 10 |
| 5 | 16 | 12 | 25 | 22 | 15 | 11 |
| 6 | 15 | 11 | 27 | 25 | 13 | 9 |
| 7 | 15 | 12 | 23 | 21 | 11 | 6 |
| 8 | 20 | 11 | 29 | 21 | 23 | 13 |
| 9 | 17 | 7 | 22 | 22 | 9 | 8 |
| 10 | 19 | 12 | 19 | 14 | 9 | 4 |

〈표 12-12〉 집단별 평균

| | | 단어위치 | | | 전체 |
|---|---|---|---|---|---|
| | | 상 | 중 | 하 | |
| 단서유형 | 시각단서 | 14.90 | 22.30 | 13.30 | 16.83 |
| | 청각단서 | 10.00 | 21.60 | 8.10 | 13.23 |
| 전체 | | 12.45 | 21.95 | 10.70 | 15.03 |

〈표 12-13〉 이요인 반복측정 분산분석 예시 요약

| | |
|---|---|
| 1. 통계적 가설 진술 | $H_o : \mu_1 = \mu_2 = \mu_3$(단어위치 A의 주효과는 없다.)<br>$H_o : \mu_1 = \mu_2$(단서유형 B의 주효과는 없다.)<br>$H_o :$ 단어위치와 단서유형 간에 상호작용이 없다. |
| 2. 검증통계량 계산 | (1) 자승합 계산(p. 405의 SPSS 분석결과 참조)<br>　① 피험자(S) 자승합: $SS_s = 600.267$<br>　② 단어위치(A)의 자승합: $SS_A = 1465.833$<br>　③ A와 S의 상호작용 자승합(S: 피험자): $SS_{AS} = 464.833$<br>　④ 단서유형(B)의 자승합: $SS_B = 194.400$<br>　⑤ B와 S의 상호작용 자승합: $SS_{BS} = 123.267$<br>　⑥ A와 B의 상호작용 자승합: $SS_{AB} = 63.300$<br>　⑦ A, B, S의 상호작용 자승합: $SS_{ABS} = 78.033$<br>(2) 평균자승 계산<br>　① 단어위치의 평균자승: $MS_A = 1465.833/2 = 732.917$<br>　② A와 S 상호작용 평균자승: $MS_{AS} = 464.833/18 = 25.824$<br>　③ 단서유형의 평균자승: $MS_B = 194.400/1 = 194.400$<br>　④ B와 S 상호작용 평균자승: $MS_{BS} = 123.267/9 = 13.696$<br>　⑤ A와 B의 상호작용 평균자승: $MS_{AB} = 63.300/2 = 31.650$<br>　⑥ A, B, S의 상호작용 평균자승: $MS_{ABS} = 78.033/18 = 4.335$<br>(3) 검증통계량<br>　① $F_A = 732.917/25.824 = 28.381$<br>　② $F_B = 194.400/13.696 = 14.194$<br>　③ $F_{AB} = 31.650/4.335 = 7.301$ |
| 3. 임계치 결정 | (1) 단어위치의 주효과: 자유도 2, 18에서 임계치는 $F = 3.49$이다.<br>(2) 단서유형의 주효과: 자유도 1, 9에서 임계치는 $F = 4.96$이다.<br>(3) 상호작용: 자유도 2, 18에서 임계치는 $F = 3.49$이다. |
| 4. 영가설 기각 여부 결정 | 주효과 및 상호작용의 검증통계량 값이 모두 임계치보다 크므로 영가설을 전부 기각한다. |

| 5. 효과크기 계산 | (1) 부분 $\eta_A^2 = 1465.833/(1465.833 + 464.833) = .759$ |
| | (2) 부분 $\eta_B^2 = 194.400/(194.400 + 123.267) = .612$ |
| | (3) 부분 $\eta_{AB}^2 = 63.300/(63.300 + 78.033) = .448$ |
| 6. 결론도출 | (1) 단어위치의 주효과는 통계적으로 유의하다. |
| | (2) 단서유형의 주효과는 통계적으로 유의하다. |
| | (3) 단어위치와 단서유형 간에 상호작용효과가 유의하다. |

〈표 12-14〉 이요인 반복측정 분산분석표

| 변산원 | 자승합 | 자유도 | 평균자승 | $F$ | 부분 $\eta^2$ |
|---|---|---|---|---|---|
| 피험자(S) | 600.267 | 9 | 66.696 | | |
| 단어위치(A) | 1465.833 | 2 | 732.917 | 28.381* | .759 |
| 오차 1(AS) | 464.833 | 18 | 25.824 | | |
| 단서유형(B) | 194.400 | 1 | 194.400 | 14.194* | .612 |
| 오차 2(BS) | 123.267 | 9 | 13.696 | | |
| AB | 63.300 | 2 | 31.696 | 7.301* | .448 |
| 오차 3(ABS) | 78.033 | 18 | 4.335 | | |
| 전체 | 2,989.933 | 65 | | | |

* $p < .05$

## 7) SPSS를 활용한 이요인 반복측정 분산분석

① 자료를 입력한다. 두 변수의 수준이 각각 2개일 경우 자료는 $A_1B_1$, $A_1B_2$, $A_2B_1$, $A_2B_2$ 순으로 입력해야 한다는 점에 유의해야 한다.

② **분석(A)-일반선형모형(G)**에서 **반복측정(R)**을 클릭한다.

③ **개체-내 요인이름(W)**과 **수준의 수(L)**를 정의한다. 이때 변수 A와 수준의 수, 변수 B와 수준의 수를 각각 정의한다. 위의 예시에서는 A(1)과 B(2)를 입력한 후 정의를 클릭한다.

④ 반복측정 화면에서 **개체-내 요인**을 입력한다. 위 예시의 경우 반복측정 화면의 **개체-내 변수(W)**에 $A_1B_1(1, 1)$, $A_1B_2(1, 2)$, $A_2B_1(2, 1)$, $A_2B_2(2, 2)$가 생성된다.

⑤ **확인**을 클릭하면 분석이 시작된다. 분석결과에서 **개체-내 효과 검증**과 **개체-간**

**효과 검증**에서 자승합, 자유도, 평균자승, $F$ 값을 찾아 분산분석표에 기입한다. 이때 피험자 효과를 나타내는 자승합과 자유도는 개체-간 효과 검증의 오차에 해당하는 자승합과 자유도를 기입해야 한다.

⑥ 〈표 12-11〉에 제시된 자료에 대해 SPSS로 이요인 반복측정 분산분석을 한 결과는 다음과 같다. 분석결과를 보면 구형성 가정이 충족되었다는 것을 알 수 있다.

**Mauchly의 구형성 검정[b]**

측도: MEASURE_1

| 개체-내 효과 | Mauchly의 W | 근사 카이제곱 | 자유도 | 유의확률 | 엡실런[a] | | |
|---|---|---|---|---|---|---|---|
| | | | | | Greenhouse-Geisser | Huynh-Feldt | 하한값 |
| 위치 | .671 | 3.197 | 2 | .202 | .752 | .870 | .500 |
| 단서 | 1.000 | .000 | 0 | . | 1.000 | 1.000 | 1.000 |
| 위치 * 단서 | .965 | .285 | 2 | .867 | .966 | 1.000 | .500 |

정규화된 변형 종속변수의 오차 공분산행렬이 단위행렬에 비례하는 영가설을 검정합니다.

**개체-내 효과 검정**

측도: MEASURE_1

| 소스 | | 제 III 유형 제곱합 | 자유도 | 평균제곱 | F | 유의확률 | 부분 에타 제곱 |
|---|---|---|---|---|---|---|---|
| 위치 | 구형성 가정 | 1465.833 | 2 | 732.917 | 28.381 | .000 | .759 |
| | Greenhouse-Geisser | 1465.833 | 1.504 | 974.356 | 28.381 | .000 | .759 |
| | Huynh-Feldt | 1465.833 | 1.740 | 842.317 | 28.381 | .000 | .759 |
| | 하한값 | 1465.833 | 1.000 | 1465.833 | 28.381 | .000 | .759 |
| 오차(위치) | 구형성 가정 | 464.833 | 18 | 25.824 | | | |
| | Greenhouse-Geisser | 464.833 | 13.540 | 34.331 | | | |
| | Huynh-Feldt | 464.833 | 15.662 | 29.679 | | | |
| | 하한값 | 464.833 | 9.000 | 51.648 | | | |
| 단서 | 구형성 가정 | 194.400 | 1 | 194.400 | 14.194 | .004 | .612 |
| | Greenhouse-Geisser | 194.400 | 1.000 | 194.400 | 14.194 | .004 | .612 |
| | Huynh-Feldt | 194.400 | 1.000 | 194.400 | 14.194 | .004 | .612 |
| | 하한값 | 194.400 | 1.000 | 194.400 | 14.194 | .004 | .612 |
| 오차(단서) | 구형성 가정 | 123.267 | 9 | 13.696 | | | |
| | Greenhouse-Geisser | 123.267 | 9.000 | 13.696 | | | |
| | Huynh-Feldt | 123.267 | 9.000 | 13.696 | | | |
| | 하한값 | 123.267 | 9.000 | 13.696 | | | |
| 위치 * 단서 | 구형성 가정 | 63.300 | 2 | 31.650 | 7.301 | .005 | .448 |
| | Greenhouse-Geisser | 63.300 | 1.932 | 32.758 | 7.301 | .005 | .448 |
| | Huynh-Feldt | 63.300 | 2.000 | 31.650 | 7.301 | .005 | .448 |
| | 하한값 | 63.300 | 1.000 | 63.300 | 7.301 | .024 | .448 |
| 오차(위치*단서) | 구형성 가정 | 78.033 | 18 | 4.335 | | | |
| | Greenhouse-Geisser | 78.033 | 17.391 | 4.487 | | | |
| | Huynh-Feldt | 78.033 | 18.000 | 4.335 | | | |
| | 하한값 | 78.033 | 9.000 | 8.670 | | | |

**개체-간 효과 검정**

측도: MEASURE_1

변환된 변수: 평균

| 소스 | 제 III 유형 제곱합 | 자유도 | 평균제곱 | F | 유의확률 | 부분 에타 제곱 |
|---|---|---|---|---|---|---|
| 절편 | 13560.067 | 1 | 13560.067 | 203.311 | .000 | .958 |
| 오차 | 600.267 | 9 | 66.696 | | | |

## 5 라틴 스케어 설계 분산분석

반복측정설계는 이월효과가 작용할 소지가 있을 때는 적용하기 어렵다고 지적한 바 있다. 이 절에서 소개하는 라틴 스케어 설계 분산분석은 반복측정설계의 이러한 문제점을 해결하기 위한 방안이다.

### 1) 라틴 스케어 설계 분산분석의 개념

**라틴 스케어 설계 분산분석**은 라틴 스케어 설계 자료에서 평균차이를 검증하기 위한 방법이다. 라틴 스퀘어는 각 열과 행에 특정 문자(혹은 숫자)가 단 한 번만 나타나도록 문자(혹은 숫자)를 사각형 모양으로 배열한 것을 의미한다. 그러므로 **라틴 스케어 설계**(라틴 방격 설계, Latin Square design)는 열과 행의 수가 같은 설계를 말한다. 라틴 스케어 설계는 반복측정을 하는 상황에서 이월효과를 효과적으로 통제할 수 있는 방안이다.

일반적으로 라틴 스케어의 행은 피험자, 열은 실험처치의 순서, 문자는 실험처치의 종류를 각각 나타낸다. 〈표 12-15〉는 세 가지 실험처치(A, B, C)를 각기 다른 피험자에게 다른 순서로 실시하기 위한 라틴 스케어 설계를 예시하고 있다.

〈표 12-15〉 라틴 스케어 설계

| | 실험처치의 순서 | | |
|---|---|---|---|
| | 1 | 2 | 3 |
| 피험자 1 | A | B | C |
| 피험자 2 | B | C | A |
| 피험자 3 | C | A | B |

라틴 스케어의 가장 중요한 요건은 각 열과 행에 특정 실험처치가 단 한 번만 나타나야 한다는 것이다. 그러므로 라틴 스케어에서는 실험처치를 무작위로 조합하는 것 아니라, 각 열과 행에서 A, B, C가 한 번만 나타나도록 체계적으로 조합한다. 〈표 12-15〉는 각 열과 행에 특정 실험처치가 단 한 번만 나타나야 한다는 요건

을 충족시키고 있다. 즉, 피험자 1은 A, B, C의 순서로 실험처치를 하고, 피험자 2와 피험자 3은 다른 순서로 실험처치를 한다.

라틴 스퀘어 설계는 첫째, 피험자수가 적어도 되므로 경제적이다. 위에 예시된 설계는 3명의 피험자만으로 실험처치 A, B, C가 종속변수에 미치는 영향을 분석할 수 있다. 라틴 스퀘어 설계에서 피험자가 줄어드는 것은 모든 상호작용(AB, AC, BC, ABC)이 존재하지 않는다는 가정에 근거한다. 상호작용이 존재하지 않는다는 가정이 충족될 경우 라틴 스퀘어 설계는 시간과 노력을 상당히 줄일 수 있다.

라틴 스퀘어 설계의 두 번째 장점은 피험자 효과, 순서 효과, 실험처치 효과를 분리함으로써 외재변수인 피험자 차이와 순서 효과를 통제할 수 있다는 것이다. 〈표 12-15〉에서 보면 피험자 1은 A B C 순으로 실험처치를 하고, 피험자 2와 피험자 3은 이와 다른 순서로 실험처치를 한다. 이 설계에서는 모든 피험자들이 세 가지 실험처치를 모두 경험하므로 피험자 차이는 실험처치의 차이나 실험처치의 순서 차이에서 기인하지 않는다. 또 실험처치의 순서 차이는 실험처치의 차이나 피험자 차이에서 기인하지 않는다. 마지막으로 실험처치(A, B, C)의 차이는 피험자 차이나 순서 차이에서 기인하지 않는다. 이 설계는 실험처치 효과, 피험자 효과, 순서 효과를 분리할 수 있으므로 체계적 역균형법(systematic counterbalancing)으로 혼합(confounding)의 문제를 해결할 수 있는 방안이다. 그러므로 라틴 스퀘어 설계는 2개의 외재변수가 작용하는 상황에서 외재변수를 통제한 다음 독립변수의 효과를 검증하는 설계로 적절하다.

## 2) 라틴 스퀘어 설계 분산분석의 통계적 가설

실험조건이 3개일 때 라틴 스퀘어 설계 분산분석의 통계적 가설은 다음과 같다.

$H_o : \mu_1 = \mu_2 = \mu_3$ (세 집단의 평균은 차이가 없다.)    $H_1$: 영가설은 참이 아니다.

## 3) 라틴 스퀘어 설계 분산분석의 절차

### (1) 자승합의 계산

가법모형(加法模型, additive model)은 주효과가 가법적이고 모든 상호작용이 존재하지 않는다고 가정하는 모형이다. 그러므로 라틴 스퀘어 설계의 전체 자승합은

다음과 같이 분할된다.

$$SS_t = SS_R + SS_C + SS_A + SS_{error}$$

① $SS_t$: 각 점수와 전체 평균의 편차를 제곱한 후 더한 전체 자승합
② $SS_R$: 각 행의 평균과 전체 평균의 편차를 제곱한 후 더한 행의 자승합
③ $SS_C$: 각 열의 평균과 전체 평균의 편차를 제곱한 후 더한 열의 자승합
④ $SS_A$: 각 실험처치의 평균과 전체 평균의 편차를 제곱한 후 더한 독립변수의
　　자승합
⑤ $SS_{error}$: 전체 자승합에서 3개의 주효과 자승합을 제외한 잔차자승합

### (2) 평균자승 계산

라틴 스케어 설계의 분산분석에서 평균자승은 자승합을 자유도로 나눈 값이다.
자유도는 다음과 같다.

① 전체 자유도: 라틴 스케어 설계에서 요인의 수준을 a라고 하면 전체 셀의 수
　　는 $a^2$이다. 그러므로 전체 자유도는 $a^2 - 1$이다.
② 주효과의 자유도: 행(row, R), 열(column, C), 실험처치의 수는 모두 $a$이므로
　　주효과의 자유도는 각각 $a-1$이다.
③ 잔차자유도는 전체 자유도에서 주효과의 자유도를 뺀 값이므로 다음과 같다.

$$df_{error} = (a^2 - 1) - 3(a-1) = (a-1)(a-2)$$

그러므로 평균자승은 각각 다음과 같다.

$$MS_R = \frac{SS_R}{a-1} \qquad MS_C = \frac{SS_C}{a-1} \qquad MS_A = \frac{SS_A}{a-1} \qquad MS_{error} = \frac{SS_{error}}{(a-1)(a-2)}$$

### (3) 검증통계량 계산

라틴 스케어 설계 분산분석에서 세 가지 주효과를 검증하기 위한 검증통계량은

다음과 같다.

$$F_R = \frac{MS_R}{MS_{error}} \qquad F_C = \frac{MS_C}{MS_{error}} \qquad F_A = \frac{MS_A}{MS_{error}}$$

### (4) 영가설 기각여부 결정 및 결론 도출

임계치는 앞에서 설명한 방식으로 구하면 된다. 검증통계량 $F$ 값이 임계치와 같거나 그보다 크면 영가설을 기각하고, 결론을 도출한다.

〈표 12-16〉 라틴 스케어 설계 분산분석표

| 변산원 | 자승합 | 자유도 | 평균자승 | $F$ |
|---|---|---|---|---|
| 열(피험자) | $SS_R$ | a−1 | $SS_R/(a-1)$ | $MS_R/MS_{error}$ |
| 행(순서) | $SS_C$ | a−1 | $SS_C/(a-1)$ | $MS_C/MS_{error}$ |
| A(독립변수) | $SS_A$ | a−1 | $SS_A/(a-1)$ | $MS_A/MS_{error}$ |
| 오차 | $SS_{error}$ | (a−1)(a−2) | $SS_{error}/(a-1)(a-2)$ | |
| 전체 | $SS_t$ | $a^2-1$ | | |

## 4) 라틴 스퀘어 설계 분산분석 예시

다음은 4개 실험처치(A, B, C, D)를 4명의 피험자들에게 각기 다른 순서로 실시한 라틴 스케어 설계에서 측정한 자료를 나타내고 있다. 이 설계에서 네 가지 실험처치의 평균이 차이가 있는지를 $\alpha = .05$ 수준에서 검증해 보자.

| | | 순서(column) | | | | | |
|---|---|---|---|---|---|---|---|
| 피험자 | 처치계열 | 1 | 2 | 3 | 4 | 피험자평균 | 처치평균 |
| $S_1$ | ABCD | 4 | 3 | 8 | 5 | 5 | A=6.5 |
| $S_2$ | BCDA | 0 | 6 | 7 | 7 | 5 | B=5 |
| $S_3$ | CDAB | 2 | 2 | 10 | 10 | 6 | C=7.5 |
| $S_4$ | DABC | 6 | 5 | 7 | 14 | 8 | D=5 |
| | 순서평균 | 3 | 4 | 8 | 9 | 6 | 전체 평균=6 |

[그림 12-7] 피험자가 4명이고 실험처치가 4개인 라틴 스케어 설계의 자료

〈표 12-17〉 라틴 스케어 설계의 자승합 분할

| R(피험자) | C(순서) | 실험처치 | 점수 | 피험자 | 순서 | 실험처치 | 진차 | 전체 |
|---|---|---|---|---|---|---|---|---|
|  |  |  |  |  |  |  | 자승합 |  |
| 1 | 1 | 1 | 4 | $(5-6)^2=1$ | $(3-6)^2=9$ | $(6.5-6)^2=.25$ | $(4-5-3-6.5+2*6)^2=2.25$ | $(4-6)^2=4$ |
| 1 | 2 | 2 | 3 | $(5-6)^2=1$ | $(4-6)^2=4$ | $(5-6)^2=1$ | $(3-5-4-5+2*6)^2=1$ | $(3-6)^2=9$ |
| 1 | 3 | 3 | 8 | $(5-6)^2=1$ | $(8-6)^2=4$ | $(7.5-6)^2=2.25$ | $(8-5-8-7.5+2*6)^2=.25$ | $(8-6)^2=4$ |
| 1 | 4 | 4 | 5 | $(5-6)^2=1$ | $(9-6)^2=9$ | $(5-6)^2=1$ | $(5-5-9-5+2*6)^2=4$ | $(5-6)^2=1$ |
| 2 | 1 | 2 | 0 | $(5-6)^2=1$ | $(3-6)^2=9$ | $(6.5-6)^2=.25$ | $(0-5-3-5+2*6)^2=1$ | $(0-6)^2=36$ |
| 2 | 2 | 3 | 6 | $(5-6)^2=1$ | $(4-6)^2=4$ | $(6.5-6)^2=.25$ | $(6-5-4-7.5+2*6)^2=2.25$ | $(6-6)^2=0$ |
| 2 | 3 | 4 | 7 | $(5-6)^2=1$ | $(8-6)^2=4$ | $(5-6)^2=1$ | $(7-5-8-5+2*6)^2=1$ | $(7-6)^2=1$ |
| 2 | 4 | 1 | 7 | $(5-6)^2=1$ | $(9-6)^2=9$ | $(6.5-6)^2=.25$ | $(7-5-9-6.5+2*6)^2=2.25$ | $(7-6)^2=1$ |
| 3 | 1 | 3 | 2 | $(6-6)^2=0$ | $(3-6)^2=9$ | $(6.5-6)^2=.25$ | $(2-6-3-7.5+2*6)^2=6.25$ | $(2-6)^2=16$ |
| 3 | 2 | 4 | 2 | $(6-6)^2=0$ | $(4-6)^2=4$ | $(5-6)^2=1$ | $(2-6-4-5+2*6)^2=1$ | $(2-6)^2=16$ |
| 3 | 3 | 1 | 10 | $(6-6)^2=0$ | $(8-6)^2=4$ | $(6.5-6)^2=.25$ | $(10-6-8-6.5+2*6)^2=2.25$ | $(10-6)^2=16$ |
| 3 | 4 | 2 | 10 | $(6-6)^2=0$ | $(9-6)^2=9$ | $(6.5-6)^2=.25$ | $(10-6-9-5+2*6)^2=4$ | $(10-6)^2=16$ |
| 4 | 1 | 4 | 6 | $(8-6)^2=4$ | $(3-6)^2=9$ | $(5-6)^2=1$ | $(6-8-3-5+2*6)^2=4$ | $(6-6)^2=0$ |
| 4 | 2 | 1 | 5 | $(8-6)^2=4$ | $(4-6)^2=4$ | $(6.5-6)^2=.25$ | $(5-8-4-6.5+2*6)^2=2.25$ | $(5-6)^2=1$ |
| 4 | 3 | 2 | 7 | $(8-6)^2=4$ | $(8-6)^2=4$ | $(6.5-6)^2=.25$ | $(7-8-8-5+2*6)^2=4$ | $(7-6)^2=1$ |
| 4 | 4 | 3 | 14 | $(8-6)^2=4$ | $(9-6)^2=9$ | $(6.5-6)^2=.25$ | $(14-8-9-7.5+2*6)^2=2.25$ | $(14-6)^2=64$ |
| 자승합 |  |  |  | 24 | 104 | 18 | 40 | 186 |

〈표 12-18〉 [그림 12-7]의 자료를 이용한 라틴스케어 설계 분산분석 예시 요약

| | |
|---|---|
| 1. 통계적 가설 진술 | $H_o : \mu_1 = \mu_2 = \mu_3 = \mu_4$ (네 가지 처치평균들은 차이가 없다.)<br>$H_1$ : 영가설은 참이 아니다. |
| 2. 검증통계량 계산 | (1) 자승합 계산(표 참조)<br>　① 전체 자승합: $SS_t = 186$<br>　② 처치 자승합: $SS_{처치} = 18$<br>　③ 순서 자승합: $SS_{순서} = 104$<br>　④ 피험자 자승합: $SS_{피험자} = 24$<br>　⑤ 오차자승합: $SS_{error} = 40$<br>(2) 평균자승 계산<br>　① 처치 평균자승: $MS_{처치} = 18/3 = 6$<br>　② 순서 평균자승: $MS_{순서} = 104/3 = 34.667$<br>　③ 피험자 평균자승: $MS_{피험자} = 24/3 = 8$<br>　④ 오차평균자승: $MS_{error} = 40/6 = 6.667$<br>(3) 검증통계량<br>　① $F_{처치} = 6/6.67 = .900$<br>　② $F_{순서} = 34.667/6.667 = 5.200$<br>　③ $F_{피험자} = 8/6.667 = 1.200$ |
| 3. 임계치 결정 | 세 가지 주효과를 검증하기 위한 임계치는 $\alpha = .05$, 분자자유도=3,<br>분모자유도=6에서 $F$=4.76이다. |
| 4. 영가설 기각여부<br>　 결정 | 처치 주효과의 검증통계량 값은 $F$=.900으로 임계치보다 작으므로<br>영가설을 기각할 수 없다. |
| 5. 효과크기 계산 | 부분 $\eta^2_{처치} = 18/(18+40) = .31$ |
| 6. 결론도출 | 네 가지 실험처치는 통계적으로 차이가 없다. |

〈표 12-19〉 라틴 스케어 설계의 분산분석표

| 변산원 | 자승합 | 자유도 | 평균자승 | $F$ | $p$ | 부분 $\eta^2$ |
|---|---|---|---|---|---|---|
| 열(피험자) | 24 | 3 | 8 | 1.20 | .387 | .38 |
| 행(순서) | 104 | 3 | 34.667 | 5.20 | .042 | .72 |
| A(실험처치) | 18 | 3 | 6 | .90 | .494 | .31 |
| 오차 | 40 | 6 | 6.667 | | | |
| 전체 | 186 | 15 | | | | |

## 5) SPSS를 활용한 라틴 스케어 설계의 분산분석

SPSS를 활용한 라틴 스케어 설계의 분산분석 절차는 다음과 같다.

① 분석(A)-일반선형모형(G)-일변량(U)을 선택한다.

② 종속변수(D), 모수요인(F), 변량요인(A)을 선택한다(피험자는 변량요인에 입력한다).

③ 모형(M)을 클릭한 다음 사용자 정의(C)를 선택하고, 주효과에서 피험자, 순서, 처치를 각각 정의한다. 단, 상호작용은 정의하지 말아야 한다.

④ [그림 12-8]의 자료에 대해 SPSS로 라틴 스케어 분산분석을 한 결과는 다음과 같다.

개체-간 효과 검정

종속변수: 점수

| 소스 | | 제 III 유형 제곱합 | 자유도 | 평균제곱 | F | 유의확률 | 부분 에타 제곱 |
|---|---|---|---|---|---|---|---|
| 절편 | 가설 | 576.000 | 1 | 576.000 | 72.000 | .003 | .960 |
| | 오차 | 24.000 | 3 | 8.000[a] | | | |
| 순서 | 가설 | 104.000 | 3 | 34.667 | 5.200 | .042 | .722 |
| | 오차 | 40.000 | 6 | 6.667[b] | | | |
| 처치 | 가설 | 18.000 | 3 | 6.000 | .900 | .494 | .310 |
| | 오차 | 40.000 | 6 | 6.667[b] | | | |
| 피험자 | 가설 | 24.000 | 3 | 8.000 | 1.200 | .387 | .375 |
| | 오차 | 40.000 | 6 | 6.667[b] | | | |

a. MS(피험자)
b. MS(오차)

**1** 다음 자료는 20명의 피험자들을 4명씩 5개 구획으로 나눈 다음 각 구획의 피험자를 4개 실험조건에 1명씩 무작위로 배치한 후 실험처치를 하고 종속변수를 측정한 것이다. 이 자료에서 실험조건에 따라 평균차이가 있는지를 $\alpha = .05$ 수준에 검증하시오. 그리고 무작위구획설계 분산분석의 결과를 일원분산분석의 결과와 비교하시오.

| | 조건 1 | 조건 2 | 조건 3 | 조건 4 | 구획평균 |
|---|---|---|---|---|---|
| 구획 1 | 95 | 171 | 138 | 144 | 142.25 |
| 구획 2 | 98 | 131 | 131 | 141 | 130.25 |
| 구획 3 | 97 | 105 | 115 | 115 | 108.00 |
| 구획 4 | 101 | 107 | 93 | 93 | 98.50 |
| 구획 5 | 93 | 129 | 110 | 99 | 118.40 |
| 조건평균 | 96.80 | 128.60 | 117.40 | 118.40 | 118.45 |

**2** 다음 자료는 4명의 피험자들을 3개 조건에서 측정한 것이다. 이 자료에서 실험조건에 따라 평균이 차이가 있는지를 $\alpha = .05$ 수준에 검증한다고 할 때 다음에 답하시오.

| 피험자 | 독립변수 A | | | 피험자 평균 |
|---|---|---|---|---|
| | 조건 1 | 조건 2 | 조건 3 | |
| 1 | 0 | 7 | 3 | 3.33 |
| 2 | 1 | 7 | 4 | 4.00 |
| 3 | 3 | 8 | 5 | 5.33 |
| 4 | 4 | 8 | 6 | 6.00 |
| 조건평균 | 2.00 | 7.50 | 4.50 | 4.67 |

1) 영가설을 진술하라.
2) $\alpha = .05$에서 임계치를 구하라.
3) 검증통계량의 값을 구하라.
4) 영가설 기각여부를 결정하라.
5) 이 검증의 결론을 도출하라.
6) 분산분석표를 완성하라.
7) 분석결과를 일원분산분석과 비교하라.

**3** 다음은 습도(저습도, 고습도)와 온도(저온, 중온, 고온) 문제해결에 미치는 영향을 밝히기 위해 3명의 피험자들을 여섯 가지 조건에서 측정한 문제해결점수를 나타낸 것이다. 습도가 온도가 문제해결에 어떤 영향을 미치는지를 검증하시오.

**습도와 온도에 따른 문제해결점수**

| 피험자 | 저습도 | | | 고습도 | | |
|---|---|---|---|---|---|---|
| | 저온 | 중온 | 고온 | 저온 | 중온 | 고온 |
| 1 | 11 | 7 | 5 | 2 | 4 | 0 |
| 2 | 9 | 8 | 4 | 4 | 5 | 1 |
| 3 | 10 | 6 | 3 | 3 | 3 | 2 |

**정답**

**1**                    **무작위구획설계 분산분석표**

| 변산원 | 자승합 | 자유도 | 평균자승 | $F$ | $p$ |
|---|---|---|---|---|---|
| 구획 | 3849.700 | 4 | 962.425 | | |
| 구획내 | | | | | |
| 조건 | 2665.800 | 3 | 888.600 | 4.292 | $p < .05$ |
| 잔차 | 2478.700 | 12 | 206.558 | | |
| 전체 | 8994.200 | 19 | | | |

1) 4개 실험조건에 따른 평균차이가 통계적으로 유의하다.

2) 일원분산분석에서 $F = 2.247$로 유의하지 않지만, 무작위구획설계 분산분석에서는 $F = 4.292$로 유의하므로 무작위구획설계 분산분석의 통계적 검증력이 더 높다.

**일원분산분석표**

| 변산원 | 자승합 | 자유도 | 평균자승 | $F$ | $p$ |
|---|---|---|---|---|---|
| 조건 | 2665.800 | 3 | 888.600 | 2.247 | $p > .05$ |
| 오차 | 6328.400 | 16 | 206.558 | | |
| 전체 | 8994.200 | 19 | | | |

**2** 1) $H_o : \mu_1 = \mu_2 = \mu_3$

2) $\alpha = .05$, 분자의 자유도 2, 분모의 자유도 8에 해당하는 임계치는 $F = 4.07$

3) $F = 68.93$

4) 검증통계량의 값이 임계치보다 크므로 영가설을 기각한다.

5) 실험조건에 따라 평균이 유의하게 다르다.

## 제13장

# 혼합설계 분산분석과
# 내재설계 분산분석

**1.** 혼합설계 분산분석

**2.** 내재설계 분산분석

학 / 습 / 목 / 표

- 혼합설계의 적용 상황을 예시한다.
- 혼합설계의 자료를 분석하고 결과를 해석한다.
- 완전교차설계와 내재설계의 적용 상황을 비교한다.
- 내재설계의 자료를 분석하고 해석한다.

## 1 혼합설계 분산분석

### 1) 혼합설계 분산분석의 개념

　혼합설계 분산분석(混合設計 分散分析, mixed design ANOVA)은 혼합설계의 자료에서 평균차이를 검증하는 방법이다. **혼합설계**(mixed design)는 피험자간 변수와 피험자내 변수를 모두 포함하는 설계를 말한다. 여기서 **피험자간 변수**(被驗者間 變數, between-subjects variable)는 독립변수의 수준에 따라 피험자들이 다른 변수, 즉 각 피험자를 독립변수의 한 수준에서만 측정하는 변수를 의미한다. 피험자간 변수의 전형적인 특징은 특정 피험자가 독립변수의 한 수준만 경험한다는 것이다. 반면, **피험자내 변수**(被驗者內 變數, within-subjects variable)는 특정 피험자가 독립변수의 여러 수준들을 경험하는 변수를 말한다. 피험자내 변수의 본질적인 특징은 같은 피험자를 여러 차례 측정하거나 여러 조건에서 측정한다는 것이다. 연구설계의 형태는 독립변수가 피험자간 변수이면 피험자간 설계라고 하고, 독립변수가 피험자내 변수이면 피험자내 설계라고 한다. 그러므로 혼합설계는 피험자간 설계와 피험자내 설계를 결합한 설계라고 할 수 있다.

　혼합설계는 피험자간 변수와 피험자내 변수의 수에 따라 다양한 형태를 취할 수 있으나, 이 장에서는 피험자간 변수와 피험자내 변수가 각각 하나인 **이요인 혼합설계**(two-factor mixed design)만 다룬다. 피험자를 실험집단과 통제집단으로 무작위로 배치한 다음, 각 집단을 사전검사와 사후검사로 2회씩 측정하는 사전검사-사후검사 통제집단설계(pretest-posttest control group design)가 전형적인 이요인 혼합설계에 해당된다. 이 설계에서 피험자간 변수는 실험처치(집단)이고, 피험자내 변수는 측정시기다.

　혼합설계를 구체적으로 이해하기 위해 피험자간 변수(A)와 피험자내 변수(B)가 결합된 이요인 혼합설계를 나타내면 [그림 13-1]과 같다. 이 설계에서 피험자간 변수 A의 수준은 2개, 피험자내 변수 B의 수준은 3개다. 그러므로 이 설계는 6명의 피험자들을 피험자간 변수 A의 두 수준에 각각 3명씩 배치한 다음, 각 집단의 피험자들에게 피험자내 변수 B의 세 수준을 모두 경험하도록 하고 있다. 그러므로 이 설계의 변산원은 다음과 같다.

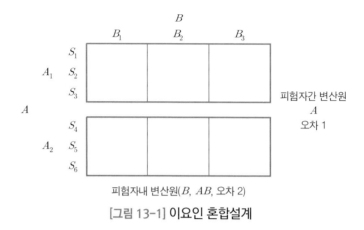

[그림 13-1] 이요인 혼합설계

① 주효과에 관련된 변산원: 피험자간 변수 A, 피험자내 변수 B, 피험자 S가 각각 점수에 영향을 주므로 3개의 주효과가 존재한다.

② 상호작용에 관련된 변산원: 상호작용이 존재하려면 두 변수가 교차해야 한다. 위의 설계에서는 피험자간 변수 A와 피험자내 변수 B가 완전히 교차하고 있으므로 AB 상호작용이 존재한다. 또 B와 피험자 S가 교차하고 있으므로(즉, 모든 피험자들이 B의 모든 수준들을 경험하므로) BS 상호작용이 존재한다. 그러나 피험자 집단에 따라 A의 수준이 다르므로 AS 상호작용은 존재하지 않는다. 또 BS는 A와 교차되지 않으므로 ABS 상호작용은 존재하지 않는다.

③ 오차에 관련된 변산원: 오차는 피험자간 변수에 관련된 오차와 피험자내 변수에 관련된 오차로 구분된다. 혼합설계 분산분석이 이원분산분석과 다른 점은 피험자간 변수에 관련된 오차와 피험자내 요인에 관련된 오차를 구분한다는 것이다. 피험자간 변수에 관련된 오차는 일원분산분석과 같은 방식으로 계산하고, 피험자내 변수와 상호작용에 관련된 오차는 반복측정 분산분석과 같은 방식으로 계산하면 된다.

## 2) 혼합설계 분산분석의 적용 상황

혼합설계는 반복측정설계가 적합하지 않은 상황에서 적합하다. 우선 혼합설계는 모든 독립변수들을 조작할 수 없거나 조작하는 것이 바람직하지 않을 때 적합하다. 예를 들어, 성별이나 학력과 같은 변수는 임의로 조작할 수 없다. 또 실험처치

의 이월효과가 작용할 소지가 있으면 반복측정설계를 적용하기 어려우므로 혼합
설계가 바람직하다. 피험자간 요인설계에서 집단의 수가 너무 많을 경우에도 한
변수를 피험자간 변수로 하고, 다른 변수를 피험자내 변수로 하는 혼합설계를 하면
반복측정설계의 장점(피험자의 효율적인 활용, 통계적 검증력 증대)을 모두 취할 수 있
다. 혼합설계는 이와 같은 장점을 갖고 있어 피험자내 요인설계보다 더 많이 활용
된다. 혼합설계를 적용할 수 있는 구체적인 상황은 다음과 같다.

① 사전검사-사후검사 통제집단설계의 자료를 분석할 때
② 피험자간 변수와 피험자내 변수가 종속변수에 미치는 효과를 분석할 때
③ 피험자간 설계에 연습효과가 작용하는지를 검증하기 위해 피험자내 변수를
추가할 때

### 3) 혼합설계 분산분석의 요건

① 독립변수는 2개로, 한 독립변수는 피험자간 변수이고, 한 독립변수는 피험자
내 변수다.
② 종속변수는 동간척도 혹은 비율척도라야 한다.

### 4) 혼합설계 분산분석의 통계적 가설

혼합설계 분산분석은 ① 피험자간 변수(A)에 따른 평균차이가 유의한지, ② 피
험자내 변수(B)에 따른 평균차이가 유의한지, ③ 피험자간 변수와 피험자내 변수
간의 상호작용이 유의한지 검증하는 데 목적이 있다. 그러므로 혼합설계 분산분석
은 피험자간 변수에 대한 가설, 피험자내 변수에 대한 가설, 상호작용에 대한 가설
을 동시에 검증한다.

#### (1) 상호작용에 대한 가설
$H_{o(AB)}$ : 피험자간 변수 A와 피험자내 변수 B 간에 상호작용이 없다.
$H_{1(AB)}$ : 피험자간 변수 A와 피험자내 변수 B 간에 상호작용이 있다.

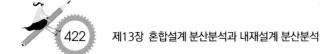

## (2) 피험자간 변수 A의 주효과에 대한 가설

$H_{o(A)}$ : $\mu_1 = \mu_2 = \cdots = \mu_a$(변수 A의 주효과가 없다.)

$H_{1(A)}$ : 영가설은 참이 아니다(변수 A의 주효과가 있다.)

## (3) 피험자내 변수 B의 주효과에 대한 가설

$H_{o(B)}$ : $\mu_1 = \mu_2 = \cdots = \mu_b$(변수 B의 주효과가 없다.)

$H_{1(B)}$ : 영가설은 참이 아니다(변수 B의 주효과가 있다.)

## 5) 혼합설계 분산분석의 가정

혼합설계 분산분석의 가정은 피험자간 설계 분산분석의 가정과 피험자내 설계 분산분석의 가정을 결합한 것이다. 피험자간 설계의 가정은 일원분산분석의 가정과 같다. 다음 제시된 가정에서 처음 세 가지 가정은 분산분석에 공통적으로 적용된다.

① 독립성(independence): 피험자는 모집단에서 무작위로 추출되었으며, 피험자들의 점수는 독립적이어야 한다.
② 정규성(normality): 피험자들을 표집한 모집단은 정규분포를 이루어야 한다.
③ 등분산성(homogeneity of variance): 피험자들을 표집한 모집단의 분산이 같아야 한다.
④ 공분산의 동질성(homogeneity of covariance): 피험자간 변수의 모든 수준에서 피험자내 변수의 두 수준 간의 공분산이 같아야 한다. 달리 말하면 피험자간 변수의 모든 수준에서 피험자내 변수의 두 수준 간의 상관이 같아야 한다. 이를 구형성 가정이라고 한다. SPSS를 이용하면 구형성 가정의 충족여부를 쉽게 검증할 수 있다(p. 430의 SPSS 분석결과 참조). 혼합설계 분산분석에서 구형성 가정이 충족되지 않으면 MANOVA(multi-variate analysis of variance)를 하면 된다. 분산분석은 종속변수가 하나일 때 적용되고 MANOVA는 종속변수가 2개 이상일 때 적용된다는 차이가 있지만, MANOVA는 분산분석과 동일한 가설을 검증한다. MANOVA는 이 책에서 다루지 않으니 전문서를 참조하기 바란다.

## 6) 혼합설계 분산분석의 절차

　혼합설계 분산분석은 일원분산분석과 일요인 반복측정설계의 특징을 모두 포함한다. 그래서 혼합설계 분산분석은 다소 복잡하다. 이요인 혼합설계 분산분석은 상호작용에 대한 영가설과 2개의 주효과(피험자간 변수의 주효과, 피험자내 변수의 주효과)과 대한 영가설을 동시에 검증한다. 혼합설계 분산분석의 절차를 검증통계량 계산절차를 중심으로 살펴본다.

### 혼합설계 분산분석의 절차

**[상호작용 검증]**

1. 통계적 가설 진술

　$H_{o(AB)}$: A와 B 간에 상호작용이 없다.

　$H_{1(AB)}$: A와 B 간에 상호작용이 있다.

2. 검증통계량 계산: $F_{AB} = \dfrac{MS_{AB}}{MS_{error2}}$

3. 임계치 결정: $\alpha$, 분자 및 분모의 자유도를 고려하여 구한다.

4. 영가설 기각여부 결정: 검증통계량의 값을 임계치와 비교하여 영가설 기각여부를 결정한다.

5. 효과크기의 계산: 독립변수가 종속변수에 미치는 효과크기를 계산한다.

6. 결론도출: 영가설 기각여부에 근거하여 적절한 결론을 도출한다.


**[피험자간 요인 A의 주효과 검증]**

1. 통계적 가설 진술

　$H_{o(A)}$: $\mu_1 = \mu_2 = \cdots = \mu_a$(요인 A의 집단평균들은 차이가 없다.)

　$H_{1(A)}$: 모든 집단평균들이 같은 것은 아니다.

2. 검증통계량 계산: $F_A = \dfrac{MS_A}{MS_{error1}}$

3. 임계치 결정: $\alpha$, 분자 및 분모의 자유도를 고려하여 구한다.

4. 영가설 기각여부 결정: 검증통계량의 값을 임계치와 비교하여 영가설 기각여부를 결정한다.

5. 효과크기의 계산: 독립변수가 종속변수에 미치는 효과크기를 계산한다.

6. 결론도출: 영가설 기각여부에 근거하여 적절한 결론을 도출한다.


**[피험자내 요인 B의 주효과 검증]**

1. 통계적 가설 진술

$H_{o(B)}$ : $\mu_1 = \mu_2 = \cdots = \mu_b$(요인 B의 집단평균들은 차이가 없다.)

$H_{1(B)}$ : 모든 집단평균들이 같은 것은 아니다.

2. 검증통계량 계산: $F_B = \dfrac{MS_B}{MS_{error2}}$

3. 임계치 결정: $\alpha$, 분자 및 분모의 자유도를 고려하여 구한다.

4. 영가설 기각여부 결정: 검증통계량의 값을 임계치와 비교하여 영가설 기각여부를 결정한다.

5. 효과크기의 계산: 독립변수가 종속변수에 미치는 효과크기를 계산한다.

6. 결론도출: 영가설 기각여부에 근거하여 적절한 결론을 도출한다.

## (1) 자승합의 계산

혼합설계 분산분석의 전체 자승합은 피험자간 효과를 반영하는 자승합과 피험자내 효과를 반영하는 자승합으로 분할된다.

① 피험자간 자승합: 피험자간 요인 A의 자승합 + 오차 1의 자승합

($SS_{between\ subjects} = SS_A + SS_{error\ 1}$)

② 피험자내 자승합: 피험자내 요인 B의 자승합 + A와 B의 상호작용 자승합 + 오차 2의 자승합(요인 B와 집단내 피험자의 상호작용 자승합)

($SS_{within\ subjects} = SS_B + SS_{AB} + SS_{error\ 2}$)

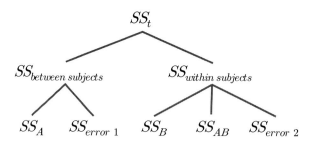

[그림 13-2] 이요인 혼합설계의 자승합 분할

## (2) 평균자승 계산

평균자승은 자승합을 자유도로 나눈 값이다. 피험자간 요인의 수준을 $a$, 피험자내 요인의 수준을 $b$, 요인 A와 B가 교차하는 각 셀의 피험자수를 $n$이라고 할 때 혼합설계의 자유도는 다음과 같다.

① 전체 자유도: 모두 $abn$개의 점수가 있으므로 전체 자유도는 $df_t = abn - 1 = N - 1$이다. 전체 자유도는 피험자간 자유도와 피험자내 자유도로 분할된다.

② 피험자간 자유도: $a$개 집단에 각각 $n$명의 피험자들이 있으므로 피험자수는 $an$이다. 그러므로 피험자간 자유도는 $an - 1$이다($df_{between\ subjects} = an - 1$). 피험자간 자유도는 변수 A의 자유도와 오차 1의 자유도로 분할된다. 변수 A는 $a$개 수준이 있으므로 자유도는 $a - 1$이다. 오차 1의 자유도는 $a$개 집단마다 $n$명의 피험자들이 있으므로 $a(n-1)$이다.

③ 피험자내 자유도: 피험자마다 $b$개 점수가 있으므로 각 피험자의 자유도는 $b - 1$이다. 그런데 피험자수는 모두 $an$이므로 피험자내 자유도는 $an(b-1)$이 된다[$df_{within\ subjects}$ = 피험자수 × (각 피험자의 점수수 − 1) = $an(b-1)$]. 피험자내 자유도는 다음과 같이 분할된다.

- 요인 B의 자유도: $b$개 수준이 있으므로 $b - 1$이다.
- 상호작용 AB의 자유도는 $(a-1)(b-1)$이다.
- 오차 2의 자유도는 $a(b-1)(n-1)$이다. B와 S는 교차하고 있으므로 각각의 자유도를 곱하면 $(b-1)(n-1)$이다. 그런데 집단에 따라 BS 상호작용에 관련된 피험자가 다르므로 집단수를 곱하면 된다. 그러므로 자유도는 $a(b-1)(n-1)$이다.

그러므로 평균자승은 다음과 같다.

$$MS_A = \frac{SS_A}{a-1} \qquad MS_{error1} = \frac{SS_{error\ 1}}{a(n-1)} \qquad MS_B = \frac{SS_B}{b-1}$$

$$MS_{AB} = \frac{SS_{AB}}{(a-1)(b-1)} \qquad MS_{error\ 2} = \frac{SS_{error\ 2}}{a(b-1)(n-1)}$$

## (3) 검증통계량 계산

검증통계량 $F$ 값을 구하자면 검증하려는 효과의 자승합을 적절한 오차항으로 나누어야 한다. 혼합설계 분산분석에서 검증통계량 $F$ 값을 구할 때 오차항(분모)를 결정하는 규칙은 다음과 같다(Keppell & Wickins, 2004, p. 436)

① 피험자간 변수의 효과를 검증하기 위한 오차는 집단내 평균자승(오차 1)이다.

② 피험자내 변수가 포함된 효과를 검증하기 위한 오차는 그 효과의 피험자내 부분과 피험자 S 간의 상호작용 평균자승(오차 2)이다.

이 규칙에 따라 검증통계량 $F$ 값을 구하기 위한 오차항은 다음과 같다.

① A는 피험자간 변수이므로 A의 주효과를 검증하기 위한 검증통계량 $F$ 값은 집단내 평균자승(오차 1)을 분모로 해서 구하면 된다(일원분산분석과 같다.).

$$F_A = \frac{MS_A}{MS_{error\ 1}}$$

② B의 주효과와 상호작용은 피험자내 변수 B를 포함하므로 피험자내 변수 B와 피험자 S 간의 상호작용 평균자승(오차 2)이 오차분산이 된다. 그러므로 B의 주효과와 상호작용을 검증하기 위한 검증통계량 $F$ 값은 각각 다음과 같다.

$$F_B = \frac{MS_B}{MS_{error\ 2}} \qquad F_{AB} = \frac{MS_{AB}}{MS_{error\ 2}}$$

## 7) 혼합설계 분산분석의 결과제시 방법

〈표 13-1〉 이요인 혼합설계 분산분석표    (A: 피험자간 변수, B: 피험자내 변수)

| 변산원 | 자승합 | 자유도 | 평균자승 | $F$ | 부분 $\eta^2$ |
|---|---|---|---|---|---|
| 피험자간 | | | | | |
| A | $SS_A$ | $a-1$ | $SS_A/df_A$ | $MS_A/MS_{error\ 1}$ | $\dfrac{SS_A}{SS_A+SS_{erroor\ 1}}$ |
| 오차 1 | $SS_{error\ 1}$ | $a(n-1)$ | $SS_{error\ 1}/df_{error\ 1}$ | | |
| 피험자내 | | | | | |
| B | $SS_B$ | $b-1$ | $SS_B/df_B$ | $MS_B/MS_{error\ 2}$ | $\dfrac{SS_B}{SS_B+SS_{error\ 2}}$ |
| AB | $SS_{AB}$ | $(a-1)(b-1)$ | $SS_{AB}/df_{AB}$ | $MS_{AB}/MS_{error\ 2}$ | $\dfrac{SS_{AB}}{SS_{AB}+SS_{error\ 2}}$ |
| 오차 2 | $SS_{error\ 2}$ | $a(b-1)(n-1)$ | $SS_{error\ 2}/df_{error\ 2}$ | | |
| 전체 | $SS_t$ | $abn-1$ | | | |

① 변산원(source): 종속변수의 변산에 영향을 미치는 요인들을 제시한다. 이요인 혼합설계의 변산원은 피험자간 변산과 피험자내 변산으로 나뉘고, 피험자간 변산은 피험자간 변수(A)의 변산과 오차 1로, 피험자내 변산은 피험자내 변수(B)의 변산, 피험자간 변수와 피험자내 변수의 상호작용 변산, 오차 2로 나뉜다.

② 자승합($SS$): 변산원별로 자승합을 기입한다.

③ 자유도($df$): 변산원별로 자유도를 기입한다.

④ 평균자승($MS$): 자승합을 자유도로 나눈 평균자승을 기입한다.

⑤ 검증통계량 $F$: 피험자간 변수의 $F$는 집단내 평균자승(오차 1)을 분모로 해서 구한다. 그리고 피험자내 변수 B와 상호작용 AB에 관련된 $F$는 피험자내 오차분산(오차 2)을 분모로 해서 구한다.

⑥ 효과크기: 피험자간 변수, 피험자내 변수, 상호작용에 해당하는 효과크기를 기입한다.

⑦ $F$ 값의 유의확률을 기입한다.

## 8) 혼합설계 분산분석 예시

〈표 13-2〉의 자료는 강화조건(일차적 강화, 이차적 강화)이 학습오류에 미치는 영향을 밝히기 위해 10명을 두 강화조건에 5명씩 무작위배치한 다음, 각각 네 가지 검사유형으로 학습오류를 측정한 것이다. 이 자료에 대한 혼합설계 분산분석은 다음과 같다. 단, 이 검증에서 자승합은 지면관계로 SPSS로 분석했다(p. 430 참조).

〈표 13-2〉 강화조건과 검사유형에 따른 학습오류

|  | 피험자 | 검사 1 | 검사 2 | 검사 3 | 검사 4 |
|---|---|---|---|---|---|
| 일차적 강화 | 1 | 10 | 9 | 10 | 10 |
|  | 2 | 12 | 12 | 12 | 12 |
|  | 3 | 9 | 9 | 10 | 12 |
|  | 4 | 8 | 9 | 8 | 7 |
|  | 5 | 11 | 11 | 10 | 10 |
| 이차적 강화 | 6 | 12 | 3 | 9 | 3 |
|  | 7 | 11 | 4 | 4 | 2 |
|  | 8 | 8 | 7 | 3 | 4 |
|  | 9 | 9 | 6 | 6 | 5 |
|  | 10 | 10 | 8 | 10 | 4 |

〈표 13-3〉 혼합설계 분산분석 예시 요약(〈표 13-2〉의 자료)

| | |
|---|---|
| 1. 통계적 가설 진술 | $H_{o(강화)}$: 강화조건(A)에 따른 학습오류는 차이가 없다.<br>$H_{o(검사)}$: 검사유형(B)에 따른 학습오류는 차이가 없다.<br>$H_{o(강화×검사)}$: 강화조건과 검사유형 간의 상호작용이 없다. |
| 2. 검증통계량 계산 | (1) 자승합 계산(p. 430의 SPSS 분석결과 참조)<br>   ① 전체 자승합: $SS_t = 349.450$<br>   ② 강화조건의 자승합: $SS_A = 132.225$<br>   ③ 오차 1의 자승합: $SS_{error\ 1} = 52.500$<br>   ④ 검사유형의 자승합: $SS_B = 50.875$<br>   ⑤ 상호작용 자승합: $SS_{AB} = 56.475$<br>   ⑥ 오차 2의 자승합: $SS_{error\ 2} = 59.900$<br>(2) 평균자승 계산<br>   ① 강화조건의 평균자승: $MS_A = 132.225$<br>   ② 오차 1의 평균자승: $MS_{error\ 1} = 6.563$<br>   ③ 검사유형의 평균자승: $MS_B = 16.958$<br>   ④ 상호작용 평균자승: $MS_{AB} = 18.825$<br>   ⑤ 오차 2의 평균자승: $MS_{error\ 2} = 2.496$<br>(3) 검증통계량<br>   ① 강화조건의 주효과: $F_A = 133.225 / 6.563 = 20.30$<br>   ② 검사유형의 주효과: $F_B = 16.958 / 2.496 = 6.80$<br>   ③ 상호작용 효과: $F_{AB} = 18.825 / 2.496 = 7.54$ |
| 3. 임계치 결정 | $\alpha = .05$에서 임계치는 다음과 같다.<br>(1) 강화조건 주효과: 분자의 자유도는 1, 분모의 자유도는 8이므로 임계치는 $F = 5.32$다.<br>(2) 검사유형 주효과 및 상호작용: 분자의 자유도는 3, 분모의 자유도는 24이므로 임계치는 $F = 3.01$다. |
| 4. 영가설 기각여부 결정 | (1) 강화조건의 주효과를 검증하기 위한 검증통계량의 값 $F = 20.30$은 임계치보다 크므로 영가설을 기각한다.<br>(2) 검사유형의 주효과를 검증하기 위한 검증통계량의 값 $F = 6.80$은 임계치보다 크므로 영가설을 기각한다.<br>(3) 강화조건과 검사유형의 상호작용을 검증하기 위한 검증통계량의 값 $F = 7.54$는 임계치보다 크므로 영가설을 기각한다. |
| 5. 효과크기 계산 | (1) 강화조건: 부분 $\eta^2 = .717$<br>(2) 검사유형: 부분 $\eta^2 = .459$<br>(3) 상호작용: 부분 $\eta^2 = .485$ |
| 6. 결론도출 | (1) 강화조건의 주효과는 통계적으로 유의하다.<br>(2) 검사유형의 주효과는 통계적으로 유의하다.<br>(3) 강화조건과 검사유형 간의 상호작용은 통계적으로 유의하다. |

〈표 13-4〉 이요인 혼합설계 분산분석표

| 변산원 | 자승합 | 자유도 | 평균자승 | $F$ | 부분 $\eta^2$ |
|---|---|---|---|---|---|
| 피험자간 | 183.100 | 9 | | | |
| 　강화조건(A) | 133.225 | 1 | 133.225 | 20.30* | .717 |
| 　오차 1 | 52.500 | 8 | 6.563 | | |
| 피험자내 | 166.350 | 30 | | | |
| 　검사유형(B) | 50.875 | 3 | 16.958 | 6.80* | .459 |
| 　AB | 56.475 | 3 | 18.825 | 7.54* | .485 |
| 　오차 2 | 59.900 | 24 | 2.496 | | |
| 전체 | 349.450 | 39 | | | |

\* $p < .05$

〈표 13-4〉에 제시되어 있는 결과에 따르면 A 및 B의 주효과와 상호작용은 모두 통계적으로 유의한 것으로 나타났다.

## 9) SPSS를 활용한 혼합설계 분산분석

SPSS를 활용한 혼합설계 분산분석 절차는 다음과 같다.

① **분석(A)-일반선형모형(G)-반복측정(R)**을 선택한다.

② 반복측정 화면에서 **개체-내 요인명(W)**과 **수준의 수(L), 개체-간 요인(B)**을 정의한다. 개체-내 요인명은 반복측정에 사용된 변수명을, 수준의 수는 측정 횟수를 말한다.

③ **개체-내 요인명(W)**과 **개체-간 요인(B)**을 정의한 후 **확인**을 클릭한다.

④ 분석결과는 개체-내 효과 검정과 개체-간 효과 검정으로 나누어 제시되므로, 적절한 항을 골라 분산분석표에 기입하면 된다. **개체-내 효과 검정**에서는 피험자내 변수와 상호작용에 대한 분석결과가 제시된다. 구형성 가정이 충족되었을 경우 '구형성 가정'이란 행에서 $F$ 값과 유의확률을 찾으면 된다. 구형성 가정이 위반되면 'Greenhouse-Geisser' 혹은 'Huynh-Feldt' 이란 행에서 $F$ 값과 유의확률을 찾아야 한다. **개체-간 효과 검증**에서는 피험자간 변수에

대한 분석결과가 제시되어 있으므로 $F$ 값과 유의확률을 찾으면 된다.

⑤ 〈표 13-2〉의 자료를 SPSS로 혼합설계 분산분석을 한 결과는 다음과 같다.

**Mauchly의 구형성 검정[b]**

측도: MEASURE_1

| 개체-내 효과 | Mauchly의 W | 근사 카이제곱 | 자유도 | 유의확률 | 엡실런[a] Greenhouse-Geisser | Huynh-Feldt | 하한값 |
|---|---|---|---|---|---|---|---|
| 검사유형 | .697 | 2.426 | 5 | .790 | .793 | 1.000 | .333 |

정규화된 변형 종속변수의 오차 공분산행렬이 단위행렬에 비례하는 영가설을 검정합니다.

**개체-내 효과 검정**

측도: MEASURE_1

| 소스 | | 제 III 유형 제곱합 | 자유도 | 평균제곱 | F | 유의확률 | 부분 에타 제곱 |
|---|---|---|---|---|---|---|---|
| 검사유형 | 구형성 가정 | 50.875 | 3 | 16.958 | 6.795 | .002 | .459 |
| | Greenhouse-Geisser | 50.875 | 2.380 | 21.373 | 6.795 | .004 | .459 |
| | Huynh-Feldt | 50.875 | 3.000 | 16.958 | 6.795 | .002 | .459 |
| | 하한값 | 50.875 | 1.000 | 50.875 | 6.795 | .031 | .459 |
| 검사유형 * 강화조건 | 구형성 가정 | 56.475 | 3 | 18.825 | 7.543 | .001 | .485 |
| | Greenhouse-Geisser | 56.475 | 2.380 | 23.725 | 7.543 | .003 | .485 |
| | Huynh-Feldt | 56.475 | 3.000 | 18.825 | 7.543 | .001 | .485 |
| | 하한값 | 56.475 | 1.000 | 56.475 | 7.543 | .025 | .485 |
| 오차(검사유형) | 구형성 가정 | 59.900 | 24 | 2.496 | | | |
| | Greenhouse-Geisser | 59.900 | 19.043 | 3.146 | | | |
| | Huynh-Feldt | 59.900 | 24.000 | 2.496 | | | |
| | 하한값 | 59.900 | 8.000 | 7.488 | | | |

**개체-간 효과 검정**

측도: MEASURE_1

변환된 변수: 평균

| 소스 | 제 III 유형 제곱합 | 자유도 | 평균제곱 | F | 유의확률 | 부분 에타 제곱 |
|---|---|---|---|---|---|---|
| 절편 | 2706.025 | 1 | 2706.025 | 412.347 | .000 | .981 |
| 강화조건 | 133.225 | 1 | 133.225 | 20.301 | .002 | .717 |
| 오차 | 52.500 | 8 | 6.563 | | | |

## 10) 혼합설계 분산분석의 사후비교

혼합설계 분산분석에서도 영가설이 기각되면 구체적으로 어느 집단과 어느 집단 평균이 차이가 있는지를 밝히기 위해 사후비교를 해야 한다. 혼합설계 분산분석의 사후검증방법으로 Tukey 검증을 소개한다.

〈표 13-5〉 집단별 평균(〈표 13-2〉의 자료)

| 강화 유형 | 검사 1 | 검사 2 | 검사 3 | 검사 4 | 전체 |
|---|---|---|---|---|---|
| 일차적 강화 | 10.00 | 10.00 | 10.00 | 10.20 | 10.05 |
| 이차적 강화 | 10.00 | 5.60 | 6.40 | 3.60 | 6.40 |
| 전체 | 10.00 | 7.80 | 8.20 | 6.90 | 8.45 |

  혼합설계 분산분석에서 개별비교는 피험자간 요인설계의 분산분석과 기본적으로 같으나, 오차항(분모)이 다르다. 구체적으로 피험자간 요인에 따른 평균차이를 비교하려면 그 요인에 대한 오차항을 분모로 해야 하고, 피험자내 요인에 따른 평균차이를 비교하려면 그 요인에 해당하는 오차항을 분모로 해야 한다. 상호작용을 반영하는 셀평균 간의 차이를 비교하려면 피험자간 오차항과 피험자내 오차항을 병산해야 한다. 오차항을 병산하려면 다음과 같이 두 오차자승합을 합한 값을 각 자승합에 해당되는 자유도를 합한 값으로 나누면 된다.

$$MS_{pooled} = \frac{SS_{error\ 1} + SS_{error\ 2}}{df_{error\ 1} + df_{error\ 2}} = \frac{SS_{error\ 1} + SS_{error\ 2}}{a(n-1) + a(n-1)(b-1)}$$

그러므로 혼합설계 분산분석에서 개별비교를 할 때 오차항은 다음과 같다.

① 피험자간 요인의 주효과에 대한 개별비교: $MS_{error\ 1}$
② 피험자내 요인의 주효과에 대한 개별비교: $Ms_{error\ 2}$
③ 상호작용에 대한 개별비교: $MS_{pooled}$

**혼합설계 분산분석의 개별비교 예시**

• 피험자간 요인(강화조건)에 따른 평균차이 비교: $q$의 임계치는 $\alpha = .05$, 평균의 수 $= 2$, $df = 8$에서 3.26이므로 $HSD$는 다음과 같다.

$$HSD_A = 3.26 \sqrt{\frac{6.536}{4 \times 5}} = 1.86$$

강화조건에 따른 평균차이가 1.86보다 크면 차이가 있다고 할 수 있다. 이에 따르면 일차적 강화(10.05)와 이차적 강화(6.40)의 평균차이(10.05−6.40 = 3.65)는 $HSD_A = 1.86$보다 크므로 평균차이가 있다고 할 수 있다(이 경우는 평균이 2개이므로 사후비교를 할 필요가 없으나, 예시의 필요상 사후비교를 했다.).

- 피험자내 요인(검사유형)에 따른 평균차이 비교: $q$의 임계치는 $\alpha = .05$, 평균의 수 =4, $df = 24$에서 3.90이므로 $HSD$는 다음과 같다.

$$HSD_B = 3.90\sqrt{\frac{2.496}{2 \times 5}} = 1.95$$

따라서 검사유형에 따른 평균차이가 $HSD_B = 1.95$보다 크면 평균차이가 없다는 영가설을 기각할 수 있다. 이에 따르면 검사1과 검사2, 검사1과 검사 4의 평균만 통계적으로 유의한 차이가 있다.

**〈표 13-6〉 검사유형에 따른 평균차이 비교(표 안의 숫자는 평균차이)**

|  | 검사 2 | 검사 3 | 검사 4 |
|---|---|---|---|
| 검사 1(10.00) | 2.20* | 1.80 | 3.10* |
| 검사 2( 7.80) |  | −.40 | .90 |
| 검사 3( 8.20) |  |  | 1.30 |
| 검사 4( 6.90) |  |  |  |

\* $p < .05$

- 상호작용에 대한 사후비교: 먼저 오차항들을 병산해야 한다. 위의 예시에서 병산된 오차항은 다음과 같다.

$$MS_{pooled} = \frac{52.500 + 59.900}{8 + 24} = 3.52$$

또 $\alpha = .05$, 평균의 수=8, $df = 8 + 24 = 32$에 해당되는 $q$의 임계치는 약 4.60이다. 그러므로 $HSD$는 다음과 같다.

$$HSD_{AB} = 4.60\sqrt{3.52/5} = 3.86$$

따라서 셀평균 차이가 $HSD_{AB} = 3.86$보다 크면 평균차이가 있다고 할 수 있다. 이에 따르면 검사 2와 검사 4에서는 두 강화조건 간의 평균차이가 통계적으로 유의하나, 검사 1과 검사 3에서는 두 강화조건 간에 평균차이가 없다.

## 2 내재설계 분산분석

### 1) 내재설계 분산분석의 개념

독립변수가 2개 이상인 설계는 독립변수들이 조합되는 방식에 따라 완전교차설계가 될 수도 있고, 내재설계가 될 수도 있다. **완전교차설계**(完全交叉設計, completely crossed design) 혹은 **요인설계**(factorial design)는 특정 변수(A)의 모든 수준들이 다른 변수(B)의 모든 수준들과 교차하는 설계를 말한다. '교차한다'는 것은, 바둑판의 가로와 세로가 교차하듯이, 한 변수의 모든 수준에 다른 변수의 모든 수준이 나타난다는 것을 뜻한다. 독립변수가 2개인 완전교차설계에서는 변수 A의 모든 수준과 변수 B의 모든 수준이 완전히 조합된다. 따라서 완전교차설계에서는 두 독립변수 수준의 모든 가능한 조합에는 적어도 한 명 이상의 사례들이 존재한다. 앞서 다룬 요인설계나 무작위구획설계에서는 두 변수의 수준이 완전히 교차되므로 완전교차설계가 된다. [그림 13-3]은 교수방법과 지능이 완전히 교차된 설계를 나타내고 있다.

| | 교수방법 1($M_1$) | 교수방법 2($M_2$) |
|---|---|---|
| 지능 상위($IQ_상$) | $IQ_상 \times M_1$ | $IQ_상 \times M_2$ |
| 지능 하위($IQ_하$) | $IQ_하 \times M_1$ | $IQ_하 \times M_2$ |

[그림 13-3] 교수방법과 지능수준이 완전히 교차된 설계

이 설계에서 교수방법의 수준은 $M_1$과 $M_2$, 지능의 수준은 $IQ_상$와 $IQ_하$이고, 교수방법의 두 수준은 지능의 두 수준과 완전히 교차하고 있다. 그러므로 이 설계는 2×2 피험자간 요인설계가 된다. 이 설계에서는 ① 교수방법 주효과, ② 지능 주효과, ③ 교수방법과 지능의 상호작용을 이원분산분석으로 분석하면 된다.

반면, **내재설계**(內在設計: nested design)는 한 변수(A)의 각 수준에 다른 변수(B)의 일부 수준만 나타나는 **부분교차설계**(partially crossed design)를 말한다. 변수 B의 일부 수준이 변수 A의 특정 수준에서만 나타날 때 B가 A에 내재되었다(nested)고 한다. 가령 변수 B가 변수 A에 내재되었다면 변수 A의 특정 수준에서는 B의 일부 수준만 나타난다. 변수 B가 변수 A에 내재될 경우 B(A), B/A, B: A로 표기한다.

내재설계는 독립변수 A와 독립변수 B가 위계관계를 이룬다고 보고 위계설계(位階設計, hierarchical design)라고 부르기도 하는데, 이때 내재된 요인을 위계적 요인(hierarchical factor)이라고 한다. 또 내재설계는 둥지요인설계, 층소설계(層巢設計), 유층설계(類層設計), 내포설계 등 다양한 명칭으로 불리고 있다. 둥지요인설계라고 하는 것은 새 둥지 안에 알이 모여 있는 것처럼 한 변수의 수준 안에 다른 변수의 일부 수준이 포함되어 있기 때문이다. 다음 [그림 13-4]는 교사변수가 학교변수에 내재된 설계를 나타내고 있다.

|  | 교사 1($T_1$) | 교사 2($T_2$) | 교사 3($T_3$) | 교사 4($T_4$) |
|---|---|---|---|---|
| 학교 1($S_1$) | $S_1 \times T_1$ | $S_1 \times T_2$ |  |  |
| 학교 2($S_2$) |  |  | $S_2 \times T_3$ | $S_2 \times T_4$ |

[그림 13-4] 교사변수가 학교변수에 내재된 설계

위의 설계에서는 교사변수와 학교변수가 교차되지 않기 때문에 학교 1에 속하는 교사와 학교 2에 속하는 교사가 완전히 다르다(즉, 교사 1과 교사 2는 학교 1에서만 나타나고, 교사 3과 교사 4는 학교 2에서만 나타난다.). 즉, 이 설계에서 교사 1과 교사 2의 효과는 학교 1에 한정되고, 교사 3과 교사 4의 효과는 학교 2에 한정된다. 이와 같은 경우 교사변수가 학교변수에 내재되었다고 한다(이 설계가 교차설계가 되자면 교사 1과 교사 2는 학교 2에서도 가르쳐야 하고, 교사 3과 교사 4는 학교 2에서도 가르쳐야 하는데, 이것은 불가능하다.). 이 설계에서는 교사차이를 학교 1과 학교 2에서 별도로 분석해야 한다.

내재설계에서는 상호작용을 검증할 수 없다. [그림 13-4]에서는 교사변수가 학교변수에 내재되어 있으므로 교사변수와 학교변수 간의 상호작용을 분석할 수 없다. 상호작용이란 특정 독립변수의 효과가 다른 독립변수에 따라 달라지는 현상이므로, 상호작용을 분석하자면 두 독립변수들이 교차해야 한다. 그런데 내재설계에서는 변수 A의 수준에 따라 변수 B의 수준이 다르기 때문에 상호작용이 존재하지 않는다. 가령 3명의 교사가 모두 교수방법 1과 교수방법 2로 가르쳤을 경우 교사변수와 교수방법의 상호작용이 있지만, 3명의 교사는 교수방법 1로 가르치고 또 다른 3명의 교사는 교수방법 2로 가르쳤을 경우 교사변수와 교수방법의 상호작용은 존재하지 않는다. 그러므로 내재설계는 교차설계와 다른 방식으로 분석해야 한다.

## 2) 내재설계 분산분석의 적용 상황

완전교차설계는 주효과와 상호작용을 분리할 수 있으므로 가능하면 완전교차설계를 적용하는 것이 최선책이다. 그러나 실제 상황에서는 완전교차설계를 적용할 수 없는 경우가 있는데, 내재설계는 그러한 상황에서 대안으로 적용할 수 있다. 즉, 교차설계를 적용할 수 없는 상황에서는 내재설계가 대안이 될 수 있다. 내재설계를 적용해야 할 상황을 몇 가지 예시하면 다음과 같다.

① 연구대상을 무작위로 표집하여 실험조건에 무작위배치하기가 현실적으로 어려운 상황에서는 불가피하게 내재설계를 적용해야 한다.
② 실험조건에 따라 자료가 다른 경우는 내재설계를 해야 한다. 예를 들어, 교수법 $A_1$에서는 교재 $B_1$과 $B_2$를 사용하고, 교수법 $A_2$에서는 교재 $B_3$와 $B_4$를 적용하는 상황에서는 내재설계를 사용해야 한다.

## 3) 내재설계 분산분석의 요건

① 두 독립변수는 모두 범주변수이고, 독립변수의 수준은 질적 혹은 양적으로 다르다. 단, 두 독립변수는 완전히 교차하지 않아야 한다.
② 특정 피험자는 2개의 독립변수가 조합된 하나의 조건(즉, 셀)에만 속해야 하며, 모집단에서 무작위로 표집되어야 한다.
③ 종속변수는 동간척도 혹은 비율척도라야 한다.

## 4) 내재설계 분산분석의 통계적 가설(영가설)

내재설계의 분산분석의 통계적 가설은 변수 A의 주효과에 대한 가설과 내재된 변수 B/A의 **단순 주효과 가설**(nested, or simple main effect hypothesis)로 나뉜다. 단순 주효과 가설은 변수 A의 특정 수준에서 변수 B에 따른 평균차이를 검증하기 위한 가설이다.

① 독립변수 A의 주효과에 대한 영가설

$H_{o(A)} : \mu_1 = \mu_2 = \cdots = \mu_a$($a$: 독립변수 A의 수준)

② 내재된 변수 B/A의 단순 주효과에 대한 영가설(A의 수준이 2개라고 가정)

$H_{o(B/A_1)} : \mu_1 = \mu_2 = \cdots = \mu_b$($A_1$에서 변수 B의 집단평균들은 차이가 없다.)

$H_{o(B/A_2)} : \mu_1 = \mu_2 = \cdots = \mu_b$($A_2$에서 변수 B의 집단평균들은 차이가 없다.)

## 5) 내재설계 분산분석의 절차

### 내재설계 분산분석의 절차

**[변수 A의 주효과 검증]**

1. 통계적 가설 진술

   $H_{o(A)} : \mu_1 = \mu_2 = \cdots = \mu_a$(A의 집단평균들은 차이가 없다.)

   $H_{1(A)} :$ 영가설은 참이 아니다.

2. 검증통계량 계산: $F_A = \dfrac{MS_A}{MS_w}$

3. 임계치 결정: $\alpha$, 집단간 자유도, 집단내 자유도를 고려하여 구한다.

4. 영가설 기각여부 결정: 검증통계량 $F$ 값이 임계치보다 크거나 같으면 영가설을 기각한다.

5. 효과크기의 계산: 독립변수가 종속변수에 미치는 효과크기를 계산한다.

6. 결론도출: 영가설 기각여부에 근거하여 적절한 결론을 도출한다.

**[내재된 변수 B/A의 단순 주효과 검증(단, A의 수준은 2개)]**

1. 통계적 가설 진술

   $H_{o(B/A_1)} : \mu_1 = \mu_2 = \cdots = \mu_b$($A_1$에서 변수 B의 집단평균들은 차이가 없다.)

   $H_{o(B/A_2)} : \mu_1 = \mu_2 = \cdots = \mu_b$($A_2$에서 변수 B의 집단평균들은 차이가 없다.)

$H_{1(B/A)}$ : 영가설은 참이 아니다.

2. 검증통계량 계산: $F_{B/A} = \dfrac{MS_B}{MS_w}$

3. 임계치 결정: $\alpha$, 집단간 자유도, 집단내 자유도를 고려하여 구한다.

4. 영가설 기각여부 결정: 검증통계량 $F$ 값이 임계치보다 크거나 같으면 영가설을 기각한다.

5. 효과크기의 계산: 독립변수가 종속변수에 미치는 효과크기를 계산한다.

6. 결론도출: 영가설 기각여부에 근거하여 적절한 결론을 도출한다.

일반적으로 분산분석의 절차는 ① 변산원 결정, ② 자승합, 자유도, 평균자승 계산, ③ 검증통계량 $F$ 값 계산, ④ 임계치 결정, ⑤ 영가설 기각여부 결정의 순서로 진행된다. 교차설계의 분산분석과 비교할 때 내재설계의 분산분석은 다음과 같은 차이가 있다.

① 내재설계에서는 상호작용이 없으므로 교차설계에 비해 변산원의 수가 적고, 그 결과 자유도와 자승합을 계산하는 방법이 다르다.

② 내재된 변수는 일반적으로 무작위변수이므로 $F$ 값을 구할 때 그 점을 고려해야 한다. 내재설계에서 독립변수의 $F$ 값을 구할 때 분모는 내재변수가 무작위변수이면 내재변수의 평균자승이고, 내재변수가 고정변수이면 오차의 평균자승이다.

③ 내재변수가 통계적으로 유의할 때만 내재설계 분산분석으로 분석해야 한다. 내재변수가 유의하지 않다는 것은 내재변수를 포함하지 않은 설계와 효과가 같다는 것을 의미한다. 그러므로 내재변수가 유의하지 않으면 내재변수를 무시하고 일원분산분석을 해야 한다. 단, 내재변수가 유의하더라도 검증결과를 분산분석표에 제시하지 않아도 된다.

그러므로 내재설계는 마치 2개의 실험이 별개로 수행된 것처럼 분석하면 된다. 위의 예에서 보면 학교 1과 학교 2에서 2개의 실험이 별도로 수행된 것처럼 분석하면 된다. 내재설계 분산분석에서 검증통계량을 구하는 절차는 다음과 같다.

## (1) 자승합의 계산

내재설계의 전체 자승합은 집단간 자승합과 집단내 자승합으로 분할되고, 집단간 자승합은 변수 A의 자승합과 내재된 변수 B/A의 자승합으로 분할된다. 내재설계에서는 상호작용이 없으므로 상호작용 자승합은 존재하지 않는다. 그러므로 내재설계의 자승합은 다음과 같이 분할된다.

전체 자승합＝변수 A의 자승합＋내재된 변수 B의 자승합＋오차자승합

$$(SS_t = SS_A + SS_{B/A} + SS_w)$$

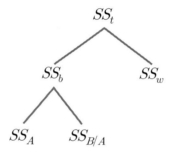

[그림 13-5] 내재설계 분산분석의 자승합 분할

전체 자승합, 변수 A의 자승합, 집단내 자승합은 이원분산분석과 같은 방식으로 구하면 된다. 내재된 변수의 자승합 $SS_{B/A}$은 변수 A의 수준별로 내재된 요인 B/A의 자승합을 구한 다음 합하면 된다($SS_{B/A} = SS_{B/A_1} + SS_{B/A_2} + \cdots + SS_{B/A_j}$)

## (2) 평균자승 계산

평균자승은 자승합을 자유도로 나누면 된다. 내재설계의 자유도는 다음과 같다.

① 변수 A의 자유도는 수준의 수 $a$에서 1을 뺀 값이므로 $a-1$이다.
② 내재된 변수 B/A의 자유도는 변수 A의 각 수준에서 내재된 변수 B/A의 자유도를 더하면 된다. 변수 A의 각 수준에 B/A의 $b$개 수준이 존재할 때 각 수준의 자유도는 $b-1$이다. A 변수의 수준은 a개이므로 내재된 변수의 자유도는 $a(b-1)$이다. 즉, $SS_{B/A_1}$의 자유도 $b-1$이므로 $a$를 곱하면 된다.
③ 오차의 자유도는 $ab(n-1)$이다.

④ 전체 자유도는 $abn - 1 = N - 1$이다.

그러므로 내재설계의 평균자승은 다음과 같다.

$$MS_A = \frac{SS_A}{a-1} \qquad MS_{B/A} = \frac{SS_{B/A}}{a(b-1)} \qquad MS_w = \frac{SS_w}{ab(n-1)}$$

## (3) 검증통계량 계산

변수 A의 효과를 검증하기 위한 검증통계량과 내재된 변수 B/A의 효과를 검증하기 위한 검증통계량은 각각 다음과 같다.

$$F_A = \frac{MS_A}{MS_w} \qquad F_{B/A} = \frac{MS_{B/A}}{MS_w}$$

단, 내재된 변수가 무작위요인이면 독립변수(A)의 효과를 검증하기 위한 검증통계량을 $MS_{B/A}$를 분모로 해서 구해야 한다.

## (4) 영가설 기각여부 결정 및 결론 도출

임계치는 유의수준과 자유도를 고려해서 $F$ 분포표에서 찾으면 된다. 검증통계량 $F$ 값이 임계치와 같거나 그보다 크면 영가설을 기각하고 적절한 결론을 도출한다.

## 6) 내재설계 분산분석의 결과제시 방법

〈표 13-7〉 내재설계 분산분석표 형식　　　　　　　　　　(A: 고정요인, B: 고정요인)

| 변산원 | 자승합 | 자유도 | 평균자승 | $F$ | 부분 $\eta^2$ |
|---|---|---|---|---|---|
| A | $SS_A$ | $a-1$ | $MS_A = \dfrac{SS_A}{a-1}$ | $\dfrac{MS_A}{MS_w}$ | $\dfrac{SS_A}{SS_A + SS_w}$ |
| B/A | $SS_{B/A}$ | $a(b-1)$ | $MS_{B/A} = \dfrac{SS_{B/A}}{a(b-1)}$ | $\dfrac{MS_{B/A}}{MS_w}$ | $\dfrac{SS_{B/A}}{SS_{B/A} + SS_w}$ |
| 오차 | $SS_w$ | $ab(n-1)$ | $MS_w = \dfrac{SS_w}{ab(n-1)}$ | | |
| 전체 | $SS_t$ | $N-1$ | | | |

단, B가 무작위요인일 경우 $F_A = \dfrac{MS_A}{MS_{B/A}}$

① 변산원(source): 종속변수의 변산에 영향을 미치는 요인들을 제시한다. 내재설계의 변산원은 변수 A, 내재된 변수 B/A, 오차로 나뉜다.

② 자승합($SS$): 변산원별로 자승합을 기입한다.

③ 자유도($df$): 변산원별로 자유도를 기입한다.

④ 평균자승($MS$): 자승합을 자유도로 나눈 평균자승을 기입한다.

⑤ $F$값: 변수 A의 주효과를 검증하기 위한 $F$값은 내재된 변수가 고정요인이면 $MS_w$를 분모로 해서 구하고, 내재된 변수가 무작위요인이면 $MS_{B/A}$를 분모로 해서 구해야 한다. 그리고 내재된 변수 B/A의 $F$값은 $MS_w$를 분모로 해서 구한다.

⑥ 효과크기: 변수 A와 내재된 변수 B/A에 해당되는 효과크기를 기입한다.

⑦ $F$값의 유의확률을 기입한다.

## 7) 내재설계 분산분석 예시

〈표 13-8〉에 제시된 자료는 강의조건과 토론조건에서 각각 3명의 교사들이 5명의 학생들을 가르친 다음 측정한 학업성적이다. 따라서 이 자료에는 교사변수(무작위요인)가 교수방법(고정요인)에 내재되어 있다. 이 자료에서 교수방법과 교사변수의 효과를 검증하면 다음과 같다.

〈표 13-8〉 교사변수가 교수방법변수에 내재된 자료(전체 평균=60)

| | 강의(평균=58) | | | 토론(평균=62) | | |
|---|---|---|---|---|---|---|
| | 교사 1 | 교사 2 | 교사 3 | 교사 4 | 교사 5 | 교사 6 |
| | 59 | 60 | 58 | 62 | 61 | 64 |
| | 59 | 64 | 53 | 62 | 63 | 60 |
| | 55 | 58 | 53 | 61 | 59 | 59 |
| | 58 | 62 | 56 | 64 | 59 | 64 |
| | 54 | 66 | 55 | 66 | 63 | 63 |
| 합계 | 285 | 310 | 275 | 315 | 305 | 310 |
| 평균 | 57 | 62 | 55 | 63 | 61 | 62 |

〈표 13-9〉 내재설계 분산분석의 자승합 계산(전체 평균 60)

| 집단 | $X$ | 전체 자승합 $(X - \overline{X})^2$ | 집단내 자승합 $(X - \overline{X_{AB}})^2$ | 변수 A 자승합 $(\overline{X_A} - \overline{X})^2$ | 변수 B/A 자승합 $(\overline{X_B} - \overline{X})^2$ |
|---|---|---|---|---|---|
| $\overline{X_{11}} = 57$ | 59 | $(59-60)^2 = 1$ | $(59-57)^2 = 4$ | $(58-60)^2 = 4$ | $(57-58)^2 = 1$ |
| | 59 | $(59-60)^2 = 1$ | $(59-57)^2 = 4$ | $(58-60)^2 = 4$ | $(57-58)^2 = 1$ |
| | 55 | $(55-60)^2 = 25$ | $(55-57)^2 = 4$ | $(58-60)^2 = 4$ | $(57-58)^2 = 1$ |
| | 58 | $(58-60)^2 = 4$ | $(58-57)^2 = 1$ | $(58-60)^2 = 4$ | $(57-58)^2 = 1$ |
| | 54 | $(54-60)^2 = 36$ | $(54-57)^2 = 9$ | $(58-60)^2 = 4$ | $(57-58)^2 = 1$ |
| $\overline{X_{12}} = 62$ | 60 | $(60-60)^2 = 0$ | $(60-62)^2 = 4$ | $(58-60)^2 = 4$ | $(62-58)^2 = 16$ |
| | 64 | $(64-60)^2 = 16$ | $(64-62)^2 = 4$ | $(58-60)^2 = 4$ | $(62-58)^2 = 16$ |
| | 58 | $(58-60)^2 = 4$ | $(58-62)^2 = 16$ | $(58-60)^2 = 4$ | $(62-58)^2 = 16$ |
| | 62 | $(62-60)^2 = 4$ | $(62-62)^2 = 0$ | $(58-60)^2 = 4$ | $(62-58)^2 = 16$ |
| | 66 | $(66-60)^2 = 36$ | $(66-62)^2 = 16$ | $(58-60)^2 = 4$ | $(62-58)^2 = 16$ |
| $\overline{X_{13}} = 55$ | 58 | $(58-60)^2 = 4$ | $(58-55)^2 = 9$ | $(58-60)^2 = 4$ | $(55-58)^2 = 9$ |
| | 53 | $(53-60)^2 = 49$ | $(53-55)^2 = 4$ | $(58-60)^2 = 4$ | $(55-58)^2 = 9$ |
| | 53 | $(53-60)^2 = 49$ | $(53-55)^2 = 4$ | $(58-60)^2 = 4$ | $(55-58)^2 = 9$ |
| | 56 | $(56-60)^2 = 16$ | $(56-55)^2 = 1$ | $(58-60)^2 = 4$ | $(55-58)^2 = 9$ |
| | 55 | $(55-60)^2 = 25$ | $(55-55)^2 = 0$ | $(58-60)^2 = 4$ | $(55-58)^2 = 9$ |
| $\overline{X_{21}} = 63$ | 62 | $(62-60)^2 = 4$ | $(62-63)^2 = 1$ | $(62-60)^2 = 4$ | $(63-62)^2 = 1$ |
| | 62 | $(62-60)^2 = 4$ | $(62-63)^2 = 1$ | $(62-60)^2 = 4$ | $(63-62)^2 = 1$ |
| | 61 | $(61-60)^2 = 1$ | $(61-63)^2 = 4$ | $(62-60)^2 = 4$ | $(63-62)^2 = 1$ |
| | 64 | $(64-60)^2 = 16$ | $(64-63)^2 = 1$ | $(62-60)^2 = 4$ | $(63-62)^2 = 1$ |
| | 66 | $(66-60)^2 = 36$ | $(66-63)^2 = 9$ | $(62-60)^2 = 4$ | $(63-62)^2 = 1$ |
| $\overline{X_{22}} = 61$ | 61 | $(61-60)^2 = 1$ | $(61-61)^2 = 0$ | $(62-60)^2 = 4$ | $(61-62)^2 = 1$ |
| | 63 | $(63-60)^2 = 9$ | $(63-61)^2 = 4$ | $(62-60)^2 = 4$ | $(61-62)^2 = 1$ |
| | 59 | $(59-60)^2 = 1$ | $(59-61)^2 = 4$ | $(62-60)^2 = 4$ | $(61-62)^2 = 1$ |
| | 59 | $(59-60)^2 = 1$ | $(59-61)^2 = 4$ | $(62-60)^2 = 4$ | $(61-62)^2 = 1$ |
| | 63 | $(63-60)^2 = 9$ | $(63-61)^2 = 4$ | $(62-60)^2 = 4$ | $(61-62)^2 = 1$ |
| $\overline{X_{23}} = 62$ | 64 | $(64-60)^2 = 16$ | $(64-62)^2 = 4$ | $(62-60)^2 = 4$ | $(62-62)^2 = 0$ |
| | 60 | $(60-60)^2 = 0$ | $(60-62)^2 = 4$ | $(62-60)^2 = 4$ | $(62-62)^2 = 0$ |
| | 59 | $(59-60)^2 = 1$ | $(59-62)^2 = 9$ | $(62-60)^2 = 4$ | $(62-62)^2 = 0$ |
| | 64 | $(64-60)^2 = 16$ | $(64-62)^2 = 4$ | $(62-60)^2 = 4$ | $(62-62)^2 = 0$ |
| | 63 | $(63-60)^2 = 9$ | $(63-62)^2 = 1$ | $(62-60)^2 = 4$ | $(62-62)^2 = 0$ |
| $\sum$ | | $SS_t = 394$ | $SS_w = 134$ | $SS_A = 120$ | $SS_{B/A} = 140$ |

〈표 13-10〉 내재설계의 분산분석 예시 요약(〈표 13-8〉의 자료)

| | |
|---|---|
| 1. 통계적 가설<br>진술 | (1) $H_{o(A)}: \mu_1 = \mu_2$(교수방법의 평균은 차이가 없다.)<br>(2) $H_{o(B/A)}: \mu_1 = \mu_2 = \mu_3$(교사평균은 차이가 없다.)<br>   ① $H_{o(B/A_1)}$: 강의조건에서 교사평균은 차이가 없다.<br>   ② $H_{o(B/A_2)}$: 토론조건에서 교사평균은 차이가 없다. |
| 2. 검증통계량<br>계산 | (1) 자승합 계산(계산과정 표 참조)<br>   ① 전체 자승합: $SS_t = 394$<br>   ② 교수방법의 자승합: $SS_A = 120$<br>   ③ 교사의 자승합: $SS_{B/A} = 140$<br>     • 강의조건에서 교사의 자승합: $SS_{B/A_1} = 130$<br>     • 토론조건에서 교사의 자승합: $SS_{B/A_2} = 10$<br>   ④ 오차자승합: $SS_w = 134$<br>(2) 평균자승 계산<br>   ① 교수방법의 평균자승: $MS_A = 120/1 = 120$<br>   ② 교사의 평균자승: $MS_{B/A} = 140/4 = 35$<br>     • 강의조건에서 교사의 평균자승: $MS_{B/A_1} = 130/2 = 75$<br>     • 토론조건에서 강의의 평균자승: $MS_{B/A_2} = 10/2 = 5$<br>   ③ 오차 평균자승: $MS_w = 134/24 = 5.58$<br>(3) 검증통계량(B: 무작위요인)<br>   ① $F_A = 120/35 = 3.43$<br>   ② $F_{B/A} = 35/5.58 = 6.27$<br>     • $F_{B/A_1} = 65/5.58 = 11.64$<br>     • $F_{B/A_2} = 5/5.58 = .90$ |
| 3. 임계치 결정 | $\alpha = .05$에서 임계치는 다음과 같다.<br>(1) 교수방법의 주효과: 자유도 1, 24에서 임계치는 $F=4.26$이다.<br>(2) 교사의 주효과: 자유도 4, 24에서 임계치는 $F=2.78$이다.<br>   ① 강의조건: 자유도 2, 24에서 임계치는 $F=3.40$이다.<br>   ② 토론조건: 자유도 2, 24에서 임계치는 $F=3.40$이다. |
| 4. 영가설 기각<br>여부 결정 | (1) 교수방법의 주효과에 대한 영가설을 기각할 수 없다.<br>(2) 내재된 교사변수의 주효과에 대한 영가설을 기각한다.<br>   ① 강의조건에서 교사의 단순 주효과 영가설을 기각한다.<br>   ① 토론조건에서 교사의 단순 주효과 영가설을 기각할 수 없다. |
| 5. 효과크기 계산 | (1) 부분 $\eta_A^2 = .46$             (2) 부분 $\eta_{B/A}^2 = .51$<br>(3) 부분 $\eta_{B/A_1}^2 = .49$         (4) 부분 $\eta_{B/A_2}^2 = .07$ |
| 6. 결론도출 | (1) 교수방법의 주효과는 통계적으로 유의하지 않다.<br>(2) 내재된 변수 B/A의 주효과는 통계적으로 유의하다. 단, 강의조건에서 교사의 단순 주효과는 유의하나, 토론조건에서 교사의 단순 주효과는 유의하지 않다. |

〈표 13-11〉 내재설계 분산분석표

| 변산원 | 자승합 | 자유도 | 평균자승 | $F$ | $p$ | 부분 $\eta^2$ |
|---|---|---|---|---|---|---|
| 교수방법 | 120 | 1 | 120 | 3.43 | .138 | .46 |
| 교사 within 교수방법 | 140 | 4 | 35 | 6.27 | .001 | .51 |
| 교사 within 교수방법(1) | 130 | 2 | 65 | 11.64 | .001 | .49 |
| 교사 within 교수방법(2) | 10 | 2 | 5 | .90 | .422 | .07 |
| 오차 | 134 | 24 | 5.58 | | | |
| 전체 | 394 | 29 | | | | |

## 8) 교차설계와 내재설계의 관계

내재설계의 자료를 완전교차설계 분산분석으로 분석하는 것은 잘못된 분석이다. 그렇지만 완전교차설계의 자료는 연구문제의 성질에 따라 내재설계 분산분석으로 분석해도 된다. 이것은 완전교차설계라고 하여 반드시 주효과와 상호작용을 분석해야 하는 것이 아니라, 연구문제(혹은 가설)와 자료구조에 따라 내재설계 분산분석으로 분석해도 무방하다는 것을 의미한다. 특히 연구문제에 따라 완전교차설계의 자료를 내재설계 분산분석으로 분석해야 할 경우도 없지 않다. 가령 한 독립변수의 수준별로 다른 독립변수의 효과를 검증하려고 할 때는 완전교차설계라고 하더라도 내재설계로 분석해야 한다.

완전교차설계의 자료를 내재설계 분산분석으로 분석하는 예를 보자. 특정 인지양식에 적합한 교수프로그램을 선정하기 위해 학생을 장독립성과 장의존성으로 분류한 다음, 두 인지양식의 학생들을 새로운 교수프로그램과 기존 교수프로그램에 각각 무작위로 배치했다고 하자. 이 설계에서는 교수프로그램과 인지양식이 완전히 교차되고 있으므로 두 요인의 주효과와 상호작용을 검증할 수 있다. 그런데 장의존성 집단에서 새로운 교수프로그램과 기존 교수프로그램의 차이를 검증하는데 관심이 있다고 할 경우 이 설계를 내재설계로 간주하여 장의존성 집단에서만 두 교수프로그램의 차이를 검증하는 것이 합당하다.

완전교차설계의 자료를 내재설계 분산분석으로 분석하는 구체적인 예를 보자. 〈표 13-12〉에 제시되어 있는 자료는 학력(중졸, 고졸, 대졸, 대학원졸)과 지역(1, 2, 3, 4, 5)에 따른 태도점수를 나타내고 있다.

〈표 13-12〉 학력과 지역에 따른 태도점수

|  | 학력 | | | |
|---|---|---|---|---|
|  | 중졸 | 고졸 | 대졸 | 대학원졸 |
| 지역 1 | 2 | 1 | 0 | 0 |
|  | 6 | 3 | 2 | 0 |
|  | 7 | 4 | 2 | 0 |
|  | 7 | 5 | 4 | 2 |
| 지역 2 | 10 | 9 | 8 | 12 |
|  | 15 | 11 | 10 | 12 |
|  | 16 | 12 | 11 | 13 |
|  | 16 | 16 | 11 | 16 |
| 지역 3 | 8 | 8 | 0 | 0 |
|  | 10 | 11 | 4 | 1 |
|  | 12 | 11 | 4 | 3 |
|  | 16 | 16 | 5 | 4 |
| 지역 4 | 10 | 8 | 1 | 1 |
|  | 10 | 8 | 3 | 2 |
|  | 11 | 10 | 4 | 4 |
|  | 12 | 12 | 5 | 4 |
| 지역 5 | 6 | 11 | 8 | 9 |
|  | 10 | 12 | 10 | 10 |
|  | 15 | 13 | 10 | 12 |
|  | 16 | 14 | 13 | 16 |

이 설계는 학력의 4개 수준과 지역의 5개 수준이 완전히 교차되고 있으므로 4×5 요인설계다. 그러므로 이 설계에서는 학력 및 지역의 주효과와 상호작용을 모두 검증할 수 있다.

그런데 특정 학력수준에서 지역에 따른 태도 차이를 분석하는 데 관심이 있다고 하자. 이 경우 상호작용은 특정 학력수준에서 지역에 따라 태도 차이가 있는지에 대한 정보를 제공하지 않는다. 이 문제를 해결하려면 학력수준별로 일원분산분석 을 실시해야 한다. 이 문제를 해결하기 위한 영가설은 다음과 같다.

- 영가설 1: 학력수준에 따라 태도차이가 없을 것이다.
- 영가설 2: 각 학력수준에서 지역에 따른 태도차이가 없을 것이다.

영가설 1은 학력의 주효과에 관한 가설이고, 영가설 2는 단순 주효과 가설(nested or simple main effect hypothesis), 즉 학력에 내재된 지역효과에 대한 가설이다. 위의 자료를 내재설계로 간주하여 분산분석을 한 결과는 다음과 같다.

〈표 13-13〉 학력수준에 내재된 지역에 대한 분산분석표

| 변산원 | 자승합 | 자유도 | 평균자승 | $F$ | 부분$\eta^2$ |
|---|---|---|---|---|---|
| 학력 | 389.35 | 3 | 129.78 | 23.07* | .54 |
| 지역 in 학력 | 1226.70 | 16 | 76.67 | 13.63* | .78 |
| 지역 in 중졸 | 165.50 | 4 | 41.38 | 7.36* | .33 |
| 지역 in 고졸 | 232.00 | 4 | 58.00 | 10.31* | .41 |
| 지역 in 대졸 | 259.50 | 4 | 64.88 | 11.53* | .43 |
| 지역 in 대학원졸 | 569.70 | 4 | 142.43 | 25.32* | .63 |
| 오차 | 337.50 | 60 | 5.63 | | |
| 전체 | 1953.55 | 79 | | | |

* $p < .05$

분석결과에 따르면 학력의 주효과는 통계적으로 유의했다. 또 모든 학력수준에서 지역에 따라 태도차이가 있는 것으로 나타났다.

## 9) SPSS를 활용한 내재설계 분산분석

SPSS에서 내재설계 분산분석은 명령문 편집기를 이용하여 분석해야 한다. 내재설계 분산분석을 하려면 먼저 내재요인의 효과가 통계적으로 유의한지 분석해야 한다. 앞의 〈표 13-12〉의 자료에서 내재요인의 효과를 분석하기 위한 SPSS 명령문은 다음과 같다.

```
manova 점수 by 학력(1,4) 지역(1,5)
/design＝학력
지역 within 학력.
```

'design＝학력'은 학력의 주효과를 검증하라는 명령문이다. 또 '지역 within 학

력'은 학력에 내재된 지역의 단순 주효과를 검증하라는 명령문이다. 다음에 제시된
분석결과에 따르면 내재요인은 통계적으로 유의한 효과가 있는 것으로 나타났다.

| Source of Variation | SS | DF | MS | F | Sig of F |
|---|---|---|---|---|---|
| WITHIN+RESIDUAL | 337.50 | 60 | 5.63 | | |
| 학력 | 389.35 | 3 | 129.78 | 23.07 | .000 |
| 지역 WITHIN 학력 | 1226.70 | 16 | 76.67 | 13.63 | .000 |
| (Model) | 1616.05 | 19 | 85.06 | 15.12 | .000 |
| (Total) | 1953.55 | 79 | 24.73 | | |

R-Squared = .827
Adjusted R-Squared = .773

　　내재요인이 통계적으로 유의한 효과가 있으므로($F=13.63$, $p=.000$) 각 학력 수
준에서 지역에 따른 태도차이를 검증할 필요가 있다. 각 학력 수준에서 지역에 따
른 태도차이가 있는지를 검증하기 위한 명령문과 분석결과는 다음과 같다. '지역
within 학력(1)'은 학력 1(중졸)에서 지역차이를 검증하라는 명령문이다. 나머지도
같은 방식으로 해석하면 된다.

MANOVA 점수 by 학력(1,4) 지역(1,5)
/design=학력
지역 within 학력(1)
지역 within 학력(2)
지역 within 학력(3)
지역 within 학력(4).

| Source of Variation | SS | DF | MS | F | Sig of F |
|---|---|---|---|---|---|
| WITHIN+RESIDUAL | 337.50 | 60 | 5.63 | | |
| 학력 | 389.35 | 3 | 129.78 | 23.07 | .000 |
| 지역 WITHIN 학력(1) | 165.50 | 4 | 41.38 | 7.36 | .000 |
| 지역 WITHIN 학력(2) | 232.00 | 4 | 58.00 | 10.31 | .000 |
| 지역 WITHIN 학력(3) | 259.50 | 4 | 64.88 | 11.53 | .000 |
| 지역 WITHIN 학력(4) | 569.70 | 4 | 142.43 | 25.32 | .000 |
| (Model) | 1616.05 | 19 | 85.06 | 15.12 | .000 |
| (Total) | 1953.55 | 79 | 24.73 | | |

　　위의 분석결과에 따르면 학력에 따라 태도차이는 통계적으로 유의했다. 또 모든
학력 수준에서 지역에 따른 태도차이가 통계적으로 유의했다.

연습문제

**1** 다음은 12명의 피험자들을 지능수준에 따라 각각 4명씩 세 집단으로 분류한 다음 다섯 차례에 걸쳐 측정한 동기점수를 나타낸 것이다. 이 자료에서 지능수준 간 차이, 측정시기 간 차이, 지능과 측정시기 간에 상호작용이 유의한지를 $\alpha = .05$ 수준에서 검증한 다음 분석분석표를 작성하고 결론을 도출하시오.

**지능수준과 측정시기별 동기점수**

| 지능수준 | 피험자 | 측정시기 | | | | |
|---|---|---|---|---|---|---|
| | | 1 | 2 | 3 | 4 | 5 |
| 상위집단 | 1 | 40 | 39 | 33 | 33 | 20 |
| | 2 | 40 | 33 | 31 | 23 | 22 |
| | 3 | 38 | 34 | 30 | 28 | 26 |
| | 4 | 31 | 29 | 26 | 21 | 20 |
| 중위집단 | 5 | 28 | 28 | 24 | 24 | 20 |
| | 6 | 39 | 25 | 23 | 23 | 17 |
| | 7 | 32 | 32 | 28 | 31 | 26 |
| | 8 | 34 | 27 | 26 | 25 | 23 |
| 하위집단 | 9 | 40 | 40 | 30 | 30 | 29 |
| | 10 | 35 | 31 | 25 | 22 | 22 |
| | 11 | 39 | 38 | 36 | 36 | 23 |
| | 12 | 36 | 24 | 21 | 23 | 21 |

**2** 다음 자료는 습도와 온도가 문제해결에 미치는 영향을 밝히기 위한 연구에서 6명의 피험자들을 저습도조건과 고습도조건에 각각 3명씩 무작위배치한 다음 세 가지 온도조건(저온, 중온, 고온)에서 문제해결점수를 측정한 것이다. 이 자료에서 습도와 온도가 문제해결에 영향을 미치는지를 검증한 후 분석분석표를 작성하고 결론을 도출하시오.

| 습도수준 | 피험자 | 온도 | | |
|---|---|---|---|---|
| | | 저온 | 중온 | 고온 |
| 저습도 | 1 | 11 | 7 | 5 |
| | 2 | 9 | 8 | 4 |
| | 3 | 10 | 6 | 3 |
| 고습도 | 4 | 2 | 4 | 0 |
| | 5 | 4 | 5 | 1 |
| | 6 | 3 | 3 | 2 |

1

**혼합설계 분산분석표**

| 변산원 | 자승합 | 자유도 | 평균자승 | $F$ | $p$ |
|---|---|---|---|---|---|
| 피험자간 | 734.73 | 11 | 67.79 | | |
| 지능 | 150.03 | 2 | 75.02 | 1.15 | |
| 오차 1 | 584.70 | 9 | 64.97 | | |
| 피험자내 | 1675.60 | 48 | 34.91 | | |
| 측정시기 | 1295.83 | 4 | 323.96 | 35.20 | $p < .05$ |
| 지능×측정시기 | 48.46 | 8 | 6.06 | 0.67 | |
| 오차 2 | 331.31 | 36 | 9.20 | | |
| 전체 | 2410.33 | 59 | | | |

1) 지능은 동기에 영향을 주지 않는다.

2) 측정시기에 따라 동기가 다르다.

3) 지능과 측정시기 간에는 상호작용이 없다.

2

**혼합설계 분산분석표**

| 변산원 | 자승합 | 자유도 | 평균자승 | $F$ | $p$ |
|---|---|---|---|---|---|
| 피험자간 | 89.83 | 5 | 67.79 | | |
| 습도 | 84.50 | 1 | 84.50 | 63.37 | .001 |
| 오차 1 | 5.33 | 4 | 1.33 | | |
| 피험자내 | 74.67 | 12 | | | |
| 온도 | 52.00 | 2 | 26.00 | 31.20 | .000 |
| 습도×온도 | 16.00 | 2 | 8.00 | 9.60 | .007 |
| 오차 2 | 6.667 | 8 | .83 | | |
| 전체 | 164.5 | 17 | | | |

1) 습도는 문제해결에 영향을 준다. 즉, 습도에 따라 문제해결이 다르다.

2) 온도는 문제해결에 영향을 준다. 즉, 온도에 따라 문제해결이 다르다.

3) 습도와 온도 간에 상호작용이 있다. 즉, 습도가 문제해결에 미치는 영향은 온도에 따라 다르다.

## 제**14**장

# 공분산분석(공변량분석)

학 / 습 / 목 / 표

- 공분산분석의 적용 상황을 예시한다.
- 공분산분석의 가정을 설명한다.
- 공분산분석과 무작위구획설계를 비교한다.
- 공변수가 갖추어야 할 요건을 기술한다.
- 공분산분석으로 자료를 분석하고 결과를 해석한다.
- 회귀계수의 동질성을 검증한다.

공분산분석(共分散分析, analysis of covariance; ANCOVA) 혹은 **공변량분석**은 공변수의 영향을 통제한 상태에서 독립변수가 종속변수에 미치는 영향을 분석하는 방법이다. 공분산분석은 분산분석과 회귀분석을 결합한 방법으로 분산분석을 확장시킨 방법이기도 하고, 회귀분석을 확장시킨 방법이기도 하므로 계산과정이 분산분석이나 회귀분석보다 더 복잡하다. 그러나 통계분석 프로그램을 이용하면 쉽게 공분산분석을 할 수 있으므로 계산의 복잡성은 전혀 문제가 되지 않는다. 이 장에서는 공분산분석의 용도와 적용사례를 중점적으로 소개한다.

## 1 공분산분석의 개념

### 1) 공분산분석의 의미

공분산분석은 종속변수에 영향을 미치는 **외재변수**(外在變數, extraneous variable: 종속변수에 영향을 미치는 통제되지 않은 변수)의 효과를 사후에(after-the fact or post-hoc, 자료수집 후) 통계적으로 통제한 다음, 분산분석으로 평균차이를 검증하는 방법이다. 즉, 공분산분석은 외재변수를 실험적으로 통제할 수 없거나 통제하기 어려운 상황에서 외재변수의 영향을 사후에 통계적으로 조정한 다음, 독립변수가 종속변수에 미치는 효과를 분산분석으로 검증하는 방안이다. 이 외재변수를 공변수라고 하기 때문에 공분산분석이라고 한다.

외재변수가 존재하면 독립변수가 종속변수에 미치는 영향을 분명하게 밝힐 수 없으므로 연구장면에서는 외재변수가 작용하지 않도록 통제해야 한다. 외재변수를 사전에 실험적으로 통제할 수 있으면 완전무작위설계(completely randomized design) 혹은 무작위구획설계(randomized block design)를 하면 된다. 그러나 외재변수를 실험적으로 통제할 수 없는 상황에서는 공분산분석을 하는 것이 좋다.

### 2) 공변수(공변인)의 의미와 요건

**공변수**(共變數, covariate or covariable, concomittant variable; $C$) 혹은 **공변인**은 종

속변수와 상관이 있으면서도 독립변수와 관련되지 않는 외재변수를 말한다. 공분산분석은 공변수가 종속변수에 미치는 효과를 통계적으로 제거한 후 평균차이를 검증하기 때문에 공분산분석이 실효를 거두려면 공변수가 적절해야 한다. 교육연구에서는 사전검사점수를 비롯하여 성적, 지능지수, 동기와 같이 종속변수와 상관이 높은 변수가 공변수로 이용된다. 공변수는 다음 요건들을 충족시켜야 한다.

① 공변수는 종속변수와 적어도 $r_w = .60$($r_w$: 집단내 상관계수) 이상의 상관이 있어야 한다. 공변수가 종속변수와 상관이 낮거나 상관이 없으면 종속변수를 설명할 수 없으므로 공분산분석의 실효성이 없다. 공변수가 종속변수와 상관이 없는데도 공분산분석을 하면 오차분산의 자유도가 줄어들기 때문에 독립변수가 종속변수에 미치는 효과를 탐지할 수 있는 통계적 검증력이 오히려 낮아진다.

② 공변수는 독립변수와 관계가 없어야 한다. 공변수가 독립변수와 관계가 없어야 공분산분석의 통계적 검증력이 높아진다. 공변수가 독립변수와 관계가 있으면 독립변수가 종속변수에 미치는 효과와 공변수가 종속변수에 미치는 효과가 중첩되므로 독립변수의 효과를 확인하기가 어렵다. 그러므로 공변수와 독립변수가 관계가 있으면 공분산분석이 적합하지 않다. 공분산분석은 독립변수와 공변수가 관련이 없다고 가정하기 때문에 공변수에 대한 자료는 실험 전에 수집하는 것이 원칙이다. 단, 독립변수가 공변수에 영향을 주지 않는다고 확신할 수 있으면 실험 후에 공변수에 대한 자료를 수집해도 무방하다. 그러므로 지능, 독해력, 수리력과 같이 실험처치의 영향을 받을 개연성이 낮은 공변수에 대한 자료는 실험 후에 수집해도 된다. 그렇지만 불안이나 동기와 같이 안정성이 낮아 실험처치의 영향을 받기 쉬운 공변수에 대한 자료는 반드시 실험 전에 수집해야 한다. 실험 후 공변수에 대한 자료를 수집할 때는 공변수와 독립변수의 관련성을 면밀하게 검토해야 한다.

③ 집단별로 공변수를 예언변수로 하고 종속변수를 준거변수로 하는 회귀분석에서 집단내 회귀계수들이 같아야 한다. 집단내 회귀계수들이 다르다는 것은 공변수와 독립변수 간에 상호작용이 있다는 것을 의미한다. 상호작용이 있다는 것, 즉 공변수와 종속변수의 관계가 독립변수에 따라 달라진다는 것은 공변수와 독립변수가 관련이 없어야 한다는 공분산분석의 가정에 위배된다. 집

단내 회귀계수들이 다르면 공분산분석에서 조정되는 종속변수의 평균이 집단에 따라 달라지는 문제가 발생한다. 그러므로 공분산분석을 하기 전에 회귀계수의 동질성, 즉 공변수와 독립변수 간에 상호작용이 있는지를 검증해야 한다.

## 2 공분산분석의 논리

일원분산분석의 고정효과 모형과 공분산분석의 고정효과 모형을 비교하면 공분산분석의 논리를 이해하는 데 도움이 된다. 일원분산분석에서 개인의 점수 $X$는 전체 평균 $\overline{X}$, 독립변수의 효과 $\alpha$, 오차 $\varepsilon$의 영향을 받는다. 반면, 공분산분석에서 개인의 점수 $X$는 전체 평균 $\overline{X}$, 독립변수의 효과 $\alpha$, 회귀계수 $b$를 가중치로 부여한 공변수 $C$의 영향, 오차 $\varepsilon'$의 영향을 받는다.

① 일원분산분석의 고정효과 모형: $X = \overline{X} + \alpha + \varepsilon$
② 공분산분석의 고정효과 모형: $X = \overline{X} + \alpha + b(C - \overline{C}) + \varepsilon'$ ($\overline{C}$: 공변수 평균)

이것은 일원분산분석의 오차 $\varepsilon$가 공분산분석에서 다음과 같이 2개로 분할된다는 것을 의미한다.

$$\varepsilon = b(C - \overline{C}) + \varepsilon'$$

일원분산분석과 공분산분석에서는 전체 평균과 독립변수의 효과는 같지만, 오차가 다르다는 것을 알 수 있다. 공분산분석의 오차 $\varepsilon'$는 일원분산분석의 오차 $\varepsilon$에서 공변수의 영향을 받은 부분이 제외되었으므로, $b = 0$인 경우를 제외하면 일원분산분석의 오차 $\varepsilon$보다 항상 작다. 이는 공분산분석에서 공변수에 대한 정보를 이용하면 오차가 일원분산분석보다 작아진다는 것을 의미한다.

이를 자승합에 비추어 보면 일원분산분석의 전체 자승합은 독립변수의 영향을 받은 집단간 자승합과 집단내 자승합으로 분할되지만, 공분산분석의 전체 자승합은 다음과 같이 (1) 독립변수의 영향을 받은 자승합, (2) 공변수의 영향을 받은 자승합, (3) 오차자승합으로 분할된다는 것을 의미한다.

전체 자승합 =독립변수의 자승합 + 공변수의 자승합 + 오차자승합

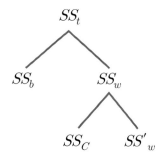

[그림 14-1] 공분산분석의 자승합 분할

　　일원분산분석의 오차자승합이 공분산분석에서는 공변수의 자승합과 오차자승합으로 나누어지므로 결과적으로 공분산분석의 오차자승합은 일원분산분석의 오차자승합보다 작다. 오차자승합이 작으면 $F$ 값이 커지므로 독립변수의 효과를 탐지할 수 있는 통계적 검증력이 높아진다.

　　요컨대, 공분산분석은 일원분산분석의 오차자승합에서 공변수의 영향을 받은 오차를 제거하기 때문에 일원분산분석에 비해 오차자승합이 작고, 그 결과 통계적 검증력이 더 높다.

## 3 공분산분석의 적용 상황

　　공분산분석은 자료를 수집한 후 공변수를 기준으로 집단들을 통계적으로 동등화함으로써 통계적 검증력을 높이기 위한 목적으로 사용되고 있다. 공분산분석은 독립변수의 효과(독립변수가 2개 이상이면 주효과 및 상호작용)에 대한 가설을 검증한다는 점에서 피험자간 설계의 분산분석과 유사하며, 개인차(공변수)에 관한 정보를 이용하여 오차분산을 줄인다는 점에서 반복측정설계 분산분석과 비슷하다. 공변

수와 종속변수 간의 집단내 상관계수가 .60보다 높을 경우 공분산분석은 반복측정 분산분석보다 통계적 검증력이 더 높다. 공분산분석에서 통계적 검증력이 높아지는 것은 공변수와 종속변수의 관계를 이용하여 오차분산에서 공변수의 영향을 받은 분산을 제거하기 때문이다. 분산분석에서는 오차분산이 작을수록 통계적 검증력이 높다는 것을 기억할 것이다. 결국 공분산분석의 오차분산은 분산분석의 오차분산에 비해 작으므로, $F$값이 더 커지고 통계적 검증력이 높아진다. 이 절에서는 공분산분석의 용도, 요건, 통계적 가설에 대해 기술한다.

## 1) 공분산분석의 용도

공분산분석은 주로 실험연구에서 외재변수의 영향을 통계적으로 통제하기 위한 목적으로 사용되고 있지만, 조사연구에서도 같은 용도로 활용될 수 있다. 공분산분석의 구체적인 용도는 다음과 같다(Wildt & Ahtola, 1978).

① 완전무작위설계에서 통제되지 않은 외재변수가 종속변수에 미치는 영향을 통계적으로 제거함으로써 통계적 검증력을 높인다. 연구대상을 실험조건에 무작위로 배치하더라도 외재변수가 작용할 소지는 얼마든지 존재한다. 공분산분석은 완전무작위설계에서 외재변수가 종속변수에 미치는 영향을 제거한 후 독립변수가 종속변수에 미치는 효과를 분석하기 위한 용도로 활용된다.

② 연구대상을 실험조건에 무작위로 배치할 수 없는 준실험연구(準實驗研究, quasi-experimental research)에서 외재변수가 종속변수에 미치는 영향을 통계적으로 제거한 후 독립변수가 종속변수에 미치는 효과를 분석한다. 준실험연구는 독립변수와 종속변수의 인과관계를 밝히기 위한 연구라는 점에서 실험연구와 비슷하지만, 연구대상을 실험조건에 무작위로 배치할 수 없으므로 내적 타당성이 낮다(즉, 외재변수가 작용할 소지가 높다.). 실제 연구장면에서는 연구대상을 실험조건에 무작위로 배치할 수 없는 경우가 많다. 가령 학교현장에서 교수방법의 효과를 비교하려고 할 경우 학생을 실험집단과 통제집단으로 무작위배치하기가 어렵다. 이 경우 실험 전에 존재하는 외재변수가 종속변수에 영향을 줄 소지가 많다. 공분산분석은 이러한 상황에서 외재변수가 종속변수에 미치는 효과를 조정한 후 독립변수가 종속변수에 미치는 효과를

분석한다. 단, 공분산분석을 하면 준실험연구가 진실험연구로 바뀐다고 오해하는 경우도 있으나, 준실험연구의 결과에 대해 공분산분석을 한다고 하여 진실험연구만큼 내적 타당성이 높아지는 것은 아니다.

③ 조사연구에서 외재변수가 종속변수에 미치는 영향을 제거한 후 독립변수가 종속변수에 미치는 영향을 분석한다. 조사연구에서는 외재변수가 작용할 여지가 많다. 예를 들어, 두 대학교에서 각각 100명의 학생을 무작위로 표집하여 대학에 따른 학습태도의 차이를 비교한다고 하자. 이 경우 두 대학은 여러 외재변수에서 차이가 있을 개연성이 높다. 이러한 상황에서 대학에 따른 학습태도의 차이를 정확하게 분석하자면 외재변수의 영향을 통제해야 한다. 공분산분석은 이와 같이 집단차이를 비교하려는 조사연구에서 외재변수가 종속변수에 영향을 줄 경우 외재변수의 효과를 제거하기 위한 방안으로 사용된다.

④ 2개 혹은 2개 이상의 연속변수 간의 관계를 분석하고자 할 때 범주변수를 통제한 상태에서 회귀분석을 할 경우(즉, 두 연속변수의 관계를 분석하려고 하지만 범주변수가 외재변수로 작용할 경우) 공분산분석은 범주변수를 통제한 후 연속변수 간의 관계를 분석하기 위한 용도로 사용된다.

## 2) 공분산분석의 요건

① 독립변수는 범주변수로, 2개 이상의 수준으로 구분되어야 한다.
② 특정 피험자는 단 하나의 집단(즉, 수준)에만 속해야 한다.
③ 공변수는 동간척도 혹은 비율척도로 종속변수와 선형관계를 이루어야 하며(즉, 상관이 있어야 하며), 독립변수와 관계가 없어야 한다(즉, 공변수는 독립변수의 영향을 받지 않아야 한다.). 또 공변수는 실험적으로 통제할 수 없고, 실험 전에 측정할 수 있어야 한다.
④ 종속변수는 동간척도 혹은 비율척도여야 한다.

## 3) 공분산분석의 통계적 가설

공분산분석의 통계적 가설은 공변수의 효과에 관한 가설과 독립변수의 효과에 관한 가설로 나뉜다. 공분산분석의 주목적은 독립변수의 효과를 검증하는 데 있지만, 공변수의 효과를 검증하는 것은 공분산분석이 적절한 분석방법인지 확인하기 위함이다. 그러므로 공분산분석을 하기 전에 공변수에 대한 영가설이 기각되는지를 우선적으로 확인해야 한다.

### (1) 공변수의 효과에 대한 가설

$H_{o(C)} : b_w = 0$(공변수는 종속변수와 관계가 없다.)

$H_{1(C)} : b_w \neq 0$(공변수는 종속변수와 관계가 있다.)

### (2) 독립변수의 효과에 대한 가설

$H_{o(A)} : \mu_1' = \mu_2' = \cdots = \mu_k'$(조정된 집단평균 간에는 차이가 없다.)

$H_{1(A)} :$ 영가설은 참이 아니다(조정된 집단평균 간에는 차이가 있다.)

## 4   공분산분석의 절차

공분산분석에서는 공변수가 종속변수에 미치는 영향을 통계적으로 '통제'한 다음 평균차이를 검증한다. 공분산분석의 일반적인 절차는 다음과 같다.

① 종속변수의 전체 자승합과 집단내 자승합을 구한다(일원분산분석과 같음).

② 전체 자승합과 집단내 자승합에서 공변수의 영향을 받은 자승합을 제거한다.

③ 조정된 집단간 자승합과 공변수의 자승합을 구한다. 조정된 집단간 자승합은 조정된 전체 자승합에서 조정된 집단내 자승합을 뺀 값이고, 공변수의 자승합은 집단내 자승합에서 조정된 집단내 자승합을 뺀 값이다.

④ 조정된 집단간 평균자승 및 집단내 평균자승, 공변수의 평균자승을 구한다.

⑤ 검증통계량 $F$ 값을 구한다. 독립변수의 효과를 검증하기 위한 $F$ 값은 조정된 집단간 평균자승을 조정된 집단내 평균자승으로 나누면 된다.

⑥ 검증통계량 $F$ 값이 임계치보다 크거나 같으면 영가설을 기각한다. 혹은 검증통계량 $F$의 유의확률($p$)이 유의수준보다 낮으면 영가설을 기각한다.

### 공분산분석의 절차

1. 통계적 가설 진술

$H_{o(A)}$ : $\mu_1^{'} = \mu_2^{'} = \cdots = \mu_k^{'}$ (조정된 집단평균 간에 차이가 없다)

$H_{1(A)}$ : 영가설은 참이 아니다.

2. 검증통계량 계산: $F = \dfrac{\text{조정된 집단간 평균자승 } (MS'_b)}{\text{조정된 집단내 평균자승 } (MS'_w)}$

3. 임계치 결정: $\alpha$, 집단간 자유도 및 집단내 자유도를 고려하여 구한다.

4. 영가설 기각여부 결정: 검증통계량 $F$ 값이 임계치보다 크면 영가설을 기각한다.

5. 효과크기의 계산: 독립변수가 종속변수에 미치는 효과크기를 계산한다.

6. 결론도출: 영가설 기각여부에 근거하여 적절한 결론을 도출한다.

## 1) 자승합의 계산

먼저 일원분산분석과 같은 방법으로 종속변수의 전체 자승합 $SS_t = \sum (X - \overline{X})^2$, 집단간 자승합 $SS_b = \sum (\overline{X_j} - \overline{X})^2$, 집단내 자승합 $SS_w = \sum (X - \overline{X_j})^2$을 구한다.

## 2) 자승합의 조정

공변수의 영향을 감안해서 종속변수의 자승합을 조정한다. 종속변수의 자승합을 조정하려면 ① 공변수의 자승합, ② 공변수와 종속변수의 교적합, ③ 공변수와 종속변수의 상관계수, ④ 회귀계수를 구해야 한다.

### (1) 공변수의 자승합

공변수의 전체 자승합 $SS_{t(C)} = \sum (C - \overline{C})^2$, 집단간 자승합 $SS_{b(C)} = \sum (\overline{C_j} - \overline{C})^2$, 집단내 자승합 $SS_{w(C)} = \sum (C - \overline{C_j})^2$은 일원분산분석과 같은 방식으로 구하면 된다.

### (2) 공변수와 종속변수의 교적합(sums of cross-products; $SP$)

공변수와 종속변수의 전체 교적합, 집단간 교적합, 집단내 교적합을 구한다. 전체 교적합은 공변수의 전체 편차와 종속변수의 전체 편차를 곱한 후 합한 값이고 $[SP_t = \sum(C - \overline{C})(X - \overline{X})]$, 집단간 교적합은 공변수의 집단간 편차와 종속변수의 집단간 편차를 곱한 후 합한 값이며$[SP_b = \sum(\overline{C_j} - \overline{C})(\overline{X_j} - \overline{X})]$, 집단내 교적합은 공변수의 집단내 편차와 종속변수의 집단내 편차를 곱한 후 합한 값이다 $[SP_w = \sum(C - \overline{C_j})(X - \overline{X_j})]$.

### (3) 공변수와 종속변수의 상관계수

공변수와 종속변수의 전체 상관계수, 집단내 상관계수, 집단간 상관계수는 다음과 같이 구할 수 있다.

① 전체 상관계수($r_t$: 전체 집단에서 구한 상관계수): $r_t = \dfrac{SP_t}{\sqrt{(SS_{t(C)})(SS_t)}}$

② 집단내 상관계수($r_w$: 집단별 상관계수의 가중평균): $r_w = \dfrac{SP_w}{\sqrt{(SS_{w(C)})(SS_w)}}$

③ 집단간 상관계수($r_b$: 공변수의 집단평균과 종속변수의 집단평균 간의 상관)

공분산분석에서는 공변수와 종속변수 간의 집단내 상관계수 절댓값이 클수록 오차분산이 많이 줄어들므로 통계적 검증력이 높아진다. Winer(1971)에 따르면 집단내 상관계수가 클수록 공분산분석의 오차분산은 분산분석의 오차분산에 비해 더 많이 감소한다. 그러므로 집단내 상관계수 절댓값이 클수록 공분산분석의 정확성이 높아진다. 반면, 공변수와 종속변수 간의 집단간 상관계수가 집단내 상관계수보다 더 크면 공분산분산의 오차분산 감소는 집단간 분산의 감소에 의해 상쇄된다(Kirk, 1995). 그 경우 공분석분석의 $F$ 값이 분산분석의 $F$ 값보다 더 작을 수도 있다. 집단간 상관계수가 부적 상관이고, 집단내 상관계수가 정적 상관이면 공분산분석의 $F$ 값이 분산분석의 $F$ 값보다 더 크다.

〈표 14-1〉에 제시되어 있는 자료에서 공변수와 종속변수 간의 집단간 상관계수는 공변수 집단평균(집단 1=8, 집단 2=7, 집단 3=6)과 종속변수 집단평균(집단 1=14, 집단 2=15, 집단 3=16) 간의 상관을 구하면 된다(이 자료에서 집단간 상관계수는 $r = -1.0$이다.).

### (4) 회귀계수

공변수에서 종속변수를 예언하기 위한 회귀계수는 다음과 같다.

① 집단내 회귀계수(각 집단에서 구한 회귀계수의 가중평균): $b_w = \dfrac{SP_w}{SS_{w(C)}}$

② 전체 회귀계수(전체 집단에서 구한 회귀계수): $b_t = \dfrac{SP_t}{SS_{t(C)}}$

종속변수의 자승합은 공변수와 종속변수의 상관계수를 이용하여 조정한다(공변수의 자승합과 종속변수와 공변수의 교적합을 이용해서 조정해도 된다.). 상관에서 언급했듯이 결정계수(상관계수의 제곱)는 한 변수가 다른 변수의 변산을 설명하는 정도를 나타낸다. 그러므로 자승합은 각각 다음과 같이 조정된다.

① 조정된 전체 자승합($SS_t'$) 전체 자승합에서 공변수에 의해 설명되는 자승합을 제외한 자승합이다. 공변수와 종속변수의 전체 상관계수 제곱 $r_t^2$은 공변수가 설명하는 종속변수 변산의 비를 나타낸다. 그러므로 전체 자승합을 $SS_t$, 전체 집단에서 공변수와 종속변수 간의 상관계수를 $r_t$라고 할 때 공변수의 효과를 감안해서 조정된 전체 자승합 $SS_t'$은 다음과 같다.

$$SS_t' = SS_t(1 - r_t^2) = SS_t - \frac{SP_t^2}{SS_{t(C)}} \ (\text{단}, \ r_t = \frac{SP_t}{\sqrt{(SS_t)(SS_{t(C)})}})^{1)}$$

② 조정된 집단내 자승합($SS_w'$) 종속변수의 집단내 자승합에서 공변수에 의해 설명되는 자승합을 제외한 것이므로 다음과 같다.

$$SS_w' = SS_w(1 - r_w^2) = SS_w - \frac{SP_w^2}{SS_{w(C)}}$$

---

1) 상관계수 공식에서 종속변수와 공변수 간의 상관계수는 다음과 같이 유도된다.

$$r_{XC} = \frac{Cov_{XC}}{S_X S_C} = \frac{\dfrac{\sum(X - \overline{X})(C - \overline{C})}{n}}{\sqrt{\dfrac{\sum(X - \overline{X})^2}{n}} \ \sqrt{\dfrac{\sum(C - \overline{C})^2}{n}}} = \frac{\sum(X - \overline{X})(C - \overline{C})}{\sqrt{\sum(X - \overline{X})^2 \sum(C - \overline{C})^2}} = \frac{SP_t}{\sqrt{(SS_t)(SS_{t(C)})}}$$

여기서 $SS_w$는 분산분석의 집단내 자승합, $r_w$는 공변수와 종속변수의 집단내 상관계수(각 집단에서 구한 공변수와 종속변수 간의 상관계수 가중평균)다.

③ 조정된 집단간 자승합($SS_b'$) 조정된 전체 자승합에서 조정된 집단내 자승합을 뺀 자승합이다($SS_b' = SS_t' - SS_w'$).

## 3) 평균자승 계산

공분산분석의 평균자승은 조정된 자승합을 자유도로 나누면 된다. 공분산분석의 자유도는 집단내 자유도가 분산분석보다 1이 작다는 점을 제외하면 일원분산분석과 동일하므로 자유도는 집단수가 $k$, 집단별 사례수가 $n$일 때 다음과 같다.

- 집단간 자유도＝$k-1$ 집단내 자유도＝$k(n-1)-1＝N-k-1$
- 전체 자유도＝$nk-2$

공분산분석에서 집단내 자유도가 1이 줄어드는 것은 공변수의 영향 때문이다. 즉, 조정된 집단내 자승합을 계산할 때 회귀선의 기울기(즉, 회귀계수)를 추정하기 위해 자유도를 1개 사용하기 때문에 집단내 자유도가 1이 줄어든다. 집단내 자유도는 공변수의 수만큼 감소한다. 그러므로 공변수가 1개이면 집단내 자유도는 1이 감소하고, 공변수의 수가 2개이면 집단내 자유도는 2가 감소한다. 그러나 공변수의 수에 관계없이 집단간 자유도는 바뀌지 않는다. 조정된 집단간 자승합을 구할 때는 회귀선을 이용하지 않기 때문에 자유도가 영향을 받지 않는다.

그러므로 공분산분석의 집단간 평균자승과 집단내 평균자승은 각각 다음과 같다.

$$MS_b' = \frac{SS_b'}{k-1} \qquad\qquad MS_w' = \frac{SS_w'}{N-k-1}$$

## 4) 검증통계량 계산

공분산분석에서 독립변수의 효과를 검증하기 위한 검증통계량은 조정된 집단간

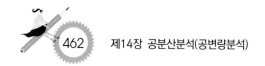

평균자승을 조정된 집단내 평균자승으로 나누면 된다.

$$F = \frac{MS_b^{'}}{MS_w^{'}}$$

## 5) 임계치 및 영가설 기각여부 결정

검증통계량 $F$는 집단간 자유도 $(k-1)$, 집단내 자유도 $(N-k-1)$인 분포를 따른다. 그러므로 임계치는 유의수준 $\alpha$, 집단간 자유도, 집단내 자유도를 고려하여 $F$ 분포표에서 구하면 된다. 검증통계량 $F$ 값이 임계치와 같거나 그보다 크면 영가설을 기각한다.

## 6) 효과크기 계산

공분산분석에서 효과크기를 구하는 방법은 조정된 자승합을 이용해서 구한다는 점을 제외하면, 일원분산분석에서 효과크기를 구하는 방법과 본질적으로 같다. 그러므로 공분산분석에서 효과크기는 다음과 같다.

① $\eta^2_{조정} = \dfrac{SS_b^{'}}{SS_t^{'}} = \dfrac{조정된\ 집단간\ 자승합}{조정된\ 전체\ 자승합}$

② $\omega^2_{조정} = \dfrac{SS_b^{'} - (k-1)MS_w^{'}}{SS_t^{'} + MS_w^{'}}$

③ $f = \sqrt{\dfrac{\omega^2_{조정}}{1 - \omega^2_{조정}}}$

## 7) 결론도출

영가설 기각여부에 근거하여 적절한 결론을 도출한다. 영가설이 기각되면 집단 간의 조정평균이 유의한 차이가 있다고 결론을 내린다.

## 5 공분산분석 예시

다음 〈표 14-1〉에 제시된 자료는 교수방법(설명식, 질의식, 토론식)이 성적에 미치는 효과를 검증하기 위한 연구에서 측정한 공변수(동기)와 성적이다. 교수방법이 학업성적에 영향을 미치는지를 공분산분석으로 검증해 보자.

〈표 14-1〉 교수방법에 따른 동기(공변수)와 학업성적

| | 설명식 (1) | | 질의식 (2) | | 토론식 (3) | |
|---|---|---|---|---|---|---|
| | 동기 | 학업성적 | 동기 | 학업성적 | 동기 | 학업성적 |
| | 7 | 13 | 7 | 13 | 4 | 14 |
| | 8 | 14 | 8 | 16 | 8 | 18 |
| | 8 | 14 | 6 | 15 | 7 | 17 |
| | 9 | 16 | 8 | 16 | 5 | 15 |
| | 8 | 13 | 6 | 15 | 6 | 16 |
| 평균 | 8 | 14 | 7 | 15 | 6 | 16 |
| | 동기 전체 평균 = 7 | | 학업성적 전체 평균 = 15 | | | |

### 1) 자승합 계산 및 자승합의 조정

먼저 종속변수의 자승합, 공변수의 자승합, 종속변수와 종속변수의 교적합을 구한 다음, 종속변수의 자승합을 조정해야 한다. 그 절차는 다음과 같다.

① 종속변수의 자승합 계산(일원분산분산과 같음)

$$SS_t = (13-15)^2 + (14-15)^2 + \cdots + (16-15)^2 = 32$$

$$SS_b = 5(14-15)^2 + 5(15-15)^2 + 5(16-15)^2 = 10$$

$$SS_w = (13-14)^2 + (14-14)^2 + \cdots + (16-16)^2 = 22$$

② 공변수의 자승합 계산(일원분산분석과 같음)

$$SS_{t(C)} = (7-7)^2 + (8-7)^2 + \cdots + (6-7)^2 = 26$$

$$SS_{b(C)} = 5(8-7)^2 + 5(7-7)^2 + 5(6-7)^2 = 10$$

$$SS_{w(C)} = (7-8)^2 + (8-8)^2 + \cdots + (6-6)^2 = 16$$

③ 공변수와 종속변수의 교적합 계산

$$SP_t = (7-7)(13-15) + (8-7)(14-15) + \cdots + (6-7)(16-15) = 5$$

$$SP_b = 5(8-7)(14-15) + 5(7-7)(15-15) + 5(6-7)(16-15) = -10$$

$$SP_w = (7-8)(13-14) + (8-8)(14-14) + \cdots + (6-6)(16-16) = 15$$

④ 종속변수의 자승합 조정

〈표 14-2〉에 따르면 공변수와 종속변수의 전체 상관계수는 $r_t = .1733$, 집단내 상관계수는 $r_w = .7995$이므로 종속변수의 자승합은 다음과 같이 조정된다. 공변수의 자승합과 교적합을 이용해서 교정해도 결과는 같다.[2]

- 전체 자승합 조정: $SS_t' = SS_t(1 - r_t^2) = 32(1 - .1733^2) = 31.039$
- 집단내 자승합 조정: $SS_w' = SS_w(1 - r_w^2) = 22(1 - .7995^2) = 7.938$
- 집단간 자승합 조정: $SS_b' = SS_t' - SS_w' = 31.039 - 7.938 = 23.101$
- 공변수의 자승합: $SS_C = SS_w - SS_w' = 22 - 7.938 = 14.062$

## 2) 조정된 평균자승 계산

〈표 14-2〉의 자료에서 집단간 자유도는 2, 집단내 자유도는 11이므로 평균자승은 다음과 같다.

① 조정된 집단간 평균자승: $MS_b' = \dfrac{SS_b'}{df_b} = \dfrac{23.101}{2} = 11.551$

② 조정된 집단내 평균자승: $MS_w' = \dfrac{SS_w'}{df_w} = \dfrac{7.938}{11} = .722$

---

2) $SS_t' = SS_t - \dfrac{SP_t^2}{SS_{t(C)}} = 32 - \dfrac{5^2}{26} = 31.039$    $SS_w' = SS_w - \dfrac{SP_w^2}{SS_{w(C)}} = 22 - \dfrac{15^2}{16} = 7.938$

〈표 14-2〉 공분산분석의 자승합 및 교적합 계산

| 집단 | 동기 $C$ | 성적 $X$ | 공변수의 자승합 전체 자승합 $(C-\bar{C})^2$ | 집단내 자승합 $(C-\bar{C}_j)^2$ | 집단간 자승합 $(\bar{C}_j-\bar{C})^2$ | 종속변수의 자승합 전체 자승합 $(X-\bar{X})^2$ | 집단내 자승합 $(X-\bar{X}_j)^2$ | 집단간 자승합 $(\bar{X}_j-\bar{X})^2$ | 공변수와 종속변수의 교적합 전체 교적합 $(C-\bar{C})(X-\bar{X})$ | 집단내 교적합 $(C-\bar{C}_j)(X-\bar{X}_j)$ | 집단간 교적합 $(\bar{C}_j-\bar{C})(\bar{X}_j-\bar{X})$ |
|---|---|---|---|---|---|---|---|---|---|---|---|
| 1 | 7 | 13 | $(7-7)^2=0$ | $(7-8)^2=1$ | $(8-7)^2=1$ | $(13-15)^2=4$ | $(13-14)^2=1$ | $(14-15)^2=1$ | $(7-7)(13-15)=0$ | $(7-8)(13-14)=1$ | $(8-7)(14-15)=-1$ |
| 1 | 8 | 14 | $(8-7)^2=1$ | $(8-8)^2=0$ | $(8-7)^2=1$ | $(14-15)^2=1$ | $(14-14)^2=0$ | $(14-15)^2=1$ | $(8-7)(14-15)=-1$ | $(8-8)(14-14)=0$ | $(8-7)(14-15)=-1$ |
| 1 | 8 | 14 | $(8-7)^2=1$ | $(8-8)^2=0$ | $(8-7)^2=1$ | $(14-15)^2=1$ | $(14-14)^2=0$ | $(14-15)^2=1$ | $(8-7)(14-15)=-1$ | $(8-8)(14-14)=0$ | $(8-7)(14-15)=-1$ |
| 1 | 9 | 16 | $(9-7)^2=4$ | $(9-8)^2=1$ | $(8-7)^2=1$ | $(16-15)^2=1$ | $(16-14)^2=4$ | $(14-15)^2=1$ | $(9-7)(16-15)=2$ | $(9-8)(16-14)=2$ | $(8-7)(14-15)=-1$ |
| 1 | 8 | 13 | $(8-7)^2=1$ | $(8-8)^2=0$ | $(8-7)^2=1$ | $(13-15)^2=4$ | $(13-14)^2=1$ | $(14-15)^2=1$ | $(8-7)(13-15)=-2$ | $(8-8)(13-14)=0$ | $(8-7)(14-15)=-1$ |
| 2 | 7 | 13 | $(7-7)^2=0$ | $(7-7)^2=0$ | $(7-7)^2=0$ | $(13-15)^2=4$ | $(13-15)^2=4$ | $(15-15)^2=0$ | $(7-7)(13-15)=0$ | $(7-7)(13-15)=0$ | $(7-7)(15-15)=0$ |
| 2 | 8 | 16 | $(8-7)^2=1$ | $(8-7)^2=1$ | $(7-7)^2=0$ | $(16-15)^2=1$ | $(16-15)^2=1$ | $(15-15)^2=0$ | $(8-7)(16-15)=1$ | $(8-7)(16-15)=1$ | $(7-7)(15-15)=0$ |
| 2 | 6 | 15 | $(6-7)^2=1$ | $(6-7)^2=1$ | $(7-7)^2=0$ | $(15-15)^2=0$ | $(15-15)^2=0$ | $(15-15)^2=0$ | $(6-7)(15-15)=0$ | $(6-7)(15-15)=0$ | $(7-7)(15-15)=0$ |
| 2 | 8 | 16 | $(8-7)^2=1$ | $(8-7)^2=1$ | $(7-7)^2=0$ | $(16-15)^2=1$ | $(16-15)^2=1$ | $(15-15)^2=0$ | $(8-7)(16-15)=1$ | $(8-7)(16-15)=1$ | $(7-7)(15-15)=0$ |
| 2 | 6 | 15 | $(6-7)^2=1$ | $(6-7)^2=1$ | $(7-7)^2=0$ | $(15-15)^2=0$ | $(15-15)^2=0$ | $(15-15)^2=0$ | $(6-7)(15-15)=0$ | $(6-7)(15-15)=0$ | $(7-7)(15-15)=0$ |
| 3 | 4 | 14 | $(4-7)^2=9$ | $(4-6)^2=4$ | $(6-7)^2=1$ | $(14-15)^2=1$ | $(14-16)^2=4$ | $(16-15)^2=1$ | $(4-7)(14-15)=3$ | $(4-6)(14-16)=4$ | $(6-7)(16-15)=-1$ |
| 3 | 8 | 18 | $(8-7)^2=1$ | $(8-6)^2=4$ | $(6-7)^2=1$ | $(18-15)^2=9$ | $(18-16)^2=4$ | $(16-15)^2=1$ | $(8-7)(18-15)=3$ | $(8-6)(18-16)=4$ | $(6-7)(16-15)=-1$ |
| 3 | 7 | 17 | $(7-7)^2=0$ | $(7-6)^2=1$ | $(6-7)^2=1$ | $(17-15)^2=4$ | $(17-16)^2=1$ | $(16-15)^2=1$ | $(7-7)(17-15)=0$ | $(7-6)(17-16)=1$ | $(6-7)(16-15)=-1$ |
| 3 | 5 | 15 | $(5-7)^2=4$ | $(5-6)^2=1$ | $(6-7)^2=1$ | $(15-15)^2=0$ | $(15-16)^2=1$ | $(16-15)^2=1$ | $(5-7)(15-15)=0$ | $(5-6)(15-16)=1$ | $(6-7)(16-15)=-1$ |
| 3 | 6 | 16 | $(6-7)^2=1$ | $(6-6)^2=0$ | $(6-7)^2=1$ | $(16-15)^2=1$ | $(16-16)^2=0$ | $(16-15)^2=1$ | $(6-7)(16-15)=-1$ | $(6-6)(16-16)=0$ | $(6-7)(16-15)=-1$ |
| 자승합 | | | 26 | 16 | 10 | 32 | 22 | 10 | 5 | 15 | -10 |

(1) 전체 집단의 상관계수: $r_t = \dfrac{SP_t}{\sqrt{(SS_{t(C)})(SS_t)}} = \dfrac{5}{\sqrt{26 \times 32}} = .1733$

(2) 집단내 집단의 상관계수: $r_w = \dfrac{SP_w}{\sqrt{(SS_{w(C)})(SS_w)}} = \dfrac{15}{\sqrt{16 \times 22}} = .7995$

(3) 전체 집단의 회귀계수: $b_t = \dfrac{SP_t}{SS_{t(C)}} = \dfrac{5}{26} = .19$

(4) 집단내 회귀계수: $b_w = \dfrac{SP_w}{SS_{w(C)}} = \dfrac{15}{16} = .94$

### 3) 검증통계량 계산

영가설을 검증하기 위한 검증통계량의 값은 다음과 같다.

$$F = \frac{MS_b^{'}}{MS_w^{'}} = \frac{11.551}{.722} = 15.999$$

### 4) 영가설 기각여부 결정

검증통계량 값 $F = 15.999$는 $\alpha = .05$, 집단간 자유도 2, 집단내 자유도 $= 11$에서 임계치 $F = 3.98$보다 크므로 영가설을 기각한다.

### 5) 효과크기 계산

공분산분석에서 효과크기는 조정된 값을 이용해서 구한다는 점을 제외하면, 분산분석과 본질적으로 같다. 위의 예시에서 효과크기는 다음과 같다.

① $\eta_{조정}^2 = \dfrac{SS_b^{'}}{SS_t^{'}} = \dfrac{\text{조정된 집단간 자승합}}{\text{조정된 전체 자승합}} = \dfrac{23.101}{31.039} = .744$

② $\omega_{조정}^2 = \dfrac{SS_b^{'} - (k-1)MS_w^{'}}{SS_t^{'} + MS_w^{'}} = \dfrac{23.101 - (3-1)(.722)}{31.039 + .722} = .682$

③ $f = \sqrt{\dfrac{\omega_{조정}^2}{1 - \omega_{조정}^2}} = \sqrt{\dfrac{.682}{1 - .682}} = 1.464$

참고로 위의 자료를 일원분산분석으로 분석했을 때 효과크기는 다음과 같다.

① $\eta^2 = \dfrac{10}{32} = .313$

② $\omega^2 = \dfrac{10 - (3-1)(1.83)}{32 + 1.83} = .187$

③ $f = \sqrt{\dfrac{.187}{1-.187}} = .480$

위의 결과는 공변수의 효과를 고려해서 자료를 조정했을 때 독립변수가 종속변수에 더 큰 영향을 미친다는 것을 잘 나타낸다.

## 6) 결론 도출

영가설 기각여부에 근거하여 적절한 결론을 도출한다. 위의 예시에서는 독립변수의 주효과에 대한 영가설이 기각되었으므로 세 집단의 조정평균은 유의한 차이가 있다고 결론을 내린다. 그러므로 공변수(동기)의 효과를 통제했을 때 교수방법은 학업성적에 유의한 영향을 미친다고 할 수 있다.

〈표 14-3〉 공분산분석의 예시 요약

| | |
|---|---|
| 1. 통계적 가설 진술 | $H_o : \mu_1' = \mu_2' = \mu_3'$ (세 집단의 조정평균들은 차이가 없다.)<br>$H_1$: 영가설은 참이 아니다. |
| 2. 검증통계량 계산 | (1) 자승합 계산<br>  ① $SS_t = 32$    ② $SS_b = 10$    ③ $SS_w = 22$<br>(2) 자승합 조정<br>  ① $SS_t' = 31.039$<br>  ② $SS_w' = 7.938$<br>  ③ $SS_b' = 23.101$<br>(3) 조정된 평균자승 계산<br>  ① 조정된 집단간 평균자승: $MS_b' = 11.551$<br>  ② 조정된 집단내 평균자승: $MS_w' = .722$<br>(4) 검증통계량: $F_A = 15.999$ |
| 3. 임계치 결정 | $\alpha = .05$, 집단간 자유도 2, 집단내 자유도 11에서 임계치는 $F=3.98$이다. |
| 4. 영가설 기각여부 결정 | 검증통계량의 값 $F = 15.999$는 임계치($F = 3.98$)보다 크므로 영가설을 기각한다. |
| 5. 효과크기 계산 | $\eta^2_{조정} = 23.101/31.309 = .744$ |
| 6. 결론도출 | 세 집단의 조정평균들은 통계적으로 유의한 차이가 있다. |

## 6  공변수의 통계적 유의성 검증

공변수의 통계적 유의성 검증은 공변수가 종속변수와 유의한 관계가 있는지를 검증하는 것을 말한다. 물론 공분산분석의 목적은 독립변수의 효과를 검증하는 데 있으므로 공변수의 통계적 유의성 검증이 일차적인 목적은 아니다. 그럼에도 공변수의 통계적 유의성을 검증하는 것은 공분산분석이 적절한 분석방법인지 확인하기 위함이다. 공변수의 효과가 통계적으로 유의하면 공분산분석이 적절하다는 증거가 확보된다. 반면, 공변수의 효과가 통계적으로 유의하지 않으면 분산분석을 하면 된다.[3]

공변수의 유의성 검증은 공변수에서 종속변수를 예언하기 위한 집단내 회귀계수가 0이라는 영가설($H_0 : b_w = 0$), 즉 공변수와 종속변수 간에 상관이 없다는 영가설을 검증하면 된다. 공변수는 종속변수와 상관이 높은 변수이므로 당연히 영가설이 기각될 것으로 기대된다. 공변수의 통계적 유의성 검증절차는 다음과 같다.

### 1) 공변수의 자승합($SS_C$) 계산

공변수의 자승합은 종속변수의 집단내 자승합에서 조정된 집단내 자승합을 제외한 값이므로 다음과 같다.

$$SS_C = SS_w - SS_w' = 22 - 7.938 = 14.062$$

### 2) 공변수의 평균자승($MS_C$) 계산

공변수의 평균자승은 공변수의 자승합 $SS_C$를 자유도(공변수가 하나인 경우 1)로 나눈 값이다. 위의 예시에서 $MS_C$는 14.062가 된다($MS_C = 14.062/1 = 14.062$).

---

[3] 공변수의 집단차이를 검증한 결과가 통계적으로 유의하지 않아도 공분석분석을 할 수 있다고 주장도 있다(Keppell, 1991). 공분산분석이 통계분석의 정확성을 높이고, 통계적 검증력을 증가시킨다는 것이 그 주장의 근거다.

### 3) 검증통계량 계산

공변수의 유의성을 검증하기 위한 검증통계량은 공변수의 평균자승 $MS_C$를 종속변수의 조정된 집단내 평균자승 $MS_w^{'}$으로 나누면 된다.

$$F_C = \frac{MS_C}{MS_w^{'}} = \frac{14.062}{.722} = 19.476$$

검증통계량 $F$는 영가설이 참일 때 자유도가 1과 $(N-k-1)$인 $F$ 분포를 따른다. 검증통계량 $F$는 다음과 같은 방법으로 구할 수도 있다.

$$F_C = [\frac{SP_w^2}{(SS_{w(C)})(SS_w) - SP_w^2}](N - k - 1)$$

위의 예시에서 공변수의 유의성을 검증하기 위한 $F$ 값은 다음과 같다.

$$F_C = [\frac{15^2}{(16)(22) - 15^2}](15 - 3 - 1) = 19.488$$

### 4) 영가설 기각여부 결정

검증통계량의 값이 임계치보다 크면 영가설을 기각한다. 위의 예시에서 공변수의 효과를 검증하기 위한 임계치는 $\alpha = .05$, 집단간 자유도 1, 집단내 자유도 11에서 $F = 4.84$다. 검증통계량의 값 $F = 19.476$은 임계치보다 크므로 공변수와 종속변수가 관계가 없다는 영가설을 기각한다.

### 5) 결론도출

공변수의 통계적 유의성을 검증한 결과가 유의하면 공변수와 종속변수 간에 상관이 있다고 해석할 수 있다. 이것은 공분산분석으로 자료를 분석하는 것이 타당하다는 것을 지지하는 증거가 된다. 공변수가 통계적으로 유의할 때 공분산분석을 하면 오차분산이 감소되므로 $F$ 값이 커진다. 반대로 공변수가 유의하지 않으면 구태여 복잡한 공분산분석을 할 필요가 없다. 공변수의 효과가 유의하지 않은데도 공분산분석을 하면 집단내 자유도가 줄어들어 영가설을 기각하기 위한 임계치가 커지므로 통계적 검증력이 오히려 낮아지는 문제점이 있다. 단, 공변수의 효과가 유의하더라도 공분산분석표에는 그것을 제시하지 않아도 된다. 공분산분석에서는 공변수의 $F$ 값과 공변수를 종속변수로 한 분산분석의 $F$ 값이 다르다는 점에 유의하기 바란다. 전자의 경우에는 공변수와 종속변수를 모두 고려하지만, 후자의 경우에는 종속변수만 고려한다. 위의 예시에서는 영가설이 기각되었으므로 공변수가 종속변수가 관계가 있다고 결론을 내린다.

〈표 14-4〉 공변수의 유의성 검증 예시 요약

| | |
|---|---|
| 1. 통계적 가설 진술 | $H_o$ : 공변수는 종속변수와 관계가 없다. <br> $H_1$ : 공변수는 종속변수와 관계가 있다. |
| 2. 검증통계량 계산 | (1) 자승합 계산: $SS_C = 14.062$ <br> (2) 평균자승 계산: $MS_C = 14.062$ <br> (3) 검증통계량 계산: $F_C = 19.476$ |
| 3. 임계치 결정 | 임계치는 $\alpha = .05$, 집단간 자유도 1, 집단내 자유도 11이므로 $F=4.84$다. |
| 4. 영가설 기각 여부 결정 | 검증통계량의 값 $F=19.476$은 임계치($F=4.84$)보다 크므로 영가설을 기각한다. |
| 5. 결론도출 | 공변수는 종속변수와 유의한 관계가 있다. |

## 7 종속변수의 집단평균 조정

공분석분석은 공변수와 종속변수가 선형관계를 이룬다고 가정하고 회귀분석으로 공변수의 영향을 감안하여 종속변수의 평균을 조정한다. 즉, 공분산분석은 회귀선을 이용하여 집단 간의 공변수가 동일한 상태에서 종속변수의 평균을 추정한다. 공분석분석에서 집단 간의 평균비교는 조정평균을 이용한다. 조정평균은 다음 공식으로 구할 수 있다.

$$\overline{X_j'} = \overline{X_j} - b_w(\overline{C_j} - \overline{C})$$

$\overline{X_j'}$은 집단 j의 조정된 종속변수 평균, $\overline{X_j}$은 집단 j의 조정되지 않은 종속변수 평균, $b_w$는 집단내 회귀계수 평균(pooled within groups regression coefficient), $\overline{C_j}$는 집단 j의 공변수 평균, $\overline{C}$는 공변수의 전체 평균이다. 공변수를 고려하여 종속변수 평균을 조정하는 공식의 의미를 살펴보면 다음과 같다.

첫째, 공변수의 집단평균과 전체 평균이 차이가 클수록 종속변수의 평균은 더 많이 조정된다. 반대로 공변수의 집단평균이 전체 평균과 같으면 괄호 안의 값은 0이 되므로 종속변수의 평균은 전혀 조정되지 않는다.

둘째, 공변수의 집단평균과 전체 평균의 차이가 아무리 커도 집단내 회귀계수가 0이면 종속변수의 평균은 전혀 조정되지 않는다. 집단내 회귀계수가 0이라는 것은 각 집단에서 공변수와 종속변수 간에 상관이 없으며, 따라서 공변수가 부적절하다는 것을 의미한다. 단, 각 집단에서 공변수와 종속변수 간에 상관이 있더라도 회귀계수가 0이 되거나 0에 가까운 경우가 있을 수 있다. 이것은 별도의 회귀방정식에서 회귀계수가 다른 경우, 특히 회귀계수의 부호가 서로 다른 경우에 나타날 수 있다. 이것은 공분산분석에서 회귀계수의 동질성이 매우 중요하다는 것을 나타낸다.

⟨표 14-2⟩에 제시되어 있는 자료를 이용하여 조정평균을 구하면 ⟨표 14-5⟩와 같다.

⟨표 14-5⟩ 종속변수의 집단평균 조정                    $(b_w = .94)$

| 집단 | 공변수 평균 | 종속변수 평균 | 조정된 종속변수의 집단평균 |
|------|------------|--------------|---------------------------|
| 1 | 8 | 14 | $14 - .94(8-7) = 13.06$ |
| 2 | 7 | 15 | $15 - .94(7-7) = 15.00$ |
| 3 | 6 | 16 | $16 - .94(7-8) = 16.94$ |
| 전체 | 7 | 15 | |

공변수의 효과를 고려하여 종속변수의 집단평균이 조정되었다는 사실을 알 수 있다. 공분산분석에서 개별비교는 조정된 집단평균의 차이를 검증한다(제10절 참조).

# 8 공분산분석과 분산분석의 비교

공분산분석은 요건이 충족될 경우 일원분산분석보다 통계적 검증력이 더 높다. 공분산분석이 일원분산분석보다 통계적 검증력이 더 높은 이유를 살펴보자. 〈표 14-6〉과 〈표 14-7〉은 앞에서 제시한 〈표 14-1〉의 자료를 각각 일원분산분석과 공분산분석으로 분석한 것이다.

〈표 14-6〉 일원분산분석표

| 변산원 | 자승합 | 자유도 | 평균자승 | $F$ | $p$ |
|---|---|---|---|---|---|
| 집단간 | 10 | 2 | 5 | 2.728 | .106 |
| 집단내 | 22 | 12 | 1.83 | | |
| 전체 | 32 | 14 | | | |

〈표 14-7〉 일원공분산분석표

| 변산원 | 자승합 | 자유도 | 평균자승 | $F$ | $p$ |
|---|---|---|---|---|---|
| 공변수 | 14.062 | 1 | 14.062 | 19.476 | .001 |
| 집단간 | 23.101 | 2 | 11.551 | 15.999 | .001 |
| 집단내 | 7.938 | 11 | .722 | | |
| 전체 | 31.039 | 14 | | | |

〈표 14-6〉에 따르면 일원분산분석에서는 평균차이가 유의하지 않았다($F=2.728$, $p=.106$). 그렇지만 공분산분석에서는 평균차이가 유의했다($F=15.999$, $p=.001$). 이는 공분산분석이 일원분산분석보다 통계적 검증력이 더 높다는 것을 의미한다. 공분산분석의 통계적 검증력이 높은 것은 집단내 분산이 일원분산분석보다 더 작기 때문이다. 〈표 14-7〉에 제시된 자료에 따르면 공분산분석의 집단내 자승합 (7.938)은 일원분산분석의 집단내 자승합(22)보다 크게 줄어들어 오차분산이 현저하게 감소했고(1.83에서 .722로 감소했다.), 그 결과 $F$ 값이 커졌다(공분산분석의 집단내 자승합과 공변수의 자승합을 합하면 일원분산분석의 집단내 자승합과 같다: 7.938+ 14.062=22).

한편, 공분산분석에서 집단내 자유도가 일원분산분석에 비해 1이 적은 것은 공변수에 대한 정보를 이용해서 종속변수를 조정하기 위해 집단내 회귀계수를 추정할 때 1개의 자유도를 사용했기 때문이다.

# 9 SPSS를 활용한 공분산분석

SPSS를 활용한 공분산분석 절차는 다음과 같다.

① 분석(A)–일반선형모형(G)에서 일변량(U)을 클릭한다.

② 일변량(U)에서 종속변수(D), 모수요인(F), 공변량(C)에 해당되는 변수를 선택한다. 모수요인에는 독립변수를 입력하면 된다.

③ (필요할 경우) 일변량(U)–옵션(O)에서 효과크기 추정값(E)이나 동질성 검정(H) 등을 선택한다.

④ 조정된 집단평균을 구하려면 일변량(U)에서 옵션(O)을 선택하면 활성화되는 주변평균추정에서 요인 및 요인상호작용(F)에서 해당 항목을 선택하면 된다. 주변평균추정에서 a, b, a*b를 선택하면 변수 A의 집단별 조정평균, 변수 B의 집단별 조정평균, 셀의 조정된 집단평균을 산출해 준다.

⑤ 〈표 14-1〉에 제시되어 있는 자료에 대해 SPSS로 공분산분석을 한 결과는 다음과 같다.

개체-간 효과 검정

종속변수: 종속변수

| 소스 | 제 Ⅲ 유형 제곱합 | 자유도 | 평균제곱 | F | 유의확률 | 부분 에타 제곱 |
|---|---|---|---|---|---|---|
| 수정 모형 | 24.062ª | 3 | 8.021 | 11.115 | .001 | .752 |
| 절편 | 22.751 | 1 | 22.751 | 31.529 | .000 | .741 |
| 공변수 | 14.062 | 1 | 14.062 | 19.488 | .001 | .639 |
| 집단 | 23.101 | 2 | 11.550 | 16.007 | .001 | .744 |
| 오차 | 7.938 | 11 | .722 | | | |
| 합계 | 3407.000 | 15 | | | | |
| 수정 합계 | 32.000 | 14 | | | | |

a. R 제곱 = .752 (수정된 R 제곱 = .684)

## 10 공분산분석의 개별비교

　공분산분석에서 개별비교는 공변수의 효과를 감안해서 집단 간의 조정평균차이를 비교한다는 점이 다르지만 분산분석의 개별비교와 본질적으로 같다. 공분산분석의 사전비교와 사후비교를 간단하게 소개한다.

### 1) $F$ 검증을 이용한 사전비교

　공분산분석에서 사전비교(linear contrast)의 검증통계량 $F$는 조정된 비교의 평균자승을 조정된 집단내 평균자승으로 나눈 값이다.

$$F = \frac{MS_{비교(조정)}}{MS_w}$$

　조정된 비교의 평균자승($MS_{비교(조정)}$)은 조정된 비교의 자승합($SS_{비교(조정)}$)을 자유도로 나누면 된다. 집단별 사례수를 $n$, 비교계수를 $c$라고 할 때 조정된 비교의 자승합은 다음과 같다.

$$SS_{비교(조정)} = \frac{n(\sum c\overline{X'})^2}{\sum c^2}$$

　비교의 자유도는 비교하려고 하는 집단수가 2개이므로 1이다. 그러므로 $MS_{비교(조정)}$은 다음과 같다.

$$MS_{비교(조정)} = \frac{SS_{비교(조정)}}{1}$$

　한편, 일원분산분석과 달리 $MS_w$은 조정된 집단내 평균자승이 아니라 다음 공식으로 구해야 한다(Keppel, 1991).

$$MS_w = MS_w^{'}[1 + \frac{MS_{b(C)}}{SS_{w(C)}}]$$

이 공식에서 $MS_{b(C)}$는 공변수를 종속변수로 하는 일원분산분석의 집단간 평균자승, $SS_{w(C)}$는 공변수를 종속변수로 하는 일원분산분석의 집단내 자승합이다. 임계치를 구하고 영가설 기각여부를 결정하는 과정은 일원분산분석과 같다.

〈표 14-8〉 공분산분석의 단순사전비교(예시)(집단 1 대 집단 3의 조정평균 비교)

| 집단 | 조정평균 | 비교계수(C) | 비교계수와 조정평균의 곱 | 비교계수의 제곱 |
|------|---------|-----------|---------------------|--------------|
| 1 | 13.06 | 1 | $(1)(13.06) = +13.06$ | 1 |
| 2 | 15.00 | 0 | $(0)(15.00) = 0$ | 0 |
| 3 | 16.94 | −1 | $(-1)(16.94) = -16.94$ | 1 |
| | 합계 | 0 | −3.88 | 2 |

(1) $\sum c\overline{X} = (1)(13.06) + (0)(15.00) + (-1)(16.94) = -3.88$

(2) $SS_{비교(조정)} = \dfrac{5(-3.88)^2}{(1)^2 + (0)^2 + (-1)^2} = 37.636$

(3) $MS_{비교(조정)} = \dfrac{37.636}{1} = 37.636$

(4) $MS_w = MS_w^{'}[1 + \dfrac{MS_{b(C)}}{SS_{w(C)}}] = .722[1 + \dfrac{5}{16}] = .948$

(5) $F_{비교(조정)} = \dfrac{37.636}{.948} = 30.70$

(6) $\alpha = .05$, 집단간 자유도 1, 집단내 자유도 11에서 임계치는 $F = 4.84$다. 검증통계량의 값 $F = 30.70$은 임계치보다 크므로 집단 1과 집단 3의 조정된 평균은 통계적으로 유의한 차이가 있다.

## 2) 사후비교(Tukey의 검증)

공분산분석에서도 독립변수의 주효과에 관한 영가설이 기각되면 집단 간의 차이를 구체적으로 밝히기 위해 사후비교를 해야 한다. 여기에서는 사후비교 방법 중에서 Tukey의 $HSD$ 검증을 소개한다. Tukey 검증으로 사후비교를 할 때 검증통계량은 다음과 같다.

$$q = \frac{\overline{X_a'} - \overline{X_b'}}{\sqrt{\dfrac{MS_w'}{n}}}$$

공분산분석의 사후비교에서는 집단의 조정평균과 조정된 집단내 평균자승을 이용하여 검증통계량을 구한다는 것을 알 수 있다. 위의 예시자료를 이용하여 집단 1과 집단 3의 조정평균 차이를 Tukey의 $HSD$ 검증으로 검증한다고 할 때 검증통계량은 다음과 같다.

$$q = \frac{\overline{X_3'} - \overline{X_1'}}{\sqrt{\dfrac{MS_w'}{n}}} = \frac{16.94 - 13.06}{\sqrt{\dfrac{.722}{5}}} = \frac{3.88}{.38} = 10.21$$

$\alpha = .05$, 평균의 수 $k=3$, 자유도 $df=11$에서 $q$의 임계치는 3.82다. 검증통계량의 값 $q=10.21$은 임계치보다 크므로 집단 1의 조정평균은 집단 3의 조정평균과 유의한 차이가 있다고 할 수 있다.

한편, 사후비교는 통계적으로 유의한 최소평균차이($HSD$)를 이용하여 검증해도 된다. 위의 예시에서 통계적으로 유의한 최소평균차이는 다음과 같이 구할 수 있다.

$$HSD = q_{.05}\sqrt{\frac{MS_w'}{n}} = 3.82\sqrt{\frac{.722}{5}} = 1.45$$

그러므로 두 집단의 조정평균 차이가 1.45보다 크면 두 집단의 조정평균이 차이가 있다고 할 수 있다. 이에 따르면 집단 1과 집단 3의 조정평균 차이는 3.88(16.94−13.06=3.88)로 최소평균차이(1.45)보다 크므로 두 집단의 조정평균은 통계적으로 차이가 있다. 그리고 집단 1과 집단 2의 조정평균 차이(15.00−13.06=1.94)도 최소평균차이(1.45)보다 크기 때문에 두 집단의 조정평균은 통계적으로 차이가 있다고 할 수 있다.

# 11 공분산분석의 가정

공분산분석은 분산분석과 마찬가지로 독립성, 정규성, 등분산성을 가정한다. 공분산분석에서 추가로 필요한 가정에 대해 살펴본다.

## 1) 선형회귀의 가정

각 집단에서 공변수에 대한 종속변수의 회귀가 선형(직선관계)을 이루어야 한다. 선형회귀 가정의 충족여부는 각 집단에서 공변수와 종속변수의 관계를 나타내는 산포도에서 쉽게 확인할 수 있다. 선형회귀의 가정이 충족되지 않으면 공분산분석이 적절하지 않다.

## 2) 공변수와 독립변수의 독립성에 대한 가정

공변수는 독립변수와 관계가 없어야 한다. 공변수가 독립변수와 관련이 없어야 종속변수의 변산에서 공변수의 영향을 받은 변산을 제거한 후 독립변수가 종속변수에 미치는 영향을 정확하게 밝힐 수 있다. 공변수가 독립변수와 관계가 있으면 종속변수 변산에서 공변수가 실제 설명하는 것보다 더 많은 변산이 제거되므로 독립변수의 효과를 정확하게 검증하기가 어렵다. 그러므로 공변수가 독립변수가 상호관련되면 공분산분석이 적절하지 않다. 독립변수와 공변수의 관계를 구체적으로 살펴보자.

[그림 14-2]에서 (a)는 통상적인 일원분산분석으로, 전체 변산이 독립변수의 영향을 받은 변산과 오차변산으로 나누어진다는 것을 나타내고 있다. (b)는 독립변수와 관계가 없는 공변수가 오차변산을 부분적으로 설명하는 경우를 나타내고 있는데, 이 경우에는 공분산분석이 적합하다. (c)는 공변수와 독립변수의 효과가 중첩되어(즉, 혼합되어) 있는데, 이 경우에는 공분산분석을 하지 말아야 한다. 왜냐하면 이 상황에서는 공변수가 독립변수의 효과를 감소시키기 때문이다.

공변수가 독립변수와 관계가 있는 상황에서 공분산분석을 잘못 적용하는 사례를 예로 들어 보자. 불안(상위, 하위)이 과제성취에 미치는 효과를 검증하기 위해 우

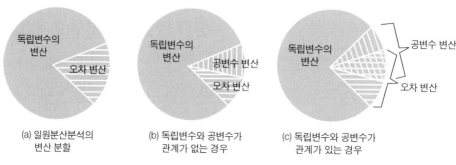

[그림 14-2] 독립변수와 공변수의 관계

울증을 공변수로 하여(불안과 우울증은 상관이 높기 때문에, 즉 불안이 높을수록 우울증이 높기 때문에) 공분산분석을 하면 불안의 순수한 효과를 밝힐 수 있다고 생각하기 쉽지만, 실제로는 그렇지 않다. 왜냐하면 불안의 효과와 우울증의 효과가 중첩되므로 공분산분석으로는 불안의 효과와 우울증의 효과를 분리할 수 없기 때문이다. 또 다른 예로 여러 집단의 연령차이가 있을 때 연령을 공변수로 하여 공분산분석을 하면 연령의 효과와 독립변수의 효과가 혼합된다. 그러므로 공분산분석을 하려면 먼저 공변수와 독립변수가 관계가 있는지를 검증해야 한다.

공변수와 독립변수가 관계가 있는지를 검증하려면 공변수의 집단차이를 분산분석으로 검증하면 된다. 이 검증의 영가설은 $k$개 집단들의 공변수 평균이 차이가 없다는 것인데, 영가설은 기각되지 않는 것이 바람직하다. 공변수의 집단차이가 없다는 검증결과는 연구설계가 타당하다는 것을 지지하는 증거가 된다. 반대로 공변수의 집단차이가 있으면 연구설계에 문제가 있는지를 검토해 보아야 한다. 공변수와 독립변수가 관계가 있을 때 문제를 해결하는 방안은 피험자를 실험조건에 무작위배치하거나 무작위구획설계를 활용하면 된다.

## 공변수와 독립변수의 관계분석(공변수의 집단차이 검증) 예시

〈표 14-1〉의 자료에서 공변수의 집단차이를 검증하기 위해 일원분산분석을 한 결과는 〈표 14-9〉와 같다. 이 일원분산분석은 공변수를 종속변수로 했다는 점을 제외하면 일원분산분석과 같다.

〈표 14-9〉 공변수의 집단차이를 검증하기 위한 일원분산분석표

| 변산원 | 자승합 | 자유도 | 평균자승 | $F$ | $p$ |
|--------|--------|--------|----------|-----|-----|
| 집단간 | 10 | 2 | 5 | 3.75 | .054 |
| 집단내 | 16 | 12 | 1.33 | | |
| 전체 | 26 | 14 | | | |

공변수의 집단차이를 검증하기 위한 일원분산분석에서 $F$ 값의 유의확률은 .054
이므로 공변수의 집단평균은 통계적으로 차이가 없다. 이 결과에 따르면 공변수가
독립변수와 관계가 없으므로 공분산분석으로 평균차이를 검증하는 것이 적절하다
고 할 수 있다.

## 3) 회귀계수의 동질성에 대한 가정

공분산분석은 $k$개 집단에서 공변수에서 종속변수를 예언하기 위한 회귀계수의
동질성(homogeneity of regression coefficients)을 가정한다. 이 가정은 여러 집단의
회귀선이 평행해야 한다는 가정($b_1 = b_2 = \cdots = b_k$), 즉 종속변수와 공변수의 관계
를 나타내는 회귀선의 기울기가 모든 집단에서 같아야 한다는(절편은 다르지만) 가
정이다. 회귀계수가 동질적인 경우와 이질적인 경우는 [그림 14-3]과 같다.

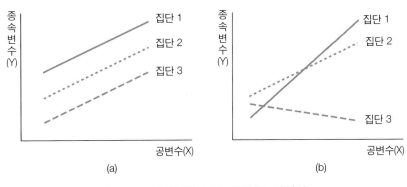

[그림 14-3] 회귀계수의 동질성과 이질성

[그림 14-3]의 (a)에서는 세 집단의 회귀계수가 같지만, (b)에서는 회귀계수가
집단에 따라 다르다. 회귀계수가 다르다는 것은 공변수와 독립변수 간에 상호작용

이 있다는 것, 즉 공변수와 종속변수의 관계가 독립변수의 수준에 따라 다르다는 것을 의미한다. 회귀계수가 다르면 공분산분석이 적절하지 않다. 그러므로 공분산 분석을 하기 전에 회귀계수의 동질성을 검증해야 한다.

회귀계수의 동질성을 검증하기 위한 영가설은 모든 집단의 회귀계수가 같다는 것이다($H_o$: $b_1 = b_2 = \cdots = b_k$). 검증결과 회귀계수가 차이가 없으면 공분산분석을 하면 된다. 반면, 영가설이 기각되면 회귀계수의 동질성 가정이 충족되지 않았으므로 공분산분석이 적절하지 않다. 회귀계수가 다를 때 공분산분석의 대안적인 분석방법은 다음과 같다.

① 사전-사후검사 설계에서 사전검사 점수를 공변수로 하고 사후검사 점수를 종속변수로 했을 때 $k$개 집단의 회귀계수가 다르면 차이점수(사후검사 점수-사전검사 점수)에 대한 분산분석을 실시한다.

② 공변수를 이용하여 구획을 만든 다음 무작위구획설계 분산분석으로 분석한다. 단, 이 방법은 공변수의 효과를 실험적으로 통제하는 방법이므로 실험 전에 공변수를 측정해야 하고, 사전에 회귀계수가 다르다는 것을 확인해야 한다.

③ 공변수를 독립변수로 포함시켜 이원분산분석을 실시한다. 이원분산분석을 하면 공변수의 주효과는 물론 공변수와 독립변수의 상호작용을 분석할 수 있다. 이 방안은 회귀의 동질성이 문제가 되지 않으며, 실험 후에도 가능하므로 무작위구획설계에서 사전에 변수를 조작하는 번거로움도 해결할 수 있다.

## SPSS를 이용한 회귀계수 동질성 검증

회귀계수의 동질성 검증은 복잡하기 때문에 통계프로그램을 이용하는 것이 좋다. SPSS로 회귀계수의 동질성을 검증하려면 공변수와 독립변수 간의 상호작용이 유의한지를 검증하면 된다. 따라서 회귀계수의 동질성을 검증하기 위한 영가설은 '독립변수와 공변수 간에 상호작용이 없다' 혹은 '모든 집단의 회귀계수가 같다'는 것이다. 물론 이 검증에서는 영가설이 기각되지 않는 것이 바람직하다. SPSS에서 회귀계수의 동질성을 검증하는 절차는 다음과 같다.

① **일반선형모형(G)**–**일변량(U)**에서 종속변수, 공변량, 모수요인을 선택한다.

② **모형(M)**을 클릭한 다음 **사용자 정의(C)**를 선택한다.

③ 항 설정에서 주효과를 선택한 다음 독립변수와 공변수를 각각 선택하여 **모형 (M)**으로 옮기고, 상호작용을 선택하여 독립변수와 공변수의 상호작용항(독립변수×공변수)을 만든 후 실행한다(이때 공변수와 독립변수의 주효과에 대한 항을 반드시 포함해야 한다.).

④ 분석결과 독립변수와 공변수의 상호작용이 통계적으로 유의하지 않으면 회귀계수가 동질적이라고 할 수 있다.

⑤ 〈표 14-1〉에 제시된 자료에 대해 SPSS로 회귀계수의 동질성을 검증한 결과는 다음과 같다. 분석결과에 제시된 것처럼 독립변수와 공변수 간의 상호작용을 검증하기 위한 검증통계량의 값은 $F = .995$로 통계적으로 유의하지 않았다($p = .407$). 그러므로 회귀계수의 동질성이 확보되었다고 할 수 있다.

개 체 - 간 효 과 검 정

종속변수: 종속변수

| 소스 | 제 Ⅲ 유형 제곱합 | 자유도 | 평균제곱 | F | 유의확률 |
|---|---|---|---|---|---|
| 수정 모형 | 25.500ᵃ | 5 | 5.100 | 7.062 | .006 |
| 절편 | 11.398 | 1 | 11.398 | 15.782 | .003 |
| 집단 | 2.125 | 2 | 1.062 | 1.471 | .280 |
| 공변수 | 10.588 | 1 | 10.588 | 14.661 | .004 |
| 집단 * 공변수 | 1.438 | 2 | .719 | .995 | .407 |
| 오차 | 6.500 | 9 | .722 | | |
| 합계 | 3407.000 | 15 | | | |
| 수정 합계 | 32.000 | 14 | | | |

a. R 제곱 = .797 (수정된 R 제곱 = .684)

회귀계수의 동질성(또는 평행성)을 직접 검증하려면 다음 공식으로 집단내 회귀자승합(within groups regression sum of squares, $SS_{wreg}$)을 구해야 한다.

$$SS_{wreg} = \sum [SS_{w_j}(1 - r_j^2)$$

$SS_{w_j}$ = 집단별 종속변수의 집단내 자승합　　　$r_j$ = 집단별 공변수와 종속변수의 상관

회귀계수의 동질성을 검증하기 위한 검증통계량은 다음과 같다.

$$F = \frac{(SS_{w(조정)} - SS_{wreg})/(k-1)}{SS_{wreg}/k(n-2)}$$

임계치는 ① $\alpha$, ② 집단간 자유도 $(k-1)$, ③ 집단내 자유도 $k(n-2)$를 고려하여 구한다. 검증통계량의 값이 임계치보다 크거나 같으면 집단별 회귀계수가 같다는 영가설을 기각한다. 위의 예시에서 회귀계수의 동질성을 검증하면 다음과 같다.

① 집단별 종속변수의 집단내 자승합: 집단 1=6, 집단 2=6, 집단 3=10
② 공변수와 종속변수의 집단별 상관계수: 집단 1=.866, 집단 2=.408, 집단 3=1.00
③ 집단내 회귀자승합: $SS_{wreg} = [6(1-.866^2) + 6(1-.408^2) + 10(1-1.00^2)] = 6.501$
④ 조정된 집단내 자승합=7.938
⑤ 검증통계량: $F = \frac{(7.938-6.501)/(3-1)}{7.938/3(5-2)} = .815$
⑥ 유의수준 .05, 집단간 자유도 2, 집단내 자유도 9에서 $F$ 검증의 임계치는 4.20이다. 검증통계량의 값 $F = .815$는 임계치보다 작으므로 영가설을 기각할 수 없다. 따라서 집단별 회귀계수는 차이가 없으므로 회귀계수의 동질성 가정이 충족되었다고 할 수 있다.

## 4) 측정의 정확성에 대한 가정

공변수에 측정오차가 없어야 한다. 측정오차는 공변수와 종속변수의 상관계수를 축소시켜 회귀계수를 축소시키고, 조정평균에 영향을 준다. 따라서 공변수에 측정오차가 많이 작용하면 결과를 왜곡시킬 수 있으므로 공분산분석이 실효를 거두려면 공변수 측정의 신뢰도가 높아야 한다.

## 12 기타 고려사항

### 1) 공분산분석의 대안: 무작위구획설계 분산분석

외재변수를 통제하여 연구의 내적 타당성을 높이기 위한 방안은 일반적으로 실험적 방안과 순수한 통계적 방안으로 구분된다. 실험적 방안은 외재변수를 독립변수로 포함하여 외재변수를 통제하는 방법이다. 무작위구획설계는 외재변수를 실험적으로 통제하기 위한 방안이다. 무작위구획설계는 지능, 성적, 사회계층과 같은 구획변수를 독립변수로 포함시켜 오차에서 구획변수 효과(및 구획변수와 독립변수의 상호작용)를 제거한다. 통계적 방안은 외재변수의 효과를 사후에 제거하는 방법이다. 공분산분석은 외재변수를 통계적으로 통제하는 방안이다. 공분산분석에서는 회귀분석을 이용해서 외재변수의 영향을 제거한다.

무작위구획설계와 공분산분석은 외재변수를 통제함으로써 통계분석의 정확성을 높이려는 공통점이 있지만, 실험을 설계하고 결과를 분석할 때 외재변수를 이용하는 방식이 다르다. 공분산분석과 무작위구획설계 중 어느 하나를 선택할 때는 다음 사항을 고려해야 한다.

### (1) 가정

공분산분석은 회귀계수의 동질성(즉, 공변수와 종속변수의 관계가 집단에 따라 다르지 않다는 것)을 가정한다. 그러므로 ① 회귀선이 직선이고, ② 회귀선이 평행하며, ③ 등분산성이 충족되고, ④ 잔차가 정규분포를 이룰 경우에만 공분산분석을 적용해야 한다. 반면, 무작위구획설계는 공분산분석에 비해 가정이 엄격하지 않으므로 동질적인 구획만 구성할 수 있으면 구획변수와 종속변수의 관계에 대해 신경을 쓰지 않아도 된다. 즉, 무작위구획설계는 종속변수와 공변수가 비선형관계에 있더라도 적합하다. 무작위구획설계에서도 등분산성과 정규분포에 대한 가정이 필요하지만, 종속변수와 공변수의 관계가 비선형이거나 회귀선이 평행하지 않으면 무작위구획설계가 적절하다.

### (2) 용이성

무작위구획설계는 개념적으로 단순하고, 통계적 가정이 적다. 반면, 공분산분석은 실험 전에 공변수에 대한 자료를 수집하지 않아도 되므로 상당히 쉬운 방안이다. 한편, 이미 편성되어 있는 집단을 실험집단으로 활용할 경우 무작위구획설계는 불가능하지만, 공분산분석은 가능하다.

### (3) 상관

공변수와 종속변수 간의 집단내 상관계수가 .60보다 크면 공분산분석이 무작위구획설계보다 통계적 검증력이 더 높지만, 상관계수가 .40보다 낮으면 무작위구획설계가 더 낫다. 상관계수가 .40보다 크고 .60보다 낮으면 공분산분석과 무작위구획설계는 우열을 가리기가 어렵다.

## 2) 요인설계의 공분산분석

공분산분석은 요인설계에도 쉽게 적용할 수 있다. 단일요인설계에 대한 공분산분석과 마찬가지로 요인설계의 공분산분석은 오차분산을 감소시켜 통계적 검증력을 높이고, 조정평균의 집단차이에 대한 가설을 검증할 수 있다. 독립변수가 2개인 요인설계에 대한 분산분석과 공분산분석을 비교하면 〈표 14-10〉과 같다.

**〈표 14-10〉 요인설계에 대한 분산분석과 공분산분석의 결과 비교**

| | | $B_1$ | | $B_2$ | | | 변산원 | 자승합 | 자유도 | 평균자승 | $F$ | $p$ |
|---|---|---|---|---|---|---|---|---|---|---|---|---|
| | | 공변수 | 종속변수 | 공변수 | 종속변수 | | | | | | | |
| | | 2 | 11 | 5 | 10 | | A | 22.563 | 1 | 22.563 | 5.44 | .038 |
| $A_1$ | | 1 | 8 | 5 | 8 | 분산 | B | 39.063 | 1 | 39.063 | 9.42 | .010 |
| | | 5 | 8 | 1 | 10 | 분석 | AB | 14.063 | 1 | 14.063 | 3.39 | .090 |
| | | 4 | 7 | 3 | 11 | | 오차 | 49.750 | 12 | 4.146 | | |
| | | | | | | | | 125.439 | | | | |
| | | 2 | 12 | 4 | 15 | | 공변수 | 16.509 | 1 | 16.509 | 5.46 | .039 |
| | | 3 | 7 | 5 | 12 | 공분산 | A | 22.563 | 1 | 22.563 | 7.47 | .019 |
| $A_2$ | | 4 | 6 | 3 | 16 | 분석 | B | 53.040 | 1 | 53.040 | 17.55 | .002 |
| | | 1 | 11 | 4 | 13 | | AB | 19.707 | 1 | 19.707 | 6.52 | .027 |
| | | | | | | | 오차 | 32.241 | 11 | 3.022 | | |

위의 예시된 것처럼 이원분산분석에서는 독립변수 A와 B의 주효과가 통계적으로 유의했지만, 상호작용은 통계적으로 유의하지 않았다. 그렇지만 공분산분석에서는 A와 B의 주효과를 검증하기 위한 $F$ 값이 더 커졌을 뿐만 아니라 상호작용이 통계적으로 유의했다. 공분산분석에서 통계적 검증력이 더 높아진 것은 오차분산(3.022)이 분산분석의 오차분산(4.146)에 비해 상당히 감소했기 때문이다. 이러한 결과는 분산분석에 비해 공분산분석의 통계적 검증력이 더 높다는 사실은 잘 나타낸다.

## 3) 공변수가 2개 이상인 경우

공분산분석의 통계적 검증력은 공변수의 수에 비례한다. 그러므로 공변수가 2개이면 공변수가 1개일 때보다 통계적 검증력이 더 높다. 단, 공변수가 2개일 때 통계적 검증력이 더 높으려면 두 번째 공변수가 종속변수와 상관이 높으면서, 첫 번째 공변수와 상관이 거의 없어야 한다. 왜냐하면 종속변수와 상관이 높으면서 첫 번째 공변수와 상관이 없어야 두 번째 공변수가 종속변수의 평균을 조정하고 오차분산을 조정하는 데 독자적으로 기여할 수 있기 때문이다. 만약 공변수 간에 상호 상관이 높으면 조정된 집단평균과 통계적인 검증력에 복잡한 방식으로 영향을 미치고, 공변수 하나하나를 별개로 이용해서 공분산분석을 할 때보다 분석의 정확성이 낮아진다.

공변수가 2개 이상일 때도 공변수가 1개인 경우와 동일한 논리와 방법으로 공분산분석을 하면 된다. 공변수가 2개이면 2개의 회귀계수를 추정해야 하므로 계산이 복잡하지만, 통계분석 프로그램을 이용하면 전혀 문제가 되지 않는다.

**1**  교수방법(A, B, C)이 검사점수에 미치는 영향을 밝히기 위한 연구에서 실험 전후 실시한 사전검사와 사후검사의 점수가 표와 같다고 할 때 다음 물음에 답하시오.

세 집단의 사전검사 및 사후검사의 점수

| 교수방법 A | | 교수방법 B | | 교수방법 C | |
|---|---|---|---|---|---|
| 사전검사 | 사후검사 | 사전검사 | 사후검사 | 사전검사 | 사후검사 |
| 190 | 177 | 252 | 226 | 206 | 226 |
| 261 | 225 | 228 | 196 | 239 | 229 |
| 194 | 167 | 240 | 198 | 217 | 215 |
| 217 | 176 | 246 | 206 | 177 | 188 |

1) $\alpha = .05$ 수준에서 사후검사를 종속변수로 하는 일원분산분석을 실시하라.

2) $\alpha = .05$ 수준에서 사전검사를 공변수로 하고 사후검사를 종속변수로 하는 일원공분산분석을 실시하라.

3) 일원분산분석과 공분산분석의 결과를 비교하라.

**2**  과제난이도와 교수방법이 성적에 미치는 영향을 밝히기 위한 연구에서 실험 전후 실시한 사전검사와 사후검사의 점수가 표와 같다고 할 때 다음 물음에 답하시오.

교수방법과 과제난이도에 따른 사전검사 및 사후검사 점수

| 교수방법 | 과제난이도 | | | |
|---|---|---|---|---|
| | 난이도 하 | | 난이도 상 | |
| | 사전검사 | 사후검사 | 사전검사 | 사후검사 |
| 교수방법 A | 206 | 226 | 248 | 229 |
| | 239 | 229 | 208 | 190 |
| | 217 | 215 | 225 | 195 |
| | 177 | 188 | 239 | 202 |
| 교수방법 B | 252 | 226 | 190 | 177 |
| | 228 | 196 | 261 | 225 |
| | 240 | 198 | 194 | 167 |
| | 246 | 206 | 217 | 176 |

1) 영가설을 진술하라.

2) α = .05 수준에서 사후검사를 종속변수로 하는 이원분산분석을 실시하고 분산분석표를 작성하라.

3) α = .05 수준에서 사전검사를 공변수로 하고 사후검사를 종속변수로 하는 이원공분산분석을 실시하고 분산분석표를 작성하라.

4) 이원분산분석과 공분산분석의 결과를 비교하라.

## 정답

1  1) 일원분산분석에 따르면 세 가지 교수방법에 따라 점수차이가 없다.

### 일원분산분석표

| 변산원 | 자승합 | 자유도 | 평균자승 | $F$ | $p$ |
|---|---|---|---|---|---|
| 집단간 | 1696.672 | 2 | 848.083 | 2.079 | .181 |
| 집단내 | 3670.750 | 9 | 407.861 | | |
| 전체 | 5366.917 | 11 | | | |

2) 공분산분석에 따르면 세 가지 교수방법에 따라 점수차이가 있다.

### 일원공분산분석표

| 변산원 | 자승합 | 자유도 | 평균자승 | $F$ | $p$ |
|---|---|---|---|---|---|
| 사전검사 | 2922.071 | 1 | 2922.071 | 31.224 | .001 |
| 집단간 | 2401.757 | 2 | 1200.878 | 12.832 | .003 |
| 집단내 | 748.689 | 8 | 93.585 | | |
| 전체 | 5366.917 | 10 | | | |

3) 일원분산분석에서는 교수방법의 효과가 통계적으로 유의하지 않았으나, 공분산분석에서는 교수방법의 효과가 통계적으로 유의한 것으로 나타났다. 이것은 공분산분석이 분산분석보다 통계적 검증력이 더 높다는 것을 의미한다.

2   1) 교수방법의 주효과: 교수방법에 따라 검사점수는 차이가 없다.

    과제난이도 주효과: 과제난이도에 따라 검사점수는 차이가 없다.

    상호작용: 교수방법과 과제난이도 간의 상호작용이 없다.

  2) 이원분산분석

**이원분산분석표**

| 변산원 | 자승합 | 자유도 | 평균자승 | $F$ | $p$ |
|---|---|---|---|---|---|
| 과제난이도(A) | 945.563 | 1 | 945.563 | 2.479 | .141 |
| 교수방법(B) | 663.063 | 1 | 663.063 | 1.739 | .212 |
| AB | 95.063 | 1 | 95.063 | .249 | .627 |
| 오차 | 4576.750 | 12 | 381.396 | | |
| 전체 | 6280.438 | 15 | | | |

 3) 이원공분산분석

**이원공분산분석표**

| 변산원 | 자승합 | 자유도 | 평균자승 | $F$ | $p$ |
|---|---|---|---|---|---|
| 사전검사 | 583.111 | 1 | 3583.111 | 39.667 | .000 |
| 과제난이도(A) | 696.042 | 1 | 692.042 | 7.705 | .018 |
| 교수방법(B) | 1427.415 | 1 | 1427.415 | 15.802 | .002 |
| AB | 462.334 | 1 | 462.334 | 5.118 | .045 |
| 오차 | 993.639 | 11 | 90.331 | | |
| 전체 | 6280.438 | 15 | | | |

 4) 이원분산분석에서는 교수방법의 주효과, 과제난이도의 주효과, 교수방법과 과제난이도 간의 상호작용이 모두 통계적으로 유의하지 않았다. 이에 반해 이원공분산분석에서는 교수방법의 주효과, 과제난이도의 주효과, 교수방법과 과제난이도 간의 상호작용이 모두 통계적으로 유의했다.

제**15**장

# 카이제곱($\chi^2$) 검증

**1.** $\chi^2$ 분포의 성질
**2.** $\chi^2$ 적합도 검증
**3.** $\chi^2$ 독립성 검증
**4.** $\chi^2$ 동질성 검증
**5.** 종속표본 동질성 검증

학 / 습 / 목 / 표

- $\chi^2$ 분포의 성질을 기술한다.
- $\chi^2$ 적합도 검증으로 자료를 분석한다.
- $\chi^2$ 독립성 검증으로 자료를 분석한다.
- $\chi^2$ 동질성 검증으로 자료를 분석한다.
- McNemar 검증으로 자료를 분석한다.
- Cochran 검증으로 자료를 분석한다.

모수통계방법인 $t$ 검증이나 분산분석은 종속변수의 측정수준이 동간척도 혹은 비율척도일 때 적용할 수 있으므로 명명척도나 서열척도의 자료에는 적용할 수 없다. 종속변수가 서열척도이거나 명명척도이면 비모수검증을 해야 한다. 명명척도는 상호배타적인 범주로 구성되기 때문에 각 범주의 빈도는 계산할 수 있으나, 평균이나 분산은 구할 수 없다. 예를 들어, 대학생을 전공별로 구분했을 때 전공별 학생수는 구할 수 있으나, 전공의 평균이나 분산은 구할 수 없다. 이 경우 전공의 평균이 2.5라고 하거나 분산이 1.5라고 하는 것은 아무 의미가 없다.

**카이제곱 검증**($\chi^2$ test)은 상호배타적인 범주로 이루어진 질적 변수(즉, 명명척도)에서 관찰빈도가 기대빈도(이론빈도)와 차이가 있는지를 검증하는 방법이다. 사회과학 분야에서는 종속변수가 명명척도인 경우가 적지 않기 때문에 $\chi^2$ 검증의 활용도는 상당히 높다.

이 장에서는 먼저 $\chi^2$ 분포의 성질을 살펴본 다음, $\chi^2$ 분포를 이용하여 가설을 검증하는 방법으로 많이 사용되고 있는 ① 적합도 검증, ② 독립성 검증, ③ 동질성 검증, ④ 종속표본 비율검증에 대해 소개한다.

# 1 $\chi^2$ 분포의 성질

$\chi^2$ **검증**은 $\chi^2$ 분포를 이용하여 가설을 검증한다. $\chi^2$ 검증의 검증통계량 $\chi^2$ ($\chi^2 = \sum \frac{(O-E)^2}{E}$)은 관찰빈도($O$: 표본에서 관찰한 빈도)가 기대빈도($E$: 영가설이 참일 때 기대되는 이론빈도)와 일치하지 않는 정도를 나타낸다. 관찰빈도와 기대빈도의 차이를 제곱하는 이유는 기대빈도와 관찰빈도의 차이의 합은 항상 0이 되기 때문이다($\sum(O-E) = \sum O - \sum E = n - n = 0$). 그런데 $\sum(O-E)^2$은 단순히 관찰빈도와 기대빈도가 차이가 있는 정도만 나타낸다. 그래서 이 차이를 기대빈도에 비추어 상대적 크기로 나타낸 것이 $\chi^2$이다. $\chi^2$은 관찰빈도가 기대빈도와 비슷할수록 작아지고, 반대로 관찰빈도와 기대빈도의 차이가 클수록 커진다. 관찰빈도와 기대빈도와 완전히 일치하면 $\chi^2$은 0이다.

표본에서 구한 $\chi^2$ 값의 통계적 유의성을 판단하려면 $\chi^2$의 표집분포를 이용해야 한다. 〈부록 표 10〉에 제시되어 있는 $\chi^2$의 표집분포를 만드는 과정을 간단히 살펴보면 다음과 같다. 정규분포를 이루는 모집단에서 무작위로 표집한 100명을 관찰한 결과를 토대로 빈도분포를 작성한다고 하자. 그 빈도분포를 1 표준편차 간격으로 4등분한 다음, 각 부분의 관찰빈도를 구한다. 관찰빈도의 분포는 표집오차로 인해 기대빈도의 분포와 일치하지 않을 것이다. 이 자료에서 $\chi^2$ 값을 구한다. 이러한 절차를 3,000회 반복하면 3,000개의 $\chi^2$ 값으로 이루어진 $\chi^2$의 표집분포를 만들 수 있다.

$\chi^2$의 표집분포를 이용하면 영가설이 참인 조건에서 표본에서 구한 $\chi^2$ 값을 얻을 확률을 알 수 있다. $\chi^2$의 표집분포에서 표본에서 구한 $\chi^2$ 값이 나타날 확률이 낮다는 것은 영가설을 부정하는 증거로 간주된다. 그러므로 $\chi^2$의 표집분포에서 표본에서 구한 $\chi^2$ 값이 나타날 확률이 낮으면 관찰빈도와 기대빈도가 차이가 없다는 영가설을 기각할 수 있는 확률이 높아진다. $\chi^2$ 분포의 특징은 다음과 같다.

① $\chi^2$ 값은 항상 양수의 값만 갖는다. 왜냐하면 $\chi^2$ 값을 구할 때는 관찰빈도와 기대빈도의 차이를 제곱하기 때문이다. 따라서 $\chi^2$ 검증에서 검증되는 가설은 비방향가설(nondirectional hypothesis)이고, 그 결과 $\chi^2$ 분포에서 기각역은 항상 오른쪽에 존재한다.

② 정규분포나 $t$ 분포와 달리, $\chi^2$ 분포는 비대칭이다. $\chi^2$ 분포는 자유도가 작을수록 정적 편포를 이루고, 자유도가 클수록 정규분포에 접근한다.

③ $\chi^2$ 값은 관찰빈도와 기대빈도의 차이가 클수록 커지고, 관찰빈도가 기대빈도와 일치하면 0이 된다. 관찰빈도와 기대빈도의 차이가 $\chi^2$에 미치는 영향은 기대빈도에 따라 다르다. 가령 10개의 동전을 던졌을 때 앞면이 9개 나오면 기대빈도는 5이므로 동전을 의심할 수 있다. 반면, 1,000개의 동전을 던졌을 때 앞면이 504회 나왔다면 차이 4는 그다지 크지 않다. 따라서 관찰빈도와 기대빈도의 차이는 기대빈도에 따라 다르게 해석된다. $\chi^2$ 값을 구할 때 관찰빈도와 기대빈도의 차이를 기대빈도로 나누는 것은 이 때문이다.

④ $\chi^2$ 분포는 [그림 15–1]과 같이 자유도(범주의 수가 많을수록 자유도가 커진다.)에 따라 달라진다. $\chi^2$ 값은 범주의 수가 많을수록 커진다. 그러므로 범주의 수(결과적으로 자유도)가 많을수록 영가설을 기각하려면 표본에서 구한 $\chi^2$ 값이 커야 한다.

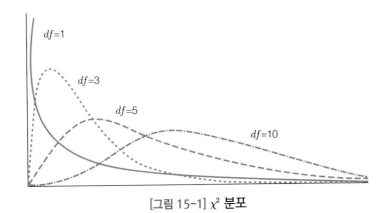

[그림 15-1] $\chi^2$ 분포

# 2 $\chi^2$ 적합도 검증

$\chi^2$ **적합도 검증**(適合度 檢證, goodness of fit test)은 모집단에서 무작위로 표집한 특정 표본의 관찰빈도가 기대빈도(이론빈도)에 합치되는지를 검증하는 방법이다. 적합도 검증이라고 하는 것은 특정 표본의 관찰빈도가 기대빈도에 적합한지 검증한다는 의미를 갖고 있다. 그래서 이를 **단일표본 $\chi^2$ 검증**(one sample $\chi^2$ test)이라고 한다. 적합도 검증을 적용할 수 있는 상황을 예시하면 다음과 같다.

- 도서관에서 대출되는 도서의 수가 요일에 따라 차이가 있는지를 검증한다.
- 요일별 교통사고 발생빈도가 이론적으로 기대되는 빈도와 차이가 있는지를 검증한다.
- 주사위를 100회 던졌을 때 1, 2, 3, 4, 5, 6이 나오는 횟수가 차이가 있는지 검증한다.

적합도 검증을 하자면 모집단에서 무작위로 하나의 표본을 표집한 다음 연구대상을 해당범주로 분류해야 한다. 연구대상을 한 변수의 범주를 기준으로 분류한 표를 일원빈도분포(one way frequency table)라고 한다.

## 1) 적합도 검증의 요건

① 각 사례는 상호배타적이고 망라적인 범주 중 하나의 범주에만 속해야 하고, 서로 독립이어야 한다.

② 각 사례는 빈도로 측정되어야 한다.

③ 각 범주의 기대빈도는 5보다 커야 한다(각 범주의 관찰빈도가 5보다 커야 한다는 조건은 없다). 기대빈도가 5보다 작은 범주가 있으면 다른 범주와 합해서 기대빈도가 5보다 크도록 해야 한다.

### 기대빈도의 계산

1. 모든 범주들의 기대빈도가 같을 때 각 범주의 기대빈도는 전체 관찰빈도 $n$을 범주의 수 $k$로 나눈 값이다($E = n/k$). 예를 들어, 주사위를 30회 던진다고 할 때 각 숫자의 기대빈도는 5(30/6=5)가 된다.

2. 기대빈도가 다를 때 각 범주의 기대빈도는 전체 관찰빈도 $n$을 각 범주의 확률 $p$와 곱한 값이다($E = np$).

## 2) 적합도 검증의 통계적 가설

$H_o$: 모든 범주들의 관찰빈도는 기대빈도(이론빈도)와 같다.
$H_1$: 모든 범주들의 관찰빈도는 기대빈도(이론빈도)와 다르다.

## 3) 적합도 검증의 검증통계량

적합도 검증의 검증통계량 $\chi^2$는 다음 공식으로 계산하면 된다.

$$\chi^2 = \sum \frac{(O-E)^2}{E}$$

검증통계량 $\chi^2$은 관찰빈도가 기대빈도와 비슷할수록 작아지고, 차이가 있을수록 커진다. 물론 관찰빈도와 기대빈도가 완전히 일치하면 $\chi^2$은 0이 된다.

검증통계량 $\chi^2$은 영가설이 참인 조건에서 $\chi^2$ 분포를 따르므로 표본에서 구한 $\chi^2$ 값이 크다는 것은 $\chi^2$ 분포에서 그 값이 나타날 확률이 낮다는 것을 의미하고, 그 결과 영가설을 부정하는 증거로 간주된다. 그러므로 표본에서 구한 $\chi^2$ 값이 클수록 영가설을 기각할 수 있는 확률이 높아진다.

## 4) 적합도 검증의 임계치와 영가설 기각여부 결정

적합도 검증의 임계치는 ① 유의수준 $\alpha$, ② 자유도를 고려해서 구한다. $\chi^2$의 자유도는 $k-1$($k$: 범주의 수)인데, 이것은 $k-1$개 범주에 자유롭게 빈도를 부여할 수 있음을 의미한다(단, 음수의 빈도나 전체 사례수보다 큰 빈도는 부여할 수 없다.). 예를 들어, 범주의 수가 4개이고 전체 빈도가 100명일 때 3개 범주의 빈도는 자유롭게 변할 수 있으나 네 번째 범주의 빈도는 자동적으로 결정되므로 자유도는 3이다. 적합도 검증은 항상 비방향검증이다. 그러므로 검증통계량 $\chi^2$의 값이 임계치보다 크거나 같으면 관찰빈도가 기대빈도가 같다는 영가설을 기각하면 된다.

〈표 15-1〉 $\chi^2$ 적합도 검증(예시)

다음 표에서 관찰빈도는 요일별로 결석한 학생수를 나타낸다. 요일별로 결석한 학생수가 차이가 있는지를 $\alpha = .05$ 수준에서 검증하라.

|  | 월 | 화 | 수 | 목 | 금 |
|---|---|---|---|---|---|
| 관찰빈도 | 31 | 42 | 18 | 25 | 31 |
| 기대빈도 | 29.4 | 29.4 | 29.4 | 29.4 | 29.4 |

※ 모든 요일의 결석학생수가 같다고 가정하면 기대빈도는 29.4(147/5=29.4)다.

| 1. 통계적 가설 진술 | $H_0$: 관찰빈도와 기대빈도는 같다. <br> $H_1$: 관찰빈도와 기대빈도는 다르다. |
|---|---|
| 2. 검증통계량 계산 | $\chi^2 = \dfrac{(31-29.4)^2}{29.4} + \dfrac{(42-29.4)^2}{29.4} + \dfrac{(18-29.4)^2}{29.4} + \dfrac{(25-29.4)^2}{29.4}$ <br> $+ \dfrac{(31-29.4)^2}{29.4} = 10.66$ |
| 3. 임계치 결정 | $\alpha = .05$, $df = 4$에서 임계치는 $\chi^2 = 9.488$이다. |
| 4. 영가설 기각 여부 결정 | 검증통계량의 값 $\chi^2 = 10.66$은 임계치 9.488보다 크므로 영가설을 기각한다. |
| 5. 결론도출 | 관찰빈도와 기대빈도는 유의한 차이가 있다. |

**Mendel의 유전법칙과 $\chi^2$ 적합도 검증**

현대 유전학의 토대를 구축한 오스트리아 수도사 Mendel(1822~1884)은 유전법칙을 정립하기 위한 실험에서 매끄러운 완두콩과 주름진 완두콩을 교배시킨 다음 우성과 열성에 따라 후손의 특성을 예측했다. Mendel은 관찰된 결과(수확한 완두콩)를 이론적 결과와 비교하여 이론의 타당성을 검증했는데, $\chi^2$ 적합도 검증으로 이론의 타당성을 검증했다고 한다.

# 3 $\chi^2$ 독립성 검증

$\chi^2$ **독립성 검증**(獨立性 檢證, independence test)은 두 범주변수가 통계적으로 서로 관련되는지를 검증하는 방법이다. 바꾸어 말하면 독립성 검증은 두 범주변수들이 통계적으로 독립인지를 검증하는 방법이다. 단, 독립성 검증에서 관련성(contingency)은 통계적 의존성(statistical dependence)을 의미하는 것이며 인과관계를 의미하지는 않는다.

통계적으로 독립이라는 것은 특정 변수에 대한 정보가 다른 변수에 전혀 영향을 미치지 않는다는 것을 의미한다. 그러므로 두 변수가 통계적으로 독립이면 특정 변수의 출현확률이 다른 변수의 출현확률에 영향을 미치지 않는다. 예를 들어, 주사위를 던졌을 때 특정 숫자의 출현확률은 다른 숫자의 출현확률에 영향을 주지 않고, 동전을 던졌을 때 앞면과 뒷면이 나올 확률은 서로 영향을 미치지 않으므로 독립이다. 이를 달리 표현하면 변수 $X$의 범주별로 변수 $Y$의 분포가 동일하면 변수 $X$와 $Y$는 통계적으로 독립이다. 또 변수 $Y$의 범주별로 $X$의 분포가 동일하면 변수 $X$와 $Y$는 통계적으로 독립이다. 예를 들어, 결혼여부의 분포(미혼, 결혼, 사별, 이혼)가 성별(남자, 여자)에 관계없이 동일하면 결혼여부와 성별은 통계적으로 독립이다. 독립성 검증의 예를 들면 다음과 같다.

- 성인집단에서 소득수준(상, 중, 하)과 학력(고등학교 졸업, 대학 졸업)이 관련이 있는지를 검증한다.
- 흡연 상태와 폐암여부가 관련이 있는지를 검증한다.

• 성별(남, 여)과 소득수준(상, 중, 하)이 관련이 있는지를 검증한다.

독립성 검증을 하자면 모집단에서 무작위로 표본을 추출한 다음, 대상을 두 범주변수를 기준으로 이원분류표(two-way table)를 작성해야 한다. 이원분류표는 두 변수를 동시에 고려하여 사람이나 사물을 분류한 표를 말하는데, 분할표, 교차표 (cross-tabulation), 유관표(contingency table)라고 한다. 이원분류표에서 열(row)은 한 범주변수의 범주를, 행(column)은 다른 범주변수의 범주를 나타낸다. 분할표의 크기는 범주의 수에 따라 2×2, 2×3, …, $r×c$ 등 다양한데, 분할표에서 첫 번째 숫자는 열의 범주수를, 두 번째 숫자는 행의 범주수를 나타낸다.

분할표를 이용한 가설검증은 독립성 검증과 동질성 검증으로 나뉜다. 이 두 가지 검증의 절차는 동일하지만, 목적은 다르다는 점에 유의해야 한다. 즉, 독립성 검증은 분할표의 두 범주변수가 관련되는지를 검증하는 방법이지만, 동질성 검증은 여러 모집단의 비율차이를 검증하는 방법이다(제4절 참조).

## 1) 독립성 검증의 요건

① 각 사례는 상호배타적이고 망라적인 범주 중 하나의 범주에만 속해야 하고, 서로 독립이어야 한다.
② 각 사례는 빈도로 측정되어야 한다.
③ 각 범주의 기대빈도는 5보다 커야 한다(각 범주의 관찰빈도가 5보다 커야 한다는 조건은 없다.). 기대빈도가 5보다 작은 범주가 있으면 다른 범주와 결합해서 기대빈도가 5보다 크도록 해야 한다.

## 2) 독립성 검증의 통계적 가설

$H_o$: 두 범주변수들은 독립이다(관련이 없다).　$H_1$: 두 범주변수들은 관련이 있다.

## 3) 독립성 검증의 검증통계량

$\chi^2$ 독립성 검증의 검증통계량을 계산하는 공식은 적합도 검증과 같다.

$$\chi^2 = \sum \frac{(O-E)^2}{E}$$

그러므로 $\chi^2$ 값은 관찰빈도가 기대빈도와 비슷할수록 작아지고, 관찰빈도와 기대빈도의 차이가 클수록 커진다. 관찰빈도와 기대빈도가 완전히 일치하면 $\chi^2$ 값은 0이 된다. 표본에서 구한 $\chi^2$ 값이 크다는 것은 영가설이 참일 때 $\chi^2$ 분포에서 그 값이 나타날 확률이 낮다는 것을 의미하므로, 영가설을 부정하는 증거로 간주된다. 그러므로 표본에서 구한 $\chi^2$의 값이 클수록 영가설을 기각할 수 있는 확률이 높다.

분할표의 자유도가 1인 경우(즉, 2×2 분할표의 경우) 다음 공식으로 Yates의 연속성 교정(Yates correction for continuity)을 해야 한다는 주장도 있다.

$$\chi^2 = \sum \frac{(|O-E|-.5)^2}{E}$$

그러나 $\chi^2$은 상당히 보수적이기 때문에 연속성의 교정이 필요하지 않다고 주장하는 학자들이 더 많다(Bluman, 1997, p. 536).

## 4) 독립성 검증의 임계치와 영가설 기각여부 결정

임계치는 ① 유의수준 $\alpha$, ② 자유도 $(r-1)(c-1)$($r$: 행의 수, $c$: 열의 수)를 고려하여 구한다. 독립성 검증은 항상 비방향검증이다. 그러므로 검증통계량 $\chi^2$ 값이 임계치보다 크거나 같으면 두 변수가 관계가 없다는 영가설을 기각하면 된다.

〈표 15-2〉 $\chi^2$ 독립성 검증(예시)

다음 자료를 이용하여 성별과 북한지원정책에 대한 찬반여부가 통계적으로 유의한 관계가 있는지를 $\alpha = .05$ 수준에서 검증하라.

| 성별에 따른 찬반여부(괄호 안은 기대빈도) | | | |
|---|---|---|---|
| | 찬성 | 반대 | 합계 |
| 남학생($n=40$) | 32(25.6) | 8(14.4) | 40 |
| 여학생($n=160$) | 96(102.4) | 64(57.6) | 160 |
| 합계 | 128 | 72 | 200 |

| 1. 통계적 가설 진술 | $H_o$ : 성별과 찬성여부는 관계가 없다.<br>$H_1$ : 성별과 찬성여부는 관계가 있다. |
|---|---|
| 2. 검증통계량 계산 | $\chi^2 = \dfrac{(32-25.6)^2}{25.6} + \dfrac{(8-14.4)^2}{14.4} + \dfrac{(96-102.4)^2}{102.4} + \dfrac{(64-57.6)^2}{57.6} = 5.38$ |
| 3. 임계치 결정 | $\alpha = .05$, $df = 1$ 에서 임계치는 $\chi^2 = 3.841$ 이다. |
| 4. 영가설 기각 여부 결정 | 검증통계량의 값 $\chi^2 = 5.38$은 임계치보다 크므로 영가설을 기각한다. |
| 5. 결론도출 | 성별과 찬성여부는 통계적으로 관계가 있다. |

\* 기대빈도 E는 다음과 같은 방식으로 계산한다.

$$E = \frac{\text{행의합} \times \text{열의합}}{\text{총합}}$$

그러므로 표에 제시된 자료에서 각 범주의 기대빈도는 다음과 같다.

$$E_{11} = \frac{40 \times 128}{200} = 25.6 \quad E_{12} = \frac{40 \times 72}{200} = 14.4 \quad E_{21} = \frac{128 \times 160}{200} = 102.4 \quad E_{22} = \frac{72 \times 160}{200} = 57.6$$

## 5) Cramer의 상관계수와 파이계수

독립성 검증에서 영가설이 기각되면 두 변수가 관련이 있다는 것을 의미하므로 두 변수 간의 상관을 구할 수 있다. 독립성 검증결과가 통계적으로 유의할 때 두 범주변수 간의 상관은 Cramer의 상관계수나 파이계수로 구할 수 있다. **Cramer의 상관계수**(Cramer's measure of association; $V_C$)를 구하는 공식은 다음과 같다.

$$V_C = \frac{\sqrt{\chi^2/n}}{\sqrt{s-1}} = \sqrt{\frac{\chi^2}{N(s-1)}}$$

s는 열과 행의 범주 중에서 작은 수, $N$은 전체 사례수를 말한다. Cramer의 상관계수는 두 변수가 상관이 전혀 없을 경우 0이고, 완전한 상관이 있을 경우 1이다. 〈표 15-2〉의 자료에서 성별과 찬반여부에 대한 Cramer의 상관계수 $V_C$ 는 다음과 같다.

$$V_C = \sqrt{\frac{\chi^2}{N(s-1)}} = \sqrt{\frac{5.556}{200(2-1)}} = .167$$

Cramer의 상관계수 $V_C$는 $\chi^2$ 독립성 검증의 결과가 통계적으로 유의할 때만 계산해야 한다. 독립성 검증에서 $\chi^2$가 통계적으로 유의하지 않다는 것은 두 변수의 관계가 우연적인 요인에 의해 나타났음을 의미하므로 상관을 구할 필요가 없다.

Cramer의 상관계수는 같은 목적으로 사용되고 있는 **유관계수**(coefficient of contingency; $C$)와 다르다.

$$C = \sqrt{\frac{\chi^2}{N + \chi^2}}$$

$C$의 가장 큰 단점은 범주의 수가 무한이 아니면 결코 1.0이 될 수 없다는 것이다. 이러한 사실을 고려할 때 Cramer의 상관계수가 $C$보다 활용도가 더 높다.

한편, 2×2 분할표의 경우 s=2이므로 $V_C$는 다음의 **파이계수**($\phi$)와 같다.

$$\phi = \sqrt{\frac{\chi^2}{N}}$$

$\phi$는 두 범주변수 간의 상관을 나타낸다. $\phi$의 범위는 0에서 +1.0이다. 그러므로 $\phi$는 두 변수가 완전히 독립적이면 0이고, 완전한 상관이 있으면 +1.0이다.

## 6) SPSS를 활용한 $\chi^2$ 독립성 검증과 상관계수 계산

SPSS로 $\chi^2$ 검증을 하는 방법은 두 가지가 있다.

① 원자료를 입력해서 **기술통계량(E)-교차분석(C)**으로 분석하는 방법(가장 일반적)
   • **분석(A)-기술통계량(E)-교차분석(C)**을 선택한다.
   • **통계량(S)**에서 **카이제곱(H)** 등 필요한 통계량을 선택한다.

② 분할표의 빈도자료를 이용해서 분석하는 방법
   • 분할표의 빈도자료를 입력한다. 자료를 입력할 때는 두 변수의 수준과 각 셀의 빈도를 모두 입력해야 한다.

- 데이터(D)-가중케이스 지정(W)에서 빈도를 가중치로 설정한다.
- 분석(A)-기술통계량(E)-교차분석(C)을 선택한다.
- 통계량(S)에서 카이제곱(H) 등 필요한 통계량을 선택한다.

③ 〈표 15-2〉에 제시되어 있는 $\chi^2$ 독립성 검증 예시자료를 SPSS로 분석한 결과는 다음과 같다.

카이제곱 검정

|  | 값 | 자유도 | 점근 유의확률<br>(양측검정) | 정확한 유의확률<br>(양측검정) | 정확한 유의확률<br>(단측검정) |
|---|---|---|---|---|---|
| Pearson 카이제곱 | 5.556[b] | 1 | .018 |  |  |
| 연속수정[a] | 4.721 | 1 | .030 |  |  |
| 우도비 | 5.971 | 1 | .015 |  |  |
| Fisher의 정확한 검정 |  |  |  | .026 | .013 |
| 유효 케이스 수 | 200 |  |  |  |  |

대칭적 측도

|  |  | 값 | 근사 유의확률 |
|---|---|---|---|
| 명목척도 대 명목척도 | 파이 | -.167 | .018 |
|  | Cramer의 V | .167 | .018 |
| 유효 케이스 수 |  | 200 |  |

## 7) 평정자 신뢰도(Cohen의 kappa 계수)

Cohen의 **kappa 계수**($\kappa$)는 범주변수에 대한 평정자간 신뢰도를 말한다. 그러므로 kappa 계수는 2명의 평정자(관찰자, 채점자)들이 분류한 결과가 일치하는 정도를 나타낸다. 명명척도 자료에서 $\kappa$는 다음 공식으로 구할 수 있다.

$$\kappa = \frac{\sum O - \sum E}{N - \sum E}$$

이 공식에서 $O$는 두 사람이 부여한 점수가 일치하는 범주의 관찰빈도, $E$는 두 사람이 부여한 점수가 일치하는 범주의 기대빈도, $N$은 전체 사례수다.

〈표 15-3〉 kappa 계수의 계산(예시)

영화평론가 두 사람이 213편의 영화를 다섯 등급으로 분류한 결과가 다음과 같을 때 평정자간 신뢰도를 구하라(괄호 안은 기대빈도).

| 평론가 B | 평론가 A | | | | |
|---|---|---|---|---|---|
| | 매우 우수 | 우수 | 보통 | 미흡 | 매우 미흡 |
| 매우 우수 | 12(2.2535) | 7 | 1 | 0 | 0 |
| 우수 | 8 | 25(9.6620) | 9 | 0 | 0 |
| 보통 | 3 | 12 | 45(20.0845) | 8 | 1 |
| 미흡 | 1 | 3 | 6 | 23(11.2300) | 19 |
| 매우 미흡 | 0 | 2 | 1 | 15 | 12(4.5070) |

(1) 관찰빈도와 기대빈도 계산

관찰빈도: $\sum O = 12 + 25 + 45 + 23 + 12 = 117$

기대빈도: $\sum E = 2.2535 + 9.6620 + 20.0845 + 11.2300 + 4.5070 = 47.7370$

(2) kappa 계수 계산: $\kappa = \dfrac{\sum O - \sum E}{N - \sum E} = \dfrac{117 - 47.7370}{213 - 47.7370} = .419$

# 4 $\chi^2$ 동질성 검증

$\chi^2$ **동질성 검증**(同質性 檢證, homogeneity testing)은 $k$개 집단의 비율차이를 검증하는 방법이다. 그래서 이 검증을 비율의 동질성 검증이라고 한다. $\chi^2$ 동질성 검증을 적용할 수 있는 상황을 예시하면 다음과 같다.

- 대학생의 학년에 따라 흡연비율이 차이가 있는지를 검증한다.
- 남학생과 여학생의 대학축제에 대한 찬성률이 다른지를 검증한다.

동질성 검증을 하자면 여러 모집단에서 각각 표본을 추출한 다음, 각 표본의 대상을 해당범주로 분류해야 한다. 동질성 검증에서 영가설이 기각되면 여러 집단이 비율차이가 있다는 것을 의미한다.

동질성 검증과 독립성 검증은 $\chi^2$을 구하고 자유도를 계산하는 방법은 같지만, 검증목적과 연구대상을 표집하는 절차가 완전히 다르다. 우선 독립성 검증의 목적은 범주변수 간의 관련성을 규명하는 데 있지만, 동질성 검증의 목적은 여러 집단의 비율차이를 검증하는 데 있다. 표집의 측면에서 독립성 검증은 한 모집단에서 표본을 추출하여 조사대상을 2개의 범주변수를 기준으로 분류하는 데 비해, 동질성 검증은 여러 모집단에서 각각 표본을 추출한 다음 조사대상을 상호배타적인 범주로 분류한다.

## 1) 동질성 검증의 통계적 가설

$H_o : p_1 = p_2 = p_3 = \cdots = p_k$ ($k$개 집단의 비율은 같다.)
$H_1$: 적어도 한 집단은 비율은 다르다.

## 2) 동질성 검증의 검증통계량 계산과 영가설 기각여부 결정

$\chi^2$ 동질성 검증에서 검증통계량을 계산하고 영가설 기각여부를 결정하는 방식은 독립성 검증과 같다.

〈표 15-4〉 $\chi^2$ 동질성 검증(예시)

다음 자료는 행정수도 이전에 대한 태도(찬성, 반대)를 도시별로 요약한 것이다. 도시에 따라 찬성비율이 차이가 있는지를 검증하라.

| | | 행정수도 이전에 대한 반응(괄호 안은 기대빈도) | | | |
| --- | --- | --- | --- | --- | --- |
| 응답 | 부산 | 대구 | 광주 | 인천 | 전체 |
| 찬성 | 120 (99) | 175 (115.5) | 60 (88) | 30 (82.5) | 385 |
| 반대 | 60 (81) | 35 (94.5) | 100 (72) | 120 (67.5) | 315 |
| 전체 | 180 | 210 | 160 | 150 | 700 |

| | |
| --- | --- |
| 1. 통계적 가설 진술 | $H_o : p_1 = p_2 = p_3 = p_4$(네 도시의 찬성비율은 같다.)<br>$H_1$: 적어도 한 도시의 찬성비율은 다르다. |
| 2. 검증통계량 계산 | $\chi^2 = \dfrac{(120-99)^2}{99} + \dfrac{(60-81)^2}{81} + \cdots + \dfrac{(120-67.5)^2}{67.5} = 172.054$ |
| 3. 임계치 결정 | $\alpha = .05$, $df = 3$에서 임계치는 $\chi^2 = 7.815$다. |
| 4. 영가설 기각여부 결정 | 검증통계량의 값 $\chi^2 = 172.054$는 임계치보다 크므로 영가설을 기각한다. |
| 5. 결론도출 | 네 도시의 찬성비율은 유의한 차이가 있다. |

## 3) 동질성 검증의 개별비교

$\chi^2$ 동질성 검증에서 개별비교의 논리와 방법은 분산분석과 거의 같다. 개별비교를 사후비교와 사전비교로 나누어 소개한다.

### (1) 사후비교

동질성 검증에서 영가설이 기각되었다는 것은 집단 간에 비율차이가 있다는 것을 의미한다. 그러나 동질성 검증은 구체적으로 어느 집단과 어느 집단의 비율이 차이가 있는지에 대한 정보를 제공하지 않는다. 그러므로 동질성 검증에서 영가설이 기각되면 어느 집단과 어느 집단의 비율이 차이가 있는지를 구체적으로 확인하기 위해 사후비교를 해야 한다.

사후비교를 하려면 먼저 어느 집단과 어느 집단의 비율을 비교할 것인지 결정해야 한다. 비교가 성립하자면 비교계수의 합이 0이 되어야 한다. 사후비교의 검증통계량과 임계치는 각각 다음과 같다. 그러므로 검증통계량의 절댓값이 임계치보다 크면 영가설을 기각한다. 사후비교의 절차를 간단히 소개한다.

① 검증통계량: $Z = \dfrac{\hat{\psi}(\text{비율차이})}{SE_{\hat{\psi}}(\text{표준오차})}$

- $\hat{\psi} = \hat{p_1} - \hat{p_2}$ ($\hat{p_1}$ : 집단 1의 비율, $\hat{p_2}$ : 집단 2의 비율)

- $SE_{\hat{\psi}}^{2} = \dfrac{\hat{p_1}\hat{q_1}}{n_1} + \dfrac{\hat{p_2}\hat{q_2}}{n_2}$ ($\hat{q_1} = 1 - \hat{p_1}$, $\hat{q_2} = 1 - \hat{p_2}$)

② 임계치: $S^{*} = \sqrt{\chi_{\alpha}^{2}}$ ($\chi_{\alpha}^{2}$ : 유의수준 $\alpha$, 자유도 $df$에 해당하는 $\chi^2$ 분포의 값)

〈표 15-5〉 $\chi^2$ 동질성 검증의 사후비교(예시)

| 위의 동질성 검증에서는 네 도시의 찬성비율이 유의하게 다른 것으로 나타났다. 그 차이를 구체적으로 알아보기 위해 부산과 대구의 찬성비율이 차이가 있는지를 사후비교를 통해 검증하라. | |
|---|---|
| 1. 통계적 가설 진술 | $H_o : p_1 = p_2$ (대구와 부산의 찬성비율은 같다.)<br>$H_1 : p_1 \neq p_2$ (대구와 부산의 찬성비율은 다르다.) |

| 2. 검증통계량 계산 | (1) $\hat{\psi} = \hat{p_1} - \hat{p_2} = \dfrac{120}{180} - \dfrac{175}{210} = .6667 - .8333 = -.1666$ |
|---|---|
| | (2) $SE_{\hat{\psi}}^2 = \dfrac{\hat{p_1}\hat{q_1}}{n_1} + \dfrac{\hat{p_2}\hat{q_2}}{n_2}$ |
| | $\qquad = \dfrac{(120/180)(60/180)}{180} + \dfrac{(175/210)(35/210)}{210} = .0001896$ |
| | (3) $SE_{\hat{\psi}} = .0435$ |
| | (4) $Z = \dfrac{\hat{\psi}}{SE_{\hat{\psi}}} = \dfrac{-.1666}{.0435} = -3.83$ |
| 3. 임계치 결정 | $\alpha = .05$, $df = 3$에서 $\chi^2 = 7.815$이므로 임계치는 2.796이다.<br>($S^* = \sqrt{7.815} = 2.796$) |
| 4. 영가설 기각여부<br>결정 | 검증통계량의 값이 임계치보다 크므로 영가설을 기각한다. |
| 5. 결론도출 | 대구와 부산의 찬성비율은 유의한 차이가 있다. |

〈표 15-5〉에 제시된 자료에 대한 모든 짝비교 결과(pairwise comparison)는 〈표 15-6〉과 같다. 표에 제시되어 있는 것처럼 짝비교 결과는 모두 통계적으로 유의한 것으로 나타났다.

〈표 15-6〉 행정수도 이전에 찬성한 비율에 대한 사후비교

| 비교 | 비율차이 | $SE_{\hat{\psi}}$ | $Z$ |
|---|---|---|---|
| 부산 vs. 대구 | $-.1666$ | .0435 | $-3.83^*$ |
| 부산 vs. 광주 | .2917 | .0520 | $5.61^*$ |
| 부산 vs. 인천 | .4667 | .0480 | $9.72^*$ |
| 대구 vs. 광주 | .4583 | .0469 | $9.77^*$ |
| 대구 vs. 인천 | .6333 | .0424 | $14.94^*$ |
| 광주 vs. 인천 | .1750 | .0510 | $3.43^*$ |

\* $p < .05$

마찬가지 방법으로 복합비교(complex comparison)도 할 수 있다. 예를 들어, 부산 및 대구의 찬성비율이 광주 및 인천의 찬성비율과 차이가 있는지를 검증하면 다음과 같다.

① $\hat{\psi} = (120/390 + 175/390) - (60/310 + 30/310) = 295/390 - 90/310 = .4661$

② $SE_{\hat{\psi}}^2 = [(\frac{120}{390})^2 \frac{\hat{p}_1 \hat{q}_1}{n_1} + (\frac{175}{390})^2 \frac{\hat{p}_2 \hat{q}_2}{n_2}] + [(\frac{-60}{310})^2 \frac{\hat{p}_3 \hat{q}_3}{n_3} + (\frac{-30}{310})^2 \frac{\hat{p}_4 \hat{q}_4}{n_4}]$

$\qquad = .001095$

③ $SE_{\hat{\psi}} = .0331$

④ $Z = \dfrac{\hat{\psi}}{SE_{\hat{\psi}}} = \dfrac{.4661}{.0331} = 14.08$

$\alpha = .05$, 양방검증에서 $Z$ 검증의 임계치는 $Z = \pm 1.96$이다. 검증통계량의 값은 임계치보다 크므로 영가설을 기각할 수 있다. 따라서 부산 및 대구의 찬성비율은 광주 및 인천의 찬성비율과 통계적으로 차이가 있다.

## (2) 사전비교

앞에서 설명한 사후비교는 전반적 가설이 기각된 후 실시된다. 반면, 사전비교는 전반적인 가설을 검증하는 것이 아니라 전반적 가설이 참이라고 가정하고 미리 계획된 비율차이를 검증하기 위해 수행된다. 사전 짝비교의 절차의 절차는 다음과 같다.

① 비교하려는 두 집단(1, 2)의 비율을 구한다.
② 평균비율 $\bar{p}$와 $\bar{q}$를 구한다.
③ 비교하고자 하는 두 집단의 비율차이 $\hat{\psi}$를 구한다.
④ 표준오차 $SE_{\hat{\psi}}$를 구한다($SE_{\hat{\psi}}^2 = \dfrac{\bar{p}\,\bar{q}}{n_1} + \dfrac{\bar{p}\,\bar{q}}{n_2}$)
⑤ 검증통계량을 구한다($Z = \dfrac{\hat{\psi}}{SE_{\hat{\psi}}}$)
⑥ $\alpha$, $C$(비교의 수), 자유도 $df$를 고려하여 〈부록 표 11〉에서 임계치를 찾는다.
⑦ 검증통계량의 절댓값이 임계치보다 크거나 같으면 영가설을 기각한다.

예컨대, 위에 제시된 자료에서 부산과 대구의 찬성비율을 비교한다고 하자. 이 자료는 4개 집단을 포함하고 있으므로 평균비율 $\bar{p}$는 4개 집단에서 구해야 한다. 부산과 대구의 찬성비율을 비교하기 위한 짝비교의 검증통계량 계산절차는 다음과 같다.

① $\bar{p} = \dfrac{120 + 175 + 60 + 30}{180 + 210 + 160 + 150} = \dfrac{385}{700} = .55$    $\bar{q} = 1 - \bar{p} = 1 - .55 = .45$

② $SE_{\hat{\psi}}^2 = \dfrac{\bar{p}\,\bar{q}}{n_1} + \dfrac{\bar{p}\,\bar{q}}{n_2} = \dfrac{(.55)(.45)}{180} + \dfrac{(.55)(.45)}{210} = .0025536$

③ $Z = \dfrac{\dfrac{120}{180} - \dfrac{175}{210}}{\sqrt{.0025536}} = \dfrac{.6667 - .8333}{.0505} = -3.30$

Dunn 중다비교검증을 위한 임계치는 〈부록 표 11〉에서 찾으면 된다. $\alpha = .05$, $C = 6$($C$: 비교의 수), $df_w = \infty$일 때 Dunn 중다비교검증의 임계치는 2.64이므로 검증통계량의 값이 $Z < -2.64$이거나 $Z > 2.64$이면 영가설을 기각할 수 있다. 검증 결과에 따르면 검증통계량의 절댓값이 임계치보다 크므로 부산과 대구의 찬성비율이 차이가 없다는 영가설을 기각할 수 있다. 나머지 짝비교의 값은 〈표 15-7〉에 제시되어 있으니, 직접 구해 보기 바란다.

〈표 15-7〉 찬성비율에 대한 사전 짝비교

| 비교 | 비율차이 | $SE_{\hat{\psi}}$ | $Z$ |
|---|---|---|---|
| 부산 vs. 대구 | $-.1666$ | .0505 | $-3.30^*$ |
| 부산 vs. 광주 | .2917 | .0541 | $5.39^*$ |
| 부산 vs. 인천 | .4667 | .0550 | $8.49^*$ |
| 대구 vs. 광주 | .4583 | .0522 | $8.78^*$ |
| 대구 vs. 인천 | .6333 | .0532 | $11.90^*$ |
| 인천 vs. 광주 | .1750 | .0565 | $3.10^*$ |

$^* p < .05$

〈표 15-7〉에 따르면 모든 비교에서 찬성비율이 통계적으로 차이가 있는 것으로 나타났다. 사후비교와 사전비교는 임계치가 다르다는 점에 유의해야 한다. 위의 예시에서 사후검증의 임계치는 $S^* = \pm 2.79$이지만, 사전비교의 임계치는 $Z = \pm 2.64$이었다. 이것은 사전비교가 사후비교보다 영가설을 기각할 확률이 높다는 것을 의미한다.

### (3) 다분적인 반응자료에서의 개별비교

지금까지 설명한 개별비교는 이분적인 반응에 한정되었지만 개별비교는 다분적 응답에도 적용할 수 있다(다분적인 응답이란 3개 이상의 범주 중에서 한 범주에 응답하는 것을 말한다.). 예를 들어, '각 도시의 가장 중요한 문제는 무엇인가?'라는 설문에 대한 응답이 다음과 같다고 하자.

〈표 15-8〉 도시의 가장 중요한 문제에 대한 응답

| 응답 | 부산 | 대구 | 광주 | 인천 | 전체 |
|---|---|---|---|---|---|
| 환경 | 100 | 80 | 30 | 70 | 280 |
| 교통 | 50 | 90 | 70 | 20 | 230 |
| 치안 | 10 | 30 | 20 | 20 | 80 |
| 경제 | 20 | 10 | 40 | 40 | 110 |
| 전체 | 180 | 210 | 160 | 150 | 700 |

'도시의 가장 중요한 문제는 무엇인가?'라는 설문에 대한 선택지별 응답이 도시에 따라 차이가 있는지를 위에서 설명한 사전비교방법으로 검증할 수 있다. 예를 들어, 부산과 대구가 선택지 1(환경)에 대한 응답비율에서 차이가 있는지를 검증하기 위한 검증통계량은 다음과 같다.

$$Z_{p_{11}-p_{12}} = \frac{100/180 - 80/210}{\sqrt{\frac{1}{180}(280/700)(420/700) + \frac{1}{210}(280/700)(420/700)}}$$

$$= \frac{.1746}{.0498} = 3.51$$

이 자료에서 각 행별로 짝비교(두 도시를 서로 비교하는 것)의 수는 6개이므로 전체 짝비교의 수는 24개다. Dunn의 중다비교검증의 임계치(부록 표 11)는 $\alpha = .05$, 비교의 수=24, $df_w = \infty$ 에서 $Z=\pm3.08$이다. 검증통계량의 값 $Z=3.51$은 임계치보다 크므로 영가설을 기각한다. 따라서 부산과 대구는 도시의 가장 중요한 문제가 환경이라고 응답한 비율이 다르다고 할 수 있다.

위의 논리를 확대하면 여러 행을 합한 응답의 차이를 검증할 수 있다. 예를 들어,

부산과 대구는 도시의 가장 중요한 문제가 환경 혹은 교통이라고 응답한 응답비율에서 차이가 있는지를 검증할 수 있다. 이 경우 비교계수와 비교의 표준오차는 다음과 같다.

① $\hat{\psi} = (\widehat{p_{11}} + \widehat{p_{21}}) - (\widehat{p_{12}} + \widehat{p_{22}})$

　$\widehat{p_{11}} + \widehat{p_{21}} =$ 부산에서 선택지 1(환경) 혹은 선택지 2(교통)를 선택한 비율

　$\widehat{p_{12}} + \widehat{p_{22}} =$ 대구에서 선택지 1(환경) 혹은 선택지 2(교통)를 선택한 비율

② $SE_{\hat{\psi}} = \dfrac{1}{n_1}(\overline{p_{1.}} + \overline{p_{2.}})[1 - (\overline{p_{1.}} + \overline{p_{2.}})] + \dfrac{1}{n_2}(\overline{p_{1.}} + \overline{p_{2.}})[1 - (\overline{p_{1.}} + \overline{p_{2.}})]$

　$(\overline{p_{1.}} = \dfrac{f_{1.}}{n}, \ \overline{p_{2.}} = \dfrac{f_{2.}}{n})$

　부산과 대구가 선택지 1과 선택지 2를 합한 응답비율에서 차이가 있는지를 검증하기 위한 비교계수와 비교의 표준오차는 다음과 같다. 그리고 위의 자료에서 검증통계량을 구하면 다음과 같다.

① 비교계수: $\hat{\psi} = \dfrac{150}{180} - \dfrac{170}{210} = .0238$

　$(\widehat{p_{11}} + \widehat{p_{21}} = \dfrac{100}{180} + \dfrac{50}{180} = \dfrac{150}{180} \qquad \widehat{p_{12}} + \widehat{p_{22}} = \dfrac{80}{210} + \dfrac{90}{210} = \dfrac{170}{210})$

② 비교의 표준오차: $SE_{\hat{\psi}}^2 = \dfrac{1}{180}(\dfrac{510}{700})(\dfrac{190}{700}) + \dfrac{1}{210}(\dfrac{510}{700})(\dfrac{190}{700}) = .00204$

③ 검증통계량: $Z = \dfrac{\hat{\psi}}{SE_{\hat{\psi}}} = \dfrac{.0238}{\sqrt{.00204}} = \dfrac{.0238}{.0452} = .53$

　검증통계량의 값 $Z = .53$은 임계치보다 작으므로 영가설을 기각할 수 없다. 어떤 비교를 해야 할지 모를 경우에는 사후비교를 해야 한다. 사후비교에서 임계치는 $S^* = \sqrt{\chi_\alpha^2}$ 이므로 검증통계량의 값이 임계치보다 크거나 같으면 영가설을 기각하면 된다.

# 5 종속표본 동질성 검증

**종속표본 비율검증**(dependent samples homogeneity testing)은 동일집단 혹은 짝진 집단이 대표하는 모집단의 비율차이를 검증하는 방법이다. 앞에서 다룬 동질성 검증은 두 독립표본이 대표하는 모집단의 비율차이를 검증하는 방법이다. 종속표본 비율검증을 적용할 수 있는 예를 들면, 동일집단에 대한 실험 전후 태도차이가 있는지, 동일집단에 대한 두 평정자의 판단결과가 다른지, 문항 1과 문항 2에 대한 반응이 차이가 있는지를 검증하는 것이다. 종속표본 비율차이를 검증하는 방법으로 McNemar 검증과 Cochran 검증을 소개한다.

## 1) McNemar 검증

**McNemar 검증**은 종속변수가 다음과 같이 2개의 값만 갖는 이분변수일 때 두 종속표본이 각각 대표하는 두 모집단 간의 비율차이를 검증하는 방법이다.

- 1 = 성공 혹은 합격 혹은 정답
- 0 = 실패 혹은 불합격 혹은 오답

McNemar 검증은 주로 실험 전후의 빈도차이를 검증하기 위한 목적으로 사용되고 있으므로 변화의 유의성 검증(McNemar test for the significance of change)이라고 부른다. McNemar 검증을 적용할 수 있는 장면을 예시하면 다음과 같다.

- 수업 전후 학습태도가 변화된 학생들의 비율차이를 검증한다.
- 대통령 후보자의 TV 토론을 시청한 후 시청자들의 후보에 대한 지지율이 달라졌는지를 검증한다.
- 두 명의 관찰자들이 작품을 우수와 열등으로 판단한 비율차이를 검증한다.

McNemar 검증을 하자면 먼저 2×2 분할표를 작성해야 한다. 예를 들어, 수업 전후에 걸쳐 찬반 빈도가 변화되었는지를 분할표로 정리하면 다음과 같다.

|  | 수업 후 | |
|---|---|---|
|  | 찬성 | 반대 |
| 수업 전  찬성 | a | b |
| 수업 전  반대 | c | d |

이 분할표에서 $a$, $b$, $c$, $d$는 범주별 빈도($a$와 $d$는 수업 전후 태도가 변화되지 않은 사람들의 빈도, $b$와 $c$는 수업 후 태도가 변화된 사람들의 빈도)를 나타낸다. $c$는 반대에서 찬성으로, $b$는 찬성에서 반대로 태도를 바꾸었다. 수업이 효과가 없다면 $b$와 $c$는 각각 $(b+c)/2$와 같아야 한다. 따라서 McNemar 검증의 영가설은 다음과 같다.

**(1) McNemar 검증의 통계적 가설**

$H_o$: 수업 전과 수업 후의 찬성비율은 차이가 없다.

$H_1$: 수업 전과 수업 후의 찬성비율은 차이가 있다.

**(2) McNemar 검증의 검증통계량**

McNemar 검증의 검증통계량은 다음과 같이 계산한다.

$$\chi^2 = \frac{(|b-c|-1)^2}{b+c}$$

**(3) McNemar 검증의 임계치와 영가설 기각여부 결정**

임계치는 유의수준과 자유도를 고려하여 $\chi^2$ 분포표에서 구하면 된다. 검증통계량의 값이 임계치와 같거나 그보다 크면 영가설을 기각한다.

〈표 15-9〉 McNemar 검증(예시)

다음 자료는 100명의 학생들을 대상으로 하여 수업 전후의 태도 변화를 측정한 것이다. 수업 후 태도가 변화되었는지를 검증하라.

|  | 수업 후 | |
|---|---|---|
|  | 찬성 | 반대 |
| 수업 전  찬성 | 30 | 40 |
| 수업 전  반대 | 10 | 20 |

| 1. 통계적 가설 진술 | $H_o : p_{수업전 찬성} = p_{수업후 찬성}$ <br> $H_1 : p_{수업전 찬성} \neq p_{수업후 찬성}$ |
|---|---|
| 2. 검증통계량 계산 | $\chi^2 = \dfrac{(\|b-c\|-1)^2}{b+c} = \dfrac{(\|40-10\|-1)^2}{40+10} = \dfrac{29^2}{50} = 16.82$ |
| 3. 임계치 결정 | $\alpha = .05$, $df = 1$에서 임계치는 $\chi^2 = 3.84$다. |
| 4. 영가설 기각여부 결정 | $\chi^2 = 16.82$은 임계치보다 크므로 영가설을 기각한다. |
| 5. 결론도출 | 수업 전후의 찬성비율이 유의한 차이가 있다. |

### (4) SPSS를 활용한 McNemar 검증

① 분석(A)-비모수검증(N)에서 대응 2-표본(L)을 선택한 다음, 대화상자에서 McNemar 검증(M)을 선택한다.

② 검정 대응변수(T)를 선택한다.

## 2) Cochran의 $Q$ 검증

Cochran의 $Q$ 검증은 $k$개 실험조건을 $b$개(명)의 블록 혹은 피험자에게 적용한 반복측정설계나 짝진 집단설계에서 여러 집단 간의 비율차이를 검증하는 방법이다. McNemar 검증과 마찬가지로 Cochran의 $Q$ 검증도 이분변수에 적용된다. Cochran의 $Q$ 검증은 조건이 3개 이상일 때 적용할 수 있으므로 조건이 2개일 때 적용되는 McNemar 검증을 확장시킨 방법이며, 서열척도 자료에 적용되는 Friedman 검증의 특수사례라고 할 수 있다. Cochran $Q$ 검증의 영가설은 $\chi^2$ 동질성 검증의 영가설과 거의 같다. 단, 동질성 검증에서는 모든 측정치가 독립이지만, Cochran의 $Q$ 검증에서는 판단자 내에서 측정치 간에 상관이 있다는 점이 다르다.

### (1) Cochran 검증의 통계적 가설

$H_0 : p_1 = p_2 = \cdots = p_k$ ($k$개 조건의 비율은 같다.)

$H_1 : H_0$는 참이 아니다.

### (2) Cochran 검증의 검증통계량

Cochran $Q$ 검증의 검증통계량은 실험조건별 합계를 $C$라고 하고, 피험자별 합계를 $R$이라고 할 때 다음과 같다($k$= 실험조건수, $N$= 전체 집단의 합계).

$$Q = \frac{k(k-1)\sum C^2 - (k-1)N^2}{kN - \sum R^2}$$

### (3) Cochran 검증의 임계치와 영가설 기각여부 결정

검증통계량 $Q$는 자유도가 $k-1$인 $\chi^2$ 분포를 따르므로 Cochran $Q$ 검증의 임계치는 유의수준과 자유도 $k-1$을 고려해서 찾으면 된다. 검증통계량의 값이 임계치와 같거나 그보다 크면 영가설을 기각한다.

〈표 15-10〉 Cochran 검증(예시)

다음 자료는 10명의 심사위원이 다섯 종류의 교육프로그램(A, B, C, D, E)을 평가하여 양호한 프로그램은 1, 미흡한 프로그램은 0으로 판정한 것이다. 교육프로그램에 따라 양호한 판정을 받은 비율이 차이가 있는지를 검증하라.

| 평정자 | 프로그램 종류 | | | | | 합계 |
|---|---|---|---|---|---|---|
| | A | B | C | D | E | |
| 1 | 0 | 1 | 1 | 0 | 0 | 2 |
| 2 | 0 | 1 | 0 | 1 | 1 | 3 |
| 3 | 0 | 1 | 0 | 1 | 0 | 2 |
| 4 | 0 | 1 | 1 | 0 | 0 | 2 |
| 5 | 1 | 1 | 1 | 0 | 0 | 3 |
| 6 | 0 | 1 | 1 | 0 | 0 | 2 |
| 7 | 0 | 1 | 1 | 0 | 0 | 2 |
| 8 | 0 | 1 | 0 | 0 | 0 | 1 |
| 9 | 0 | 1 | 1 | 0 | 0 | 2 |
| 10 | 0 | 1 | 1 | 1 | 0 | 3 |
| 합계 | 1 | 10 | 7 | 3 | 1 | 22 |
| 백분율 | 10 | 100 | 70 | 30 | 10 | |
| 1. 통계적 가설 진술 | $H_o : p_1 = p_2 = p_3 = p_4 = p_5$ <br> $H_1 :$ 영가설은 참이 아니다. | | | | | |

| 2. 검증통계량 계산 | (1) $N=22$ |
| --- | --- |
| | (2) $\sum C^2 = 1^2 + 10^2 + 7^2 + 3^2 + 1^2 = 160$ |
| | (3) $\sum R^2 = 2^2 + 3^2 + \cdots + 3^2 = 52$ |
| | (4) $Q = \dfrac{5(5-1)(1^2+10^2+7^2+3^2+1^2)-(5-1)22^2}{5\times 22-(2^2+3^2+\cdots+3^2)} = 21.79$ |
| 3. 임계치 결정 | $\alpha=.05$, $df=4$에서 임계치는 $\chi^2=9.488$이다. |
| 4. 영가설 기각여부 결정 | $Q=21.79$는 임계치보다 크므로 영가설을 기각한다. |
| 5. 결론도출 | 교육프로그램에 따라 판정결과가 유의하게 다르다. |

## (4) SPSS를 이용한 Cochran 검증

① 분석(A)-비모수검증(N)에서 대응 k-표본(S)을 선택한다.

② 대화상자에서 Cochran의 $Q$(C)를 선택한다.

② 검정 대응변수(T)를 선택한다. 위의 경우 A, B, C, D, E를 동시에 선택한다.

④ 위의 예시자료에 대해 SPSS로 Cochran 검증을 한 결과는 다음과 같다.

검정 통계량

| N | 10 |
| --- | --- |
| Cochran의 Q | 21.793[a] |
| 자유도 | 4 |
| 근사 유의확률 | .000 |

**1** 관찰빈도와 기대빈도가 비슷하면 $\chi^2$ 값이 어떻게 달라지는지 설명하시오.

**2** 세 가지 강화형태가 반응 횟수에 영향을 미치는지를 분석하기 위해 초등학생 30명을 세 가지 강화조건에 10명씩 무작위로 배치한 후 관찰한 결과, 강화조건별 반응 횟수가 각각 510회, 650회, 320회였다고 한다. 이 자료를 분석하기 위해 $\chi^2$ 검증을 했다고 한다. 분석방법이 적절한지 판단하고, 그 이유를 설명하시오.

**3** 다음 자료는 어느 병원에서 독감환자들을 계절별로 정리한 것이다. 계절에 따라 독감환자가 차이가 있는지를 $\alpha = .05$ 수준에서 검증한다고 할 때 다음 물음에 답하시오.

|          | 봄  | 여름 | 가을 | 겨울 |
|----------|-----|------|------|------|
| 관찰빈도 | 495 | 503  | 491  | 581  |

1) 독감환자의 기대빈도는 얼마인가?
2) 자유도는 얼마인가?
3) 검증통계량의 값은 얼마인가?
4) 임계치는 얼마인가?
5) $\alpha = .05$ 수준에서 계절에 따라 독감환자의 차이가 있다고 할 수 있는가?

**4** 다음 자료는 흡연과 질병의 관련성을 확인하기 위해 1,000명을 표집하여 조사한 결과를 나타내고 있다(괄호 안은 기대빈도). 다음 물음에 답하시오.

|        | 암               | 심장병            | 기타             |      |
|--------|------------------|-------------------|------------------|------|
| 흡연   | 135 (123.50)     | 310 (302.25)      | 205 (224.25)     | 650  |
| 비흡연 | 55 (66.50)       | 155 (162.75)      | 140 (120.75)     | 350  |
|        | 190              | 465               | 345              | 1000 |

1) 검증통계량의 값은 얼마인가?
2) 자유도는 얼마인가?
3) $\alpha = .05$에서 임계치는 얼마인가?
4) 흡연과 질병이 관련이 있다고 할 수 있는가?
5) 흡연과 질병 간의 상관계수는 얼마인가?

**5** 다음 자료는 어려움에 처한 낯선 사람에게 도움을 주는지의 여부를 성별에 따라 정리한 것이다. 다음 물음에 답하시오.

도움행동에 대한 성별반응(괄호 안은 기대빈도)

|  | 도와준다. | 도와주지 않는다. | 합계 |
|---|---|---|---|
| 남자 | 300 (332.83) | 1003 (970.17) | 1303 |
| 여자 | 370 (337.17) | 950 (982.83) | 1953 |
| 합계 | 670 | 1320 | 2623 |

1) 검증통계량의 값은 얼마인가?

2) 이 검증의 자유도는 얼마인가?

3) $\alpha = .05$에서 이 검증의 임계치는 얼마인가?

4) 남자집단과 여자집단의 도움행동 비율은 차이가 있는가?

**6** 다음 자료는 2명의 심리학자가 200명의 환자를 심리장애유형에 따라 분류한 것이다. 이 자료에서 평정자간 신뢰도(kappa 계수)를 구하시오.

2명의 심리학자가 200명의 환자를 분류한 자료(괄호 안은 기대빈도)

| 심리학자 B | 심리학자 A | | | | 합계 |
|---|---|---|---|---|---|
|  | 우울증 | 경계형 | 양극형 | 분열증 |  |
| 우울증 | 68(30.415) | 5 | 2 | 2 | 77 |
| 경계형 | 6 | 15(4.03) | 1 | 4 | 26 |
| 양극형 | 3 | 4 | 23(5.44) | 2 | 32 |
| 분열증 | 2 | 7 | 8 | 48(18.20) | 65 |
| 합계 | 79 | 31 | 34 | 56 | 200 |

**1**  $\chi^2$ 값이 0에 접근한다.

**2**  적절하지 않다. 이 자료는 명명척도가 아니라 비율척도이므로 일원분산분석을 해야 한다.

**3**  1) 517.5    2) 3    3) $\chi^2 = 10.53$    4) $\chi^2 = 7.815$    5) 있다.

**4**  1) $\chi^2 = 8.349$    2) 2    3) $\chi^2 = 5.991$    4) 있다.    5) $V_C = .09$

**5**  1) $\chi^2 = 8.64$    2) 1    3) $\chi^2 = 3.84$    4) 있다.

**6**  $\kappa = \dfrac{\sum O - \sum E}{n - \sum E} = \dfrac{154 - 58.085}{200 - 58.085} = .676$

학 / 습 / 목 / 표

- 비모수검증의 용도를 기술한다.
- 모수검증과 비모수검증을 비교한다.
- 중앙치 검증으로 자료를 분석한다.
- Mann–Whitney $U$ 검증으로 자료를 분석한다.
- Wilcoxon 순위합 검증으로 자료를 분석한다.
- Kruskal–Wallis 검증으로 자료를 분석한다.
- Friedman 검증으로 자료를 분석한다.

$t$ 검증과 분산분석으로 대표되는 **모수검증**(母數檢證, parametric tests)은 모집단의 모수에 대한 영가설(예: $H_o : \mu_1 = \mu_2$)을 검증하기 위한 추리통계방법이다. 모수검증은 활용도가 매우 높다. 그러나 모수검증을 모든 상황에 적용할 수 있는 것은 아니다. 왜냐하면 모수검증을 하려면 ① 종속변수의 측정수준이 동간척도 혹은 비율척도이고, ② 정규분포, 등분산성과 같은 가정이 충족되어야 하기 때문이다. 모수검증을 적용하기 어려운 상황에서는 대안적인 방법으로 비모수검증을 적용해야 한다.

이 장에서는 먼저 비모수검증의 의미를 살펴본 다음, 대표적인 비모수검증방법을 ① 단일표본을 이용한 비모수검증, ② 두 독립표본을 이용한 비모수검증, ③ 두 종속표본을 이용한 비모수검증, ④ $k$개 독립표본을 이용한 비모수검증, ⑤ $k$개 종속표본을 이용한 비모수검증으로 나누어 소개한다(비모수검증방법 중에서 활용도가 가장 높은 $\chi^2$ 검증은 이미 제15장에서 다루었다.).

# 1 비모수검증의 의미

## 1) 비모수검증의 개념

**비모수검증**(非母數檢證, non-parametric tests)은 모집단의 모수에 대한 가설을 검증하지 않는 추리통계방법이다. 비모수검증은 모집단의 정확한 형태에 대해 가정을 하지 않기 때문에 분포로부터 자유로운 검증(distribution-free test) 혹은 가정으로부터 더 자유로운 검증(assumption-freer test)이라고 불리고 있다. 실제 일부 비모수검증은 중앙치와 같은 모수를 검증하지만, 정규분포나 등분산성을 가정하지 않으므로 분포로부터 자유로운 검증이 더 정확한 명칭이다. 그러므로 비모수검증은 모수검증의 가정이 충족되지 않는 상황에서 적용할 수 있는 통계방법이다.

일반적으로 사회과학분야에서는 모수검증이 선호되고 있어, 비모수검증의 활용빈도는 상당히 적은 편이다. 비모수검증이 잘 활용되지 않는 가장 주요한 이유는 모수검증보다 통계적 검증력이 낮기 때문이다. 그러나 통계방법을 선택할 때는 통계적 검증력도 고려해야 하지만 자료의 측정수준이나 모집단의 특성도 감안해야 한다. 비모수검증은 모수검증의 요건이 충족되지 않는 다음과 같은 상황에 적용할 수 있다.

① 종속변수의 측정수준이 명명척도이거나 서열척도다.

② 모수검증의 가정(정규분포, 등분산성 등)이 제대로 충족되지 않는다.

③ 표본을 추출한 모집단의 분포형태를 알 수 없다.

④ 표본크기가 작다.

⑤ 측정이 부정확하다.

⑥ 자료에 극단치가 있어 평균보다 중앙치가 분포를 더 적절하게 대표한다.

비모수검증의 가정은 매우 적은데, 모든 비모수검증에 공통되는 가정은 같은 집단에 속한 점수들이 독립적이고, 여러 집단이 있을 경우 집단 간의 점수들이 독립적이어야 한다는 것이다. 따라서 비모수검증은 다음과 같은 장점을 갖고 있다.

① 엄격한 가정을 충족시키지 않아도 되므로 다양한 상황에 융통성 있게 적용할 수 있다.

② 명명척도나 서열척도 자료에 적용될 수 있다. 모수검증은 원점수를 분석하지만, 비모수검증은 원점수를 부호나 순위로 바꾸어 분석한다. 따라서 부호나 서열 자료의 경우 비모수검증이 적절하다.

③ 모집단의 모수를 포함하지 않은 가설을 검증할 수 있다.

④ 모수검증보다 계산이 쉽고, 이해하기가 용이하다.

반면에, 비모수검증은 다음과 같은 단점을 갖고 있다.

① 동간척도나 비율척도 수준의 자료를 명명척도나 서열척도로 변환하여 분석하므로 정보가 일부 상실될 소지가 있다. 예를 들어, 부호검증은 점수를 중앙치를 기준으로 부호(+ 혹은 −)로 변환하여 검증통계량을 구하기 때문에 자료의 크기를 감안하지 못한다.

② 모수검증보다 통계적 검증력(민감도)이 낮기 때문에 영가설을 기각하자면 모수검증보다 더 강력한 증거가 필요하다. 즉, 비모수검증을 할 경우 모수검증에 비해 집단 간의 점수차이가 더 커야 영가설을 기각할 수 있다.

③ 모수검증보다 효율성이 낮다. 효율성이 높은 검증이란 적은 표본으로 바람직한 검증력을 갖는 검증인데, 비모수검증이 모수검증에 상응할 만한 효율성을

가지려면 사례수가 더 많아야 한다.

## 2) 모수검증과 비모수검증의 비교

모수검증과 비모수검증은 ① 가정, ② 수리적 수준, ③ 적용용이성에서 상당한 차이가 있다.

### (1) 가정

모수검증과 비모수검증은 가정이 다르다. 대부분의 모수검증은 ① 피험자를 무작위로 표집했거나 실험조건에 무작위로 배치했고, ② 모집단이 정규분포를 이루며, ③ 모집단 분산이 같다고 가정한다. 가령 두 집단의 평균차이를 $t$ 검증으로 검증하자면 모집단 분산이 같고, 정규분포를 이루어야 한다는 가정이 충족되어야 한다. 반면, 비모수검증은 가정이 훨씬 적으므로 모수검증이 적용될 수 없는 상황에 적용될 수 있다. 대부분의 비모수검증의 가정은 다음과 같다.

① 모집단에서 표본을 무작위로 추출했거나 실험조건을 무작위로 배치했다.
② 표본을 추출한 모집단은 연속적이다(이것은 모집단에 동일한 값을 갖는 원소가 존재하지 않는다는 가정이다. 그러므로 모집단에서 유한수의 표본을 추출할 때 동일한 값을 무작위로 추출할 수 있는 확률은 0이다. 단, 모집단이 연속적이라고 하더라도 측정단위는 비연속적이므로 실제로는 동일한 값을 여러 번 추출할 수 있다.).

비모수검증의 가정 충족여부는 쉽게 확인할 수 있다. 예를 들어, 표집절차는 연구자가 통제할 수 있으므로 무작위표집 여부를 쉽게 알 수 있고, 모집단의 연속성 여부는 논리적으로 판단할 수 있다. 반면, 모수검증에서는 모집단의 정규성과 등분산성 가정의 충족여부를 논리적으로 확인할 수 없으므로 반드시 경험적으로 검증해야 한다. 모수검증은 가정이 충족될 경우 비모수검증보다 효율성이 더 높지만, 가정이 충족되지 않으면 제1종 오류를 범할 확률이 $\alpha$보다 훨씬 더 높다. 그러므로 모수검증의 가정이 충족되지 않으면 비모수검증을 하는 것이 바람직하다.

## (2) 수리적 수준

모수검증과 비모수검증은 기반이 되는 수리적 수준이 다르다. 모수검증은 일반적으로 통상적인 수준보다 높은 수학적 원리를 기반으로 한다. 반면, 비모수검증은 고등학교 수준의 대수와 기초확률에 근거하고 있으므로 비교적 쉽다.

## (3) 적용용이성

비모수검증은 모수검증보다 적용이 쉽다. 가령 대표적인 비모수검증인 $\chi^2$ 검증은 가장 간단한 측정수준인 빈도를 활용하고 있으며, 계산이 쉽다.

모수검증과 비모수검증 중에서 어느 하나를 선택할 때는 통계적 가정의 충족여부, 집단크기, 자료의 측정수준, 모집단의 성질 등을 고려해야 한다. 자료가 많고 통계적 가정이 충족되면 모수검증이 바람직하다. 반면, 모집단이 명확하지 않고 집단크기가 작거나 통계적 가정이 충족되지 않으면 비모수검증이 합당하다. 선택의 여지가 전혀 없는 경우도 있다. 서열척도나 명명척도 자료에는 반드시 비모수검증을 해야 한다. 상황에 따라 적용할 수 있는 모수검증과 비모수검증을 대비하면 〈표 16-1〉과 같다.

**〈표 16-1〉 모수검증과 비모수검증의 적용 상황**

| 적용 상황 | 모수검증 | 비모수검증 명명척도 | 비모수검증 서열척도 |
|---|---|---|---|
| 단일표본 | $Z$ 검증/$t$ 검증 | $\chi^2$ 적합도 검증 | 단일표본 부호검증<br>Kolmogorov–Sminov 검증* |
| 두 독립표본 | $Z$ 검증/$t$ 검증 | $\chi^2$ 동질성 검증 | Wilcoxon 순위합 검증<br>Mann–Whitney $U$ 검증<br>중앙치 검증 |
| 두 종속표본 | $Z$ 검증/$t$ 검증 | McNemar 검증 | 종속표본 부호검증<br>Wilcoxon 부호순위검증 |
| $k$개 독립표본 | 일원분산분석 | $\chi^2$ 동질성 검증 | Kruskal Wallis 검증<br>중앙치 검증<br>Jonckheere–Terpstra 검증* |
| $k$개 종속표본 | 상관표본 분산분석 | Cochran $Q$ 검증 | Friedman 검증 |

* 이 책에서 다루지 않음.

## 2 단일표본을 이용한 비모수검증: 단일표본 부호검증

**부호검증**(sign test, 기호검증 혹은 사인검증)은 + 부호와 − 부호의 빈도차이를 이용하여 가설을 검증하는 방법이다. 부호검증은 두 집단의 중앙치가 같으면 + 부호와 − 부호의 수가 거의 같을 것이고, 반대로 중앙치가 다르면 + 부호와 − 부호의 수가 다를 것이라고 가정한다. 따라서 부호검증의 영가설은 $p(+)=p(-)=0.5$와 같은 형태로 진술할 수 있다($p$: 비율). 부호검증은 단일표본 부호검증과 종속표본 부호검증으로 나뉜다(종속표본 부호검증은 제4절 참조). **단일표본 부호검증**(single sample sign test)은 단일표본이 대표하는 모집단의 중앙치가 특정 값과 일치하는지를 검증하는 방법이다.

### 1) 통계적 가설

$H_o$: 모집단의 중앙치는 특정 값과 같다.
$H_1$: 모집단의 중앙치는 특정 값과 다르다.

### 2) 검증통계량

① 점수를 중앙치와 비교하여 중앙치보다 크면 +, 중앙치보다 작으면 −, 중앙치와 일치하면 0을 부여한다.
② + 부호의 빈도와 − 부호의 빈도를 각각 구한다. 영가설이 참이면 + 부호의 빈도와 − 부호의 빈도가 거의 일치할 것이고, 영가설이 참이 아니면 + 부호의 빈도와 − 부호의 빈도가 매우 다를 것이다.
③ 검증통계량은 표본크기($n$)에 따라 다르다. $n \leq 25$이면 검증통계량은 + 부호의 빈도와 − 부호의 빈도 중 작은 값이다. 예를 들어, + 부호가 8개이고 − 부호가 3개이면 검증통계량은 3이다. 반면, $n > 25$이면 검증통계량은 $Z = \dfrac{(X+.5)-.5n}{\sqrt{n}/2}$ ($X$: + 혹은 − 부호의 수 중 작은 수)이다.

## 3) 임계치 결정

임계치는 ① 유의수준, ② + 혹은 − 부호의 수(0은 제외), ③ 검증형태(양방검증 혹은 일방검증)를 감안해서 〈부록 표 12〉에서 찾으면 된다. 단, $n > 25$일 경우 임계치를 표준정규분포에서 찾아야 한다.

## 4) 영가설 기각여부 결정, 결론도출

검증통계량의 값이 임계치보다 **작거나 같으면** 영가설을 기각한다. 그리고 영가설 기각여부에 근거해서 적절한 결론을 도출한다.

**〈표 16-2〉 단일표본 부호검증(예시)** $(n \leq 25$인 경우$)$

| | |
|---|---|
| 장난감 가게 주인은 장난감 판매량의 중앙치가 40개라고 주장하고 있다. 무작위로 20일을 선정하여 장난감 판매량을 조사한 결과가 다음과 같을 때 $\alpha = .05$ 수준에서 그의 주장이 맞는지를 검증하라.<br><br>18  43  40  16  22  30  29  32  37  36<br>39  34  39  45  28  36  40  34  39  52 | |
| 1. 통계적 가설 진술 | $H_o : Mdn = 40$<br>$H_1 : Mdn \neq 40$ |
| 2. 검증통계량 계산 | (1) 각 점수를 중앙치(40)와 비교하여 다음과 같이 중앙치보다 크면 +, 중앙치보다 작으면 −, 중앙치와 같으면 0을 부여한다.<br> −  +  0  −  −  −  −  −  −  −<br> −  −  −  +  −  −  0  −  −  +<br>(2) 위에서 + 부호의 빈도는 3이고, − 부호의 빈도는 15다. 검증통계량의 값은 3과 15 중 작은 값이므로 3이다. |
| 3. 임계치 결정 | $\alpha = .05$, 양방검증, 부호의 빈도는 18이므로 임계치는 4다. |
| 4. 영가설 기각여부 결정 | 검증통계량의 값 3은 임계치 4보다 작으므로 영가설을 기각한다. |
| 5. 결론도출 | 장난감 판매량이 40이라는 가게 주인의 주장을 기각할 만한 증거가 충분하다. |

<표 16-3> 단일표본 부호검증(예시)　　　　　　　　　($n > 25$인 경우)

통계청 자료에 따르면 자동차 수명의 중앙치는 8년보다 크다. 자동차 50대를 조사한 결과 21대의 수명이 8년 이상이라고 한다. 이때 $\alpha = .05$ 수준에서 자동차 수명의 중앙치가 8년보다 크다는 위의 주장을 기각할 수 있는지를 검증하라.

| 1. 통계적 가설 진술 | $H_o : Mdn \geq 8$　　　$H_1 : Mdn < 8$ |
|---|---|
| 2. 검증통계량 계산 | $Z = \dfrac{(X + .5) - (n/2)}{\sqrt{n}/2} = \dfrac{(21 + .05) - (50/2)}{\sqrt{50}/2} = -.99$ |
| 3. 임계치 결정 | $\alpha = .05$, $n = 50$, 좌측검증에서 임계치는 $Z = -1.65$다. |
| 4. 영가설 기각여부 결정 | 검증통계량의 값 $Z = -.99$은 임계치 $-1.65$보다 크므로 영가설을 기각하지 못한다. |
| 5. 결론도출 | 자동차 수명이 8년이라는 주장을 기각할 만한 증거가 충분하지 않다. |

## 3　두 독립표본을 이용한 비모수검증

　두 독립표본을 이용하여 두 모집단 간의 차이를 검증하기 위한 비모수방법으로 Mann Whitney 검증, 중앙치 검증, Wilcoxon 순위합 검증을 소개한다. 이 검증은 독립표본 $t$ 검증의 요건이 충족되지 않을 때 적용할 수 있는 검증방법이다.

### 1) Mann-Whitney $U$ 검증

　Mann-Whitney $U$ 검증은 두 독립표본이 각각 대표하는 두 모집단의 중앙치(분포) 차이를 검증하기 위한 통계방법이다. 두 모집단이 정규분포를 이루지 않을 때 적용되는 Mann-Whitney $U$ 검증은 모수통계의 독립표본 $t$ 검증에 대응되는 방법으로, Wilcoxon 순위합 검증과 사실상 같은 검증이다.

#### (1) 통계적 가설
$H_o$: 두 집단의 중앙치(분포)는 같다.
$H_1$: 두 집단의 중앙치(분포)는 다르다.

## (2) 검증통계량 계산

① 두 집단을 합한 전체 집단에서 가장 낮은 점수에 1을 주고 가장 높은 점수에 최대 순위를 주는 방식으로 순위를 부여한다. 두 점수가 같으면 중간순위를 부여한다.

② 검증통계량은 각 집단의 순위합을 구한 후 다음 공식으로 계산한다. 검증통계량은 $U$와 $U'$ 중 작은 값이다.

$$U = n_1 n_2 + \frac{n_1(n_1+1)}{2} - R_1 \, (R_1: \text{집단 1의 순위합})$$

$$U' = n_1 n_2 + \frac{n_2(n_2+1)}{2} - R_2 \, (R_2: \text{집단 2의 순위합})$$

## (3) 임계치와 영가설 기각여부 결정

임계치는 유의수준 $\alpha$, 검증형태, 두 집단의 사례수를 고려하여 〈부록 표 13〉에서 찾으면 된다. 검증통계량의 값이 임계치보다 **작거나 같으면** 영가설을 기각한다.

## (4) 결론도출

영가설 기각여부에 근거해서 적절한 결론을 도출한다. 영가설이 기각되면 두 집단이 차이가 있다고 결론을 내린다.

〈표 16-4〉 Mann Whitney $U$ 검증(예시)

다음 자료는 남학생 집단과 여학생 집단의 추리력검사 점수를 나타낸 것이다. 남학생 집단과 여학생 집단의 추리력점수가 통계적으로 유의한 차이가 있는지를 $\alpha = .05$ 수준에서 Mann Whitney $U$ 검증으로 검증하라.

| 남학생 집단 | | 여학생 집단 | |
|---|---|---|---|
| 점수 | 순위 | 점수 | 순위 |
| 70 | 4 | 82 | 8.5 |
| 86 | 11 | 80 | 7 |
| 60 | 2 | 50 | 1 |
| 92 | 13 | 95 | 16 |
| 82 | 8.5 | 93 | 14 |
| 65 | 3 | 85 | 10 |
| 74 | 5 | 90 | 12 |
| 94 | 15 | 75 | 6 |
| 합계 | 61.5 | | 74.5 |

| 1. 통계적 가설 진술 | $H_0$: 남학생과 여학생의 추리력점수 중앙치는 차이가 없다.<br>$H_1$: 남학생과 여학생의 추리력점수 중앙치는 차이가 있다. |
|---|---|
| 2. 검증통계량 계산 | $U = 8 \times 8 + \dfrac{8(8+1)}{2} - 61.5 = 38.5$<br>$U' = 8 \times 8 + \dfrac{8(8+1)}{2} - 74.5 = 25.5$<br>검증통계량은 $U$와 $U'$ 중 작은 값이므로 25.5다. |
| 3. 임계치 결정 | $\alpha = .05$, 양방검증, $n_1 = n_2 = 8$이므로 임계치는 $U=13$이다. |
| 4. 영가설 기각여부 결정 | 검증통계량의 값은 25.5로 임계치 13보다 크므로 영가설을 기각하지 못한다. |
| 5. 결론도출 | 남학생과 여학생의 추리력점수의 중앙치는 다르지 않다. |

### (5) 대표본에서의 Mann-Whitney 검증

Mann-Whitney의 $U$는 표본크기가 증가함에 따라 정규분포에 접근한다. 그러므로 두 집단의 사례수가 같고 각 집단의 사례수가 20 이상이면 $Z$ 검증으로 집단차이를 검증하면 된다. 대표본에서 Mann-Whitney의 $U$ 검증의 검증통계량은 다음과 같다.

$$Z = \frac{U_1 - U_E}{s_U}$$

① $U_1 = $ 집단 1의 순위합

② $U_E = \dfrac{n_1(n_1+n_2+1)}{2}$ (영가설이 참일 때 순위합)

③ $s_U = \sqrt{\dfrac{n_1 n_2(n_1+n_2+1)}{12}}$ ($U$의 표준오차)

임계치는 유의수준 $\alpha$와 검증형태를 고려해서 표준정규분포에서 찾으면 된다. 검증통계량의 값이 임계치와 같거나 그보다 크면 영가설을 기각한다. 그리고 영가설 기각여부에 근거해서 적절한 결론을 도출한다.

〈표 16-5〉 대표본의 Mann-Whitney $U$ 검증(예시)

실험집단과 통제집단의 사례수가 각각 22명이고 실험집단의 순위합은 630, 통제집단의 순위합은 495다. $\alpha = .05$ 수준에서 실험집단과 통제집단이 차이가 있는지를 Mann-Whitney $U$ 검증으로 검증하라.

| 1. 통계적 가설 진술 | $H_o$: 실험집단과 통제집단의 중앙치는 차이가 없다. <br> $H_1$: 실험집단과 통제집단의 중앙치는 차이가 있다. |
|---|---|
| 2. 검증통계량 계산 | (1) $s_U = \sqrt{\dfrac{22 \times 22(22+22+1)}{12}} = \sqrt{\dfrac{21780}{12}} = 42.60$ <br><br> (2) $U_E = \dfrac{22(22+22+1)}{2} = \dfrac{990}{2} = 495$ <br><br> (3) $Z = \dfrac{U_1 - U_E}{s_U} = \dfrac{630-495}{42.60} = 3.17$ |
| 3. 임계치 결정 | $\alpha = .05$, 양방검증에서 임계치는 $Z = \pm 1.96$이다. |
| 4. 영가설 기각여부 결정 | 검증통계량 값 $Z = 3.17$은 임계치보다 크므로 영가설을 기각한다. |
| 5. 결론도출 | 실험집단과 통제집단의 중앙치는 유의한 차이가 있다. |

(6) SPSS를 활용한 Mann-Whitney 검증

① 분석(A)-비모수검증(N)에서 독립 2-표본(2)을 선택한다.

② 검정변수(T)와 집단변수(G)를 선택한다.

③ 검정유형으로 Mann-Whitney의 $U$(M)를 선택한다.

④ 〈표 16-4〉의 예시자료에서 성별차이를 SPSS로 분석한 결과는 다음과 같다.

검 정 통 계 량[b]

| | 추리력검사 |
|---|---|
| Mann-Whitney의 U | 25.500 |
| Wilcoxon의 W | 61.500 |
| Z | -.683 |
| 근사 유의확률(양측) | .495 |
| 정확한 유의확률 [2*(단측 유의확률)] | .505[a] |

## 2) 두 독립표본에 대한 중앙치 검증

두 독립표본에 대한 중앙치 검증(two independent samples median test)은 두 독립표본이 각각 대표하는 두 모집단의 중앙치 차이를 검증하는 방법이다. 그러므로 이 검증은 독립표본 $t$ 검증이나 Mann-Whitney 검증의 대안으로 적용할 수 있다. 중앙치 검증을 하자면 자료가 서열척도 이상이어야 한다.

### (1) 통계적 가설

$H_0$: 두 집단의 중앙치는 같다.

$H_1$: 두 집단의 중앙치는 다르다.

### (2) 검증통계량 계산

① 전체 집단에서 중앙치(grand median)를 구한 다음, 각 점수가 중앙치보다 크면 $+$, 중앙치보다 작으면 $-$을 부여한다.

② 위의 작업을 토대로 다음과 같은 2×2 분할표를 작성한다.

|  | 집단 1 | 집단 2 |  |
|---|---|---|---|
| 중앙치보다 큰 점수 | a | b | a+b |
| 중앙치보다 작은 점수 | c | d | c+d |
|  | a+c | b+d | N |

③ 두 집단의 사례수가 $N \geq 30$일 경우 중앙치 검증의 검증통계량은 다음과 같다.

$$\chi^2 = \frac{N(|ad-bc|-N/2)^2}{(a+b)(c+d)(a+c)(b+d)}$$

두 집단의 사례수가 30보다 적을 때는 Fisher의 정확확률검증을 해야 한다.

### (3) 임계치와 영가설 기각여부 결정

임계치는 자유도 1, 유의수준 $\alpha$를 고려하여 $\chi^2$ 분포에서 찾으면 된다. 검증통계량의 값이 임계치와 같거나 그보다 크면 영가설을 기각한다.

## (4) 결론도출

영가설 기각여부에 근거해서 적절한 결론을 도출한다. 영가설이 기각되면 두 집단의 중앙치가 다르다고 결론을 내린다.

〈표 16-6〉 두 독립표본에 대한 중앙치 검증(예시)

대학생 40명을 실험집단과 통제집단에 각각 20명씩 무작위로 배치했다. 그다음 실험집단에는 교수방법 A를 적용하고 통제집단에는 교수방법 B를 적용한 후 실시한 성취도검사의 점수가 다음과 같다. 실험집단과 통제집단의 성취도검사 점수의 중앙치가 차이가 있는지를 $\alpha = .05$ 수준에서 검증하라.

| 실험집단 | | | | | | | | | | 통제집단 | | | | | | | | | |
|---|---|---|---|---|---|---|---|---|---|---|---|---|---|---|---|---|---|---|---|
| 18 | 20 | 29 | 32 | 17 | 21 | 27 | 34 | 16 | 24 | 16 | 12 | 14 | 13 | 17 | 34 | 13 | 17 | 16 | 14 |
| 29 | 34 | 22 | 25 | 29 | 35 | 14 | 26 | 30 | 19 | 18 | 15 | 22 | 16 | 15 | 24 | 15 | 18 | 22 | 21 |

| | |
|---|---|
| 1. 통계적 가설 진술 | $H_o$: 실험집단과 통제집단의 중앙치는 같다.<br>$H_1$: 실험집단과 통제집단의 중앙치는 다르다. |
| 2. 검증통계량 계산 | 전체 집단의 중앙치(grand median)는 19.5다. 이를 토대로 작성한 2×2 분할표는 다음과 같다.<br><br>　　　　　　　　　　　집단 1　　　집단 2<br>중앙치보다 큰 점수　　15　　　　5　　20<br>중앙치보다 작은 점수　　5　　　　15　　20<br>　　　　　　　　　　　20　　　　20<br><br>두 집단 사례수 $N \geq 30$이므로 검증통계량은 다음과 같다.<br>$$\chi^2 = \frac{N(\lvert ad-bc \rvert - N/2)^2}{(a+b)(c+d)(a+c)(b+d)}$$<br>$$= \frac{40(\lvert 15 \times 15 - 5 \times 5 \rvert - \frac{40}{2})^2}{(15+5)(5+15)(15+5)(5+15)} = 8.1$$ |
| 3. 임계치 결정 | $\alpha = .05$, 자유도 1에서 $\chi^2$ 검증의 임계치는 $\chi^2 = 3.84$다 |
| 4. 영가설 기각여부 결정 | 검증통계량의 값 $\chi^2 = 8.1$은 임계치보다 크므로 영가설을 기각한다. |
| 5. 결론도출 | 실험집단과 통제집단의 중앙치는 다르다. |

# 3) Wilcoxon 순위합 검증

**Wilcoxon 순위합 검증**(Wilcoxon rank-sum test)은 두 독립표본이 각각 대표하는 두 모집단의 중앙치 차이를 검증하는 방법이다. 순위를 이용해서 중앙치 차이를 검증하는 이 검증은 부호검증보다 통계적 검증력이 더 높다. 왜냐하면 부호검증은 차이의 부호만 고려할 뿐 차이의 크기를 고려하지 못하기 때문이다. 예를 들어, 부호검증은 점수가 1이든 100이든 관계없이 중앙치보다 낮으면 모두 − 부호를 부여한다. Wilcoxon 순위합 검증은 부호검증보다 더 강력한 가정, 즉 두 표본이 공통적인 분포를 갖는 모집단으로부터 도출되었다고 가정한다.

　Wilcoxon 순위합 검증을 하자면 두 집단을 합한 전체 집단에서 순위를 부여해야 한다. 영가설이 참이면 두 집단의 순위차이가 없을 것이므로 순위합도 비슷할 것이라고 기대된다. 반대로 두 집단의 순위합이 큰 차이가 있으면(즉, 한 집단에는 높은 순위가 몰려 있고 다른 집단에는 낮은 순위가 몰려 있으면) 영가설을 기각할 수 있는 확률이 높아진다.

### (1) 통계적 가설

　$H_o$: 두 집단의 중앙치는 같다.
　$H_1$: 두 집단의 중앙치는 다르다.

### (2) 검증통계량 계산

① 두 집단을 합한 집단에서 순위를 부여한다. 순위를 부여할 때는 가장 낮은 점수에 1부터 시작해서 순서대로 부여한다. 동점은 순위평균을 부여한다.
② 사례수가 적은 집단의 순위합($T$)을 구한다.
③ 검증통계량: $Z = \dfrac{T - \dfrac{n_1(n_1 + n_2 + 1)}{2}}{\sqrt{\dfrac{n_1 n_2 (n_1 + n_2 + 1)}{12}}}$ ($n_1, n_2$: 각 집단의 사례수)

### (3) 임계치와 영가설 기각여부 결정

　임계치는 유의수준과 검증형태를 고려해서 표준정규분포에서 찾는다. 검증통계량의 값이 임계치와 같거나 그보다 크면 영가설을 기각한다.

### (4) 결론도출

　영가설 기각여부에 근거해서 적절한 결론을 도출한다. 영가설이 기각되면 두 집단이 차이가 있다고 결론을 내린다.

〈표 16-7〉 Wicoxon 순위합 검증(예시)

| | |
|---|---|
| 실험집단($n_1$=12)과 통제집단($n_2$=11)의 문제해결시간(단위: 초)은 다음과 같다. 두 집단의 문제해결시간이 차이가 있는지를 $\alpha$=.05 수준에서 검증하라. | |

| 실험집단 | 15 18 16 17 13 22 24 17 19 21 26 28 |
|---|---|
| 통제집단 | 14 9 16 19 10 12 11 8 15 18 25 |

| | |
|---|---|
| 1. 통계적 가설 진술 | $H_o$: 실험집단과 통제집단의 문제해결시간은 차이가 없다.<br>$H_1$: 실험집단과 통제집단의 문제해결시간은 차이가 있다. |
| 2. 검증통계량 계산 | (1) $T = 1+2+3+4+5+7+8.5+10.5+14.5+16.5+21 = 93$<br><br>(2) $Z = \dfrac{93 - \dfrac{11(11+12+1)}{2}}{\sqrt{\dfrac{(11)(12)(11+12+1)}{12}}} = \dfrac{93-132}{16.2} = -2.41$ |
| 3. 임계치 결정 | $\alpha$ = .05, 양방검증에서 $Z$ 검증의 임계치는 $Z=\pm1.96$이다. |
| 4. 영가설 기각여부 결정 | 검증통계량의 값 $Z=-2.41$은 임계치보다 작으므로 영가설을 기각한다. |
| 5. 결론도출 | 실험집단과 통제집단의 문제해결시간은 다르다. |

## 4 두 종속표본을 이용한 비모수검증

두 종속표본을 이용하여 두 모집단의 차이를 검증하기 위한 비모수방법으로 Wilcoxon 부호순위검증과 종속표본 부호검증이 있다. 이 검증은 종속표본 $t$ 검증이 부적합한 상황에 적용할 수 있는 비모수검증방법이다.

### 1) Wilcoxon 부호순위검증

Wilcoxon 부호순위검증(Wilcoxon signed-rank test)은 두 종속표본(대응표본)이 각각 대표하는 두 모집단의 분포가 동일한지를 검증하기 위한 방법이다. 그러므로 이 검증은 모수통계의 종속표본 $t$ 검증에 대응되는 비모수통계방법이다. **종속표본**이란 두 표본이 상관이 있는 경우를 말하는데, 종속표본에 해당되는 사례로는 ① 동

4. 두 종속표본을 이용한 비모수검증

일 피험자를 여러 조건에서 반복측정한 경우, ② 종속변수와 상관이 있는 변수에 비추어 실험조건과 통제조건의 피험자를 짝지은 경우, ③ 일란성 쌍생아를 선정하여 실험조건과 통제조건에 무작위로 배치한 경우, ④ 상호선택에 의해 짝지어진 피험자 쌍을 선택한 경우(부부 혹은 사업파트너 등) 등을 들 수 있다.

Wilcoxon 부호순위검증은 차이의 방향은 물론 차이의 정도를 감안하므로 부호검증보다 더 정교하다. 부호검증도 두 종속표본 간의 차이를 검증할 수 있지만, 차이의 방향만 고려하고 차이의 정도는 고려하지 못한다는 제한점이 있다.

## (1) 통계적 가설

$H_o$: 두 집단의 분포는 같다(+ 순위의 합과 − 순위의 합은 같다.)

$H_1$: 두 집단의 분포는 다르다(+ 순위의 합과 − 순위의 합은 다르다.)

## (2) 검증통계량 계산

① 각 개인 혹은 짝별로 차이점수를 계산한다.

② 차이점수의 절댓값을 기준으로 가장 낮은 차이점수에 1을 주고, 가장 큰 차이점수에 최대 순위를 부여한다.[1]

③ + 순위의 합($R_+$)과 − 순위의 합($R_-$)을 각각 구한다. − 순위의 합을 구할 때도 부호는 무시한다. 영가설이 참일 경우 + 순위의 합과 − 순위의 합이 같을 것이라고 기대된다.

④ 검증통계량 $T$는 $R_+$와 $R_-$ 중에서 작은 값이다.[2]

## (3) 임계치와 영가설 기각여부 결정

임계치는 ① 유의수준 $\alpha$, ② 표본의 크기(혹은 짝의 수), ③ 검증형태를 고려하여

---

1) 차이가 없는 경우(즉, 차이점수가 0인 경우)는 조금 복잡하다. 차이가 없는 짝의 수가 짝수이면 각각 평균순위를 부여한 다음 임의로 반은 + 순위, 나머지 반은 − 순위를 부여한다. 차이가 없는 짝의 수가 홀수이면 하나를 무작위로 제외시킨 후 같은 절차를 따르면 된다. 이 경우 표본크기($n$)가 1이 줄어들므로 임계치의 자유도가 1이 줄어든다.

2) $n>30$일 경우 검증통계량은 $Z = \dfrac{T - \frac{n(n+1)}{4}}{\sqrt{\frac{n(n+1)(2n+1)}{24}}}$ 이다. 여기서 $n$은 차이가 0인 짝을 제외한 짝의 수, $T$는 + 순위합과 − 순위합 중에서 작은 값이다. 이 경우 임계치는 표준정규분포에서 찾아야 한다.

구한다. $n \leq 30$이면 임계치를 〈부록 표 14〉에서 찾으면 된다. 검증통계량의 값이 임계치보다 **작거나 같아야** 영가설을 기각할 수 있다.

### (4) 결론도출

영가설 기각여부에 근거해서 적절한 결론을 도출한다. 영가설이 기각되면 두 집단이 차이가 있다고 결론을 내린다.

〈표 16-8〉 Wilcoxon 부호순위검증(예시)

| 다음 자료는 무작위로 표집한 대학생 12명에게 어려운 과제와 쉬운 과제를 풀기 전에 각각 시험불안을 측정한 것이다. 과제난이도가 시험불안에 영향을 미쳤는지를 $\alpha = .05$ 수준에서 검증하라. | | | | | | |
|---|---|---|---|---|---|---|
| 학생 번호 | 어려운 과제 | 쉬운 과제 | 차이 점수 | 차이점수의 순위(부호무시) | + 차이의 순위($R_+$) | − 차이의 순위($R_-$) |
| 1 | 48 | 40 | 8 | 7 | 7 | |
| 2 | 33 | 27 | 6 | 5 | 5 | |
| 3 | 46 | 34 | 12 | 11 | 11 | |
| 4 | 42 | 28 | 14 | 12 | 12 | |
| 5 | 40 | 30 | 10 | 9.5 | 9.5 | |
| 6 | 27 | 24 | 3 | 2.5 | 2.5 | |
| 7 | 31 | 33 | −2 | 1 | | 1 |
| 8 | 42 | 39 | 3 | 2.5 | 2.5 | |
| 9 | 38 | 31 | 7 | 6 | 6 | |
| 10 | 34 | 39 | −5 | 4 | | 4 |
| 11 | 38 | 29 | 9 | 8 | 8 | |
| 12 | 44 | 34 | 10 | 9.5 | 9.5 | |
| 합 | | | | | 73 | 5 |

| 1. 통계적 가설 진술 | $H_o$ : 불안점수의 분포는 두 조건에서 같다. <br> $H_1$ : 불안점수의 분포는 두 조건에서 다르다. |
|---|---|
| 2. 검증통계량 계산 | 검증통계량은 $R_+$=73와 $R_-$=5 중 작은 값이므로 5다. |
| 3. 임계치 결정 | $\alpha = .05$, $n$=12, 양측검증에서 임계치는 $T$=13이다. |
| 4. 영가설 기각여부 결정 | 검증통계량은 임계치 13보다 작으므로 영가설을 기각한다. |
| 5. 결론도출 | 과제난이도에 따라 불안수준이 다르다. |

(5) SPSS를 활용한 Wilcoxon 부호순위검증

① **분석(A)–비모수검증(N)**에서 **대응 2–표본(L)**을 선택한다.

② **검정대응변수(T)**를 선택한다.

③ **검정유형**으로 **Wicoxon(W)**를 선택한다.

④ 위의 예시자료에 대해 SPSS로 Wilcoxon 부호순위검증을 한 결과는 다음과
같다(SPSS에서는 $Z$ 검증으로 집단차이를 검증한다.).

순위

|  |  | N | 평균순위 | 순위합 |
|---|---|---|---|---|
| 쉬운과제 – 어려운과제 | 음의 순위 | 10[a] | 7.30 | 73.00 |
|  | 양의 순위 | 2[b] | 2.50 | 5.00 |
|  | 동률 | 0[c] |  |  |
|  | 합계 | 12 |  |  |

a. 쉬운과제 < 어려운과제
b. 쉬운과제 > 어려운과제
c. 쉬운과제 = 어려운과제

검정 통계량[b]

|  | 쉬운과제 – 어려운과제 |
|---|---|
| Z | –2.669[a] |
| 근사 유의확률(양측) | .008 |

## 2) 종속표본 부호검증

**종속표본 부호검증**(correlated or paired sample sign test)은 모집단이 정규분포를 이
루지 않을 때 두 종속표본이 각각 대표하는 두 모집단의 차이를 검증하는 방법이
다. 앞에서 살펴본 것처럼 짝진 표본이나 종속표본이 정규분포를 이루면 종속표본
$t$ 검증을 하면 된다. 종속표본 부호검증의 가정은 다음과 같다.

① 짝진 쌍 사이의 측정은 통계적으로 상호독립이다. 즉, 특정 쌍에 대한 측정은
다른 쌍에 대한 측정에 영향을 주지 않아야 한다.
② 짝진 측정 간에 상관이 있다.

종속표본 부호검증의 절차는 단일표본에 대한 부호검증의 절차와 본질적으로
같다. 단, 부호를 부여하는 방식에서 차이가 있다(예시 참조).

**〈표 16-9〉 종속표본 부호검증(예시)**

강화형태가 학습에 미치는 영향을 분석하기 위해 지능이 비슷한 학생끼리 2명씩 짝지은 다음 일차적 강화조건과 이차적 강화조건에 각각 한 명씩 무작위로 배치했다. 그다음 일차적 강화조건에서는 과자를 주고, 이차적 강화조건에서는 칭찬을 했다. 다음 자료가 정반응수라고 할 때 강화조건에 따라 정반응수의 차이가 있는지를 $\alpha = .05$ 수준에서 검증하라.

| 짝 | 강화형태 | | 차이점수 | 부호 |
|---|---|---|---|---|
| | 과자 | 칭찬 | | |
| 1 | 12 | 13 | $-1$ | $-$ |
| 2 | 13 | 12 | $+1$ | $+$ |
| 3 | 10 | 15 | $-5$ | $-$ |
| 4 | 14 | 8 | $+6$ | $+$ |
| 5 | 12 | 13 | $-1$ | $-$ |
| 6 | 9 | 12 | $-3$ | $-$ |
| 7 | 13 | 10 | $+3$ | $+$ |
| 8 | 8 | 9 | $-1$ | $-$ |
| 9 | 6 | 8 | $-2$ | $-$ |
| 10 | 9 | 13 | $-4$ | $-$ |
| 11 | 5 | 8 | $-3$ | $-$ |
| 12 | 7 | 9 | $-2$ | $-$ |
| 13 | 8 | 4 | $+4$ | $+$ |
| 14 | 1 | 8 | $-7$ | $-$ |

| | |
|---|---|
| 1. 통계적 가설 진술 | $H_o$ : 두 강화조건의 정반응수는 차이가 없다<br>$H_1$ : 두 강화조건의 정반응수는 차이가 있다 |
| 2. 검증통계량 계산 | 일차적 강화조건이 이차적 강화조건보다 정반응수가 많은 짝은 4개, 이차적 강화조건이 일차적 강화조건보다 정반응수가 많은 짝은 10개. 즉, + 부호의 수는 4개, − 부호의 수는 10개다. 검증통계량의 값은 4와 10 중 작은 값이므로 4가 된다. |
| 3. 임계치 결정 | $\alpha = .05$, 양방검증, 부호의 빈도는 14이므로 임계치는 3이다. |
| 4. 영가설 기각여부 결정 | 검증통계량의 값(4)은 임계치(3)보다 크므로 영가설을 기각하지 못한다. |
| 5. 결론도출 | 일차적 강화조건과 이차적 강화조건이 정반응수가 차이가 없다는 영가설을 기각할 증거가 충분하지 않다. |

# 5 $k$개 독립표본을 이용한 비모수검증

$k$개 독립표본을 이용하여 모집단 간의 차이를 검증하기 위한 비모수방법으로는

Kruskal-Wallis 검증과 중앙치 검증이 있다. 이 검증은 일원분산분석의 가정이 충족되지 않을 때 적용할 수 있는 비모수검증방법이다.

## 1) Kruskal-Wallis 검증

**Kruskal-Wallis 검증**(Kruskal-Wallis one-way analysis of variance by ranks) 혹은 $H$ 검증($H$ test)은 일원분산분석의 가정이 충족되지 않을 때 $k$개 집단 간의 중앙치(분포) 차이를 검증하는 방법이다. 앞에서 살펴본 바와 같이 $k$개 집단 간의 평균차이를 검증하는 일원분산분석은 정규분포와 등분산성을 가정한다. 그러므로 Kruskal-Wallis 검증은 두 독립표본에 적용되는 Mann-Whitney 검증을 3개 이상의 독립표본에 확대한 검증방법이다.

Kruskal-Wallis 검증은 $k$개 집단의 분포가 같으면 모든 집단의 평균순위 기댓값이 같을 것이라고 가정한다. Kruskal-Wallis 검증의 영가설은 $k$개 집단의 분포(중앙치)가 같다는 것이다. 검증결과 영가설이 기각되면 집단 간에 집중경향, 분산, 편포도, 혹은 첨도에서 차이가 있다는 것을 의미한다.

Kruskal-Wallis 검증을 하자면 각 집단의 사례수가 최소 5보다 커야 하는데, 이 조건이 충족되면 검증통계량이 자유도 $k-1$의 $\chi^2$ 분포를 따른다. 앞에서 다룬 $k$개 독립표본에 대한 중앙치 검증도 자유도가 $k-1$인 $\chi^2$ 분포를 따르므로 Kruskal-Wallis 검증과 중앙치 검증은 검증통계량이 다르지만 임계치는 같다. 그러나 Kruskal-Wallis 검증은 중앙치 검증보다 검증력이 더 높다. 단, Kruskal-Wallis 검증으로 중앙치 차이를 검증할 때는 분산 혹은 분포형태가 다르지 않다고 가정해야 한다.

### (1) 통계적 가설
$H_o$: $k$개 집단의 중앙치가 같다(혹은 $k$개 집단의 평균순위가 같다.).
$H_1$: $k$개 집단의 중앙치가 다르다(혹은 $k$개 집단의 평균순위가 다르다.).

### (2) 검증통계량 계산
① 모든 집단을 합한 전체집단에서 작은 점수에서 큰 점수의 순서로 순위를 부여한다. 동점에는 중간순위를 부여한다.

② 집단별로 순위합을 구한다.

③ 검증통계량 $H$를 계산한다.

$$H = \frac{12}{N(N+1)} \sum \frac{R^2}{n} - 3(N+1)$$

여기서 $n$은 각 집단의 사례수, $N$는 전체 사례수, $R^2$는 각 집단의 순위합이다. 검증통계량 $H$는 $k$개 집단의 순위합 $R_1, R_2, \cdots, R_k$의 분산을 나타내므로 $k$개 집단에서 순위가 균등하게 분포될수록 작아진다. 반대로 집단차이가 크면 특정 집단에서는 순위가 낮고 특정 집단에서는 순위가 높을 것이므로 $H$가 커진다. 그러므로 검증통계량 $H$의 값이 클수록 영가설을 기각할 확률이 높아진다.

### (3) 임계치와 영가설 기각여부 결정

검증통계량 $H$는 각 집단의 크기가 5보다 크면 자유도가 $k-1$($k$: 집단의 수)인 $\chi^2$ 분포를 따른다. 임계치는 유의수준 $\alpha$와 자유도 $k-1$을 고려하여 $\chi^2$ 분포에서 찾으면 된다. Kruskal Wallis 검증은 항상 비방향검증이므로 검증통계량 $H$ 값이 임계치와 같거나 그보다 크면 영가설을 기각한다. 그리고 영가설 기각여부에 근거해서 적절한 결론을 도출한다.

〈표 16-10〉 Kruskal-Wallis 검증(예시)

| 세 집단의 학습태도척도 점수가 다음과 같을 때 집단 간에 학습태도의 차이가 있는지를 $\alpha = .05$ 수준에서 검증하라. | | | | | |
|---|---|---|---|---|---|
| 집단 1 | | 집단 2 | | 집단 3 | |
| 점수 | 순위 | 점수 | 순위 | 점수 | 순위 |
| 10 | 3 | 32 | 10.5 | 6 | 1 |
| 14 | 4 | 36 | 13 | 8 | 2 |
| 15 | 5 | 42 | 15 | 21 | 6 |
| 23 | 7 | 46 | 17 | 29 | 8 |
| 30 | 9 | 47 | 18 | 35 | 12 |
| 32 | 10.5 | 48 | 19 | 37 | 14 |
| 44 | 16 | 50 | 20 | | |

| $R$ | | 54.5 | | 112.5 | | 43 |
|---|---|---|---|---|---|---|
| $n$ | | 7 | | 7 | | 6 |
| $\overline{R}$ | | 7.79 | | 16.07 | | 7.17 |

| | |
|---|---|
| 1. 통계적 가설 진술 | $H_o$ : 세 집단의 학습태도 점수는 차이가 없을 것이다<br>$H_1$ : 세 집단의 학습태도 점수는 차이가 있을 것이다. |
| 2. 검증통계량 계산 | 이 자료에서 $n_1=7$, $n_2=7$, $n_3=6$, $N=20$, $R_1=54.5$,<br>$R_2=112.5$, $R_3=43$이다. 따라서 $H$는 다음과 같다.<br>$$H=\frac{12}{20(20+1)}\left[\frac{54.5^2}{7}+\frac{112.5^2}{7}+\frac{43^2}{6}\right]-3(20+1)=9.594$$ |
| 3. 임계치 결정 | $\alpha=.05$, 자유도 2에서 임계치는 $\chi^2=5.99$다. |
| 4. 영가설 기각여부 결정 | 검증통계량의 값 $H=9.594$는 임계치 5.99보다 크므로 영가설을 기각한다. |
| 5. 결론도출 | 세 집단의 학습태도는 다르다. |

### (4) Kruskal Wallis 검증의 사후비교

Kruskal Wallis 검증결과 전반적인 영가설이 기각되면 집단 간의 차이를 구체적으로 밝히기 위해 사후비교를 해야 한다. 집단의 수가 $k$라고 할 때 모두 $k(k-1)/2$개의 짝비교를 할 수 있는데, 사후비교는 전반적인 오류율을 통제한 상태에서 $k(k-1)/2$개의 짝비교를 하는 방법이다. 전반적 오류율(overall error rate) $\alpha$는 영가설이 참일 때 적어도 하나의 비교에서 오류를 범할 확률이다. 따라서 모든 비교가 정확할 확률은 $1-\alpha$이며, $1-\alpha$는 확신수준이다. 일반적으로 전반적인 오류수준은 개별비교의 오류수준보다 높게 설정되는데, 집단의 수 $k$에 따라 .15, .20, .25로 설정된다. 비교의 수가 증가하면 집단 간의 차이를 쉽게 찾아낼 수 있도록 전반적인 오류수준도 높게 설정된다.

비모수검증에서는 정확한 짝비교 방법이 개발되어 있지 않지만 표본크기가 클 경우 Bonferroni의 부등식(inequalities)에 근거한 근사적인 방법으로 Dunn(1964)의 중다비교를 할 수 있다(Gibbons, 1993). 중다비교의 절차는 다음과 같다.

① 각 집단($a$, $b$)의 순위평균($R/n$)을 구한다.
② 전반적 유의수준, 즉 $k(k-1)/2$개의 비교를 동시에 할 때 제1종 오류를 범할

확률을 결정한다.

③ 두 집단의 순위평균이 다음 부등식을 충족시키면 두 집단의 중앙치가 다르다고 결론을 내린다.

$$|\frac{R_a}{n_a} - \frac{R_b}{n_b}| > Z_c \sqrt{\frac{N(N+1)}{12}(\frac{1}{n_a} + \frac{1}{n_b})}$$

$k$개 집단의 사례수가 같을 경우 위 공식은 다음과 같이 단순화시킬 수 있다.

$$|\frac{R_a}{n_a} - \frac{R_b}{n_b}| > Z_c \sqrt{\frac{k(N+1)}{6}}$$

$Z_c$는 표준정규분포에서 면적 $1-p(p=\alpha/k(k-1))$에 대응되는 $Z$ 점수다.

## (5) Kruskal Wallis 검증의 사후비교 예시

〈표 16-10〉의 자료에서 두 집단 간의 차이를 $\alpha = .10$ 수준에서 비교한다고 할 때 $1-p$는 약 .9833{(1-.10/3(3-1)≒.9833)}이므로 $Z_C$는 표준정규분포에서 면적(확률) 약 .9833에 대응되는 $Z$ 점수가 된다. 이때 $Z$ 점수는 약 2.13이므로 사후비교에서 통계적으로 유의하기 위한 두 집단의 최소 순위평균 차이는 다음과 같다.

① 집단 1 대 집단 2: $|\frac{R_1}{n_1} - \frac{R_2}{n_2}| = 2.13 \sqrt{\frac{20(20+1)}{12}(\frac{1}{7} + \frac{1}{7})} = 6.73$

② 집단 2 대 집단 3: $|\frac{R_2}{n_2} - \frac{R_3}{n_3}| = 2.13 \sqrt{\frac{20(20+1)}{12}(\frac{1}{7} + \frac{1}{6})} = 7.00$

③ 집단 1 대 집단 3: $|\frac{R_1}{n_1} - \frac{R_3}{n_3}| = 2.13 \sqrt{\frac{20(20+1)}{12}(\frac{1}{7} + \frac{1}{6})} = 7.00$

그러므로 두 집단의 순위평균 차이가 이보다 크면 두 집단이 통계적으로 유의한 차이가 있다고 할 수 있다. 검증결과 집단 1과 집단 2의 순위평균 차이(8.28)와 집단 2와 집단 3의 순위평균 차이(8.90)는 통계적으로 차이가 있으나, 집단 1과 집단

3의 순위평균 차이(0.62)는 통계적으로 차이가 없는 것으로 나타났다.

〈표 16-11〉 Kruskal Wallis 검증의 사후비교

| 집단(순위평균) | 1 | 2 | 3 |
|---|---|---|---|
| 1($\overline{R_1}$= 7.79) | – | 8.28* | 0.62 |
| 2($\overline{R_2}$= 16.07) | | – | 8.90* |
| 3($\overline{R_3}$= 7.17) | | | – |

\* $p < .10$

## (6) SPSS를 활용한 Kruskal Wallis 검증

① **분석(A)–비모수검증(N)**에서 **독립 k–표본(K)**을 선택한다.

② **검정변수(T)**와 **집단변수(G)**를 선택한다.

③ **검정유형**으로 **Kruskal Wallis의 H(K)**를 선택한다.

④ 위의 예시자료에 대해 SPSS로 Kruskal Wallis 검증을 한 결과는 다음과 같다.

순위

| | 집단 | N | 평균순위 |
|---|---|---|---|
| 태도점수 | 1.00 | 7 | 7.79 |
| | 2.00 | 7 | 16.07 |
| | 3.00 | 6 | 7.17 |
| | 합계 | 20 | |

검정 통계량[a,b]

| | 태도점수 |
|---|---|
| 카이제곱 | 9.594 |
| 자유도 | 2 |
| 근사 유의확률 | .008 |

## 2) $k$개 독립표본에 대한 중앙치 검증

**$k$개 독립표본에 대한 중앙치 검증**(k independent samples median test)은 $k$개 독립표본이 각각 대표하는 $k$개 모집단의 중앙치 차이를 검증하기 위한 방법이다. 이 검증은 두 독립표본에 대한 중앙치 검증을 $k$개의 독립표본으로 확장시킨 방법이므로

일원분산분석이나 Kruskal−Wallis 검증의 대안적인 방법이다. Kruskal−Wallis 검증은 순위를 분석하기 때문에 각 사례를 중앙치를 기준으로 분류하여 검증하는 중앙치 검증보다 통계적 검증력이 더 높다. 단, 자료가 이분변수이거나 동점 사례가 많을 때는 중앙치 검증이 더 적절하다.

## (1) 통계적 가설

$H_o$: $k$개 집단의 중앙치는 같다.
$H_1$: $k$개 집단의 중앙치 중에서 적어도 2개는 다르다.

## (2) 검증통계량 계산

① 전체 집단에서 중앙치를 구한다.
② 집단별로 각 점수를 중앙치와 비교하여 중앙치보다 크면 ＋, 중앙치보다 작으면 −을 부여한다.
③ 위의 작업을 토대로 2×$k$ 분할표를 작성한다(동점 사례는 제외한다.).

|  | 집단 1 | 집단 2 | ⋯ | 집단 $k$ | 합계 |
|---|---|---|---|---|---|
| 중앙치보다 큰 사례(+) | $O_{11}$ | $O_{21}$ | ⋯ | $O_{1k}$ | $a$ |
| 중앙치보다 작은 사례(−) | $O_{21}$ | $O_{22}$ | ⋯ | $O_{1k}$ | $b$ |
| 합 계 | $n_1$ | $n_2$ | ⋯ | $n_k$ | $N$ |

④ 검증통계량은 다음과 같다.

$$\chi^2 = \frac{N^2}{ab}\sum_{i=1}^{k}\frac{O_{1i}^2}{n_i} - \frac{Na}{b} \quad \text{or} \quad \chi^2 = \sum\frac{(O-E)^2}{E}$$

$a$와 $b$가 거의 같으면 검증통계량을 다음과 같이 간단하게 계산할 수 있다.

$$\chi^2 = \sum_{i=1}^{k}\frac{(O_{1i}-O_{2i})^2}{n_i}$$

## (3) 임계치와 영가설 기각여부 결정

임계치는 자유도 $k-1$, 유의수준을 고려하여 $\chi^2$ 분포에서 찾는다. 검증통계량의 값이 임계치와 같거나 그보다 크면 영가설을 기각한다.

## (4) 결론도출

영가설 기각여부에 근거해서 적절한 결론을 도출한다. 영가설이 기각되면 $k$개 집단의 중앙치가 차이가 있다고 결론을 내린다.

〈표 16-12〉 $k$개 독립표본에 대한 중앙치 검증(예시)

고등학생 40명을 4개 실험조건에 무작위로 배치하고 각각 다른 교수방법으로 수업을 한 후 실시한 성취도검사의 점수는 다음과 같다. 4개 집단의 중앙치가 차이가 있는지를 $\alpha = .05$ 수준에서 검증하라.

| 교수방법 | 성취도 검사 점수 |
|---|---|
| 교수방법 1 | 83  91  94  89  89  96  91  92  90  92 |
| 교수방법 2 | 91  90  81  83  84  83  88  91  89  84 |
| 교수방법 3 | 92  94  91  93  96  95  94  96  72  76 |
| 교수방법 4 | 78  82  81  77  79  81  80  81  92  74 |

| | |
|---|---|
| 1. 통계적 가설 진술 | $H_0$ : 네 집단의 중앙치는 차이가 없다.<br>$H_1$ : 적어도 한 집단의 중앙치는 다르다. |
| 2. 검증통계량 계산 | 4개 집단을 합한 전체 집단의 중앙치는 89이므로, 중앙치를 기준으로 작성한 2×4 분할표는 다음과 같다.<br><br>표: 89보다 큰 사례 — 교수방법1: 7, 2: 3, 3: 8, 4: 1, 합계 19 / 89보다 작은 사례 — 교수방법1: 3, 2: 7, 3: 2, 4: 9, 합계 21 / 합계 — 10, 10, 10, 10, 40<br><br>따라서 검증통계량은 다음과 같다[3].<br>$$\chi^2 = \frac{40^2}{19 \times 21}\left(\frac{7^2}{10} + \frac{3^2}{10} + \frac{8^2}{10} + \frac{1^2}{10}\right) - \frac{40 \times 19}{21} = 13.13$$ |
| 3. 임계치 결정 | $\alpha = .05$ , $df=3$에서 양측검증의 임계치는 $\chi^2 = 7.815$다. |

---

3) 위의 자료에 대해 Kruskal Wallis 검증을 하면 검증통계량의 값은 $\chi^2 = 15.75$로 중앙치 검증의 검증통계량 값 $\chi^2 = 13.18$보다 더 크다. 이것은 Kruakal Wallis 검증이 중앙치 검증보다 검증력이 더 높다는 것을 의미한다.

| 4. 영가설 기각여부 결정 | 검증통계량의 값 $\chi^2 = 13.13$은 임계치보다 크므로 영가설을 기각한다. |
|---|---|
| 5. 결론도출 | 4가지 교수방법의 중앙치는 다르다. |

한편, $k$개 독립표본에 대한 중앙치 검증의 결과가 통계적으로 유의하면 중앙치의 집단차이를 구체적으로 밝히기 위해 사후비교를 해야 한다. $k$개 집단에 대한 중앙치 검증이 통계적으로 유의할 때 후속적으로 수행되는 사후비교는 $k$개 집단에서 두 집단을 선정하여 두 독립표본에 대한 중앙치 검증을 하거나 Mann Whitney $U$ 검증을 하면 된다. 그러므로 집단의 수가 $k$라고 할 때 모두 $k(k-1)/2$개의 비교를 해야 한다. 위의 예시에서 $k=4$이므로 사후비교를 위한 두 독립표본 중앙치 검증 혹은 Mann Whitney $U$ 검증의 수는 $4(4-1)/2=6$이다. 구체적인 예시는 생략하니, 위의 자료를 이용하여 사후비교를 해 보기 바란다.

### (5) SPSS를 활용한 두 독립표본을 중앙치 검증

① **분석(A)-비모수검증(N)**에서 **독립 k-표본(k)**을 선택한 다음 **중위수(M)**을 클릭한다.

② **검정변수(T)**와 **집단변수(G)**를 선택한다.

③ 〈표 16-12〉의 예시자료에 대해 SPSS로 중앙치 검증을 한 결과는 다음과 같다.

빈도 분석

| | | 교수방법 | | | |
|---|---|---|---|---|---|
| | | 1.00 | 2.00 | 3.00 | 4.00 |
| 성취도점수 | > 중위수 | 7 | 3 | 8 | 1 |
| | <= 중위수 | 3 | 7 | 2 | 9 |

검정 통계량[b]

| | 성취도점수 |
|---|---|
| N | 40 |
| 중위수 | 89.0000 |
| 카이제곱 | 13.133[a] |
| 자유도 | 3 |
| 근사 유의확률 | .004 |

a. 4 셀 (50.0%)은(는) 5보다 작은 기대빈도를 가집니다. 최소 셀 기대빈도는 4.8입니다.

b. 집단변수: 교수방법

# 6  $k$개 종속표본을 이용한 비모수검증: Friedman 검증

**Friedman 검증**(Friedman의 순위에 대한 이원분산분석, Friedman two-way analysis of variance by ranks)은 $k$개 종속표본이 각각 대표하는 모집단의 중앙치 차이를 검증하기 위한 통계방법이다. 이 검증은 Wilcoxon 검증을 확장시킨 방법으로, 단일요인 반복측정 분산분석의 가정이 충족되지 않을 때 적용할 수 있다. 즉, Friedman 검증은 반복측정설계나 짝진 집단으로 구성된 설계에서 모집단이 정규분포를 따르지 않을 때 집단차이를 검증하는 방법이다.

## 1) 통계적 가설

$H_o$: $k$개 집단의 중앙치는 차이가 없다.
$H_1$: $k$개 집단의 중앙치는 차이가 있다.

## 2) 검증통계량 계산

① 피험자별로 순위를 부여한다. 실험조건의 수를 $k$라고 할 때 순위는 가장 낮은 점수에 1을 부여하고, 가장 높은 점수에 $k$를 부여한다(〈표 16-13〉 참조).
② 검증통계량은 다음과 같다.

$$\chi_r^2 = \frac{12}{nk(k+1)}\sum R^2 - 3n(k+1)$$

여기서 $n$은 피험자의 수, $k$는 실험조건의 수, $R$은 실험조건의 순위합이다. 검증통계량은 자유도 $k-1$의 $\chi^2$ 분포를 따른다.

## 3) 임계치와 영가설 기각여부 결정

임계치는 유의수준 $\alpha$와 자유도를 고려하여 $\chi^2$ 분포에서 찾으면 된다. 검증통계량 $\chi_r^2$의 값이 임계치와 같거나 그보다 크면 영가설을 기각한다.

## 4) 결론도출

영가설 기각여부에 근거해서 적절한 결론을 도출한다. 영가설이 기각되면 집단 간에 차이가 있다고 결론을 내린다.

〈표 16-13〉 Friedman 검증(예시)

다음 자료는 11명의 피험자들을 4개 실험조건에서 반복측정한 것이다. 이 자료에 제시된 것은 원점수이고, 괄호 속의 수치는 각 열에서의 순위를 나타낸다. 네 집단의 중앙치 차이를 $\alpha = .05$ 수준에서 검증하라.

| 피험자 | 실험조건 | | | |
|---|---|---|---|---|
| | 실험조건 1 | 실험조건 2 | 실험조건 3 | 실험조건 4 |
| 1 | 1(2) | 4(3) | 8(4) | 0(1) |
| 2 | 2(2) | 3(3) | 13(4) | 1(1) |
| 3 | 10(3) | 0(1) | 11(4) | 3(2) |
| 4 | 12(3) | 11(2) | 13(4) | 10(1) |
| 5 | 1(2) | 3(3) | 10(4) | 0(1) |
| 6 | 10(3) | 3(1) | 11(4) | 9(2) |
| 7 | 4(1) | 12(4) | 10(2) | 11(3) |
| 8 | 10(4) | 4(2) | 5(3) | 3(1) |
| 9 | 10(4) | 4(2) | 9(3) | 3(1) |
| 10 | 14(4) | 4(2) | 7(3) | 2(1) |
| 11 | 3(2) | 2(1) | 4(3) | 13(4) |
| 순위합($R_k$) | 30 | 24 | 38 | 18 |
| 순위평균 | 2.7 | 2.2 | 3.5 | 1.6 |

| | |
|---|---|
| 1. 통계적 가설 진술 | $H_o : Mdn_1 = Mdn_2 = Mdn_3 = Mdn_4$<br>$H_1 :$ 영가설은 참이 아니다. |
| 2. 검증통계량 계산 | $\chi_r^2 = \dfrac{12}{11 \times 4(4+1)}[(30)^2 + (24)^2 + (38)^2 + (18)^2] - 3 \times 11(4+1) = 11.95$ |
| 3. 임계치 결정 | $\alpha = .05$, $df = 4-1 = 3$에서 임계치는 $\chi_{3,.95}^2 = 7.81$이다. |

| 4. 영가설 기각<br>여부 결정 | 검증통계량의 값 $\chi_r^2 = 11.95$는 임계치보다 크므로 4개 실험조건에서 중앙치가 같다는 영가설을 기각한다. |
|---|---|
| 5. 결론도출 | 실험조건에 따라 중앙치가 다르다. |

## 5) Friedman 검증의 사후비교

Friedman 검증에서 영가설이 기각되면 집단차이를 구체적으로 밝히기 위해 사후비교를 해야 한다. 사후비교는 Bonferroni의 부등식을 이용하는데, 구체적으로 두 집단의 순위합 차이가 다음 부등식을 충족시키면 두 집단의 중앙치가 다르다고 결론을 내린다.

$$|R_a - R_b| > Z_c \sqrt{\frac{nk(k+1)}{6}}$$

$Z_c$는 짝비교의 수 $c = k(k-1)/2$를 고려해서 〈부록 표 1〉의 표준정규분포에서 찾으면 된다. 구체적으로 $Z_C$는 표준정규분포에서 면적(확률) $1-p\,(p = \alpha/k(k-1))$에 대응되는 $Z$ 점수다. 위 예시에서 $1-p$는 약 .9958{$(1 - .05/4(4-1) ≒ .9958)$}이므로 $Z_C$는 표준정규분포에서 면적(확률) 약 .9958에 대응되는 $Z$ 점수가 된다. 이때 $Z$ 점수는 대략 2.63이므로 통계적으로 유의하기 위한 두 집단의 순위합 차이는 다음과 같다.

$$|R_a - R_b| > Z_c \sqrt{\frac{nk(k+1)}{6}} = 2.63 \sqrt{\frac{11(4)(5)}{6}} = 15.92$$

따라서 두 집단의 순위합 차이가 15.92보다 크면 통계적으로 유의한 차이가 있다고 할 수 있다. 검증결과 집단 3과 집단 4의 순위합차이(20)는 통계적으로 유의한 차이가 있으나, 나머지 집단 간의 순위합은 유의한 차이가 없는 것으로 나타났다.

〈표 16-14〉 Friedman 검증의 사후비교

| 실험조건(순위합) | 1 | 2 | 3 | 4 |
|---|---|---|---|---|
| 1. 실험조건 1($R_1 = 30$) | – | 6 | 8 | 12 |
| 2. 실험조건 2($R_2 = 24$) | | – | 14 | 6 |
| 3. 실험조건 3($R_3 = 38$) | | | – | 20* |
| 4. 실험조건 4($R_4 = 18$) | | | | – |

* $p < .05$

## 6) SPSS를 활용한 Friedman 검증

① 분석(A)−비모수검증(N)에서 대응 k−표본(S)을 선택한다.

② 검정변수(T)를 선택한다.

③ 검정유형으로 Friedman(F)를 선택한다.

④ 위의 예시자료에 대해 SPSS로 Friedman 검증을 한 결과는 다음과 같다.

순위

| | 평균순위 |
|---|---|
| 실험조건1 | 2.73 |
| 실험조건2 | 2.18 |
| 실험조건3 | 3.45 |
| 실험조건4 | 1.64 |

검정 통계량[a]

| N | 11 |
|---|---|
| 카이제곱 | 11.945 |
| 자유도 | 3 |
| 근사 유의확률 | .008 |

a. Friedman 검정

**1** 단백질 섭취가 지능발달에 미치는 영향을 검증하기 위해 무작위로 표집한 1세 영아 18명을 실험집단과 통제집단에 각각 8명씩 무작위로 배치한 다음, 3년 동안 실험집단에는 고단백식을 제공하고 통제집단에는 저단백식을 제공하였다. 실험이 끝난 후 측정한 두 집단의 지능지수가 다음과 같다고 한다. 이 자료를 이용하여 두 집단의 지능지수가 차이가 있는지를 $\alpha = .05$ 수준에서 Mann–Whitney 검증으로 검증한다고 할 때 다음 물음에 답하시오.

| 실험집단 | 110 | 115 | 117 | 122 | 125 | 130 | 135 | 140 |
|---|---|---|---|---|---|---|---|---|
| 통제집단 | 102 | 104 | 105 | 107 | 108 | 11 | 113 | 118 |

1) 통계적 가설을 진술하시오.
2) 검증통계량의 값과 유의확률을 구하시오.
3) 이 검증의 결론을 진술하시오.
4) 위의 자료를 독립표본 $t$ 검증으로 검증하면 어떤 차이가 있는지 진술하시오.

**2** 야생화 보호 캠페인이 야생동물에 대한 태도에 어떤 영향을 미치는지를 검증하기 위해 대학생 10명을 무작위로 표집한 다음 야생화에 대한 태도를 측정했다. 그 후 60분 분량의 야생화의 실태에 관한 영화를 상영하였다. 영화상영이 끝난 직후 야생화에 대한 태도를 다시 측정하였다. 야생화 보호 캠페인이 야생화에 대한 태도에 영향을 미치는지를 $\alpha = .05$ 수준에서 Wilcoxon 부호순위 검증으로 검증한다고 할 때 다음 물음에 답하시오.

| 피험자 | 1 | 2 | 3 | 4 | 5 | 6 | 7 | 8 | 9 | 10 |
|---|---|---|---|---|---|---|---|---|---|---|
| 캠페인 전 태도 | 40 | 33 | 36 | 34 | 40 | 31 | 30 | 36 | 24 | 20 |
| 캠페인 후 태도 | 44 | 40 | 49 | 36 | 39 | 40 | 27 | 42 | 35 | 28 |

1) 통계적 가설을 진술하시오.
2) 이 검증의 결론을 진술하시오.

**3** 교수방법이 학습에 미치는 영향을 규명하기 위한 연구에서 무작위로 표집한 15명의 학생들을 세 집단에 각각 5명씩 무작위로 배치한 후 각각 강의법, 토론법, 개별화수업으로 수업을 하였다. 수업이 끝난 직후 학습내용을 어느 정도 정확하게 기억하고 있는지를 측정한 결과 세 집단의 학생들이 기억한 단어수가 각각 다음과 같았다. 이 자료에서 소음이 학습에 영향을 미치는지를 Kruskal-Wallis 검증으로 $\alpha = .05$ 수준에서 검증한다고 할 때 다음 물음에 답하시오.

| 강의법 | | | | | 토론법 | | | | | 개별화수업 | | | | |
|---|---|---|---|---|---|---|---|---|---|---|---|---|---|---|
| 8 | 10 | 9 | 10 | 9 | 7 | 8 | 5 | 8 | 5 | 4 | 8 | 7 | 5 | 7 |

1) 검증통계량의 값을 구하시오.
2) 이 검증의 자유도를 구하시오.
3) 임계치를 구하시오.
4) 이 검증의 결론을 도출하시오.

**4** 소음이 학습에 미치는 영향을 규명하기 위해 무작위로 표집한 5명의 학생들을 세 조건(저소음 조건, 중간소음 조건, 고소음 조건)에서 학습하도록 했다. 저소음 조건은 조용한 방에서 학습하고, 중간소음 조건에서는 클래식 음악을 들으며 학습하고, 고소음 조건에서는 록 음악을 들으며 학습하도록 하였다. 학습이 끝난 후 학습한 내용을 기억하고 있는지를 측정한 결과 세 조건의 기억점수가 다음과 같았다. 이 자료를 이용하여 소음이 학습에 영향을 미치는지를 Friedman 검증으로 $\alpha = .05$ 수준에서 검증한다고 할 때 다음 물음에 답하시오.

| 피험자 | 1 | 2 | 3 | 4 | 5 | 6 |
|---|---|---|---|---|---|---|
| 저소음 조건 | 9 | 10 | 7 | 10 | 7 | 8 |
| 중간소음 조건 | 7 | 8 | 5 | 8 | 5 | 6 |
| 고소음 조건 | 4 | 7 | 3 | 7 | 2 | 6 |

1) 검증통계량의 값을 구하시오.
2) 이 검증의 자유도를 구하시오.
3) 임계치를 구하시오.
4) 이 검증의 결론을 도출하시오.

1  1) 영가설: 실험집단과 통제집단의 지능지수는 차이가 없다.
   대립가설: 실험집단과 통제집단의 지능지수는 차이가 있다.
   2) U = 5.5($p$ = .005)
   3) 실험집단은 통제집단보다 지능지수가 더 높다.
   4) 독립표본 $t$ 검증의 통계적 검증력이 더 높다($t$ = 3.71, $p$ = .002).

2  1) 영가설: 야생화 보호 캠페인은 야생화에 대한 태도에 영향을 주지 않는다.
   대립가설: 야생화 보호 캠페인은 야생화에 대한 태도에 영향을 준다.
   2) 야생화 보호 캠페인은 야생화에 대한 태도에 영향을 미친다.

3  1) $H$ = 8.44    2) 2    3) $\chi^2$ = 5.99    4) 교수방법에 따라 기억단어수의 차이가 있다.

4  1) $\chi_r^2$ = 11.08    2) 2    3) $\chi^2$ = 5.99    4) 소음수준에 따라 기억점수의 차이가 있다.

# 부 록

## 부록 표 1  표준정규분포($Z$분포)

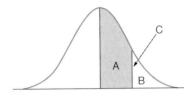

A : 평균과 $Z$ 사이의 면적
B : $Z$보다 큰 부분의 면적(B = .50-A)
C : 종축치($Z$에 대응되는 $Y$축의 높이)

| Z | A | B | C | Z | A | B | C |
|---|---|---|---|---|---|---|---|
| .00 | .0000 | .5000 | .3989 | .40 | .1554 | .3446 | .3683 |
| .01 | .0040 | .4960 | .3989 | .41 | .1591 | .3409 | .3668 |
| .02 | .0080 | .4920 | .3989 | .42 | .1628 | .3372 | .3653 |
| .03 | .0120 | .4880 | .3988 | .43 | .1664 | .3336 | .3637 |
| .04 | .0160 | .4840 | .3986 | .44 | .1700 | .3300 | .3621 |
| .05 | .0199 | .4801 | .3984 | .45 | .1736 | .3264 | .3605 |
| .06 | .0239 | .4761 | .3982 | .46 | .1772 | .3228 | .3589 |
| .07 | .0279 | .4721 | .3980 | .47 | .1808 | .3192 | .3572 |
| .08 | .0319 | .4681 | .3977 | .48 | .1844 | .3156 | .3555 |
| .09 | .0359 | .4641 | .3973 | .49 | .1879 | .3121 | .3538 |
| .10 | .0398 | .4602 | .3970 | .50 | .1915 | .3085 | .3521 |
| .11 | .0438 | .4562 | .3965 | .51 | .1950 | .3050 | .3503 |
| .12 | .0478 | .4522 | .3961 | .52 | .1985 | .3015 | .3485 |
| .13 | .0517 | .4483 | .3956 | .53 | .2019 | .2981 | .3467 |
| .14 | .0557 | .4443 | .3951 | .54 | .2054 | .2946 | .3448 |
| .15 | .0596 | .4404 | .3945 | .55 | .2088 | .2912 | .3429 |
| .16 | .0636 | .4364 | .3939 | .56 | .2123 | .2877 | .3410 |
| .17 | .0675 | .4325 | .3932 | .57 | .2157 | .2843 | .3391 |
| .18 | .0714 | .4286 | .3925 | .58 | .2190 | .2810 | .3372 |
| .19 | .0753 | .4247 | .3918 | .59 | .2224 | .2776 | .3352 |
| .20 | .0793 | .4207 | .3910 | .60 | .2257 | .2743 | .3332 |
| .21 | .0832 | .4168 | .3902 | .61 | .2291 | .2709 | .3312 |
| .22 | .0871 | .4129 | .3894 | .62 | .2324 | .2676 | .3229 |
| .23 | .0910 | .4090 | .3885 | .63 | .2357 | .2643 | .3271 |
| .24 | .0948 | .4052 | .3876 | .64 | .2389 | .2611 | .3251 |
| .25 | .0987 | .4013 | .3867 | .65 | .2422 | .2578 | .3230 |
| .26 | .1026 | .3974 | .3857 | .66 | .2454 | .2546 | .3209 |
| .27 | .1064 | .3936 | .3847 | .67 | .2486 | .2514 | .3187 |
| .28 | .1103 | .3897 | .3836 | .68 | .2517 | .2483 | .3166 |
| .29 | .1141 | .3859 | .3825 | .69 | .2549 | .2451 | .3144 |
| .30 | .1179 | .3821 | .3814 | .70 | .2580 | .2420 | .3123 |
| .31 | .1217 | .3783 | .3802 | .71 | .2611 | .2389 | .3101 |
| .32 | .1255 | .3745 | .3790 | .72 | .2642 | .2358 | .3079 |
| .33 | .1293 | .3707 | .3778 | .73 | .2673 | .2327 | .3056 |
| .34 | .1331 | .3669 | .3765 | .74 | .2704 | .2296 | .3034 |
| .35 | .1368 | .3632 | .3752 | .75 | .2734 | .2266 | .3011 |
| .36 | .1406 | .3594 | .3739 | .76 | .2764 | .2236 | .2989 |
| .37 | .1443 | .3557 | .3725 | .77 | .2794 | .2206 | .2966 |
| .38 | .1480 | .3520 | .3712 | .78 | .2823 | .2177 | .2943 |
| .39 | .1517 | .3483 | .3697 | .79 | .2852 | .2148 | .2920 |
| .40 | .1554 | .3446 | .3683 | .80 | .2881 | .2119 | .2897 |

**부록 표 1** 표준정규분포($Z$분포) – 계속

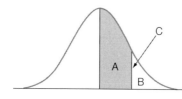

A : 평균과 $Z$ 사이의 면적
B : $Z$보다 큰 부분의 면적(B＝.50−A)
C : 종축치($Z$에 대응되는 $Y$축의 높이)

| Z | A | B | C | Z | A | B | C |
|---|---|---|---|---|---|---|---|
| .80 | .2881 | .2119 | .2897 | 1.20 | .3849 | .1151 | .1942 |
| .81 | .2910 | .2090 | .2874 | 1.21 | .3869 | .1131 | .1919 |
| .82 | .2939 | .2061 | .2850 | 1.22 | .3888 | .1112 | .1895 |
| .83 | .2967 | .2033 | .2827 | 1.23 | .3907 | .1093 | .1872 |
| .84 | .2995 | .2005 | .2803 | 1.24 | .3925 | .1075 | .1849 |
| .85 | .3023 | .1977 | .2780 | 1.25 | .3944 | .1056 | .1826 |
| .86 | .3051 | .1949 | .2756 | 1.26 | .3962 | .1038 | .1804 |
| .87 | .3078 | .1922 | .2732 | 1.27 | .3980 | .1020 | .1781 |
| .88 | .3106 | .1894 | .2709 | 1.28 | .3997 | .1003 | .1758 |
| .89 | .3133 | .1867 | .2685 | 1.29 | .4015 | .0985 | .1736 |
| .90 | .3159 | .1841 | .2661 | 1.30 | .4032 | .0968 | .1714 |
| .91 | .3186 | .1814 | .2637 | 1.31 | .4049 | .0951 | .1691 |
| .92 | .3212 | .1788 | .2613 | 1.32 | .4066 | .0934 | .1669 |
| .93 | .3238 | .1762 | .2589 | 1.33 | .4082 | .0918 | .1647 |
| .94 | .3264 | .1736 | .2565 | 1.34 | .4099 | .0901 | .1626 |
| .95 | .3289 | .1711 | .2541 | 1.35 | .4115 | .0885 | .1604 |
| .96 | .3315 | .1685 | .2516 | 1.36 | .4131 | .0869 | .1582 |
| .97 | .3340 | .1660 | .2492 | 1.37 | .4147 | .0853 | .1561 |
| .98 | .3365 | .1635 | .2468 | 1.38 | .4162 | .0838 | .1539 |
| .99 | .3389 | .1611 | .2444 | 1.39 | .4177 | .0823 | .1518 |
| 1.00 | .3413 | .1587 | .2420 | 1.40 | .4192 | .0808 | .1497 |
| 1.01 | .3438 | .1562 | .2396 | 1.41 | .4207 | .0793 | .1476 |
| 1.02 | .3461 | .1539 | .2371 | 1.42 | .4222 | .0778 | .1456 |
| 1.03 | .3485 | .1515 | .2347 | 1.43 | .4236 | .0764 | .1435 |
| 1.04 | .3508 | .1492 | .2323 | 1.44 | .4251 | .0749 | .1415 |
| 1.05 | .3531 | .1469 | .2299 | 1.45 | .4265 | .0735 | .1394 |
| 1.06 | .3554 | .1446 | .2275 | 1.46 | .4279 | .0721 | .1374 |
| 1.07 | .3577 | .1423 | .2251 | 1.47 | .4292 | .0708 | .1354 |
| 1.08 | .3599 | .1401 | .2227 | 1.48 | .4306 | .0694 | .1334 |
| 1.09 | .3621 | .1379 | .2203 | 1.49 | .4319 | .0681 | .1315 |
| 1.10 | .3643 | .1357 | .2179 | 1.50 | .4332 | .0668 | .1295 |
| 1.11 | .3665 | .1335 | .2155 | 1.51 | .4345 | .0655 | .1276 |
| 1.12 | .3686 | .1314 | .2131 | 1.52 | .4357 | .0643 | .1257 |
| 1.13 | .3708 | .1292 | .2107 | 1.53 | .4370 | .0630 | .1238 |
| 1.14 | .3729 | .1271 | .2083 | 1.54 | .4382 | .0618 | .1219 |
| 1.15 | .3749 | .1251 | .2059 | 1.55 | .4394 | .0606 | .1200 |
| 1.16 | .3770 | .1230 | .2036 | 1.56 | .4406 | .0594 | .1182 |
| 1.17 | .3790 | .1210 | .2012 | 1.57 | .4418 | .0582 | .1163 |
| 1.18 | .3810 | .1190 | .1989 | 1.58 | .4429 | .0571 | .1145 |
| 1.19 | .3830 | .1170 | .1965 | 1.59 | .4441 | .0559 | .1127 |
| 1.20 | .3849 | .1151 | .1942 | 1.60 | .4452 | .0548 | .1109 |

**표준정규분포($Z$분포) – 계속**

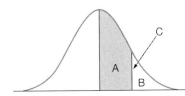

A : 평균과 $Z$ 사이의 면적

B : $Z$보다 큰 부분의 면적(B = .50−A)

C : 종축치($Z$에 대응되는 $Y$축의 높이)

| Z | A | B | C | Z | A | B | C |
|---|---|---|---|---|---|---|---|
| 1.60 | .4452 | .0548 | .1109 | 2.00 | .4772 | .0228 | .0540 |
| 1.61 | .4463 | .0537 | .1092 | 2.01 | .4778 | .0222 | .0529 |
| 1.62 | .4474 | .0526 | .1074 | 2.02 | .4783 | .0217 | .0519 |
| 1.63 | .4484 | .0516 | .1057 | 2.03 | .4788 | .0212 | .0508 |
| 1.64 | .4495 | .0505 | .1040 | 2.04 | .4793 | .0207 | .0498 |
| 1.65 | .4505 | .0495 | .1023 | 2.05 | .4798 | .0202 | .0488 |
| 1.66 | .4515 | .0485 | .1006 | 2.06 | .4803 | .0197 | .0478 |
| 1.67 | .4525 | .0475 | .0989 | 2.07 | .4808 | .0192 | .0468 |
| 1.68 | .4535 | .0465 | .0973 | 2.08 | .4812 | .0188 | .0459 |
| 1.69 | .4545 | .0455 | .0957 | 2.09 | .4817 | .0183 | .0449 |
| 1.70 | .4554 | .0446 | .0940 | 2.10 | .4821 | .0179 | .0440 |
| 1.71 | .4564 | .0436 | .0925 | 2.11 | .4826 | .0174 | .0431 |
| 1.72 | .4573 | .0427 | .0909 | 2.12 | .4830 | .0170 | .0422 |
| 1.73 | .4582 | .0418 | .0893 | 2.13 | .4834 | .0166 | .0413 |
| 1.74 | .4591 | .0409 | .0878 | 2.14 | .4838 | .0162 | .0404 |
| 1.75 | .4599 | .0401 | .0863 | 2.15 | .4842 | .0158 | .0395 |
| 1.76 | .4608 | .0392 | .0848 | 2.16 | .4846 | .0154 | .0387 |
| 1.77 | .4616 | .0384 | .0833 | 2.17 | .4850 | .0150 | .0379 |
| 1.78 | .4625 | .0375 | .0818 | 2.18 | .4854 | .0146 | .0371 |
| 1.79 | .4633 | .0367 | .0804 | 2.19 | .4857 | .0143 | .0363 |
| 1.80 | .4641 | .0359 | .0790 | 2.20 | .4861 | .0139 | .0355 |
| 1.81 | .4649 | .0351 | .0775 | 2.21 | .4864 | .0136 | .0347 |
| 1.82 | .4656 | .0344 | .0761 | 2.22 | .4868 | .0132 | .0339 |
| 1.83 | .4664 | .0336 | .0748 | 2.23 | .4871 | .0129 | .0332 |
| 1.84 | .4671 | .0329 | .0734 | 2.24 | .4875 | .0125 | .0325 |
| 1.85 | .4678 | .0322 | .0721 | 2.25 | .4878 | .0122 | .0317 |
| 1.86 | .4686 | .0314 | .0707 | 2.26 | .4881 | .0119 | .0310 |
| 1.87 | .4693 | .0307 | .0694 | 2.27 | .4884 | .0116 | .0303 |
| 1.88 | .4699 | .0301 | .0681 | 2.28 | .4887 | .0113 | .0297 |
| 1.89 | .4706 | .0294 | .0669 | 2.29 | .4890 | .0110 | .0290 |
| 1.90 | .4713 | .0287 | .0656 | 2.30 | .4893 | .0107 | .0283 |
| 1.91 | .4719 | .0281 | .0644 | 2.31 | .4896 | .0104 | .0277 |
| 1.92 | .4726 | .0274 | .0632 | 2.32 | .4898 | .0102 | .0270 |
| 1.93 | .4732 | .0268 | .0620 | 2.33 | .4901 | .0099 | .0264 |
| 1.94 | .4738 | .0262 | .0608 | 2.34 | .4904 | .0096 | .0258 |
| 1.95 | .4744 | .0256 | .0596 | 2.35 | .4906 | .0094 | .0252 |
| 1.96 | .4750 | .0250 | .0584 | 2.36 | .4909 | .0091 | .0246 |
| 1.97 | .4756 | .0244 | .0573 | 2.37 | .4911 | .0089 | .0241 |
| 1.98 | .4761 | .0239 | .0562 | 2.38 | .4913 | .0087 | .0235 |
| 1.99 | .4767 | .0233 | .0551 | 2.39 | .4916 | .0084 | .0229 |
| 2.00 | .4772 | .0228 | .0540 | 2.40 | .4918 | .0082 | .0224 |

부록 표 1 | 표준정규분포($Z$분포) – 계속

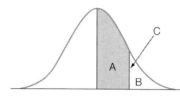

A : 평균과 $Z$ 사이의 면적
B : $Z$보다 큰 부분의 면적(B＝.50－A)
C : 종축치($Z$에 대응되는 $Y$축의 높이)

| Z | A | B | C | Z | A | B | C |
|---|---|---|---|---|---|---|---|
| 2.40 | .4918 | .0082 | .0224 | 2.80 | .4974 | .0026 | .0079 |
| 2.41 | .4920 | .0080 | .0219 | 2.81 | .4975 | .0025 | .0077 |
| 2.42 | .4922 | .0078 | .0213 | 2.82 | .4976 | .0024 | .0075 |
| 2.43 | .4925 | .0075 | .0208 | 2.83 | .4977 | .0023 | .0073 |
| 2.44 | .4927 | .0073 | .0203 | 2.84 | .4977 | .0023 | .0071 |
| 2.45 | .4929 | .0071 | .0198 | 2.85 | .4978 | .0022 | .0069 |
| 2.46 | .4931 | .0069 | .0194 | 2.86 | .4979 | .0021 | .0067 |
| 2.47 | .4932 | .0068 | .0189 | 2.87 | .4979 | .0021 | .0065 |
| 2.48 | .4934 | .0066 | .0184 | 2.88 | .4980 | .0020 | .0063 |
| 2.49 | .4936 | .0064 | .0180 | 2.89 | .4981 | .0019 | .0061 |
| 2.50 | .4938 | .0062 | .0175 | 2.90 | .4981 | .0019 | .0060 |
| 2.51 | .4940 | .0060 | .0171 | 2.91 | .4982 | .0018 | .0058 |
| 2.52 | .4941 | .0059 | .0167 | 2.92 | .4982 | .0018 | .0056 |
| 2.53 | .4943 | .0057 | .0163 | 2.93 | .4983 | .0017 | .0055 |
| 2.54 | .4945 | .0055 | .0158 | 2.94 | .4984 | .0016 | .0053 |
| 2.55 | .4946 | .0054 | .0154 | 2.95 | .4984 | .0016 | .0051 |
| 2.56 | .4948 | .0052 | .0151 | 2.96 | .4985 | .0015 | .0050 |
| 2.57 | .4949 | .0051 | .0147 | 2.97 | .4985 | .0015 | .0048 |
| 2.58 | .4951 | .0049 | .0143 | 2.98 | .4986 | .0014 | .0047 |
| 2.59 | .4952 | .0048 | .0139 | 2.99 | .4986 | .0014 | .0046 |
| 2.60 | .4953 | .0047 | .0136 | 3.00 | .4987 | .0013 | .0044 |
| 2.61 | .4955 | .0045 | .0132 | 3.01 | .4987 | .0013 | .0043 |
| 2.62 | .4956 | .0044 | .0129 | 3.02 | .4987 | .0013 | .0042 |
| 2.63 | .4957 | .0043 | .0126 | 3.03 | .4988 | .0012 | .0040 |
| 2.64 | .4959 | .0041 | .0122 | 3.04 | .4988 | .0012 | .0039 |
| 2.65 | .4960 | .0040 | .0119 | 3.05 | .4989 | .0011 | .0038 |
| 2.66 | .4961 | .0039 | .0116 | 3.06 | .4989 | .0011 | .0037 |
| 2.67 | .4962 | .0038 | .0113 | 3.07 | .4989 | .0011 | .0036 |
| 2.68 | .4963 | .0037 | .0110 | 3.08 | .4990 | .0010 | .0035 |
| 2.69 | .4964 | .0036 | .0107 | 3.09 | .4990 | .0010 | .0034 |
| 2.70 | .4965 | .0035 | .0104 | 3.10 | .4990 | .0010 | .0033 |
| 2.71 | .4966 | .0034 | .0101 | 3.11 | .4991 | .0009 | .0032 |
| 2.72 | .4967 | .0033 | .0099 | 3.12 | .4991 | .0009 | .0031 |
| 2.73 | .4968 | .0032 | .0096 | 3.13 | .4991 | .0009 | .0030 |
| 2.74 | .4969 | .0031 | .0093 | 3.14 | .4992 | .0008 | .0029 |
| 2.75 | .4970 | .0030 | .0091 | 3.15 | .4992 | .0008 | .0028 |
| 2.76 | .4971 | .0029 | .0088 | 3.16 | .4992 | .0008 | .0027 |
| 2.77 | .4972 | .0028 | .0086 | 3.17 | .4992 | .0008 | .0026 |
| 2.78 | .4973 | .0027 | .0084 | 3.18 | .4993 | .0007 | .0026 |
| 2.79 | .4974 | .0026 | .0081 | 3.19 | .4993 | .0007 | .0025 |
| 2.80 | .4974 | .0026 | .0079 | 3.20 | .4993 | .0007 | .0024 |

| 부록 표 2 | $t$ 분포표 |
|---|---|

| df | 일방검증 | | | |
|---|---|---|---|---|
| | $\alpha = .05$ | $\alpha = .025$ | $\alpha = .01$ | $\alpha = .005$ |
| | 양방검증 | | | |
| | $\alpha = .10$ | $\alpha = .05$ | $\alpha = .02$ | $\alpha = .01$ |
| 1 | 6.314 | 12.706 | 31.821 | 63.657 |
| 2 | 2.920 | 4.303 | 6.965 | 9.925 |
| 3 | 2.353 | 3.182 | 4.541 | 5.841 |
| 4 | 2.132 | 2.776 | 3.747 | 4.604 |
| 5 | 2.015 | 2.571 | 3.365 | 4.032 |
| 6 | 1.943 | 2.447 | 3.143 | 3.707 |
| 7 | 1.895 | 2.365 | 2.998 | 3.499 |
| 8 | 1.860 | 2.306 | 2.896 | 3.355 |
| 9 | 1.833 | 2.262 | 2.821 | 3.250 |
| 10 | 1.812 | 2.228 | 2.764 | 3.169 |
| 11 | 1.796 | 2.201 | 2.718 | 3.106 |
| 12 | 1.782 | 2.179 | 2.681 | 3.055 |
| 13 | 1.771 | 2.160 | 2.650 | 3.012 |
| 14 | 1.761 | 2.145 | 2.624 | 2.977 |
| 15 | 1.753 | 2.131 | 2.602 | 2.947 |
| 16 | 1.746 | 2.120 | 2.583 | 2.921 |
| 17 | 1.740 | 2.110 | 2.567 | 2.898 |
| 18 | 1.734 | 2.101 | 2.552 | 2.878 |
| 19 | 1.729 | 2.093 | 2.539 | 2.861 |
| 20 | 1.725 | 2.086 | 2.528 | 2.845 |
| 21 | 1.721 | 2.080 | 2.518 | 2.831 |
| 22 | 1.717 | 2.074 | 2.508 | 2.819 |
| 23 | 1.714 | 2.069 | 2.500 | 2.807 |
| 24 | 1.711 | 2.064 | 2.492 | 2.797 |
| 25 | 1.708 | 2.060 | 2.485 | 2.787 |
| 26 | 1.706 | 2.056 | 2.479 | 2.779 |
| 27 | 1.703 | 2.052 | 2.473 | 2.771 |
| 28 | 1.701 | 2.048 | 2.467 | 2.763 |
| 29 | 1.699 | 2.045 | 2.462 | 2.756 |
| 30 | 1.697 | 2.042 | 2.457 | 2.750 |
| 40 | 1.684 | 2.021 | 2.423 | 2.704 |
| 50 | 1.676 | 2.009 | 2.403 | 2.678 |
| 60 | 1.671 | 2.000 | 2.390 | 2.660 |
| 120 | 1.658 | 1.980 | 2.358 | 2.617 |
| ∞ | 1.645 | 1.960 | 2.326 | 2.579 |

Pearson 적률상관계수의 임계치

| | 일방검증 | | | |
|---|---|---|---|---|
| | $\alpha = .05$ | $\alpha = .025$ | $\alpha = .01$ | $\alpha = .005$ |
| | 양방검증 | | | |
| $df = $n−2 | $\alpha = .10$ | $\alpha = .05$ | $\alpha = .02$ | $\alpha = .01$ |
| 1 | .98769 | .99692 | .999507 | .999877 |
| 2 | .90000 | .95000 | .98000 | .990000 |
| 3 | .8054 | .8783 | .93433 | .95873 |
| 4 | .7293 | .8114 | .8822 | .91720 |
| 5 | .6694 | .7545 | .8329 | .8745 |
| 6 | .6215 | .7067 | .7887 | .8343 |
| 7 | .5822 | .6664 | .7498 | .7977 |
| 8 | .5494 | .6319 | .7155 | .7646 |
| 9 | .5214 | .6021 | .6851 | .7348 |
| 10 | .4973 | .5760 | .6581 | .7079 |
| 11 | .4762 | .5529 | .6339 | .6835 |
| 12 | .4575 | .5324 | .6120 | .6614 |
| 13 | .4409 | .5139 | .5923 | .6411 |
| 14 | .4259 | .4973 | .5742 | .6226 |
| 15 | .4124 | .4821 | .5577 | .6055 |
| 16 | .4000 | .4683 | .5425 | .5897 |
| 17 | .3887 | .4555 | .5285 | .5751 |
| 18 | .3783 | .4438 | .5155 | .5614 |
| 19 | .3687 | .4329 | .5034 | .5487 |
| 20 | .3598 | .4227 | .4921 | .5368 |
| 25 | .3233 | .3809 | .4451 | .4869 |
| 30 | .2960 | .3494 | .4093 | .4487 |
| 35 | .2746 | .3246 | .3810 | .4182 |
| 40 | .2573 | .3044 | .3578 | .3932 |
| 45 | .2428 | .2875 | .3384 | .3721 |
| 50 | .2306 | .2732 | .3218 | .3541 |
| 60 | .2108 | .2500 | .2948 | .3248 |
| 70 | .1954 | .2319 | .2737 | .3017 |
| 80 | .1829 | .2172 | .2565 | .2830 |
| 90 | .1726 | .2050 | .2422 | .2673 |
| 100 | .1638 | .1946 | .2301 | .2540 |

| 부록 표 4 | 상관계수를 $Z$로 변환하기 위한 Fisher의 수표 |
|---|---|

| $r$ | $Z$ | $r$ | $Z$ | $r$ | $Z$ |
|---|---|---|---|---|---|
| .00 | .0000 | .36 | .3769 | .71 | .8872 |
| .01 | .0100 | .37 | .3884 | .72 | .9076 |
| .02 | .0200 | .38 | .4001 | .73 | .9287 |
| .03 | .0300 | .39 | .4118 | .74 | .9505 |
| .04 | .0400 | .40 | .4236 | .75 | .9730 |
| .05 | .0500 |  |  |  |  |
|  |  | .41 | .4356 | .76 | .9962 |
| .06 | .0601 | .42 | .4477 | .77 | 1.0203 |
| .07 | .0701 | .43 | .4599 | .78 | 1.0454 |
| .08 | .0802 | .44 | .4722 | .79 | 1.0714 |
| .09 | .0902 | .45 | .4847 | .80 | 1.0986 |
| .10 | .1003 |  |  |  |  |
|  |  | .46 | .4973 | .81 | 1.1270 |
| .11 | .1104 | .47 | .5101 | .82 | 1.1568 |
| .12 | .1206 | .48 | .5230 | .83 | 1.1881 |
| .13 | .1307 | .49 | .5361 | .84 | 1.2212 |
| .14 | .1409 | .50 | .5493 | .85 | 1.2562 |
| .15 | .1511 |  |  |  |  |
|  |  | .51 | .5627 | .86 | 1.2933 |
| .16 | .1614 | .52 | .5763 | .87 | 1.3331 |
| .17 | .1717 | .53 | .5901 | .88 | 1.3758 |
| .18 | .1820 | .54 | .6042 | .89 | 1.4219 |
| .19 | .1923 | .55 | .6184 | .90 | 1.4722 |
| .20 | .2027 |  |  |  |  |
|  |  | .56 | .6328 | .91 | 1.5275 |
| .21 | .2132 | .57 | .6475 | .92 | 1.5890 |
| .22 | .2237 | .58 | .6625 | .93 | 1.6584 |
| .23 | .2342 | .59 | .6777 | .94 | 1.7380 |
| .24 | .2448 | .60 | .6931 | .95 | 1.8318 |
| .25 | .2554 |  |  |  |  |
|  |  | .61 | .7089 | .96 | 1.9459 |
| .26 | .2661 | .62 | .7250 | .97 | 2.0923 |
| .27 | .2769 | .63 | .7414 | .98 | 2.2976 |
| .28 | .2877 | .64 | .7582 | .99 | 2.6467 |
| .29 | .2986 | .65 | .7753 |  |  |
| .30 | .3095 |  |  |  |  |
|  |  | .66 | .7928 |  |  |
| .31 | .3205 | .67 | .8107 |  |  |
| .32 | .3316 | .68 | .8291 |  |  |
| .33 | .3428 | .69 | .8480 |  |  |
| .34 | .3541 | .70 | .8673 |  |  |
| .35 | .3654 |  |  |  |  |

| 부록 표 5 | | | | *F* 분포표 | | | | | |

| 분모의 자유도 | $\alpha = .05$ 분자의 자유도 | | | | | | | | | |
|---|---|---|---|---|---|---|---|---|---|---|
| | 1 | 2 | 3 | 4 | 5 | 6 | 10 | 30 | 120 | ∞ |
| 1 | 161.4 | 199.5 | 215.7 | 224.6 | 230.2 | 234.0 | 241.9 | 250.1 | 253.3 | 254.3 |
| 2 | 18.51 | 19.00 | 19.16 | 19.25 | 19.30 | 19.33 | 19.40 | 19.46 | 19.49 | 19.50 |
| 3 | 10.13 | 9.55 | 9.28 | 9.12 | 9.01 | 8.94 | 8.79 | 8.62 | 8.55 | 8.53 |
| 4 | 7.71 | 6.94 | 6.59 | 6.39 | 6.26 | 6.16 | 5.96 | 5.75 | 5.66 | 5.63 |
| 5 | 6.61 | 5.79 | 5.41 | 5.19 | 5.05 | 4.95 | 4.74 | 4.50 | 4.40 | 4.36 |
| 6 | 5.99 | 5.14 | 4.76 | 4.53 | 4.39 | 4.28 | 4.06 | 3.81 | 3.70 | 3.67 |
| 7 | 5.59 | 4.74 | 4.35 | 4.12 | 3.97 | 3.87 | 3.64 | 3.38 | 3.27 | 3.23 |
| 8 | 5.32 | 4.46 | 4.07 | 3.84 | 3.69 | 3.58 | 3.35 | 3.08 | 2.97 | 2.93 |
| 9 | 5.12 | 4.26 | 3.86 | 3.63 | 3.48 | 3.37 | 3.14 | 2.86 | 2.75 | 2.71 |
| 10 | 4.96 | 4.10 | 3.71 | 3.48 | 3.33 | 3.22 | 2.98 | 2.70 | 2.58 | 2.54 |
| 11 | 4.84 | 3.98 | 3.59 | 3.36 | 3.20 | 3.09 | 2.85 | 2.57 | 2.45 | 2.40 |
| 12 | 4.75 | 3.89 | 3.49 | 3.26 | 3.11 | 3.00 | 2.75 | 2.47 | 2.34 | 2.30 |
| 13 | 4.67 | 3.81 | 3.41 | 3.18 | 3.03 | 2.92 | 2.67 | 2.38 | 2.25 | 2.21 |
| 14 | 4.60 | 3.74 | 3.34 | 3.11 | 2.96 | 2.85 | 2.60 | 2.31 | 2.18 | 2.13 |
| 15 | 4.54 | 3.68 | 3.29 | 3.06 | 2.90 | 2.79 | 2.54 | 2.25 | 2.11 | 2.07 |
| 16 | 4.49 | 3.63 | 3.24 | 3.01 | 2.85 | 2.74 | 2.49 | 2.19 | 2.06 | 2.01 |
| 17 | 4.45 | 3.59 | 3.20 | 2.96 | 2.81 | 2.70 | 2.45 | 2.15 | 2.01 | 1.96 |
| 18 | 4.41 | 3.55 | 3.16 | 2.93 | 2.77 | 2.66 | 2.41 | 2.11 | 1.97 | 1.92 |
| 19 | 4.38 | 3.52 | 3.13 | 2.90 | 2.74 | 2.63 | 2.38 | 2.07 | 1.93 | 1.88 |
| 20 | 4.35 | 3.49 | 3.10 | 2.87 | 2.71 | 2.60 | 2.35 | 2.04 | 1.90 | 1.84 |
| 21 | 4.32 | 3.47 | 3.07 | 2.84 | 2.68 | 2.57 | 2.32 | 2.01 | 1.87 | 1.81 |
| 22 | 4.30 | 3.44 | 3.05 | 2.82 | 2.66 | 2.55 | 2.30 | 1.98 | 1.84 | 1.78 |
| 23 | 4.28 | 3.42 | 3.03 | 2.80 | 2.64 | 2.53 | 2.27 | 1.96 | 1.81 | 1.76 |
| 24 | 4.26 | 3.40 | 3.01 | 2.78 | 2.62 | 2.51 | 2.25 | 1.94 | 1.79 | 1.73 |
| 25 | 4.24 | 3.39 | 2.99 | 2.76 | 2.60 | 2.49 | 2.24 | 1.92 | 1.77 | 1.71 |
| 26 | 4.23 | 3.37 | 2.98 | 2.74 | 2.59 | 2.47 | 2.22 | 1.90 | 1.75 | 1.69 |
| 27 | 4.21 | 3.35 | 2.96 | 2.73 | 2.57 | 2.46 | 2.20 | 1.88 | 1.73 | 1.67 |
| 28 | 4.20 | 3.34 | 2.95 | 2.71 | 2.56 | 2.45 | 2.19 | 1.87 | 1.71 | 1.65 |
| 29 | 4.18 | 3.33 | 2.93 | 2.70 | 2.55 | 2.43 | 2.18 | 1.85 | 1.70 | 1.64 |
| 30 | 4.17 | 3.32 | 2.92 | 2.69 | 2.53 | 2.42 | 2.16 | 1.84 | 1.68 | 1.62 |
| 40 | 4.08 | 3.23 | 2.84 | 2.61 | 2.45 | 2.34 | 2.08 | 1.74 | 1.58 | 1.51 |
| 60 | 4.00 | 3.15 | 2.76 | 2.53 | 2.37 | 2.25 | 1.99 | 1.65 | 1.47 | 1.39 |
| 120 | 3.92 | 3.07 | 2.68 | 2.45 | 2.29 | 2.17 | 1.91 | 1.55 | 1.35 | 1.25 |
| ∞ | 3.84 | 3.00 | 2.60 | 2.37 | 2.21 | 2.10 | 1.83 | 1.46 | 1.22 | 1.00 |

$F$ 분포표 – 계속

| 분모의 자유도 | $\alpha=.01$ 분자의 자유도 | | | | | | | | | |
|---|---|---|---|---|---|---|---|---|---|---|
| | 1 | 2 | 3 | 4 | 5 | 6 | 10 | 30 | 120 | $\infty$ |
| 1 | 4052. | 4999. | 5403. | 5625. | 5764. | 5859. | 6056. | 6261. | 6339. | 6366. |
| 2 | 98.50 | 99.00 | 99.17 | 99.25 | 99.30 | 99.33 | 99.40 | 99.47 | 99.49 | 99.50 |
| 3 | 34.12 | 30.82 | 29.46 | 28.71 | 28.24 | 27.91 | 27.23 | 26.50 | 26.22 | 26.13 |
| 4 | 21.20 | 18.00 | 16.69 | 15.98 | 15.52 | 15.21 | 14.55 | 13.84 | 13.56 | 13.46 |
| 5 | 16.26 | 13.27 | 12.06 | 11.39 | 10.97 | 10.67 | 10.05 | 9.38 | 9.11 | 9.02 |
| 6 | 13.75 | 10.92 | 9.78 | 9.15 | 8.75 | 8.47 | 7.87 | 7.23 | 6.97 | 6.88 |
| 7 | 12.25 | 9.55 | 8.45 | 7.85 | 7.46 | 7.19 | 6.62 | 5.99 | 5.74 | 5.65 |
| 8 | 11.26 | 8.65 | 7.59 | 7.01 | 6.63 | 6.37 | 5.81 | 5.20 | 4.95 | 4.86 |
| 9 | 10.56 | 8.02 | 6.99 | 6.42 | 6.06 | 5.80 | 5.26 | 4.65 | 4.40 | 4.31 |
| 10 | 10.04 | 7.56 | 6.55 | 5.99 | 5.64 | 5.39 | 4.85 | 4.25 | 4.00 | 3.91 |
| 11 | 9.65 | 7.21 | 6.22 | 5.67 | 5.32 | 5.07 | 4.54 | 3.94 | 3.69 | 3.60 |
| 12 | 9.33 | 6.93 | 5.95 | 5.41 | 5.06 | 4.82 | 4.30 | 3.70 | 3.45 | 3.36 |
| 13 | 9.07 | 6.70 | 5.74 | 5.21 | 4.86 | 4.62 | 4.10 | 3.51 | 3.25 | 3.17 |
| 14 | 8.86 | 6.51 | 5.56 | 5.04 | 4.69 | 4.46 | 3.94 | 3.35 | 3.09 | 3.00 |
| 15 | 8.68 | 6.36 | 5.42 | 4.89 | 4.56 | 4.32 | 3.80 | 3.21 | 2.96 | 2.87 |
| 16 | 8.53 | 6.23 | 5.29 | 4.77 | 4.44 | 4.20 | 3.69 | 3.10 | 2.84 | 2.75 |
| 17 | 8.40 | 6.11 | 5.18 | 4.67 | 4.34 | 4.10 | 3.59 | 3.00 | 2.75 | 2.65 |
| 18 | 8.29 | 6.01 | 5.09 | 4.58 | 4.25 | 4.01 | 3.51 | 2.92 | 2.66 | 2.57 |
| 19 | 8.18 | 5.93 | 5.01 | 4.50 | 4.17 | 3.94 | 3.43 | 2.84 | 2.58 | 2.49 |
| 20 | 8.10 | 5.85 | 4.94 | 4.43 | 4.10 | 3.87 | 3.37 | 2.78 | 2.52 | 2.42 |
| 21 | 8.02 | 5.78 | 4.87 | 4.37 | 4.04 | 3.81 | 3.31 | 2.72 | 2.46 | 2.36 |
| 22 | 7.95 | 5.72 | 4.82 | 4.31 | 3.99 | 3.76 | 3.26 | 2.67 | 2.40 | 2.31 |
| 23 | 7.88 | 5.66 | 4.76 | 4.26 | 3.94 | 3.71 | 3.21 | 2.62 | 2.35 | 2.26 |
| 24 | 7.82 | 5.61 | 4.72 | 4.22 | 3.90 | 3.67 | 3.17 | 2.58 | 2.31 | 2.21 |
| 25 | 7.77 | 5.57 | 4.68 | 4.18 | 3.85 | 3.63 | 3.13 | 2.54 | 2.27 | 2.17 |
| 26 | 7.72 | 5.53 | 4.64 | 4.14 | 3.82 | 3.59 | 3.09 | 2.50 | 2.23 | 2.13 |
| 27 | 7.68 | 5.49 | 4.60 | 4.11 | 3.78 | 3.56 | 3.06 | 2.47 | 2.20 | 2.10 |
| 28 | 7.64 | 5.45 | 4.57 | 4.07 | 3.75 | 3.53 | 3.03 | 2.44 | 2.17 | 2.06 |
| 29 | 7.60 | 5.42 | 4.54 | 4.04 | 3.73 | 3.50 | 3.00 | 2.41 | 2.14 | 2.03 |
| 30 | 7.56 | 5.39 | 4.51 | 4.02 | 3.70 | 3.47 | 2.98 | 2.39 | 2.11 | 2.01 |
| 40 | 7.31 | 5.18 | 4.31 | 3.83 | 3.51 | 3.29 | 2.80 | 2.20 | 1.92 | 1.80 |
| 60 | 7.08 | 4.98 | 4.13 | 3.65 | 3.34 | 3.12 | 2.63 | 2.03 | 1.73 | 1.60 |
| 120 | 6.85 | 4.79 | 3.95 | 3.48 | 3.17 | 2.96 | 2.47 | 1.86 | 1.53 | 1.38 |
| $\infty$ | 6.63 | 4.61 | 3.78 | 3.32 | 3.02 | 2.80 | 2.32 | 1.70 | 1.32 | 1.00 |

| 부록 표 6 | $F_{max}$ 검증의 임계치 |
| --- | --- |

| $df$ | $\alpha$ | 집단의 수 | | | | | | | | |
| --- | --- | --- | --- | --- | --- | --- | --- | --- | --- | --- |
| | | 2 | 3 | 4 | 5 | 6 | 7 | 8 | 9 | 10 |
| 4 | .05 | 9.6 | 15.5 | 20.6 | 25.2 | 29.5 | 33.6 | 37.5 | 41.4 | 44.6 |
| | .01 | 23.2 | 37.0 | 49.0 | 59.0 | 69.0 | 79.0 | 89.0 | 97.0 | 106.0 |
| 5 | .05 | 7.2 | 10.8 | 13.7 | 16.3 | 18.7 | 20.8 | 22.9 | 24.7 | 26.5 |
| | .01 | 14.9 | 22.0 | 28.0 | 33.0 | 38.0 | 42.0 | 46.0 | 50.0 | 54.0 |
| 6 | .05 | 5.8 | 8.4 | 10.4 | 12.1 | 13.7 | 15.0 | 16.3 | 17.5 | 18.6 |
| | .01 | 11.1 | 15.5 | 19.1 | 22.0 | 25.0 | 27.0 | 30.0 | 32.0 | 34.0 |
| 7 | .05 | 5.0 | 6.9 | 8.4 | 9.7 | 10.8 | 11.8 | 12.7 | 13.5 | 14.3 |
| | .01 | 8.9 | 12.1 | 14.5 | 16.5 | 18.4 | 20.0 | 22.0 | 23.0 | 24.0 |
| 8 | .05 | 4.4 | 6.0 | 7.2 | 8.1 | 9.0 | 9.8 | 10.5 | 11.1 | 11.7 |
| | .01 | 7.5 | 9.9 | 11.7 | 13.2 | 14.5 | 15.8 | 16.9 | 17.9 | 18.9 |
| 9 | .05 | 4.0 | 5.3 | 6.3 | 7.1 | 7.8 | 8.4 | 8.9 | 9.5 | 9.9 |
| | .01 | 6.5 | 8.5 | 9.9 | 11.1 | 12.1 | 13.1 | 13.9 | 14.7 | 15.3 |
| 10 | .05 | 3.7 | 4.9 | 5.7 | 6.3 | 6.9 | 7.4 | 7.9 | 8.3 | 8.7 |
| | .01 | 5.9 | 7.4 | 8.6 | 9.6 | 10.4 | 11.1 | 11.8 | 12.4 | 12.9 |
| 12 | .05 | 3.3 | 4.2 | 4.8 | 5.3 | 5.7 | 6.1 | 6.4 | 6.7 | 7.0 |
| | .01 | 4.9 | 6.1 | 6.9 | 7.6 | 8.2 | 8.7 | 9.1 | 9.5 | 9.9 |
| 15 | .05 | 2.7 | 3.5 | 4.0 | 4.4 | 4.7 | 4.9 | 5.2 | 5.4 | 5.6 |
| | .01 | 4.1 | 4.9 | 5.5 | 6.0 | 6.4 | 6.7 | 7.1 | 7.3 | 7.5 |
| 20 | .05 | 2.5 | 2.9 | 3.3 | 3.5 | 3.7 | 3.9 | 4.1 | 4.2 | 4.4 |
| | .01 | 3.3 | 3.8 | 4.3 | 4.6 | 4.9 | 5.1 | 5.3 | 5.5 | 5.6 |
| 30 | .05 | 2.1 | 2.4 | 2.6 | 2.8 | 2.9 | 3.0 | 3.1 | 3.2 | 3.3 |
| | .01 | 2.6 | 3.0 | 3.3 | 3.4 | 3.6 | 3.7 | 3.8 | 3.9 | 4.0 |
| 60 | .05 | 1.7 | 1.9 | 1.9 | 2.0 | 2.1 | 2.2 | 2.2 | 2.3 | 2.3 |
| | .01 | 2.0 | 2.2 | 2.3 | 2.4 | 2.4 | 2.5 | 2.5 | 2.6 | 2.6 |
| $\infty$ | .05 | 1.0 | 1.0 | 1.0 | 1.0 | 1.0 | 1.0 | 1.0 | 1.0 | 1.0 |
| | .01 | 1.0 | 1.0 | 1.0 | 1.0 | 1.0 | 1.0 | 1.0 | 1.0 | 1.0 |

| 부록 표 7 | Cochran 등분산성 검증의 임계치 |
|---|---|

| df | α | 집단의 수 | | | | | | | | | | |
|---|---|---|---|---|---|---|---|---|---|---|---|---|
| | | 2 | 3 | 4 | 5 | 6 | 7 | 8 | 9 | 10 | 15 | 20 |
| 1 | .05 | .9985 | .9669 | .9065 | .8412 | .7808 | .7271 | .6798 | .6385 | .6020 | .4709 | .3894 |
| | .01 | .9999 | .9933 | .9676 | .9279 | .8828 | .8376 | .7945 | .7544 | .7175 | .5747 | .4799 |
| 2 | .05 | .9750 | .8709 | .7679 | .6838 | .6161 | .5612 | .5157 | .4775 | .4450 | .3346 | .2705 |
| | .01 | .9950 | .9423 | .8643 | .7885 | .7218 | .6644 | .6152 | .5727 | .5358 | .4069 | .3297 |
| 3 | .05 | .9392 | .7977 | .6841 | .5981 | .5321 | .4800 | .4377 | .4027 | .3733 | .2758 | .2205 |
| | .01 | .9794 | .8831 | .7814 | .6957 | .6258 | .5685 | .5209 | .4810 | .4469 | .3317 | .2654 |
| 4 | .05 | .9057 | .7457 | .6287 | .5441 | .4803 | .4307 | .3910 | .3584 | .3311 | .2419 | .1921 |
| | .01 | .9586 | .8335 | .7212 | .6329 | .5635 | .5080 | .4627 | .4251 | .3934 | .2882 | .2288 |
| 5 | .05 | .8772 | .7071 | .5895 | .5065 | .4447 | .3974 | .3595 | .3286 | .3029 | .2195 | .1735 |
| | .01 | .9373 | .7933 | .6761 | .5875 | .5195 | .4659 | .4226 | .3870 | .3572 | .2593 | .2048 |
| 6 | .05 | .8534 | .6771 | .5598 | .4783 | .4184 | .3726 | .3362 | .3067 | .2823 | .2034 | .1602 |
| | .01 | .9172 | .7606 | .6410 | .5531 | .4866 | .4347 | .3932 | .3592 | .3308 | .2386 | .1877 |
| 7 | .05 | .8332 | .6530 | .5365 | .4564 | .3980 | .3535 | .3185 | .2901 | .2666 | .1911 | .1501 |
| | .01 | .8988 | .7335 | .6129 | .5259 | .4608 | .4105 | .3704 | .3378 | .3106 | .2228 | .1748 |
| 8 | .05 | .8159 | .6333 | .5175 | .4387 | .3817 | .3384 | .3043 | .2768 | .2541 | .1815 | .1422 |
| | .01 | .8823 | .7107 | .5897 | .5037 | .4401 | .3911 | .3522 | .3207 | .2945 | .2104 | .1646 |
| 9 | .05 | .8010 | .6167 | .5017 | .4241 | .3682 | .3259 | .2926 | .2659 | .2439 | .1736 | .1357 |
| | .01 | .8674 | .6912 | .5702 | .4854 | .4229 | .3751 | .3373 | .3067 | .2813 | .2002 | .1567 |
| 16 | .05 | .7341 | .5466 | .4366 | .3645 | .3135 | .2756 | .2462 | .2226 | .2032 | .1429 | .1108 |
| | .01 | .7949 | .6059 | .4844 | .4094 | .3529 | .3105 | .2779 | .2514 | .2297 | .1612 | .1248 |
| 36 | .05 | .6602 | .4748 | .3720 | .3066 | .2612 | .2278 | .2022 | .1820 | .1655 | .1144 | .0879 |
| | .01 | .7067 | .5153 | .4057 | .3351 | .2858 | .2494 | .2214 | .1992 | .1811 | .1251 | .0960 |
| 144 | .05 | .5813 | .4031 | .3093 | .2513 | .2119 | .1833 | .1616 | .1446 | .1308 | .0889 | .0675 |
| | .01 | .6062 | .4230 | .3251 | .2644 | .2229 | .1929 | .1700 | .1521 | .1376 | .0934 | .0709 |

## 부록 표 8  스튜던트 범위($q$) 검증의 임계치

| $df$ | $\alpha$ | \multicolumn{10}{c}{$k=$평균의 수 혹은 단계수} |
|---|---|---|---|---|---|---|---|---|---|---|---|
| | | 2 | 3 | 4 | 5 | 6 | 7 | 8 | 9 | 10 | 11 |
| 5 | .05 | 3.64 | 4.60 | 5.22 | 5.67 | 6.03 | 6.33 | 6.58 | 6.80 | 6.99 | 7.17 |
| | .01 | 5.70 | 6.98 | 7.80 | 8.42 | 8.91 | 9.32 | 9.67 | 9.97 | 10.24 | 10.48 |
| 6 | .05 | 3.46 | 4.34 | 4.90 | 5.30 | 5.63 | 5.90 | 6.12 | 6.32 | 6.49 | 6.65 |
| | .01 | 5.24 | 6.33 | 7.03 | 7.56 | 7.97 | 8.32 | 8.61 | 8.87 | 9.10 | 9.30 |
| 7 | .05 | 3.34 | 4.16 | 4.68 | 5.06 | 5.36 | 5.61 | 5.82 | 6.00 | 6.16 | 6.30 |
| | .01 | 4.95 | 5.92 | 6.54 | 7.01 | 7.37 | 7.68 | 7.94 | 8.17 | 8.37 | 8.55 |
| 8 | .05 | 3.26 | 4.04 | 4.53 | 4.89 | 5.17 | 5.40 | 5.60 | 5.77 | 5.92 | 6.06 |
| | .01 | 4.75 | 5.64 | 6.20 | 6.62 | 6.96 | 7.24 | 7.47 | 7.68 | 7.86 | 8.03 |
| 9 | .05 | 3.20 | 3.95 | 4.41 | 4.76 | 5.02 | 5.24 | 5.43 | 5.59 | 5.74 | 5.87 |
| | .01 | 4.60 | 5.43 | 5.96 | 6.35 | 6.66 | 6.91 | 7.13 | 7.33 | 7.49 | 7.65 |
| 10 | .05 | 3.15 | 3.88 | 4.33 | 4.65 | 4.91 | 5.12 | 5.30 | 5.46 | 5.60 | 5.72 |
| | .01 | 4.48 | 5.27 | 5.77 | 6.14 | 6.43 | 6.67 | 6.87 | 7.05 | 7.21 | 7.36 |
| 11 | .05 | 3.11 | 3.82 | 4.26 | 4.57 | 4.82 | 5.03 | 5.20 | 5.35 | 5.49 | 5.61 |
| | .01 | 4.39 | 5.15 | 5.62 | 5.97 | 6.25 | 6.48 | 6.67 | 6.84 | 6.99 | 7.13 |
| 12 | .05 | 3.08 | 3.77 | 4.20 | 4.51 | 4.75 | 4.95 | 5.12 | 5.27 | 5.39 | 5.51 |
| | .01 | 4.32 | 5.05 | 5.50 | 5.84 | 6.10 | 6.32 | 6.51 | 6.67 | 6.81 | 6.94 |
| 13 | .05 | 3.06 | 3.73 | 4.15 | 4.45 | 4.69 | 4.88 | 5.05 | 5.19 | 5.32 | 5.43 |
| | .01 | 4.26 | 4.96 | 5.40 | 5.73 | 5.98 | 6.19 | 6.37 | 6.53 | 6.67 | 6.79 |
| 14 | .05 | 3.03 | 3.70 | 4.11 | 4.41 | 4.64 | 4.83 | 4.99 | 5.13 | 5.25 | 5.36 |
| | .01 | 4.21 | 4.89 | 5.32 | 5.63 | 5.88 | 6.08 | 6.26 | 6.41 | 6.54 | 6.66 |
| 15 | .05 | 3.01 | 3.67 | 4.08 | 4.37 | 4.59 | 4.78 | 4.94 | 5.08 | 5.20 | 5.31 |
| | .01 | 4.17 | 4.84 | 5.25 | 5.56 | 5.80 | 5.99 | 6.16 | 6.31 | 6.44 | 6.55 |
| 16 | .05 | 3.00 | 3.65 | 4.05 | 4.33 | 4.56 | 4.74 | 4.90 | 5.03 | 5.15 | 5.26 |
| | .01 | 4.13 | 4.79 | 5.19 | 5.49 | 5.72 | 5.92 | 6.08 | 6.22 | 6.35 | 6.46 |
| 17 | .05 | 2.98 | 3.63 | 4.02 | 4.30 | 4.52 | 4.70 | 4.86 | 4.99 | 5.11 | 5.21 |
| | .01 | 4.10 | 4.74 | 5.14 | 5.43 | 5.66 | 5.85 | 6.01 | 6.15 | 6.27 | 6.38 |
| 18 | .05 | 2.97 | 3.61 | 4.00 | 4.28 | 4.49 | 4.67 | 4.82 | 4.96 | 5.07 | 5.17 |
| | .01 | 4.07 | 4.70 | 5.09 | 5.38 | 5.60 | 5.79 | 5.94 | 6.08 | 6.20 | 6.31 |
| 19 | .05 | 2.96 | 3.59 | 3.98 | 4.25 | 4.47 | 4.65 | 4.79 | 4.92 | 5.04 | 5.14 |
| | .01 | 4.05 | 4.67 | 5.05 | 5.33 | 5.55 | 5.73 | 5.89 | 6.02 | 6.14 | 6.25 |
| 20 | .05 | 2.95 | 3.58 | 3.96 | 4.23 | 4.45 | 4.62 | 4.77 | 4.90 | 5.01 | 5.11 |
| | .01 | 4.02 | 4.64 | 5.02 | 5.29 | 5.51 | 5.69 | 5.84 | 5.97 | 6.09 | 6.19 |
| 24 | .05 | 2.92 | 3.53 | 3.90 | 4.17 | 4.37 | 4.54 | 4.68 | 4.81 | 4.92 | 5.01 |
| | .01 | 3.96 | 4.55 | 4.91 | 5.17 | 5.37 | 5.54 | 5.69 | 5.81 | 5.92 | 6.02 |
| 30 | .05 | 2.89 | 3.49 | 3.85 | 4.10 | 4.30 | 4.46 | 4.60 | 4.72 | 4.82 | 4.92 |
| | .01 | 3.89 | 4.45 | 4.80 | 5.05 | 5.24 | 5.40 | 5.54 | 5.65 | 5.76 | 5.85 |
| 40 | .05 | 2.86 | 3.44 | 3.79 | 4.04 | 4.23 | 4.39 | 4.52 | 4.63 | 4.73 | 4.82 |
| | .01 | 3.82 | 4.37 | 4.70 | 4.93 | 5.11 | 5.26 | 5.39 | 5.50 | 5.60 | 5.69 |
| 60 | .05 | 2.83 | 3.40 | 3.74 | 3.98 | 4.16 | 4.31 | 4.44 | 4.55 | 4.65 | 4.73 |
| | .01 | 3.76 | 4.28 | 4.59 | 4.82 | 4.99 | 5.13 | 5.25 | 5.36 | 5.45 | 5.53 |
| 120 | .05 | 2.80 | 3.36 | 3.68 | 3.92 | 4.10 | 4.24 | 4.36 | 4.47 | 4.56 | 4.64 |
| | .01 | 3.70 | 4.20 | 4.50 | 4.71 | 4.87 | 5.01 | 5.12 | 5.21 | 5.30 | 5.37 |
| ∞ | .05 | 2.77 | 3.31 | 3.63 | 3.86 | 4.03 | 4.17 | 4.29 | 4.39 | 4.47 | 4.55 |
| | .01 | 3.64 | 4.12 | 4.40 | 4.60 | 4.76 | 4.88 | 4.99 | 5.08 | 5.16 | 5.23 |

| 부록 표 9 | Dunnett 검증의 임계치(양방검증) |

| $df_w$ | $\alpha$ | \multicolumn{8}{c}{k(통제집단을 포함한 집단의 수)} |
| | | 3 | 4 | 5 | 6 | 7 | 8 | 9 | 10 |
|---|---|---|---|---|---|---|---|---|---|
| 5 | .05 | 3.03 | 3.29 | 3.48 | 3.62 | 3.73 | 3.82 | 3.90 | 3.97 |
| | .01 | 4.63 | 4.98 | 5.22 | 5.41 | 5.56 | 5.69 | 5.80 | 5.89 |
| 6 | .05 | 2.86 | 3.10 | 3.26 | 3.39 | 3.49 | 3.57 | 3.64 | 3.71 |
| | .01 | 4.21 | 4.51 | 4.71 | 4.87 | 5.00 | 5.10 | 5.20 | 5.28 |
| 7 | .05 | 2.75 | 2.97 | 3.12 | 3.24 | 3.33 | 3.41 | 3.47 | 3.53 |
| | .01 | 3.95 | 4.21 | 4.39 | 4.53 | 4.64 | 4.74 | 4.82 | 4.89 |
| 8 | .05 | 2.67 | 2.88 | 3.02 | 3.13 | 3.22 | 3.29 | 3.35 | 3.41 |
| | .01 | 3.77 | 4.00 | 4.17 | 4.29 | 4.40 | 4.48 | 4.56 | 4.62 |
| 9 | .05 | 2.61 | 2.81 | 2.95 | 3.05 | 3.14 | 3.20 | 3.26 | 3.32 |
| | .01 | 3.63 | 3.85 | 4.01 | 4.12 | 4.22 | 4.30 | 4.37 | 4.43 |
| 10 | .05 | 2.57 | 2.76 | 2.89 | 2.99 | 3.07 | 3.14 | 3.19 | 3.24 |
| | .01 | 3.53 | 3.74 | 3.88 | 3.99 | 4.08 | 4.16 | 4.22 | 4.28 |
| 11 | .05 | 2.53 | 2.72 | 2.84 | 2.94 | 3.02 | 3.08 | 3.14 | 3.19 |
| | .01 | 3.45 | 3.65 | 3.79 | 3.89 | 3.98 | 4.05 | 4.11 | 4.16 |
| 12 | .05 | 2.50 | 2.68 | 2.81 | 2.90 | 2.98 | 3.04 | 3.09 | 3.14 |
| | .01 | 3.39 | 3.58 | 3.71 | 3.81 | 3.89 | 3.96 | 4.02 | 4.07 |
| 13 | .05 | 2.48 | 2.65 | 2.78 | 2.87 | 2.94 | 3.00 | 3.06 | 3.10 |
| | .01 | 3.33 | 3.52 | 3.65 | 3.74 | 3.82 | 3.89 | 3.94 | 3.99 |
| 14 | .05 | 2.46 | 2.63 | 2.75 | 2.84 | 2.91 | 2.97 | 3.02 | 3.07 |
| | .01 | 3.29 | 3.47 | 3.59 | 3.69 | 3.76 | 3.83 | 3.88 | 3.93 |
| 15 | .05 | 2.44 | 2.61 | 2.73 | 2.82 | 2.89 | 2.95 | 3.00 | 3.04 |
| | .01 | 3.25 | 3.43 | 3.55 | 3.64 | 3.71 | 3.78 | 3.83 | 3.88 |
| 16 | .05 | 2.42 | 2.59 | 2.71 | 2.80 | 2.87 | 2.92 | 2.97 | 3.02 |
| | .01 | 3.22 | 3.39 | 3.51 | 3.60 | 3.67 | 3.73 | 3.78 | 3.83 |
| 17 | .05 | 2.41 | 2.58 | 2.69 | 2.78 | 2.85 | 2.90 | 2.95 | 3.00 |
| | .01 | 3.19 | 3.36 | 3.47 | 3.56 | 3.63 | 3.69 | 3.74 | 3.79 |
| 18 | .05 | 2.40 | 2.56 | 2.68 | 2.76 | 2.83 | 2.89 | 2.94 | 2.98 |
| | .01 | 3.17 | 3.33 | 3.44 | 3.53 | 3.60 | 3.66 | 3.71 | 3.75 |
| 19 | .05 | 2.39 | 2.55 | 2.66 | 2.75 | 2.81 | 2.87 | 2.92 | 2.96 |
| | .01 | 3.15 | 3.31 | 3.42 | 3.50 | 3.57 | 3.63 | 3.68 | 3.72 |
| 20 | .05 | 2.38 | 2.54 | 2.65 | 2.73 | 2.80 | 2.86 | 2.90 | 2.95 |
| | .01 | 3.13 | 3.29 | 3.40 | 3.48 | 3.55 | 3.60 | 3.65 | 3.69 |
| 24 | .05 | 2.35 | 2.51 | 2.61 | 2.70 | 2.76 | 2.81 | 2.86 | 2.90 |
| | .01 | 3.07 | 3.22 | 3.32 | 3.40 | 3.47 | 3.52 | 3.57 | 3.61 |
| 30 | .05 | 2.32 | 2.47 | 2.58 | 2.66 | 2.72 | 2.77 | 2.82 | 2.86 |
| | .01 | 3.01 | 3.15 | 3.25 | 3.33 | 3.39 | 3.44 | 3.49 | 3.52 |
| 40 | .05 | 2.29 | 2.44 | 2.54 | 2.62 | 2.68 | 2.73 | 2.77 | 2.81 |
| | .01 | 2.95 | 3.09 | 3.19 | 3.26 | 3.32 | 3.37 | 3.41 | 3.44 |
| 60 | .05 | 2.27 | 2.41 | 2.51 | 2.58 | 2.64 | 2.69 | 2.73 | 2.77 |
| | .01 | 2.90 | 3.03 | 3.12 | 3.19 | 3.25 | 3.29 | 3.33 | 3.37 |
| 120 | .05 | 2.24 | 2.38 | 2.47 | 2.55 | 2.60 | 2.65 | 2.69 | 2.73 |
| | .01 | 2.85 | 2.97 | 3.06 | 3.12 | 3.18 | 3.22 | 3.26 | 3.29 |
| $\infty$ | .05 | 2.21 | 2.35 | 2.44 | 2.51 | 2.57 | 2.61 | 2.65 | 2.69 |
| | .01 | 2.79 | 2.92 | 3.00 | 3.06 | 3.11 | 3.15 | 3.19 | 3.22 |

**부록 표 9** **Dunnett 검증의 임계치(일방검증)**

| $df_w$ | $\alpha$ | \multicolumn{8}{c}{$k$(통제집단을 포함한 집단의 수)} | | | | | | | |
| --- | --- | --- | --- | --- | --- | --- | --- | --- | --- |
| | | 3 | 4 | 5 | 6 | 7 | 8 | 9 | 10 |
| 5 | .05 | 2.44 | 2.68 | 2.85 | 2.98 | 3.08 | 3.16 | 3.24 | 3.30 |
| | .01 | 3.90 | 4.21 | 4.43 | 4.60 | 4.73 | 4.85 | 4.94 | 5.03 |
| 6 | .05 | 2.34 | 2.56 | 2.71 | 2.83 | 2.92 | 3.00 | 3.07 | 3.12 |
| | .01 | 3.61 | 3.88 | 4.07 | 4.21 | 4.33 | 4.43 | 4.51 | 4.59 |
| 7 | .05 | 2.27 | 2.48 | 2.62 | 2.73 | 2.82 | 2.89 | 2.95 | 3.01 |
| | .01 | 3.42 | 3.66 | 3.83 | 3.96 | 4.07 | 4.15 | 4.23 | 4.30 |
| 8 | .05 | 2.22 | 2.42 | 2.55 | 2.66 | 2.74 | 2.81 | 2.87 | 2.92 |
| | .01 | 3.29 | 3.51 | 3.67 | 3.79 | 3.88 | 3.96 | 4.03 | 4.09 |
| 9 | .05 | 2.18 | 2.37 | 2.50 | 2.20 | 2.68 | 2.75 | 2.81 | 2.86 |
| | .01 | 3.19 | 3.40 | 3.55 | 3.66 | 3.75 | 3.82 | 3.89 | 3.94 |
| 10 | .05 | 2.15 | 2.34 | 2.47 | 2.56 | 2.64 | 2.70 | 2.76 | 2.81 |
| | .01 | 3.11 | 3.31 | 3.45 | 3.56 | 3.64 | 3.71 | 3.78 | 3.83 |
| 11 | .05 | 2.13 | 2.31 | 2.44 | 2.53 | 2.60 | 2.67 | 2.72 | 2.77 |
| | .01 | 3.06 | 3.25 | 3.38 | 3.48 | 3.56 | 3.63 | 3.69 | 3.74 |
| 12 | .05 | 2.11 | 2.29 | 2.41 | 2.50 | 2.58 | 2.64 | 2.69 | 2.74 |
| | .01 | 3.01 | 3.19 | 3.32 | 3.42 | 3.50 | 3.56 | 3.62 | 3.67 |
| 13 | .05 | 2.09 | 2.27 | 2.39 | 2.48 | 2.55 | 2.61 | 2.66 | 2.71 |
| | .01 | 2.97 | 3.15 | 3.27 | 3.37 | 3.44 | 3.51 | 3.56 | 3.61 |
| 14 | .05 | 2.08 | 2.25 | 2.37 | 2.46 | 2.53 | 2.59 | 2.64 | 2.69 |
| | .01 | 2.94 | 3.11 | 3.23 | 3.32 | 3.40 | 3.46 | 3.51 | 3.56 |
| 15 | .05 | 2.07 | 2.24 | 2.36 | 2.44 | 2.51 | 2.57 | 2.62 | 2.67 |
| | .01 | 2.91 | 3.08 | 3.20 | 3.29 | 3.36 | 3.42 | 3.47 | 3.52 |
| 16 | .05 | 2.06 | 2.23 | 2.34 | 2.43 | 2.50 | 2.56 | 2.61 | 2.65 |
| | .01 | 2.88 | 3.05 | 3.17 | 3.26 | 3.33 | 3.39 | 3.44 | 3.48 |
| 17 | .05 | 2.05 | 2.22 | 2.33 | 2.42 | 2.49 | 2.54 | 2.59 | 2.64 |
| | .01 | 2.86 | 3.03 | 3.14 | 3.23 | 3.30 | 3.36 | 3.41 | 3.45 |
| 18 | .05 | 2.04 | 2.21 | 2.32 | 2.41 | 2.48 | 2.53 | 2.58 | 2.62 |
| | .01 | 2.84 | 3.01 | 3.12 | 3.21 | 3.27 | 3.33 | 3.38 | 3.42 |
| 19 | .05 | 2.03 | 2.20 | 2.31 | 2.40 | 2.47 | 2.52 | 2.57 | 2.61 |
| | .01 | 2.83 | 2.99 | 3.10 | 3.18 | 3.25 | 3.31 | 3.36 | 3.40 |
| 20 | .05 | 2.03 | 2.19 | 2.30 | 2.39 | 2.46 | 2.51 | 2.56 | 2.60 |
| | .01 | 2.81 | 2.97 | 3.08 | 3.17 | 3.23 | 3.29 | 3.34 | 3.38 |
| 24 | .05 | 2.01 | 2.17 | 2.28 | 2.36 | 2.43 | 2.48 | 2.53 | 2.57 |
| | .01 | 2.77 | 2.92 | 3.03 | 3.11 | 3.17 | 3.22 | 3.27 | 3.31 |
| 30 | .05 | 1.99 | 2.15 | 2.25 | 2.33 | 2.40 | 2.45 | 2.50 | 2.54 |
| | .01 | 2.72 | 2.87 | 2.97 | 3.05 | 3.11 | 3.16 | 3.21 | 3.24 |
| 40 | .05 | 1.97 | 2.13 | 2.23 | 2.31 | 2.37 | 2.42 | 2.47 | 2.51 |
| | .01 | 2.68 | 2.82 | 2.92 | 2.99 | 3.05 | 3.10 | 3.14 | 3.18 |
| 60 | .05 | 1.95 | 2.10 | 2.21 | 2.28 | 2.35 | 2.39 | 2.44 | 2.48 |
| | .01 | 2.64 | 2.78 | 2.87 | 2.94 | 3.00 | 3.04 | 3.08 | 3.12 |
| 120 | .05 | 1.93 | 2.08 | 2.18 | 2.26 | 2.32 | 2.37 | 2.41 | 2.45 |
| | .01 | 2.60 | 2.73 | 2.82 | 2.89 | 2.94 | 2.99 | 3.03 | 3.06 |
| $\infty$ | .05 | 1.92 | 2.06 | 2.16 | 2.23 | 2.29 | 2.34 | 2.38 | 2.42 |
| | .01 | 2.56 | 2.68 | 2.77 | 2.84 | 2.89 | 2.93 | 2.97 | 3.00 |

| 부록 표 10 | $\chi^2$ 분포표 |
| --- | --- |

| | $\alpha$ | |
| --- | --- | --- |
| $df$ | .05 | .01 |
| 1 | 3.841 | 6.635 |
| 2 | 5.991 | 9.210 |
| 3 | 7.815 | 11.345 |
| 4 | 9.488 | 13.277 |
| 5 | 11.070 | 15.086 |
| 6 | 12.592 | 16.812 |
| 7 | 14.067 | 18.475 |
| 8 | 15.507 | 20.090 |
| 9 | 16.919 | 21.666 |
| 10 | 18.307 | 23.209 |
| 11 | 19.675 | 24.725 |
| 12 | 21.026 | 26.217 |
| 13 | 22.362 | 27.688 |
| 14 | 23.685 | 29.141 |
| 15 | 24.996 | 30.578 |
| 16 | 26.296 | 32.000 |
| 17 | 27.587 | 33.409 |
| 18 | 28.869 | 34.805 |
| 19 | 30.144 | 36.191 |
| 20 | 31.410 | 37.566 |
| 21 | 32.671 | 38.932 |
| 22 | 33.924 | 40.289 |
| 23 | 35.172 | 41.638 |
| 24 | 36.415 | 42.980 |
| 25 | 37.652 | 44.314 |
| 26 | 38.885 | 45.642 |
| 27 | 40.113 | 46.963 |
| 28 | 41.337 | 48.278 |
| 29 | 42.557 | 49.588 |
| 30 | 43.773 | 50.892 |
| 40 | 55.758 | 63.691 |
| 50 | 67.505 | 76.154 |
| 60 | 79.082 | 88.379 |
| 80 | 101.879 | 112.329 |
| 100 | 124.342 | 135.807 |

## 부록 표 11 Dunn 중다비교 검증의 임계치

| 비교의 수 C | $\alpha$ | $df_w$ | | | | | | | | | | | |
|---|---|---|---|---|---|---|---|---|---|---|---|---|---|
| | | 5 | 7 | 10 | 12 | 15 | 20 | 24 | 30 | 40 | 60 | 120 | ∞ |
| 2 | .05 | 3.17 | 2.84 | 2.64 | 2.56 | 2.49 | 2.42 | 2.39 | 2.36 | 2.33 | 2.30 | 2.27 | 2.24 |
| | .01 | 4.78 | 4.03 | 3.58 | 3.43 | 3.29 | 3.16 | 3.09 | 3.03 | 2.97 | 2.92 | 2.86 | 2.81 |
| 3 | .05 | 3.54 | 3.13 | 2.87 | 2.78 | 2.69 | 2.61 | 2.58 | 2.54 | 2.50 | 2.47 | 2.43 | 2.39 |
| | .01 | 5.25 | 4.36 | 3.83 | 3.65 | 3.48 | 3.33 | 3.26 | 3.19 | 3.12 | 3.06 | 2.99 | 2.94 |
| 4 | .05 | 3.81 | 3.34 | 3.04 | 2.94 | 2.84 | 2.75 | 2.70 | 2.66 | 2.62 | 2.58 | 2.54 | 2.50 |
| | .01 | 5.60 | 4.59 | 4.01 | 3.80 | 3.62 | 3.46 | 3.38 | 3.30 | 3.23 | 3.16 | 3.09 | 3.02 |
| 5 | .05 | 4.04 | 3.50 | 3.17 | 3.06 | 2.95 | 2.85 | 2.80 | 2.75 | 2.71 | 2.66 | 2.62 | 2.58 |
| | .01 | 5.89 | 4.78 | 4.15 | 3.93 | 3.74 | 3.55 | 3.47 | 3.39 | 3.31 | 3.24 | 3.16 | 3.09 |
| 6 | .05 | 4.22 | 3.64 | 3.28 | 3.15 | 3.04 | 2.93 | 2.88 | 2.83 | 2.78 | 2.73 | 2.68 | 2.64 |
| | .01 | 6.15 | 4.95 | 4.27 | 4.04 | 3.82 | 3.63 | 3.54 | 3.46 | 3.38 | 3.30 | 3.22 | 3.15 |
| 7 | .05 | 4.38 | 3.76 | 3.37 | 3.24 | 3.11 | 3.00 | 2.94 | 2.89 | 2.84 | 2.79 | 2.74 | 2.69 |
| | .01 | 6.36 | 5.09 | 4.37 | 4.13 | 3.90 | 3.70 | 3.61 | 3.52 | 3.43 | 3.34 | 3.27 | 3.19 |
| 8 | .05 | 4.53 | 3.86 | 3.45 | 3.31 | 3.18 | 3.06 | 3.00 | 2.94 | 2.89 | 2.84 | 2.79 | 2.74 |
| | .01 | 6.56 | 5.21 | 4.45 | 4.20 | 3.97 | 3.76 | 3.66 | 3.57 | 3.48 | 3.39 | 3.31 | 3.23 |
| 9 | .05 | 4.66 | 3.95 | 3.52 | 3.37 | 3.24 | 3.11 | 3.05 | 2.99 | 2.93 | 2.88 | 2.83 | 2.77 |
| | .01 | 6.70 | 5.31 | 4.53 | 4.26 | 4.02 | 3.80 | 3.70 | 3.61 | 3.51 | 3.42 | 3.34 | 3.26 |
| 10 | .05 | 4.78 | 4.03 | 3.58 | 3.43 | 3.29 | 3.16 | 3.09 | 3.03 | 2.97 | 2.92 | 2.86 | 2.81 |
| | .01 | 6.86 | 5.40 | 4.59 | 4.32 | 4.07 | 3.85 | 3.74 | 3.65 | 3.55 | 3.46 | 3.37 | 3.29 |
| 15 | .05 | 5.25 | 4.36 | 3.83 | 3.65 | 3.48 | 3.33 | 3.26 | 3.19 | 3.12 | 3.06 | 2.99 | 2.94 |
| | .01 | 7.51 | 5.79 | 4.86 | 4.56 | 4.29 | 4.03 | 3.91 | 3.80 | 3.70 | 3.59 | 3.50 | 3.40 |
| 20 | .05 | 5.60 | 4.59 | 4.01 | 3.80 | 3.62 | 3.46 | 3.38 | 3.30 | 3.23 | 3.16 | 3.09 | 3.02 |
| | .01 | 8.00 | 6.08 | 5.06 | 4.73 | 4.42 | 4.15 | 4.04 | 3.90 | 3.79 | 3.69 | 3.58 | 3.48 |
| 25 | .05 | 5.89 | 4.78 | 4.15 | 3.93 | 3.74 | 3.55 | 3.47 | 3.39 | 3.31 | 3.24 | 3.16 | 3.09 |
| | .01 | 8.37 | 6.30 | 5.20 | 4.86 | 4.53 | 4.25 | 4.1* | 3.98 | 3.88 | 3.76 | 3.64 | 3.54 |
| 30 | .05 | 6.15 | 4.95 | 4.27 | 4.04 | 3.82 | 3.63 | 3.54 | 3.46 | 3.38 | 3.30 | 3.22 | 3.15 |
| | .01 | 8.68 | 6.49 | 5.33 | 4.95 | 4.61 | 4.33 | 4.2* | 4.13 | 3.93 | 3.81 | 3.69 | 3.59 |
| 35 | .05 | 6.36 | 5.09 | 4.37 | 4.13 | 3.90 | 3.70 | 3.61 | 3.52 | 3.43 | 3.34 | 3.27 | 3.19 |
| | .01 | 8.95 | 6.67 | 5.44 | 5.04 | 4.71 | 4.39 | 4.3* | 4.26 | 3.97 | 3.84 | 3.73 | 3.63 |
| 40 | .05 | 6.56 | 5.21 | 4.45 | 4.20 | 3.97 | 3.76 | 3.66 | 3.57 | 3.48 | 3.39 | 3.31 | 3.23 |
| | .01 | 9.19 | 6.83 | 5.52 | 5.12 | 4.78 | 4.46 | 4.3* | 4.1* | 4.01 | 3.89 | 3.77 | 3.66 |
| 45 | .05 | 6.70 | 5.31 | 4.53 | 4.26 | 4.02 | 3.80 | 3.70 | 3.61 | 3.51 | 3.42 | 3.34 | 3.26 |
| | .01 | 9.41 | 6.93 | 5.60 | 5.20 | 4.84 | 4.52 | 4.3* | 4.2* | 4.1* | 3.93 | 3.80 | 3.69 |
| 50 | .05 | 6.86 | 5.40 | 4.59 | 4.32 | 4.07 | 3.85 | 3.74 | 3.65 | 3.55 | 3.46 | 3.37 | 3.29 |
| | .01 | 9.68 | 7.06 | 5.70 | 5.27 | 4.90 | 4.56 | 4.4* | 4.2* | 4.1* | 3.97 | 3.83 | 3.72 |
| 100 | .05 | 8.00 | 6.08 | 5.06 | 4.73 | 4.42 | 4.15 | 4.04 | 3.90 | 3.79 | 3.69 | 3.58 | 3.48 |
| | .01 | 11.04 | 7.80 | 6.20 | 5.70 | 5.20 | 4.80 | 4.7* | 4.4* | 4.5* | | 4.00 | 3.89 |
| 250 | .05 | 9.68 | 7.06 | 5.70 | 5.27 | 4.90 | 4.56 | 4.4* | 4.2* | 4.1* | 3.97 | 3.83 | 3.72 |
| | .01 | 13.26 | 8.83 | 6.9* | 6.3* | 5.8* | 5.2* | 5.0* | 4.9* | 4.8* | | | 4.11 |

| 부록 표 12 | 부호검증의 임계치 |
| --- | --- |

| $n$ | 일방검증 | | 양방검증 | |
| --- | --- | --- | --- | --- |
| | $\alpha=.05$ | $\alpha=.01$ | $\alpha=.05$ | $\alpha=.01$ |
| 1 | − | − | − | − |
| 2 | − | − | − | − |
| 3 | − | − | − | − |
| 4 | − | − | − | − |
| 5 | 0 | − | − | − |
| 6 | 0 | − | 0 | − |
| 7 | 0 | 0 | 0 | − |
| 8 | 1 | 0 | 0 | 0 |
| 9 | 1 | 0 | 1 | 0 |
| 10 | 1 | 0 | 1 | 0 |
| 11 | 2 | 1 | 1 | 0 |
| 12 | 2 | 1 | 2 | 1 |
| 13 | 3 | 1 | 2 | 1 |
| 14 | 3 | 2 | 2 | 1 |
| 15 | 3 | 2 | 3 | 2 |
| 16 | 4 | 2 | 3 | 2 |
| 17 | 4 | 3 | 4 | 2 |
| 18 | 5 | 3 | 4 | 3 |
| 19 | 5 | 4 | 4 | 3 |
| 20 | 5 | 4 | 5 | 3 |
| 21 | 6 | 4 | 5 | 4 |
| 22 | 6 | 5 | 5 | 4 |
| 23 | 7 | 5 | 6 | 4 |
| 24 | 7 | 5 | 6 | 5 |
| 25 | 7 | 6 | 7 | 5 |

− 표시는 임계치를 구할 수 없음을 의미함.

## 부록 표 13  Mann–Whitney $U$ 검증의 임계치

### 양방검증 $\alpha = .05$

$n_2$

| $n_1$ | 3 | 4 | 5 | 6 | 7 | 8 | 9 | 10 | 11 | 12 | 13 | 14 | 15 | 16 | 17 | 18 | 19 | 20 |
|---|---|---|---|---|---|---|---|---|---|---|---|---|---|---|---|---|---|---|
| 1 | – | – | – | – | – | – | – | – | – | – | – | – | – | – | – | – | – | – |
| 2 | – | – | – | – | – | 0 | 0 | 0 | 0 | 1 | 1 | 1 | 1 | 1 | 2 | 2 | 2 | 2 |
| 3 | – | – | 0 | 1 | 1 | 2 | 2 | 3 | 3 | 4 | 4 | 5 | 5 | 6 | 6 | 7 | 7 | 8 |
| 4 |   | 0 | 1 | 2 | 3 | 4 | 4 | 5 | 6 | 7 | 8 | 9 | 10 | 11 | 11 | 12 | 13 | 13 |
| 5 |   |   | 2 | 3 | 5 | 6 | 7 | 8 | 9 | 11 | 12 | 13 | 14 | 15 | 17 | 18 | 19 | 20 |
| 6 |   |   |   | 5 | 6 | 8 | 10 | 11 | 13 | 14 | 16 | 17 | 19 | 21 | 22 | 24 | 25 | 27 |
| 7 |   |   |   |   | 8 | 10 | 12 | 14 | 16 | 18 | 20 | 22 | 24 | 26 | 28 | 30 | 32 | 34 |
| 8 |   |   |   |   |   | 13 | 15 | 17 | 19 | 22 | 24 | 26 | 29 | 31 | 34 | 36 | 38 | 41 |
| 9 |   |   |   |   |   |   | 17 | 20 | 23 | 26 | 28 | 31 | 34 | 37 | 39 | 42 | 45 | 48 |
| 10 |   |   |   |   |   |   |   | 23 | 26 | 29 | 33 | 36 | 39 | 42 | 45 | 48 | 52 | 55 |
| 11 |   |   |   |   |   |   |   |   | 30 | 33 | 37 | 40 | 44 | 47 | 51 | 55 | 58 | 62 |
| 12 |   |   |   |   |   |   |   |   |   | 37 | 41 | 45 | 49 | 53 | 57 | 61 | 65 | 69 |
| 13 |   |   |   |   |   |   |   |   |   |   | 45 | 50 | 54 | 59 | 63 | 67 | 72 | 76 |
| 14 |   |   |   |   |   |   |   |   |   |   |   | 55 | 59 | 64 | 67 | 74 | 78 | 83 |
| 15 |   |   |   |   |   |   |   |   |   |   |   |   | 64 | 70 | 75 | 80 | 85 | 90 |
| 16 |   |   |   |   |   |   |   |   |   |   |   |   |   | 75 | 81 | 86 | 92 | 98 |
| 17 |   |   |   |   |   |   |   |   |   |   |   |   |   |   | 87 | 93 | 99 | 105 |
| 18 |   |   |   |   |   |   |   |   |   |   |   |   |   |   |   | 99 | 106 | 112 |
| 19 |   |   |   |   |   |   |   |   |   |   |   |   |   |   |   |   | 113 | 119 |
| 20 |   |   |   |   |   |   |   |   |   |   |   |   |   |   |   |   |   | 127 |

### 양방검증 $\alpha = .01$

$n_2$

| $n_1$ | 3 | 4 | 5 | 6 | 7 | 8 | 9 | 10 | 11 | 12 | 13 | 14 | 15 | 16 | 17 | 18 | 19 | 20 |
|---|---|---|---|---|---|---|---|---|---|---|---|---|---|---|---|---|---|---|
| 1 | – | – | – | – | – | – | – | – | – | – | – | – | – | – | – | – | – | – |
| 2 | – | – | – | – | – | – | – | – | – | – | – | – | – | – | – | – | 0 | 0 |
| 3 | – | – | – | – | – | – | 0 | 0 | 0 | 1 | 1 | 1 | 2 | 2 | 2 | 2 | 3 | 3 |
| 4 |   | – | – | 0 | 0 | 1 | 1 | 2 | 2 | 3 | 3 | 4 | 5 | 5 | 6 | 6 | 7 | 8 |
| 5 |   |   | 0 | 1 | 1 | 2 | 3 | 4 | 5 | 6 | 7 | 7 | 8 | 9 | 10 | 11 | 12 | 13 |
| 6 |   |   |   | 2 | 3 | 4 | 5 | 6 | 7 | 9 | 10 | 11 | 12 | 13 | 15 | 16 | 17 | 18 |
| 7 |   |   |   |   | 4 | 6 | 7 | 9 | 10 | 12 | 13 | 15 | 16 | 18 | 19 | 21 | 22 | 24 |
| 8 |   |   |   |   |   | 7 | 9 | 11 | 13 | 15 | 17 | 18 | 20 | 22 | 24 | 26 | 28 | 30 |
| 9 |   |   |   |   |   |   | 11 | 13 | 16 | 18 | 20 | 22 | 24 | 27 | 29 | 31 | 33 | 36 |
| 10 |   |   |   |   |   |   |   | 16 | 18 | 21 | 24 | 26 | 29 | 31 | 34 | 37 | 39 | 42 |
| 11 |   |   |   |   |   |   |   |   | 21 | 24 | 27 | 30 | 33 | 36 | 39 | 42 | 45 | 48 |
| 12 |   |   |   |   |   |   |   |   |   | 27 | 31 | 34 | 37 | 41 | 44 | 47 | 51 | 54 |
| 13 |   |   |   |   |   |   |   |   |   |   | 34 | 38 | 42 | 45 | 49 | 53 | 56 | 60 |
| 14 |   |   |   |   |   |   |   |   |   |   |   | 42 | 46 | 50 | 54 | 58 | 63 | 67 |
| 15 |   |   |   |   |   |   |   |   |   |   |   |   | 51 | 55 | 60 | 64 | 69 | 73 |
| 16 |   |   |   |   |   |   |   |   |   |   |   |   |   | 60 | 65 | 70 | 74 | 79 |
| 17 |   |   |   |   |   |   |   |   |   |   |   |   |   |   | 70 | 75 | 81 | 86 |
| 18 |   |   |   |   |   |   |   |   |   |   |   |   |   |   |   | 81 | 87 | 92 |
| 19 |   |   |   |   |   |   |   |   |   |   |   |   |   |   |   |   | 93 | 99 |
| 20 |   |   |   |   |   |   |   |   |   |   |   |   |   |   |   |   |   | 105 |

| 부록 표 14 | Wilcoxon 부호순위검증 $T$의 임계치 |
|---|---|

| | 일방검증 | | | |
|---|---|---|---|---|
| | $\alpha=.05$ | $\alpha=.025$ | $\alpha=.01$ | $\alpha=.005$ |
| $n$ | 양방검증 | | | |
| | $\alpha=.10$ | $\alpha=.05$ | $\alpha=.02$ | $\alpha=.01$ |
| 5 | 0 | – | – | – |
| 6 | 2 | 0 | – | – |
| 7 | 3 | 2 | 0 | – |
| 8 | 5 | 3 | 1 | 0 |
| 9 | 8 | 5 | 3 | 1 |
| 10 | 10 | 8 | 5 | 3 |
| 11 | 13 | 10 | 7 | 5 |
| 12 | 17 | 13 | 9 | 7 |
| 13 | 21 | 17 | 12 | 9 |
| 14 | 25 | 21 | 15 | 12 |
| 15 | 30 | 25 | 19 | 15 |
| 16 | 35 | 29 | 23 | 19 |
| 17 | 41 | 34 | 27 | 23 |
| 18 | 47 | 40 | 32 | 27 |
| 19 | 53 | 46 | 37 | 32 |
| 20 | 60 | 52 | 43 | 37 |
| 21 | 67 | 58 | 49 | 42 |
| 22 | 75 | 65 | 55 | 48 |
| 23 | 83 | 73 | 62 | 54 |
| 24 | 91 | 81 | 69 | 61 |
| 25 | 100 | 89 | 76 | 68 |
| 26 | 110 | 98 | 84 | 75 |
| 27 | 119 | 107 | 92 | 83 |
| 28 | 130 | 116 | 101 | 91 |
| 29 | 140 | 126 | 110 | 100 |
| 30 | 151 | 137 | 120 | 109 |
| 31 | 163 | 147 | 130 | 118 |
| 32 | 175 | 159 | 140 | 128 |
| 33 | 187 | 170 | 151 | 138 |
| 34 | 200 | 182 | 162 | 148 |
| 35 | 213 | 195 | 173 | 159 |
| 36 | 227 | 208 | 185 | 171 |
| 37 | 241 | 221 | 198 | 182 |
| 38 | 256 | 235 | 211 | 194 |
| 39 | 271 | 249 | 224 | 207 |
| 40 | 286 | 264 | 238 | 220 |
| 41 | 302 | 279 | 252 | 233 |
| 42 | 319 | 294 | 266 | 247 |
| 43 | 336 | 310 | 281 | 261 |
| 44 | 353 | 327 | 296 | 276 |
| 45 | 371 | 343 | 312 | 291 |
| 46 | 389 | 361 | 328 | 307 |
| 47 | 407 | 378 | 345 | 322 |
| 48 | 426 | 396 | 362 | 339 |
| 49 | 446 | 415 | 379 | 355 |
| 50 | 466 | 434 | 397 | 373 |

참고문헌

김영채, 김준우(2005). 사회과학의 현대 통계학(개정 3판). 서울: 박영사

문수백, 변창진(1999). 사회과학연구를 위한 실험설계·분석의 이해와 활용. 서울: 학지사.

박광배(2003). 변량분석과 회귀분석. 서울: 학지사.

이종성, 강계남, 김양분, 강상진, 이은실(2002). 사회과학연구를 위한 통계학(수정판). 서울: 박영사.

이훈영(2004). 이훈영 교수의 통계학. 서울: 청람.

임인재(1976). 교육·심리·사회 연구를 위한 통계방법. 서울: 박영사.


Bluman, A. G. (1997). *Elementary statistics: A step by step approach* (3rd ed.). New York: MCB/McGraw-Hill.

Cohen, J. (1960). A coefficient of agreement for nominal scales. *Educational and Psychological Measurement, 20,* 37-46.

Cohen, J. (1988). *Statistical power analysis for the behavioral sciences* (2nd ed.). Hillsdale, NJ: Lawrence Erlbaum Associates.

Coladarci, T., Cobb, C. D., Minium, E. W., & Clarke, R. C. (2004). *Fundamentals of statistical reasoning in education.* New York: John Wiley & Sons.

Feldt, L. S. (1958). A comparison of the precision of three experimental design employing concomitant variable. *Psychometrika, 23,* 335-353.

Field, A. (2009). *Discovering statistics using SPSS* (3rd ed.). London: Sage.

Gamst, G., Meyers, L. S., & Guarino, A. J. (2008). Analysis of variance designs: A conceptual and computational approach with SPSS and SAS. Cambridge: Cambridge University Press.

Gibbons, J. D. (1985). *Nonparametric methods for quantitative analysis* (2nd ed.). Columbus, OH: American Sciences Press.

Glass, G. V., & Hopkins, K. D. (1984). *Statistical methods in education and psychology* (2nd ed.). Englewood Cliffs, NJ: Prentice-Hall.

Hays, W. L. (1988). *Statistics* (4th ed.). New York: Hartcourt Brace College Publishers.

Heiman, G. W. (2001). *Understanding research methods and statistics: An integrated introduction for psychology*. Boston, New York: Houghton Mifflin Company.

Hopkins, K. D., Stanley, J. C., & Hopkins, B. R. (1990). *Educational and psychological measurement and evaluation* (7th ed.). Englewood Cliffs, NJ: Prentice-Hall.

Howell, D. C. (2006). *Fundamental statistics for the behavioral statistics* (6th ed.). Belmont, CA: Dexbury Press.

Hurlburt, R. T. (1998). *Comprehending behavioral statistics* (2nd ed.). Pacific Glove, CA: Brooks/Cole.

Jaccard, J., & Becker, M. A. (1990). *Statistics for the behavioral sciences* (2nd ed.). Pacific Glove, CA: Brooks/Cole.

Jackson, S. L. (2009). *Research methods and statistics: A critical thinking approach* (3rd ed.). Belmont, CA: Wadsworth Cengage Learning.

Keppel, G. (1991). *Design and analysis: A researcher's handbook* (3rd ed.). Englewood Cliffs, NJ: Prentice-Hall.

Keppel, G., & Wickens, T. M. (2004). *Design and analysis: A researcher's handbook*. Upper Saddle River, NJ: Pearson Prentice Hall.

Kirk, R. E. (1990). *Experimental design: Procedures for the behavioral sciences* (3rd ed.). Monterey, CA: Brooks/Cole.

Kirk, R. E. (1995). *Experimental design* (3rd ed.). Pacific Grove, CA: Brooks/Cole.

Lehman, R. S. (1991). *Statistics and research design in the behavioral sciences*. Pacific Glove, CA: Brooks/Cole.

Marascuilo, L. A., & Serlin, R. C. (1988). *Statistical methods for the social and behavioral sciences*. New York: W. H. Freeman and Company.

McClave, J. T., & Sincich, T. (2009). *A first couse in statistics* (10th ed.). Upper Saddle River, NJ: Pearson Education.

Mitchell, M. L., & Jolley, J. M. (2010). *Research design explained* (7th ed.). Belmont, CA: Wadsworth/Cengage Learning.

Ott, R. L., & Longnecker, M. (2001). *An introduction to statistical methods and data analysis* (5th ed.). Pacific Glove, CA: Duxubury

Pagano, R. R. (2001). *Understanding statistics in the behavioral sciences* (6th ed.). Belmont, CA: Wadsworth/Thomson Learning.

Peck, R., Olsen, C., & Devore, J. (2001). *Introduction to statistics and data analysis.* Pacific Glove, CA: Brooks/Cole.

Pelosi, M. K., & Sandifer, T. M. (2003). *Elementary statistics: From discovery to decision.* Hoboken, NJ: John Wiley & Sons

Runyon, R. P., Coleman, K. A., & Pittenger, D. J. (2000). *Fundamentals of behavioral statistics* (9th ed.). New York: McGraw-Hill Higher Education.

Scariano, S. M., & Davenport, J. M. (1987). The effects of violations of independence in the one-way ANOVA. *American Statistician, 31*(2), 123-129.

Shavelson, R. J. (1988).*Statistical reasoning for the behavioral sciences* (2nd ed.). Needham heights, MA: Allyn and Bacon.

Sherich, D. H. (2004). *Handbook of parametric and nonparametric statistical procedures* (3rd ed.). New York: Chapman & Hall/CRC.

Sincich, T. (1990). *Statistics by examples* (4th ed.). San Francisco: Dellen.

Stevens, S. S. (1946). On the theory of scales of measurement. *Science, 103,* 667-680.

Vernoy, M. W., & Vernoy, J. A. (1992). *Behavioral statistics in action.* Pacific Glove, CA: Brooks/Cole.

Weiss, N. A. (1995). *Introductory statistics* (4th ed.). New York: Addison-Wesley.

Wildt, A. R., & Ahtola, O. (1978). *Analysis of covariance.* Sage: University paper series on quantitative applications in the social sciences, 07-012. Newbury Park, CA: Sage.

Winer, B. J. (1971). *Statistical principles in experimental design* (2nd ed.). New York: McGraw-Hill.

**저자 소개**  권대훈

경북대학교 사범대학 교육학과 졸업
경북대학교 대학원 교육학과 교육심리 전공(석사)
경북대학교 대학원 교육학과 교육심리 전공(박사)
현 안동대학교 사범대학 교육공학과 교수

〈저서〉
심리학의 이해(신정, 2017)
교직실무의 이해(2판, 신정, 2017)
교육평가(3판, 학지사, 2016)
교육심리학의 이론과 실제(3판, 학지사, 2015)

# 사회과학 연구를 위한 통계학

2011년 7월 8일 1판 1쇄 발행
2018년 2월 20일 2판 1쇄 발행

지은이 • 권대훈
펴낸이 • 김진환
펴낸곳 • (주) **학지사**

        04031 서울특별시 마포구 양화로 15길 20 마인드월드빌딩
대표전화 • 02)330-5114       팩스 • 02)324-2345
등록번호 • 제313-2006-000265호

홈페이지 • http://www.hakjisa.co.kr
페이스북 • https://www.facebook.com/hakjisabook

ISBN 978-89-997-1497-9 93370

정가 24,000원

이 도서의 국립중앙도서관 출판시도서목록(CIP)은 서지정보유통지원
시스템 홈페이지(http://seoji.nl.go.kr)와 국가자료공동목록시스템
(http://www.nl.go.kr/kolisner)에서 이용하실 수 있습니다.
(CIP 제어번호: CIP2018004837)

**교육문화출판미디어그룹 학지사**

심리검사연구소 **인싸이트** www.inpsyt.co.kr
원격교육연수원 **카운피아** www.counpia.com
학술논문서비스 **뉴논문** www.newnonmun.com
간호보건의학출판 **정담미디어** www.jdmpub.com